普通高等教育“十一五”国家级规划教材

教育部全国普通高等学校优秀教材（一等奖）

新编21世纪法学系列教材

总主编 曾宪义 王利明

民 法

第十版

下册

主 编 王利明

撰稿人（以撰写章节先后为序）

王利明 王 轶 高圣平

朱 虎 石佳友 姚 辉

龙翼飞 孙若军 张新宝

Civil Law

中国人民大学出版社

·北京·

图书在版编目（CIP）数据

民法．下册/王利明主编．-- 10 版．-- 北京：中国人民大学出版社，2023.12

新编 21 世纪法学系列教材/曾宪义，王利明总主编

ISBN 978-7-300-32525-5

Ⅰ.①民… Ⅱ.①王… Ⅲ.①民法-中国-高等学校-教材 Ⅳ.①D923

中国国家版本馆 CIP 数据核字（2024）第 005927 号

普通高等教育“十一五”国家级规划教材

教育部全国普通高等学校优秀教材（一等奖）

新编 21 世纪法学系列教材

总主编　曾宪义　王利明

民法（第十版）（下册）

主　编　王利明

Minfa

出版发行　中国人民大学出版社

社　　址　北京中关村大街 31 号　　**邮政编码**　100080

电　　话　010－62511242（总编室）　010－62511770（质管部）

010－82501766（邮购部）　010－62514148（门市部）

010－62515195（发行公司）　010－62515275（盗版举报）

网　　址　http://www.crup.com.cn

经　　销　新华书店

印　　刷　天津中印联印务有限公司

开　　本　787 mm×1092 mm　1/16

印　　张　39.5 插页 1

字　　数　895 000

版　　次　2000 年 6 月第 1 版

2023 年 12 月第 10 版

印　　次　2025 年 6 月第 4 次印刷

定　　价　158.00 元（上、下册）

缩略语表

下　册

《民法通则意见》——《最高人民法院关于贯彻执行〈中华人民共和国民法通则〉若干问题的意见（试行）》

《担保制度解释》——《最高人民法院关于适用〈中华人民共和国民法典〉有关担保制度的解释》

《继承编解释(一)》——《最高人民法院关于适用〈中华人民共和国民法典〉继承编的解释(一)》

《合同编解释》——《最高人民法院关于适用〈中华人民共和国民法典〉合同编通则若干问题的解释》

《民间借贷司法解释》——《最高人民法院关于审理民间借贷案件适用法律若干问题的规定》

《婚姻家庭编解释（一）》——《最高人民法院关于适用〈中华人民共和国民法典〉婚姻家庭编的解释（一）》

《融资租赁合同司法解释》——《最高人民法院关于审理融资租赁合同纠纷案件适用法律若干问题的解释》（2020 年修正）

《城镇房屋租赁合同解释》（2020 年修正）——《最高人民法院关于审理城镇房屋租赁合同纠纷案件具体应用法律若干问题的解释》（2020 年修正）

《商品房买卖合同解释》——《最高人民法院关于审理商品房买卖合同纠纷案件适用法律若干问题的解释》

《买卖合同解释》（2020 年修正）——《最高人民法院关于审理买卖合同纠纷案件适用法律问题的解释》（2020 年修正）

《建设工程施工合同司法解释一》——《最高人民法院关于审理建设工程施工合同纠纷案件适用法律问题的解释（一）》

《技术合同解释》（2020 年修正）——《最高人民法院关于审理技术合同纠纷案件适用法律若干问题的解释》（2020 年修正）

《合同法司法解释一》——《最高人民法院关于适用〈中华人民共和国合同法〉若干问题的解释（一）》

《合同法司法解释二》——《最高人民法院关于适用〈中华人民共和国合同法〉若干问题的解释（二）》

《民事侵权精神损害赔偿解释》（2020 年修正）——《最高人民法院关于确定民事侵权精神损害赔偿责任若干问题的解释》（2020 年修正）

《人身损害赔偿司法解释》（2022 年修正）——《最高人民法院关于审理人身损害赔偿案件适用法律若干问题的解释》（2022 年修正）

《交通事故损害赔偿司法解释》（2020 年修正）——《最高人民法院关于审理道路交通事故损害赔偿案件适用法律若干问题的解释》（2020 年修正）

《环境侵权司法解释》(2020 年修正)——《最高人民法院关于审理环境侵权责任纠纷案件适用法律若干问题的解释》

《销售合同公约》——《联合国国际货物销售合同公约》

目录

下　册

第三编

合　同

第四编 人格权

第五编 婚姻家庭

第七编 侵权责任

PART THREE

3

第三编

合　同

第三十章

债的一般原理

本章概要

债是特定人之间请求为一定行为或不为一定行为的关系。《民法典》虽然没有单设债法总则编，但是在合同编对债法总则的主要内容作出了规定，尤其是对多数人之债、债务加入、选择之债、债的保全等作出了详细的规定；同时，在合同编的准合同部分对无因管理和不当得利作出了规定。学习本章应当掌握债的概念及特征、债的要素、债的各种类型，以及对非因合同产生的债权债务关系如何适用《民法典》合同编的相关规定。

第一节　债的概念及特征

一、债的概念

债是特定人之间请求为一定行为或不为一定行为的关系。债的概念起源于罗马法，在我国古代，“债”最早有“赊欠”的意思，如《帝王世纪》中记载“贩于顿丘，债于传虚”。此处所说的“债”主要是指金钱赊欠的意思。实践中，提到债的概念，人们常常想到的就是“欠债还钱”“债台高筑”等词汇，认为债就是金钱之债。可见，我国古代缺乏类似于罗马法的债的概念。将“obligatio”一词译为汉字的“债”最初始于日本。在20世纪初，清末变法之际，债的概念开始引入我国。[①]

新中国成立以后，因为废除了国民党的“六法”，虽然有关法律文件中使用过“契约”或“合同”概念，但极少采用债的概念。改革开放以后，随着市场经济的发展，相关立法逐步重新使用债的概念。1986年《民法通则》明确采纳了债的概念，该法第84条第1款规定：债是按照合同的约定或者依照法律的规定，在当事人之间产生的特定的

① 参见史际春：《关于债的概念和客体的若干问题》，载《法学研究》，1985（3）。

权利和义务关系。享有权利的人是债权人，负有义务的人是债务人。《民法典》第 118 条规定：民事主体依法享有债权。债权是因合同、侵权行为、无因管理、不当得利以及法律的其他规定，权利人请求特定义务人为或者不为一定行为的权利。依据这一规定，债本质上是发生在特定当事人之间的关系，债权人有权基于债向债务人提出请求，债务人也应当按照债的要求履行其债务。从该条的规定来看，《民法典》所采用的债的概念与大陆法系中债的概念基本一致。

二、债的特征

第一，债是一种民事法律关系。债不同于一般的生活关系，在债的关系中，因为当事人的约定或者法律规定而在当事人之间产生了一定的法律关系，债的关系当事人都应当受债的关系的约束。债作为一种法律关系，是以民事权利、民事义务为其内容的，故其不同于日常生活中人们所说的感情之债等非法律意义上的关系。

第二，债是一种财产法律关系。债的关系在本质上属于交易的形式，反映了一种财产交换关系，故债应当以财产性给付为内容。因此，凡是不具有财产给付的内容，原则上都应当从债法中剥离出来。例如，赔礼道歉并非要交付一定的财产，而只是一种道歉行为，因此，不属于债的范畴。在民事权利体系中，债权属于财产权的范畴。债不具有人身性，它在本质上反映的是交换关系，因此，债应当以财产性给付为内容。

第三，债是发生在特定主体之间的法律关系，这也称为债的相对性。债的关系不同于物权关系之处在于，其主体具有相对性，即只有特定人对特定人有请求给付的权利，或者负担给付的义务。在债的关系中，无论是债权人还是债务人，都必须是特定的。

第四，债是一种一方向另一方给付的法律关系。发生在特定人之间的给付是债的核心要素，例如，为他人处理事务、为他人提供劳务，甚至是单纯的不作为等。给付是债的概念中最为核心的内容，要理解债的概念，就必须理解给付。

第五，效力具有平等性。与物权是绝对权不同，债权在效力上具有平等性，在同一债务人负担多项债务的情形下，各项债权不论成立时间的先后或者债权数额的大小，其在效力上都是平等的，即当债务人的财产不足以实现全部债权时，享有担保物权的债权可以得到优先受偿，而其他普通债权原则上应当按照债权比例公平受偿。

第六，产生原因具有多样性。传统上，债的类型主要有合同之债、侵权之债、不当得利之债、无因管理之债、缔约过失之债等类型，但随着社会生活的发展，又出现了因法定补偿义务而产生的债、因单方行为产生的债等债的类型。而且，即便是传统类型的债的关系，随着社会生活的发展，其内容也在发展变化。例如，对合同之债而言，其内涵也在不断丰富与完善，当事人权利、义务的来源日益多样化，其不仅限于当事人所约定的主给付义务及相关的从给付义务，基于诚实信用原则，当事人之间还可能负担一定的协助、通知、保密等附随义务，一方当事人违反附随义务造成对方当事人损害的，也应当承担相应的损害赔偿责任。

债的关系是一个动态的发展和变动过程，债本身具有高度的变化性，它是随着时间的流逝而逐渐发展变化的。在债的不同阶段，债的关系的内容也存在一定的差异。所以，债常常被称为“动态的财产关系”。

三、债权与物权的区分

债权与物权的区分是对财产权利的基本区分方法，也是传统大陆法系民法典编纂的基本指导思想。按照通说，财产权是以财产利益为客体的民事权利①，它主要包括物权与债权。

债权与物权具有如下区别：

第一，债权是请求权，而物权是支配权。债权是债权人请求债务人依照债的规定为一定行为或不为一定行为的权利，而物权是权利人支配特定物的权利。请求权必须以相对人的意志作为中介，该权利的实现需要他人的积极协助行为。如果相对人未按照请求权人的意志积极实施某种行为，请求权人的利益就无法实现。例如，当事人在买卖合同中约定，出卖人应于某年某月交货，在交货期到来之前，买受人只是享有请求出卖人在履行期到来后交付货物的权利，而不能实际支配出卖人的货物。而支配权是权利人以自己的意志对权利客体行使权利，不需要以他人的意志为中介，也不需要他人从事积极的协助行为。

第二，债权是对人权和相对权，而物权是对世权和绝对权。债权受到侵害以后，债权人只能针对债务人主张权利，而不能针对其他第三人主张权利。即便是第三人的原因导致债务无法履行，债权人通常也只能请求债务人承担债务不履行的责任。而物权是对世权，权利人可以对抗一切人，任何人都负有不得妨害或侵害的义务。只要物权受到侵害，不论行为人与物权人之间是否存在一定的法律关系，物权人都可以对行为人主张物权请求权，也可以请求行为人承担侵害物权的责任。

第三，债权具有平等性，而物权具有优先性。所谓债权的平等性，是指不论债权成立时间的先后，各个债权在效力上都是平等的。在债务人不能清偿各个债权的情况下，各个债权不论成立时间的先后，都按照其债权比例受偿。所谓物权的优先性，主要表现在同一标的物之上同时存在物权和债权时，物权的效力优先于债权。当同一物上多项其他物权并存时，应当根据法律规定和物权设立的时间先后确立效力的优先性，例如，抵押权优先顺位的确定就采取登记先后的规则，先登记的抵押权要优先于后登记的抵押权。②

第四，债权具有非公开性，而物权是公开化的权利。债权只是在特定的当事人之间存在的，它并不具有公开性，设立和转移债权也不需要公示。也正因为如此，债权原则上不受侵权责任法的保护。如果债务人不履行债务，则债权人只能请求其承担违约责任。而物权作为一种绝对权，具有强烈的排他性，直接关系到第三人的利益，因而物权必须对外公开，使第三人知道这也决定了物权在设定、变动时必须公示。当事人之间订立合同设立某项物权，如未公示，可能仅产生债权而不产生物权。物权正是因为具有社会公

① 参见谢怀栻：《论民事权利体系》，载《法学研究》，1996（2）。

② 参见谢在全：《民法物权论》（上），33页，台北，三民书局，2003。

开性，是一种绝对权，所以受到侵权责任法的保护，任何人侵害物权或者妨害物权人行使权利时，物权人都可以通过提起侵权行为之诉来获得法律上的救济。

第五，债权可以由当事人自由约定，而物权的设立采法定主义。债权的设立由当事人自由约定，只要不违反法律的禁止性规定和公序良俗，当事人可以根据自己的意思设定债权，并自由约定债的内容和具体形式。当事人即使订立法定的有名合同之外的无名合同，也受法律保护。而物权具有法定性，物权的种类和基本内容由法律规定，不允许当事人自由创设物权种类或随意确定物权的内容。这有利于防止欺诈，维护交易安全。[①]

第六，债权主要以行为为客体，而物权的客体主要是有体物。债权主要以行为为客体，如交付货物、支付货款、提供劳务等。而物权作为支配权，必须以特定的物作为其支配的客体。如果某物还尚未成为特定的物，通常是不能成为物权的支配对象的。例如，空气、云彩等无法为人力所支配的物，是不能成为物权的客体的。正如法谚所称，“所有权不得未确定”。如果物不能独立和特定，则物权支配的对象亦不能确定，从而物权也难以存在。当然，对担保物权而言，即使是未来财产，只要达到可合理识别的程度也可以成为担保物权的客体。

第七，债权具有一定的存续期限，而物权具有永久性或长期性。他物权虽然有一定的存续期限，但其存续期限一般也较长。因此，物权在性质上属于长期稳定的财产权。而债权的存续期限一般较短，一旦债务人履行债务，当事人之间债的关系即告终止。

第二节　债的要素

一、债的主体

债的主体包括双方当事人，即债权人和债务人。在债的关系中，债权人和债务人都必须是特定的。债权人是指有权请求对方当事人为或不为一定行为的人，而债务人是指有义务向对方当事人为或不为一定行为的人。

债权人或债务人既可以是一人，也可以是多人。当债务人或债权人为多人时，即形成了多数人之债，包括多数人债务与多数人债权。对多数人之债而言，如果以作为债的标的的给付是否可分为标准，可以将其区分为可分之债与不可分之债；如果以当事人享有债权或者承担债务的形式为标准，又可以将其区分为按份之债与连带之债。与简单之债相比，多数人之债的权利义务关系以及债的履行等问题较为复杂，因此，《民法典》合同编在第四章“合同的履行”中专门对多数人之债的规则作出了规定。

二、债的内容

《民法典》合同编发挥债法总则的功能，合同编之通则规定了可以适用于非法定之债

---

① 参见常鹏翱：《体系化视角中的物权法定》，载《法学研究》，2006（5）。

的一般规则。《民法典》合同编条文中使用的是“债”、“债权”或者“债务”，这意味着这些条文的适用范围不限于合同之债，还可包括其他类型的债。

（一）债权

债权是指债权人有权请求债务人为一定行为或者不为一定行为的权利，因此债权也称为请求权。依据债的发生原因不同，可以将债权分为合同债权、因侵权行为产生的损害赔偿请求权、不当得利返还请求权、因无因管理而产生的请求权等。债的发生原因不同，债权的内容也存在一定的差别。在民法上，债的概念常常以“债权”来表述。

债权是财产权。债权也是以一定实有利益为基础的财产，债权作为债权人所期待的利益可以作为一种重要的交易对象，而债权的转让也逐渐成为资产流转所不可缺少的形式。债权原则上可以让与、继承，故其与人身权利具有本质的区别。债权都有一定的存续期限，例如，合同都有明确的履行期限，因而合同债权只能在一定期限内存在。

债权在性质上属于相对权，其发生在特定的主体之间，除当事人特别约定和法律规定的情形以外，债权人只能向特定的债务人提出请求，要求其履行债务，债务人原则上也只能向特定的债权人履行债务。由于债权只是发生在特定的当事人之间，其具有非公开性，一般情形下，只有特定的当事人之间才能了解债权的存在，第三人通常并不知情，因此，在债权受到侵害的情况下，为了保护个人的行为自由，除行为人故意侵害债权等个别情形外，债权一般不受侵权责任法的保护。

债权的内容主要包括如下权利：一是请求权。债权请求权是债权的基本权能，因为债权本质上就是债权人请求债务人为一定行为或者不为一定行为的权利。从效力上看，债权人只能依据其债权向债务人提出请求[①]，而不能直接依据债权取得相关的给付利益。二是给付保有权。它是指债权人有权保有债务人所作的给付。债权的重要权能之一就是债权人有权保有债务人所作出的给付，因此，债务人在向债权人作出履行后，并不能基于不当得利向债权人请求返还。债权人所享有的债权即为其保有债务人给付的法律上的原因。三是抵销权。它是指二人互负相同种类债务，各使双方债务在对等额内相互消灭的法律制度。除法律明确禁止抵销的情形（如人身损害赔偿之债原则上不得作为被动债权抵销）外，只要符合抵销条件，原则上也应当允许抵销。四是保全权。它是指在债务人的行为可能影响债权人的债权实现时，债权人有权采取一定的行为，以保障其债权的实现。债权人的债权保全权包括代位权和撤销权，这两种权利是确保债权实现的重要手段。五是受领权。它是指债权人受领债务人给付的权利。债权的本质在于，债权人有权请求债务人给付，而且在债务人作出给付之后，债权人有权受领，从而接受债务人的给付。在债务人没有作出给付的情形，债权人可以催告债务人履行。[②] 基于受领权，债权人原则上是适格的受领主体。当然，债权人受领债务人给付，也并非必须亲自进行。除非法律另有规定或合同另有约定，债权人可以指定第三人受领给付，该第三人被称为“受领辅助人”。

---

① Hans Brox，Allgemeines Schuldrecht，Muenchen，2009，S. 14.

② 参见王泽鉴：《债法原理》，2版，68页，北京，北京大学出版社，2013。

（二）债务

1. 债务的概念和特征

债务是指债务人对债权人所负有的为一定行为或不为一定行为的义务。债权是主张给付的权利，进行给付的义务就是债务。债的概念，从权利的方面来看，是指特定人对特定人可以请求为特定给付的权利，即债权；从义务的方面来看，是指特定人对特定人负担为特定给付的义务，即债务。①

总体上看，债务具有如下几个特点。

第一，债务具有拘束性。债务是一种义务，与权利不同。对权利而言，权利人既可以行使，也可以不行使，还可以抛弃，而义务是“应当”“必须”履行的。债务属于义务的一种，所以债务人必须按照债的要求履行债务。在债务人未按照债的要求履行债务的情形下，债权人有权请求债务人承担债务不履行或履行不符合约定的责任。

第二，债务是向特定人负担的义务。从债的相对性出发，债务也是具有相对性的。这就是说，债务人仅仅向特定人负担义务。此处的“特定人”，既可以是债权人，也可以是债权人所指定的第三人，该第三人应当是特定的而非不特定的。当然，债务人也是特定的，债权人只能向特定的债务人主张债权。

第三，债务是为一定行为或不为一定行为的义务。债务的内容通常包括两大类：一是作为义务，其中又包括给付一定财物（如移转财产）和提供一定的劳务。二是不作为义务，即债务人通过不作为方式履行对债权人的债务。不作为义务又可分为两类：一是单纯的消极不作为，即债务人以限制自己行为自由的方式作出给付；二是容忍义务，即允许债权人为一定行为而不给予干涉。②

2. 债务的分类

依据不同标准，可以对债务进行不同的分类。一般而言，可以将债务分为以下几种。

（1）作为债务和不作为债务。

以债务人所为给付的内容不同，可以将债务区分为作为债务和不作为债务。所谓作为债务，是指债务人应当向债权人交付一定的财产或者提供一定的劳务。所谓不作为债务，主要是指债务人应当消极地不为一定的行为。例如，关于公司高管不得在其他公司兼职的约定就属于不作为债务。

（2）完全债务与不完全债务。

按照债务的效力不同，可以将债务区分为完全债务和不完全债务。所谓完全债务，是指在法律上具有完全效力的债务。例如，甲和乙约定购买房屋一套，如果合同成立并生效，则基于该合同产生的债务就属于完全债务。而所谓不完全债务，是指效力不齐备的债务。对于不完全债务的不履行，债权人并不能请求法院强制执行，债务人也无须承担相应的债务不履行的责任。③ 例如，诉讼时效已经届满的债务，就属于不完全债务，对

---

① 参见黄茂荣：《债法总论》，增订3版，第1册，1页，台北，作者自版，2009。

② 参见陈猷龙：《民法债编总论》，6页，台北，五南图书出版公司，2005。

③ 参见郑玉波：《民法债编总论》，7页，北京，中国政法大学出版社，2004。

于该债务无法通过法院进行强制执行。

(3) 主给付义务、从给付义务和附随义务。

从债务的角度予以观察，现代债法强调义务群，除主给付义务、从给付义务外，依据诚实信用原则，债的关系当事人之间还负有一定的附随义务。

主给付义务，是指合同之债所必备的，并能决定合同目的能否实现的基本义务。

从给付义务，是指补充主给付义务以确保债权人利益能获得最大满足的义务。例如，在买卖合同中，一方交付货物，另一方支付价款是主给付义务，但开具发票、提供证明文件等为非主给付义务。

所谓附随义务，是指根据诚实信用原则产生的通知、协助、保密等顾及对方当事人法益和利益的义务。《合同编解释》第 26 条规定：当事人一方未根据法律规定或者合同约定履行开具发票、提供证明文件等非主要债务，对方请求继续履行该债务并赔偿因怠于履行该债务造成的损失的，人民法院依法予以支持；对方请求解除合同的，人民法院不予支持，但是不履行该债务致使不能实现合同目的或者当事人另有约定的除外。

3. 债务与责任

责任原则上以债务的存在为前提，但责任本身并不是债务，而是债务人违反债务所应承担的后果。《民法典》第 176 条规定，民事主体依照法律规定或者按照当事人约定，履行民事义务，承担民事责任。可见，责任与债务是相互依存的，责任主要是债务不履行的后果，但两者并非同一概念。债务与责任的区别有如下几点。

第一，债务是责任发生的前提，责任是债务不履行的结果。责任的发生以债务的存在为前提，没有债务则难以产生责任。而责任是为确保债务履行而设置的措施，它以债务的存在为前提，以督促债务人履行债务并保障债权人的债权为制度宗旨。正是因为责任制度的存在，债权才获得了一种"法律上之力"①。也就是说，责任制度的存在，使债权人在债务人不为给付时，可凭借法律上之力，强制债务人履行债务或承担其他责任，以确保其权利的实现。

第二，债务是一种义务。责任是在债务人不履行债务时，国家强制债务人履行债务或承担法律责任的表现，即一旦债务人不履行债务，则债务在性质上转化为一种强制履行的责任。强制履行从表面上看，仍然是继续履行原债务，但该债务实际上已不同于原债务，因为债务本身应当是自愿履行的，而强制履行的方式具有强行性。在这一意义上说，强制履行不仅是对债权人的责任，还是对国家应承担的责任。由此可见，责任与债务相比较，包含了一种国家的强制力。②

第三，责任是与诉权联系在一起的。民事责任之所以能成为保障民事权利的有效措施，乃是因为民事责任以诉权为保障，从而使其成为联结民事权利与国家公权力的中介。③ 在债务不履行的情况下，债权人有权通过诉讼方式对债务人强制执行，从而使债权人的诉讼请求得到满足。而债务并不与诉权直接相连接，其以债务人自愿履行为原则。

第四，债务与责任的分离也是存在的。原则上，债务与责任相伴而生，两者如影随

---

① 梁慧星：《民法学说判例与立法研究》，253 页，北京，中国政法大学出版社，1993。

② 参见崔建远：《合同责任研究》，4 页，长春，吉林人民出版社，1992。

③ 参见梁慧星：《民法学说判例与立法研究》，254 页，北京，中国政法大学出版社，1993。

形，难以分开。但在例外情况下，两者也可以分离。在通常情况下，债务不履行会导致责任的产生，责任的内容也依附债务的内容，但也存在无责任的债务，如自然债务。

三、债的客体

债的客体就是债的标的。在法律上，债的客体就是给付。给付包括了作为和不作为。如果给付的内容是债务人的作为，就是积极给付；如果给付的内容是债务人的不作为，就是消极给付。

作为债的客体的给付具有如下特点：一是具有合法性。债的标的应当满足合法性的要求。例如，当事人约定买卖毒品若干，则因为该给付具有违法性，所以不可能据此产生债务人的给付义务。二是具有确定性。所谓确定，是指给付的内容明确。也就是说，在债务履行时，作为债的标的的给付应当是确定的。三是一般具有财产性。在一般情况下，应将作为债的客体的给付主要限定为财产性给付，这有利于明确划定债权与其他民事权利的边界。债权是民事权利体系的组成部分，如果所有的请求关系都被界定为债，则债权与其他权利无法区分，债权甚至无所不包，而这显然会影响民事权利的体系划分。

以给付的性质是积极的作为还是消极的不作为为标准，可以将给付义务区分为作为义务与不作为义务，前者如买卖合同中交付标的物的义务，后者如合伙协议中禁止同业竞争的义务等。依据给付之财产性的内容不同，又可以将作为义务分为以下两大类：一是交付财产，例如，根据买卖合同，出卖人负有交付财产的义务。二是提供劳务。提供劳务包括提供技术、文化、生活服务等。例如，在保管、仓储、委托、行纪、居间合同中，合同一方当事人应当提供一定的服务，但是不需要保证特定结果的出现。此类合同在学理上常常被称为行为之债。此外，在一些提供劳务的合同（如承揽合同）中，不仅一方当事人要提供服务，而且该服务必须体现为一定的成果。这在学理上常常被称为成果之债。

第三节　债的分类

一、单一之债与多数人之债

根据债的主体特征，可以将债区分为单一之债与多数人之债。所谓单一之债，是指债权人、债务人仅为一人的债。所谓多数人之债，又称多数当事人的债或复数主体的债，是指债权人或者债务人一方为二人以上的债。[①] 也就是说，多数人之债中债的主体是多数人，但其标的为同一给付的债的关系。[②] 如果各个主体之间发生了多个给付关系，则不属于多数人之债，而是数个独立的债的关系。例如，甲、乙共同向丙借款 200 万元，成立

① 参见［日］我妻荣：《新订债权总论》，332 页，北京，中国法制出版社，2008。
② 参见孙森焱：《民法债编总论》（下册），871 页，北京，法律出版社，2006。

多数人之债，但如果是甲、乙分别向丙借 100 万元，由于给付不具有同一性，所以其应当属于两个独立的债的关系，即甲和丙之间的债的关系以及乙和丙之间的债的关系，而不属于多数人之债。《民法典》所规定的按份之债和连带之债都属于多数人之债。

单一之债和多数人之债主要具有如下区别。

第一，当事人的数量不同。单一之债是债的双方主体均为一人的债的关系。单一之债中并不存在多数债权人或者多数债务人，债的双方主体都是单一的，因此不存在债的内部关系，当事人之间的法律关系相对简单。在多数人之债中，既可能存在多个债权人，也可能存在多个债务人。

第二，产生原因的复杂度不同。多数人之债既可因法律规定而产生，也可因当事人约定而产生。前者如在产品责任中，产品的生产者与销售者需要对受害人承担不真正连带之债。后者如在共同保证中，各个保证人可以约定承担连带责任。由此可见，多数人之债产生的原因具有多样性。单一之债虽然也可以基于当事人约定或者法律规定产生，但与多数人之债相比，其产生原因相对简单。

第三，债的关系的复杂性不同。单一之债中，当事人之间的权利义务关系单纯、明确，相对简单明了，容易把握。多数人之债有多种类型，可以进行不同的分类。按照当事人之间的内部关系，可以将多数人之债分为连带之债、按份之债和不真正连带之债。其中，按份之债的特殊之处在于，债权人只能要求按份债务人承担债务中的一定份额，或者按份债权人只能要求实现一定份额的债权。连带债务与不真正连带债务的区别在于，是否存在终局债务人：不真正连带之债中有终局的债务人，故此非终局的债务人可以向终局的债务人进行全部债权额的追偿。连带之债中，债务人之间有相应的份额，实际承担债务超过自己份额的连带债务人，有权就超出部分在其他连带债务人未履行的份额范围内向其追偿；而且被追偿的连带债务人不能履行其应分担的份额的，其他连带债务人应当在相应范围内按照比例分担。

二、按份之债和连带之债

（一）按份之债

所谓按份之债，是指数个债权人或数个债务人按照一定的份额享有债权或负担债务。在按份之债中，作为债的给付的标的必须是可分的，而且每个债权人按照特定的份额行使权利，每个债务人按照特定的份额承担义务。《民法典》第 517 条规定：债权人为二人以上，标的可分，按照份额各自享有债权的，为按份债权；债务人为二人以上，标的可分，按照份额各自负担债务的，为按份债务。按份债权人或者按份债务人的份额难以确定的，视为份额相同。这就在法律上确立了按份之债。

按份之债包括按份债权和按份债务。

1. 按份债权

所谓按份债权，是指两个或者两个以上的债权人就各自的债权份额享有债权。例如，甲、乙筹资 100 万元，借款给丙，借款合同中明确约定甲、乙各自享有 50%的债权。在此种情形下，甲、乙对丙所享有的债权即属于按份债权。按份债权是按份之债的一种类型，其成立需要具备如下几个条件：一是主体必须是两个或者二人以上的主体。二是债的标的可分。此处所说的标的可分，是指同一债权的标的可分。在金钱债权中，各个债权人借款的数额是可分的。三是各个债权人所享有的债权份额是由法律规定或者当事人约定的。四是各个债权人是按照特定的份额享有债权，也就是说，各个按份债权人只能就其享有的债权份额请求债务人履行债务，且只能在其债权的份额内受领债务人的履行。在按份债权中，某一债权人既无权请求债务人清偿超过其份额的债权，也无权受领超出其份额的债权。如果其受领超出其份额的清偿，则债务人有权请求其返还不当得利。某一按份债权人在其债权范围内对债务人作出的免除、抵销的表示都是合法有效的，但其属于对自己享有份额的债权的处分，对其他债权人不发生效力。

2. 按份债务

所谓按份债务，是指债务人为二人及以上，债的标的可分，各个债务人按照份额各自分担债务的多数人之债。在按份债务中，按份债务人只能就其自己所负担的债务负担清偿义务，对超出自己份额的部分不负担履行义务。例如，甲将其 100 万元出借给乙、丙二人，约定乙、丙分别负担 50%的债务，此种情形即属于按份债务。

按份之债的成立需要具备如下几个条件：一是按份之债的主体必须是两个或者两个以上的主体。这就是说，不论是债权人还是债务人，至少有一方是多数人，否则属于单一之债，而不成立多数人之债。二是债的标的可分。所谓标的可分，是指同一债务的给付是可以分割的。这就是说，按份之债之权利、义务的内容是可分的，例如，依据《民法典》第 1172 条，在二人以上分别实施侵权行为造成同一损害的情形下，各个行为人对受害人所负担的损害赔偿之债就属于按份债务。如果多数人之债的给付义务不可分，则只能成立连带之债，而无法成立按份之债。三是对按份债务而言，各个按份债务人的债务份额可以由法律规定或者当事人约定。通常情形下，如果按份债权人或者按份债务人的份额难以确定，视为份额相同。各个债务人按照确定的份额承担债务，债权人无权请求按份债务人履行超过其份额的债务。

在按份债务中，某一债务人对其他债务人所负担的债务份额并没有履行义务，在某一债务人清偿了超出其债务份额的债务时，如果其具有代为清偿的意愿、符合代为清偿的条件，则构成代为清偿；如果其清偿构成错误清偿，则该债务人有权请求债权人返还不当得利。同时，在按份债务中，如果债权人免除某一按份债务人的债务或者抵销该债务，则该行为对其他债务人不产生影响。

从原则上讲，按份之债是多数人之债的常态，而连带之债是多数人之债的特殊形态。由于连带之债对债务人或债权人的利益影响重大，因此在没有法律规定或当事人约定的情形下，多数人之债原则上应当是按份之债；仅在法律有规定或当事人有约定的情形下，才成立连带之债。按份之债仅成立于可分之债上，可分之债可以在法律规定或者当事人约定的情形下成为连带之债。而对于不可分之债，由于给付不可分，因此只能准用连带之债的规定。①

① 参见史尚宽：《债法总论》，689 页，北京，中国政法大学出版社，2000。

（二）连带之债

1. 连带之债的概念

所谓连带之债，是指两个或者两个以上的债权人或者债务人，依照法律或者当事人的约定形成连带关系，享有连带权利的每个债权人都有权要求债务人履行义务，负有连带义务的每个债务人都负有清偿全部债务的义务。在连带之债中，各连带债权人或者连带债务人之间存在连带关系。在连带债务中，债权人有权要求任何一个债务人作出全部或者部分的履行。《民法典》第518条对连带之债作出了规定：债权人为二人以上，部分或者全部债权人均可以请求债务人履行债务的，为连带债权；债务人为二人以上，债权人可以请求部分或者全部债务人履行全部债务的，为连带债务。连带债权或者连带债务，由法律规定或者当事人约定。

2. 连带之债的成立要件

（1）债的主体是数人。连带之债的债权人或者债务人应当有二人及以上，这也是当事人之间产生连带关系的前提。如果债权人和债务人仅有一人，则无法成立多数人之债。

（2）多数债权人或多数债务人之间存在连带关系。连带关系是指依据法律规定或当事人约定，在多数当事人之间所形成的一种债权、债务的牵连关系。它是连带之债产生的基础。在连带之债中，对一个债权人或一个债务人发生效力的事项，也可能对其他债权人或者债务人产生效力。[①] 需要指出的是，尽管连带债权、债务在外部关系上是连带的，但从连带之债的内部关系来说，连带债权人和债务人之间又是按份的，也就是说，对于各个连带债权人或各个连带债务人的内部关系而言，应当按照当事人的约定或者法律规定来分配当事人的权利和义务。[②] 例如，就连带债务而言，某一债务人在履行全部债务后，可以向其他连带债务人追偿。

（3）原则上以同一给付为标的。数个当事人之间的债务之所以能成立连带关系，原因在于他们共同承担的给付义务是同一的。至于给付内容是否可分，并非连带之债的成立条件。例如，基于同一事实，甲应向丙承担侵权损害责任，乙应当向丙承担违约损害赔偿责任，即使损害赔偿的数额是相同的，任何一个债务人的履行都能导致另外一方债务的消灭，也不形成连带之债。

（4）连带债务的产生以法律规定和当事人的约定为限。由于连带之债加重了单个债务人履行债务的负担，因此，连带之债的成立原则上应当以当事人的明确约定或者法律的明确规定为限，前者如保证合同中的连带债务关系，后者如共同侵权中的连带之债关系。对于法律所规定的连带之债，不允许当事人通过约定加以排除。

3. 连带之债与按份之债的区分

按份之债与连带之债都属于多数人之债的范畴，二者之间存在密切关联，都涉及多数债权人或者多数债务人之间关系的确定问题。尤其应当看到，连带之债主要从外部关

---

① 参见彭周全等：《连带债务略论》，载《社会科学家》，1995（1）。

② 参见孙森焱：《民法债编总论》，734页以下，北京，法律出版社，2006。

系的角度考察各个债务人或者债权人之间的关系，就各个债务人或者债权人的内部关系而言，其仍然是按照特定的份额分担债务或者分享债权。但二者毕竟属于不同的法律概念，其区别主要体现在以下几个方面。

第一，适用范围不同。连带之债是债的特殊形态，只有在法律明确规定或者当事人明确约定的情形下才能成立，其适用范围是受到限定的。[①] 而按份之债是债的一般形态，在法律没有特别规定或者当事人没有特别约定的情况下，多数人之债一般是按份之债。从这一意义上说，法律对连带之债与按份之债的态度是不同的：连带之债的成立以法律有明确规定或者当事人之间有明确约定为前提；在法律没有明确规定或者当事人没有明确约定的情形下，一般推定为按份之债。

第二，给付是否可分不同。对连带之债而言，作为其标的的给付在性质上可以是可分的，也可以是不可分的，即使对于性质上可分的给付，仍可通过当事人的约定或者法律规定成立连带之债。而对按份之债而言，虽其一般是基于数人共同的行为而产生的[②]，但作为其标的的给付必须是可分的，这也是各债务人按照确定的份额承担债务或者各债权人按照确定份额分享债权的基本前提，因为对不可分的给付，债务人仅能为全部履行，无法成立按份之债。

第三，债的效力不同。依据《民法典》第518、519条的规定，对连带之债而言，享有连带权利的每个债权人都有权要求债务人履行义务；负有连带义务的每个债务人都负有清偿全部债务的义务，实际承担债务超过自己份额的连带债务人，有权就超出部分在其他连带债务人未履行的份额范围内向其追偿。而对按份之债而言，各个债权人或者债务人按照确定的份额分享债权或者分担债务。例如，对按份债务而言，各个债务人按照确定的份额承担债务，债权人无权请求单一债务人履行全部债务，按份债权中，各个债权人也仅能请求债务人向其履行其所享有的债权份额。

第四，各个债务人或者债权人之间是否存在内部追偿关系不同。对连带债务而言，如果某一债务人清偿了全部债务或者超出其按照内部关系应当分担的债务数额，则该债务人有权按照内部关系向其他连带债务人追偿；对连带债权而言，如果某一债权人受领了债务人的全部给付或超过了其按照内部关系应当享有的债权数额，则其他债权人有权按照内部关系向该债权人追偿。而在按份之债中，各个债务人或者债权人按照确定的份额分担债务或者分享债权，各个债务人仅负有按份清偿的义务，各个债权人也仅能请求债务人为部分清偿，因此，一般不发生各个债务人或者债权人的内部追偿问题。

4. 连带债权和连带债务

《民法典》第518条第1款规定：债权人为二人以上，部分或者全部债权人均可以请求债务人履行债务的，为连带债权；债务人为二人以上，债权人可以请求部分或者全部债务人履行全部债务的，为连带债务。该款规定了连带债权和连带债务制度。该条第2款规定，连带债权或者连带债务，由法律规定或者当事人约定。这就确认了连带之债中的两种基本形态，即连带债权和连带债务。

---

① 参见孔祥俊：《论连带责任》，载《法学研究》，1992（4）。

② 参见江平主编：《民法学》，449页，北京，中国政法大学出版社，2007。

第一，连带债权。所谓连带债权是相对于按份债权而言的，是指具有连带关系的多个债权人之间所享有的债权。其特点在于：一是债权人为多数，即债权人必须是二人以上。连带债权是多数人之债的一种类型，其债权人必须为二人及以上，至于债务人是否为二人及以上，在所不问。二是各个债权人之间具有连带关系，连带关系可以由法律规定，也可以由当事人约定。例如，《民法典》第 307 条规定了共有的动产和不动产所产生的债权债务，各个共有人对其共有财产所产生的收益等享有连带债权。再如，《民法典》第 75 条规定了在法人的设立人从事民事活动过程中，各个设立人之间享有连带债权。三是各个连带债权人都可以请求债务人履行全部债务，任何一个债权人也都可以接受债务人的履行，如果连带债权人中的任一债权人接受了债务人的全部清偿，则连带债权因此消灭。

第二，连带债务。所谓连带债务，是指具有连带关系的多个债务人之间所承担的债务。其特点在于：一是债务人必须为多数，即债务人必须为二人及以上。连带债务是多数人之债的一种类型。二是各个债务人之间具有连带关系，连带关系是连带之债产生的基础。此种连带关系可以由法律规定，也可以由当事人约定。例如，《民法典》第 75 条规定了法人的设立人在从事民事活动时对外所负担的债务也为连带债务。三是各个债务人都有义务向债权人作出全部履行，而且任何一个债务人作出全部履行后，都可以导致连带债务的消灭。只要债务没有完全清偿，任何一个债务人都负有清偿义务。因此，相对于按份债务而言，连带债务更有利于保障债权的实现。

5. 连带债务中的追偿权

所谓连带债务中的追偿权，是指连带债务人承担债务超出了其按照内部关系应分担的部分时而享有的向其他债务人追偿的权利。《民法典》第 519 条第 2 款规定：实际承担债务超过自己份额的连带债务人，有权就超出部分在其他连带债务人未履行的份额范围内向其追偿，并相应地享有债权人的权利，但是不得损害债权人的利益。其他连带债务人对债权人的抗辩，可以向该债务人主张。《民法典》第 519 条第 3 款规定：被追偿的连带债务人不能履行其应分担份额的，其他连带债务人应当在相应范围内按比例分担。该款对债务人的追偿问题进行了规定。依据这一规定，连带债务人的追偿权存在着双重限制。

第一，连带债务人必须实际承担了超过其份额的债务。例如，甲享有对乙、丙、丁三人的 300 万元债权，乙、丙、丁三人是连带债务人，各自承担的份额相同。假设在乙向甲清偿 80 万元后，甲未向其他债务人提出请求。此时，乙是否可以向丙、丁二人请求追偿呢？依据《民法典》第 519 条第 2 款的规定，乙不能向二人请求追偿，因为乙实际承担的 80 万元的债务并未超过其应当承担的 100 万元份额。

第二，已经承担超过债务份额的连带债务人，有权就超过部分对其他连带债务人行使追偿权。在上例中，如果乙向甲清偿了 200 万元的债务，丙向甲清偿了 100 万元的债务，那么乙就不能就其超出份额的部分向丙请求追偿，因为虽然乙已经承担了超出其份额的债务，但是丙已履行其应履行的份额，因此，乙只能向丁追偿。但是，如果乙向丁追偿时丁不能履行其应分担的份额，则乙可以请求丙在相应范围内按照比例分担。依据《民法典》第 519 条第 3 款的规定，乙就可以就其超出份额的 100 万元，请求与丙分担。

第三，连带债务人之间的债务份额采取二次分担规则。《民法典》第519条第3款规定：被追偿的连带债务人不能履行其应分担份额的，其他连带债务人应当在相应范围内按比例分担。该款明确了连带债务人之间债务份额的二次分担规则，其适用条件如下：一是某个连带债务人实际承担的债务超过了自己的债务份额，这也是该连带债务人行使追偿权的前提。二是某个被追偿的连带债务人不能承担其应分担份额。例如，该债务人因为资不抵债、破产等原因，无法承担其应分担的债务份额。三是其他债务人应当在相应范围内按比例分担。例如，连带债务人甲、乙、丙、丁共同对债权人戊负担1 000万元连带债务，各自应当负担250万元的份额，甲单独履行了500万元，而乙、丙也单独承担了250万元的债务，而丁并未清偿。此时，甲可向丁追偿250万元，丁因已无资产，所以无法在追偿之债中向甲作出履行。在此情况下，甲本应追偿的250万元面临无法实现的风险。此时，甲是否可以请求乙、丙分担？这就是二次分担规则所要解决的问题。依据《民法典》第519条第3款，在此情形下，乙、丙应当与甲共同分担剩余的250万元债务，甲可分别要求乙、丙承担该250万元债务的三分之一份额。

就连带债务中各债务人的内部关系而言，《民法典》第519条第1款规定：连带债务人之间的份额难以确定的，视为份额相同。依据该款规定，除法律另有规定或者当事人另有明确约定外，债务人应当平均分担债务。当某一债务人所清偿的债务超出其所应分担的债务份额时，其有权向其他连带债务人在其未履行的份额内追偿。当然，按照私法自治原则，债务人可以抛弃其追偿权。如果作出履行的债务人明确向其他连带债务人表示抛弃其追偿权，则该行为对所有连带债务人发生效力。此时，作出履行的债务人无权再向其他连带债务人追偿。

《民法典》第520条规定了债权人与连带债务人之间具有绝对效力的事项：部分连带债务人履行、抵销债务或者提存标的物的，其他债务人对债权人的债务在相应范围内消灭；该债务人可以依据前条规定向其他债务人追偿。部分连带债务人的债务被债权人免除的，在该连带债务人应当承担的份额范围内，其他债务人对债权人的债务消灭。部分连带债务人的债务与债权人的债权同归于一人的，在扣除该债务人应当承担的份额后，债权人对其他债务人的债权继续存在。债权人对部分连带债务人的给付受领迟延的，对其他连带债务人发生效力。依据该规定，部分连带债务人的履行、抵销、提存导致其他债务人的债务在相应的范围内消灭。例如，甲拥有对乙、丙、丁三人的债权300万元，乙、丙、丁三人为连带债务人。乙向甲无论是采取履行、抵销还是提存的方式清偿了200万元的债务，对于余下的100万元债务，乙、丙、丁都仍负有向甲继续清偿的义务。乙在内部关系中，依据《民法典》第519条的规定，可以向丙、丁追偿。

需要注意的是，对于债权人与连带债务人之间的关系而言，具有相对效力的事项是一般情况，具有绝对效力的事项是例外情况。因此，《民法典》第520条事实上是关于债权人与连带债务人间之绝对效力事项的例外规定。在比较法上，具有绝对效力的事项呈现出逐渐减少的趋势，相应地，具有相对效力的事项则在逐渐增多。在司法实践中，绝对效力事项的适用空间也比较小，具有相对效力的事项仍然是原则性的，具有绝对效力的事项只是作为例外出现。

三、选择之债和简单之债

（一）选择之债和简单之债概述

所谓选择之债，是指在债成立时就有两种及以上的给付可供选择的债。《民法典》第515条规定：标的有多项而债务人只需履行其中一项的，债务人享有选择权；但是，法律另有规定、当事人另有约定或者另有交易习惯的除外。享有选择权的当事人在约定期限内或者履行期限届满未作选择，经催告后在合理期限内仍未选择的，选择权转移至对方。该条对选择之债作出了规定。

选择之债有广义和狭义之分。从广义上说，选择之债的范围较为广泛，其可以是对义务履行（如选择给付金钱或提供劳务）或标的物的选择，也可以是对不同履行时间、履行方式、履行地点的选择。除此之外，当事人甚至可以约定选择债务不履行的责任，其在性质上也应当属于选择之债的范畴。因此，凡在债的给付标的或者履行时间、方式、地点，债务不履行的责任等方面可供选择的债，都为选择之债。

所谓简单之债，是指在债的关系成立后，债的关系当事人无法在数种给付中作出选择的债。对简单之债而言，债的标的较为单一，债务人应当严格按照法律规定或者当事人的约定履行债务，而不得以他种给付代替履行；债权人也仅能请求债务人按照债的要求履行债务，不得请求债务人提供他种给付以代替原定给付。因此，简单之债又被称为不可选择之债。①

选择之债与简单之债相比，主要具有如下区别：

第一，是否具有数个履行标的不同。对选择之债而言，债的标的有数个，而且各个给付的内容不同，因此才有选择的必要。而对简单之债而言，债的履行标的是单一的，债的关系当事人无须选择。

第二，债的内容或者履行方式不同。对选择之债而言，其有数项给付可供选择，因此，在选择权人作出选择之前，债的内容或者履行方式可能是不确定的。例如，债的关系当事人约定，债务人有权在数种标的物中进行选择，则在债务人作出选择之前，该选择之债的标的就是不确定的。在这个意义上说，选择之债是给付相对不确定的债。② 而对简单之债而言，其给付是单一的，债的内容以及履行方式等都是确定的，债务人应当严格按照债务的要求履行债务，债权人也应当按照债的要求履行协助义务等。

第三，债在履行前是否需要当事人作出选择不同。对选择之债而言，在履行前，当事人必须在数个履行中作出选择。在选择之前，债的内容、履行方式等是不确定的，债也无法履行。因此，对选择之债而言，基于债权客体确定原则的要求，当事人必须在数个履行标的中作出选择。在当事人作出选择后，选择之债才能履行。而对简单之债而言，不需要债的当事人就债的履行作出选择。简单之债是债的常态形式，选择之债是当事人

① 参见张广兴：《债法总论》，129～130页，北京，法律出版社，1997。

② 参见黄立：《民法债编总论》，360页，北京，中国政法大学出版社，2002。

特别约定或者法律特别规定的特殊的债的形式。如果当事人特别约定成立选择之债，则该约定应当具有法律效力。

（二）选择之债的履行

与简单之债相比，选择之债的特殊性主要体现在其履行方面，即在选择之债履行之前，一方对债的履行享有选择权。这也是选择之债的核心特征。

1. 选择权的特点

选择之债中的选择权具有如下特点：第一，选择之债中的选择权在效力上具有溯及性，一旦选择权人行使选择权，该选择权的效力溯及于选择之债成立之时。第二，选择权在性质上属于形成权，一旦权利人作出选择，则债的履行的相关内容便因此确定，即一方当事人的意思即可使债的履行的相关内容确定。选择权人在行使选择权时不得附条件或者附期限。第三，选择之债中选择权的范围十分广泛。一般来说，选择权的范围既包括对标的物的选择（如约定出卖人可以在交付A套房与交付B套房之间进行选择），也包括对履行行为的选择（如选择债务履行的方式等）。第四，选择权的归属一般由当事人约定，但法律也可能对选择权的归属作出特别规定。如果法律规定或合同约定双方或一方有选择权，则应当由有选择权的一方行使选择权。如果当事人没有对选择权的归属作出约定，法律也没有对其作出规定且没有其他交易习惯的，则此时选择权应当归属于债务人。

2. 选择权的行使

在选择权确定以后，应当如何行使选择权？选择权行使将使选择之债变成简单之债，这直接关系到合同义务的履行问题，对双方当事人关系重大，因此，有必要明确选择权的行使方式。一般而言，选择权的行使，应向相对人明确作出意思表示。如果一方享有选择权，则该当事人行使选择权时，应当对对方当事人明确作出意思表示。选择权一旦行使，除权利人因受欺诈、胁迫等原因而作出选择以外，原则上不得撤销或者变更。在第三人享有选择权的情况下，第三人应当向债权人和债务人作出选择的意思表示；仅向债的关系的一方当事人为意思表示，而非表明具体选择的内容，原则上不发生选择的效力。

3. 选择权的移转

选择之债中，选择权也可以依法发生移转。选择之债中，选择权的移转原则上应当由法律明确作出规定。

关于选择权的移转，应当区分以下几种情况分别作出规定。（1）当选择权归属于债务人时，如果债务人在约定期限内或者履行期限届满时未作选择，则债权人可以催告债务人选择，债务人在催告后的合理期限内仍未选择的，债务人不再享有选择权，而应当由债权人行使该选择权。（2）当选择权归属于债权人时，如债权人在约定期限内或者履行期限届满时未作选择，则债务人可以催告债权人选择，债权人在催告后的合理期限内仍未选择的，则债权人不再享有选择权，而应当由债务人享有选择权。（3）当选择权归属于第三人时，第三人在约定期限内或者履行期限届满时未作选择的，债务人可以催告第三人选择，第三人在催告后的合理期限内仍未选择的，选择权应当由债务人行使。[①]

应当注意的是，在选择之债中，如果数项可供选择的给付中有部分嗣后发生给付不能，则选择权人仅能在剩余的给付中作出选择；如果仅存一项可能的给付，则该选择之债特定化，当事人应当按照债的要求履行债务。[②]《民法典》第516条第2款规定了选择之债中发生履行不能的处理方法：当事人一方享有选择权，如果可选择的债务标的之中发生不能履行的情形，则享有选择权的当事人不能选择不能履行的标的，除非履行不能是由对方当事人造成的。例如，双方当事人约定，债权人可以在债务人画廊的两幅某著名画家的画作中选择一幅请求交付，但是，在债权人选择前，该两幅画作中的一幅又被该画廊卖给他人。由于另行出售画作导致债务不能履行的情形是画廊的原因造成的，因此债权人的选择权就不受到《民法典》第516条第2款的限制，债权人仍然可以选择请求画廊交付已经被出卖的画作。此时，如果发生了履行不能，债权人的合同请求权转化为违约损害赔偿请求权或违约金请求权，即使仍然可以交付另一幅画作，债权人仍然可以要求画廊承担违约责任。但如果该画作被他人盗窃，致使不能交付，那么由于该不能并非画廊造成的，因此，债权人不能选择要求交付被盗窃的画作，而可以请求交付另一画作。

四、金钱之债与非金钱之债

（一）金钱之债和非金钱之债概述

金钱之债又称货币之债，它是指债务人必须以给付一定货币履行债务的债。[③] 金钱之债的标的物一般包括通用货币、外国货币和特种货币。[④] 但就我国而言，外国货币、特种货币属于限制流通物，因此，这里所说的货币之债仅指以通用货币为标的物的债。在我国国内交易中，应当以人民币交付；如果是涉外交易，当事人可以约定以外币交付。

所谓非金钱之债，是指其给付标的是金钱以外的其他物的债。非金钱之债的范围十分广泛，依据给付内容的不同，可以将非金钱之债分为以下两类：一是交付财产之债，主要是指债务人需要按照债的内容向债权人交付一定的财产，以履行债务。此处所说的财产主要是指有形的财产类型，于无形财产一般不发生交付的问题。例如，在买卖房屋合同、买卖汽车合同中，债务人应当按照合同约定向债权人交付相关的财产。此类交易是最为典型的财产交易。二是提供服务之债，主要是指债务人应当按照债的内容向债权人提供一定的服务，从而实现债的目的。提供服务之债一般以全部或者部分提供服务为债务的主要内容。债务人所提供的服务的范围十分广泛，如技术、文化、生活服务等。其主要包括两大类：一类是债务人仅需要向债权人提供一定的服务，如提供保管服务等；另一类是债务人不仅需要向债权人提供服务，而且需要交付一定的工作成果，如承揽合

---

① 参见孙森焱：《民法债编总论》，352页，北京，法律出版社，2006。

② 参见林诚二：《民法债编总论》，257～258页，北京，中国人民大学出版社，2003。

③ 参见郑玉波：《民法债编总论》，201～202页，北京，中国政法大学出版社，2004。

④ 参见王家福：《中国民法学·民法债权》，60页，北京，法律出版社，1991。

同之债，而债权人一般需要向债务人支付相应的服务费用。①

需要指出的是，金钱之债与非金钱之债的区分，并非就债的总体而进行的，而仅仅是就债的部分内容进行的。例如，就房屋买卖而言，买受人负有支付货币的义务，因此，其负担的就是金钱债务（或称金钱之债）；而就出卖人而言，其负有交付房屋和移转房屋所有权的义务，因此，其负担的就是非金钱债务（或称非金钱之债）。

（二）金钱之债和非金钱之债的区别

金钱之债与非金钱之债的区别主要有以下几点。

第一，标的物不同。非金钱之债以货币之外的其他物为标的物，或者以债务人向债权人提供一定的服务为标的。金钱之债以一定的货币为标的物，而货币是一般等价物，是财货交易的媒介、债务支付的手段、储蓄的方法，且货币的所有权也具有其特殊性，即货币的占有往往可以推定为所有，这也决定了，金钱之债中货币所有权移转的特殊性。②

第二，能否发生履行不能不同。货币在性质上属于种类物，具有较强的流通性和可替代性，因此，金钱之债一般不发生履行不能的问题，即便债务人准备交付的货币因不可抗力灭失，债务人也不能援引不可抗力作为免责事由。

第三，债务的履行不同。金钱之债的标的为货币，因此，其在履行上具有一定的特殊性。从《民法典》第514条的规定来看，除法律另有规定或者当事人另有约定外，债权人可以请求债务人以实际履行地的法定货币履行。对金钱之债而言，债务人原则上不需要交付特定的货币，而只需要向债权人交付等值的货币，债权人一般不得要求债务人交付特定的货币。对非金钱之债而言，当事人应当严格按照债的要求履行，不得主张以交付其他标的物代替当事人约定的标的物来履行债务。当然，如果当事人约定的标的物为种类物，而且该种类物未特定化，则债务人仍有权选择交付特定品质的标的物，而不需要交付特定的标的物。

第四，是否约定利息不同。由于金钱之债的标的为货币，所以，金钱之债的履行通常会伴随利息的支付，当事人一般会在金钱之债中约定，债务人应当向债权人支付相关的利息，从而产生利息之债。当然，在金钱之债中，利息之债的效力并非完全独立，而是附属于金钱之债，如果产生金钱之债的主合同被宣告无效，则利息之债也随之不成立。而非金钱之债以财产的给付或者服务的提供为标的，一般不会产生利息之债。

（三）金钱之债的履行

金钱之债的履行具有如下特点：

（1）原则上不发生履行不能的问题。与其他债不同，由于金钱具有很强的可替代性，因此，金钱之债原则上必须实际履行，违约方不得以任何理由针对守约方的履行请求作出抗辩。《民法典》第579条规定：当事人一方未支付价款、报酬、租金、利息，或者不

① 参见全国人大常委会法制工作委员会民法室：《中华人民共和国合同法及其重要草稿介绍》，150页，北京，法律出版社，2000。

② 参见郑玉波：《民法债编总论》，202页，北京，中国政法大学出版社，2004。

履行其他金钱债务的，对方可以请求其支付。从该条规定来看，其实际上赋予守约方一种继续履行的请求权，即在金钱之债中，不存在履行不能的问题，债权人可以请求债务人实际履行。

（2）即使出现了不可抗力通常也不应当免除债务人的金钱之债。一般情况下，如果在债的履行过程中发生不可抗力，导致债务人履行不能，则债务人可以因此免责。但是，对金钱之债而言，即便发生不可抗力，债务人仍应当按照债的要求履行其债务。理由在于：作为商品的一般等价物，货币是一种纯粹的可代替物，或称为特殊的种类物，具有高度的流通性，不具有任何个性，任何等额的货币价值相等可以互相代替。这就决定了金钱之债的标的即货币不可能发生不可替代的灭失，也不存在履行在经济上不合理的情况。债务人可能暂时遇到经济困难而不能交付，这也只会导致履行迟延，而不会导致履行不能，从而债务人不能援引不可抗力来免除责任。

（3）可能发生货币贬值的问题。与其他债的履行不同，金钱之债的标的物为货币，而货币的币值与经济发展状况密切相关，极易发生波动，因此，金钱之债的履行可能发生货币贬值的问题。当然，为了维护债的关系的稳定性，在货币币值出现波动时，债的关系当事人原则上仍应当按照债的要求履行债务，而不得以货币币值变动为由请求增加或者减少给付数额。同时，按照私法自治原则，当事人可以约定保值条款，即当事人可以约定，在货币币值出现变动时，债的当事人应当适当增加或者减少给付，以维持债的标的的价值。例如，在长期租赁合同中，当事人可以在合同中约定保值条款，在合同履行过程中，如果货币贬值，当事人即可依据保值条款请求增加或者减少给付。按照私法自治原则，此种协议在法律上是有效的。当然，在例外情况下，即便当事人没有订立保值条款，也应当允许当事人请求增加或者减少给付。例如，在货币币值波动较为剧烈，按照原定给付履行债务可能显失公平时，当事人可以依据情势变更原则请求适当增加或者减少原定给付的数额。

五、种类之债和特定之债

（一）种类之债和特定之债概述

种类之债是指以种类物的给付为标的的债。[①] 交易上所说的种类通常都是以物的性质等作为分类标准，包括产地（如金华火腿、道口烧鸡等）、用途（食品、药品等）、品质（如一级大米、优等混煤等）、商标（如奔驰汽车、雪花啤酒等）等。在法律上所说的种类也是以上述分类标准为基础的，并形成了所谓种类物。种类物是指具有共同特征，可以用品种、规格或数量等加以度量的物，如某种标号的水泥、某种品牌的大米等。在现代社会，产品主要采用标准化、批量化的方式生产，因此，种类物的类型逐渐多样化，种类之债的适用范围也越来越广泛。在债法中，以种类物为标的物的债就称为种类之债。

特定之债是与种类之债相对应的概念。所谓特定之债，是指以特定物的给付为标的

① 参见史尚宽：《债法总论》，238页，北京，中国政法大学出版社，2000。

的债。特定物是指具有特定的特征，不能以其他物代替的物，如某幅图画、某个建筑物等。在交易中，不动产（如房屋、土地、树木等）以及某些动产（如宠物、宝石等）具有特定性，因此只能为特定之债的标的物。在特定之债中，债务人应当按照指定的特定物履行债务，不得以其他物代替。特定之债一般包括两类：一是标的物自始特定的特定之债，即以特定物为标的物的债，例如，当事人之间订立了房屋买卖合同。二是标的物事后特定的特定之债。也就是说，在债的关系成立时，其为种类之债，但在履行前标的物特定化的，即转化为特定之债。

种类之债和特定之债是相对应的法律概念，但种类之债和特定之债也是可以互相转化的。例如，某画家乙的作品是特定物，一般是特定之债的客体，但如果甲向乙购买十幅画，并没有指定是哪十幅画，则应当在甲、乙之间成立种类之债。① 再如，在种类之债中，债务人为交付种类物而完成必要行为时，或者经债权人同意指定其应交付的标的物时，该种类之债即转化为特定之债，债务人应当以该标的物履行债务。②

（二）种类之债与特定之债的区别

种类之债和特定之债主要具有如下区别。

第一，标的物不同。种类之债以交付种类物为客体，其标的物一般是可替代物。而对特定之债而言，其标的物既可以是特定物，也可以是种类物，即便其标的物是种类物，在该种类物特定化之后，债务人原则上也只能向债权人交付该特定的标的物，而不得以交付其他同类物予以替代。

第二，成立条件不同。特定之债中，标的物是特定物，因此，债的关系成立时无须就标的物的数量、质量等作出特别约定，债务人只需要按照债的要求向债权人交付该特定物。而在种类之债中，其标的物的性质虽然确定，但标的物的数量在债的关系成立时尚未确定，而标的物的数量是债的基本内容，是债成立的基本前提，如果标的物的数量无法确定，则作为债的标的的给付也就无法确定。③ 例如，当事人仅在合同中约定购买大米，但没有约定大米的数量，如果当事人事后无法根据《民法典》第 511 条的规定确定标的物的数量，且当事人事后不能达成补充协议，则应当认定该合同因标的不确定而无法成立。

第三，是否发生履行不能不同。④ 种类物具有可替代性，即使债务人的某一部分种类物发生灭失，债务人也可以以其他物替代，或者到市场上购买替代物以代替履行。法谚云，“种类物不灭失”（genus perire non censetur）。因此，种类之债不发生履行不能。⑤ 正是因为这一原因，对种类之债的不履行可以采用实际履行的方式，债务人不能以标的物已毁损、灭失，事实上不能履行为由针对债权人实际履行的请求提出抗辩。当然，如果债务人实际履行的费用过高，则按照诚实信用原则，也应当允许债务人以损害赔偿代

---

① 参见黄立：《民法债编总论》，340 页，北京，中国政法大学出版社，2002。

② 参见郑玉波：《民法债编总论》，200 页，北京，中国政法大学出版社，2004。

③ 参见史尚宽：《债法总论》，239 页，北京，中国政法大学出版社，2000。

④ 参见张广兴：《债法总论》，129 页，北京，法律出版社，1997。

⑤ 参见郑玉波：《民法债编总论》，201 页，北京，中国政法大学出版社，2004。

替实际履行。而对特定之债而言，由于标的物是特定的，所以可能发生履行不能的问题。当然，对于标的物是种类物的特定之债而言，由于其标的物具有很强的可替代性，所以原则上也不发生履行不能的问题。在买卖合同的风险负担规则中，风险负担的转移以标的物特定化为前提。

第四，债务的履行不同。对种类之债而言，其只有在标的物特定化之后才能履行。尽管种类之债中，当事人可能只是约定交付种类物，但在其履行时，必须将种类物中作为履行标的物的部分从该种类物中分离出来，加以具体确定，否则将无法实际履行。这种分离导致种类之债的变更，即由种类之债变更为特定之债，使当事人能够履行合同，但合同的内容没有任何改变。对特定之债而言，则不存在特定化的问题，特定之债的标的物本身就是特定的，故债务的履行不需要经过特定化的程序。

（三）种类之债的成立与履行

1. 种类之债的成立

种类之债的成立除了应当具备债的成立的一般条件，还应当具备如下条件。

(1) 标的物是可替代的种类物。如前所述，所谓“种类”，是指按照一般交易观念，具有某些共同特征的一类物品。物品的共同特征越多，则该类物品越具有种类物的特点。种类物通常是可以替代的物，例如，大米、蔬菜等。如果债的标的物是特定物，则其应当属于特定之债。

(2) 标的物的数量应当确定。种类之债的标的物虽然是以种类表示，但应当有明确的数量，否则可能因标的不确定而导致债的关系无法成立。例如，在标的物为种类物的合同之债中，一般而言，当事人应当在合同成立时约定标的物的数量，否则可能因约定不明导致合同无法成立。当然，标的物数量不确定也不必然导致种类之债无法成立，当事人也可以在事后通过补充约定的方式确定标的物的数量。

(3) 标的物的质量应当确定。种类之债中，标的物的质量应当确定，如果当事人没有对标的物的质量作出约定，则应当依据《民法典》第 511 条的规定予以确定。该条第 1 项规定，质量要求不明确的，按照强制性国家标准履行；没有强制性国家标准的，按照推荐性国家标准履行；没有推荐性国家标准的，按照行业标准履行；没有国家标准、行业标准的，按照通常标准或者符合合同目的的特定标准履行。这是事后确定标的物质量的补充性规定。

在此需要讨论的是：如果种类之债的标的物质量不确定，是否影响种类之债的成立？本书认为，对此应当具体分析。标的物的质量是债的内容的重要组成部分，在种类之债中，虽然标的物并非完全特定，但当事人也应当就标的物的质量作出约定，如果当事人未约定，则应当依据《民法典》第 511 条的规定确定其质量，如能确定，则一般不应当影响合同的成立。但如果依据上述标准仍无法确定标的物质量，则可能导致种类之债无法成立。[①] 例如，乙为某粮油企业，长期出售多种品质的大米，甲向乙表示将购买 10 吨大米，但没有指定是何种品质的大米，如果依据《民法典》第 511 条的规定仍然无法确

① 参见［德］梅迪库斯：《德国债法总论》，杜景林、卢谌译，153 页，北京，法律出版社，2003。

定甲购买何种品质的大米，则该种类之债无法成立。基于这一原因，标的物质量确定应当是种类之债成立的必要条件之一。

2. 种类之债的履行

种类之债的履行以标的物的特定化为条件，种类之债的标的物一旦特定化，种类之债即转化为特定之债，当事人应当按照债的要求履行债务。在标的物特定化之后，虽然债的内容发生了一定的变化，但债的内容的同一性并不受影响，因此，原债务之上的担保等仍然有效。

（1）依当事人的约定和债权人的同意而特定。按照私法自治原则，种类之债可以依据当事人的约定和债权人的同意而特定。一方面，种类之债可以依当事人的约定而特定化；另一方面，种类之债可以依债权人的同意而特定化，即在债务人指定某物交付时，债权人事前同意或事后认可，该物就成为特定物。例如，当事人订立沙发买卖合同，买受人只是指出了沙发的品牌、型号等，没有指定要哪一个沙发，如果出卖人将某沙发包装后的图片发给买受人看，买受人表示同意，则该套沙发便已经特定化。

（2）依债务人的行为而特定。如果当事人在合同中没有约定使标的物特定化的方法，就应当由债务人在履行时将种类物的一部分分离出来，并予以交付。在债务人交付标的物的行为完成后，标的物也已特定化，此时种类之债就转化为特定之债。关于债务人的行为达到何种程度标的物才能特定化，本书认为，在当事人没有约定的情形下，只有债务人将标的物同其他种类物分离，并且通知债权人的，标的物才能特定化。

在种类之债的标的物特定化以后，种类之债已经转化为特定之债，债务人应当向债权人交付特定的标的物。例如，当事人甲、乙只是在合同中约定购买100吨的混煤，而山西混煤在性质上属于种类物，其既包括普通混煤，也包括优质混煤，当事人在合同订立时并没有明确给付特定的混煤，因此，在当事人之间应当成立种类之债。但后来卖方乙将混煤确定，并由买方甲现场确认。此种情况既属于依债务人的行为而确定标的物，也属于依债权人的同意而确定标的物。此时，既然标的物已经确定，则该种类之债转化为特定之债，乙应当按照约定向甲交付甲指定的混煤，然而，乙只向甲交付普通混煤，显然违反了合同约定，乙应当向甲承担违约责任。

问题在于：在种类之债的标的物特定化以后，当事人能否对已经特定化的标的物进行变更？本书认为，既然已经转化为特定债权，原则上不应该允许变更。但在种类之债中，当事人以何种标的物履行债务，应当属于当事人意思自治的范畴，因此，即便种类之债已经特定化，债的双方当事人也可以通过协商变更标的物。

第四节　债的法律适用

一、债法的概念

债法又称为债权法、债务关系法，它是指调整债权债务关系的法律规范的总称。在《德国民法典》制定之前，学者一般使用“债权法”的称谓，以突出债权（Forderung）

的概念。但《德国民法典》将债编称为“债务关系编”。此种称谓表明，其是从债务人视角而非债权人视角来规范债的关系的。[①]《日本民法典》将债编称为“债权编”，此种称谓凸显了债权的意义，从而符合权利本位的理念。本书认为：无论是将债法称为“债权法”还是将其称为“债务关系法”，都并不十分妥当。虽然债权和债务是相互对立的，但两者毕竟又具有相应性，债权毕竟对应着债务，反之亦然。所以，将其称为“债法”突出了债法的包容性，无论是债权还是债务，都可以被涵盖在其中。

债法是以债的关系为其调整对象的，此种关系是指特定人之间请求为一定行为或不为一定行为的关系。[②] 债的关系主要是特定当事人之间以给付为内容的关系。这种给付关系，从债权人的角度来看，是请求的权利，而从债务人的角度来看，是给付的义务。通常来说，债的关系当事人之间互负给付义务，因此，债主要是交易关系的体现。给付的典型形态是交付财产和提供劳务，但也可以包括履行协助、通知等附随义务的行为。此外，如果对某种不作为义务的价值也可以用金钱来衡量，那么其在性质上也应当属于给付。例如，企业高管的竞业禁止义务具有财产性，一旦违反，会造成公司的财产损失，因此，其属于财产给付的范畴。从规范的构成来看，各国或地区之民法都规定了有关债的发生、债的效力、债的移转、多数人之债、债的消灭等债法总则的一般规范，以及各种具体类型债和具体合同的规范，由此构建了一个内容大体相同的债法规范体系。[③]

二、债的法律适用的类型

（一）因合同产生的债的法律适用

因合同产生的债，适用《民法典》合同编的规则。《民法典》第 463 条规定，“本编调整因合同产生的民事关系”。依据该条规定，对因合同产生的债的关系而言，应当适用合同编的规定。当然，依据《民法典》第 11 条的规定，其他法律对民事关系有特别规定的，依照其规定。因此，如果特别法对合同关系作出了特殊规定（如《旅游法》对旅游服务合同作出了规定），应当优先适用特别法的规定，只有在特别法没有对相关的合同关系作出规定时，才适用《民法典》合同编的一般规定。

因合同产生的债的法律适用，涉及《民法典》合同编中的“通则”和“典型合同”的关系。这两部分也是一般规范和特别规范的关系。因此，在涉及具体合同的法律适用时，应当首先适用“典型合同”部分所规定的特别规范。

（二）非因合同产生的债的法律适用

所谓非合同之债，又称法定之债，是指因法律规定而在当事人之间产生的债权债务关系。其主要包括不当得利之债、无因管理之债、侵权损害赔偿之债等。《民法典》第

---

① 参见杜景林：《德国债法总则新论》，1 页，北京，法律出版社，2010。

② 参见王泽鉴：《民法学说与判例研究》，第 4 册，85 页，台北，作者自版，1979。

③ 参见柳经纬：《我国民法典应设立债法总则的几个问题》，载《中国法学》，2007（4）。

468条规定：非因合同产生的债权债务关系，适用有关该债权债务关系的法律规定；没有规定的，适用本编通则的有关规定，但是根据其性质不能适用的除外。该条扩张了《民法典》合同编“通则”的适用范围，使《民法典》合同编“通则”不仅在合同编发挥作用，同时发挥债法总则的功能。

1. 对非合同之债适用有关该债权债务关系的法律规定

在《民法典》没有设置债法总则的情形下，为妥当规定各类法定之债（如不当得利、无因管理等）的规则，《民法典》合同编借鉴英美法和法国法上“准合同”的概念，单设第三分编，对各类法定之债的规则作出规定，并将其置于合同编最后。所谓准合同，是指类似于合同的债的关系。[①] 准合同的概念起源于罗马法，盖尤斯认为，不当得利、无因管理也在一定程度上体现了当事人的意思，因此是类似于合同的债的关系。[②] 这一观点后来被法国法和英美法吸收。《民法典》在合同编设置了分编“准合同”，因此，不当得利、无因管理的相关规则也被纳入合同编中调整。此外，《民法典》第499条规定的悬赏广告，作为单方行为受到《民法典》合同编“通则”的调整。《民法典》合同编要发挥债法总则的功能，就必须在一般规定中对非因合同产生的债权债务关系进行规定。

依据《民法典》第468条的规定，非因合同产生的债权债务关系，如不当得利、无因管理，首先要适用准合同的规定；再如侵权之债，首先要适用有关该债权债务的法律规定。这就是说，对不当得利、无因管理首先要适用准合同的规则，对悬赏广告首先要适用《民法典》第499条的规定，对侵权损害赔偿之债要适用《民法典》侵权责任编的规定。例如，违反安全保障义务的行为作为侵权责任中的特殊侵权形态，首先适用《民法典》侵权责任编关于违反安全保障义务的责任，但如果当事人之间就安全保障义务的内容事先作出了约定，一方违反该约定后如何确定违约责任？由于《民法典》侵权责任编没有具体规定，则可以适用《民法典》合同编的相关规定。之所以要适用特别法律的规定，一方面是因为，这些债的关系是法定之债，与合同之债这种意定之债不同，例如，不当得利、无因管理虽然与合同类似，但并非合同关系；另一方面是因为经过法律的发展，不当得利、无因管理等已经形成了自身特殊的规则，应当优先适用其自身的规则。此外，还应当看到，不当得利、无因管理等虽然被放在准合同部分，但与《民法典》合同编的“通则”相比，其也属于特别规定，应当优先适用。再如，对于错误给付等准合同之债，也要先适用《民法典》合同编中关于不当得利的规定，只有在没有特别规定时，才能适用《民法典》合同编“通则”的规定。

2. 如果没有特别规定，对非合同之债适用《民法典》合同编“通则”的规定

严格地说，非因合同产生的债权债务关系一般不涉及典型合同的相关规则，因为其并非因为合同而产生，也没有以具体合同关系为前提。如果存在基础合同关系，其就不

---

① 参见李世刚：《中国债编体系构建中若干基础关系的协调》，载《法学研究》，2016（5）。

② 参见丁超：《论准契约的基本问题》，载费安玲主编：《学说汇纂》，第3卷，68页，北京，知识产权出版社，2011。

再属于非因合同产生的债权债务，因此《民法典》合同编中“典型合同”的规定原则上并不能适用于非因合同产生的债权债务关系。但是，在没有特别规定的情形下，依据《民法典》第468条的规定，也可以适用《民法典》合同编的规定。主要理由在于：一方面，非合同之债中的一些类型与合同关系十分密切，类似于合同关系。例如，在无因管理中，无因管理与委托合同关系密切，内容都是在管理他人事务，因此，关于无因管理的规则可能要适用委托合同的规定。正是基于这一原因，《民法典》第984条规定：管理人管理事务经受益人事后追认的，从管理事务开始时起，适用委托合同的有关规定。但是管理人另有意思表示的除外。除这种情况外，非因合同产生的债权债务关系一般不涉及有名合同规则的问题。另一方面，即便是在《民法典》侵权责任编中，有些债的关系也涉及债的履行、保全等债的共通性规则的适用，而从《民法典》合同编的规定来看，这些债的一般性规则是被规定在合同编之中的，因此，对非合同之债也有适用合同编之“通则”的可能。例如，侵权损害赔偿之债也可能有抵销、清偿抵充、保全，甚至特定情形下的转让等问题，由于侵权损害赔偿在性质上仍然属于一种债的关系，只不过是因侵权行为而产生，故在发生抵销、清偿抵充、保全，甚至转让等问题时，也可以准用《民法典》合同编“通则”规定的规则。《民法典》第468条为对侵权损害赔偿之债适用债的一般规则提供了法律依据。

关于《民法典》合同编“通则”可以适用于非合同之债的规则，《民法典》的规定中存在一定的标志。如果条文中使用的是“债”、“债权”或者“债务”，则意味着该条能够适用于合同之外的其他债。但如果条文中使用的是“合同”、“合同的权利”或者“合同的义务”，则意味着该条仅能适用于合同之债。

需要指出的是，并非对所有的非合同之债都能够适用《民法典》合同编“通则”的规定。《民法典》第468条规定，非因合同产生的债权债务关系，适用有关该债权债务关系的法律规定；没有规定的，适用本编通则的有关规定，但是根据其性质不能适用的除外。据此，就需要根据非因合同产生的债权债务关系的性质来确定能否适用《民法典》合同编“通则”的规定，即有必要对非因合同产生的债权债务进行区分，依据其性质来确定能否适用《民法典》合同编的“通则”。所谓依据其性质来确定，也就是说，要判断依据非因合同产生的特定的债权债务关系与合同编“通则”的相关规则和性质是否存在冲突，是否存在本质差异，若存在，则不能适用《民法典》合同编“通则”的规定。例如，侵权责任法中有关侵害生命权、健康权的法定损害赔偿，其赔偿范围、赔偿项目等是法律明确规定的，不能适用《民法典》合同编“通则”的规定。但是，与其性质并不矛盾和冲突的《民法典》合同编的规则，可以适用。

对有些债的关系而言，需要区分其内容来分别确定能否适用《民法典》合同编“通则”的规定，如果其内容属于债的一般规则调整的范围，则通常可以适用《民法典》合同编“通则”的规定，但如果其内容属于特有规则调整的范围，不适用债的一般规则，则无法适用《民法典》合同编“通则”的规定。例如，就共同侵权而产生的债的关系而言，其责任构成是法定的，但行为人的对外连带责任、对内按份责任是特定的，可以适用《民法典》合同编“通则”的规定。

问题与思考

1. 简述债的概念及特征。
2. 试述债务与责任的关系。
3. 简述单一之债与多数人之债的区别。
4. 简述按份之债和连带之债。
5. 简述选择之债和简单之债。
6. 简述金钱之债与非金钱之债。
7. 试述非因合同产生的债的法律适用。

第三十一章
合同与合同法导论

本章概要

合同是当事人之间设立、变更、终止民事关系的协议。合同法主要规范合同的订立、效力、履行、保全、变更、转让、消灭、违反合同的责任等问题。合同法的基本原则是合同自由原则、诚实信用原则、合法原则和鼓励交易原则。

第一节 合同的概念与特征

一、合同的概念

合同也称契约。英文中的“contract”，法文中的“contract”或“pacte”，德文中的“Vertrag”或“Kontrakt”，意大利文中的“Contractto”，都表示合同，而这些用语又都来源于罗马法中的合同概念“Contractus”①。然而，关于究竟应如何给合同下定义，在大陆法系和英美法系一直存在不同的看法。大陆法系学者基本上认为合同是一种合意或协议，而英美法系学者大都认为合同是一种允诺。

合同是反映交易的法律形式，它反映的是等价交换的基本原则。在我国，千百年来契约的含义基本上仍保持了“合意”和“拘束”的含义。根据一些学者的考证，在我国，“合同”一词早在两千多年前即已存在，但一直未被广泛采用。② 古代汉语中的“契”，在古代同“锲”，即用刀子刻的意思；“约”，“缠束也”。该词“反映了远古时代刻木为信、结绳记事的遗风”③。以后衍生出“合意”的意思。《说文解字》中说，“券，契也……券

① 据学者考证，“Contractus”一词由“con”和“tractus”两部分组成。“con”由“cum”转化而来，有“共”的意思，“tractus”有交易的意思，因此，合同的本义为“共相交易”。参见王家福主编：《中国民法学·民法债权》，286页，北京，法律出版社，1991。

② 参见周林彬主编：《比较合同法》，79页，兰州，兰州大学出版社，1989。

③ 叶孝信主编：《中国民法史》，62页，上海，上海人民出版社，1993。

别之书，以刀判契其旁，故曰契券”。《辞源》说：“合同即指契约文书。当事人订立一个‘约’，表示他们愿意受其约束”。“契”和“约”的基本含义就是“合意”“约束”。古代最典型的两种契约形式“质剂”和“傅别”，都表达了相同的含义。① 在1949年以前，我国民法著述中都使用“契约”而不使用“合同”一词。自20世纪50年代初期至现在，除我国台湾地区之外，我国的民事立法和司法实践主要采用了合同而不是契约的概念。②我国民事立法在合同定义上，基本继受了大陆法系的概念，认为合同是一种合意或协议。《民法典》第464条第1款规定：合同是民事主体之间设立、变更、终止民事法律关系的协议。根据这一规定，合同具有以下特点。

（1）合同是平等主体的自然人、法人和非法人组织所实施的一种民事法律行为。民事法律行为作为一种最重要的法律事实，是民事主体实施的，能够引起民事权利和民事义务的产生、变更或终止的合法行为。由于合同是一种民事法律行为，因而民法关于民事法律行为的一般规定，如民事法律行为生效的要件、民事法律行为的无效和撤销等，均可适用于合同。此外，合同在本质上属于合法行为，只有在合同当事人所作出的意思表示符合法律要求的情况下，合同才具有法律约束力。如果当事人作出违法的意思表示，即使当事人达成合意，也不能产生法律拘束力。

（2）合同以设立、变更或终止民事权利义务关系为目的和宗旨。民事法律行为是以达到行为人预期的民事法律后果为目的的行为，对合同而言，这种预期的民事法律后果就是设立、变更、终止民事权利义务关系。所谓设立民事权利义务关系，是指当事人订立合同旨在形成某种法律关系（如买卖关系、租赁关系），从而具体地享受民事权利、承担民事义务。所谓变更民事权利义务关系，是指当事人通过订立合同使原有的合同关系在内容上发生变化，它通常是在继续保持原合同关系效力的前提下变更合同内容。所谓终止民事权利义务关系，是指当事人订立合同的目的在于消灭原合同关系。无论当事人订立合同旨在达到何种目的，只要当事人达成的协议依法成立并生效，就会对当事人产生法律效力，当事人可以基于合同约定享有权利，但也应当按照约定履行义务。

（3）合同的成立需要当事人意思表示达成一致。合同又称协议，相当于英美法上的“agreement”。“协议”一词在民法中也可以指当事人之间形成的合意。③ 实际上，“协议”一词常常也就是指“合意”。大陆法系学者通常用“意思表示一致”或“合致”的表述来概括这种合意。④ 任何合同都必须是订约当事人意思表示一致的产物。由于合同是合意的结果，因而它必须包括以下要素：第一，合同的成立必须要有两个以上的当事人。第二，

① “质剂”一词最初见于《周礼·天官冢宰·小宰》——“听卖买以质剂”，可见，“质剂”是中国最古老的买卖契约。所谓“质剂”，就是“两书一札同而别之者，谓前后作二券，中央破之，两家各得其一”（贾公彦《疏》）。合在一起，称为“合同”。古代契约还有另外一种形式，称为“傅别”。据《周礼·天官冢宰·小宰》记载，“听称责以傅别”。它是古代最早的借贷契约。此种契约形式是指在竹木简上书写双方协议内容，然后在简中间剖开，双方各执一半，要“合券”才能读通，而“合券”实际上就是合同。

② 当然，从法律上看，合同和契约也是存在区别的，契约常常指双方法律行为，而且强调双方意思表示的对立性，而合同主要指多方法律行为，其主要强调各方意思表示方向的一致性。

③ 参见梁慧星：《民法学说判例与立法研究》，242～243页，北京，中国政法大学出版社，1993。

④ 参见上书，243页。

各方当事人须作出意思表示。这就是说，当事人各自从追求自身的利益出发而作出某种意思表示。第三，双方的意思表示达成一致，也就是说当事人达成了一致的协议。第四，当事人必须在平等、自愿的基础上进行协商，形成合意。如果不存在平等、自愿，也就没有真正的合意。合同是由作为平等主体的自然人、法人或非法人组织所订立的，因此，订立合同的主体在法律地位上是平等的，任何一方都不得将自己的意志强加给另一方。合同是反映交易的法律形式，而任何交易都要通过交易当事人的合意才能完成，所以合同必须是当事人协商一致的产物或意思表示一致的协议。总之，合同是作为平等主体的自然人、法人及非法人组织之间设立、变更、终止民事权利义务关系的协议，是一种发生民法上效果的合意。

二、有关身份关系的协议的法律适用

所谓有关身份关系的协议，是指基于身份关系而订立的不以交易为主要内容的协议。这些协议虽然也是当事人设立、变更、终止民事权利、义务的协议，但其不是具有平等、等价有偿属性的民事合同，与市场经济活动存在本质的区别，此类协议是以身份关系的取得和变更为内容的协议。具体而言，有关身份关系的协议主要有如下几种：一是婚姻关系中的协议。婚姻本身不是合同，不能直接适用《民法典》合同编的规定，但婚姻关系中也涉及一些协议，如婚前协议、分家析产协议、离婚协议等，在法律对身份关系没有特别规定的情形下，可以准用《民法典》合同编的规定。二是收养协议。收养本身在性质上并不是民事合同，因此对收养关系应当适用《民法典》婚姻家庭编的规定，一般不适用合同编的规定，但有关收养协议的要约、承诺，收养协议的效力等，在没有特别规定的情形下，可以准用《民法典》合同编的相关规定。三是监护协议。在《民法典》中，有关的监护协议主要是成年人监护协议。在关于此类协议发生纠纷以后，如果法律对身份关系没有特别规定，也可以准用《民法典》合同编的规定。四是其他有关身份关系的协议，如《民法典》继承编规定的遗赠扶养协议等。应当看到，随着社会生活的发展，有关身份关系的协议也在不断发展，法律上很难全面列举。

《民法典》第464条第2款规定：婚姻、收养、监护等有关身份关系的协议，适用有关该身份关系的法律规定；没有规定的，可以根据其性质参照适用本编规定。依据这一规定，对于婚姻、收养、监护等有关身份关系的协议，可以根据其性质参照适用《民法典》合同编的规定，因为针对有关婚姻、收养、监护等有关身份关系的协议的履行、变更、解除，特别是违约责任等问题，身份法通常并没有作出专门规定，在当事人就上述问题发生纠纷后，法官在裁判时通常无法可依，如果不参照适用《民法典》合同编的规定，则很难确定法律适用的规则。

该规定包括了如下两层含义：

第一，对于婚姻、收养、监护等有关身份关系的协议，首先应当适用有关身份关系的法律规定，这是特别法优先于一般法这一原则的必然要求。有关身份关系的法律规定虽然就身份关系而言属于一般规范，但是其中关于婚姻、收养、监护等有关身份关系的协议的规定相较于合同规范而言则是特别规范。如果身份法上具有特别的规则，那么首先应当适用身份法上的相关规定，如关于夫妻婚内财产制的约定以及离婚财产分割等，《民法典》婚姻家庭编已经包含了一些规则，这些规则应当优先于《民法典》合同编的规则适用。只有在身份法中没有规定的情况下，才能依据其性质准用《民法典》合同编的规则。

第二，在有关身份关系的法律规范中没有规定时，应当依据该协议的性质，参照适用《民法典》合同编的规定。这一规定意味着有关身份关系的协议可以参照适用《民法典》合同编的规定。例如，对意定监护协议在没有特别规范的情形下可以适用委托合同的规定，对夫妻间的赠与可以适用赠与合同的规定。同时，还需要依据该协议的性质来判断能否参照适用《民法典》合同编的规定，对于性质上不能适用的不能参照适用，例如，对于家事代理行为，就不能适用委托合同中的任意撤销权规则。

如何理解根据性质参照适用《民法典》合同编的规定？这就是说，对于合同规则在有关身份关系的协议中的适用，应当对不同的有关身份关系的协议分别考虑，根据相关协议中身份性的强弱分别确定。基于上述区分标准，可以将有关身份关系的协议区分为三类：第一类是纯粹的有关身份关系的协议，例如，结婚协议、离婚协议等。此类协议具有明确的人身性质，与合同法中的合同具有本质上的区别，原则上不适用《民法典》合同编的规定。例如，婚姻关系是典型的人身关系，不是合同关系，自不能适用《民法典》合同编的规定。第二类是基于身份关系作出的与财产有关的协议。例如，夫妻双方订立的婚内财产制协议和离婚中财产分割协议等，这类协议是基于身份关系作出的关于财产的约定，可以参照适用《民法典》合同编的规定。[①] 当然，在确定是否可以适用《民法典》合同编的相关规定时，也要先具体确定该协议之身份性的强弱。第三类是纯粹的财产协议。这类协议虽然可能与身份关系有关，但是在性质上仍然属于财产协议，因而可以适用《民法典》合同编的规定。例如，夫妻间的赠与协议，虽然赠与发生于夫妻之间，但是不影响赠与合同的性质，因此，也应当适用《民法典》合同编的规定。再如，遗赠扶养协议，虽然具有一定的身份属性，但主要还是以财产为内容。

如何理解参照适用？参照适用就是“准用”（entsprechende Anwendung），准用是指法律明确规定特定法律规定可以适用于其他的情形。准用“乃为法律简洁，避免复杂的规定，以明文使类推适用关于类似事项之规定”[②]。如此规定，即为弥补身份权立法规定的不足，同时，也简化法律规定以避免重复。在法律适用中，法官首先应当穷尽现有的规则，在穷尽现有规则的情形下，才能通过该准用条款，参照适用《民法典》合同编的规定。

最后需要指出的是，参照适用的范围既包括当事人设立民事权利义务关系的协议，也包括当事人变更、终止民事权利义务关系的协议。变更民事权利义务关系，是指当事人通过订立合同修改原有的合同关系的内容。终止民事权利义务关系，是指当事人通过订立合同消灭原来存在的合同关系。

---

① 参见王雷：《婚姻、收养、监护等有关身份关系协议的法律适用问题——〈合同法〉第2条第2款的解释论》，载《广东社会科学》，2017（6）。

② 史尚宽：《民法总论》，51页，北京，中国政法大学出版社，2000。

第二节 合同关系

一、合同关系的构成

合同是发生在当事人之间的一种法律关系。由于合同在本质上是一种合意的关系，这种合意关系既可以通过口头证据加以证明，也可以通过书面证据加以证明，因此，合同与能够证明协议存在的合同书是不同的。合同书和其他有关合同的证据一样，都只是用来证明合同的存在及合同的内容的证据，但其本身不能等同于合同，也不能认为只有合同书才有合同关系的存在。

合同关系和一般民事法律关系一样，也是由主体、内容和客体三个要素组成的。

（一）合同关系的主体

合同关系的主体又称为合同的当事人，包括债权人和债务人。债权人有权请求债务人依据合同和法律的规定履行义务，而债务人则应依据合同和法律的规定履行实施一定行为的义务。当然，债权人与债务人的地位是相对的，双务合同关系中双方互为债权人和债务人。合同关系的主体都是特定的，债权人只能向特定的债务人基于合同提出请求，合同债权也只能对抗特定的债务人。正是因为这一原因，合同债权又称为“对人权”，它与能够对抗一切不特定的第三人的物权是有区别的。

（二）合同关系的内容

合同关系的内容包括基于合同而产生的债权和债务，又称合同债权和合同债务。《民法典》第 118 条第 2 款规定，债权是因合同、侵权行为、无因管理、不当得利以及法律的其他规定，权利人请求特定义务人为或者不为一定行为的权利。所谓合同债权，是指债权人依据合同的约定以及法律的规定而享有的请求债务人为一定行为的权利。合同债权在本质上是一种请求权，而不像物权那样是一种支配权，因为债权人一般不是直接支配一定的物，而是请求债务人依照债的规定为一定行为。例如，买卖合同中约定，出卖人应于某年某月交货，在交货期到来之前，买受人只是享有请求出卖人在履行期到来后交付货物的权利，而不能实际支配出卖人的货物。也就是说，买受人只享有债权而不享有物权。只有在交货期到来后出卖人实际向买受人交付了货物，买受人占有了货物，才能够对该货物享受实际的物权。当然，除请求权外，合同债权还具有代位权、撤销权等法定的权能。

合同债务是指债务人所承担的义务，即债务人向债权人为特定行为的义务。合同债务根据不同的标准有不同的种类，如主要义务和次要义务、给付义务和附随义务、明示义务和默示义务等。无论何种义务，债务人都应按照法律规定和合同约定履行。

（三）合同关系的客体

合同关系的客体为合同债权与合同债务所共同指向的对象。合同债权的客体是行为，即债务人应为的特定行为。

二、合同关系的相对性

（一）合同关系相对性的概念和内容

合同关系的相对性在大陆法中被称为“债的相对性”，它是指合同主要在特定的合同当事人之间发生，合同当事人一方只能基于合同向与其有合同关系的另一方，通常不能向与其无合同关系的第三人提出合同上的请求，也不能擅自为第三人设定合同上的义务。《民法典》第465条第2款规定，依法成立的合同，仅对当事人具有法律约束力，但是法律另有规定的除外。这就确认了合同相对性规则。根据合同相对性规则，只有合同当事人才能享有基于合同所产生的权利，并承担根据合同所产生的义务；当事人一方只能向对方行使权利并要求其承担义务，不能请求第三人承担合同上的义务，第三人也不得向合同当事人主张合同上的权利和承担合同上的义务。在这个意义上说，合同原则上不具有对第三人的拘束力。

合同关系的相对性与物权的绝对性相对应，两者不仅确定了债权与物权的一项区分标准，而且在此基础上形成了债权法与物权法的一些重要规则。例如，合同债权具有相对性，仅发生在特定的当事人之间，并不具有公开与公示的特点，也不具有对抗第三人的效力。而物权作为一种绝对权，具有社会公开性，因而，物权变动必须要公示。

合同相对性规则主要包含如下三个方面的内容。

1. 合同主体的相对性

所谓合同主体的相对性，是指合同关系只能发生在特定的主体之间，只有合同当事人一方能够向合同的另一方当事人基于合同提出请求或提起诉讼。具体来说，一方面，由于合同关系仅发生在特定的当事人之间，因而只有合同关系当事人彼此之间才能相互提出请求，与合同关系当事人没有发生合同上的权利义务关系的第三人不能依据合同向合同当事人提出合同上的请求或提起诉讼。另一方面，合同一方当事人只能向另一方当事人提出合同上的请求或提起诉讼，而不能向与其无合同关系的第三人提出合同上的请求或提起诉讼。例如，甲、乙订立买卖合同后，甲委托丙向乙送货，结果因为丙的原因货物毁损。此时，乙只能请求甲承担违约责任。由于乙、丙之间并不存在合同关系，乙无权请求丙承担违约责任。

2. 合同内容的相对性

所谓合同内容的相对性，是指除法律另有规定或者合同另有约定外，只有合同当事人才能享有合同债权并承担合同义务，合同当事人以外的任何第三人都不能主张合同上的权利。在双务合同中，合同内容的相对性还表现在一方的权利就是另一方的义务，权利、义务是相互对应的，权利人的权利须依赖义务人履行义务的行为才能实现。

从合同内容的相对性可以引申出如下几项规则：

第一，合同规定由当事人享有的权利，原则上不能由第三人享有；合同规定由当事人承担的义务，一般也不能对第三人产生拘束力。

第二，合同当事人无权为他人设定合同上的义务。一般来说，权利会对主体带来一定利益，而义务会为义务人带来一定负担或使其蒙受不利益。如果合同当事人为第三人设定权利，法律可以推定，此种设定是符合第三人意愿的。但合同当事人如果为第三人设定义务，则只有经第三人同意后，才能对第三人发生效力，否则第三人并不受该条款的拘束。

第三，合同权利与义务主要对合同当事人产生约束力。但法律为防止因债务人的财产的不当减少而给债权人的债权带来损害，允许债权人对债务人和第三人的某些行为行使撤销权及代位权，以保护其债权。这两种权利的行使都涉及合同关系以外的第三人，并对第三人产生法律上的拘束力，因此，合同的保全也可以被看作是合同相对性规则的例外。

3. 违约责任的相对性

合同义务的相对性必然决定了违约责任的相对性。所谓违约责任的相对性，是指违约责任只能在特定的当事人之间即有合同关系的当事人之间发生，合同关系以外的人不负违约责任，合同当事人也不对其承担违约责任。即使是第三人的行为导致债务不能履行，债务人仍应向债权人承担违约责任，债务人在承担违约责任以后有权向第三人追偿。《民法典》第593条明确规定："当事人一方因第三人的原因造成违约的，应当依法向对方承担违约责任。当事人一方和第三人之间的纠纷，依照法律规定或者按照约定处理。"当然，如果第三人的行为已直接构成侵害债权，则债权人有权请求该第三人承担侵权责任。

（二）合同相对性规则的例外

在法律具有特别规定的情形下，合同也可以产生对第三人的效力。依据《民法典》第465条第2款的规定，依法成立的合同，仅对当事人具有法律约束力，但是法律另有规定的除外。依据该条的规定，合同相对性的例外只有通过法律规定的方式才能发生，单纯有当事人的意思并不能使合同对当事人之外的人产生效力。法律作出这一规定的主要理由在于：一方面，合同是当事人之间的约定，只能在当事人之间产生效力。法律行为的原理要求，只有作出意思表示的人才能受意思表示的约束。另一方面，出于保护第三人的考量，双方当事人为他人设定合同义务应当是一概被否定的，但如果双方当事人为第三人设定权利，或者履行债务对债权人有利（如债务的加入）等，虽然同样符合保护第三人的目的，但也应该经由法律明确认可。同时，《民法典》也对第三人的拒绝权作出了规定。所以，合同在当事人之外发生效力，仅仅有双方当事人的约定是不够的。诸如债务加入、利益第三人合同也是基于法律的规定才能对第三人发生效力。

另外，《民法典》第465条第2款仅规定了法律另有规定的除外，而未规定当事人另有约定的除外。所谓"法律另有规定"，主要包括以下几种情形：一是利益第三人合同。它是指合同当事人约定由债务人向合同当事人之外的第三人作出给付，该第三人即因此取得直接请求债务人作出给付的权利的合同。[①]《民法典》第522条第2款对此作出了规定。二是合同的保全，包括债权人代位权和撤销权。债权人行使这些权利时，也会对第三人产生效力。三是建设工程合同对第三人的效力。《民法典》第791条第1款、第2款

① Vgl. MüKoBGB/Gottwald，8. Aufl.，2019，BGB § 328 Rn. 1.

对此作出了规定。四是运输合同对第三人的效力。《民法典》第 830 条作出了规定。

上述法律规定都表明了合同对第三人所产生的效力。严格地说，按照合同相对性的原理，合同对第三人产生效力只是合同相对性的例外，然而，这种例外情况必须要由法律明确作出规定。也就是说，合同能否对第三人产生效力、产生何种效力，不应当由合同当事人决定，更不能由债权人单方决定，而应当由法律明确作出规定，因为合同的效力本质上就是法律所赋予的，法律既可以赋予合同对当事人双方的拘束力，也可以赋予合同在特殊情况下对第三人的拘束力。

第三节　合同的分类

一、典型合同与非典型合同

根据法律上是否规定了一定合同的名称，可以将合同分为典型合同与非典型合同。

典型合同又称有名合同，是指法律上已经确定了一定的名称及规则的合同。《民法典》合同编第二分编规定了 19 种典型合同：买卖合同，供用电、水、气、热力合同，赠与合同，借款合同，保证合同，租赁合同，融资租赁合同，保理合同，承揽合同，建设工程合同，运输合同，技术合同，保管合同，仓储合同，委托合同，物业服务合同，行纪合同，中介合同，合伙合同。除合同编之外，《民法典》的其他编也规定了一些典型合同，如物权编规定的建设用地使用权出让合同、土地承包经营合同、抵押合同、质押合同等。此外，特别法也规定了一些合同类型，如保险法中规定的保险合同、旅游法中规定的旅游合同等。这些法律所规定的合同都是典型合同。法律上规定典型合同的主要意义在于：规范合同关系的内容，指导当事人正确订约。对于典型合同的内容，法律通常设有一些规定，但这些规定大多为任意性规范，当事人可以通过其约定改变法律的规定。也就是说，法律关于典型合同之内容的规定主要是为了规范合同的内容，以任意性的规定弥补当事人约定的不足。除合同的必要条款必须要由当事人约定以外，其他非必要条款，如履行时间、履行地点、危险负担等方面的问题，如果当事人未作出约定，则可以适用法律关于典型合同的规定。可见，典型合同的规则并非要代替当事人订立合同，而是辅助当事人完善合同的内容。

所谓非典型合同又称无名合同，依据《民法典》第 467 条的规定，是指“本法或者其他法律没有明文规定的合同”。此处的法律未明文规定是指《民法典》合同编与其他法律均没有明文规定的合同；其他法律是指《民法典》其他编和《民法典》之外的特别法两种。简单地说，非典型合同就是法律没有明文规定的合同，依其内容构成可分为三类：第一类是纯粹的无名合同，又称狭义的非典型合同，即以法律完全无规定的事项为内容的合同，或者说，合同的内容不属于任何有名合同的事项。例如，瘦身美容、企业咨询等现代新型合同，这些合同的内容并没有规定在现行法律之中。第二类是混合无名合同，即合同中可能同时包含多个典型合同的内容，从而使其难以被简单归入某个典型合同之中。简言之，即双方当事人互负属于不同类型之主给付义务，学说上称之为“二重典型合同”或“混血儿合同”[①]。例如，在租赁房屋时承租人以提供劳务代替交付租金的合同，该合同的内容由不同的有名合同的事项构成。再如，一方提供住宿，另一方帮助看管、维护房屋的合同，也属于混合合同。第三类是准混合合同，即在一个有名合同中涉及一些法律没有规定的非典型合同的内容。[②] 与混合合同不同，准混合合同仅涉及典型合同与非典型合同的混合，而不涉及多个典型合同内容的混合。这种合同内容的一部分属于典型合同，另一部分不属于任何典型合同，如一方提供劳务、另一方提供企业经营咨询服务的合同。此外，还有一种情形是当事人在订立合同时，对民法中的典型合同作相反的特别约定，如买卖合同中当事人双方约定以劳务代替价款的支付等。[③] 这种非典型合同的法律适用较为简单，其效力视其变更的条款是否属于强行法而定，如果违反了强行法的规定，则应当认定无效。除上述各种类型外，非典型合同还有很多新的形式，这也是交易发展的必然结果。

原则上说，《民法典》并不禁止当事人订立非典型合同。《民法典》合同编关于典型合同的规定，并不是要代替当事人订立合同，也不是要求当事人按照典型合同的规定来订立合同，只是在合同没有特别约定或者约定不明确的情况下，才予以适用。按照合同自由原则，当事人完全可以在合同中约定各种非典型合同，只要当事人的约定不违反法律法规的强行性规定和公序良俗，就应当承认其效力。在这一点上，《民法典》合同编与物权编是不同的。《民法典》物权编对物权的类型采取“物权法定原则”，如果当事人设立某项权利不符合物权法规定的类型，则不能形成物权；但合同编完全允许当事人在法律规定的典型合同之外确立各种非典型合同。这是合同自由的固有含义。非典型合同只要不违反法律、行政法规的强制性规定和公序良俗，原则上都是有效的。

《民法典》合同编也为非典型合同的法律适用设置了相应的规则。依据《民法典》第467条的规定，非典型合同可以适用或参照适用三种规则：一是适用《民法典》合同编“通则”的规定；二是参照适用《民法典》合同编关于典型合同的规定，即参照适用合同编之分则的规定；三是参照适用其他法律最相类似合同的规定，例如，于货物的互易合同可以参照买卖合同的规定，于以提供劳务换取旅游服务的合同则可以参照适用《旅游法》中关于旅游合同的规定。《民法典》第467条规定：本法或者其他法律没有明文规定的合同，适用本编通则的规定，并可以参照适用本编或者其他法律最相类似合同的规定。此处所说的“最相类似”的规定，是指从合同的性质来看，待决案件中的合同与合同编之分则中某典型合同具有最相类似的特点。问题在于：此时究竟应当优先适用《民法典》合同编“通则”的规定，还是优先参照适用合同编中分则的相关规定？本书认为，在此情形下，主要应当考虑哪个规则与案件中的事实具有最密切的联系，联系越密切，就应当优先考虑适用。例如，如果相关争议涉及债务承担，则应当适用《民法典》合同编“通则”的规定，需要债权人与原债务人达成协议。再如，就包价旅游合同而言，依据《旅游法》第58条的规定，该协议必须采用书面形式。该条规定显然与《民法典》合同编

① 詹森林：《民事法理与判决研究》，121页，台北，作者自版，1998。

② 参见周林彬：《比较合同法》，127页，兰州，兰州大学出版社，1989。

③ 参见詹森林：《民事法理与判决研究》，120页，台北，作者自版，1998。

“通则”中关于形式要件的一般规则不同。因此，如果非典型合同与旅游合同最为类似，则应当优先适用该规则。

二、双务合同与单务合同

双务合同，是指当事人双方互负对待给付义务的合同，即一方当事人愿意负担履行义务，旨在使他方当事人因此负有对待给付的义务，或者说，一方当事人所享有的权利，即为他方当事人所负有的义务。如买卖、互易、租赁合同等均为双务合同。[①] 双务合同是典型的交易形式。单务合同，是指合同当事人仅有一方负担给付义务的合同。例如，在借用合同中，只有借用人负有按约定使用并按期归还借用物的义务。

在法律上区分单务合同与双务合同的意义有以下两点：第一，双务合同中可以适用同时履行抗辩权制度，而在单务合同中不适用同时履行抗辩权制度。第二，在双务合同中，如果是非一方当事人的原因（如不可抗力的发生）导致其不能履行合同义务，其合同债务应被免除，其享有的合同权利也应归于消灭。而在单务合同中，一方因不可抗力而不能履行义务时，不会发生双务合同中的风险负担问题。

三、有偿合同与无偿合同

有偿合同，是指一方通过履行合同规定的义务而给对方某种利益，对方要得到该利益必须为此支付相应代价的合同。在实践中，绝大多数反映交易关系的合同都是有偿的。无偿合同，是指一方给付对方某种利益，对方取得该利益时并不支付任何报酬的合同。无偿合同是等价有偿原则在民法适用中的例外现象。在无偿合同中，一方当事人也要承担义务，如借用人无偿借用他人物品，负有正当使用和按期返还的义务。

有偿与无偿的区分意义：首先在于确定某些合同的性质。在债权合同中许多合同只能是有偿的，不可能是无偿的。如果要变有偿为无偿，或者相反，则合同关系在性质上就要发生根本的变化。例如，买卖合同是有偿的，如果变为无偿合同，则变成了赠与关系。其次在于确定当事人的注意义务。在无偿合同中，单纯给予利益的一方原则上只应承担较低的注意义务，如无偿保管合同中，保管人只在故意和有重大过失的情况下，才对保管物的毁损、灭失承担责任，否则即可免责；而在有偿合同中，当事人所承担的注意义务显然要较无偿合同中之注意义务为重。

四、诺成合同与实践合同

诺成合同，是指当事人意思表示一致即告成立的合同，即“一诺即成”的合同。实践合同，又称要物合同，是指除当事人双方意思表示一致以外尚需交付标的物才能成立的合同。仅在法律有特别规定时，才为实践合同。例如，对于保管合同，除了达成合意，

---

① 参见苏俊雄：《契约原理及其适用》，24～25 页，台北，中华书局，1978。

必须要寄存人将寄存的物品交付给保管人，合同才能成立。绝大多数合同为诺成合同。《民法典》第 890 条中规定，保管合同自保管物交付时成立。《民法典》第 679 条规定：自然人之间的借款合同，自贷款人提供借款时成立。

诺成合同与实践合同的主要区别在于，二者成立的时间是不同的：诺成合同自双方当事人意思表示一致（达成合意）时起即告成立；而实践合同则在当事人达成合意之后还必须交付标的物才能成立。诺成合同与实践合同的确定，通常应根据法律的规定及交易习惯。

五、要式合同与不要式合同

要式合同，是指根据法律规定应当或者必须采用特定方式的合同。对于一些重要的交易，法律常常要求当事人采取特定的方式订立合同。不要式合同，是指当事人订立的合同依法并不需要采取特定的形式，当事人可以采取口头方式，也可以采取书面形式。除法律有特别规定以外，合同通常为不要式合同。

要式合同与不要式合同的区别在于，是否应以一定的形式作为合同成立或生效的条件。有关书面合同的效力，必须要根据法律对某类书面形式的要求，以及在该要求中所体现的效力规定来具体确定。首先是要确定法律、法规关于形式要件的效力是否有明确规定。例如，《民法典》第 668 条第 1 款中规定：借款合同应当采用书面形式。法律对这种合同规定的形式要件属于成立要件而非生效要件。在此情况下，当事人未根据法律的规定采用一定形式的，合同不能成立。但有时法律规定的形式要件属于生效要件，当事人不依法采用一定形式的，已成立的合同不能生效。例如，《民法典》第 348 条第 1 款规定，通过招标、拍卖、协议等出让方式设立建设用地使用权的，当事人应当采用书面形式订立建设用地使用权出让合同。如果未按照该规定订立书面合同，则合同不能产生法律效力，因此，该形式要求属于生效要件。当然，对于不要式合同而言，可由当事人自由决定合同形式，无论采取何种形式，均不影响合同的成立和生效。

六、主合同与从合同

根据合同相互间的主从关系，可以将合同分为主合同与从合同。主合同，是指不需要其他合同的存在即可独立存在的合同。例如，对于保证合同来说，设立主债务的合同就是主合同。从合同，就是以其他合同的存在为存在前提的合同。例如，保证合同相对于主债务合同而言即为从合同。由于从合同要依赖主合同的存在而存在，所以从合同又被称为“附属合同”。从合同的主要特点在于其附属性，即它不能独立存在，以主合同的存在及生效为前提。

七、本约合同与预约合同

预约合同也称为预备性合同，它是指当事人所达成的约定在将来一定期限内订立合同的允诺或协议。[①]《民法典》第 495 条第 1 款规定，当事人约定在将来一定期限内订立合同的认购书、订购书、预订书等，构成预约合同。这就规定了预约合同。当事人在将来所订立的合同称为本约合同，而当事人约定在将来订立本约的合同即属于预约合同。例如，当事人所订立的购买车票的合同为本约合同，而当事人事先达成的约定在将来购买车票的合同即为预约合同。从《合同编解释》第 6 条的规定来看，成立预约合同需要具备如下条件：一是当事人有在将来一定期限内订立合同的意图，二是能够确定将来所要订立合同的主体、标的等内容。依据《合同编解释》第 6 条第 2 款，仅仅表达订约意向，未约定在将来一定期限内订立合同，或者虽有约定但难以确定将来所要订立合同的主体和标的，不能成立预约合同。

从性质来看，预约合同和本约合同是相互独立且相互关联的两个合同。[②] 尽管预约合同是为了订立本约合同而订立的，而且是在订立本约合同的过程中订立的，但当事人已经就订立预约合同形成合意并且该合意具有相对独立性，因此，预约合同可以与本约合同相分离，作为独立的合同类型。法律上之所以承认预约合同，是因为虽然预约合同是为了订立本约合同，但它又不同于本约合同，有必要将两者分开。

预约合同和本约合同的区别在于以下几点：

第一，缔约意图不同。预约合同以订立本约合同为目的，由于本约合同的缔约目的是形成特定的法律关系，如买卖、租赁、承揽等关系，因此，预约合同只是向本约合同过渡的阶段。当事人订立预约合同主要是为了有足够的时间磋商，或者避免对方当事人反悔。通常，要认定当事人是否存在订立本约合同的意图，应当结合当事人在意向书中的约定、当事人的磋商过程、交易习惯等因素，进行综合认定。因此，预约合同当事人必须明确表达订立本约合同的意思表示，且当事人应当有受预约合同拘束的意思。[③]

第二，当事人约定的内容不同。预约合同的内容是将来订立本约合同，例如，预约租赁某个房屋，就使当事人负有订立房屋租赁合同的义务。又如，订购某件商品的预约合同，使当事人负有订立买卖该商品的合同的义务。而本约合同是关于合同具体内容的约定。[④] 例如，在房屋租赁合同中，预约合同是将来订立租赁合同的约定，而关于价金、具体房屋的约定则属于本约合同的内容。

第三，违反合同的责任后果不同。在预约合同中，当事人一般不会约定违反本约合同的责任。而在本约合同中，当事人通常都会约定违约责任条款，如违约金等。这也是当事人愿意受其意思表示拘束的具体体现。此外，一方当事人违反预约合同时，非违约方可以请求违约方订立合同，而当事人违反本约合同时，并不产生请求对方当事人订立合同的违约责任，而只是产生继续履行、赔偿损失等违约责任。《民法典》第 495 条第 2 款规定：当事人一方不履行预约合同约定的订立合同义务的，对方可以请求其承担预约合同的违约责任。这就明确了违反预约合同的责任。区分预约合同和本约合同在很大程

① Werk，in Münchener Kommentar zum BGB，Vor §145，Rn. 60.

② 参见宋晓明、张勇健、王闯：《〈关于审理买卖合同纠纷案件适用法律问题的解释〉的理解与适用》，载《人民司法》，2012（15）。

③ 参见陈进：《意向书的法律效力探析》，载《法学论坛》，2013（1）。

④ 参见刘承韪：《预约合同层次论》，载《法学论坛》，2013（6）。

度上也是为了区分二者的违约责任。依据《合同编解释》第 8 条，当事人有约定的，按照约定；没有约定的，应当由法院综合考虑订立预约合同在内容上的完备程度以及订立本约合同的条件的成就程度等因素进行酌定。据此，一是综合考虑订立预约合同在内容上的完备程度，二是本约合同履行的现实可能性。这实际上是将订立与履行本约的成熟程度、当事人订立本约和履行本约的可能性，作为确定违反预约合同损害赔偿数额的依据。在一方违反预约合同的情况下，另一方也可以要求解除该预约合同，并请求违约方承担违约金、定金等责任；在能够继续履行的情形下，也可以要求其继续履行。

在许多情形下，当事人虽然是以预约的名称订立合同的，但已经具备本约成立的条件，也可以认定已经成立本约。依据《合同编解释》第 6 条第 3 款，当事人订立的认购书、订购书、预订书等已就合同标的、数量、价款或者报酬等主要内容达成合意，符合该解释第 3 条第 1 款规定的合同成立条件，当事人未明确约定将来一定期限内另行订立合同，或者虽有约定但当事人一方已实施履行行为且对方接受的，人民法院应当认定本约合同成立。

八、为订约人自己订立的合同与为第三人利益订立的合同

根据订约人订立合同是否为自己谋取利益，合同可以被分为为订约人自己订立的合同和为第三人利益订立的合同。为订约人自己订立的合同，是指订约当事人订立合同是为自己设定权利，使自己直接取得和享有某种利益。当事人订立合同都是为了追求一定的利益，所以在绝大多数情况下，合同当事人订立合同都是为了给自己设定权利和义务。可以说，合同大多是订约人为自己订立的合同。

然而，在特殊情况下，订约当事人并非为自己设定权利，而是为第三人的利益订立合同，合同将对第三人发生效力。这就是所谓“为第三人利益订立的合同”。《民法典》第 522 条第 1 款规定：“当事人约定由债务人向第三人履行债务，债务人未向第三人履行债务或者履行债务不符合约定的，应当向债权人承担违约责任。”该款是关于不真正的利益第三人合同的规定。《民法典》第 522 条第 2 款规定：法律规定或者当事人约定第三人可以直接请求债务人向其履行债务，第三人未在合理期限内明确拒绝，债务人未向第三人履行债务或者履行债务不符合约定的，第三人可以请求债务人承担违约责任；债务人对债权人的抗辩，可以向第三人主张。这就在法律上规定了真正的利益第三人合同。在当事人依法订立的利益第三人合同中，第三人依法享有请求债务人履行的权利，在债务人不履行债务时，债权人有权请求债务人承担违约责任。

真正的利益第三人合同和非真正的利益第三人合同的区别主要在于：第一，是否使第三人享有履行请求权。在真正的利益第三人合同中，当事人双方约定由债务人向第三人履行义务，第三人由此取得直接请求债务人履行义务的权利。例如，甲、乙双方约定，甲定购由乙所制作的蛋糕，由乙送给甲的朋友丙，如不合适，丙可要求更换。此时丙为利益第三人。第二，第三人可否请求债务人承担违约责任。不真正的利益第三人合同中第三人不能请求债务人承担违约责任。而在真正的利益第三人合同中，在第三人接受权利以后，第三人有权请求债务人向其作出履行，同时债权人也可以请求债务人向其作出履行。

尽管第三人可以独立享受权利，毕竟不是合同当事人，因此其不享有撤销、变更、解除合同的权利，也不能请求追究债务人的违约责任，这些权利只能由合同当事人行使。第三，在真正的利益第三人合同中，债务人对债权人的抗辩，可以向第三人主张。也就是说，债务人基于其与债权人之间的基本合同所享有的抗辩，不应因向第三人履行债务而受影响。

第四节　合同法的概念、特征与调整对象

一、合同法的概念与特征

合同法是调整平等主体之间的交易关系的法律，它主要规范合同的订立、合同的效力，合同的履行、变更、解除、保全，违反合同的责任等问题。合同法并不是一个独立的法律部门，只是我国民法的重要组成部分。合同法有形式意义的合同法与实质意义的合同法之分。形式意义的合同法是指《民法典》合同编（第三编）；实质意义的合同法是所有调整合同关系的法律规范的总称，如《民法典》合同编以外的有关民事法律以及相关司法解释对合同的规定。本书是在实质意义上使用“合同法”的概念的。

《民法典》合同编是调整有关合同的订立、履行、保全等法律关系的规范。该编共计526条，在《民法典》中占比超过三分之一。其内容分为通则、典型合同和准合同三个分编：第一分编为“通则”。“通则”是关于合同的一般规则，或者说是所有典型合同共同适用的规则，其主要规范合同的订立、效力、履行、保全、变更和转让、终止及违约责任等问题。但为了与《民法典》总则编的表述相区别，合同编使用了“通则”的提法。第二分编为“典型合同”。所谓典型合同，也就是有名合同。合同编一共规定了19种典型合同，包括买卖合同，供用电、水、气、热力合同，赠与合同，借款合同，保证合同，租赁合同，融资租赁合同，保理合同，承揽合同，建设工程合同，运输合同，技术合同，保管合同，仓储合同，委托合同，物业服务合同，行纪合同，中介合同，合伙合同。第二分编的大部分内容大体上保留了1999年《合同法》中的分则内容。第三分编是“准合同”。所谓准合同，是指与合同相关的有关无因管理、不当得利的债的形态的规定。在该分编中，规定了无因管理、不当得利制度。严格地说，这些内容都属于传统债法的内容，本不应当被规定在合同编，但由于《民法典》没有设置独立的债法总则，而合同编在一定程度上又发挥了债法总则的功能，所以将这些法定之债的内容作为准合同，规定在合同编之中。

《民法典》第463条规定：本编调整因合同产生的民事关系。但严格地说，合同关系不仅要受《民法典》合同编调整，还要受《民法典》其他编以及许多单行法的调整。这就是说，《民法典》合同编只是调整部分合同关系。所有的合同关系是由合同法调整的，合同法是调整平等主体之间的交易关系的法律规范的总和。

《民法典》合同编与合同法之间的关系表现在如下方面。

1.《民法典》合同编是合同法的重要组成部分

合同法是调整合同关系的法律规范的总称，除包含《民法典》合同编外，合同法还

包括如下调整合同关系的规范。

（1）《民法典》其他编所规定的合同，除合同编已确认的19种有名合同以外，《民法典》其他编也可能调整合同关系，具体而言：一是总则编中关于民事法律行为的规定主要针对的就是作为双方法律行为的合同。二是物权编中关于土地承包经营合同、建设用地使用权出让合同、抵押合同、质押合同、土地使用权出让和转让合同等的规定。三是人格权编中关于人格利益的许可使用合同的规定。四是婚姻家庭编中关于夫妻对在婚姻关系存续期间所得的财产以及婚前财产的约定等。五是继承编中关于遗赠扶养协议的规定。上述内容同样属于合同法规范，可见，合同编的规范局限于《民法典》合同编之内，合同法的概念是更为宽泛的。

（2）特别法中的合同法规范，除了《民法典》合同编，一些特别法也包含合同法的规范，如旅游法中关于旅游服务合同的规定、保险法中关于保险合同的规定以及知识产权法中有关知识产权许可使用合同的规定等。依据特别法优先于普通法的规定，这些合同首先要适用《民法典》合同编以外的其他编的特别规定，但是在这些编没有就合同的订立、效力、履行、保全、变更和转让、终止及违约责任等问题作出规定的情况下，也可以适用《民法典》合同编"通则"的相关规定。

（3）行政法规中的合同法规范，例如，《物业管理条例》中关于物业服务合同的规定。

（4）司法解释中的合同法规范，如《融资租赁合同司法解释》（2020年修正）中关于融资租赁合同的规定、《城镇房屋租赁合同司法解释》（2020年修正）中关于租赁合同的规定等。

由此可见，《民法典》合同编只是合同法的一部分。《民法典》第463条之所以采用了"调整因合同产生的民事关系"的表述，而并未使用"合同关系受本编调整"的表述，是因为《民法典》合同编只是合同法的组成部分。可见该条采用了广义的合同概念。

2.《民法典》合同编是合同法最基本的组成部分

《民法典》合同编是最为基础性的合同法规范，在发生合同纠纷后，法官首先应当且主要依据《民法典》合同编的规定处理。但《民法典》第11条规定，"其他法律对民事关系有特别规定的，依照其规定"。据此，如果合同纠纷涉及法律特别规定的，可以依据特别规定予以处理。

3.《民法典》合同编是解释合同法的重要依据

民法典是基础性规范，因此，在解释《民法典》以外的有关合同的单行法律规定时，应当以《民法典》为依据。有关合同的单行法律规定不得与《民法典》合同编相冲突。

二、《民法典》合同编与债法的关系

所谓债法，是调整债权债务关系的法律规范的总称，而合同本身是债的发生原因之一，性质上是一种债的关系，因此，《民法典》合同编本身也是债法的组成部分。由于合同是债的发生原因之一，按照大陆法系的民法体系，合同法是债法的组成部分。所谓债法，是指调整特定当事人之间请求为特定行为的财产关系的法律规范的总称。我国法传统上属于大陆法系，因而民法中一直继受大陆法系债的概念。我国《民法典》虽然没有规定债编，因此不存在由民法典所规定的形式意义上的债法，但是这并不意味着在我国民法典体系中实质意义上的债法就不存在了。《民法典》合同编中关于准合同等制度的规定，实际上属于传统债法的组成部分。

关于《民法典》合同编与债法的关系，可以从如下几方面理解。

第一，《民法典》合同编是债法的组成部分，不能概括所有的债法内容。合同之债是债的重要组成部分，是意定之债，其与不当得利之债、无因管理之债、侵权损害赔偿之债等法定之债一起，共同组成债的类型体系。但《民法典》合同编只是债法的一部分，不能代替整个债法的内容。

第二，《民法典》合同编具有相对独立性。《民法典》合同编主要调整交易关系，但债法调整的给付关系含义更为宽泛，不完全是交易关系。《民法典》合同编具有内在的逻辑体系，以交易为中心，以交易的发生、存续、消灭为主线展开。《民法典》合同编首先规范合同双方当事人就订立合同进行的磋商缔约阶段，然后规范合同的签订阶段。在合同成立并发生效力后，《民法典》合同编还规定了双方当事人履行合同的义务以及合同履行过程中可能发生的同时履行抗辩、不安抗辩等抗辩权。此外，在合同履行期到来之前或之后，都可能发生违约情形，从而可能导致合同的解除或终止。《民法典》合同编“通则”正是按照这样一个交易过程的时间顺序展开的。这种“单向度”的规定模式必然使其内容具有非常明显的“同质性”(homogeneity)。

第三，《民法典》合同编发挥了债法总则的功能。我国早在1999年就颁行了《合同法》，经过多年的适用，《合同法》早已为法官和民众所广泛熟知和了解，且为了避免叠床架屋，避免法律规则的重复，《民法典》没有规定债法总则，而只是继续保留了合同通则，并在合同编中将许多债法规则纳入其中；此外，合同编中规定了准合同制度，对不当得利和无因管理这两种法定之债作出规定。可见，《民法典》合同编实际上发挥了债法总则的功能。以合同编发挥债法总则的功能，是《民法典》的重要特色。

三、合同法的调整对象

《民法典》第463条规定：“本编调整因合同产生的民事关系。”依据该条规定，《民法典》合同编调整“因合同产生的民事关系”。这就意味合同法调整平等主体之间因合同产生的法律关系。合同法是所有调整合同的订立、履行、变更、终止等的法律规范的总称。合同法以交易关系为其调整对象，它是市场经济的基本法律规则。它不仅规范了交易关系的全过程，而且对一些重要的交易类型即典型合同作出了规定。合同法也是社会生活的百科全书。《民法典》合同编与每个人的生活息息相关。一个人在一生中，可能不会与刑法打交道，但总是要订立合同，参与各种民事交往，从而受到合同法的广泛调整。《民法典》第464条规定：合同是民事主体之间设立、变更、终止民事法律关系的协议。婚姻、收养、监护等有关身份关系的协议，适用有关该身份关系的法律规定；没有规定的，可以根据其性质参照适用本编规定。该条对我国合同法的调整对象作出了规定。

（一）合同法调整平等主体之间的协议

合同法所调整的合同关系是发生在平等主体之间的合同关系，合同是反映交易关系的法律形式，正如马克思所指出的，“这种通过交换和在交换中才产生的实际关系，后来获得了契约这样的法的形式”①。所谓交易，是指平等主体基于平等自愿及等价有偿原则而发生的商品、劳务的交换，而由这些交换所发生的交易关系构成了合同法的调整对象。一方面，这些交易关系的主体都是平等的。在市场中，各种交易关系，只要是发生在民事主体之间的，不管这种交易关系的客体是生产资料还是生活资料，是国家、集体所有的财产还是公民个人所有的财产，一旦发生交易，都应由合同法调整，并遵循合同法的基本原则和准则。另一方面，合同法所调整的合同关系具有等价有偿性以及合同订立的自愿性。凡不具有上述特点的合同，一般不能作为合同法调整的对象。

在确定某一类合同是否属于合同法的调整对象时，首先要考虑其主体是否具有平等性。例如，企业内部实行生产责任制，由企业及企业的车间与工人之间订立的责任制合同，只是企业内部的管理措施，是一种生产管理手段，当事人之间仍然是一种管理和被管理的关系，双方地位不平等，应由《劳动法》等法律调整，不应当由合同法调整。再如，有关行政合同（如有关财政拨款、征税和收取有关费用、征用、征购等）是政府行使行政管理职权的行为，政府机关在从事行政管理活动中与被管理人订立的明确管理关系的协议，如有关综合治理的协议等，并不是基于平等自愿的原则订立的，因此，这些协议不是民事合同，应适用行政法的规定，不适用合同法。② 当然，政府机关作为平等的民事主体与自然人、法人、非法人组织之间订立的有关民事权利、义务的民事合同，如购买文具、修缮房屋、新建大楼等的合同，仍然应受合同法调整。

（二）合同法调整以确立民事权利义务为内容的协议

合同法只适用于私法领域而非公法领域，只是调整民事合同而非其他类型的合同。民事合同的重要特点在于它是以确定民事权利义务为内容的，实际上就是以平等自愿为基础的交易关系。“以民事权利义务关系为内容”界定了双方之间的实质关系。因此，某一类合同即使名称为合同，而确立的是管理和被管理、生产责任制等内容，不具有交易的特点的，就不属于合同法调整的范围。例如，企业内部的生产责任制合同等就不属于合同法的调整范围。合同法的调整对象主要是以财产给付为内容的交易关系，也就是动态的财产关系。合同法属于财产流转法，主要规范财产流转关系。与人身有关的一些财产交易，如肖像的许可使用等，可以适用合同法的规则。

需要指出的是，合同法调整的合同不同于行政合同。根据最高人民法院颁行的《关于审理行政协议案件若干问题的规定》第 1 条，行政协议是“行政机关为了实现行政管理或者公共服务目标，与公民、法人或者其他组织协商订立的具有行政法上权利义务内

---

① 《马克思恩格斯全集》，第 19 卷，423 页，北京，人民出版社，1963。

② 参见顾昂然：《关于〈中华人民共和国合同法（草案）〉的说明》（1999 年 3 月 9 日在第九届全国人民代表大会第二次会议上）。

容的协议”。合同作为当事人之间产生、变更、消灭民事权利义务关系的协议，本质上是一种交易的产物，而行政协议不同于一般的民事合同之处就在于，其本质上不是一种交易的产物，而具有非市场性。行政协议的订立仍然是一种行政权的行使方式，在一定程度上以追求公益为目的。例如，就政府特许经营协议而言，其本质上是政府行使行政权的一种方式；再如，就土地、房屋等征收、征用补偿协议而言，其属于政府行使征收权、征用权的必要环节，是政府征收权、征用权的组成部分，无法完全适用民法中的等价交换、公平等原则，也不能完全适用合同法的规定。

（三）合同法调整设立、变更、终止民事权利义务关系的协议

所谓设立，是指当事人通过合同确定当事人之间具体的权利、义务；所谓变更，是指当事人通过订立合同修改原有的合同关系的内容；所谓终止，是指当事人通过订立合同消灭原来存在的合同关系。

（四）合同法调整各类合同关系

合同法首先调整《民法典》合同编中所规定的各类典型合同，包括买卖合同，供用电、水、气、热力合同，赠与合同，借款合同，保证合同，租赁合同，融资租赁合同，保理合同，承揽合同，建设工程合同，运输合同，技术合同，保管合同，仓储合同，委托合同，物业服务合同，行纪合同，中介合同，合伙合同。典型合同是由法律明确规定的合同。但并非对《民法典》其他编和特别法所规定的合同以及无名合同不可适用合同法。具体而言，合同法还可以适用于如下类型的合同。

一是《民法典》合同编以外的其他编规定的合同，首先要适用其他编的规定，在其他编没有规定时，也要适用合同编“通则”的规定。例如，违反建设用地使用权转让合同的规定，涉及违约金或者损害赔偿责任的确定时，就要适用合同编“通则”关于违约责任的规定。

二是特别法规定的合同，如知识产权法所确认的专利权或商标权转让合同、许可合同，著作权使用合同、出版合同；海商法规定的船舶租赁合同，保险法规定的保险合同，旅游法规定的旅游合同，《劳动合同法》所规定的劳动合同等。对这些合同首先要适用特别法针对这些合同所作出的特殊规定，但在这些法律没有就这些合同的订立、效力及合同的履行、保全、变更和转让、终止、违约责任等问题作出规定的情况下，也可以适用《民法典》合同编“通则”的相关规定。

三是无名合同。无名合同是指《民法典》合同编和其他法律没有明文规定的合同，如借用合同等。合同法并不禁止当事人订立无名合同。按照合同自由原则，当事人完全可以在合同中约定各种无名合同。当事人订立的无名合同，只要不违反法律，都是有效的，都应当受到法律保护，并受合同法的调整。即使是对于无名合同关系，也应当适用合同法的基本规则。《民法典》第 467 条第 1 款规定：本法或者其他法律没有明文规定的合同，适用本编通则的规定，并可以参照适用本编典型合同或者其他法律最相类似合同的规定。

四是非因合同产生的债权债务关系。《民法典》第 468 条规定：非因合同产生的债权

债务关系，适用有关该债权债务关系的法律规定；没有规定的，适用本编通则的有关规定，但是根据其性质不能适用的除外。依据该条规定，对于非因合同而产生的债权债务关系，也可以适用合同法的规则。

四、合同法的功能

所谓合同法的功能，是指合同法在社会经济生活中所发挥的作用。具体来说，合同法的功能主要表现在以下方面：

第一，鼓励交易、创造财富。合同法的目标就是尽可能鼓励当事人进行交易。物权只是一种静态的财产权，人与人之间的财产权，只有通过缔结合同、发生交易，才能够进行充分流转，从而满足不同主体的不同需求。只有通过合同法规范的交易，才能实现资源的有效配置，而合同法通过保障当事人的订约目的和基于合同所产生的利益得到实现，来促进财产的流转和财富的创造。

第二，分配风险、规范交易。在市场经济社会，交易中的风险具有一定的不可预测性。合同法的目标是通过确立合同的示范样本，帮助当事人合理预料未来的风险，指引当事人订立完备的合同，从而有效地防范未来的风险，避免纠纷的发生。① 例如，《民法典》合同编规定的各类有名合同，为当事人缔约提供了有效的指引，可以降低缔约时的磋商成本，避免交易风险。

第三，保障自由、实现允诺。合同最充分地体现了私法自治的内容和精神。“合同法的中心是承诺的交换。”② 合同作为一种各方当事人共同进行意思磋商和自治的工具，能够充分地体现当事人的意志和利益。合同法强调“契约严守”（pacta sunt survanda）的规则，要求当事人不得随意变更和解除合同。按照《法国民法典》的经典表述③，在当事人之间，合同具有法律的效力。合同所具有的法律效力有赖于合同法的保护。保障合同得到履行，就能使当事人的意志得到实现。

第四，保护信赖、维护秩序。合同使当事人之间形成合理信赖，此种信赖实际上构成交易安全的重要内容。只有依据合同法才能保障合同的顺利履行，实现当事人之间的信赖，进而保障交易安全。另外，合同法是构建市场经济秩序的法，它通过规范和保障成千上万的合同，构建了市场体制的基础。④

第五，组织私人生活、保障生活秩序。合同是组织私人生活的有效制度工具，它可以实现生活的可预期性，保障生活的秩序。合同就是日常生活中的法秩序，合同法规范了合同，也就规范了生活秩序。⑤ 可以说，合同是构建国家、社会和个人三者间之和谐关系的基础。⑥

---

① 参见朱广新：《合同法总则》，17页，北京，中国人民大学出版社，2008。

② ［美］罗伯特·考特等：《法和经济学》，张军等译，314页，上海，上海三联书店，1994。

③ 《法国民法典》第1134条规定：依法成立的契约，在缔结契约的当事人间有相当于法律的效力。

④ 参见何宝玉：《英国合同法》，51页，北京，中国政法大学出版社，1999。

⑤ 参见［日］吉田克己：《现代市民社会的民法学》，14页，东京，日本评论社，2008。

⑥ 参见上书，11页。

《问题与思考》

1. 试述合同的概念和特点。
2. 双务合同与单务合同的区分有何意义？
3. 有偿合同与无偿合同的区分有何意义？
4. 试述合同相对性原理的内容。
5. 简述合同法与《民法典》合同编的关系。
6. 简述《民法典》合同编与债法的关系。
7. 简述合同法的调整对象。

第三十二章

合同的订立

本章概要

合同的订立是两个以上当事人互为意思表示、达成合意的过程。其中，希望与他人订立合同的意思表示为要约，受要约人同意要约的意思表示为承诺。合同各方当事人的意思表示一致的，合同就成立。合同成立后就具有法律拘束力。在合同订立过程中，一方当事人违背诚实信用原则而损害另一方当事人的信赖利益的，应承担缔约过失责任。

第一节　合同的成立和法律拘束力

一、合同成立的概念和要件

合同的成立，是指合同各方当事人的意思表示一致。换言之，当事人对合同的主要条款达成合意。合同如果是在双方当事人之间订立的，就应当在双方之间达成合意；如果是在多方当事人之间订立的，则应当由所有当事人达成合意。合同成立制度旨在解决合同是否存在的问题。合同的成立是合同履行、变更、终止、解释等制度的前提，也是认定合同效力的基础。如果合同根本没有成立，那么确认合同的有效和无效问题也就无从谈起。此外，合同的成立也是区分违约责任与缔约过失责任的重要标志：在合同成立以前，合同关系不存在，因一方的过失而造成另一方信赖利益的损失属于缔约过失责任范畴而不属于违约责任范畴。只有在合同成立以后，一方违反义务才构成对合同义务的违反并应负违约责任。

《民法典》第465条第1款规定，“依法成立的合同，受法律保护”。《民法典》第502条第1款规定，“依法成立的合同，自成立时生效，但是法律另有规定或者当事人另有约定的除外”。可见，在一般情况下，合法的合同一经成立便生效，合同成立的时间也就是合同生效的时间，因此，合同成立的时间可以成为判断合同生效时间的标准。[1] 但也有一

① 参见赵德铭：《合同成立与合同效力辨》，载《法律科学》，1994（3）。

些合同的成立和生效时间是不同的，例如，效力待定的合同虽已成立，但其效力处于不确定状态。当然，此类情况毕竟是例外现象。

二、合同成立的要件

合同的成立应当具备以下要件。

（一）存在双方或多方当事人

合同是双方或多方当事人意思表示一致的产物，所以，合同的成立必须存在双方或者多方当事人。如果仅有一方当事人，则无法形成意思表示一致，无法成立合同。例如，甲以某公司的名义订立合同，如果并不存在该公司，则可以认为不存在一方当事人，合同不能成立。合同当事人又称为合同主体，他们是实际享受合同权利并承担合同义务的人。[①] 有些合同当事人并未亲自参与合同的订立，但可以成为合同主体（如通过代理人订约），而另一些人可能参与合同的订立而不能成为合同主体（如代理人）。

（二）订约当事人经过要约、承诺而达成了合意

订约当事人必须达成了合意，而这一合意的达成往往需要经过要约和承诺两个阶段。《民法典》第471条规定："当事人订立合同，可以采取要约、承诺方式或者其他方式。"要约和承诺是合同成立的基本规则，也是合同成立必须经过的两个阶段。如果合同没有经过承诺，而只是停留在要约阶段，则合同根本未成立。例如，甲向某出版社（乙）去函，询问乙是否出版了关于国家统一法律职业资格考试的教材和参考资料，乙立即向甲邮寄了关于国家统一法律职业资格考试的资料5本，共200元。甲认为该书不符合其需要，拒绝接受。双方为此发生争议。从本案来看，甲向乙去函询问情况并表示愿意购买关于国家统一法律职业资格考试的资料和书籍，属于一种要约邀请行为，而乙向甲邮寄书籍的行为属于现货要约行为。假如该书不符合甲的需要，甲拒绝收货实际上是未作出承诺。由于双方并未完成要约和承诺阶段，因而合同并未成立。

依据《民法典》第471条，当事人订立合同，可以采取要约、承诺方式以外的其他方式。该条允许当事人采用要约、承诺之外的其他方式订立合同，主要是因为在实践中，有一些当事人采用了无法区分要约与承诺的订约方式，或在有一些场合中，区分要约与承诺并无必要。要约与承诺的区分通常体现在远距离非即时的交易中，而在近距离的和以智能合约为典型的自动执行的合同中，没有进行区分的意义。例如，交叉要约就属于以要约、承诺之外的方式订立合同的形式。

（三）当事人就合同主要条款达成合意

合同成立的根本标志在于，合同当事人就合同的主要条款达成合意。所谓主要条款，又称必要条款，是指根据特定合同的性质所应具备的条款，如果缺少这些条款合同是不

---

① 参见苏惠祥主编：《中国当代合同法论》，67页，长春，吉林大学出版社，1992。

能成立的。从现代合同法的发展趋势来看，为适应鼓励交易、增进社会财富的需要，各国合同法大都减少了在合同成立方面的不必要的限制（例如现代合同法不像古代合同法那样注重形式），并广泛运用合同解释的方法，尽可能促使合同成立。在我国，《民法典》第470条第1款规定："合同的内容由当事人约定，一般包括下列条款：（一）当事人的姓名或者名称和住所；（二）标的；（三）数量；（四）质量；（五）价款或者报酬；（六）履行期限、地点和方式；（七）违约责任；（八）解决争议的方法。"需要指出的是，该条使用了"一般包括"而未使用"必须包括"的用语，表明上述条款只是为当事人订约提供指引，为主要条款的判断提供参考，而并不是每一个合同所必须包括的主要条款。为了准确认定合同的主要条款，《合同编解释》第3条第1款规定："当事人对合同是否成立存在争议，人民法院能够确定当事人姓名或者名称、标的和数量的，一般应当认定合同成立。但是，法律另有规定或者当事人另有约定的除外。"如果根据前述规定能够认定合同已经成立，依据《合同编解释》第3条第2款，对合同欠缺的内容，人民法院应当依据《民法典》第510条、第511条等予以确定。这就是说，欠缺上述非必要条款，并不意味着合同不成立，从鼓励交易原则出发，当事人可以在事后达成补充协议或依据《民法典》第511条规定的补充合同漏洞的规则来确定合同的内容。

以上只是合同的一般成立要件。但是法律或当事人约定可能对一些合同设定了特定的成立要件，例如，对实践合同来说，应以实际交付标的物作为其成立要件；而对于要式合同来说，应遵守一定的形式其才能成立。尤其需要指出，如果当事人在合同中规定了特殊的成立条件（如必须办理公证合同才能成立），则应依当事人的约定。

三、合同的法律拘束力

《民法典》第465条第1款规定，"依法成立的合同，受法律保护"。所谓受法律保护，就是指依法成立的合同对当事人具有法律拘束力。当事人应当按照约定履行自己的义务，不得擅自变更或者解除合同。任何一方违反合同，都应当依法承担违约责任。

合同的法律拘束力主要体现在对当事人的拘束力上，具体体现为权利、义务和责任三个方面。

第一，从权利方面来说，合同当事人依据法律和合同的约定所产生的权利依法受到法律保护。合同的权利包括请求和接受债务人履行债务的权利，以及在一方不履行合同时获得补救的权利、诉请强制执行的权利等。当事人因正当行使这些权利而获得的利益，也受到法律的保障。

第二，从义务方面来说，合同对当事人具有拘束力，当事人根据合同所产生的义务具有强制性，当事人应当按照法定和约定的义务履行合同。《民法典》第509条第1款规定，"当事人应当按照约定全面履行自己的义务"。当事人拒绝履行和不适当履行义务或随意变更和解除合同，本质上属于违约行为。

第三，从责任方面来说，当事人如果违反合同义务，则应当承担违约责任。也就是说，如果当事人不履行其应负的义务，将要借助国家的强制力强制义务人履行义务。可见，法律责任乃是合同义务的保障，失去了法律责任，合同将很难产生真正的拘束力。

合同不仅对当事人具有拘束力，而且在特殊情形下，其还对合同当事人之外的第三人具有拘束力。也就是说，依法成立的合同所具有的效力，包括排斥第三人非法干预和侵害的效力。有学者将债的效力界定为“为实现债的目的，法律赋予债的当事人及有关第三人某种行为之力或者拘束之力以及在债务不履行时的强制执行力”①。事实上，在实践中合同的履行通常受到第三人的影响，如第三人非法引诱债务人不履行义务，或者采取拘束债务人等非法强制手段迫使债务人不履行债务，或者与债务人恶意串通，损害债权人利益等。如果不赋予合同在特殊情况下排除第三人非法干预和侵害的效力，就不能保证合同的正常履行和合同目的的实现。

当事人订立合同，就是要使合同产生拘束力，从而实现合同所规定的权利和利益。如果合同不能生效，则合同等于一纸空文，当事人也就不能实现订约目的。从实践来看，如果当事人依据法律的规定订立合同，合同的内容和形式都符合法律规定，则这些合同一旦成立，便会自然产生法律拘束力。因此，在通常情形下，依法成立的合同，自成立时生效。但是，在法律另有规定或者当事人另有约定的情形下，合同虽然已经成立，并不当然生效。例如，甲、乙双方约定，在甲将某项产品试验成功以后，乙即向甲赠送一套设备。在该例中，产品试验成功是一个条件，在该条件实现时，赠送设备的合同即发生效力。根据我国法律规定，除了法律明确规定的民事法律行为（如继承权的接受或放弃等民事法律行为）不得附条件，于其他民事法律行为均可以由当事人设定条件，以此限制民事法律行为的效力，从而满足当事人的各种不同需要。再如，于依法需要办理批准等手续方生效的合同，如果未办理批准等手续，则该合同未生效，但是不影响合同中履行报批等义务条款以及相关条款的效力。应当办理申请批准等手续的当事人未履行义务的，对方可以请求其承担违反该义务的责任。

第二节　要　约

一、要约的概念和构成要件

要约又称为发盘、出盘、发价、出价或报价等，是订立合同所必须经过的程序。《民法典》第 472 条规定，“要约是希望与他人订立合同的意思表示……”。依据这一规定，要约是一方当事人以缔结合同为目的向对方当事人所作的意思表示。发出要约的人被称为要约人，接受要约的人被称为受要约人、相对人或者承诺人。

要约主要具有如下法律特征：

第一，要约是一种意思表示。所谓意思表示，是指向外部表明意欲发生一定私法上效果之意思的行为。意思表示中的“意思”是指设立、变更、终止民事法律关系的内心

① 章戈：《论债的效力》，载《法学研究》，1990（5）。

意图。所谓“表示”，是指将此种内心意图表示于外部的行为。[①] 意思表示不同于事实行为，是因为意思表示的表意人具有旨在使法律关系发生变动的意图，当该意图不违反法律的强制性规定和公序良俗时，意思表示便发生当事人所预期的效力。在这个意义上说，意思表示是实现意思自治的工具，行为人可以依据自己的主观意志与外界发生法律关系，并能够依法产生、变更、终止民事法律关系，从而形成了民法特殊的调整方法。

第二，要约是希望和他人订立合同的意思表示。要约是订立合同的必经阶段，如果不经过要约的阶段，合同无法成立。要约作为一种订约的意思表示，能够对要约人和受要约人产生一种拘束力。尤其是要约人在要约的有效期限内，必须受要约的内容拘束。依据《民法典》第 472 条第 2 项的规定，要约的意思表示必须“表明经受要约人承诺，要约人即受该意思表示约束”。要约在到达受要约人后，非依法律规定或受要约人的同意，不得变更、撤销要约的内容。

第三，要约不是民事法律行为。尽管要约是一种意思表示，但其并不是民事法律行为，因为：一方面，要约必须经过受要约人的承诺，才能产生要约人预期的法律效果（成立合同），而民事法律行为生效可以产生行为人所预期的法律效果。另一方面，要约人所作出的意思表示可能是合法的，也可能是非法的。由于要约是一种意思表示且具有法律意义，并能产生法律后果，违反有效的要约将产生缔约过失责任。对要约来说，其内容只是表达了要约人一方要求订立合同的意思，合同是否能够成立、要约的条件能否被受要约人接受，均有待受要约人作出承诺。如果没有承诺，则当事人没有达成合意，合同无法成立，要约就不能产生要约人所预期的法律效果。

二、要约的有效条件

要约通常都具有特定的形式和内容，一项要约要发生法律效力，必须满足特定的有效条件，否则，要约不能成立，也不能产生法律效力。

依据《民法典》第 472 条，要约的有效条件包括以下几项。

（一）要约是由特定主体作出的意思表示

要约人发出要约旨在与他人订立合同，唤起相对人的承诺，并据此订立合同。因此，要约人应当是特定的主体。例如，对订立买卖合同来说，其既可以是买受人，也可以是出卖人，但必须是准备订立买卖合同的当事人。要约是一种意思表示，而不是事实行为，其符合意思表示的构成要件，经受要约人承诺后，可以在当事人之间成立合同关系。

（二）要约必须表明经受要约人承诺，要约人即受该意思表示约束的意图

要约人发出要约的目的在于订立合同，而这种订约的意图一定要由要约人通过其发出的要约充分表达出来，才能在受要约人承诺的情况下使合同成立。根据《民法典》第

① 参见胡长清：《中国民法总论》（上册），223 页，上海，商务印书馆，1935。

472 条的规定，要约是希望和他人订立合同的意思表示，要约中必须表明要约经受要约人承诺，要约人即受该意思表示拘束的意图。在判断要约人是否具有订约意图时，应当考虑要约所使用的语言、文字及其他情况来确定要约人是否已经决定订立合同。“决定订约”意味着要约人并不是“准备”和“正在考虑”订约，而是已经决定订约。正是因为要约具有订约的意图，所以，一经对方承诺，合同即可成立。

（三）要约必须向要约人希望与之缔结合同的受要约人发出

要约只有向要约人希望与之缔结合同的受要约人发出，才能够唤起受要约人的承诺。要约原则上应向特定的人发出，特定人可以是一个人，也可以是数个人。为什么受要约人原则上应当特定呢？因为：一方面，受要约人的特定意味着要约人对于谁有资格作为承诺人的问题作出了选择，也只有受要约人特定才能明确承诺人。一旦要约人确定了受要约人，这样一经对方的承诺，合同就可以成立。[①] 反之，如果受要约人不特定，则意味着发出提议的人并未选择真正的相对人，该提议不过是为了唤起他人发出要约，其本身并不是要约。例如，向公众发出某项提议，通常是提议人希望公众中的某个特定人向其发出要约。另一方面，如果受要约人不能确定，向不特定的许多人同时发出以某一特定物的出让为内容的要约是有效的，则可能导致多人同时承诺发生“一物数卖”，影响交易安全。但要约原则上应向特定的受要约人发出，并不是说严格禁止要约向不特定人发出。例如，在校园内设置自动售货机，即属于向不特定的受要约人发出的要约。[②] 再如，若广告中声明“备有现货，售完为止”，则此种广告也构成要约。同时，如果要约人愿意向不特定人发出要约，并自愿承担由此产生的后果，在法律上也是允许的。

（四）要约的内容必须具体、确定

依据《民法典》第 472 条第 1 项的规定，要约的内容必须具体确定。具体来说这包括两个方面的含义：一是要约的内容必须具体。所谓“具体”，是指要约的内容必须具有足以使合同成立的主要条款。要约是受要约人一旦承诺就使合同成立的意思表示，所以，如果要约不包含合同的主要条款，那么承诺人难以作出承诺，或者即便作出了承诺，也会因为这种合意不具备合同的主要条款而使合同不能成立。由于要约旨在缔结具有特定内容的合同，因而要约本身必须确定或者能够确定，从而使要约一经受要约人的承诺就可使合同成立。二是要约的内容必须确定。所谓“确定”，一方面是指要约的内容必须明确，从而使受要约人能够理解要约的真实含义，而不能含混不清，否则受要约人将无法承诺。另一方面是指要约在内容上必须是最终的、无保留的。如果要约人对要约保留了一定的条件，则受要约人将无法作出承诺。在此情形下，要约人的意思表示在性质上并不是真正的要约，而是要约邀请。要约的内容越具体和确定，越有利于受要约人迅速作出承诺。

---

① 参见徐炳：《买卖法》，78 页，北京，经济日报出版社，1991。

② 参见王泽鉴：《债法原理》，2 版，175 页，北京，北京大学出版社，2013。

三、要约与要约邀请

（一）要约邀请的概念

要约邀请又称引诱要约，是指希望他人向自己发出要约的表示。《民法典》第 473 条第 1 款第一句规定，“要约邀请是希望他人向自己发出要约的表示”。依据这一规定，要约邀请具有如下特点：第一，要约邀请是一方邀请对方向自己发出要约[①]，而不是像要约那样由一方向他人发出订立合同的意思表示。第二，要约邀请不是一种意思表示，而是一种事实行为，也就是说，要约邀请是当事人订立合同的预备行为，在发出要约邀请时，当事人仍处于订约的准备阶段。第三，要约邀请只是引诱他人发出要约，它既不能因相对人的承诺而成立合同，也不能因自己作出某种承诺而约束要约人。在发出要约邀请以后，要约邀请人撤回其邀请的，只要没有给善意相对人造成信赖利益的损失，要约邀请人一般不承担法律责任。

关于要约邀请的性质，在学说上有两种不同的观点。一种观点认为，要约邀请不是意思表示，而是事实行为，没有法律意义。[②] 另一种观点认为，要约邀请是希望他人向自己发出要约的意思表示。本书认为，要约邀请并不是一种没有法律意义的事实行为，但也不是意思表示：一方面，要约邀请并非意思表示。要约邀请虽然是有目的、自觉自愿的行为，但并非“法效意思（具体说，一定契约订立之意思）”之表示。意思表示要产生当事人预期的法律效果，而要约邀请并不能产生这种效果。另一方面，要约邀请也不同于意思通知。若是意思通知，则于邀请人之民事行为能力应准用意思表示人的能力之规定，而这并不妥当。例如，寄送价目表或发放宣传单的行为人并不需要具有民事行为能力。正是因为上述原因，《民法典》第 473 条修改了《合同法》第 15 条的规定，将要约邀请界定为希望他人向自己发出要约的“表示”，而不再称为“意思表示”。

虽然要约邀请仍然是一种事实行为，但它是具有一定的法律意义的事实行为。具体而言，要约邀请具有如下的法律意义：第一，要约邀请的内容在特殊情况下有可能转化为合同的内容。在交易中一方提出要约邀请使另一方产生合理的信赖，而双方在以后的要约和承诺过程中没有作出相反的意思表示的，依某些国家的合同法，可认为其构成合同的内容和默示条款。第二，某些特殊的要约邀请在法律上是有一定的意义的，如招标公告。在英美法中所说的招标有法律意义，英美法认为招标中对有关合同条件的说明，构成合同的内容，对双方当事人有约束力。第三，在发出要约邀请以后，善意相对人已对要约邀请产生了合理的信赖，并为此发出要约且支付了一定的费用。若因为邀请人的过失，甚至恶意的行为，相对人遭受了损失，则邀请人应当承担责任。例如，招标人在发出招标文件以后，违反招标文件的规定，致使投标人遭受了损失的，亦应依据具体情况承担缔约过失责任。第四，在要约邀请阶段，邀请人作出虚假陈述也可能构成欺诈，

① 参见王家福主编：《民法债权》，283 页，北京，法律出版社，1991。

② 参见史尚宽：《债法总论》，20 页，北京，中国政法大学出版社，2000。

并应当承担相应的民事责任。

（二）要约和要约邀请的区别

在合同订立中，区分要约邀请和要约，关系到合同的成立问题。如果是一方发出要约，另一方接受要约、作出承诺，则合同关系成立。但如果一方发出的是要约邀请，则即便对方同意，也无法在当事人之间成立合同关系。如何区别要约邀请和要约，在实践中极为复杂。结合我国司法实践和理论，本书认为，可从如下几方面来区分要约和要约邀请。

（1）依法律规定作出区分。如果法律明确规定了某种行为为要约或要约邀请，即应按照法律的规定作出区分。例如，依据《民法典》第473条第1款的规定，拍卖公告、招标公告、招股说明书、债券募集办法、基金招募说明书、商业广告和宣传、寄送的价目表等，属于要约邀请。据此，对这些行为一般应认定为要约邀请。

（2）根据当事人的意愿作出区分。这是指根据当事人已经表达出来的意思来确定当事人对其实施的行为主观上认为是要约还是要约邀请。具体来说：一是要考虑提议的内容，要约中应当含有当事人受要约拘束的意旨，而要约邀请只是希望对方主动向自己提出订立合同的意思表示。二是要考虑提议中的声明，如当事人在其行为或提议中特别声明是要约还是要约邀请。例如，某时装店在其橱窗内展示的衣服上标明“正在出售”字样且标明了价格，或者标明为“样品”，则“正在出售”且标明价格的标示可被视为要约，而“样品”的标明可被认为是要约邀请。同时，当事人也可以明确表示其所作出的提议不具有法律拘束力，此时，其所作的提议可能是要约邀请而不是要约。三是要考虑订约意图。由于要约是旨在订立合同的意思表示，所以，要约中应包含明确的订约意图。而要约邀请人只是希望对方向自己提出订约的意思表示，所以，在要约邀请中，订约的意图并不是很明确。

（3）根据提议的内容是否包含合同的主要条款来区分。要约的内容中应当包含合同的主要条款，这样才能因受要约人的承诺而合同成立。而要约邀请只是希望对方当事人提出要约，因此，它不必要包含合同的主要条款。当然，仅以是否包含合同的主要条款来作出区分是不够的，即使要约人提出了未来合同的主要条款，但如果其在提议中声明不受要约的拘束，或提出需要进一步协商，或提出需要最后确认等，则都将难以确定其具有明确的订约意图，因此不能认为是要约。

（4）根据交易的习惯来区分。例如，对于询问商品的价格，根据交易习惯，一般认为是要约邀请而不是要约。再如，出租车司机将出租车停在路边招揽顾客，如果根据当地的规定和习惯，出租车司机可以拒载，则此种招揽是要约邀请；如果不能拒载，则认定司机负有强制缔约的义务。

此外，在区分要约和要约邀请时，还应当考虑到其他情况，诸如是否注重相对人的身份、信用、资力、品行等情况（如招聘家庭教师的广告中，招聘人表明注重家庭教师的个人情况，需要与其实际接触和协商），是否实际接触，一方发出的提议是否使他方产生要约的信赖，等等，综合各种因素判断某项提议是要约还是要约邀请。

四、几种典型的要约邀请行为

依据《民法典》第473条第1款，下列行为属于要约邀请。

1. 拍卖公告

所谓拍卖，是指拍卖人在众多的报价中，选择报价最高者与其订立合同的一种特殊买卖方式。拍卖一般分为三个阶段：（1）拍卖表示，是指拍卖人刊登或发出拍卖公告，在拍卖公告中对拍卖物予以宣传和介绍。对拍卖表示，各国合同法一般认为属于要约邀请[①]，因为在该表示中并不包括合同成立的主要条件，特别是未包括价格条款。（2）拍买（又称叫价），是指竞买者向拍卖人提出价款数额的意思表示。一般认为，拍买的表示属于要约，因为竞买人已就购买标的物提出了价格条件，并愿与出卖人订立合同。竞买人提出价款以后，在其他竞买人提出更高的价款之前，该意思表示对竞买人具有拘束力。（3）拍定，是指拍卖人以拍板、击槌或其他惯用方式确定拍卖合同成立或宣告竞争终结的一种法律行为。一般认为，这种行为在性质上属于承诺。一旦拍定，合同即宣告成立。在整个拍卖流程中，拍卖公告是拍卖的发起阶段，属于典型的要约邀请。

2. 招标公告

招标是订立合同的一种特殊方式。以招标方式订立合同，要经过招标、投标、定标等阶段。所谓招标，是指订立合同的一方当事人采取招标公告的形式，向不特定人发出的以吸引或邀请相对方发出要约为目的的意思表示。所谓投标，是指投标人（出标人）按照招标人提出的要求，在规定的期限内向招标人发出的以订立合同为目的、包括合同全部条款的意思表示。所谓定标，是指招标人在开标、评标后从各投标人中选出条件最佳者。根据《民法典》第473条的规定，招标公告属于要约邀请行为，因为招标人实施招标行为是订约前的预备行为，其目的在于引诱更多的相对人提出要约，从而使招标人能够从更多的投标人中寻取条件最佳者并与其订立合同；而投标是投标人根据招标人所公布的标准和条件向招标人发出以订立合同为目的的意思表示，在投标人投标以后必须要有招标人的承诺，合同才能成立，所以投标在性质上为要约。而定标意味着招标人对投标人的要约予以承诺。

3. 招股说明书

在申请股票公开发行的文件中，招股说明书是一个重要的披露交易信息的文件。它是指拟公开发行股票的公司经批准公开发行股票后，依法在法定的日期和证券监管机构指定的报刊或网站上刊登的全面、真实、准确地披露发行股票的公司信息以供投资者参考的法律文件。根据《公司法》的规定，公司成立时，发起人向社会公开募集股份，应当经国务院证券监督管理机构注册，公告招股说明书。招股说明书应当载明发起人认购的股份数；每股的票面金额和发行价格；无记名股票的发行总数；认股人的权利、义务；

---

① 参见［德］冯·巴尔等主编：《欧洲私法的原则、定义与示范规则：欧洲示范民法典草案》，高圣平等译，272页，北京，法律出版社，2014。

本次募股的起止期限及逾期未募足时认股人可撤回所认股份的说明等。招股说明书通过向投资者提供股票发行人各方面的信息，来吸引投资者向发行人发出购买股票的要约，但其本身并不是发行人向广大投资者所发出的要约，而只是一种要约邀请。

4. 债券募集办法

债券募集办法又称为发行章程或募债说明书，是指申请发行债券的企业，在有关债券募集的公告中告知相关的公司债券募集办法。债券募集办法首先应当经证券监督管理机构批准，在获得批准之后对外公布。在债券募集办法中，要向公众告知有关债券总额、债券的票面金额、债券的利率、还本付息的期限和方式、债券发行的起止日期等事项。由于债券募集办法只是发出公告，邀请相对人向自己购买企业债券，而不是在相对人作出购买的表示后直接成立合同关系，所以，企业发布债券募集办法的行为在性质上属于要约邀请，而不构成要约。

5. 基金招募说明书

基金招募说明书又称为公开说明书，是指基金管理人向投资者提供的经国家有关部门认可的介绍基金各项详细内容的法律文件。该法律文件是面向投资者的，以使广大投资者了解基金详情，并帮助其作出是否投资该基金决策为目的。[①]《证券投资基金法》第53条规定，公开募集基金的基金招募说明书应当包括基金募集申请的准予注册文件名称和注册日期，基金管理人、基金托管人的基本情况，基金合同和基金托管协议的内容摘要，基金份额的发售日期、价格、费用和期限，基金份额的发售方式、发售机构及登记机构名称，出具法律意见书的律师事务所和审计基金财产的会计师事务所的名称和住所，基金管理人、基金托管人报酬及其他有关费用的提取、支付方式与比例，风险警示内容，以及国务院证券监督管理机构规定的其他内容。企业发布基金招募说明书邀请投资者购买其基金，只是向公众发出了购买基金的邀请，有购买意愿的投资者在向企业发出购买基金的请求后，企业作出同意投资者购买的承诺，合同才能成立。因此，企业发布基金招募说明书的行为在性质上属于要约邀请，而不构成要约。

6. 商业广告和宣传

广义的广告包括商业广告、公益广告及分类广告（如寻人、征婚、挂失、婚庆、吊唁、招聘、求购、启事以及权属声明等广告），而狭义的广告仅指商业广告。我国《广告法》第2条第1款采纳了狭义的广告概念，即广告是指商品经营者或者服务提供者承担费用，“通过一定媒介和形式直接或者间接地介绍自己所推销的商品或者服务的商业广告活动”。

根据《民法典》第473条的规定，商业广告是要约邀请，发出商业广告不能产生要约的效力。法律上之所以将商业广告作为要约邀请，主要是因为：一方面，商业广告旨在宣传和推销某种商品或服务，而一般并没有提出出售该商品或提供该服务的主要条款。另一方面，商业广告发出后，不能因任何人接受广告的条件便使合同成立，否则广告人将要承担许多其不可预见的违约责任。此外，广告并非针对特定的人发出，并不符合要约对象为特定主体的要件。

---

① 参见［英］R. R. 阿罗主编：《投资基金》，103页，北京，企业管理出版社，1999。

虽然商业广告原则上不是要约，而是要约邀请，但如果商业广告的内容具体、确定，且包含了当事人订约的意思，也可以构成要约。《民法典》第 473 条第 2 款规定：“商业广告和宣传的内容符合要约条件的，构成要约。”因此，商业广告和宣传的内容在符合要约的条件的情形下，实质上已经具有了要约的性质，构成要约。例如，广告中声称“我公司现有某型号的水泥 1 000 吨，每吨价格 350 元，先来先买，欲购从速”，则可以依具体情况认为该商业广告已经构成要约。一般认为，商业广告构成要约应当具备如下几个条件：第一，广告人具有明确的缔约意图，且有受该商业广告拘束的意思。例如，广告中明确标明“一经承诺合同即成立”或类似字样。第二，广告中必须包含了合同的主要条款，或者写明相对人只要作出规定的行为就可以使合同成立，即该广告的内容具体、确定。

7. 寄送的价目表

生产厂家和经营者为了推销某种商品，通常向不特定的相对人派发或寄送某些商品的价目表。发出的价目表中虽包含了商品名称及价格条款，且含有行为人希望订立合同的意思，但由于从发送价目表的行为中并不能确定行为人具有一经对方承诺即接受承诺后果的意图，行为人只是向对方提供某种信息，希望对方向自己提出订约条件（如购买多少本图书或某种图书），所以，《民法典》第 473 条第 1 款明确规定，寄送的价目表只是要约邀请，而不是要约。当然，如果行为人向不特定的相对人派发某种商品的订单，并在订单中明确声明愿受承诺的拘束，或者从订单的内容中可以确定行为人具有接受承诺后果拘束的意图，则应认为该订单不是要约邀请，而是要约。

五、要约的法律效力

（一）要约生效的时间

要约生效的时间既关系到要约从什么时间对要约人产生拘束力，也涉及承诺期限的问题。关于要约生效的时间，理论上有三种观点：发信主义、到达主义、了解主义。《民法典》第 474 条规定，“要约生效的时间适用本法第一百三十七条的规定”。《民法典》第 137 条对于以对话方式作出的要约和以非对话方式作出的要约的生效规则分别作出了规定，这也意味着，需要区分以对话方式作出的要约和以非对话方式作出的要约，分别确定要约生效的时间。

1. 以对话方式作出的要约，在相对人知道其内容时生效

所谓以对话方式作出的要约，是指当事人直接以对话的形式发出的要约。例如，当事人面对面地订立口头买卖合同，或者以通过电话交谈的方式订立合同。关于以对话方式作出的意思表示的生效，《民法典》第 137 条第 1 款规定，“以对话方式作出的意思表示，相对人知道其内容时生效”。在以对话方式作出的意思表示中，意思表示的发出和相对人受领意思表示是同步进行的。[①] 依据该条规定，对于以对话方式作出的要约而言，只

---

① 参见石宏主编：《中华人民共和国民法总则条文说明、立法理由及相关规定》，328 页，北京，北京大学出版社，2017。

有在相对人知悉对话的内容时，该要约才能够生效。如果相对人并不知道要约的内容，也无法作出相应的承诺，则此时，应当认定要约未生效。可见，对于以对话方式作出的要约而言，《民法典》实际上是采取了了解主义。

2. 以非对话方式作出的要约，在到达相对人时生效

所谓以非对话方式作出的要约，是指当事人以对话以外的形式发出意思表示。例如，采用邮件、传真等方式订立合同。关于以非对话方式作出的要约的生效，《民法典》第137条第2款第一句规定，“以非对话方式作出的意思表示，到达相对人时生效”。依据这一规定，以非对话方式作出的要约，到达相对人时生效。可见，关于以非对话方式作出的要约的生效，《民法典》采用了到达主义，即到达相对人时生效。所谓到达，是指根据一般的交易观念，已经进入相对人可以了解的范围。到达并不意味着相对人亲自收到，只要要约已进入受领人控制的领域，并在通常情况下可以期待受领人能够知悉要约的内容，就视为已经到达。[①] 送达并不一定实际送达到受要约人及其代理人手中，只要要约送达到受要约人所能够控制的地方（如受要约人的信箱等），即为到达。如果要约人未明确限制时间，应以要约能够到达的合理时间为准。在要约人发出要约后到达受要约人之前，要约人可以撤回要约或修改要约的内容。之所以针对以非对话方式作出的意思表示采用到达主义，是因为到达主义为我国立法和司法实践所采纳，尤其是在合同订立中，对要约、承诺的生效采取的是到达主义。《民法典》第137条延续了这一立法和司法实践经验。[②]

3. 以非对话方式作出的采用数据电文形式的要约的生效

在互联网时代，采用数据电文形式作出要约也是合同订立的重要方式。《民法典》第137条第2款规定，“……以非对话方式作出的采用数据电文形式的意思表示，相对人指定特定系统接收数据电文的，该数据电文进入该特定系统时生效；未指定特定系统的，相对人知道或者应当知道该数据电文进入其系统时生效。当事人对采用数据电文形式的意思表示的生效时间另有约定的，按照其约定”。依据该条规定，以数据电文形式作出的要约，其生效分为两种情形：一是相对人指定了特定的系统接收数据电文。此时，该要约自该数据电文进入该特定系统时生效。由此可知，在数据电文进入系统以后，尽管收件人尚未阅读，也认为是收到了电文。[③] 这就是说，只要要约的内容进入了收件人的系统，即使没有为收件人所实际检索、阅读，也视为到达。二是相对人未指定特定的系统接收数据电文。此时，自相对人知道或者应当知道该数据电文进入其系统时生效。依据《民法典》第137条的规定，在相对人未指定特定的系统接收数据电文时，则自相对人知道或者应当知道该数据电文进入其系统时生效。一般而言，如果相对人没有指定特定的系统接收数据电文，则自该数据电文进入其任何一个接收系统的时间为要约生效时间，除非相对人能够举证证明其不应当知道，例如，其所用的邮箱长期不予使用且对方明知。

---

① 参见徐国建：《德国民法总论》，96页，北京，经济科学出版社，1993。

② 参见石宏主编：《中华人民共和国民法总则条文说明、立法理由及相关规定》，329页，北京，北京大学出版社，2017。

③ 参见胡康生主编：《中华人民共和国合同法释义》，41页，北京，法律出版社，1999。

（二） 要约的存续期限

要约的存续期限是指要约可在多长时间内发生法律效力。要约的存续期限完全由要约人决定，如果要约人在要约中具体规定了存续期限（如规定本要约有效期限为10天，或规定本要约于某年某月某日前答复有效），则该期限为要约的有效存续期限。如果要约人没有确定，则只能以要约的具体情况来确定合理期限。

（三）要约的法律效力的内容

（1）要约对要约人的拘束力。此种拘束力又被称为要约的形式拘束力。法律允许要约人在要约到达之前撤回要约。但是，在要约生效以后，要约人不得随意撤销或对要约的内容随意加以限制、变更和扩张。

（2）要约对受要约人的拘束力。此种拘束力又被称为承诺适格，是指在要约生效以后，只有受要约人才享有对要约作出承诺的权利，受要约人必须根据要约规定的期限、方式等作出承诺，否则，不构成有效的承诺。

六、要约的撤回和撤销

（一）要约的撤回

要约的撤回，是指要约人在要约发出以后达到受要约人之前，有权宣告取消要约，从而阻止要约生效。如甲于某日给乙去函，要求购买某种机器，但事后甲与丙达成了购买该机器的协议，于是甲即立即给乙发去传真，要求撤回要约。在发出要约的信函到达乙之前，这种撤回应是有效的。《民法典》第475条规定，“要约可以撤回……”。这就承认了要约的撤回。

根据要约的形式拘束力，任何一项要约都是可以撤回的，只要撤回的通知先于要约或同时与要约到达受要约人，便能产生撤回的效力。允许要约人撤回要约，是尊重要约人的意志和利益的体现。由于撤回是在要约到达受要约人之前作出的，因而在撤回时要约并没有生效，撤回要约也不会影响到受要约人的利益。《民法典》第475条规定，“要约可以撤回。要约的撤回适用本法第一百四十一条的规定”。《民法典》第141条是对意思表示撤回规则的规定，依据该条规定，撤回意思表示的通知应当在意思表示到达相对人前或者与意思表示同时到达相对人，否则不产生撤回意思表示的效力。由于要约属于意思表示，因此要约的撤回需要遵循意思表示撤回的一般规则。《民法典》总则编已经就意思表示的撤回进行了规定，因此，为避免重复，要约的撤回应直接适用总则编的规定。

（二）要约的撤销

所谓要约的撤销，是指要约人在要约到达受要约人并生效以后、受要约人作出承诺前，将该项要约取消，从而使要约的效力归于消灭。法律允许要约撤销的理由在于：一方面，从理论上看，要约乃是要约人一方的意思表示，并没有像合同那样对双方产生拘束力，因此，原则上应当允许要约人撤回或者撤销。另一方面，从实践来看，如果要约人不得撤销要约，可能赋予受要约人过分的特权，从而不利于保护要约人。因为要约达到后，在受要约人作出承诺之前，可能会发生各种情事，如不可抗力、要约内容存在缺陷和错误、市场行情发生变化等，促使要约人撤销其要约。允许要约人撤销要约对于保护要约人的利益、减少不必要的损失和浪费也是有必要的。《民法典》第 476 条在借鉴比较法上先进经验的基础上，规定“要约可以撤销”。

撤销要约与撤回要约都旨在使要约作废，并且都只能在承诺作出之前实施，但两者存在一定的区别，表现在：撤回发生在要约并未到达受要约人并生效之前，而撤销发生在要约已经到达并生效但受要约人尚未作出承诺的期限内。由于撤销要约时要约已经生效，因而对要约的撤销必须有严格的限定，如因撤销要约而给受要约人造成损害的，要约人应承担赔偿责任。

需要指出的是，在法律规定的例外情形下，要约是不得撤销的。《民法典》第 476 条规定：“要约可以撤销，但是有下列情形之一的除外：（一）要约人以确定承诺期限或者其他形式明示要约不可撤销；（二）受要约人有理由认为要约是不可撤销的，并已经为履行合同做了合理准备工作。”允许要约人撤销已经生效的要约的同时，必须施以严格的条件限制，否则必将在事实上否定要约的法律效力，也会给受要约人造成不必要的损失。那么，如何对要约的撤销作出限制呢？根据《民法典》第 476 条的规定，不可撤销的要约包括两种情况。

第一，要约人以确定承诺期限或者其他形式明示要约不可撤销。一是要约中规定了承诺期限。这实际上是指要约中明确允诺要约不可撤销或在规定期限内不得撤销。要约人在发出要约的时候，已经向受要约人明确告知要约的有效期限，该期限的确定，不仅对要约人产生拘束，而且也能够使受要约人产生合理的信赖。例如，要约人在要约中声称“近一个月飞机票打折，价格维持在一千元之内”，这实际上是确定了在一个月中价格维持在一千元之内，要约人在一个月内不能更改上述要约的内容。二是以其他形式明示要约是不可撤销的。此处的“其他形式”是指除要约人明确规定承诺期限外，要约人以其他方式表明其要约不可撤销。例如，要约人在要约中声称“我们坚持我们的要约直到收到贵方的回复”，虽然在该要约中没有明确规定要约的期限，但该要约并没有明确限定承诺的期限，且明确要约的内容是不可更改的。

第二，受要约人有理由认为要约是不可撤销的，并已经为履行合同做了合理准备工作。此种情形包括两个要件：一是受要约人有理由认为要约是不可撤销的。如何理解“受要约人有理由认为要约是不可撤销的”？这实际上就是指受要约人对要约已经产生了合理的信赖，因此要约不可撤销。其主要目的在于保护当事人的合理信赖，维护交易安全。[①] 二是受要约人已经为履行合同做了合理准备工作。例如，要约人在要约中附有某种条件，而受要约人要完成该条件，则需要从事广泛的、费用昂贵的调查，如果受要约人已经为此从事了相关的准备工作，则要约人不得撤回该要约。从两大法系的规定来看，

① Christian von Bar and Eric Clive，*Definitions and Model*，*Rules of European Private Law*，Volume I（Munich：Sellier. European Law Publishers，2009），p. 45.

对于要约发出以后，受要约人已经开始履行的，大多规定不能撤回要约。[①]

需要指出的是，“不得撤销”并不是指要约人必须无条件地按照要约的内容履行义务；不可撤销并非禁止撤销，也就是说，仍然可以撤销要约，只不过，如果受要约人在收到要约以后，基于对要约的信赖，已为准备承诺支付了一定的费用，则在要约被撤销以后受要约人应有权要求要约人予以赔偿。因此，要约的不可撤销规则只是为受要约人主张缔约过失责任提供了依据。

针对要约的撤销，《民法典》第 477 条区分了两种情形：一是以对话方式撤销要约的。依据《民法典》第 477 条的规定，该撤销的意思表示必须在受要约人作出承诺前为其所知。在以对话方式作出的意思表示中，意思表示的发出和受领是同步进行的。[②] 依据该条规定，对于以对话方式作出的意思表示而言，只有在表意人的意思表示被相对人知悉时，意思表示才能够生效。因此，以对话方式撤销要约的，该撤销的意思表示必须在受要约人作出承诺前为其所知。二是以非对话方式撤销要约的。依据《民法典》第 477 条，该撤销的意思表示必须在受要约人承诺前到达。例如，要约规定自要约发出之日起承诺期限为 15 日，要约在发出后经历了 10 日才到达受要约人，受要约人需要在 5 日内作出承诺并到达要约人。如果撤销的意思表示在 15 日后到达，需要区分受要约人是否已经作出承诺：如果受要约人尚未作出承诺，则可以发生要约撤销的效果；如果受要约人已经作出承诺，则不发生要约撤销的效果，在承诺到达要约人时合同成立。

七、要约失效

要约失效，是指要约丧失了法律拘束力，即不再对要约人和受要约人产生拘束。依据《民法典》第 478 条的规定，要约失效的情形主要有如下几种：一是要约被拒绝。二是要约被依法撤销。三是承诺期限届满，受要约人未作出承诺。四是受要约人对要约的内容作出实质性变更。受要约人对要约的内容作出实质性限制、更改或扩张的，表明受要约人已拒绝了要约，但从鼓励交易出发，可以将其视为向要约人发出了新的要约。在要约失效后，受要约人也丧失了其承诺的资格，其发出同意接受要约的表示只能被视为向要约人发出新的要约。因此，判断要约是否失效，对于认定合同是否成立十分重要。

第三节 承 诺

一、 承诺的概念和要件

承诺是指受要约人同意接受要约的条件以订立合同的意思表示。《民法典》第 479 条

---

① Tadas Klimas, *Comparative Contract Law, A Transystemic Approach with an Emphasis on the Continental Law Cases, Text and Materials* (Carolina Academic Press, 2006), p. 39.

② 参见石宏主编：《中华人民共和国民法总则条文说明、立法理由及相关规定》，328 页，北京，北京大学出版社，2017。

规定，“承诺是受要约人同意要约的意思表示”。

承诺的法律效力在于，受要约人所作出的承诺一旦到达要约人，合同便告成立。如果受要约人对要约人提出的条件并没有表示接受，而是附加了条件，作出了新的提议，则意味着受要约人拒绝了要约人的要约，并形成了一项反要约或新的要约。

根据《民法典》第479条的规定，承诺必须具备如下条件，才能产生法律效力。

（一）承诺必须由受要约人向要约人作出

一方面，承诺必须由受要约人作出。这是因为只有受要约人是要约人选定的，故只有受要约人才能作出承诺。第三人不是受要约人，不具有承诺资格。如果允许第三人作出承诺，则完全违背了要约人的意思。第三人向要约人作出承诺，视为发出要约。但需要指出的是，基于法律规定和要约人发出的要约的规定，如果第三人可以对要约人作出承诺，则要约人应当受到承诺的拘束。如果要约是向某个特定人作出的，则该特定人具有承诺人的资格；如果要约是向数人发出的，则该数人均可成为承诺人。承诺可以由受要约人作出，也可以由其授权的代理人作出。

另一方面，承诺必须向要约人作出。既然承诺是对要约人发出的要约所作的答复，那么只有向要约人作出承诺，才能导致合同成立。如果向要约人以外的其他人作出承诺，则只能视为对他人发出要约，不能产生承诺的效力。

（二）承诺是受要约人决定与要约人订立合同的意思表示

《民法典》第479条规定，“承诺是受要约人同意要约的意思表示”。据此，承诺在性质上属于意思表示，其必须符合意思表示的要件，即受要约人应当有受承诺拘束的意思。承诺在性质上是需要受领的意思表示。也就是说，受要约人作出承诺的意思表示后，必须到达要约人才能使合同成立。正如要约人必须具有与受要约人订立合同的目的一样，承诺中必须明确表明同意与要约人订立合同，才能因承诺而使合同成立。[①] 这就要求受要约人的承诺必须清楚明确，不能模糊不清。例如，受要约人在答复中提出，“我们愿意考虑你所提出的条件”或“原则上赞成你们提出的条件”等，都不是明确的订约表示，不能产生承诺的效力。如果答复中包含了承诺的意思，但订约的意图不十分明确，则在此情况下，应根据诚实信用原则和交易习惯来确认承诺是否有效。

（三）承诺的内容必须与要约的内容一致

《民法典》第488条第一句规定，“承诺的内容应当与要约的内容一致”。这就是说，在承诺中，受要约人必须表明其愿意按照要约的全部内容与要约人订立合同。也就是说，承诺是对要约的同意，其同意内容须与要约的内容一致，才构成意思表示的一致（合意），从而使合同成立。承诺的内容与要约的内容一致，具体表现在：承诺必须是无条件的承诺，不得限制、扩张或者变更要约的内容，否则，不构成承诺，应视为对原要约的拒绝并作出一项新的要约。但从现代合同法的发展趋势来看，从鼓励交易出发，在承诺

---

① 参见徐炳：《买卖法》，100页，北京，经济日报出版社，1991。

的内容上采宽松立场，并不要求承诺与要约绝对一致，只要不改变要约的实质性内容，仍然构成承诺，而不是反要约。这一立法经验已经为我国合同立法所借鉴。《民法典》第488条规定，“承诺的内容应当与要约的内容一致。受要约人对要约的内容作出实质性变更的，为新要约。有关合同标的、数量、质量、价款或者报酬、履行期限、履行地点和方式、违约责任和解决争议方法等的变更，是对要约内容的实质性变更”。据此可见，该条确立了承诺不得变更要约的实质性内容的规则。如果构成实质性变更，将成为新要约或反要约。何为实质性内容？所谓实质性内容，是指对当事人的利益有重大影响的合同内容。其一般构成未来合同的重要条款。第一，实质性变更是对要约内容的重大变更。依据《民法典》第488条，有关合同标的、数量、质量、价款或者报酬、履行期限、履行地点和方式、违约责任和解决争议方法等的变更，是对要约内容的实质性变更。第二，实质性变更对当事人的利益具有重大影响。一般而言，对有关合同标的、数量、质量、价款或者报酬、履行期限、履行地点和方式、违约责任和解决争议方法等的变更，对要约人和受要约人的利益都会产生重大影响。第三，需要根据具体的交易情形予以判断。

虽然承诺不能改变要约的实质性内容，但这并不意味着受要约人不能对要约的内容进行任何更改。对要约的非实质性内容作出更改，不应影响合同的成立。例如，将履行地点由某一栋小建筑的东门改到西门，而要约人又未及时表示反对的，应认为承诺有效。当然，即使是对非实质性内容的变更，根据《民法典》第489条，在以下两种情况下承诺也不能生效：一是要约人及时表示反对，即要约人在收到承诺通知后，立即表示不同意受要约人对非实质性内容所作的变更。如果经过一段时间后要约人仍不表示反对，则承诺已生效。二是要约人在要约中明确表示，承诺不得对要约的内容作出任何变更，否则无效，则受要约人作出非实质性变更也不能使承诺生效。

（四）承诺必须在要约规定的期限内到达要约人

1. 承诺只有到达要约人时才能生效

《民法典》合同编在承诺方面采纳到达主义。所谓到达，是指承诺必须到达要约人控制的范围内。如果承诺以对话的方式作出，则承诺可以立即到达要约人，可立即生效。如果承诺以非对话的方式作出，则相关的承诺文件到达要约人的控制范围的时间为承诺的到达时间。例如，相关的承诺文件到达要约人的信箱或者被放置于要约人的办公室，至于到达以后要约人是否实际阅读，并不影响承诺的效力。

2. 承诺必须在规定的期限内到达

承诺的到达必须具有一定的期限限制。《民法典》第481条规定，“承诺应当在要约确定的期限内到达要约人。要约没有确定承诺期限的，承诺应当依照下列规定到达：（一）要约以对话方式作出的，应当即时作出承诺；（二）要约以非对话方式作出的，承诺应当在合理期限内到达”。这就是说，只有在规定的期限内到达的承诺才是有效的。未能在合理期限内作出承诺并到达要约人，则视为承诺的通常迟延，或称为逾期承诺。此种逾期的承诺在民法上被视为一项新的要约，而不是承诺。由于要约已经失效，受要约人也不能作出承诺。对失效的要约作出承诺，视为向要约人发出要约，不能产生承诺效力。

（五）承诺的方式必须符合要约的要求

根据《民法典》第480条的规定，承诺应当以通知的方式作出，但根据交易习惯或者要约表明可以通过行为作出承诺的除外。这就是说，受要约人必须将承诺的内容通知要约人。所谓通知，是指受要约人向要约人作出的接受要约的意思表示。承诺原则上应当采取通知的方式进行，这主要是因为承诺的意思必须以某种方式表达出来，显示于外部，且到达相对人，为相对人所知悉，才能够成为有效的承诺。通知不仅在内容上必须包括接受要约的意思，而且必须到达要约人才能生效。当然，受要约人通知的方式还应当符合要约的要求。如果要约要求承诺必须以一定的方式作出，则受要约人必须按照该方式作出承诺。例如，要约要求承诺以发电子邮件的方式作出，则受要约人不应采取纸质邮寄的方式。如果要约没有特别规定承诺的方式，则不能将承诺的方式作为有效承诺的特殊要件。

如果要约中没有规定承诺的方式，根据交易习惯也不能确定承诺的方式，则受要约人可以采用如下方式来表示承诺：一是以口头或书面的方式表示承诺。这种方式是在实践中经常采用的。一般来说，如果法律或要约中没有明确规定必须用书面形式承诺，则当事人可以用口头形式承诺。二是以行为方式表示承诺。这就是说，受要约人尽管没有通过书面或口头方式明确表达其意思，但是通过实施一定的行为作出了承诺。例如，在现物要约中，接收标的物的一方虽然没有明确表示购买该标的物，但其接受并已使用该标的物的，可以视为其以自己的行为作出了承诺。

二、承诺的期限

承诺必须在规定期限内作出。《民法典》第481条对此确定了如下规则。

（一）承诺应当在要约确定的期限内到达要约人

《民法典》第481条首先明确了承诺期限的确定规则。承诺期限确定的首要依据是要约的内容，如果要约中明确了承诺的期限，则应当适用要约中关于期限的约定。严格地说，承诺的期限应当由要约人在要约中明确，因为承诺的权利是由要约人赋予的，但这种权利不能无期限地行使，如果要约中明确了承诺的期限，则受要约人只有在承诺的期限内作出承诺，才能视之为有效的承诺。值得注意的是，此处所说的作出承诺的期限，应当理解为受要约人发出承诺的通知以后实际到达要约人的期限，而不是指则受要约人发出承诺的期限。例如，要约人在要约中规定，10日内作出答复或5日内作出通知。此处所说的10日和5日的期限，不是指受要约人应当在10日内或者5日内答复，而是指在10日内或者5日受要约人的承诺应当到达要约人处。因此，受要约人在收到要约以后作出承诺，如果是以信件的方式作出承诺，则应当考虑信件在途的时间。

承诺作为一种意思表示，从何时开始生效？两大法系对此存在截然不同的规定。大陆法系采纳了到达主义，或称送达主义；英美法系采纳了送信主义，或称发送主义。在我国，依据《民法典》第481条，关于承诺的生效其采纳了到达主义，即承诺在要约确定的期限内及时到达要约人才能生效。所谓到达，是指承诺的通知到达要约人支配的范围内，如要约人的信箱、营业场所等。至于要约人是否实际阅读和了解承诺通知，不影响承诺的效力。一旦承诺通知到达要约人，合同即告成立。如果承诺以非对话的方式作出，则相关的承诺文件到达要约人的控制范围的时间为承诺的到达时间，例如，相关的承诺文件到达要约人的信箱或者被放置于要约人的办公室，至于到达以后要约人是否实际阅读，不影响承诺的效力。如果承诺不需要通知，则根据交易习惯或者要约的要求，一旦受要约人作出承诺的行为，即可使承诺生效。

（二）要约没有确定承诺期限时承诺期限的确定

《民法典》第 481 条第 2 款规定了在要约没有确定承诺期限时，承诺期限如何确定的问题。针对要约没有规定承诺期限的情形，该款区分了以对话方式作出的与以非对话方式作出的要约，对两种情况分别作出了规定。

第一，如果要约是以对话方式作出的，受要约人应当即时作出承诺。要约中没有规定承诺期限时，在以对话方式作出的要约中，由于当事人可以即时通讯，因此承诺应当在对话中即时作出。如果要约是口头要约，则意味着要约的意图是立即获得口头方式的答复。不过如果口头要约中规定了承诺期限，也应当视为承诺期限的规定。《民法典》第 481 条第 2 款规定，要约没有确定承诺期限的，如果要约以对话方式作出，应当即时作出承诺，但当事人另有约定的除外。此处所说的“当事人另有约定的除外”，就是指口头要约中另外规定了承诺期限的，受要约人应当在该期限内作出答复。例如，一方对另一方在电话中提出“给你 3 天时间考虑作出答复”，这就是在口头要约中另外规定了承诺期限。

第二，如果要约是以非对话方式作出的，受要约人应当在合理期限内作出承诺。[①] 在以非对话方式作出要约时，当事人双方可能处于异地，并未见面，故不可能要求受要约人在收到要约后即时作出承诺，而应当给予受要约人一定的考虑时间和将承诺的意思表示发出并到达要约人的时间。如果要约人未在要约中明确这一时间，那么就只能确定合理期限。一般来说，该期限包括三个方面：一是要约到达受要约人的时间。二是受要约人作出考虑的时间，该时间因交易的数量等而有所区别。如果要约中规定“请立即答复”“请即刻回函”，则表明要约人的意图是受要约人不应当有过多的考虑时间，在收到信函以后，应当在一两天之内就作出答复。三是承诺的信件到达要约人手中的合理期限。如果受要约人是在合理期限内发出信件的，但是因为送达等方面的原因发生迟延，则构成承诺的特殊迟延，应当按照《民法典》第 487 条关于承诺逾期到达的规则确定其效力。

（三）以信件或者电报作出要约时承诺期限的确定

关于承诺期限的起算，依据《民法典》第 482 条的规定，第一，对于以信件作出的要约，承诺期限从信件载明的日期起算。在要约人以信件的方式作出要约时，如果要约人在信件中明确载明了承诺期限的起算点，则按照私法自治原则，应当尊重要约人的意

---

① 参见《销售合同公约》第 18 条、《国际商事合同通则》第 2.7 条。

愿，即以要约所载明的时间点作为承诺期限的起算点。第二，没有载明日期的，以投寄邮戳日期为起算点。对于以信件方式作出的要约，如果以要约到达受要约人的时间作为承诺期限的起算点，显然会给要约人带来不利，因为在要约人以信件、电报等方式发出要约的情况下，要约人并不能控制要约何时才能达到受要约人，一概要求以到达时间作为起算时点，将使要约人处于不利地位。因此，为了保护要约人，《民法典》第 482 条规定此种情形下自投寄该信件的邮戳日期开始计算承诺期限。第三，要约以电话、传真、电子邮件等快速通信方式作出的，承诺期限自要约到达受要约人时开始计算。要约以电话、传真等快速通信方式作出时，要约在途中的时间几乎可以忽略不计，要约一经发出即可到达受要约人，承诺期限也开始计算。因此，如果要约是以电子邮件的方式作出的，自电子邮件到达受要约人之时开始计算承诺期限。

三、承诺的迟延

（一）承诺的通常迟延

所谓承诺迟延（late acceptance），是指受要约人未在承诺期限内作出承诺。《民法典》第 481 条第 1 款规定，“承诺应当在要约确定的期限内到达要约人”。这就是说，只有在规定的期限内到达的承诺才是有效的。未能在合理期限内作出承诺并到达要约人，则视为承诺的通常迟延，或称为逾期承诺。

承诺的迟延可以分为两种：一是通常的迟延，也称逾期承诺。此种迟延是指受要约人没有在承诺的期限内发出承诺。二是特殊的迟延。这种迟延是指受要约人没有迟发承诺通知，但因为送达等原因而迟延。《民法典》第 486 条规定：“受要约人超过承诺期限发出承诺，或者在承诺期限内发出承诺，按照通常情形不能及时到达要约人的，为新要约……”此处所规定的迟延就是通常的迟延。

依据《民法典》合同编的相关规定，承诺的期限通常是由要约规定的，如果要约中未规定承诺期限，则受要约人应在合理期限作出承诺。超过承诺期限作出承诺的，该承诺不产生效力。《民法典》第 486 条规定，“受要约人超过承诺期限发出承诺，或者在承诺期限内发出承诺，按照通常情形不能及时到达要约人的，为新要约……”。这就首先明确了迟到承诺的效力和性质，也就是说，一方面，迟到的承诺通常不能发生承诺的效力；另一方面，迟到的承诺应当被视为新的要约。在此情形下，要约人将处于承诺人的地位，其可以接受或者拒绝该新要约。

依据《民法典》第 486 条的规定，对于迟到的承诺，如果要约人及时通知受要约人该承诺有效，可以使其发生效力。因为承诺迟延关涉到要约人的利益，要约人自愿接受，表明其延长了承诺期限，故该承诺仍然有效，但要约人应及时通知受要约人。一旦要约人及时通知受要约人，则该承诺有效。《民法典》第 486 条规定，“……但是，要约人及时通知受要约人该承诺有效的除外”。如果要约人不愿承认其效力，则该迟到的承诺为新要约，要约人将处于承诺人的地位。从《民法典》第 486 条的规定来看，在承诺迟延的情况下，该迟到的承诺在性质上转化为新要约。在迟到的承诺转化为新要约以后，要约人也应该及时承诺，以防止要约人在承诺迟到以后利用其选择权来从事投机行为。

（二）承诺的特殊迟延

承诺的特殊迟延，是指受要约人没有迟发承诺通知，但因为送达等原因而迟延。《民法典》第487条规定："受要约人在承诺期限内发出承诺，按照通常情形能够及时到达要约人，但是因其他原因致使承诺到达要约人时超过承诺期限的，除要约人及时通知受要约人因承诺超过期限不接受该承诺外，该承诺有效。"法律之所以作出此种规定，是因为受要约人在承诺期限内作出了承诺，但因为其他原因没有承诺按期到达。迟延并不是受要约人的过错造成的，因此不应当由受要约人承担承诺迟延的责任。同时，从鼓励交易的角度出发，承认此种承诺构成有效的承诺，有利于交易的达成。而且承认此种承诺的效力也不损害要约人的利益，因为要约人如果拒绝接受此种承诺，可以及时通知受要约人。

构成特殊的迟延应具备如下条件：一是受要约人在承诺期限内发出承诺。这既包括受要约人在要约确定的期限内作出承诺，也包括要约没有规定明确的期限，而受要约人在合理的期限内作出承诺。二是承诺按照通常情形能够及时到达要约人，但因其他原因，承诺到达要约人时超过承诺期限。这就是说，按照一般的交易习惯和生活经验，此种承诺应当能够按期到达要约人，但因为送信人、传达人等非可归责于受要约人的原因而发生迟延。[①] 如果送信人、传达人是根据受要约人的要求从事传达的，则应当视为受要约人有过错，因此，"因其他原因"不应当包括受要约人有过错的情形，而是指因第三人的原因。三是如果要约人未及时通知受要约人因承诺超过期限不接受该承诺，则该承诺有效。要约人如果拒绝此种承诺，应当及时通知受要约人。为了防止发生纠纷，要约人拒绝受要约人承诺的通知也应当在达到受要约人后生效，否则，在要约人拒绝承诺以后，若拒绝承诺的通知发生丢失，而要约人并不知道，则要约人以为合同没有成立，而受要约人以为合同已经成立，这就极容易发生纠纷。

承诺的特殊迟延不同于承诺的通常迟延：对承诺的特殊迟延而言，如果要约人没有及时通知受要约人承诺的迟延，则承诺可以发生效力；而对承诺的通常迟延而言，其通常不发生效力，只有要约人及时通知该承诺有效，其才能发生承诺的效力。

四、承诺的撤回

所谓承诺的撤回，是指受要约人在发出承诺通知以后，在承诺正式生效之前撤回其承诺。承诺为一种意思表示，在作出之后，应当允许当事人在其生效前撤回。承诺的撤回对要约人并不会产生不利的影响，因为该撤回的表示需要先于承诺或与承诺同时到达要约人。《民法典》第141条已经规定了意思表示的撤回，因此，为了避免重复，《民法典》第485条规定："承诺可以撤回。承诺的撤回适用本法第一百四十一条的规定。"这就设置了引致规范，引致到《民法典》第141条。《民法典》第141条规定，"行为人可

① 参见叶金强：《合同法上承诺传递迟延的制度安排》，载《法学》，2012（1）。

以撤回意思表示。撤回意思表示的通知应当在意思表示到达相对人前或者与意思表示同时到达相对人”。依据该条规定，撤回承诺的意思表示只能在如下两种情况下生效：一是撤回的通知在承诺到达相对人之前生效。这就是说，在承诺的通知到达以前，承诺撤回的通知已到达的，撤回有效。二是撤回的通知与承诺同时到达相对人。一旦承诺先于撤回的通知到达，则意味着承诺已经生效，合同已经成立。在这一点上承诺与要约不同。要约可以在合同成立前撤销：在要约达到后、合同成立前，虽然要约对要约人具有拘束力，但因合同并未成立，所以可以撤销。而承诺一旦先于撤回的通知到达，合同就宣告成立，双方当事人就必须受到合同的拘束，不履行合同将导致违约责任的产生。

五、承诺的生效

《民法典》第 483 条规定了合同成立时间原则上以承诺生效时间为准，因此，承诺生效的时间对于合同成立时间的判断至关重要。《民法典》第 484 条区分了以通知方式作出的承诺和以行为方式作出的承诺，并设置了不同的承诺生效的规则。

（一）以通知方式作出的承诺的生效

《民法典》第 484 条第 1 款规定：“以通知方式作出的承诺，生效的时间适用本法第一百三十七条的规定。”以通知方式作出的承诺属于典型的明示的意思表示，应当适用意思表示生效的规则。《民法典》第 137 条对于以对话方式作出的意思表示和以非对话方式作出的意思表示的生效规则分别作出了规定。

1. 以对话方式作出的承诺的生效

所谓以对话方式作出的承诺，是指当事人直接以对话的形式作出承诺。例如，当事人面对面地订立口头买卖合同，或者通过电话交谈的方式订立合同。关于以对话方式作出的意思表示的生效，《民法典》第 137 条第 1 款规定，“以对话方式作出的意思表示，相对人知道其内容时生效”。在以对话方式作出的意思表示中，意思表示的发出和受领是同步进行的。[①] 依据《民法典》第 137 条，对于以对话方式作出的承诺而言，只有在表意人的意思表示被相对人知悉时，该承诺的意思表示才能够生效。因此，从该条规定来看，《民法典》对于以对话方式作出的意思表示生效采取了了解主义。

2. 以非对话方式作出的承诺的生效

所谓以非对话方式作出的承诺，是指当事人以对话以外的形式发出承诺的意思表示。例如，采用邮件、传真等方式发出承诺。关于非对话方式作出的意思表示的生效，《民法典》第 137 条第 2 款第一句规定，“以非对话方式作出的意思表示，到达相对人时生效”。依据这一规定，以非对话方式作出的意思表示，到达相对人时生效。可见，关于以非对话方式作出意思表示的生效，《民法典》采用了到达主义，即到达相对人时生效。所谓到

---

① 参见石宏主编：《中华人民共和国民法总则条文说明、立法理由及相关规定》，328 页，北京，北京大学出版社，2017。

达，是指根据一般的交易观念，已经进入相对人可以了解的范围。到达并不意味着相对人必须亲自收到，只要意思表示已进入相对人的控制领域，并在通常情况下可以期待相对人能够知悉意思表示的内容，就视为已经到达。①

3. 以非对话方式作出的采用数据电文形式的承诺的生效

依据《民法典》第137条第2款的规定，对于采用数据电文形式作出的承诺而言，其生效分为两种情形：一是相对人指定了特定的系统接收数据电文。此时，承诺自该数据电文进入该特定系统时生效。二是相对人未指定特定的系统接收数据电文。此时，承诺自相对人知道或者应当知道该数据电文进入其系统时生效。在此情形下，相关数据电文到达相对人的任何一个系统，即被推定为相对人知道或应当知道，该数据电文进入其系统时承诺生效，除非相对人举证证明其不应当知道。例如，其所用的邮箱长期不予使用且相对人明知的，则可以认定相对人不应当知道。

承诺以通知方式作出的，如果该通知未到达要约人，则依据《民法典》第137条的规定，承诺不能发生效力，而承诺不能到达要约人的风险要由受要约人承担。

（二）无须以通知方式作出的承诺的生效

《民法典》第484条第2款规定："承诺不需要通知的，根据交易习惯或者要约的要求作出承诺的行为时生效。"据此，根据交易习惯或者要约表明可以通过行为作出承诺的，承诺在以行为方式作出时生效。这一规则延续了《合同法》的规则。以行为方式作出承诺的，主要是意思表示实现的方式。例如，在试用买卖中，在试用期满后，如果买受人没有拒绝购买，则应当认定已经同意购买，而不需要买受人对出卖人作出购买的通知。但是，需要指出的是，以行为方式承诺，仅限于法律有明确规定、有交易习惯或要约有明确规定的场合。在没有法律规定、交易习惯或要约作出明确规定的场合，当事人应当以通知的方式作出承诺的意思表示。

第四节　特殊形式的要约与承诺

一、确认书及其性质

《民法典》第491条第1款规定，"当事人采用信件、数据电文等形式订立合同要求签订确认书的，签订确认书时合同成立"。这就确认了签订确认书的订约方式。所谓确认书，就是合同正式成立前，一方要求最终确认的表示。确认书通常采用书面的形式。自签订确认书之日起，合同正式宣告成立。从实践来看，当事人初步达成的合同文本中载明"以我方最后确认为准"，就是要求签订确认书。

签订确认书实际上是与承诺联系在一起的。如果双方达成协议以后，一方要求以其最后的确认为准的，其所发出的确认书实际上是其对要约所作出的最终的、明确的、肯

① 参见徐国建：《德国民法总论》，96页，北京，经济科学出版社，1993。

定的承诺。在签订确认书之前，合同并没有成立。可见，在此种情形下，确认书实际上是承诺的重要组成部分，是判断是否作出承诺的要素。[①] 但当事人在合同中只是表明“交货时间以我方确认为准”的，这意味着，当事人只是对合同的一个条款进行确认，而不是对合同成立时间作出约定，即当事人只是未最终确定交货时间。

依据《民法典》第 491 条第 1 款的规定，确认书主要适用于当事人采用信件、数据电文等形式订立合同的情况。这是因为当事人采用信件、数据电文等形式订立合同时，当事人身处两地，没有在一个文件上共同签字，任何一方提出签订确认书，都是合理的。如果当事人是以口头形式订约，也就不存在签订确认书的问题。如果一方在通过信件、数据电文等方式订约时，提出要以最后的确认为准，那么，在其发出确认书以前，双方达成的协议不过是一个初步协议，当事人之间的合同关系并未成立。签订确认书本身是双方约定的结果，应当以签订确认书的时间作为合同成立的时间。

二、网上发布的商品或者服务信息符合要约条件时合同的成立时间

《民法典》第 491 条第 2 款规定，“当事人一方通过互联网等信息网络发布的商品或者服务信息符合要约条件的，对方选择该商品或者服务并提交订单成功时合同成立，但是当事人另有约定的除外”。该条来自《电子商务法》第 49 条第 1 款的规定。《民法典》合同编增加这一条款的主要目的在于适应电子商务发展的需要，有效应对关于电子商务合同成立时间的纠纷。依据该款的规定，如果一方通过互联网等信息网络发布的商品或服务信息符合要约条件，即由特定人作出、具有受拘束的意思、有相对人且内容确定，那么，只要相对方选择了该商品或服务，且提交订单成功，合同就宣告成立。相对方选择商品或服务并提交订单成功即意味着承诺已经到达要约人。

具体而言，该条适用的条件如下：

第一，当事人一方通过互联网等信息网络发布的商品或者服务信息符合要约条件。在网上交易的情形下，当事人通常会通过网络发布相关的交易信息，但网上发布信息的形式多样，有的构成要约，有的构成要约邀请。如果当事人一方通过互联网等信息网络发布的广告等信息符合要约的条件，即该信息包含合同的主要条款、内容具体确定，且表明经受要约人承诺，要约人即受该意思表示的约束，则构成要约，对方提交订单应为承诺，此时合同成立。

第二，对方选择该商品或者服务并提交订单成功。在网上购物，都需要在平台上提交订单。如果没有特别约定，则用户选择该商品或者服务并提交订单成功，合同成立。也就是说，在此种情形下，合同的成立需要如下两个条件：一是买受人选择了特定的商品或者服务。买受人一旦选择特定的商品或者服务，就确定了合同的标的物。二是买受人提交订单成功。如果买受人只是选择了特定的商品或者服务，则只是表明其有购买该商品或者服务的意向，还不能认定买受人有受该选择拘束的意思，不能据此认定合同已经成立。只有买受人提交订单后，才能认定买受人已经作出了承诺，合同关系才能成立。

---

① 参见张玉卿主编：《国际商事合同通则 2004》，175 页，北京，中国商务出版社，2005。

买受人提交订单的时间就是合同成立的时间。

第三，当事人另有约定的除外。《民法典》第491条第2款但书规定，“当事人另有约定的除外”。这主要是指当事人约定买受人提交订单为要约，出卖方确定有货并且发货为承诺。在实践中，有的电子商务平台会在格式条款中与消费者约定提交订单成功并不意味着合同成立，而是在发货时合同才成立。因此，当事人可能约定，需要卖方确定有货并且实际发货，合同才能成立。这种情况下，买受人提交订单在性质上应当属于要约。从实践来看，在某些网络交易中，即便当事人已经提交订单，合同关系也并不当然成立。例如，网上买机票，提交订单不一定合同成立，付款时合同才成立。再如，出卖人电商一方在商品宣传中明确声明，产品宣传不论多详细，都是要约邀请，则买受人提交订单只是要约，付款或者发货后合同才能成立。上述情形均属于该款但书所规定的例外情形。

三、交叉要约

所谓交叉要约，是指订约当事人采取非直接对话的方式，相互不约而同地向对方发出了内容相同的要约。[①] 例如，甲于2018年5月1日在某报纸登一广告“出售位于某地区的豪华别墅一栋，价值2 000万元，有意者请与××联系”。乙于5月3日去函，表示愿以1 500万元购买。甲于5月10日复函，称不得低于1 900万元。甲见乙久无回音，于6月24日再致函乙，表示愿以1 700万元出售。信函于6月25日达到。乙不知甲的来信，也于6月24日去函给甲，表示愿以1 700万元成交。信函于6月26日到达。在这个案件中，甲、乙同时于6月24日各自向对方去信，表示愿以1 700万元的价格出售和购买该栋房屋。这样，双方有缔约的相同意愿。这种情况就属于典型的交叉要约。有学者认为，证券市场上的上市公司股票买卖、期货交易市场上的期货商品买卖，大多采用了交叉要约的方式。上市有价证券之买卖，通常采用电脑撮合，价格符合竞价形成之买卖价格时即自动成交，无待承诺之成立及通知。[②] 可见，交叉要约也是常被采用的订约方式。

交叉要约具有如下特点：第一，双方各自向对方发出要约。交叉要约有两种形式：一是同时向对方发出要约。此处所说的同时，也可以是存在微小时间差的情形。二是双方先后发出要约，但是后发出要约的一方还没有收到先发出的要约。[③] 第二，双方是以口头形式以外的方式发出要约。如果双方以口头形式缔约，则当事人会即时对对方的要约作出表示，不可能存在交叉要约的情形。交叉要约往往是在以信件等方式订约时出现的。第三，双方的要约必须到达对方。无论是同时发出还是先后发出，要约只有到达对方才会发生法律效力，也才有探讨合同成立与否的必要。[④] 第四，双方的要约在合同必要条款方面是一致的。如果双方的要约在合同必要条款上存在差异，无论如何，该合同也不可能成立。

---

① 参见史尚宽：《债法总论》，29页，北京，中国政法大学出版社，2000。

② 参见邱聪智：《新订债法各论》（上），164页，北京，中国人民大学出版社，2006。

③ 参见桂万先：《对交叉要约成立合同的质疑》，载《政法论丛》，1998（1）。

④ 参见王家福主编：《民法债权》，302页，北京，法律出版社，1991。

交叉要约最大的特点在于，通过交叉要约成立合同，使合同成立的时间提前，从而鼓励交易，减少交易费用。但对于交叉要约能否成立合同的最大质疑在于：双方没有经过协商，而使合同成立的时间提前。① 事实上，采用交叉要约订约时，虽然双方没有经过协商，但双方已经有明确的订约意图，而且交叉要约中实际上双方对主要条款达成了合意，所以，以双方没有经过协商为由认定合同不成立，与合同是当事人合意的本质不相符合。而且交叉要约并没有损害要约人的利益，如果要约人希望享有在承诺之前撤回要约的权利，其可以在要约中作出相应表示。当然，在一方的要约到达另一方而另一方发出的要约尚未到达对方时，另一方可以在该要约到达之前予以撤销。

四、悬赏广告

（一）悬赏广告的概念和特征

所谓悬赏广告，是指悬赏人以广告的形式声明对于完成悬赏广告中规定的特定行为的人，给付广告中约定的报酬的行为。② 例如，刊登的各种寻人、寻物启事中提出如帮助寻找到某人或完成了某事，将支付若干报酬。《合同法》并未明确规定悬赏广告，《合同法司法解释二》第3条规定："悬赏人以公开方式声明对完成一定行为的人支付报酬，完成特定行为的人请求悬赏人支付报酬的，人民法院依法予以支持。但悬赏有合同法第五十二条规定情形的除外。"《民法典》在总结司法实践经验的基础上，于第499条规定："悬赏人以公开方式声明对完成特定行为的人支付报酬的，完成该行为的人可以请求其支付。"这是我国首次在法律层面对悬赏广告作出的规定。

悬赏广告具有如下特征：

第一，悬赏广告是以公开的方式所作出的意思表示。所谓广告，即广而告之。悬赏广告既可以以招贴画张贴，也可在橱窗、路牌、霓虹灯等刊登，还可以通过报纸、网络等媒体刊载，甚至可通过电台、广播等发布信息，总之，都是以公开的方式发出意思表示。悬赏广告作为意思表示的一种，是悬赏人向不特定的多数人所作出的意思表示。但悬赏广告与一般的意思表示不同，它是采取"广而告之"的方式。③ 也就是说，悬赏广告是面向不特定的相对人作出的意思表示。

第二，它是以向完成特定行为的人给予报酬为内容的意思表示。悬赏是悬赏人以公开方式声明向完成特定行为的人支付报酬的行为：一方面，给付报酬乃悬赏广告的题中之意，悬赏人可以在悬赏广告中声明报酬的种类、数额以及支付方式等。具体而言，各种报酬支付方式如金钱、名誉、财物等，只要不违反法律规定，均可作为悬赏报酬。另一方面，悬赏是针对完成特定的行为作出的，其在内容上并没有限制。凡是合法的行为，无论是事实行为，还是法律行为，都可以作为悬赏广告的对象。④ 当然，该行为的内容和类型不得违反法律规定和社会公共利益。⑤

---

① 参见刘俊臣：《合同成立基本问题研究》，79页，北京，中国工商出版社，2003。

② 参见王家福主编：《民法债权》，285页，北京，法律出版社，1991。

③④⑤ 参见孙森焱：《民法债编总论》（上册），66页，北京，法律出版社，2006。

第三，悬赏广告是一种单方民事法律行为。虽然关于悬赏广告的性质存在争议，但依据《民法典》第 499 条，悬赏广告在性质上属于一项单方民事法律行为，其成立并不需要悬赏人与相对人就悬赏广告的内容达成合意。

第四，悬赏广告是独立的债的发生原因。悬赏人一般会在悬赏广告中对于实施一定行为的人允诺支付一定的报酬，这也使其负担了一定的债务。①《民法典》第 499 条确认了悬赏广告可以作为独立的债的发生原因。同时，《民法典》第 317 条第 2 款也规定：权利人悬赏寻找遗失物的，领取遗失物时应当按照承诺履行义务。

（二）悬赏广告的性质

关于悬赏广告的性质，主要有单方行为说和要约说。《民法典》第 499 条规定，“悬赏人以公开方式声明对完成特定行为的人支付报酬的，完成该行为的人可以请求其支付”。该条实际上明确了悬赏广告的单方行为性质，采纳了单方行为说。这意味着，一方面，悬赏广告作出后，完成特定行为的人，无论是否具有完全民事行为能力，可以请求悬赏人支付报酬。另一方面，完成特定行为的人，无论是否知晓悬赏广告的存在，都可以因完成悬赏行为而要求悬赏人履行义务。例如，某人张贴了自家宠物狗走失，如有寻获给付报酬的广告，那么即使是儿童寻得该宠物狗，其也不因不具有完全民事行为能力而不得请求报酬。

《民法典》之所以将悬赏广告界定为单方行为而非合同，原因在于：

第一，采单方行为说，有利于约束悬赏人的行为，符合诚实信用原则。依单方行为说，只要悬赏人发出了悬赏广告，不需要他人作出同意该广告即能发生法律效力，悬赏人就应当受到广告的拘束。如果某人不知道悬赏人发出了悬赏广告，而完成了广告中所指定的行为，该人仍能取得对悬赏人的报酬请求权，而悬赏人不得以该人不知广告内容为由拒绝支付报酬。②

第二，采单方行为说，使限制民事行为能力人、无民事行为能力人在完成广告所指定的行为以后，也可以对悬赏人享有报酬请求权。但若采用合同说，那么限制民事行为能力人和无民事行为能力人即使完成了广告所指定的行为，也将因为无订约能力而无承诺的资格，从而无法基于合同享有对悬赏人的报酬请求权，而这显然就不利于保护限制民事行为能力人和无民事行为能力人的利益。③

第三，采单方行为说，则任何人完成广告中所指定的行为都将是一种事实行为，而非具有法律意义的承诺行为，因此，相对人只要完成了广告指定的行为即享有报酬请求权，而不必准确地判定在什么情况下存在有效的承诺以及承诺的时间等问题，从而可以减轻相对人在请求悬赏人支付报酬时的举证负担。

（三）悬赏人负有按照其允诺支付报酬的义务

一旦悬赏广告生效，悬赏人就负有对任何完成悬赏广告所声明的行为的人给付报酬

---

① 参见郑玉波：《民法债编总论》，54 页，北京，中国政法大学出版社，2004。

②③ 参见王泽鉴：《债法原理》，2 版，257 页，北京，北京大学出版社，2013。

的义务。与此相应，完成特定行为的相对人即享有报酬请求权。此处所说的特定行为是指广告所指定的行为。如果广告中确定了完成特定行为的时间，则这一时间要求也构成对相对人完成特定行为的限制。由于悬赏广告在性质上是单方民事法律行为，因此，完成悬赏广告指定行为的人即便在行为时不知道广告的存在，也仍有权请求悬赏人支付报酬。[①] 例如，在“鲁某庚诉东港市公安局悬赏广告纠纷案”中，法院认为，“公安局以鲁某庚所提供的线索不符合悬赏通告所规定的条件为由，拒绝将被害人家属用于奖励的 50 万元全部给付鲁某庚，并将其予以占有，超出了被害人家属的委托权限，也不符合其在悬赏通告中的承诺，没有任何的法律依据。鲁某庚对其主张权利，应予支持”[②]。

如果数人都完成了特定行为，则应当按照先来后到的原则，认定谁最先完成了该行为。例如，某人发出广告，如果有人游过某港湾，就奖励现金若干元。如果数人完成，则先完成者获得报酬；但如果数人同时完成，广告中又没有明确先后顺序的，则应当由悬赏人向数人支付。而数人同时完成，原则上应当由数人平均分配报酬。[③] 此外，完成指定行为的人开始实施行为时没有必要通知悬赏人。

如果悬赏人在悬赏广告中声明对完成特定行为的相对人支付报酬，但没有明确具体的报酬数额，则行为人在完成悬赏广告声明的行为时，仍有权请求悬赏人支付相应的报酬。当事人可以就报酬的具体数额进行协商，协商不一致的，可以由法院进行判定。法院在判定数额时，可以参考行为人完成特定行为的时间、成本以及所完成工作成果的归属等因素，确定悬赏人应当支付的报酬数额。

值得探讨的是，完成悬赏广告声明的行为后所获得的利益的归属问题。相对人完成悬赏广告所声明的行为时，可能产生一定的利益。例如，悬赏人在悬赏广告中声明，对于在一定期间内完成某项工作成果的人，将给予一定的报酬。此时，该工作成果应归属于悬赏人还是完成该工作成果的行为人？本书认为，如果悬赏人在悬赏广告中声明，行为人应当将完成悬赏广告中特定行为的工作成果移转给悬赏人，则行为人要获得悬赏广告中声明的报酬，就应当将该工作成果移转给悬赏人。如果悬赏人在悬赏广告中并未约定该工作成果的归属，原则上应当作不利于悬赏人的解释[④]，即如果悬赏广告中没有约定该利益归属的，该利益原则上应当归属于完成悬赏广告的行为人。此时，完成悬赏广告的行为人无须移转该工作成果，但其仍有权请求悬赏人支付相应的报酬。

第五节　强制缔约

一、强制缔约的概念和特征

所谓强制缔约，是指只要一方当事人提出缔结合同的请求，另一方当事人就依法负有

① 参见梁慧星等：《中国民法典草案建议稿附理由·债权总则编》，67 页，北京，法律出版社，2013。
② 《最高人民法院公报》，2003（1）。
③ 参见［日］我妻荣：《债权各论》（上卷），徐慧译，71 页，北京，中国法制出版社，2008。
④ 参见黄茂荣：《债法总论》，248 页，北京，中国政法大学出版社，2003。

法定的与之缔结合同的义务。强制缔约制度是对意思自治原则下当事人缔约自由的限制。当代合同法在保障自由价值的同时，注重伸张社会正义和公平，以实现当事人之间及当事人与社会利益之间的平衡。[①] 强制缔约即为对合同自由的限制，通过此种限制可以有效地保护弱势群体的利益，实现合同的实质正义。《民法典》第494条第1款规定："国家根据抢险救灾、疫情防控或者其他需要下达国家订货任务、指令性任务的，有关民事主体之间应当依照有关法律、行政法规规定的权利和义务订立合同。"这就确认了强制缔约制度。

与一般的合同缔结相比，强制缔约具有如下特点：

第一，强制缔约属于法定义务。这就是说，在法律规定强制缔约的情形下，一方当事人依据法律规定而负有义务与对方订约，义务人违反该义务应当承担相应的民事责任，甚至承担行政责任。因此，无论当事人是否将强制缔约义务纳入合同，当事人均负有此种义务，且当事人不能在合同中规避这一法定要求。

第二，强制缔约是对合同自由的限制。一方面，它为当事人强加了缔约的义务。缔约自由包括当事人有权决定是否缔约以及选择缔约伙伴的自由，它是实现当事人的利益的重要工具。然而，强制缔约构成对缔约自由的限制，因为缔约当事人负有发出订立合同之意思表示的法定义务。[②] 另一方面，它也对缔约的内容加以了限制。针对将适用强制缔约的情形，当事人不仅负有缔约的义务，而且应当按照法律规定的内容来缔约。这是因为处于弱势地位的一方往往不具有谈判能力，如果仅仅对强势一方强加了缔约义务，而没有对缔约内容加以限制，仍然无法实现对弱势群体的保护。从实践来看，对缔约内容的限制往往要通过特别法的形式加以明确。需要指出，在强制缔约关系中，由于合同的缔结仍然需要经过要约和承诺环节，合同在形式上仍然是当事人双方进行磋商、意思表达一致的产物，因此，强制缔约并没有从根本上否定合同意思自治的基本规则。"契约关系的发生，仍然有赖当事人互相意思表示一致而成立契约，准此，缔约强制尚未脱离契约原则的范畴。"[③]

第三，强制缔约的功能在于维护公共利益。强制缔约往往与特定企业具有相当市场支配力或者垄断地位有关。法律设置强制缔约制度，就是为了防止某些公共服务提供者选择性地提供公共服务，损害广大消费者的利益，进而损及大众的公共利益。这是因为在特定情况下（如一方当事人处于垄断地位），缔约自由这一工具可能失去其实现双方当事人利益的功能，从而损害一方当事人的利益，影响到社会公共利益的实现。

第四，强制缔约仍然要经过要约和承诺的程序，只不过一方当事人必须发出要约或者必须作出承诺而已。强制缔约并不意味着合同的成立不需经过要约和承诺两个阶段，而仅是指当事人负有强制发出要约或承诺的义务。在法律规定了强制缔约义务的情况下，如果当事人没有作出承诺，该合同也并非当然不成立。在例外情况下，法院可以判决该合同成立，可以依据具体情形要求一方当事人依据法律规定作出承诺。[④]

在强制缔约的情形，负有缔约义务的一方当事人必须受到约束，不能够拒绝社会上

---

① 参见王晨：《日本契约法的现状与课题》，载《外国法评译》，1995（2）。

② Busche，Privatautonomie und Kontrahierungszwang，1999，S. 243.

③ 陈自强：《契约之成立与生效》，158页，台北，学林文化事业出版有限公司，2002。

④ 参见崔建远：《合同法总论》（上卷），127页，北京，中国人民大学出版社，2008。

不特定相对人的缔约请求。在原则上说，即使是在强制缔约的情况下，合同的成立也需要经过要约、承诺的阶段，在相对人发出要约后，负有强制缔约义务的一方应当及时作出承诺的意思表示，否则，合同不能成立。只不过，依据特殊情形，如果受要约人不承诺，要约人可以起诉，追究其法律责任，而法院考虑到法律设置强制缔约的目的等因素，也可以强制受要约人为承诺的意思表示，从而使合同成立。①

二、根据指令性任务或者国家订货任务签订合同

强制缔约应当包括对缔约的限制和对内容的限制两方面的内容，因为合同一方当事人不仅负有与相对人订立合同的义务，而且还负有以相对人可接受的合理、相同内容订立合同的义务。

在我国原有高度集中的经济管理体制下，对企业的生产经营活动实行指令性计划管理，国家有关部门向企业下达指令性计划以后，企业必须严格依据计划订立合同。合同的内容必须与指令性计划的要求相一致，在合同订立后也不得以违约金和损害赔偿代替合同的履行。履行合同不仅是对合同当事人的义务，也是对国家所应尽的完成指令性计划任务的义务。然而，自我国经济体制改革以来，为了搞活企业，扩大企业自主权，指令性计划的管理范围逐渐缩小。目前，指令性计划的作用已经十分微弱。不过我国自1992 年起开始试行国家订货制度，旨在维护全国经济和市场的稳定，保证国防军工、重点建设、防疫防灾以及国家战略储备的需要，对于国家还必须掌握的一些重要物资，将以国家订货方式逐步取代重要物资分配的指令性计划管理。② 因此，在法律上有必要对根据指令性任务或者国家订货任务订约的规则作出规定。

《民法典》第 494 条第 1 款规定：国家根据抢险救灾、疫情防控或者其他需要下达国家订货任务、指令性任务的，有关民事主体之间应当依照有关法律、行政法规规定的权利和义务订立合同。依据这一规定，一旦国家根据抢险救灾、疫情防控或者其他需要下达订货任务、指令性任务，民事主体就负有订约的义务。例如，在防控疫情期间，国家需要紧急运送医疗物资，需要给运输企业下达指令性任务。可见，国家根据抢险救灾、疫情防控或者其他需要下达国家订货任务、指令性任务而签订合同属于典型的强制缔约形态，因为：一方面，在此类合同中，当事人需要根据国家下达的指令性任务或者订货任务，依照有关法律、行政法规规定的权利与义务订立合同。③ 也就是说，一方当事人负有与相对人订立合同的义务。另一方面，在合同内容上必须根据指令性任务或者国家订货任务的要求签订合同，有关企业不能够以合同自由原则加以拒绝。

三、强制要约

所谓强制要约，是指依据法律或行政法规的规定，一方当事人必须向他方当事人作

① 参见易军、宁红丽：《强制缔约制度研究——兼论近代民法的嬗变与革新》，载《法学家》，2003（3）。
② 参见胡康生主编：《中华人民共和国合同法实用问答》，133 页，北京，中国商业出版社，1999。
③ 参见朱广新：《合同法总则》，81 页，北京，中国人民大学出版社，2008。

出要约的意思表示。通常情形下，强制缔约主要体现为强制承诺，但在法律规定的特殊情形下，其体现为强制要约。《民法典》第 494 条第 2 款规定，“依照法律、行政法规的规定负有发出要约义务的当事人，应当及时发出合理的要约”。可见，强制缔约不仅包括对承诺的强制，还包括对要约的强制，即根据法律的规定，某一权利主体有义务及时向他人发出要约以订立合同。[①] 例如，《证券法》第 65 条第 1 款规定，“通过证券交易所的证券交易，投资者持有或者通过协议、其他安排与他人共同持有一个上市公司已发行的有表决权股份达到百分之三十时，继续进行收购的，应当依法向该上市公司所有股东发出收购上市公司全部或者部分股份的要约”。法律作出此种规定主要是为了保护中小股东的利益。当然，在强制要约的情形下，要约的内容应当符合法律的要求。如果法律对要约的内容作出了规定，则要约人不能在法律规定之外另外提出要求，否则，相对人有权拒绝。

四、强制承诺

所谓强制承诺，是指依据法律或行政法规的规定，一方当事人必须针对他人的要约作出承诺的意思表示，即对接受要约义务的强制。《民法典》第 494 条第 3 款规定，“依照法律、行政法规的规定负有作出承诺义务的当事人，不得拒绝对方合理的订立合同要求”。在强制承诺的情形下，如果一方当事人依照法律、行政法规的规定负有作出承诺的义务，则在对方作出要约的情形下，其就必须依法承诺。例如，《电力法》第 26 条第 1 款规定，“供电营业区内的供电营业机构，对本营业区内的用户有按照国家规定供电的义务；不得违反国家规定对其营业区内申请用电的单位和个人拒绝供电”。这就确认了强制缔约义务。

当然，虽然承诺人依法负有订立合同的义务，但这并不意味着该合同可以依据法律的规定直接成立，而应当依据要约一承诺的一般程序订立合同。这就要求要约人作出明确的要约，强制缔约义务人负有作出承诺、订立合同的义务。

需要指出的是，即使一方当事人负有强制承诺的义务，合同的成立也需要经过要约、承诺的阶段，在相对人发出要约后，负有强制缔约义务的一方应当及时作出承诺的意思表示，否则合同不能成立。只不过，依据特殊情形，如果受要约人不承诺，要约人可以起诉，追究其法律责任，而法院应考虑法律设置强制缔约的目的等因素，强制受要约人为承诺的意思表示，从而使合同成立。[②] 例如，就强制责任保险来说，根据《机动车交通事故责任强制保险条例》（2019 年修订）第 10 条，保险公司具有强制缔约的义务，如果投保人选择某一保险公司投保，保险公司无故拖延或拒绝的，投保人可以向法院起诉，要求保险公司与其订立保险合同，法院可以直接判决合同已经成立。如果因为保险公司就无故拖延或拒绝给投保人造成损失的，保险公司应当负缔约过失责任。

---

① 参见朱广新：《合同法总则》，81 页，北京，中国人民大学出版社，2008。

② 参见易军、宁红丽：《强制缔约制度研究——兼论近代民法的嬗变与革新》，载《法学家》，2003（3）。

第六节　合同成立的时间和地点

一、合同成立的时间

《民法典》第 483 条规定，“承诺生效时合同成立，但是法律另有规定或者当事人另有约定的除外”。依据该条规定，承诺的效果在于使合同成立，即一旦承诺生效，合同便宣告成立。承诺生效的时间，是指承诺什么时候产生法律效力。承诺生效的时间在合同中具有重要的意义，其直接决定了合同成立的时间。而合同在何时生效，当事人就于何时受合同关系的拘束、享受合同上的权利和承担合同上的义务。双方当事人就合同的主要条款完成要约、承诺的过程，就意味着双方当事人达成了合意，合同也就应当随即宣告成立，因此，承诺生效的时间就应当是合同成立的时间。《民事典》第 483 条规定承诺生效时合同成立，实际上是确立了合同成立的时间。此外，承诺生效的时间常常与合同订立的地点是联系在一起的，而合同的订立地点又与法院管辖权的确定以及适用法律的选择问题密切联系在一起，所以，确定承诺生效的时间意义重大。

依据《民法典》第 483 条，在法律另有规定或者当事人另有约定时，承诺生效也不一定导致合同成立。具体而言，有两种情况：

第一，法律另有规定。此种情况又包括如下两类：一是法律明确规定合同应当采用特定的形式（如必须采用书面形式）订立才能成立的，则只有完成该特定的形式，合同才能成立，仅当事人作出承诺，合同还不能成立。二是法律明确规定必须实际交付标的物才能使合同成立。例如，依据《民法典》第 679 条的规定，自然人之间的借款合同，“自贷款人提供借款时”成立。

第二，当事人另有约定。除法律另有规定的以外，当事人另有约定的，也应当遵循当事人的约定。例如，当事人约定应当采取书面形式订立合同的，在签订书面合同后合同成立，或当事人约定办理公证后合同成立的，在办理公证前，即便当事人已经达成了合意，合同也并未成立。

需要指出的是，如果当事人采取招标方式订立合同，依据《合同编解释》第 4 条第 1 款，合同成立的时间为自中标通知书达到中标人时成立。合同成立后，当事人拒绝签订书面合同的，人民法院应当依据招标文件、投标文件和中标通知书等确定合同内容。

二、合同成立的地点

（一）承诺生效的地点为合同成立的地点

在合同法上，合同成立地点具有如下方面的意义：一是选择适用的法律。《涉外民事关系法律适用法》第 6 条规定，“涉外民事关系适用外国法律，该国不同区域实施不同法律的，适用与该涉外民事关系有最密切联系区域的法律”。合同签订地也可能被解释为与合同关系有最密切联系的区域，所以，可能对涉外合同关系中法律的选择产生影响。二是确定诉讼管辖。《民事诉讼法》第35条规定，“合同……的当事人可以书面协议选择被告住所地、合同履行地、合同签订地、原告住所地、标的物所在地……人民法院管辖，但不得违反本法对级别管辖和专属管辖的规定”。据此，合同签订地是选择地域管辖的依据。由于合同的成立地有可能成为确定法院管辖权及选择适用的法律等问题的重要因素，因此，明确合同成立的地点也十分重要。

《民法典》第483条前半句规定：承诺生效时合同成立。依据这一规定，关于合同的成立地点，可以区分以下几种情形分别确定：第一，以对话方式作出承诺的。此时，如果双方以面对面的方式作出了要约与承诺，则当事人对话的所在地应当成为合同成立地。第二，以对话、通知以外的方式作出承诺的。依据《民法典》第484条第2款的规定，在有交易习惯或要约要求的情况下，可以不以通知的方式作出承诺，而是以作出一定行为的方式作出。例如，要约人以现物要约，承诺人将标的物拆开包装并进行使用的，依据《民法典》第484条，承诺的行为作出时承诺生效，相应地，承诺行为作出的地点为合同成立的地点。第三，以实际履行的方式作出承诺的。如果当事人通过实际履行来订立合同，则默示承诺到达相对人时发生效力，相应地，合同成立的地点也应当为默示承诺到达的要约人所在地。

需要指出的是，合同成立的地点也可以由当事人另行约定。但承诺生效的地点是一个事实，真正有法律意义的是合同成立的地点。按照合同自由原则，当事人可以约定承诺生效的地点，也就是可以约定合同成立的地点。

（二）采用数据电文形式订立合同时合同成立的地点

依据《民法典》第492条第2款第一句第一分句，采用数据电文形式订立合同的，收件人的主营业地为合同成立的地点。主营业务是指营利法人或者非法人组织为完成其经营目标而从事的主要经营活动，可以根据企业营业执照规定的主要业务范围确定。没有主营业地的，收件人经常居住地为合同成立的地点。一些营利法人或者非法人组织从事多种经营活动，并没有主营业地的，就应当以其经常居住地为合同成立的地点。当然，如果当事人约定以收件人主营业地和住所地以外的地点作为合同成立的地点，则按照当事人约定确定合同成立地点。例如，当事人约定以发件人住所地为合同成立地点的，该约定也有效。

（三）以合同书形式订约的合同成立地点

《民法典》第493条规定，“当事人采用合同书形式订立合同的，最后签名、盖章或者按指印的地点为合同成立的地点，但是当事人另有约定的除外”。该条是关于采用合同书形式订立合同时如何确定合同成立地点的规定。依据这一规定，当事人采用合同书形式订立合同的，如果当事人没有就合同成立地点作出约定，则最后签字、盖章或者按指印的地点为合同成立的地点。

以最后签字、盖章或者按指印的地点为合同成立的地点，必须符合如下条件：

第一，必须是当事人采用合同书形式订立合同，因为只有以合同书形式订立合同，才有必要在合同书上签字、盖章或者按指印。例如，当事人分处北京、上海两地，虽然合同是由北京一方签字后邮寄给上海一方签字，但是当事人可以在合同中明确约定本合同在北京订立。如果当事人作出了这一约定，则应当认可此种约定的效力。如果当事人采用口头形式订立合同，就没有必要签字、盖章或者按指印，也就没有必要以最后签字、盖章或者按指印的地点为合同成立的地点。

第二，当事人关于合同成立地点有约定的，依据当事人的约定。如果合同约定的签订地与实际签字或盖章地点不符，应当认定约定的签订地为合同签订地。采用这一规则的原因是，按照合同自由原则，合同法主要是任意法，应采取约定优先原则。就合同签订地点的判断，优先适用当事人的约定。

第三，合同没有约定合同成立地点，双方当事人签字或者盖章不在同一地点的，则以最后签字或者盖章的地点为合同成立地。如果当事人在同一时间、同一地点签约，则不存在最后签字、盖章、按指印的地点。但是在当事人处于异地的情况下，如一方当事人签署后，邮寄给对方签署，则出现了不止一个的签字、盖章地点。法律明确了在当事人处于异地的情况下，以最后签字、盖章或按指印的地点为合同成立地点。

第七节　缔约过失责任

一、缔约过失责任的概念

缔约过失责任是指在合同订立过程中，一方违背其依据诚实信用原则和法律规定所承担的义务致另一方的信赖利益遭受损失时，应承担损害赔偿责任。《民法典》第 500 条第 1 项规定，当事人在订立合同过程中，实施了假借订立合同恶意进行磋商等违背诚信原则的行为，造成对方损失的，应当承担赔偿责任。这就确立了缔约过失责任制度。该条不仅完善了我国的债和合同制度体系，完善了交易的规则，而且有助于维护诚实信用原则。

在缔约阶段，当事人因接触而进入可以彼此影响的范围，依诚实信用原则，当事人应尽交易上的必要注意，以维护他人的财产和人身利益，因此，缔约阶段也应受到法律的调整。当事人应当遵循诚实信用原则，认真履行其所负有的义务，不得因无合同约束而滥用订约自由或实施其他致人损害的不正当行为，否则，不仅将严重妨碍合同的依法成立和生效，影响交易安全，也影响人与人之间正常关系的建立。

根据《民法典》第 500 条的规定，缔约过失责任的成立须具备如下条件。

（一）缔约过失发生在合同订立过程中

缔约过失责任与违约责任的基本区别在于，此种责任发生在缔约过程中而不是发生在合同成立以后。只有在合同尚未成立，或者虽然成立但因为不符合法定的生效要件而被确认无效或被撤销时，缔约人才承担缔约过失责任。若合同已经成立，一方当事人的过失导致他方受损害时，就不应适用缔约过失责任。即使是在附条件的合同中，在条件成就以前，一方恶意阻碍条件的成就的，视为条件已经成就。此时，也因为合同已经成立且生效，所以应按违约责任而不应按缔约过失责任处理。可见，确定合同成立的时间，是衡量当事人是否应承担缔约过失责任的关键。

一般来说，合同成立的时间取决于缔约一方当事人对另一方当事人的要约作出承诺的时间。若一方发出了要约，而另一方尚未作出承诺，则合同尚未成立。在双方合意形成以前的阶段就是合同订立阶段。从我国立法和司法实践来看，对于依法必须以书面形式缔结的合同，双方虽然就合同主要条款达成口头协议，但尚未以书面形式记载下来并在合同上签字的，应视为合同未成立，当事人之间仍处于缔约阶段。对于依据法律、行政法规的规定，应当由国家批准才能成立的合同，虽然当事人已经就合同的内容达成协议，但未获批准的，应认定当事人之间仍处于缔约阶段。

虽缔约过失责任发生在合同缔结阶段，但如果当事人之间没有任何缔约上的联系，无从表明双方之间具有缔约关系，一方的过失导致他方受损害时，不能适用缔约过失责任。例如，某人并无购货之意思，在商场随便逛逛，不料在商场内摔倒并遭受损害时，由于双方并无订约上的联系，故对该人的损害只能按侵权责任而不能按缔约过失责任处理。

（二）一方违背其依诚实信用原则所应负的义务

诚实信用原则是合同法的一项基本原则，民事主体在从事民事活动时，应讲诚实、守信用，以善意的方式行使权利并履行义务。根据诚实信用原则的要求，在合同订立时或成立后，当事人负有一定的附随义务。依诚实信用原则而产生的忠实、协助、保密等义务，相对于给付义务而言，只是附随义务，但它们也是依法产生的，因而也是法定义务，它们随着双方当事人联系的密切而不断变化。当事人一方如不履行这种义务，不仅会给他方造成损害，而且会妨害社会经济秩序。因此，法律要求当事人履行上述依诚实信用产生的义务，否则将要负缔约过失责任。

应当指出，在缔约阶段，一方当事人负缔约过失责任的原因可能并不限于其违反了与合同义务相伴的附随义务，还包括要约人违反了其发出的有效要约，所以，缔约过失责任可能因当事人对缔约关系的破坏而产生。在缔约阶段，当事人均负有某种法定义务（附随义务和其他义务），从而表明缔约关系并不是事实关系，也不是法律作用不到的领域。事实上，当事人为缔结合同而接触与协商之际，已由原来的普通关系进入特殊的联系阶段，双方均应依诚实信用原则履行互相协助、照顾、保护等义务，违反了该义务而致他人受损害者将承担缔约过失责任。

（三）造成他人信赖利益的损失

依据《民法典》第500条，缔约过失责任的承担以给对方造成损害为前提。缔约过失行为直接破坏了缔约关系，因此所引起的损害是指他人信赖合同的成立和有效，但由于合同不成立和无效所蒙受的不利益。此种不利益即为信赖利益或消极利益的损失。例如，信赖表意人的意思表示有效的相对人，因表意人滥用订约自由、随意撤销意思表示而受到损害。信赖利益与债权人就合同履行时可获得的履行利益或积极利益是不同的：

信赖利益赔偿的结果是，使当事人达到合同未曾发生时的状态；而履行利益赔偿的结果是，使当事人达到合同完全履行时的状态。信赖利益的损失主要是指因他方的缔约过失行为而致信赖人的直接财产的减少，如支付各种费用等。当然，当事人的信赖必须是合理的，即一方的行为已使另一方足以相信合同能够成立或生效，但另一方的缔约过失破坏了缔约关系，使信赖人的利益丧失，而且此种损失与缔约过失行为有因果关系。如果按照交易习惯，当事人不应对合同的成立或者生效产生合理信赖，则即便其为合同的订立支付了一定的费用，该费用也不应当属于信赖利益的损失。

二、缔约过失责任的类型

根据《民法典》第500条，缔约过失责任主要有如下几种类型。

（一）假借订立合同，恶意进行磋商

假借订立合同，恶意进行磋商，将构成缔约过失。所谓“假借”，就是根本没有与对方订立合同的目的，与对方进行谈判只是个借口，目的是损害对方或者他人的利益。[①] 换句话说，一方本不想和对方谈判，但为了拖延时间或为了使对方丧失商业机会而与对方谈判。如甲就某项合同的订立与乙进行谈判，目的在于阻止乙与丙订立合同，或者使乙丧失其他商业机会。所谓“恶意”，是指假借磋商、谈判，而故意给对方造成损害。恶意包括两方面的内容：一是行为人主观上并没有谈判意图，二是行为人主观上具有给对方造成损害的目的和动机。恶意是恶意谈判的最核心的构成要件，然而，受害人一方必须证明另一方具有假借磋商、谈判而使其遭受损害的恶意，才能使另一方承担缔约过失责任。

应当指出的是，在谈判过程中根据合同自由原则，双方都享有订立和不订立合同的自由。从这个意义上说双方都有权在达成协议以前中断谈判，一方中断谈判也不需要给另一方合理的理由，除非其进行谈判或中断谈判都出于恶意，且另一方有足够的证据证明其假借订立合同恶意进行磋商，才可能构成缔约过失。

（二）故意隐瞒与订立合同有关的重要事实或者提供虚假情况

故意隐瞒与订立合同有关的重要事实或者提供虚假情况，属于缔约过程中的欺诈行为。所谓欺诈，是指一方当事人故意实施某种欺骗他人的行为，并使他人陷入错误而订立合同。

构成欺诈，必须符合如下要件：

第一，欺诈方具有故意。这就是说，欺诈方明知自己告知对方的情况是虚假的且会使被欺诈人陷入错误认识，而希望或放任这种结果的发生。故欺诈方告知虚假情况，不论是否使自己或第三人牟利，均不妨碍故意的构成。

第二，欺诈方客观上实施了陈述虚假事实或隐瞒真实情况的行为。所谓欺诈行为是

---

① 参见胡康生主编：《合同法实用问答》，137页，北京，中国商业出版社，1999。

指欺诈方将其欺诈故意表示于外部的行为，在实践中大都表现为故意陈述虚伪事实或故意隐瞒真实情况而使他人陷入错误的行为。其一，故意告知虚假情况，也就是指虚伪陈述，例如，将赝品说成是真迹，将质量低劣的产品说成是优质产品。其二，故意隐瞒真实情况，是指行为人有义务向他方如实告知某种真实的情况而故意不告知，例如，当事人在订立合同过程中，故意隐瞒其财产状况、履约能力，或者没有告知对方当事人标的物属于易燃、易爆或有毒物品等重要情况。在订约过程中，一方当事人故意隐瞒上述与订立合同有关的重要情况，或提供虚假情况，实际上已构成欺诈，如因此给对方造成财产损失的，应负赔偿责任。

第三，相对人的认识错误与行为人的欺诈行为之间有因果联系，即相对人因行为人陈述虚假事实或隐瞒真实情况的行为而陷于认识错误。在欺诈的情况下，受欺诈方须因欺诈陷入了错误的认识，基于虚假的情况而对合同内容发生了错误认识，如因误信对方的假药宣传而将假药当成了真药。受欺诈方未陷入错误或者所发生的错误内容并不是欺诈造成的，则不构成欺诈。

（三）泄露或者不正当地使用商业秘密或者其他应当保密的信息

《民法典》第 501 条规定，“当事人在订立合同过程中知悉的商业秘密或者其他应当保密的信息，无论合同是否成立，不得泄露或者不正当地使用；泄露、不正当地使用该商业秘密或者信息，造成对方损失的，应当承担赔偿责任”。该条规定了当事人在订立合同过程中对于其知悉的商业秘密或者其他应当保密的信息的保密义务。要求当事人在缔约阶段承担保密义务，是为了进一步强化、落实诚实信用原则，充分体现社会主义核心价值观，同时也是为了加强对商业秘密的保护，从而强化对智力成果的保护，激励发明创造与提高经济效率，并有利于维护商业道德。《反不正当竞争法》和《民法典》侵权责任编都对侵害商业秘密的行为予以制裁，而《民法典》第 501 条也对有关商业秘密转让和使用的合同予以保护，从而形成了对商业秘密保护的完整的法律机制。《民法典》合同编又通过缔约过失责任来保护商业秘密，从而使商业秘密的保护机制得到了完善。

依据《民法典》第 501 条的规定，当事人违反其对于其知悉的商业秘密或者其他应当保密的信息的保密义务，应当承担损害赔偿责任。此种责任的成立应当具备如下条件。

1. 当事人在订立合同过程中已知悉商业秘密或者其他应当保密的信息

依据《反不正当竞争法》第 9 条第 4 款，商业秘密是指不为公众所知悉、具有商业价值并经权利人采取相应保密措施的技术信息、经营信息等商业信息。关于商业秘密是否为一种权利，以及属于何种性质的权利，仍然存在争议。但毫无疑问，商业秘密作为民事主体享有的一种合法利益，应当受到法律的保护。当事人在谈判过程中，可能要涉及商业秘密问题。在许多情况下，谈判的一方向另一方透露了某些商业秘密以后，可能明确要求对方不予泄露，或者明确声明某项信息属于商业秘密，但也可能并没有明确地禁止对方泄露。只要一方在接触、了解另一方的信息后知道或者应当知道该信息属于商业秘密，包括秘密配方、技术诀窍和在劳动生产、技术操作方面的经验、知识和技巧以及产品的性能、销售对象、市场营销情况等，就应依据诚实信用原则负保密义务，不得向外泄露或进行不正当使用。

《民法典》第501条对于需要保密的信息在《合同法》第43条规定的商业秘密的基础上，增加了“其他应当保密的信息”。“其他应当保密的信息”主要是指除商业秘密外的在订立过程中知悉的一经泄露可能带来损失的秘密信息。增加此种“信息”的主要原因在于，合同编所规定的合同，不仅包括商事主体所订立的合同，还包括其他民事主体，如非法人组织、自然人等订立的合同，这些合同下也存在需要保密的义务。诸如机关、学校，甚至自然人等主体在缔约中也存在需要保密的信息，但这些信息显然不属于商业秘密的范畴，但仍然值得保护。例如，在与学校订立合同时了解了学生的数据信息，在与自然人订立合同时了解了其疾病状况等，对这些信息的保密也应当构成一种义务。

2. 泄露、不正当地使用了该商业秘密或者信息

第一，泄露商业秘密或者其他信息。所谓泄露，是指将商业秘密透露给他人，包括在要求对方保密的条件下向特定人、少部分人透露商业秘密。[①] 当事人在谈判过程中，可能要涉及商业秘密问题。在许多情况下谈判的一方向另一方透露了某些商业秘密以后，可能明确要求对方不予泄露，或者明确声明某项信息属于商业秘密，但在某些情况下并没有明确地禁止对方泄露。只要一方接触、了解另一方的信息后，知道或者应当知道该信息属于商业秘密，不管另一方是否告诉其披露的信息属于商业秘密，对此应依据诚实信用原则负保密义务，不得向外泄露或作不正当使用。

第二，不正当使用商业秘密或者其他信息。[②] 所谓不正当使用，是指未经授权而使用该秘密或将该秘密转让给他人。将商业秘密用于自己的生产经营，由自己直接利用商业秘密，或者非法允许他人使用，都构成侵权。行为人无论是否因此而获取一定的利益，都有可能承担缔约过失责任。

3. 泄露、不正当地使用该商业秘密或者信息造成对方损失

因泄露和不正当使用商业秘密而给商业秘密的所有人造成了损失。至于行为人主观上是出于故意还是过失，不必考虑。

（四）其他违背诚实信用原则的行为

其他违背诚实信用原则的行为较多，例如，在合同无效和被撤销、违反强制缔约义务、无权代理等情况下，也能产生缔约过失责任。

三、缔约过失责任的赔偿范围

依据《民法典》第500条第1项的规定，当事人在订立合同过程中，实施了假借订立合同恶意进行磋商等违背诚信原则的行为，造成对方损失的，应当承担赔偿责任。需要指出的是，此处所说的赔偿责任并非违约责任，因为在缔约阶段，合同还没有成立，即使实施了假借订立合同，恶意进行磋商等违背诚实信用原则的行为，另一方也不得请求其承担违约责任。

---

①② 参见孔祥俊：《合同法教程》，150页，北京，中国人民公安大学出版社，1999。

在缔约过失责任中，应当以信赖利益作为赔偿的基本范围。这与违约责任应救济守约方的履行利益是不同的。信赖利益的损失限于直接损失，这里的直接损失是指因为信赖合同的成立和生效所支出的各种费用，具体包括：第一，因信赖对方要约邀请和要约有效而与对方联系、实地考察以及检查标的物等所支出的各种合理费用。第二，因信赖对方将要缔约，为缔约做各种准备工作并为此所支出的各种合理费用，如因信赖对方将要出售家具而四处筹款借钱所为此支出的各种费用。第三，为支出上述各种费用所失去的利息。应当指出，各种费用的支出必须是合理的，而不是受害人所任意支出的。只有合理的费用才和缔约过失行为有因果联系，并且应当由行为人承担赔偿责任。

一般认为，信赖利益赔偿以不超过履行利益为限，即在合同不成立、无效或者被撤销的情况下，有过错的一方所赔偿的信赖利益不应该超过合同有效或者合同成立时的履行利益。[①] 换言之，在一般情况下，对信赖利益的赔偿，不能超过合同有效或者合同成立时履行利益的范围。以此来限定信赖利益的赔偿范围，仍然是必要的，因为信赖利益不得超过履行利益乃是一项基本原则。例如，因一方的过错合同不能有效成立时，另一方可以要求赔偿因信赖合同成立而支付的各种费用，而不能要求赔偿合同成立后本应获得的利润。确立这一原则对于实践中认定信赖利益的赔偿范围是十分必要的。

《问题与思考》

1. 缔约过失的概念是什么？
2. 缔约过失责任与违约责任的区别是什么？
3. 缔约责任的构成要件是什么？
4. 缔约责任有哪些典型形式？
5. 缔约责任的赔偿范围是什么？

① 《德国民法典》第 307 条第 1 款中曾明确规定：“在订立以不能给付为标的的合同时，明知或可知其给付为不能的一方当事人，对因相信合同有效而受损害的另一方当事人负损害赔偿义务，但赔偿额不得超过另一方当事人在合同有效时享有的利益的金额。”后该条被废止。但《德国民法典》第 179 条有类似的规定。

第三十三章
合同的内容和形式

本章概要

合同的内容，是由法律规定和当事人的约定所确定的合同当事人的权利、义务。合同的订立就是要对这些权利、义务达成协议，而合同的履行就是对这些内容作出履行。提供格式条款的一方未履行提示或者说明义务，致使对方没有注意或者理解与其有重大利害关系的条款的，对方可以主张该条款不成为合同的内容。格式条款的无效，是指格式条款因为违反了法律、行政法规的强制性规定以及公序良俗而应当被宣告无效。

第一节　合同的内容概述

一、合同的内容的概念

合同的内容，是由法律规定和当事人的约定所确定的合同当事人的权利、义务。合同的订立就是要对这些权利、义务达成协议，而合同的履行就是对这些内容作出履行。

对合同的内容可以从如下两方面理解。

（一）合同的权利和义务

从民事法律关系的角度看，合同的内容是指合同当事人享有的权利（合同债权）和承担的义务（合同债务）。[①] 换言之，合同的内容是指合同当事人依据法律规定和合同的约定所产生的权利义务，简称为合同权利和合同义务。

所谓合同权利，又称合同债权，是指债权人有权请求债务人为一定行为或者不为一定行为的权利。合同债权作为一种财产权利，主要有以下几项权能：一是请求履行的权

---

① 参见孔祥俊：《合同法教程》，49 页，北京，中国人民公安大学出版社，1999。

利。债权人有权请求债务人依据法律和合同的规定，为一定行为或不为一定行为，如请求债务人依据合同的规定交付财产或提供劳务等。这种权利体现为一种请求权，是合同权利的核心权能，也是合同债权的主要内容。二是保全债权的权利。所谓合同的保全，是指法律为防止债务人的财产不当减少而给债权人的债权带来危害，而允许债权人对债务人或第三人的行为行使撤销权或代位权，以保护其债权。合同保全是债的对外效力的体现，是由法律直接规定的。其效力已经超出了请求权的范畴，是债权人所享有的一种法定权能。三是请求保护债权的权利。当债务人不履行或不适当履行债务时，债权人有权请求国家机关予以保护，强制债务人履行债务或承担违约责任。四是处分权能。债权人享有处分债权的权利，如债权人有权将债权转让给他人，有权通过免除债务人的债务而放弃债权，有权通过抵销而处分债权等。五是受领权能。这是指债权人有权接受相对人的给付并保有该给付利益的权能。

所谓合同义务，又称合同债务，是指债务人依据法律规定和合同约定应当为一定行为或者不为一定行为。合同义务是债务的一种，具有强制性，即债务人必须依据法律规定或者当事人约定履行义务，债务人不履行其合同债务，债权人即有权请求其承担违约责任。合同义务的确定直接决定债务人的履行内容，合同义务一旦确定，债务人必须全面地、适当地履行。任何一方如果违反合同义务就应当承担违约责任。但是，违约责任本身并不是债务，而是债务人违反债务所应承担的后果。《民法典》第 176 条规定，“民事主体依照法律规定或者按照当事人约定，履行民事义务，承担民事责任”。可见，责任与债务具有不同性质。

现代合同法发展的一个主要趋势是合同义务来源的多样化，这就是说，在现代合同法中，合同义务的来源具有多样性：一是当事人的约定。合同义务首先是依据合同确定的。合同本身是当事人约定的产物，所以合同的内容应当由当事人依据法律的规定自由确定。《民法典》第 470 条第 1 款明确规定，“合同的内容由当事人约定……”。这表明约定是合同内容确定的主要方式。只要当事人约定的内容符合法律法规和社会公共道德，就应当予以确认。二是法律规定。基于法律规定确定合同义务，包括两个方面：一方面，基于法律和行政法规的规定，确定当事人所负有的义务；另一方面，基于诚实信用原则产生当事人的义务，例如，当事人之间的协助、照顾等义务。《民法典》第 509 条第 2 款规定，“当事人应当遵循诚信原则，根据合同的性质、目的和交易习惯履行通知、协助、保密等义务”。

（二）合同条款

合同条款是合同内容的外在具体表现，是确定合同当事人权利、义务的根据，合同的条款必须明确、肯定、完整，并且不能够自相矛盾，否则将构成合同的缺陷。[①] 合同的权利、义务与合同条款之间关联密切，如果将合同理解为一种法律关系，那么合同当事人的权利、义务正是通过合同条款确定和反映出来的。[②] 合同的条款是当事人协商一致的产物，

---

① 参见董安生：《英国商法》，47 页，北京，法律出版社，1991。

② 参见郭明瑞、房绍坤：《新合同法原理》，129 页，北京，中国人民大学出版社，2000。

所以合同的权利、义务除少数由法律直接规定产生之外，大多是由当事人约定的，也就是说，是通过合同条款固定的。合同条款越明确、清楚，当事人之间的关系越确定，就越有利于当事人正确履行合同，并在纠纷发生时能够及时依据合同条款的规定解决纠纷。

按照合同自由原则，合同的内容应当由当事人在法律规定的范围内自由约定。《民法典》第 470 第 1 款规定，“合同的内容由当事人约定……”。这就强调了当事人选择合同内容的自由，即合同内容由当事人自由约定。按照合同自由原则，当事人有权自由决定合同的内容，但因为各种原因，当事人订立的合同所使用的名称与实际内容不符，在此情形下，依据《合同编解释》第 15 条规定，“人民法院认定当事人之间的权利义务关系，不应当拘泥于合同使用的名称，而应当根据合同约定的内容。当事人主张的权利义务关系与根据合同内容认定的权利义务关系不一致的，人民法院应当结合缔约背景、交易目的、交易结构、履行行为以及当事人是否存在虚构交易标的等事实认定当事人之间的实际民事法律关系。”也就是说，不能拘泥于合同使用的名称，而应当探求当事人的真实意思表示，准确认定当事人之间的权利义务关系。

二、合同一般包括的条款

《民法典》第 470 条第 1 款规定，“合同的内容由当事人约定，一般包括下列条款：（一）当事人的姓名或者名称和住所；（二）标的；（三）数量；（四）质量；（五）价款或者报酬；（六）履行期限、地点和方式；（七）违约责任；（八）解决争议的方法。”该款首先强调了合同自由原则，即合同内容由当事人自由约定的原则，同时该款使用了“一般包括”的表述，表明该款所规定的合同的主要条款并不是任何合同都必须具备的条款，主要是建议性的或者是提示性的。① 因为交易的现象纷繁复杂，合同的性质和内容也各不相同，法律上不可能要求任何合同都必须具备以上各项条款，如价金条款在买卖合同中是主要条款，但是在赠与合同中不是主要条款，甚至不是合同的条款。合同应当具备什么条款，应当根据不同的合同来确定。除依据合同的性质所必须具备的主要条款以外，对其他内容的选择完全由当事人自由约定。

（一）当事人的名称或者姓名和住所

合同应当确定当事人的姓名和住所，并要由双方当事人签字。如果当事人是以合同书的形式订立合同的，则必须在合同中明确写明姓名，并且要签字、盖章。当事人的住所是表明当事人的主体身份的重要标志。合同中写明住所的意义在于，通过确定住所来明确债务履行地、诉讼管辖、涉外法律适用的准据法、法律文书送达的地点等事宜。当然，如果合同中没有规定住所，只要当事人是确定的，也不应当影响合同的成立。

（二）标的

标的是合同权利、义务指向的对象。合同不规定标的，就会失去目的。可见，标的

---

① 参见胡康生主编：《中华人民共和国合同法释义》，26 页，北京，法律出版社，1999。

是一切合同的主要条款。当然，在不同的合同中，标的的类型是不同的。例如，在买卖、租赁等移转财产的合同中，标的通常与物联系在一起，换言之，标的是交易的物。而在提供劳务的合同中，标的只是提供一定劳务的行为。但各类合同都必须确定标的，所以如果在合同中没有规定标的的条款，一般将影响到合同的成立。在合同中，合同的标的条款必须清楚地写明标的物或服务的具体名称，以使标的特定化。

（三）数量和质量

数量和质量是确定合同标的的具体条件，是某一标的区别于同类另一标的的具体特点。数量是度量标的的基本条件，尤其在买卖等交换标的物的合同中，数量条款直接决定了当事人的基本权利和义务，数量条款不确定，合同将根本不能得到履行。合同中的质量条款也可能直接决定着当事人的订约目的和权利义务关系。例如，购买某种类型的货物时，当事人通常需要该货物达到特定的质量要求，如果质量条款规定不明确，则极容易产生争议。当然，质量条款在一般情况下并不是合同的必要条款，如果当事人在合同中没有约定质量条款或约定的质量条款不明确，可以根据《民法典》第 510 条或第 511 条的规定填补漏洞，而不应因此简单地宣布合同不成立。

（四）价款或者报酬

价款一般是针对标的物而言的，如对买卖合同中的标的物应当规定价格。而报酬是针对服务而言的，如在提供服务的合同中，一方提供一定的服务，另一方应当支付相应的报酬。价款或报酬是有偿合同的主要条款。因为有偿合同是一种交易关系，要体现等价交换的交易原则，所以价款或报酬是有偿合同中的对价，获取一定的价款或报酬也是一方当事人订立合同所要达到的目的。当事人在合同中明确约定价款或报酬，可以有效地预防纠纷的发生。但价款或报酬条款并不是直接影响合同成立的条款，没有这些条款，不应当影响合同的成立，可以根据《民法典》合同编中的相关规定填补漏洞。

（五）履行期限、地点和方式

所谓履行期限，是有关当事人实际履行合同的时间规定，即债务人向债权人履行义务的时间。在合同成立并生效之后，当事人不必实际地履行其义务，在履行期到来以后才应当实际地履行义务。在履行期到来之前，任何一方都不得请求他方实际地履行义务。履行期限明确的，当事人应按确定的期限履行。

所谓履行地点，是指当事人依据合同规定履行其义务的场所。履行地点与双方当事人的权利义务关系也有一定的联系。在许多合同中，履行地点是确定标的物验收地点、运输费用由谁负担、风险由谁承受的依据，有时也是确定标的物所有权是否转移以及何时转移的依据。

所谓履行方式，是指当事人履行合同义务的方法。例如，在履行交付标的物的义务时，是应当一次履行还是分次履行，是采取现实交付还是占有改定方式，是采用买受人自提还是出卖人送货的方式，如果要采用运输的方法交货则采用何种运输方式等，对这些内容也应当在合同中尽可能作出约定，以免今后发生争议。

（六）违约责任

所谓违约责任，是指违反法律规定和合同约定的义务而应当承担的责任，换言之，是指当事人不履行合同债务时所应承担的损害赔偿、支付违约金等责任。违约责任是民事责任的重要内容，它有利于督促当事人正确履行义务，并为非违约方提供补救。当事人可以事先约定违约金的数额、幅度，可以预先约定损害赔偿额的计算方法，甚至确定具体数额，同时也可以通过设定免责条款来限制和免除当事人可能在未来发生的责任。当事人应当在合同中尽可能地就违约责任作出具体规定。但如果合同中没有约定违约责任条款，也不应当影响合同的成立。在此情况下，可以按照法定的违约责任制度来确定违约方的责任。

（七）解决争议的方法

所谓解决争议的方法，是指将来一旦发生合同纠纷，应当通过何种方式来解决纠纷。按照合同自由原则，选择解决争议的方法也是当事人所应当享有的合同自由的内容。具体来说，当事人可以在合同中约定，一旦发生争议，是采取诉讼还是仲裁的方式、如何选择适用的法律、如何选择管辖的法院等。当然，解决争议的方法并不是合同的必要条款。如果当事人没有约定解决争议的方法，则在发生争议以后，应当通过诉讼解决。

应当指出，《民法典》第470条规定了合同的内容一般应包括当事人的名称或者姓名和住所、标的、数量等条款，但并没有明确哪些条款是合同成立的必要条款，即合同应当具备哪些内容后才能成立。在司法实践中曾有观点认为，只要合同中的“当事人名称或者姓名”“标的”“数量”这三项合同条款能够确定，且法律未对合同成立作特别规定或当事人未对合同成立作特别约定，原则上合同就已经成立，因此，“当事人名称或者姓名”“标的”“数量”这三项内容是合同成立的必要条款。不过，该观点在解释买卖合同所应当具备的主要条款时是合理的，并不适用于所有的合同，例如，在劳务合同中，并不以数量作为必要条款。因此，合同的性质不同，其必要条款也存在差别，不可一概而论。

《民法典》第470条第2款规定，“当事人可以参照各类合同的示范文本订立合同”。所谓示范文本，是指根据法规和惯例而确定的具有合同示范作用的文件。在我国，房屋买卖、房屋租赁、建筑等许多行业正在逐渐推行各类示范文本。示范文本的推广对于完善合同条款、明确当事人的权利与义务、减少因当事人欠缺合同法律知识而产生的各类纠纷具有重要作用。但示范文本只是当事人双方签约时的参考文件，对当事人无强制约束力，双方可以修改其条款形式和格式，也可以增减条款，因此它不是格式条款。可以说，关于条款的内容能否与对方协商，是格式条款与示范文本的根本区别。格式条款与示范文本一样，都可能是为重复使用而预先拟定的，但格式条款是固定的且不能修改的，而示范文本只是订约的参考，因此是可以协商修改的。《民法典》合同编之所以倡导当事人参照各类合同的示范文本订立合同，是因为制定此类示范文本的大多是当事人的行政主管机关或者行业主管部门。例如，房地产管理部门制定的房屋买卖合同，土地管理部门制定的土地使用权出让合同等，它们虽然只是由有关主管部门制定出来提供给缔约当事人参考的，并不具有强制性，但可以有效地规范、引导当事人正确定约，降低和减少交易成本。因此，参照各类合同的示范文本订立合同，也具有重要意义。

三、合同条款的分类

根据合同条款在合同中的地位和作用，可以将合同条款区分为如下几类。

（一）必要条款和非必要条款

所谓必要条款，是指依据合同的性质和当事人的特别约定所必须具备的条款，缺少这些条款将影响合同的成立。依据《民法典》第 470 条的规定，合同一般包括当事人的姓名或者名称和住所，标的，数量，质量，价款或报酬，履行期限、地点、方式，违约责任，解决争议的方法等。这些条款中有的是合同的必要条款，有的不一定是合同的必要条款。是不是合同的必要条款应依据合同的性质和当事人的特别约定来确定。例如，在买卖合同中，标的和数量一般属于必要条款。

所谓非必要条款，是指依据合同的性质在合同中不是必须具备的条款。也就是说，即使合同不具备这些条款也不应当影响合同的成立，如有关履行期限、质量等的条款。在缺少这些条款的情况下，完全可以根据《民法典》第 510 条或第 511 条的规定填补漏洞。

必要条款和非必要条款的区别主要表现在：第一，是否依据合同的性质。必要条款是依据合同的性质所必须具备的条款，如所有的合同都应具备标的条款，买卖合同应当具备价金条款等。而非必要条款是依特定合同的性质所不必具备的条款。第二，是否根据当事人的特别约定。一些必要条款是当事人特别约定合同必须具备的条款。即使是非必要条款，只要当事人在合同中特别约定并将其作为合同成立的必要条款，则这些非必要条款都可以成为必要条款。例如，当事人在合同中规定，本合同必须经过公证才能生效，则公证成为该合同的必要条款。第三，是否影响到合同的成立与生效。原则上说，必要条款是特定合同所必须具备的，所以，缺少必要条款会影响到合同的成立或生效，而非必要条款的缺少并不产生此效果。

（二）格式条款和非格式条款

格式条款是指一方为了反复使用而预先制定的、在订立合同时不与对方协商的条款。可见，格式条款必须具备两个条件：一是为了反复使用而预先制定。如果某个条款仅仅只是一方为另一方在某次特定交易中制定并使用，不再重复使用，则不应被视为格式条款。二是在订立合同时不与对方协商。非格式条款是指当事人在订立合同时可以与对方协商的条款。

区分格式条款与非格式条款的主要意义在于加强对相对方（非格式条款制定人）的权益的保护。为了加强对格式条款的规范，《民法典》设立了三项重要规则：一是明确格式条款制定者采取合理方式，提请对方注意免除或者减轻其责任等与对方有重大利害关系的条款，按照对方的要求，对该条款予以说明。二是禁止格式条款的制定者利用格式条款不合理地免除其责任、加重对方责任，限制对方主要权利；禁止条款制作人排除对方主要权利。三是在解释格式条款时应当作出不利于提供格式条款一方的解释。这些规定不仅为经济上处于弱者地位的消费者的权利提供了有力的保障，而且可以有效地防止和限制公司与企业滥用经济优势损害消费者的利益。限制格式条款的适用范围，显然对于消费者保护是十分必要的。

（三）实体条款和程序条款

实体条款是规定有关当事人在合同中所享有的实体权利、义务之内容的条款，如有关合同标的、数量、质量的规定等都是实体条款。而程序条款主要是指当事人在合同中规定的履行合同义务的程序及解决合同争议的条款，如有关标的物检验程序、关于商品房交付的质量检验程序、有关合同发生争议后的诉讼管辖或仲裁的选择、结算等条款。区分实体条款和程序条款的意义主要在于：一方面，这两种条款对当事人所享有的实体权利、义务的影响不同。实体条款直接影响当事人的权利、义务，而程序条款只是间接地影响当事人的权利、义务。另一方面，这两种条款应适用的法律规范不同。实体条款主要适用《民法典》等实体法的规定，而程序条款主要适用《民事诉讼法》《仲裁法》等程序法的规则。此外，实体条款主要涉及当事人之间的权利义务关系，而程序条款如仲裁条款，涉及争议解决的方式。

第二节　格式条款

一、格式条款的概念与特征

《民法典》第 496 条第 1 款规定，“格式条款是当事人为了重复使用而预先拟定，并在订立合同时未与对方协商的条款”。依据这一规定，所谓格式条款，是指一方当事人为了反复使用而预先制定的并由不特定的第三人所接受的，在订立合同时不与对方协商的条款。格式条款的产生和发展是 20 世纪合同法发展的重要标志之一。格式条款的出现，不仅改变了传统的订约方式，而且对合同自由原则形成了挑战。因此，各国都纷纷通过修改和制定单行法律等方式对格式条款进行规范。

格式条款具有如下特点：

第一，格式条款是一方为了反复使用而预先制定的。格式条款必须在订约以前就已经预先制定出来，而不是在双方当事人反复协商的基础上制定出来的。制定格式条款的一方多为固定提供某种商品和服务的公用事业部门、企业和有关的社会团体等，当然也有些格式条款文件是由有关政府部门为企业制定的，如常见的电报稿上的发报须知、飞机票上的说明等。格式条款一般都是为了重复使用而不是为了一次性使用制定的，但依据《合同编解释》第 9 条第 2 款第一句，“从事经营活动的当事人一方仅以未实际重复使用为由主张其预先拟定且未与对方协商的合同条款不是格式条款的，人民法院不予支持”。因此，即便是预先拟定的格式条款未重复使用，也构成格式条款。通过制定格式条款的方式可以降低交易费用，使订约基础明确，节约时间。这也符合现代市场经济高度发展的要求。

第二，格式条款的一方通常是不特定的。格式条款是为了与不特定的人订约而制定的，因而，在格式条款订立以前，使用格式条款的一方总是特定的，而相对方都是不特定的。这就与一般合同的当事人双方都是特定主体有所不同。如果一方根据另一方的要求而起草供对方承诺的合同文件，则仍然是一般合同文件而不是格式条款。当然，在不特定的相对人实际进入订约过程以后，其事实上已由不特定人变成了特定的承诺人。

第三，格式条款的内容具有定型化的特点。所谓定型化，是指格式条款具有稳定性和不变性，它将普遍适用于一切要与起草人订立合同的不特定的相对人，不因相对人的不同而有所区别。《民法典》第 496 条第 1 款规定，“格式条款是当事人为了重复使用而预先拟定，并在订立合同时未与对方协商的条款”。可见，格式条款的主要特点在于未与对方协商。本书认为，对《民法典》第 496 条第 1 款，应理解为格式条款是指在订立合同时不能与对方协商的条款。因为未与对方协商并不意味着不能与对方协商，某些条款是有可能协商确定的，但条款的制定人并没有与对方协商，而相对人也没有要求就这些条款进行协商，但这并不意味着这些条款便属于格式条款。格式条款只能是不能协商的条款。如果当事人一方在能够协商的情况下不与对方协商，或放弃协商的权利，则不能将这些未协商的条款直接确定为格式条款。

第四，相对人在订约中居于附从地位。相对人并不参与协商过程，只能对一方制定的格式条款概括地予以接受，而不能就合同条款讨价还价，因而相对人在合同关系中处于附从地位。格式条款的这一特点使它与某些双方共同协商参与制定的格式条款不同，后一种合同虽然在外观形式上属于格式条款，但其内容是由双方协商确定的，所以，其仍然是一般合同而不是格式条款。[①] 正是因为相对人不能与条款的制定人就格式条款的具体内容进行协商，所以格式条款的适用将限制合同自由，而且极易造成对消费者的损害。消费者通常都是弱者，格式条款的制定人通常都是大公司、大企业，它们有可能垄断一些经营与服务事业，消费者在与其进行交易时通常别无选择，只能接受其提出的不合理的格式条款。当然，对于相对人来说，虽然其不具有充分表达自己意志的自由，但从法律上看，其仍然应当享有选择是否接受格式条款的权利，因此其仍享有一定程度的合同自由。所以，格式条款的适用，并没有完全否定合同自由原则。

合同法采用格式条款而不是格式合同的概念，意味着在一个合同中可以将所有的条款分为两类，即格式条款与非格式条款，即使不存在书面合同，对于已经被纳入合同中的格式条款，也可以适用《民法典》合同编的相关规定。

格式条款常常与示范文本相混淆。所谓示范文本，是指根据法规和惯例而确定的具有示范使用作用的文件。在我国，房屋买卖、房屋租赁、建筑等许多行业正在逐渐推行各类示范文本。示范文本的推广对于完善合同条款、明确当事人的权利与义务、减少因当事人欠缺合同法律知识而产生的各类纠纷具有一定的作用。但示范文本只是当事人双方签约时的参考文件，对当事人无强制约束力，双方可以修改其条款形式和格式，也可

① 如 1919 年的“德国海上保险约款”就是由德国海上保险公司、海上贸易关系团体所协商制定的格式条款。

以增减条款，因而其不是格式条款。格式条款是固定的、不能修改的；而示范文本只是订约的参考，因此是可以协商修改的。

二、提供格式条款的一方负有遵循公平原则、提请注意或说明的义务

《民法典》第496条第2款规定：采用格式条款订立合同的，提供格式条款的一方应当遵循公平原则确定当事人之间的权利和义务，并采取合理的方式提示对方注意免除或者减轻其责任等与对方有重大利害关系的条款，按照对方的要求，对该条款予以说明。提供格式条款的一方未履行提示或者说明义务，致使对方没有注意或者理解与其有重大利害关系的条款的，对方可以主张该条款不成为合同的内容。

（一）提供格式条款的一方应当遵循公平原则确定当事人之间的权利和义务

所谓公平原则，是指民事主体应本着公平、正义的观念实施民事行为，司法机关应根据公平的观念处理民事纠纷，民事立法也应该充分体现公平的理念。《民法典》第6条规定，“民事主体从事民事活动，应当遵循公平原则，合理确定各方的权利和义务”。这就在法律上明确确认了公平原则。公平原则是民事活动的目的性的评价标准。这就是说，任何一项民事活动是否违背了公平原则，常常难以从行为本身和行为过程作出评价，而需要从结果来看是否符合公平的要求来进行评价。如果交易的结果是出现当事人之间的极大的利益失衡，除非当事人自愿接受，否则法律应当作出适当的调整。在合同法领域，这一原则常常体现为等价有偿原则，它是指民事主体在从事民事活动时要按照价值规律的要求进行等价交换，实现各自的经济利益。按照这一原则，除非法律另有规定或者当事人另有约定，取得他人财产利益或者获得他人提供的劳务者都应提供相应的对价。

由于提供格式条款的一方常常居于优势地位，而相对人在订约中居于附从地位，为了保障交易的公平，法律要求提供格式条款的一方遵循公平原则来确定当事人之间的权利和义务，在格式条款的制定中不得利用其优势地位损害另一方的权益，更不得利用对方的无经验或者利用自己的优势地位，使民事主体之间的利益关系失衡。

（二）提供格式条款的一方应当采取合理的方式提示对方注意免除或者减轻其责任等与对方有重大利害关系的条款

因为各种原因，一方提供格式条款后，一些相关的重要条款的表述似是而非，非专业人士难以理解其中隐藏的含义，特别是隐藏设定的免责条款；此外，对方也可能并没有注意到一些条款的重要性，在条款生效后就可能使其利益受损。这样，不仅会使条款显失公平、损害相对人的利益，也会徒增纠纷。因此，法律要求提供格式条款的一方采取合理的方式提示对方注意一些重要条款。何为与对方有重大利害关系的条款？依《合同编解释》第10条第1款，这些条款属于“免除或者减轻其责任、排除或者限制对方权利等与对方有重大利害关系的异常条款”。对这些条款提供格式条款的一方在合同订立时采用通常足以引起对方注意的文字、符号、字体等明显标识，提示对方注意。依据《民

法典》第 496 条第 2 款，应当提请注意的条款主要包括：一是免除或者减轻责任条款。免责条款是当事人双方在合同中事先约定的旨在限制或免除其未来的责任的条款，因此，与当事人利益攸关。二是其他与对方有重大利害关系的条款，如仲裁条款、选择鉴定机构的条款等。何为与对方有重大利害关系的条款？其主要是指合同中的异常条款。所谓异常条款，一方面是指相对人不能合理预见到的条款，另一方面是指对当事人的权利、义务、责任等有重大影响的条款。例如，双方旅游合同中约定旅行社仅仅作为游客住宿时旅馆经营者的代理人，不对该旅馆的食宿供应负责。该条款对游客而言是难以预见的。[①] 为了防止格式条款的制定者利用其优势地位拟订过分不利于相对人的条款，法律规定提供格式条款的一方应当采取合理的方式提请对方注意。

依据《民法典》第 496 条第 2 款，提请注意的方式应该合理。这就是说，提供格式条款的一方在订约时，有义务以明示或者其他合理、适当的方式提请相对人注意，且提请注意应当达到合理的程度。所谓合理方式，主要是指能起到引起注意、提请注意和吸引对方注意作用的方式。判断其是否达到合理的程度时，应当依据文件的外形、提起注意的方法、清晰明白的程度等进行判断。

（三）提供格式条款的一方应当按照对方的要求，对该条款予以说明

《民法典》第 496 条第 2 款规定，对“与对方有重大利害关系的条款”需要按照对方的要求进行说明。具体而言：一是由对方提出说明要求。也就是说，此种说明义务并非主动的作为义务，而是按照对方的要求所应当履行的义务。对方要求说明的，提供格式条款的一方有义务按照对方的要求说明。对方没有要求的，则提供格式条款的一方没有义务说明。二是条款提供者应当对“与对方有重大利害关系的条款”进行说明。所谓对该条款予以说明，就是说应当向对方详细阐述该条款的含义，使对方清晰地理解该条款。依据《合同编解释》第 10 条第 2 款，提供格式条款的一方按照对方的要求，就与对方有重大利害关系的异常条款的概念、内容及法律后果以书面或者口头形式向对方作出通常能够理解的解释说明。所谓通常能够理解，是指按照一般人的标准对该条款制作人的解释能够理解。如果对方是特殊的人士，如聋哑人等，还应当采取特殊的方法作出特别的解释，让对方能够理解条款的内容。

条款制作人是否尽到提示和说明义务，应当由条款制作人去证明。依据《合同编解释》第 10 条第 3 款，对于通过互联网等信息网络订立的电子合同，提供格式条款的一方仅以采取了设置“勾选”、“弹窗”等方式为由主张其已经履行提示义务或者说明义务的，还不能足以证明其尽到了提示和说明义务，而必须是针对异常条款、以合理的形式，向对方作出了通常能够理解的解释说明，才能表明其已履行了提示和说明义务。

（四）提供格式条款的一方未履行提示或者说明义务的后果

《民法典》第 496 条采用了“对方可以主张该条款不成为合同的内容”的表述，依据这一规定，一方面，由于该条的立法本意是保护相对方，因此必须由相对方主张该条款

---

① 参见张玉卿主编：《国际商事合同通则 2004》，201 页，北京，中国商务出版社，2005。

不成为合同的内容，而不是由该条款提供者提出此种请求；另一方面，相对方可以作出选择，如果其认可将该条款纳入合同内容，则应当认定该条款的效力；如果相对方主张该条款不成为合同的内容，则该条款不能成为合同的内容。

所谓“不成为合同的内容”，是指这些条款根本没有成立。因为条款制作人没有履行提示或者说明义务，所以认定当事人没有就该条款达成合意，即这些条款无法成为合同的内容，而不是这些条款无效。在不成立的情形下，当事人无须履行这些条款规定的义务，但不必像条款无效情形下承担恢复原状义务。可见，这一方式可以更好地保护接受格式条款的一方当事人的利益。但是，需要注意的是，依据诚实信用原则，接受格式条款的一方当事人必须及时主张是否将该条款纳入合同的内容。

三、格式条款的无效

1. 格式条款无效的情形

所谓格式条款的无效，是指格式条款因为违反了法律、行政法规的强制性规定以及公序良俗而应当被宣告无效。尽管对格式条款与对一般合同条款一样，都应当按照民事法律行为的一般生效标准来判断，但格式条款本身具有其特殊性，对于格式条款的生效，法律上应当有更为严格的限制。《民法典》第 497 条规定，“有下列情形之一的，该格式条款无效：（一）具有本法第一编第六章第三节和本法第五百零六条规定的无效情形；（二）提供格式条款一方不合理地免除或者减轻其责任、加重对方责任、限制对方主要权利；（三）提供格式条款一方排除对方主要权利”。可见，格式条款的无效情形，较之于一般合同条款的无效情形更多，对格式条款生效的限制更为严格。

具体而言，格式条款的无效包括如下情形。

（1）具有《民法典》总则编第六章第三节和第 506 条规定的无效情形，具体而言：一是具有《民法典》总则编第六章第三节规定的无效情形。《民法典》第 153 条第 1 款规定，“违反法律、行政法规的强制性规定的民事法律行为无效。但是，该强制性规定不导致该民事法律行为无效的除外”。依据这一规定，违反法律、行政法规的强制性规定的民事法律行为无效。该条不仅确立了一种无效民事法律行为的类型，而且确立了判断民事法律行为无效的标准，当然可以适用于对格式条款的效力的判断。此外，依据《民法典》总则编第六章第三节的规定，恶意串通损害他人合法权益、以虚假的意思表示实施的民事法律行为等，都是无效的。这些规定都可以适用于对格式条款之效力的认定。二是具有《民法典》第 506 条规定的无效情形。《民法典》第 506 条规定，“合同中的下列免责条款无效：（一）造成对方人身损害的；（二）因故意或者重大过失造成对方财产损失的”。该规定当然可以适用于对格式条款之效力的认定。例如，一方在格式条款中规定“如果因本公司售出的设备造成损害，本公司只赔偿设备本身的损害，不赔偿其他的损失”。显然，该条款免除了条款提供者在未来因为其售出的设备造成其他财产损失以及人身伤害时所应承担的责任，故其也应当属于无效条款。

（2）提供格式条款一方不合理地免除或者减轻其责任、加重对方责任、限制对方主要权利。具体而言，这包括如下三种情形：一是不合理地免除或者减轻责任。免除或者减轻责任条款本身是合法的，但格式条款的提供者不得不合理地免除或者减轻其责任，如规定在合同履行过程中发生的一切不利后果都由对方负责，商店中张贴的“本店商品一经售出概不退换”的告示。二是不合理地加重对方责任。所谓加重责任，是指格式条款中含有在通常情况下对方当事人不应当承担的义务，如合同中约定消费者对于不可抗力引发的后果也应承担责任，或者规定了异常高的违约金。三是限制对方主要权利。例如，格式条款提供者为了达到长期占有客户或者垄断市场的目的，在格式条款中约定对方不得与任何第三方交易，只能与格式条款提供者交易，从而限制对方自由交易的权利。

（3）提供格式条款一方排除对方主要权利。所谓排除主要权利，是指格式条款中含有排除对方当事人依据合同的性质和内容应当享有的主要权利。何为主要权利？《民法典》合同编并未作明文规定，本书认为，“主要权利”需要根据合同的性质予以确定，因为合同千差万别、性质各不相同，当事人享有的“主要权利”不可能完全一样。认定“主要权利”时不能仅仅看双方当事人签订的合同的内容是什么，而应就合同本身的性质来考察。如果依据合同的性质能够确定合同的主要内容，则应依此确定当事人所享有的主要权利。① 例如，经营者在格式条款中规定，消费者对有瑕疵的物只能请求修理或者更换，不能解除合同或者减少价金，亦不能请求损害赔偿。再如，经营者在合同中约定发生纠纷只能与其协商解决而不能进行诉讼或仲裁，或者在合同中自主决定解决争议的方法而排斥消费者的选择权。② 当然，如果暂时限制起诉时间，不能认为是排除对方主要权利。例如，在“六盘水恒鼎实业有限公司、重庆千牛建设工程有限公司建设工程施工合同纠纷案”③ 中，最高人民法院认为，合同中约定在付款期限内不得提起诉讼的条款并非排斥当事人的基本诉讼权利，该条款仅是限制其在一定期限内的起诉权，而不是否定和剥夺当事人的诉讼权利，只是推迟了提起诉讼的时间，故其主张在付款期限内不得提起诉讼的条款无效缺乏事实和法律依据。

2. 格式条款无效的后果

格式条款无效是指格式条款因违反了法律、行政法规的强制性规定而应当被宣告无效。格式条款一旦被宣告无效，则为自始无效。民事法律行为一旦被确认无效，就将产生溯及力，使该行为自实施之时起就不具有法律效力，以后也不能转化为有效法律行为。对于已经履行的，应当通过返还财产、赔偿损失等方式使当事人的财产恢复到民事法律行为实施之前的状态。如果格式条款本身是整个合同的某个或者数个条款，该条款无效并不当然影响整个合同的效力。如果有关格式条款违反法律、行政法规的强制性规定而无效，当事人也可以采取补正的方式使其有效。这就是说，对于有关格式条款违法，当事人可通过协商进行修正，例如，如果格式条款不合理地免除或者减轻其责任、加重对方责任，则可以对这些条款进行修改，消除其无效的原因，从而使无效的格式条款变为有效条款。

---

① 《上海市合同格式条款监督条例》（2020年修正）第8条规定：“格式条款不得含有排除消费者下列主要权利的内容：（一）依法变更或者解除合同；（二）请求支付违约金或者请求损害赔偿；（三）行使合同解释权；（四）就合同争议提起诉讼的权利；（五）消费者依法享有的其他主要权利。”以上内容可资参照。

② 参见《关于〈上海市合同格式条款监督条例（草案）〉的说明》，载上海市工商行政管理局编：《上海市合同格式条款监督条例释义与应用》，60～61页，上海，华东理工大学出版社，2001。

③ 最高人民法院（2016）最高法民终415号民事判决书。

《民法典》第157条规定，“民事法律行为无效、被撤销或者确定不发生效力后，行为人因该行为取得的财产，应当予以返还；不能返还或者没有必要返还的，应当折价补偿。有过错的一方应当赔偿对方由此所受到的损失；各方都有过错的，应当各自承担相应的责任。法律另有规定的，依照其规定”。依据这一规定，格式条款被认定为无效后，应当产生返还财产、恢复原状、赔偿损失的法律后果。

四、格式条款的解释

所谓格式条款的解释，是指根据一定的事实，遵循有关的原则，对格式条款的含义作出说明。由于格式条款与非格式条款之间存在诸多差异，因而格式条款的解释也具有一定的特殊性。因为格式条款不是为特定的相对人制定的，而是为不特定的相对人制定的，所以格式条款的解释所依据的原则又具有特殊性。

根据《民法典》498条，格式条款的解释应当遵行以下三项特殊的解释规则：

第一，应当按照通常理解予以解释。

按照通常理解予以解释，是指对于格式条款，应当以可能订约者平均、合理的理解为标准进行解释。既然格式条款是为不特定的人制定的，那么格式条款就应考虑到多数人而不是个别消费者的意志和利益。因此，在就格式条款发生争议时，应以可能订约者平均的、合理的理解为标准进行解释。具体来说：

对某些特殊的术语应作出平常的、通常的、通俗的、日常的、一般意义的解释。如果某个条款所涉及的术语或知识不能为某个可能订约的相对人所理解，则应以可能订约者的平均的、合理的理解为基础进行解释。

若格式条款经过长期使用以后，消费者对其中某些用语的理解，与条款提供者的理解有所不同，则应以交易时消费者的一般理解为标准进行解释。如果格式条款适用于不同地域和团体，各个地域和团体内的相对人对格式条款内容的理解不同，则应以不同地域和团体的消费者平均的、合理的理解为标准进行解释。

第二，作出对条款提供者不利的解释。

法谚上有所谓“用语有疑义时，就对使用者为不利益的解释”，各国大多采纳了这一规则。在我国，《民法典》第498条规定，应当作出不利于格式条款提供者一方的解释。因为既然格式条款是由一方提供的而不是由双方商订的，那么各项条款可能是其提供者基于自己的意志所作的有利于自己的条款，尤其是条款提供者可能会故意使用或插入意义不明确的文字以损害消费者的利益，或者从维持，甚至强化其经济上的优势地位出发，将不合理的解释强加于消费者，所以，为维护消费者的利益，在条款含义不清楚时，就应作对条款提供者不利的解释。

第三，格式条款和非格式条款不一致的，应当采用非格式条款。

在一般的合同解释中，如果个别商议的条款与一般条款不一致，那么个别商议条款应当优先于一般条款。对格式条款而言，其是由一方预先制定的，当格式条款与非格式条款的含义不一致时，应当认定非格式条款优先于格式条款。这样，既尊重了双方当事人的真实意思，也有利于保护广大消费者的利益。

第三节　免责条款

一、免责条款的概念与特征

免责条款是当事人双方在合同中事先约定的，旨在限制或免除其未来的责任的条款。《民法典》第506条对免责条款作出了规定。按照合同自由原则，当事人可以在法律规定的范围内自由约定合同条款，因此，当事人既可以在合同中约定合同义务和违约责任，也可以在合同中约定免责条款。依法成立的免责条款是有效的。

免责条款具有如下特点：

第一，免责条款是一种合同条款，是合同的组成部分。许多国家的法律规定，任何企图援引免责条款免责的当事人必须首先证明该条款已经构成合同的一部分，否则他无权援引该免责条款。[①] 采用格式条款订立合同的，提供格式条款的一方应当按照对方的要求，对该条款予以说明。提供格式条款的一方未履行提示或者说明义务，致使对方没有注意或者理解与其有重大利害关系的条款的，对方可以主张该条款不成为合同的内容。

第二，免责条款是当事人事先约定的。当事人约定免责条款是为了减轻或免除其未来发生的责任，因此只有在责任发生以前由当事人约定且生效的免责条款，才能导致当事人责任的减轻或免除。若在责任产生以后，当事人之间为减轻责任而通过的和解协议，不属于免责条款。

第三，免责条款旨在免除或限制当事人未来所应负的责任。根据免责条款所免除或限制责任的性质不同，可将免责条款分为完全免责的条款和限制责任的条款。完全免责的条款是指完全免除一方责任的条款。如某些商店在其柜台上标明的“货物出门，恕不退换”，就属于免除责任条款。限制责任的条款是指将当事人的法律责任限制在某种范围内的条款，如当事人在合同中约定，卖方的赔偿责任不超过货款的总额。此种分类在法律上的意义在于，对于完全免责条款应当从严审查，在涉及消费者的利益时，更应考虑该条款的合理性和公正性，而限制责任条款只是免除部分责任，所以其审查标准应相对宽松一些。

按照私法自治原则，既然民事主体可以在不损害国家和社会公共利益以及第三人利益的情况下自由处分其财产权益，那么，其当然可以通过达成协议设定免责条款，来免除其未来的责任。只要免责条款不损害国家、社会公共利益和第三人利益，则国家不应当对其进行干预。在市场交易活动中，交易充满了风险，因此当事人需要通过免责条款来合理分配双方的利益和风险，事先规避风险。免责条款的设定有助于控制未来风险、合理规避风险、降低交易成本，从而有利于鼓励各类交易、促进交易的发展，也有利于及时解决纠纷。当然。当事人在规定免责条款时，必须符合法律、行政法规的强制性规定，而不得通过其自行约定的条款排除法律的强制性规定的适用。此亦为我国司法实践

---

① 参见董安生等：《英国商法》，62页，北京，法律出版社，1991。

所确认。例如，在招工登记表注明“工伤概不负责”，违反了《宪法》和有关劳动法规，也严重违反了社会主义公德，属于无效法律民事行为。同时，免责条款也不得违反公共秩序和公序良俗：公共秩序和公序良俗体现的是全体人民的共同利益，对此种利益的维护直接关系到社会的安定与秩序的建立，所以当事人不得设立违反公共秩序和公序良俗的免责条款。

二、免责条款的生效和无效

免责条款一旦被订入合同，就意味着当事人已经就免责条款达成了合意，但当事人已经达成的免责条款并不是当然有效的。我国法律从合同自由原则及经济效率考虑，允许当事人达成免责条款，但这并不意味着当事人可以对免责条款任意作出约定。违约责任虽然具有一定程度的任意性，但又具有一定的强制性。当事人在不违反法律和公序良俗的情况下，可以自由设定免责条款，但免责条款必须符合法律规定，才能合法有效。

依据《民法典》第506条，合同中的免责条款在以下两种情形下是无效的：

第一，免除造成对方人身损害的责任的。免责条款不得免除人身伤害的责任。对个人而言，最宝贵和最重要的利益就是人身的安全利益。公民的生命健康权是人权的最核心的内容，保护公民的人身安全是法律的最重要的任务。如果允许当事人通过免责条款免除造成对方人身伤害的责任，不仅将使侵权责任法关于不得侵害他人财产和人身权利的强制性义务形同虚设，使法律对人身权利的保护难以实现，而且将会严重危及法律秩序和社会公共道德。因此，各国合同法大都禁止当事人通过免责条款免除故意和重大过失造成的人身伤亡的责任。我国法律明确规定合同中的免除造成对方人身伤害的责任的条款无效，体现了我国法律以人为终极目的和终极关怀这一价值取向，表明法律将对人的保护置于了最优先的地位。

第二，免除因故意或者重大过失造成对方财产损失的责任的。“故意或重大过失的责任不得免除”的规则来源于罗马法，并为大陆法系国家的民法典所广泛接受。在我国，《民法典》采纳这一规则的依据在于：因故意或者重大过失致人财产损失的，不仅表明行为人的过错是重大的，而且表明行为人的行为具有不法性，应受法律的谴责。例如，双方当事人在合同中特别约定“卖方交付的货物所造成的全部损失一概由买方负责”，该免责条款显然违反了上述规定。在免责条款设立以后，若一方可以随意毁损他人的财物、砸坏他人的物件，则显然将危害到法律秩序。还要看到，允许当事人通过免责条款免除因故意或者重大过失造成对方财产损失的责任，也可能违反公序良俗。

第四节　合同的形式

一、合同的形式概述

所谓合同的形式，又称合同的方式，是当事人的合意所采取的方式。合同的形式是合同内容的表现方式，与合同的内容密不可分。合同是一种法律关系，它可以有多种表现形式：既可以为书面形式，也可以是口头形式或者其他形式。形式不过是内容的外在表现，是内容的载体。在某些情况下，合同是否具备特定的形式对于判断当事人之间是否存在合同关系，以及确定合同的具体内容等，均具有重要意义。在法律对合同形式作出明确规定的情形下，合同欠缺法定形式可能导致合同不成立或者无效。如果当事人采用口头形式，但事后无法证明当事人已经就合同的主要条款达成合意的，也可能导致合同不能成立。

在合同的形式选择方面，各国普遍从合同自由原则出发，提出了可由当事人自由选择合同形式的原则，因此，在合同形式方面，采纳了以非要式为原则、以要式为例外的立法模式。该原则为许多国际示范法所广泛认可。① 在我国，《民法典》第 469 条第 1 款规定，“当事人订立合同，可以采用书面形式、口头形式或者其他形式”。此处使用“可以采用”的表述，表明当事人可以依法自主选择合同的形式。这也是合同自由原则的具体体现。但是，对一些特殊类型的交易而言，法律也规定了书面形式的要求。《民法典》对许多合同都规定了书面形式。② 除《民法典》以外，其他法律、法规也对合同的书面形式作出了规定。但法律、行政法规规定某种类型的合同必须采用书面形式，而当事人没有采用书面形式时，不宜简单地一概宣告合同不成立。如果一方当事人履行合同主要义务，对方接受的，也可以导致合同的成立。

二、合同形式的种类

《民法典》第 469 条第 1 款规定：“当事人订立合同，可以采用书面形式、口头形式或者其他形式。”据此，合同的形式主要可以分为书面形式、口头形式和其他形式。

（一）书面形式

所谓书面形式，是指以文字等有形的表现形式订立的合同的形式。根据《民法典》第 469 条第 2 款，“书面形式是合同书、信件、电报、电传、传真等可以有形地表现所载内容的形式”。书面形式的主要优点在于，它能够通过文字凭据确定当事人之间的权利、义务，既有利于当事人依据该文字凭据作出履行，也有利于在发生纠纷时有据可查，准确地确定当事人的权利、义务和责任，从而能够合理、公正地解决纠纷。不过书面形式主要起到证明合同关系存在的作用，有书面形式存在，就能够有效地证明合同关系的存在，并且通常也能证明合同的内容。但合同并不等于合同书，没有书面形式并不意味着当事人间并不存在合同关系，也不表明当事人无法通过其他形式证明合同关系的存在以及合同的内容，所以不能将合同书等书面形式等同于合同。在不存在书面形式的情况下，一方当事人要主张合同关系存在，应当证明双方已经就合同关系的成立达成合意。可见，

---

① 参见《销售合同公约》第 11 条、《欧洲合同法原则》第 2：101 条第 2 款、《国际商事合同通则》第 1.2 条。

② 例如，保证合同（第 685 条）、租赁期限在 6 个月以上的租赁合同（第 707 条）、融资租赁合同（第 736 条第 2 款）、保理合同（第 762 条第 2 款）、建设工程合同（第 789 条）、建设工程委托监理合同（第 796 条）、技术开发合同（第 851 条第 3 款），以及技术转让合同、技术许可合同（第 863 条第 3 款）等，均规定了应当采用书面形式。

合同的形式原则上具有证据的效力。

依据《民法典》第469条第1款，当事人订立合同，可以选择书面形式、口头形式或者其他形式。这就是说，当事人可以自由约定是否采用书面形式，但如果法律特别规定和当事人在合同中特别约定采用书面形式的，则应当采用书面形式。书面形式的主要功能在于：一是保存证据。二是明确合同内容，即通过订立书面合同，可以明确合同的内容，避免事后发生争议。毕竟书面合同有据可查、条款清晰，能够进一步明确双方的权利义务关系，有利于督促双方履行合同。三是提醒慎重缔约，即采用书面形式主要是提醒当事人在缔约时要慎重。四是保护弱者。例如，在不动产买卖、房屋租赁等交易领域，国家发布了一些示范文本，这些文本明确将一些保护消费者的条款列入其中，而且当事人不得约定排除。其主要目的就是保护消费者，防止对方当事人利用其优势订约地位侵害消费者的合法权益。五是防止欺诈。书面形式的最大好处是有助于防止欺诈和伪证，因为即便口头合同存在，当事人双方也不否认，但一方如不愿履约，即可以合同不具书面形式为由，拒不履约，这又导致欺诈活动的产生。①

《民法典》第469条第2款规定，“书面形式是合同书、信件、电报、电传、传真等可以有形地表现所载内容的形式”。如何理解有形地表现所载内容的形式？这就是说，一方面，书面形式都应当具有有形的载体，如合同书、信件等，可以有形地展现合同的内容；另一方面，书面形式必须能够记载并表现合同的内容，此种表现应当是将来可以随时查询的，如果只是暂时储存而不能随时调取、查询，则不能被称为书面形式。《民法典》第469条第3款规定，“以电子数据交换、电子邮件等方式能够有形地表现所载内容，并可以随时调取查用的数据电文，视为书面形式”。

书面形式包括如下四种：

（1）合同书。合同书是指载有合同条款且有当事人双方签字或盖章的文书。合同书是最典型的，也是最重要的书面形式。合同书具有如下特点：第一，必须以文字凭据作为内容载体，也就是说必须要有某种文字凭据。第二，必须载有合同的条款，否则就不能成为合同。例如，尽管收据等文字凭据也可以证明合同关系的存在，但是该类凭据上并未载有合同的条款，因此该类凭据不是合同书。当然，如果一份合同书载有合同的全部条款或主要条款，则该合同书可以构成一份完整的合同。如果一份合同书仅载有一项或者某几项条款，则该合同书将需要和其他的合同书一起共同组成合同的内容。第三，必须要有当事人双方及其代理人的签字或盖章。《民法典》第490条第1款第一句规定，“当事人采用合同书形式订立合同的，自当事人均签名、盖章或者按指印时合同成立”。该句强调必须双方均签字、盖章或者按指印时合同才能成立。因此，如果仅有一方的签字、盖章或者按指印，则不能视之为合同书。

（2）信件。所谓信件，是指载有合同条款的文书，是当事人双方书信交往的文件。合同法中所称的信件不同于一般的书信，其必须载有合同的条款，能够用来作为证明合同关系和合同内容的凭据。但信件又不同于合同书，表现在它不具有双方的签字或盖章，而通常只是有一方的签字或盖章。如果在一个信件上一方签字以后，另一方也在上面签

① 参见徐炳：《买卖法》，55页，北京，经济日报出版社，1991。

了字，则该信件有可能转化为合同书。《民法典》第 491 条第 1 款规定，“当事人采用信件、数据电文等形式订立合同要求签订确认书的，签订确认书时合同成立”。所谓签订确认书，实际上是最终作出承诺。由于信件只有一方的签字且信件的内容也不像合同书那样规范，因而法律允许当事人在采用信件缔约时要求签订确认书。但当事人采用合同书的形式缔约的，则因为签字或盖章后合同已经成立，故不能再要求签订确认书。

（3）电报、电传、传真。电报、电传、传真是典型的书面形式，与“数据电文”是相区分的。“数据电文”主要是指电子数据交换和电子邮件，不包括电报、电传、传真，因为：一方面，电报、电传、传真等可以以书面的载体有形地表现所载内容，而电子数据交换和电子邮件不能够以书面的载体有形地表现所载内容。在这一点上，电报、电传、传真与信件并没有本质的区别。另一方面，只有电子数据交换和电子邮件才有可能进入指定数据电文接收系统，而电报、传真、电传只存在收件地址，而不存在指定系统。

（4）电子数据交换、电子邮件。《民法典》第 469 条第 3 款规定，“以电子数据交换、电子邮件等方式能够有形地表现所载内容，并可以随时调取查用的数据电文，视为书面形式”。依据该款的规定，电子数据交换、电子邮件等方式能够被视为书面形式，必须满足如下两个要件：第一，必须能够有形地表现所载内容。第二，必须可以随时调取查用。联合国国际贸易法委员会《电子商务示范法》第 6 条第 1 项规定，“如法律要求信息须采用书面形式，则假若一项数据电文所含信息可以调取以备日后查用，即满足了该项要求”。可见该规定强调了“信息可以调取以备日后查用”。根据联合国国际贸易法委员会的解释，“‘可以调取’意指计算机数据形式的信息应当是可读和可解释的，应当保存读取此类信息所必需的软件。‘以备’一词并非仅指人的使用，还包括计算机的处理。至于‘日后查用’概念，它指的是‘耐久性’或‘不可更改性’等会确立过分严厉的标准的概念和‘可读性’或‘可理解性’等会构成过于主观的标准的概念”[①]。“日后查用”是指数据电文要能够成为书面的形式，只是可以有形地表现所载的内容是不够的，还必须可以调取以备日后查用。《民法典》第 469 条也要求数据电文“可以随时调取查用”。该规定是借鉴比较法上合同法立法经验的结果。将数据电文纳入书面形式范畴，符合世界各国商业发展与立法的趋势，也和国际电子商务的立法与实务相衔接。

（二）口头形式

口头形式是指当事人通过口头对话的方式订立合同。在社会生活中，口头形式是最普遍采用的合同订立方式，其优点在于简单、便捷。除即时交易之外，即使是在大规模的交易中，也可能采取口头形式订约，例如，通过电话预订房间、购买产品等。采口头形式实际上是运用语言对话的方式缔约，也就是说当事人只用语言为意思表示表达内容，而无须用文字表达内容。《民法典》第 469 条允许当事人采用口头的形式缔约，凡是当事人没有约定或法律没有规定采用何种形式的合同，都可以采取口头形式，当然，如果采取口头形式，在发生争议的情况下，当事人应当负有举证证明合同关系存在和合同关系

① 1996 年联合国国际贸易法委员会：《电子商业示范法颁布指南》，载阚凯力、张楚主编：《外国电子商务法》，288 页，北京，北京邮电大学出版社，2000。

内容的责任。

口头形式在实践中也运用得比较广泛，一般对即时清结的买卖合同和消费合同大都采取口头形式订立。其主要优点在于简便易行、快捷迅速，但其固有的缺点是缺乏文字凭据，一旦发生纠纷，也可能使当事人面临不能就合同关系的存在以及合同的内容进行举证的危险。

（三）其他形式

所谓其他形式，是指推定形式，也有学者称之为默示形式。推定形式是当事人未用语言、文字表达其意思表示，而是仅用行为向对方发出要约，对方通过一定的行为作出承诺，从而使合同成立。在实践中，当事人在交易过程中通过协商谈判，可能并没有就合同主要条款达成书面合同或者口头协议，但事后一方当事人向对方作出了实际履行（如交付了一定数量的货物），而对方又接受该履行的，可以通过当事人实际履行的行为认定合同已经成立。这种订约方式也被称为通过以实际履行的方式订立合同。此种订约方式的特点是，通过法律规定认定当事人具有订立合同的效果意思，从而发生法律效果。①

从鼓励交易的目的出发，《民法典》第 490 条对于以实际履行方式订约这一合同订立方式作出了规定。根据该条第 1 款的规定，当事人采用合同书形式订立合同时，“在签名、盖章或者按指印之前，当事人一方已经履行主要义务，对方接受时，该合同成立”。该条确立了合同不成立的补正规则，从而明确了以实际履行方式订约实际上是书面形式、口头形式之外的另一种订约形式。

一是必须一方履行了主要义务。之所以要求一方履行主要义务，是因为以实际履行方式订约也必须完成要约、承诺的过程，即一方必须以实际履行的方式发出要约。由于要约的内容必须具体、确定，也就是说必须包含未来合同的主要条款，因此一方的实际履行中必须包含了未来合同中的主要条款。合同的性质不同，其主要条款也不相同，不可泛泛而论，而应当根据合同的性质确定合同主要条款。如果根据合同的性质，认定一方当事人所履行的义务包含了合同的主要条款，而对方接受的，则应当认定合同已经成立。

二是另一方必须无条件地接受履行，且并未提出异议。对于如何判断“对方已经接受履行”经常发生争议。此处所说的接受，应当是指完全接受，而不能附带条件或提出新的条件，且没有提出任何异议。如果接受履行的一方当事人在接受时提出了异议，或提出新的条件，可能构成反要约，或提出了新的要约，仍然不能导致合同成立。例如，如果一方向另一方交付 100 吨钢材，另一方只接受 50 吨，而不接受另外 50 吨，这意味着当事人可能只是就 50 吨钢材的买卖作出了承诺，而对于另外 50 吨钢材并未达成买卖协议。但如果这 100 吨钢材的交易是完整的、不可分割的整体，则应当认定合同并未成立，而应当认定受领钢材的一方向对方当事人发出了新的要约。

---

① 参见谢鸿飞：《合同法学的新发展》，114 页，北京，中国社会科学出版社，2014。

问题与思考

1. 合同一般包括哪些条款?
2. 试述格式条款的特点。
3. 试述格式条款提供者提请注意或说明的义务。
4. 试述格式条款的无效。
5. 试述格式条款的解释。
6. 试述免责条款的特点和生效条件。
7. 试述合同的形式。

第三十四章

合同的履行

本章概要

合同的履行是指债务人按照合同的约定或者依照法律的规定履行其义务。合同的履行原则，包括全面履行原则、诚信履行原则与绿色履行原则。合同的履行规则，分别包括履行人、受领人、部分履行、履行地点、履行期限、履行方式、履行费用、电子合同的义务履行时间等方面的规则。涉他合同包括（不真正的和真正的）利益第三人合同以及由第三人履行的合同。双务合同履行中的抗辩权包括同时履行抗辩权、先履行抗辩权与不安抗辩权。

第一节 合同的履行概述

一、概 述

合同的履行是指债务人按照合同的约定或者法律的规定履行其义务。《民法典》第509条第1款规定："当事人应当按照约定全面履行自己的义务。"债务人履行了自己的义务，债权人的债权得到实现，其利益才能得到满足。合同的履行规则，依据《民法典》第468条，实际上构成债的履行的一般性规则，适用于所有债权，而非仅适用于合同债权。

《民法典》第557条第1款第1项规定，"有下列情形之一的，债权债务终止：（一）债务已经履行"。履行，在导致债权债务终止的意义上又被称为"清偿"，是指通过履行行为或者通过给付结果的产生使所负担的给付对有受领权的债权人或第三人发生效果。清偿与履行基本同义，清偿所重视的是给付结果的发生，而履行更重视债务内容的实现过程和行为。"债务已经履行"实质上就是"债务已经清偿"，清偿是债权债务正常终止的主要原因。

二、履行的原则

习近平总书记指出，“社会主义市场经济是信用经济、法治经济”，“法治意识、契约精神、守约观念是现代经济活动的重要意识规范，也是信用经济、法治经济的重要要求”①。当事人之间订立合同，就要遵守合同，具有契约精神，要对合同予以全面履行、诚信履行和绿色履行。

（一）全面履行原则

《民法典》第 509 条第 1 款规定：“当事人应当按照约定全面履行自己的义务。”该款是关于全面履行原则的规定。例如，甲乙订立买卖合同，出卖人甲负有交付标的物并转移标的物所有权于买受人乙的义务，买受人乙负有向出卖人甲支付价款的义务。在买卖合同中，当事人一般会就名称、数量、质量、价款、履行期限、履行地点和方式、包装方式、检验标准和方法、结算方式等内容作出约定，当事人均应依合同约定全面履行合同义务。合同义务除了主给付义务，还包括从给付义务、附随义务。当事人按照约定全面履行自己的义务后，债务消灭。

《民法典》第 577 条规定，当事人一方不履行合同义务或者履行合同义务不符合约定的，应当承担继续履行、采取补救措施或者赔偿损失等违约责任。依照《民法典》关于合同解除的有关规定，当事人违反合同义务，发生法定或者约定的合同解除事由的，还可以解除合同。针对主给付义务之外的其他义务，《合同编解释》第 26 条明确规定：“当事人一方未根据法律规定或者合同约定履行开具发票、提供证明文件等非主要债务，对方请求继续履行该债务并赔偿因怠于履行该债务造成的损失的，人民法院依法予以支持；对方请求解除合同的，人民法院不予支持，但是不履行该债务致使不能实现合同目的或者当事人另有约定的除外。”

（二）诚信履行原则

党的二十大报告指出：“弘扬诚信文化，健全诚信建设长效机制。”《民法典》第 509 条第 2 款规定：当事人应当遵循诚信原则，根据合同的性质、目的和交易习惯履行通知、协助、保密等义务。关于诚信原则，《民法典》第 7 条规定，民事主体从事民事活动，应当遵循诚信原则，秉持诚实，恪守承诺。第 509 条第 2 款是诚信原则在合同履行中的具体体现。

根据《民法典》第 509 条第 2 款，当事人应当按照诚信原则行使合同权利、履行合同义务。由诚信履行原则可以导出合同的附随义务，对附随义务应当根据合同的性质、目的和交易习惯作具体判断。该款列举了通知、协助、保密三项义务。

（三）绿色履行原则

党的二十大报告指出：“我们坚持可持续发展，坚持节约优先、保护优先、自然恢复

---

① 习近平在企业家座谈会上的讲话，载新华网，最后访问日期：2021－10－27。

为主的方针，像保护眼睛一样保护自然和生态环境，坚定不移走生产发展、生活富裕、生态良好的文明发展道路，实现中华民族永续发展。”《民法典》第509条第3款规定：当事人在履行合同过程中，应当避免浪费资源、污染环境和破坏生态。关于绿色原则，《民法典》第9条规定，民事主体从事民事活动，应当有利于节约资源、保护生态环境。《民法典》第509条第3款是绿色原则在合同履行中的体现。

第二节 履行的具体规则

一、履行人

如前所述，当事人应当按照约定全面履行自己的义务。在一般情形下，债的履行人为债务人，受领人为债权人。但在有些情形下，可由第三人履行债务，或由第三人受领履行。

（一）债务人

在绝大多数情形下，债务人自己履行债务。例如，甲、乙订立买卖合同，甲将标的物交付并移转所有权给乙，即由甲自己履行债务。

然而在现代社会，债务人事必躬亲并不现实。在债务人为法人或非法人组织时，更必须假手自然人来履行债务。履行辅助人，是指依债务人的意思而事实上履行债务的人。例如，甲与乙客运公司订立运输合同（《民法典》第809条），丙为乙公司的客运司机，丙即为依债务人乙的意思而事实上履行客运合同运输义务的履行辅助人。此外，债务还可能由法定代理人或基于法定职责为他人实施法律行为的人（例如遗嘱执行人与破产管理人）履行。债务人能否使用履行辅助人履行债务，应当依合同进行判断。在前举客运合同之例，乙客运公司的运输义务必须借由履行辅助人履行。

（二）第三人代为履行

在使用履行辅助人履行债务的情形，给付是由债务人提供，而非由履行辅助人提供。[①] 而在第三人代为履行的情形，给付是由第三人提供。因此，使用履行辅助人履行债务与第三人代为履行并不相同。

所谓第三人代为履行，是指履行人居于第三人的地位，以自己的给付，有意识地为债务人履行债务。第三人向债权人提出履行并经债权人受领后，发生债务消灭的后果。首先，第三人代为履行的债务，应属他人的债务。连带债务人履行连带债务，是履行自己对债权人负担的债务，而非为他人履行债务，故非属此处所谓“第三人代为履行”。其次，若第三人误以为自己是债务人而予以履行，纵使真正债务人存在，亦非第三人代为

① 参见［德］迪尔克·罗歇尔德斯：《德国债法总论》，沈小军、张金海译，97页，北京，中国人民大学出版社，2014。

履行。例如，甲主张被乙之狗咬伤，乙对甲赔偿后才发现事实上甲被丙的狗咬伤。乙的给付，目的是履行自己的侵权损害赔偿债务，而非为丙履行债务，故乙有权基于不当得利请求甲返还其所受领的赔偿金。最后，在第三人代为清偿债务不符合合同约定时，不发生清偿效力，债务人对债权人的债务并不消灭。

第三人得否履行债务人的债务，债务人得否拒绝第三人的履行，债权人得否拒绝第三人的履行，应当依具体情形合理平衡三方的利益。

第一，在法律规定债务只能由债务人履行的情形，不得由第三人代为履行债务。例如，在建设工程承包合同中，法律对只能由债务人履行设有强制性规定。《民法典》第791条第2、3款规定：承包人不得将其承包的全部建设工程转包给第三人或者将其承包的全部建设工程支解以后以分包的名义分别转包给第三人。禁止承包人将工程分包给不具备相应资质条件的单位。禁止分包单位将其承包的工程再分包。建设工程主体结构的施工必须由承包人自行完成。在上述法律禁止的范围内，无论债权人与债务人是否同意，均不得由第三人履行债务。

第二，在根据债务性质或当事人约定债务只能由债务人履行的情形，非经债权人与债务人同意，第三人不得代为履行债务。第三人有无合法利益，均无不同（《民法典》第524条第1款第二分句）。例如，育儿保姆提供劳务，即属于根据债务性质只能由债务人履行的情况，未经债权人与债务人同意，第三人不得代为履行。再如，根据《民法典》第923条的规定，受托人原则上应当亲自处理委托事务，如经债权人与债务人同意，处理委托事务的债务可由第三人履行。

第三，在第三人对履行债务具有合法利益的情形，除非根据债务性质、按照当事人约定或者依照法律规定只能由债务人履行，第三人有权向债权人代为履行，债权人不得拒绝（《民法典》第524条第1款）。债权人拒绝受领者，构成受领迟延。例如，经出租人甲同意，承租人乙将租赁物转租给第三人（次承租人）丙。若乙无正当理由未支付或者迟延支付租金，经甲催告，在合理期间内乙仍未履行的，甲有权根据《民法典》第722条解除甲、乙间之租赁合同。甲解除合同后，乙对房屋的占有相对于甲构成无权占有，从而丙对房屋的占有相对于甲构成无权占有，甲可以请求丙返还租赁物。此时丙（第三人）对乙的债务履行具有合法利益，故丙有权向债权人甲代为履行，乙不得提出异议，甲不得拒绝。对此《民法典》第719条第1款明文规定：承租人拖欠租金的，次承租人可以代承租人支付其欠付的租金和违约金，但是转租合同对出租人不具有法律约束力的除外。

哪些人属于《民法典》第524条第1款规定的对履行债务具有合法利益的第三人？依据《合同编解释》第30条第1款，对履行债务具有合法利益的第三人包括：保证人或者提供物的担保的第三人；担保财产的受让人、用益物权人、合法占有人；担保财产上的后顺位担保权人；对债务人的财产享有合法权益且该权益将因财产被强制执行而丧失的第三人；债务人为法人或者非法人组织的，其出资人或者设立人；债务人为自然人的，其近亲属；其他对履行债务具有合法利益的第三人。按照《合同编解释》第30条第2款，“第三人在其已经代为履行的范围内取得对债务人的债权，但是不得损害债权人的利益”。因为第三人代为履行后，在其已经代为履行的范围内取得对债务人的债权，有权向债务人追偿，但如果第三人只是向债权人履行了部分债务，而债务人履行债务的责任财产有限，则第三人向原债务人追偿即可能影响债权人债权的实现。在此种情形下，应当以债务人履行债务的责任财产首先向债权人作出履行，而不得因为追偿损害债权人的利益。

《民法典》第 524 条第 2 款规定，债权人接受第三人履行后，其对债务人的债权转让给第三人，但是债务人和第三人另有约定的除外。根据该款规定，发生法定的债权转让的效果，有合法利益的第三人在代为履行后，取得债权人的债权。但是不得损害债权人的利益。对此，应可参照适用债权转让的部分规则。

二、受领人

原则上，履行受领人是债权人，只有向债权人履行才会导致债权的消灭，向第三人为履行并不能使债权债务终止；但是，债权人的受领权可能会被限制。在以下情况下，除非满足其他条件，否则向债权人履行不构成有效履行：第一，债权被保全；第二，债权被强制执行；第三，债权已被出质，并通知了债务人；第四，债权人的破产申请被受理。向无民事行为能力或者限制民事行为能力的债权人履行是否构成有效履行？考虑到履行可能导致债权债务的终止，并非纯获利益的行为，基于保护不具有完全民事行为能力者之利益的考虑，仍然应当适用或者类推适用关于其作出的民事法律行为的效力的一般规则。

当事人约定由债务人向第三人履行债务的，债务人向第三人履行后，产生债务消灭的后果。比如，债务人乙欠债权人甲 1 万元人民币，债权人甲又欠第三人丙的钱，债权人甲请求债务人乙直接将欠款付给丙，乙同意，并按照其欠甲的数额将钱付给了丙，从而消灭了其对甲的债务。《民法典》第 522 条第 1 款对此作出了规定。

债务人依照法律规定向第三人履行的，也可能产生债权债务终止的法律效果。这里的第三人，包括被债权人授予受领权或者依法具有受领权的代理人、债权收取的受托人、债权质权人、监护人、遗产管理人、破产管理人等。同时，依据《民法典》第 537 条第一句的规定，人民法院认定代位权成立的，由债务人的债务人向债权人履行义务，债权人接受履行后，债权人与债务人、债务人与其债务人之间相应的权利义务也终止。向无受领权的第三人作出履行，在例外情况下也发生债权债务终止的效果，例如，善意向债权的准占有人（具有受领权外观者，例如持有债权人签名的收据或者有效的债权凭证者）履行；同时，经债权人承认或者债权人已经从中获益的，也导致相应的债权债务终止。

三、部分履行

《民法典》第 531 条规定：债权人可以拒绝债务人部分履行债务，但是部分履行不损害债权人利益的除外。债务人部分履行债务给债权人增加的费用，由债务人负担。例如，甲、乙订立大豆买卖合同，约定由乙于 2 月 1 日向甲供应 100 吨大豆，乙届期请求向甲供应 50 吨大豆，就余下的 50 吨一个月后再供应给甲。甲是否有权拒绝 50 吨大豆的部分履行，应视部分履行是否损害其合法利益而定，如未损害其利益，则甲无权拒绝受领。

四、履行地点

履行地点，是指债务人应为履行行为的地点。合同生效后，当事人就履行地点等内容没有约定或者约定不明确的，可以协议补充；不能达成补充协议的，按照合同相关条款或者交易习惯确定（《民法典》第 510 条）。依据上述规则仍不能确定的，如果是给付货币，在接受给付一方的所在地履行。交付不动产的，在不动产所在地履行。给付其他标的的，在履行义务一方所在地履行（《民法典》第 511 条第 3 项）。此外，《民法典》对若干典型合同的履行地点作了特别规定，例如，《民法典》第 603 条规定了买卖合同中出卖人的标的物交付义务的履行地点，第 627 条规定了买受人的价款支付义务的履行地点。

五、履行期限

履行期限是指债务人依据债的规定应当作出履行的时间。在合同关系中，履行期限对于判断债务人是否违约具有重要意义，履行期限届满后债务人仍未履行债务，即构成违约。例如，甲、乙订立买卖合同，约定出卖人甲应在 2 月 1 日至 2 月 3 日交货。2 月 3 日甲未交货，即构成违约，买受人乙可以请求甲履行合同义务。

合同生效后，当事人就履行期限没有约定或者约定不明确的，可以协议补充；不能达成补充协议的，按照合同相关条款或者交易习惯确定（《民法典》第 510 条）。依据上述规则仍不能确定的，债务人可以随时履行，债权人也可以随时请求履行，但是应当给对方必要的准备时间（《民法典》第 511 条第 4 项）。关于必要的准备时间，应当根据交易习惯、给付类型、标的额等因素判断。此外，《民法典》对若干典型合同的履行期限作了特别规定。例如，《民法典》第 674 条对借款利息支付期限、第 675 条对还款期限、第 721 条对租金支付期限、第 782 条对承揽合同报酬支付期限、第 899 条对保管期限、第 914 条对储存期限，均设置了任意性规范。

对于一时性债务，债务人可以在履行期限内的任何时间交付，债权人不得拒绝受领。《民法典》第 601 条针对买卖合同作出明确规定：出卖人应当按照约定的时间交付标的物。约定交付期限的，出卖人可以在该交付期限内的任何时间交付。例如，在前举之例，出卖人甲可以在 2 月 1 日至 2 月 3 日内的任何时间交付，乙不得拒绝受领。但甲只有在 2 月 3 日仍未交付，才构成违约。

根据《民法典》第 530 条第 1 款的规定，债权人可以拒绝债务人提前履行债务，但是提前履行不损害债权人利益的除外。在前举之例，甲在 2 月 1 日至 2 月 3 日之间履行，均属在履行期限内履行债务，而非提前履行债务。甲如欲在 1 月 20 日履行交付义务，则属于提前履行债务，违反了合同约定。根据该款规定，只有在提前履行不损害乙之利益的情况下，甲才能提前履行。至于是否损害债权人利益，应在个案中依具体情形予以判断，其举证责任应当由请求提前履行的债务人一方承担。例如，乙订购了甲家具公司的沙发、桌椅，意在新购住房中使用，并约定甲在2月1日至2月3日交付家具、乙在2月4日付款。现甲要提前到1月20日送货，而此时乙新购的住房仍然在装修中，甲提前履行债务的行为就会损害乙之利益，故乙有权拒绝甲提前履行。如乙接受甲的提前履行，不影响乙的债务的履行期限，仍为2月4日。有时，法律就部分典型合同是否可以提前履行债务配置了任意性规范。例如，《民间借贷司法解释》（2020年第二次修正）第31条第1款规定：借款人可以提前偿还借款，但是当事人另有约定的除外。再如，《民法典》第899条第2款第二分句规定：约定保管期限的，保管人无特别事由，不得请求寄存人提前领取保管物。

债务人提前履行可能会给债权人增加额外费用（例如仓储费用）的，根据《民法典》第530条第2款的规定，该费用由债务人负担。

六、履行方式

履行方式是指当事人履行合同义务的具体做法。不同的合同类型，决定了其履行方式存在差异。买卖合同的履行方式是交付标的物，而承揽合同的履行方式是交付工作成果。履行可以是一次性的，也可以是在一定时期内分期、分批的。运输合同按照运输方式的不同可以分为公路、铁路、海上、航空等履行方式。履行方式还包括价款或者报酬的支付方式、结算方式等，如现金结算、转账结算、同城转账结算、异地转账结算、托收承付、支票结算、委托付款、限额支票、信用证、汇兑结算、委托收款等。

合同生效后，当事人就履行方式没有约定或者约定不明确的，可以协议补充；不能达成补充协议的，按照合同相关条款或者交易习惯确定（《民法典》第510条）。依据上述规则仍不能确定的，按照有利于实现合同目的的方式履行（《民法典》第511条第5项）。

七、履行费用

履行费用，是指履行合同所需要的必要费用，例如运输费、包装费、邮寄费、装卸费、登记费、关税等。合同生效后，当事人就履行费用没有约定或者约定不明确的，可以协议补充；不能达成补充协议的，按照合同相关条款或者交易习惯确定（《民法典》第510条）。依据上述规则仍不能确定的，由履行义务一方负担；因债权人原因增加的履行费用，由债权人负担（《民法典》第511条第6项）。

八、履行标准

质量要求不明确，根据《民法典》第510条的规定仍不能确定的，按照强制性国家标准履行；没有强制性国家标准的，按照推荐性国家标准履行；没有推荐性国家标准的，按照行业标准履行；没有国家标准、行业标准的，按照通常标准或者符合合同目的的特定标准履行（《民法典》第 511 条第 1 项）。这里采取了对债务人负担最小的解释原则。

九、电子合同的义务履行时间

交付时间或者履行时间的认定将影响风险负担的归属、违约责任的承担等问题。《民法典》第 512 条规定：通过互联网等信息网络订立的电子合同的标的为交付商品并采用快递物流方式交付的，收货人的签收时间为交付时间。电子合同的标的为提供服务的，生成的电子凭证或者实物凭证中载明的时间为提供服务时间；前述凭证没有载明时间或者载明时间与实际提供服务时间不一致的，以实际提供服务的时间为准。电子合同的标的物为采用在线传输方式交付的，合同标的物进入对方当事人指定的特定系统且能够检索识别的时间为交付时间。电子合同当事人对交付商品或者提供服务的方式、时间另有约定的，按照其约定。

第三节 涉他合同

涉他合同，又称为涉及第三人的合同，包括利益第三人合同（向第三人履行的合同）和由第三人履行的合同。

一、利益第三人合同

《民法典》第 522 条规定了利益第三人合同。其第 1 款是关于不真正的利益第三人合同的规定，第 2 款是关于真正的利益第三人合同的规定。在利益第三人合同中，债务人应向第三人履行合同。依第三人是否基于利益第三人合同而取得履行请求权，可以将利益第三人合同区分为真正的利益第三人合同与不真正的利益第三人合同。在前者，第三人取得履行请求权；在后者，第三人并未取得履行请求权。第三人是否取得履行请求权，取决于当事人的约定与法律的规定。例如，甲将 A 电脑出卖给乙，乙将该 A 电脑出卖给丙，乙指示甲将该 A 电脑直接送至丙处。如果甲、乙在合同中约定丙有权直接请求甲交付电脑，则该合同属于真正的利益第三人合同。如无明确约定或法律规定，在有疑义时，甲将 A 电脑直接交付给丙，目的仅在于缩短给付时，应认定该合同为不真正的利益第三人合同。[①]

（一）不真正的利益第三人合同

在不真正的利益第三人合同的情形中，债务人依合同约定，应向第三人履行债务，但第三人未对债务人取得履行请求权。根据《民法典》第 522 条第 1 款的规定，债务人未

① 参见［德］迪尔克·罗歇尔德斯：《德国债法总论》，沈小军、张金海译，378 页，北京，中国人民大学出版社，2014。

向第三人履行债务或者履行债务不符合约定的，应当向债权人承担违约责任。

在前举买卖合同之例：如其属于不真正的利益第三人合同，则丙无权请求甲交付 A 电脑，也无权请求甲赔偿损失。若甲未按时交货，丙可依乙、丙之间的买卖合同请求乙承担继续履行、赔偿损失等违约责任。乙可依甲、乙之间的买卖合同，请求甲承担继续履行、赔偿损失等违约责任。

（二）真正的利益第三人合同

在真正的利益第三人合同，债务人依合同约定应向第三人履行债务，第三人对债务人取得履行请求权。利益第三人合同涉及三角关系：债权人与债务人间之法律关系，被称为补偿关系；债权人与第三人间之法律关系，被称为对价关系；债务人与第三人间之法律关系，被称为给付关系（执行关系、第三关系）。

第三人取得履行请求权要有法律规定或者当事人约定。有的法律直接赋予第三人履行请求权，例如，依据《保险法》的规定，对于投保人与保险人订立的保险合同，被保险人或者受益人即使不是投保人，在保险事故发生后，也享有向保险人请求赔偿或者给付保险金的权利。再如，甲将 A 电脑出卖给乙，乙将该 A 电脑出卖给丙，甲、乙约定，丙有权请求甲交付电脑，则丙属于基于当事人约定取得履行请求权。第三人无须作出接受利益的意思表示，即取得该项利益。但依据民法自愿原则，他人对被赋予的权利有权拒绝。因此，《民法典》第 522 条第 2 款规定，在真正的利益第三人合同中第三人有在合理期限内拒绝的权利。

第三人如果在合理期限内拒绝享有利益，则自始未取得履行请求权。如果第三人在合理期限内未拒绝享有利益，则其取得了对债务人的履行请求权。履行请求权是真正的利益第三人合同中第三人享有的基本权利。《合同编解释》第 29 条第 1 款规定：“民法典第五百二十二条第二款规定的第三人请求债务人向自己履行债务的，人民法院应予支持；请求行使撤销权、解除权等民事权利的，人民法院不予支持，但是法律另有规定的除外。”考虑到对第三人的信赖保护，未经第三人同意，债权人与债务人如无正当理由，不得协商削弱或者取消第三人的权利（参照适用《民法典》第 765 条）。《合同编解释》第 29 条第 3 款规定：债务人按照约定向第三人履行债务，第三人拒绝受领，债权人有权请求债务人向自己履行债务，但是债务人已经采取提存等方式消灭债务的除外。第三人拒绝受领或者受领迟延的，债务人也有权请求债权人赔偿因此造成的损失。

在债务人与第三人之间的给付关系中，第三人对债务人享有履行请求权，虽二者间无合同关系，但基于给付关系的存在，债务人仍负有从给付义务与附随义务。根据《民法典》第 522 条第 2 款，债务人未向第三人履行债务或者履行债务不符合约定的，第三人可以请求债务人承担继续履行、赔偿损失等违约责任。如合同未作约定，因第三人并非合同关系当事人，不宜认为其享有撤销权、法定解除权。《合同编解释》第 29 条第 1 款对此明确规定。在前举买卖合同之例：甲依合同约定将 A 电脑交付给丙，即同时发生甲履行在补偿关系中对乙的债务、乙履行在对价关系中对丙的债务的法律效果。如债务人甲未依合同约定将 A 电脑交付给第三人丙，则丙有权请求甲交付 A 电脑，并请求甲赔偿损失。如甲构成根本违约，则乙有权解除合同。若丙的权利不可撤销，则乙的解除权行使应经丙的同意。如乙构成根本违约，甲有权解除合同，无须经丙的同意。如甲、乙间之买卖合同存在意思表示瑕疵，相关撤销权的行使无须经丙的同意。甲、乙间之买卖合同不成立、无效、被撤销的，丙自始未取得履行请求权。

债务人在补偿关系中对债权人所享有的抗辩，不应因向第三人履行而受到影响。依《民法典》第 522 条第 2 款第二分句，债务人对债权人的抗辩，可以向第三人主张。在前举买卖合同之例：甲、乙间之买卖合同不成立、无效、被撤销，履行期限未届至，停止条件未成就，或有同时履行抗辩权等抗辩的，债务人甲均得向第三人丙主张。因对价关系仅存在于债权人与第三人之间，故债务人不得援用对价关系所生抗辩对抗第三人。

在债权人与债务人之间的补偿关系中，债务人之所以愿意向第三人给付，是因为其可以在与债权人的合同中获得补偿。因债务人仅向第三人负给付义务，故债权人仅有权依合同请求债务人向第三人履行合同，而不得请求其向自己履行合同。债务人违约时，债权人得请求债务人赔偿自己所受损失。在前举买卖合同之例：甲未依约向丙交付 A 电脑，故乙有权请求甲将 A 电脑交付给丙。若丙基于对价关系（乙、丙之间的买卖合同）请求乙赔偿损失，乙就该项损失有权基于补偿关系（甲、乙之间的买卖合同）请求甲赔偿。依据《合同编解释》第 29 条第 3 款，债务人按照约定向第三人履行债务，第三人拒绝受领的，除非债务人已经采取提存等方式消灭债务，否则此时债权人有权请求债务人向自己履行债务。同时，第三人拒绝受领或者受领迟延给债务人造成损失的，因第三人在此种补偿关系中仅享有利益，因此债务人有权请求债权人赔偿该损失，债权人与第三人之间则依据他们之间的对价关系处理。

在对价关系（债权人与第三人）中，对价关系的存在是债权人使第三人取得对债务人的履行请求权的原因。对价关系多为合同关系，有偿合同与无偿合同均属可能。在前举买卖合同之例：乙使丙取得对甲的履行请求权，是为了履行乙对丙的合同义务。对价关系也可能为法定关系，例如履行法定扶养义务。如对价关系为合同关系，在债权人违约时，第三人有权请求债权人承担违约责任。如前所述，第三人也可以基于给付关系请求债务人赔偿损失，但仅可获得一次赔偿，以避免第三人双重受益。在前举买卖合同之例：因甲未依约交付电脑，丙有权基于乙、丙之间的买卖合同，请求乙承担违约责任。

补偿关系或对价关系被撤销、被解除后恢复原状的法律关系中，依据《合同编解释》第 29 条第 2 款，债务人有权请求债权人返还财产。债权人与第三人之间则依据他们之间的对价关系处理。

二、由第三人履行的合同

由第三人履行的合同，是指双方当事人约定债务由第三人履行的合同。例如，某一产品的经销商甲与买受人乙订立电脑买卖合同，双方约定由该产品的生产商丙直接向买受人乙交付电脑。再如，广告主与广告商约定，由广告商负责让特定电视台播演广告主的广告影片。

在由第三人履行的合同中，基于私法自治原则，第三人不因该他人订立的合同而负有义务。在前举买卖合同之例：生产商丙不因该合同而对买受人乙负有交付电脑的义务。

不过，第三人可能基于其与债务人之间的利益第三人合同而负有向债权人履行的义务。值得注意的是，在该由第三人履行的合同中，出卖人甲亦不负有交付电脑并移转所有权的合同义务，而只是负有担保第三人对债权人乙履行的义务。在前举广告投放合同之例：广告商仅负有使特定电视台播放广告的义务，而非负有自己投放广告的义务。根据《民法典》第523条的规定，第三人不履行债务或者履行债务不符合约定的，债务人应当向债权人承担违约责任。债务人是以合同担保第三人履行结果的发生，故《民法典》第523条所称违约责任应指违约损害赔偿责任。在前举买卖合同之例：如丙未向乙履行，则甲应负损害赔偿责任，但丙无权请求甲履行买卖合同。在前举广告投放合同之例：广告商若未能使特定电视台播放广告影片，则应对广告主负损害赔偿责任，但广告主无权请求广告商投放广告。

由第三人履行的合同与保证合同具有相似性，但二者存在着本质的不同：(1) 保证合同是主债权合同的从合同，且一般保证人享有先诉抗辩权。而由第三人履行的合同是独立的合同，以担保第三人履行为合同内容。债务人对于第三人不向债权人履行债务的行为，独立向债权人承担违约责任；第三人不是债务人，其只实施履行行为，不对债权人承担违约责任。(2) 在保证合同中，保证人承担保证责任后有权向债务人追偿，但在由第三人履行的合同中，通常追偿关系不成立。

第四节　双务合同履行中的抗辩权

一、双务合同履行中的抗辩权概述

双务合同履行中的抗辩权，是指在符合法定条件时，当事人一方对抗对方当事人的履行请求权，暂时拒绝履行其债务的权利。它包括同时履行抗辩权、先履行抗辩权和不安抗辩权。履行抗辩权属于一时的抗辩权，只是在一定期限内中止履行债务，并不消灭债的履行效力。产生抗辩权的原因消失后，债务人仍应履行其债务。

双务合同履行中的抗辩权，对于抗辩权人是一种保护手段，免去自己履行后却得不到对方履行的风险，使对方当事人产生及时履行、提供担保等压力，所以它们是债权保障的法律制度。

二、同时履行抗辩权

（一）同时履行抗辩权概述

同时履行抗辩权，是指在没有先后履行顺序的双务合同中，一方当事人在对方当事人未履行或者履行不符合约定的情况下，享有拒绝对待给付的抗辩权（《民法典》第525条）。

同时履行抗辩权的存在基础在于双务合同的牵连性。所谓双务合同的牵连性，是指给付与对待给付具有不可分离的关系，包括发生上的牵连性、存续上的牵连性和功能上的牵连性。[1] 所谓发生上的牵连性，是指一方的给付与他方的对待给付在发生上互相牵连，即一方的给付义务不发生时，对方的对待给付义务也不发生。例如，甲、乙订立的买卖合同，因违反效力性强制性规范而无效，甲、乙的给付义务均不发生。所谓存续上的牵连性，是指双务合同中双方互负的债务具有存续上的相互依存特征。所谓功能上的牵连性，又称履行上的牵连性，是指双务合同的当事人一方所负给付与对方当事人所负对待给付互为前提，一方不履行其义务，对方原则上亦可不履行。同时履行抗辩以诚实信用原则为基础，具体表现为"一手交钱，一手交货"的交易观念，具有担保自己债权之实现（你不交货，我不付款）、迫使他方履行合同（你要我付款，必须同时交货）的双重功能。[2]

《合同编解释》第 31 条第 1 款进一步明确了同时履行中的牵连性：一方面，一方当事人不得以对方没有履行非主要债务为由主张拒绝履行自己的主要债务，因为二者之间并不具有相应性。另一方面，如果对方不履行非主要债务，则只有在如下两种情形下，当事人有权行使同时履行抗辩权，拒绝履行自己的主要债务：一是对方不履行非主要债务构成根本违约。二是当事人另有约定，例如，当事人特别约定：一方不履行非主要债务时，另一方当事人有权行使同时履行抗辩权，拒绝履行自己的主要债务。

（二）同时履行抗辩权的构成要件

1. 须经由同一双务合同互负债务

同时履行抗辩权的根据在于双务合同功能上的牵连性，因而它适用于双务合同，而不适用于单务合同和不完全双务合同。

可主张同时履行抗辩的，系基于同一双务合同而生的对待给付。如果双方当事人的债务不是基于同一双务合同而发生，即使在事实上有密切关系，也不得主张同时履行抗辩权。因此，成立同时履行抗辩权，必须有双方当事人基于同一双务合同互负债务这一要件。

这里的债务，首先应为主给付义务，例如，买卖合同中，卖方负有交付货物的义务，买方负有交付货款的义务；租赁合同中，出租人负有提供租赁物的义务，承租人负有交付租金的义务。从给付义务与主给付义务之间依据《合同编解释》第 31 条第 1 款，原则上不构成牵连关系，但在从给付义务的履行与合同目的的实现具有密切关系或者当事人另有约定时，应认为它与主给付义务之间有牵连关系，产生同时履行抗辩权，例如，名马之买受人有权以出卖人未交付得奖证书及血统证明书为由拒绝支付价款。[3]

如果履行请求权转化为损害赔偿请求权，亦有同时履行抗辩权的适用。例如，甲之 A 车与乙之 B 车互易，非因不可抗力 A 车毁损、灭失，甲应承担违约损害赔偿责任。乙对甲之替代给付损害赔偿请求权与甲对乙之给付 B 车请求权，仍得同时履行。

2. 当事人的债务没有先后履行顺序

如果当事人互负债务，但是依照当事人约定等能够确定先后履行顺序的，自无同时

---

① 参见王泽鉴：《民法学说与判例研究》，第 6 册，109 页，北京，北京大学出版社，2009。

② 参见上书，110 页。

③ 参见上书，113 页。

履行抗辩权的适用余地。例如，甲将A电脑出卖给乙，约定甲在2月1日交货、乙在2月5日付款。在此情形，因当事人的债务有先后履行顺序，故双方当事人无同时履行抗辩权。在2月1日至2月5日，如甲未交货，乙有权请求甲交付货物，甲无同时履行抗辩权，而甲无权请求乙支付价款，因为乙的债务履行期限未届至，乙对此享有抗辩。在2月6日，乙仍享有先履行抗辩权固无疑问，但甲是否享有履行抗辩权，存在争议。有学者认为此时应类推适用《民法典》第525条，赋予债务人以履行抗辩权。依此说，甲享有履行抗辩权，即有权以乙尚未履行价款支付义务为由，拒绝乙交付电脑的履行请求。本书认为，除当事人另有约定外，后履行的当事人应当享有履行顺序的利益。故在前举之例，除另有约定外，应当先履行交货义务的甲，在乙的履行期限届满后，并无履行抗辩权。

3. 双方互负的债务均已届履行期限

如果一方当事人的债务尚未到期，在对方当事人请求履行时，该当事人可以主张债务履行期尚未届至的抗辩，无须适用同时抗辩权制度。例如，甲将A电脑出卖给乙，约定：甲在2月1日交货，甲交货的同时乙付款。在1月31日，甲、乙的债务均未届履行期限，甲、乙均无履行请求权，故亦不生履行抗辩权的问题，当事人可以主张债务履行期限尚未届至的抗辩。在2月1日，如甲未交货，乙可以行使同时履行抗辩权。

4. 对方当事人未履行或者履行不符合约定

如果对方当事人已全面履行合同义务，则其债务消灭，不发生同时履行抗辩权。例如，甲将A电脑出卖给乙，约定甲在2月1日上门交货、乙同日付款。若甲在2月1日交付电脑给乙，且履行符合约定，则甲的债务消灭。如甲请求乙支付价款，乙无同时履行抗辩权。如果对方当事人已经提出履行，债务人亦不得行使同时履行抗辩权。例如，甲已经按时上门交货，乙无同时履行抗辩权，或乙已经通知甲前来取款的，甲无同时履行抗辩权。因此，仅当对方当事人未履行或者履行不符合约定，且未提出履行时，债务人享有同时履行抗辩权。对方当事人违反合同约定，纵使构成不可抗力，也不影响同时履行抗辩权发生。在前举买卖合同之例：在甲交货途中山洪暴发阻断去路，致使甲无法按期交货，纵然构成不可抗力，乙仍有权针对甲的价款给付请求权行使同时履行抗辩权。

在对方当事人未履行合同的情形，如在前举之例，甲在2月1日根本未将电脑交付给乙，乙有权拒绝支付价款。在对方当事人部分履行时，根据《民法典》第531条第1款，如部分履行不损害债权人的利益，则债权人不得拒绝债务人部分履行债务。在此情形下，债权人就债务人未履行的部分固然有权拒绝对待给付，但债权人对于已经履行的部分，是否享有同时履行抗辩权，应视其能否实现部分的合同目的而定。例如，甲、乙订立100吨大米的买卖合同，出卖人甲交付了50吨大米，若就该已经履行的50吨大米，乙的买卖合同目的可以部分实现，则乙应当履行相应部分的价款给付义务。再如，甲向乙出卖一组配套沙发，出卖人甲交付了该组中的一个沙发，因乙仅当受领全部沙发时，其合同目的才能实现，故乙有权拒绝履行全部的价款给付义务。如果债权人受领迟延，其同时履行抗辩权仍然存在。在前举电脑买卖合同之例：若乙受领迟延，甲不重新提出履行、交付电脑，乙仍有权拒绝支付价款。

在履行债务不符合约定，即债务人的履行有瑕疵的情形，如前举电脑买卖合同之例，无论特定物买卖还是种类物买卖，甲均有交付无瑕疵之物的义务。甲的债务履行不符合约定的，乙有权行使同时履行抗辩权，拒绝其相应的履行请求。于此情形，就乙履行抗辩的范围而言，利益状态与部分履行时相似，其仅能就部分还是能就全部的履行请求提出抗辩，应以瑕疵给付能否实现合同目的为标准予以判断。例如，在房屋租赁合同的出租人提供的房屋存在屋顶漏水等严重问题时，承租人无法居住，其合同目的无法实现，故此时承租人有权拒绝履行全部的租金支付义务。

（三）同时履行抗辩权的适用范围及其扩张

同时履行抗辩权制度主要适用于双务合同，如买卖、互易、租赁、承揽、有偿委托、雇佣等合同。有疑问的是同时履行抗辩权是否适用于合伙合同。对此存在争议。本书认为，应当根据合伙合同的非交换性中合伙人的具体利益状态予以判断，不可一概而论。

于利益第三人合同中，债务人对债权人的同时履行抗辩权，可以向第三人主张（《民法典》第 522 条第 2 款）。在债权转让中，债务人接到债权转让通知后，债务人对让与人的同时履行抗辩权，可以向受让人主张（《民法典》第 548 条）。但在让与人与受让人之间，仍应由让与人向债务人主张同时履行抗辩权。在债务承担中，债务人转移债务的，新债务人可以主张原债务人对债权人的同时履行抗辩权（《民法典》第 553 条）。

当事人因合同不成立、无效、被撤销或被解除而产生的恢复原状法律关系中，可类推适用同时履行抗辩权。例如，甲、乙之间的电脑买卖合同，因出卖人甲根本违约，乙解除合同。甲对乙返还价款的义务与乙对甲返还电脑的义务，处于同时履行抗辩关系。

（四）同时履行抗辩权的效力

1. 实体效力

若同时履行抗辩权存在，则无须当事人主张，即足以排除履行迟延。享有同时履行抗辩权者履行期限届满未履行债务时，不构成违约。在前举电脑买卖合同之例：甲未在 2 月 1 日交付电脑，乙也未在 2 月 1 日支付价款。履行期限经过后，因甲、乙均有同时履行抗辩权，故甲、乙均不构成违约。

若一方当事人有意使他方陷于违约，则必须依合同本旨提出履行，否则他方当事人不构成违约。在前举电脑买卖合同之例：甲仅要求乙交付价款而未提出履行的，乙不构成违约，无须主张同时履行抗辩权。若甲已经按时上门交货，乙未受领，则乙未履行价款给付义务构成违约。若乙已经通知甲前来取款，甲未前来受领，则甲未履行电脑交付义务构成违约。

2. 程序效力

同时履行抗辩权的行使，可以一时阻却对方当事人的请求权。在诉讼程序上，如果当事人未主张同时履行抗辩权，则法院不得依职权审查。但为了避免行使同时履行抗辩权导致合同陷入僵局，《合同编解释》第 31 条第 2 款明确了同时履行抗辩权的程序保障规则，具体而言：一是，一方起诉请求对方履行债务，被告未提起反诉的。在当事人一方起诉请求对方履行债务时，如果被告仅主张行使同时履行抗辩权，而不提起反诉，请求原告履行债务的，法院可以作出同时履行的判决，即判决被告在原告履行债务的同时履行自己的债务，并进一步明确，原告申请强制执行的，人民法院在原告履行债务后才对被告采取执行行为。二是，一方起诉请求对方履行债务，被告提起反诉的。在一方起诉，请求对方履行债务时，被告在主张同时履行抗辩权的同时提起反诉的，为保障双方债务的履行，法院应当判决双方同时履行自己的债务，并在判决中明确，任何一方申请强制执行的，人民法院只有在该方当事人履行自己的债务后才对对方当事人采取执行行为。

三、先履行抗辩权

先履行抗辩权，是指当事人互负债务、有先后履行顺序时，应当先履行债务一方未履行的，后履行一方有权拒绝其履行请求。先履行一方履行债务不符合约定的，后履行一方有权拒绝其相应的履行请求（《民法典》第 526 条）。

（一）先履行抗辩权的构成要件

1. 基于同一双务合同互负债务

这是指双方当事人因同一合同互负债务，两项债务应处于互为对待给付的地位，例如，买卖合同中，卖方负有交付货物的义务，买方负有交付货款的义务。

2. 当事人的债务有先后履行顺序

这是指当事人互负债务，并且能够确定债务的先后履行顺序。履行顺序，依法律规定、当事人约定或按交易习惯。例如，甲将 A 电脑出卖给乙，约定甲于 2 月 1 日交货、乙于 2 月 3 日付款。依合同约定，当事人的债务有先后履行顺序，甲应当先履行。如果当事人履行债务无先后顺序，则应适用同时履行抗辩权。

3. 应当先履行的当事人不履行债务或者履行债务不符合约定

在前举买卖合同之例：甲于 2 月 4 日请求乙付款，且甲仍未履行或未按约定履行交付电脑并移转所有权的义务，则乙有权行使先履行抗辩权。

4. 后履行一方当事人的债务已届履行期

如果后履行一方当事人的债务尚未到期，在对方当事人请求履行时，后履行一方当事人可以主张债务履行期尚未届满的抗辩。在前举之例：若甲于 2 月 2 日请求乙付款，因乙的履行期限尚未到来，甲无权请求乙履行价款支付义务，此时与先履行抗辩权无关。在 2 月 4 日，甲请求乙付款，乙有权行使先履行抗辩权，拒绝支付价款。如前所述，若在 2 月 4 日，乙请求甲交付 A 电脑，则除非合同另有约定，此时应保护乙的履行顺序利益，甲无履行抗辩权，不应类推适用同时履行抗辩权。

（二）先履行抗辩权的行使与效力

先履行抗辩权属延期的抗辩权，一时阻止对方当事人请求权的行使。若对方当事人依合同约定全面履行了合同义务，则先履行抗辩权消灭，当事人应当履行自己的义务。在对方当事人未履行合同时，一方不能以对方未履行主要义务为由，拒绝履行自己的主要义务。《合同编解释》第31条第3款规定：“当事人一方起诉请求对方履行债务，被告依据民法典第五百二十六条的规定主张原告应先履行的抗辩且抗辩成立的，人民法院应当驳回原告的诉讼请求，但是不影响原告履行债务后另行提起诉讼。”因此，负有先履行义务的一方当事人起诉请求对方履行债务，而被告主张先履行抗辩权且该抗辩权成立的，法院应当驳回原告的诉讼请求。

基于先履行抗辩权存在的效力，若先履行抗辩权存在，无须当事人主张，其即足以排除履行迟延。享有先履行抗辩权者之履行期限届满而未履行债务的，不构成违约。先履行抗辩权的行使，可以一时阻却对方当事人的请求权。在诉讼程序上，如果当事人未主张先履行抗辩权，则法院不得依职权审查。《合同编解释》第31条第3款规定：“当事人一方起诉请求对方履行债务，被告依据民法典第五百二十六条的规定主张原告应先履行的抗辩且抗辩成立的，人民法院应当驳回原告的诉讼请求，但是不影响原告履行债务后另行提起诉讼。”后履行一方当事人行使先履行抗辩权，不影响其主张先履行一方当事人的违约责任。

四、不安抗辩权

不安抗辩权指，应当先履行债务的当事人有确切证据证明对方丧失或者可能丧失履行债务能力的，有权中止履行合同义务（《民法典》第527条）。当事人中止履行的，应当及时通知对方。对方提供适当担保的，应当恢复履行。中止履行后，对方在合理期限内未恢复履行能力且未提供适当担保的，视为以自己的行为表明不履行主要债务，中止履行的一方可以解除合同并可以请求对方承担违约责任（《民法典》第528条）。

（一）不安抗辩权的构成要件

1. 当事人基于同一双务合同互负债务

只有基于同一双务合同互负债务时，才可能发生不安抗辩权。单务合同、不完全双务合同，均不发生不安抗辩权。

2. 当事人互负的债务有先后履行顺序

如果当事人互负的债务没有履行先后顺序，则不成立不安抗辩权。

3. 后履行的当事人有丧失或者可能丧失债务履行能力的情形

《民法典》第527条第1款具体列举了经营状况严重恶化，转移财产、抽逃资金以逃避债务，以及丧失商业信誉三种具体情形。在这些情形下，均需达到丧失或者可能丧失债务履行能力的程度。（1）经营状况严重恶化。例如，在某商业银行根据其与某企业之间的借款合同发放贷款前，市场骤然变化，致使该企业的产品难以销售，很可能导致无力还贷时，某商业银行便有权行使不安抗辩权，中止发放贷款。（2）转移财产、抽逃资金以逃避债务。（3）丧失商业信誉。例如，先履行义务人多次违约，致使信用遭受怀疑。

(4)《民法典》第 527 条第 1 款第 4 项设置了兜底条款："有丧失或者可能丧失履行债务能力的其他情形"。例如，某娱乐文化公司邀请一明星歌手演唱，约定先支付演出费若干。后歌手生病住院，可能难以如期演唱，娱乐文化公司即可以行使不安抗辩权，中止支付演出费。

对于后履行的当事人发生了丧失或者可能丧失债务履行能力的情形，应当先履行债务的当事人必须要有确切的证据予以证明。当事人没有确切证据中止履行的，应当承担违约责任（《民法典》第 527 条第 2 款）。

（二）不安抗辩权的行使与效力

根据《民法典》第 528 条第一句的规定，当事人中止履行的，应当及时通知对方。中止履行不限于对方当事人提出履行请求，纵使对方当事人未提出履行请求，该当事人也可以中止履行。中止履行，既可以是中止债务的履行，也可以是中止履行准备行为。中止履行需要通知对方当事人，若未通知，则不发生抗辩权行使的效力①，当事人履行期限届至仍未履行的，构成违约。通知对方当事人，意在给对方提供适当担保以消灭不安抗辩权的机会。物的担保与人的担保，均为提供担保的方式，应能适当保障先履行义务人的债权得到实现。对方提供适当担保的，应当恢复履行（《民法典》第 528 条第二句）。

中止履行后，对方当事人在合理期限内未恢复履行能力且未提供适当担保的，视为以自己的行为表明不履行主要债务，中止履行的一方可以解除合同并可以请求对方承担违约责任（《民法典》第 528 条第三句）。

问题与思考

1. 简述债的履行的含义。
2. 简述利益第三人合同的含义。
3. 试述同时履行抗辩权的成立条件及效力。
4. 试述不安抗辩权的成立条件及效力。

---

① 另一种观点认为，未通知仅使抗辩权人负损害赔偿责任，不影响不安抗辩权的效力。

第三十五章
合同的保全

本章概要

合同的保全是债权人为防止债务人的财产不应减少而减少或者应增加而未增加而危害其债权的实现，对债的关系以外的第三人所采取的保护债权的法律措施。债权人保全债权的权利包括代位权与撤销权。债权人的代位权是为保持债务人的责任财产而设的，适用于债务人的财产应增加且能增加而因债务人的懈怠未增加的情形；债权人的撤销权是为恢复债务人的责任财产而设的，适用于债务人不应减少而减少其责任财产的情形。本章的重点问题是债权人的代位权与撤销权。

一、合同保全的概念

债务人是以自己责任财产的全部，担保债务的履行。债务人未自愿履行债务时，债权人的债权能否得到实现，有赖债务人责任财产的状况。债权人除就债务人特定的责任财产设立担保物权，或由第三人为债务人提供担保外，可以通过行使代位权和撤销权，来避免债务人的责任财产应当增加而未增加，或其责任财产不应减少而减少，从而将责任财产恢复到应有的状态。虽然《民法典》将此称为“合同的保全”，但依据其第 468 条，合同的保全规则实际上构成债的保全的一般性规则，适用于所有债权，而非只适用于合同债权。

合同的保全要在债权人保护和债务人自由两种价值之间形成平衡，由此决定了代位权和撤销权的构成要件、行使方式和法律效果。

二、债权人的代位权

（一）债权人代位权的概念

债权人代位权指债务人怠于行使权利，债权人为保全债权，以自己的名义代位行使债务人对相对人的权利。

（二）债权人代位权的构成要件

债权人的代位权应满足如下成立要件。

1. 债权人对债务人享有债权

如果没有债权，则不生债权保全的问题。原则上，债权人对债务人的债权需已到期，即债务人在履行期限届满后仍未依约履行债务。若债权尚未到期，则债务人仍有可能届期充实责任财产，如允许债权人行使代位权，则会导致债务人的期限利益丧失。因此，《民法典》第535条第1款以“债权人的到期债权”为构成要件。债权人对债务人的债权不要求必须经生效法律文书确认（《合同编解释》第40条第2款），而可以在代位权诉讼中审查债权人对债务人的债权是否存在以及具体数额。

不过，债权人的债权未到期的，债务人怠于行使权利的行为也可能会影响债权人的债权在将来实现。《民法典》第536条规定，债权人的债权到期前，债务人的债权或者与该债权有关的从权利存在诉讼时效期间即将届满或者未及时申报破产债权等情形，影响债权人的债权实现的，债权人可以代位向债务人的相对人请求其向债务人履行、向破产管理人申报或者作出其他必要的行为。中断诉讼时效、申报债权等必要的行为，在理论上被称为“保存行为”。例如，甲对乙的100万元债权虽未到期，但乙对其相对人丙的100万元债权诉讼时效期间即将届满，如果影响甲的债权实现，甲也可以行使代位权，请求丙向乙履行债务以中断诉讼时效。再如，甲对乙的100万元债权尚未到期，但乙的相对人丙破产，乙不积极申报破产债权，影响甲的债权实现，甲可以代位向丙的破产管理人申报破产债权。

2. 债务人怠于行使其债权或者与该债权有关的从权利

“怠于行使”是指债务人能够行使其权利而不以仲裁或诉讼方式行使。例如，甲对乙享有100万元的到期债权，乙对丙享有100万元的到期债权，乙应行使且能行使而不以仲裁或诉讼方式行使对丙的权利。如果债务人对相对人的债权尚未到期，则债务人无法行使其债权，此时不发生债权人代位权。依《合同编解释》第33条的规定，所谓怠于行使，是指其不以诉讼方式或者仲裁方式向其相对人主张权利。债务人单纯地以书面形式向相对人主张权利，只要其未以诉讼或者仲裁方式向其相对人主张权利，仍然构成“怠于行使”，否则，就很容易出现债务人和相对人串通，主张债务人已经行使其权利，进而架空代位权的道德风险。因此，在前举之例：乙虽然向丙请求偿还100万元债务，但未起诉或申请仲裁，也构成怠于行使权利。若债务人客观上不能行使权利，则债权人也不得代位行使。只要债务人以诉讼或者仲裁方式行使了权利，不管行使权利的实际效果如何，债权人都不能行使代位权。

代位权的客体，即债务人怠于行使的权利，包括债务人对相对人的债权或者与该债权有关的从权利。在前举之例：乙怠于行使对丙的100万元债权，代位权的客体为债权。其中，债权不限于金钱债权，实践中也有将代位权的客体扩张至特定物债权的情形。同时，代位权的客体也包括与债权有关的从权利。如果丁为丙的债务提供保证，戊为丙的债务以自己的房屋设立抵押权，而乙怠于请求丁承担保证责任或行使抵押权的，甲可以代位行使，该代位权的客体即为与债权有关的从权利。但是，“与该债权有关的从权利”并非“债权的从权利”，因此代位权的客体范围包括但不限于“狭义之债的从权利”，“广义之债的从权利”也可能被包括在其中，例如与合同有关的解除权等形成权。由此可能出现过分地干涉债务人自由的问题，可以通过对“影响债权人的到期债权实现”和“该权利专属于债务人自身的除外”这两个要件更为实质性的考量来解决。

代位权的客体不能是专属于债务人自身的权利（《民法典》第 535 条第 1 款但书），根据《合同编解释》第 34 条，专属于债务人自身的债权，是指具有保障生存功能的权利，包括抚养费、赡养费或者扶养费请求权；人身损害赔偿请求权；劳动报酬请求权，但是超过债务人及其所扶养家属的生活必需费用的部分除外；请求支付基本养老保险金、失业保险金、最低生活保障金等保障当事人基本生活的权利；其他专属于债务人自身的权利。根据《民法典》第 975 条的规定，合伙人的债权人不得代位行使合伙人依照“合伙合同”章的规定和合伙合同享有的权利，但是合伙人享有的利益分配请求权除外。

3. 债务人怠于行使权利，已影响债权人的到期债权实现

债务人怠于行使权利若不影响债权人的到期债权实现，则不发生代位权。在债权人的债权为金钱债权时，如债务人无已无资力，则不行使其对相对人的权利，将影响到债权人债权的实现。例如，甲对乙享有 100 万元的债权，乙此时的责任财产为 500 万元且无其他债权人，足以清偿对甲的债务，则即使乙不行使其对相对人丙的权利，也不会影响到甲的债权的实现，因此甲无代位权。

（三）债权人代位权的行使

1. 行使方式

根据《民法典》第 535 条第 1 款的规定，债权人应向人民法院请求以自己的名义代位行使权利。换言之，债权人应当以诉讼方式行使代位权，而不能以仲裁方式行使代位权。即使债权人与债务人或者债务人与相对人之间约定了仲裁管辖，这是因为在代位权的审理中涉及对债权人的权利和债务人的权利的审查，有可能超出仲裁合意的范围。在此基础上，为了协调相对人的仲裁利益，《合同编解释》第 36 条规定：“债权人提起代位权诉讼后，债务人或者相对人以双方之间的债权债务关系订有仲裁协议为由对法院主管提出异议的，人民法院不予支持。但是，债务人或者相对人在首次开庭前就债务人与相对人之间的债权债务关系申请仲裁的，人民法院可以依法中止代位权诉讼。”

在诉讼构造中，债权人为原告，债务人的相对人为被告，管辖法院为被告住所地人民法院，但是依法应当适用专属管辖规定的除外（《合同编解释》第 35 条第 1 款）。即使债务人和相对人之间订有管辖协议，仍按照上述法定管辖确定代位权诉讼的管辖（《合同编解释》第 35 条第 2 款）。为了保障债务人的程序利益，根据《合同编解释》第 37 条中的规定，债权人以债务人的相对人为被告向人民法院提起代位权诉讼，未将债务人列为第三人的，人民法院应当追加债务人为第三人。同时，两个或者两个以上债权人以债务人的同一相对人为被告提起代位权诉讼的，人民法院可以合并审理。

债权人行使代位权时，债务人的相对人的地位不应受到影响，因此，相对人对债务人的抗辩，可以向债权人主张（《民法典》第535条第3款）。例如，债务人对相对人的权利尚未到期，相对人对债务人所享有的债权未到期的抗辩，也可以向债权人主张。

不过，在债权人依《民法典》第536条实施保存行为时，无须以诉讼方式行使代位权。

2. 行使范围

债权人行使代位权的范围，以债权人的到期债权为限（《民法典》第535条第2款第一句），也即以债权人的债权能够实现的范围为限。一般情况下，如果代位权行使的效力是债权人直接受偿，则以债务人的债权额和债权人的债权额为限，超越此范围，债权人不能行使代位权。例如，甲对乙享有100万元到期债权，乙对丙享有150万元到期债权，甲只能请求丙向甲清偿100万元。再如，甲对乙享有100万元到期债权，乙对丙享有60万元到期债权，甲只能请求丙向甲清偿60万元。在代位权诉讼中，债权人行使代位权的请求数额不能超过债务人所负债务额或者超过相对人对债务人所负债务额。但是，债务人对相对人的债权或者与该债权有关的从权利被采取保全、执行措施，或者债务人破产的，由于债权人并无优先受偿的权利，代位权行使的范围可以适度放宽。

（四）债权人代位权行使的效力

1. 直接受偿效力

关于代位权行使的效力，《民法典》未采绝对意义上的“入库规则”，而采“直接受偿规则”。“入库规则”，是指从债的平等性原则出发，债权人行使代位权后应当把通过代位权诉讼所取得的财产“入库”，即归属于债务人，然后所有债权人再从债务人处平等受偿。依据“直接受偿规则”，债务人的相对人直接向债权人履行债务后，债权人与债务人、债务人与相对人之间相应的权利义务终止。故其也可被称为“简易债权回收规则”。

“入库规则”具有如下不足：（1）将通过代位权诉讼取得的财产利益归于债务人，再由所有的债权人平等受偿，将使债权人丧失提起代位权诉讼的积极性，造成其他债权人“搭便车”的结果，缺乏效率。（2）通过代位权诉讼取得的财产先归于债务人后，债务人也可能仍然拒绝清偿。此时债权人只能再以债务人为被告提起诉讼，从而徒增当事人的讼累，浪费司法资源。①

《民法典》第537条第一句规定：人民法院认定代位权成立的，由债务人的相对人向债权人履行义务，债权人接受履行后，债权人与债务人、债务人与相对人之间相应的权利义务终止。例如，甲对乙享有100万元到期债权，乙对丙享有80万元到期债权，乙怠于行使对丙的债权，影响甲对乙的债权的实现。甲对丙向法院提起代位权诉讼，法院认定代位权成立，应由丙向甲履行80万元债务。在甲接受履行后，乙与丙之间的债权债务终止，甲与乙之间的债权债务在80万元的范围内终止。在代位权诉讼后，甲仍可对乙另行提起诉讼，要求乙履行剩余的20万元的债务。

---

① 参见黄薇主编：《中华人民共和国民法典合同编解读》（上册），259～260页，北京，中国法制出版社，2020。

为了保障此种直接受偿效力的实现，依据《合同编解释》第 41 条，债权人提起代位权诉讼后，债务人无正当理由减免相对人的债务或者延长相对人的履行期限，相对人以此向债权人抗辩的，人民法院不予支持。

2. 非优先受偿效力

债务人对相对人的债权或者与该债权有关的从权利被采取保全、执行措施，或者债务人破产的，依照相关法律的规定处理（《民法典》第 537 条第二句）。此时，代位权行使的直接受偿效力不等于优先受偿效力，以协调效率和公平之间的关系。

如债务人有多个债权人，可能有的债权人提起代位权之诉，而有的债权人直接起诉债务人并申请对债务人的债权（或与该债权有关的从权利）采取保全措施，也有的债权人直接起诉债务人并取得了生效判决，已经进入执行程序，债务人的债权已经被采取了查封等执行措施。代位权行使的“直接受偿效力”秉持先到先得，谁先提起代位权诉讼，谁就可以直接接受相对人的履行，先实现债权，而并非赋予行使代位权的债权人以优先受偿权。并且，这种效力并不借助抵销制度来实现，而是直接通过法定形式否定了保全、执行程序和破产程序中代位权行使的优先受偿效力。例如，甲和乙分别对丙享有 100 万元债权，丙对丁享有 100 万元债权。甲通过代位权诉讼取得了对丁的胜诉判决，法院判决丁向甲履行 100 万元债务，现已进入执行程序。乙直接起诉债务人丙，也取得了胜诉判决，现也进入执行程序。在执行程序中，甲的债权不能因为胜诉判决是通过代位权诉讼取得的，就优先于乙的债权受清偿。对甲、乙的债权在执行程序中按照有关执行程序的法律规定处理。

3. 费用负担

债权人行使代位权的必要费用，由债务人负担（《民法典》第 535 条第 2 款第二句）。

三、债权人的撤销权

（一）债权人撤销权的概念

债权人撤销权，是指当债务人所为的减少其财产的行为影响债权实现时，债权人为保全债权得请求法院撤销该行为的权利。债权人撤销权也为债权的保全方式之一，是为防止因债务人的责任财产减少而致债权不能实现的现象出现。

除《民法典》对债权人撤销权作出规定外，《企业破产法》第 31 条规定了破产撤销权，前者主要针对诈害行为，后者针对诈害行为和偏颇行为。债权人撤销权与通谋虚伪行为并不相同，债权人撤销权的行使以诈害行为有效为前提，而通谋虚伪法律行为无效（《民法典》第 146 条）；如果债务人和相对人恶意串通，实施民事法律行为，损害债权人合法权益，则该民事法律行为相对于债权人而言无效（《民法典》第 154 条）。

（二）债权人撤销权的构成要件

1. 债权人对债务人享有债权

因债权人撤销权是债权保全的手段，故若无债权，则不生债权人撤销权的问题。因债权人撤销权的制度目的在于避免债务人积极减少责任财产，影响债权实现，若要求债权人的债权已经到期，可能导致债权人的债权无法实现，故债权人的债权无须到期。由此撤销权与代位权存在不同。例如，甲对乙的100万元金钱债权虽未到期，若乙实施了有害债权的行为，甲仍可以行使债权人撤销权。

债权人对债务人的债权，应当在影响债权实现的行为实施前已经存在。债权存在前债务人处分的财产，本不属于债务人的责任财产。例如，甲和乙订立借款合同之前，乙将A屋以低价转让给丙，甲无债权人撤销权。

仅影响债权人给付特定物的债权的，不得以此为由行使撤销权。由此撤销权与代位权存在不同。例如，甲将A屋出卖给乙，又将A屋以市价出卖给丙，甲向丙交付A屋并移转A屋所有权，先买受人乙不得仅以甲、丙之间的买卖合同及其履行，影响了乙就取得A屋占有及所有权之债权的实现为由，而撤销甲、丙之间的买卖合同。乙、丙就A屋的买受，处于市场中平等竞争的关系，故纵使乙订立的买卖合同在先，也不影响甲向丙作有效履行。反之，若甲是以不合理的低价将A屋出卖给丙，致使甲陷于无资力状态，无法以其责任财产赔偿乙的损失，则乙享有债权人撤销权。

2. 债务人实施了财产行为

《民法典》第538条与第539条分别就债务人的行为作出了规定。债权人撤销权行使的对象，应为财产行为。事实行为不生撤销问题，例如甲毁损其房屋，其债权人无可撤销的对象。结婚、离婚、收养或终止收养等民事法律行为不以财产为标的，因其关涉债务人的基本权利，即使对债务人的财产发生不利的影响，债权人也不得撤销。继承人放弃继承与受遗赠人放弃受遗赠（《民法典》第1124条）得否撤销？对此，存在争议。应当认为，债务人放弃继承或受遗赠的权利应受尊重。在意定之债，基于遗嘱自由，债权人更无合理理由期待债务人以其继承财产清偿债务。例如，甲借给乙100万元，甲信赖的是乙的责任财产能够清偿借款，而非信赖乙可能继承遗产。《继承编解释（一）》第32条规定：继承人因放弃继承权，致其不能履行法定义务的，放弃继承权的行为无效。对该“不能履行法定义务”应作严格解释，不包括不能履行债务。

（1）债务人的无偿财产行为。

《民法典》第538条规定了债务人放弃其债权、放弃债权担保、无偿转让财产等无偿处分财产情形。例如，甲对乙享有100万元债权，乙将其房屋赠与丙，放弃对丁的100万元债权，或放弃其对戊的债权的抵押权，若影响债权人的债权实现，则甲有权撤销。无偿处分财产不限于法条列举的三种情形，还包括放弃担保顺位等其他情形。另外，债务人对数债权人之一清偿债务，致使其他债权人无法获得清偿，原则上不构成影响债权人的债权实现，因为债务人总体上的责任财产并未变动。例如，甲对乙负担100万元借款债务，对丙负担100万元借款债务，甲以其仅有的100万元清偿其对乙的债务，致使丙无法受偿时，甲的清偿行为不构成影响债权人的债权实现。若甲以等值的物代物清偿，亦不构成影响债权人的债权实现。这也构成了一般的撤销权与破产撤销权的区别。

此外，恶意延长其到期债权的履行期限也属于撤销对象。“恶意”是指债务人知道其延长到期债权履行期限的行为会影响债权人的债权实现而仍然实施。例如，甲对乙享有100万元债权，乙明知延长其对丙的100万元到期债权的履行期限会使其责任财产不足以清偿债务而仍然延期的，甲有权撤销此延长履行期限的行为。有时，债务人有合理延长到期债权履行期限的需要，此时不应赋予债权人撤销权。例如，如果债务人的债权履行期限届满后，债务人的相对人暂无力履行债务而与债务人就履行期限问题重新协商，债务人付出适当代价以换取履行期限延长的，不构成恶意，债权人无撤销权。

需要注意的是，在债务人无偿处分财产权益的情况下，不要求债务人明知或应知其行为会影响债权人的实现；在延长到期债权的履行期限的情况下，要求债务人具有恶意（明知）。在上述两种情形，债务人的相对人对此是否明知或应知，不影响债权人之撤销权的成立，毕竟债务人的相对人并未付出对价，撤销不会过分影响其利益。例如，甲对乙享有 100 万元债权，乙将 A 屋赠与丙，纵使乙、丙均不知且不应知赠与行为将影响甲的债权实现，甲仍享有撤销权。

（2）债务人的有偿财产行为。

在有偿财产行为中，债务人的相对人支付了对价，为了保护交易安全，债权人撤销权的构成要件应更为严格。《民法典》第 539 条所列举的以明显不合理的低价转让财产、以明显不合理的高价受让他人财产，均属有偿行为。但有偿行为不限于此，根据《合同编解释》第 43 条，还包括以明显不合理的价格实施的互易财产、以物抵债、出租或者承租财产、知识产权许可使用等行为。根据《合同编解释》第 42 条的规定，于明显不合理的价格，应当按照交易当地一般经营者的判断，并参考交易时交易地的市场交易价或者物价部门指导价予以认定。转让价格未达到交易时交易地的市场交易价或者指导价 70％的，一般可以认定为“明显不合理的低价”；受让价格高于交易时交易地的市场交易价或者指导价 30％的，一般可以认定为“明显不合理的高价”。例如，甲对乙享有 100 万元债权，乙将 A 屋以市场价格的 60％出卖给丙，则属于以明显不合理的低价转让财产。为了特别打击内部人之间的不合理交易，如果债务人与相对人存在亲属关系、关联关系，即使价格在上述 70％到 130％这个区间内，仍然有可能结合其他因素而认定为不合理价格的交易。

此外，《民法典》第 539 条还列举了“为他人的债务提供担保”的行为，作为撤销权的对象。其中的担保，包括为他人债务提供保证与为他人债务设立担保物权。例如，甲对乙享有 100 万元债权，丙与丁订立借款合同，乙同时为丙的债务提供保证担保。提供担保的行为虽属无偿财产行为，但保证合同或担保物权具有从属性，由此与赠与合同等无偿合同具有显著不同。在担保合同所担保的主债权债务关系中，相对人处于交易关系中，其负担了债务，支付了对价。而相对人之所以与该他人订立合同，是因为债务人愿意为其提供担保，相对人的债权获得了更大的实现保障。因此，相对人对于债务人所提供之担保的利益，相较于赠与合同中相对人对于标的物的利益而言，涉及交易安全，更值得保护。因而，为他人债务提供担保中债权人撤销权的规则配置中，其构成要件相较于《民法典》第 538 条规定的更为严格。值得注意的是，债务人为他人债务提供担保，未必均涉及交易安全。如果债务人是为他人的既存债务提供担保，且该他人未支付任何对价，则其属于纯粹的无偿财产行为。此时应适用《民法典》第 538 条，无须相对人主观上明知或应当知道债务人的行为将影响其债权人的债权实现。例如，甲对乙享有 100 万元债权，丙在未获得担保的情况下即借给丁 100 万元，若乙在借款合同订立后，为此既存债务提供担保，则如果丙并未因乙提供担保作出展期等行为，则丙并无特别保护的必要，丙主观上是否明知或应当知道乙的行为将影响其债权人的债权实现，不影响甲享有债权人撤销权。

出于保护交易安全的目的，债权人对于债务人的明显不合理价格的交易、为他人的债务提供担保的行为的撤销权，其要件应当更为严格。在债务人的主观方面，《民法典》第 539 条未设要求，故无须债务人主观上具有恶意，因为在撤销权的构成中，真正需要考量的是相对人的利益而非债务人的利益。在债务人的相对人的主观方面，根据《民法典》第 539 条的规定，只有当债务人的相对人知道或者应当知道影响债权实现的行为时，债权人才享有撤销权。恶意的判断时点，应为取得权利时。例如，甲对乙享有 100 万元债权，乙将 A 屋以市场价格的 60%出卖给丙，但丙在转移登记时，不知且不应当知道乙的低价转让行为将影响甲的债权的实现，故甲不享有撤销权。再如，甲对乙享有 100 万元债权，丙与丁订立借款合同，乙同时以其 A 屋为丙的债务提供抵押担保，丁在办理抵押登记时，不知且不应当知道乙的担保行为将影响甲的债权的实现，故甲不享有撤销权。

3. 债务人实施的财产行为影响债权人的债权实现

若债务人实施的财产行为未影响债权人的债权实现，则无须债权人撤销权提供救济。是否影响的判断标准为，债务人实施财产行为时，是否使债务人陷于无资力，即债务人处分财产后，其财产不足以清偿债务。是否影响债权实现的判断时点，一般应为行为时。例如，甲对乙享有 100 万元债权，乙将其房屋无偿赠与丙，但乙在赠与合同订立时尚有 200 万元现金存款。此时乙实施的赠与行为，并未影响甲的债权实现，故甲无权撤销赠与合同。当然，如果虽在行为时影响债权实现，但其后恢复了清偿能力的，债权人仍无须通过撤销权保全债权。

（三）债权人撤销权的行使

1. 撤销权诉讼

根据《民法典》第 538 条、第 539 条的规定，债权人应以自己的名义，且以诉讼的方式行使撤销权。撤销权是对债务人行为自由的干预，打破了合同相对性原则，直接影响到第三人的利益，由人民法院对撤销权的行使予以审查，有利于防止撤销权的不当行使，并尽快明确法律关系。撤销权诉讼的被告为债务人和债务人的相对人，由债务人或者相对人的住所地人民法院管辖，但是依法应当适用专属管辖规定的除外。两个以上债权人就债务人的同一行为提起撤销权诉讼的，人民法院可以合并审理（《合同编解释》第 44 条）。在撤销权诉讼中，可以结合形成之诉和给付之诉，债权人在撤销权诉讼中有权同时请求债务人的相对人向债务人承担返还财产、折价补偿、履行到期债务等法律后果（《合同编解释》第 46 条第 1 款），即债权人可以提出形成和请求的双重主张。

不过，学说上对于债权人撤销权的性质存在不同意见。关于撤销权的性质，有形成权说、请求权说、责任说、折中说等不同的学说。形成权说认为，撤销权是依债权人的意思表示而使债务人与相对人间的民事法律行为溯及地消灭。依此说，诉讼类型为形成诉讼，被告为债务人及相对人（与转得人）。请求权说认为，撤销权的实质为对于因债务人的行为而受有利益的相对人请求其返还财产的权利。依此说，债务人的民事法律行为的效力并不消灭，诉讼类型为给付诉讼，被告为相对人（与转得人）。责任说认为，债权人并不需请求受益人返还利益，即得将其视为债务人的责任财产，申请法院径行对其强制执行。依此说，诉讼类型为形成诉讼，被告为相对人（与转得人）。折中说认为，债权人的撤销权不仅以撤销债务人与相对人间的行为为内容，而且含有请求恢复原状以取得债务人财产的作用，因而其兼具形成权与请求权双重性质。依此说，诉讼类型兼具形成诉讼与给付诉讼的性质，被告为相对人（与转得人）；也有观点认为被告为债务人及相对人（与转得人）。

当债务人仅是与相对人设定负担，并未发生真正的财产移转时，债权人对相对人就没有任何请求权而言。对这一点请求权说无法解释。依折中说仅产生相对效力，导致法律关系过于复杂。责任说则赋予撤销权人以优先受偿的效力，其正当性似乎不足。因此，更为妥当的观点仍然是形成权说。当然，可以将撤销权诉讼和针对债务人在行为被撤销后对相对人（与转得人）的请求权的代位权诉讼结合在一起，以更好地体现效率，但应当考虑程序衔接的问题。

2. 行使范围

撤销权的行使范围以债权人的债权为限（《民法典》第 540 条第一句），即以实现债权人的债权的范围为限，目的在于尽可能地减少对交易安全的影响。当然，如果被撤销行为的标的不可分，债权人有权主张将债务人的行为全部撤销。

3. 除斥期间

为保护交易安全、稳定既存法律秩序，应对债权人撤销权的行使期间作出限制。撤销权应自债权人知道或者应当知道撤销事由之日起 1 年内行使。自债务人的行为发生之日起 5 年内没有行使撤销权的，该撤销权消灭（《民法典》第 541 条）。

（四）债权人撤销权行使的效力

1. 被撤销的行为对债权人自始没有法律约束力

就撤销权行使的法律效果而言，学理上存在不同的争论观点。形成权说或者物权说认为，债务人的行为溯及自始地绝对无效，物权变动无效，所涉财产当然恢复为债务人自始所有这种归属状态，产生物权性质的返还。请求权说或者债权说认为，撤销权的实质内容并非否定行为的效力而是取回债务人的财产，故产生返还请求之债。责任说认为，撤销权主要调整债务人责任财产数额的减少，在责任法上为债权人的利益而使债务人的行为相对地不生效，以撤销这一责任效果而恢复责任财产，此时并不产生返还的义务，财产仍然归属于相对人，但债权人能够就所涉财产对相对人提起容忍强制执行之诉，相对人在不丧失对所涉财产之权利的情况下对债务人的债务承担物的有限责任。

《民法典》第 542 条明确规定："债务人影响债权人的债权实现的行为被撤销的，自始没有法律约束力。"这意味着，《民法典》对撤销权行使的法律后果，并未采取债权说和责任说。但是，为了更好平衡债权人保护和交易安全，可以软化物权说所采取的债务人的行为绝对无效的观点，而采取相对无效的观点，使撤销效果仅发生在撤销权人和相对人之间，而不发生在债务人和相对人之间。如此，在价值上，既然撤销权的目的是保护撤销权人的利益，那么此时，债务人的行为在债务人和相对人之间的效力仍然维持，仅否定该行为对撤销权人的效力，切断该行为对撤销权人的影响，这足以保障撤销权目的的实现，更为符合比例原则。由于债务人的行为“相对”无效，故只有撤销权人才能对相对人提出上述请求。债务人由于并未取得相应权利，无权对相对人提出上述请求。

据此，如债务人与相对人之间的行为被撤销，则对债权人而言，债务人与相对人间不会发生权利直接变动的效果。债务人放弃其债权、放弃债权担保的行为被撤销后，债务人的相对人仍对债务人负有债务，其担保人仍对债务人负有担保责任。例如，甲对乙享有 100 万元债权，乙放弃其对丙的 100 万元债权。甲撤销乙放弃债权的行为后，乙仍对丙享有 100 万元债权。债务人无偿或者低价转让财产的行为、高价受让财产的行为被撤销后，债务人的相对人应向债务人负有返还义务。但是，债务人与相对人之间的合同的效力不应因此受到影响，而仅是对债权人没有法律约束力或者无效，否则债权保全制度的手段会超过目的，不符合比例原则。例如，甲对乙享有 100 万元债权，乙将其市价为 120 万元的房屋以 60 万元的价格转让给丙，丙知道或应当知道乙的行为将影响到甲的债权实现。甲行使债权人撤销权，提起撤销权诉讼，撤销了乙的转让行为。应当注意，甲行使撤销权，仅仅发生乙的房屋的物权未发生变动的效果，即丙就受让的房屋负有返回给乙的义务。甲行使撤销权，未影响乙、丙间之买卖合同的效力。债务人为他人的债务提供担保的行为被撤销后，债务人不再负有担保责任。债务人已经承担担保责任的，担保权人对债务人负有返还义务。

债权人行使撤销权后，相对人向债务人承担返还财产、折价补偿、履行到期债务等法律后果。为进一步保障行使撤销权的债权人的利益，依据《合同编解释》第 46 条第 3 款，如果债权人依据其与债务人的诉讼、撤销权诉讼都取得了生效法律文书，进而申请强制执行，则法院可以就债务人对相对人享有的权利采取强制执行措施以实现债权人的债权。债权人在撤销权诉讼中，也有权申请对相对人的财产采取保全措施。如果债务人被采取保全、执行措施，或者债务人破产，则应当依据相关法律予以处理。

债权人行使撤销权后取回的财产属于债务人的责任财产，行使撤销权的债权人并无优先受偿的权利。

2. 费用负担

债权人行使撤销权的必要费用，由债务人负担（《民法典》第 540 条第二句）。债权人行使撤销权所支付的律师代理费、差旅费等费用，可以认为是必要费用（《合同编解释》第 45 条第 2 款）。

问题与思考

1. 简述代位权的构成要件、行使和效力。
2. 简述撤销权的构成要件、行使和效力。

第三十六章
合同的变更和转让

本章概要

合同关系成立后，如果符合了合同的生效要件，即产生相应的法律效力，对合同当事人具有法律约束力。当事人应当按照约定履行自己的义务，不得擅自变更合同。但这并不意味着，当事人就没有在合同生效后调整双方交易关系、变更合同的途径。恰恰相反，当事人既可以经由自由的协商变更合同，也可以在出现符合法律规定的情形时变更合同。债的移转，是指在不改变债的内容的前提下，债的一方当事人将其享有的债权或者承担的债务全部或者部分地转让给第三人。债的移转包括债权转让、债务转移、债务加入和合同权利义务的一并转让。本章的重点问题包括合同的变更、债权转让的要件、债权禁止转让特约、债务人的抵销权和抗辩权、债务转移与债务加入之间的关系。

第一节　合同的变更

一、合同变更的概念

合同的变更是指合同成立后，当事人对合同的内容进行修改或者补充。此处所称的合同变更，仅指合同内容的变更，不包括合同当事人或者合同主体的改变。债权人和债务人的改变，是由债权转让、债务转移等制度调整的。

合同是当事人经协商一致达成的，合同成立后，就对当事人具有法律约束力，任何一方未经对方同意，都不得改变合同的内容。但是，当事人在订立合同时，有时无法对合同涉及的所有问题都作出明确的约定；合同订立后，也会出现一些新的情况变化，导致合同内容需要调整。因此，当事人可以本着协商的原则，依据合同成立的规定，确定是否就变更事项达成协议。对此《民法典》第 5 条也明确规定，民事主体从事民事活动，应当遵循自愿原则，按照自己的意思设立、变更、终止民事法律关系。如果双方当事人就变更事项达成了一致意见，变更后的内容就取代了原合同的内容，当事人就应当按照变更后的内容履行合同。不仅合同可以变更，法定的债权债务关系也可以变更，因此，规范合同变更的规定实际上构成规范债的变更的一般性规定。

合同的变更不仅可以通过当事人协商一致的民事法律行为实现，还可以通过人民法院的判决或者仲裁机构的裁决实现。例如，《民法典》第533条第1款规定，构成情势变更的情况下，当事人可以请求人民法院或者仲裁机构变更合同。另外，当事人单方也可以在符合法律规定的前提下变更合同，例如《民法典》第777条规定的定作人单方变更、第805条规定的发包人变更、第829条规定的托运人变更和第922条规定的受托人在情况紧急情形下的单方变更委托人指示。通过判决、仲裁裁决变更和当事人单方变更以符合法律的规定为前提。

最后，有必要区分合同变更与合同更新。所谓合同更新，又被称为合同更改，是消灭旧的权利义务，设定新的权利义务。其与合同变更的区别在于，合同变更没有使合同丧失同一性，合同更新则使合同丧失了同一性。① 故在合同变更中，合同债权上所附着的担保、抗辩等利益和瑕疵继续存在，而合同更新中，这些利益和瑕疵归于消灭。学说上一般认为，区分变更和更新关键看当事人的意思表示和订立合同的目的，以及客观上是要素变更还是非要素变更。在当事人意思表示不明的情形下，标的物的重大变化和合同性质的重大改变等原则上被推定为合同更新，而标的物数量的少量增减、履行地点的改变、履行期限的顺延等原则上被推定为合同变更。合同更新以当事人之间的协议为基础，法律并不禁止。

二、合同变更的要件

1. 存在已成立的合同关系

合同变更，首先要求存在已成立的合同关系。这是合同变更的前提。未成立、无效、被撤销、确定不发生效力的合同不能被变更。已经成立但尚未生效的合同，例如附生效条件和生效期限的合同，也可以被变更。《民法典》第586条第2款规定："……实际交付的定金数额多于或者少于约定数额的，视为变更约定的定金数额。"按照第586条第1款的规定，定金合同自实际交付定金时才成立，因此实际交付的定金数额多于或者少于约定数额的，并非对已经成立的定金合同的变更，而是对未成立的合同中原约定的数额的变更，故不属于合同变更，仅是在效果上与合同变更相同，因此，并非"变更约定的定金数额"，而是"视为"变更约定的定金数额。

2. 对合同的内容进行了变更

合同变更可能是数量的增加或者减少；可能是履行地点的变更，例如由北京改为上海；可能是履行方式的改变，例如由出卖人送货改为买受人自己提货；可能是合同履行

---

① 参见王利明：《合同法研究》，3版，第2卷，165页，北京，中国人民大学出版社，2015。

期的提前或者延后；可能是违约责任的重新约定。当事人给付价款或者报酬的调整更是常发生的合同变更事项；合同担保条款以及解决争议方式的变化也会导致合同的变更。以增加新的合同条款方式补充合同的，尽管原合同内容没有发生变化，但增加了新的合同条款，所以合同同样发生变更。

3. 合同的变更须依当事人协议或依法律直接规定及裁判，有时依形成权人的意思表示

基于法律的直接规定而变更合同的，法律效果可直接发生，不以司法机关作出裁判或者当事人协商为必经程序。例如，债务人违约使履行合同的债务变为损害赔偿债务，系当然发生，但可由当事人协商损害赔偿额，亦可诉请法院裁判。

除此以外的合同变更，一律由当事人各方协商一致，达不成协议便不发生合同变更的法律效力。当事人的协商一致，可能是事先协商，约定一定条件下的变更权；也可能是事后协商。《民法典》第 544 条规定：当事人对合同变更的内容约定不明确的，推定为未变更。

4. 须遵守法律要求的方式

《民法典》未对变更合同的形式作出限制，但是，对当事人来说，变更合同，还是以书面形式为宜，这样有利于明确双方的权利和义务，以便在发生纠纷时找到解决争议的依据。如果当事人明确约定应书面变更合同条款，则口头变更不发生变更的效力。

法律、行政法规规定合同的变更等情形需要办理批准等手续方生效的，应当依照其规定。对此《民法典》第 502 条第 3 款明确予以规定。同时，根据《民法典》第 502 条第 2 款，如果未办理批准等手续，导致当事人之间的改变原合同内容的合同的效力受到影响，则该合同不生效，但是不影响约定当事人履行报批等义务的条款和相关条款的效力：应当办理申请批准等手续的当事人未履行该义务的，对方可以请求其承担违反该义务的责任。

三、合同变更的法律后果

如果双方当事人就变更事项达成了一致意见，变更后的内容就取代了原合同的内容，当事人就应当按照变更后的内容履行合同，合同没有发生变更的部分对当事人仍具有法律约束力。但是，除非当事人另有约定，合同变更原则上仅对合同未履行的部分具有约束力。如果当事人在合同变更前已经作出了履行，则除当事人另有明确约定外，合同的变更不具有溯及力，当事人所作出的履行仍然有效。当事人协商一致的合同变更原则上不影响当事人要求赔偿损失的权利，除非当事人有免除或者改变对方违约责任的明确意思。①

同时，当事人之间的合同变更，未经第三人同意，不得对该第三人产生不利影响，否则对第三人不发生效力。《民法典》第 422 条、第 695 条和第 765 条等对此有明文规定。

---

① 参见王利明：《合同法研究》，3 版，第 2 卷，176 页，北京，中国人民大学出版社，2015。

第二节　债的移转

一、债的移转概述

在《民法典》合同编“通则”发挥债法总则作用的条件下，《民法典》合同编中的“合同的变更和转让”项下所规范的实质内容就是债的移转，因此本节都使用债的移转来代替合同的转让。债的移转，是指在不改变债的内容的前提下，债的一方当事人将其享有的债权或者承担的债务全部或者部分地转让给第三人。

债的移转按照所转让内容的不同可以被分为债权转让、债务转移和合同权利义务的一并转让。同时，各种类型的债都可以全部转让或者部分转让。值得注意的是，不同类型的债的移转的条件和效力是不尽相同的。

债的移转按照发生原因的不同可以被分为基于民事法律行为的债的移转、基于法律直接规定的债的移转和基于法院裁判的债的移转。最为典型和常见的就是基于民事法律行为的债的移转，尤其是基于合同行为的债的移转。双方当事人通过签订债的移转的合同来达到债的移转的目的。基于法律直接规定的债的移转主要包括在法定继承中即被继承人的全部债权债务均由法定继承人承受，以及因企业法人的分立或合并而发生的债的移转等。至于裁判上的债的移转，典型的例子就是债权人行使代位权获得胜诉判决之后，在有效的债权范围内直接取代原债权人的地位，成为实质上的债权人。

另外需要区分的是债的移转与狭义的债的变更。前者是指在不改变债的内容的前提下，改变债的主体；后者是指在不改变债的主体的前提下，改变债的内容。两者共同构成广义的债的变更。

债的移转有以下特征：

第一，事先存在债权债务关系。债的移转以债的存在为前提。只有事先存在债权债务关系，才有债的移转的可能性。

第二，债的内容保持不变。在债的移转的前后，债的内容始终保持不变。这也是区分债的移转与债的变更的关键。

第三，债的主体发生变更。在债的移转前后，债权人或者债务人或者债权人和债权人会发生改变。具体而言，在债权转让的情况下，债权人会发生改变；在债务转移的情况下，债务人会发生改变；在债权转让和债务转移同时发生时，债权人和债务人可能都发生改变。

第四，债保持同一性。在债的移转前后，债权债务始终保持同一性，因此，债的移转并不产生新的债权债务关系。这也是债的移转不同于消灭旧债产生新债的债的更新的一个主要方面。

二、债权转让

（一）债权转让的含义与功能

债权转让是指不改变债权的内容，由债权人通过合同将债权转让给第三人。

习近平总书记指出，民法典“是一部体现对生命健康、财产安全、交易便利、生活幸福、人格尊严等各方面权利平等保护的民法典”①。债权转让涉及其中的交易便利。从鼓励交易、促进市场经济发展的目的来看，法律应当允许债权人的转让行为，承认债权的经济价值，从而使债权具有流通性，实现担保融资、托收、贴现、保理、资产证券化等多种交易模式的构建可能。因此，债权原则上具有可转让性，债权人可以转让其债权，无论该债权是现有的还是将有的债权，只要债权可以被特定。此时，债权人作为让与人和第三人作为受让人之间必须经过协商一致达成债权转让合同，对债权转让合同应当适用民事法律行为和合同的一般性规定。

债权人既可以将债权全部转让，也可以将债权部分转让。债权全部转让的，第三人作为受让人取代原债权人即让与人的地位，成为新的债权人；债权部分转让的，第三人作为受让人，除双方另有约定外，和让与人按份享有债权。

（二）债权转让的要件

债权转让通常是基于让与人和受让人之间关于转让债权的协议即债权转让合同而发生，须具备以下条件方能生效。

1. 有有效债权存在

债权转让合同的目的是转让债权，因而必须有有效债权存在。值得注意的是，这里所称的有效债权包括现有债权和将来债权。关于将来债权是否可以转让，存在不同见解。《民法典》予以明确规定。《民法典》第440条第6项规定，现有的以及将有的应收账款都可以被出质；其第761条也承认将有的应收账款的保理。依据《民法典》第467条，对于没有明文规定的合同，可以参照适用最相类似合同的规定，故上述规定可扩展适用于所有的债权转让，即将有的债权也可被转让。

2. 所转让的债权具有可转让性

债权作为典型的财产权，原则上具有可转让性。但是，为了维护社会公共利益或者特定主体的私人利益，法律又对债权的可转让性进行了一定限制。《民法典》第545条明确规定了债权不得转让的情形。

（1）根据债权性质不得转让的权利。

根据债权性质不得转让的权利，主要包括以下类型：1）当事人基于信任关系订立的

---

① 习近平：《充分认识颁布实施民法典重大意义　依法更好保障人民合法权益》，载习近平：《论坚持全面依法治国》，279页，北京，中央文献出版社，2020。

委托合同、赠与合同等产生的债权。例如，赠与合同的赠与人明确表示将赠与的钱用于某贫困地区希望小学的建设，受赠人如果将受赠的权利转移给他人，将受赠的钱款用来建造别的项目，显然违反了赠与人订立合同的目的，损害了赠与人的合法权益。2）债权人的变动必然导致债权内容的实质性变更，例如要求医院进行手术或者要求律师提供咨询的债权。不作为债权一般也不可被单独转让。3）债权人的变动会危害债务人基于基础关系所享有的利益，实质性地增加债务人的负担或风险，或实质性地损害债务人的利益，例如承租人请求交付租赁物的债权。

（2）按照当事人约定不得转让的权利。

当事人可以对债权的转让作出特别约定，禁止债权人将权利转让给第三人，以使债务人不面对可能更为苛刻的新债权人，交易清算明晰，回避会计、财务等事务手续的繁杂，避免因忽略转让通知而向让与人错误履行的风险，确保抵销利益，避免受让人住所地不利的法律和税收制度等利益。只要这种约定是有效的，债权人就应当遵守该约定，不得再将权利转让给他人，否则其行为构成违约，造成债务人利益受损害的，债权人应当承担违约责任。

当事人约定权利不得转让，但债权人违反约定未经债务人同意而转让债权的，债权人应当依法对债务人承担违约责任。但是，受让人能否取得债权？对此存在不同观点和立法例。《民法典》第545条第2款规定：当事人约定非金钱债权不得转让的，不得对抗善意第三人。当事人约定金钱债权不得转让的，不得对抗第三人。考虑到债务人利益保护和债权流通性之间的平衡，在通过民事法律行为转让该类债权时，如果被转让的债权是非金钱债权，则应区分受让人的善、恶意予以不同处理：在受让人为善意时，受让人取得债权，债务人不能对受让人主张债权禁止转让的抗辩，以保护善意的受让人并保障债权的流通价值；在受让人为恶意时，受让人仍然取得债权，但债务人有权向受让人主张债权禁止转让的抗辩。如果被转让的债权是金钱债权，则因为金钱债权的转让对债务人所造成的影响较小，而金钱债权的流通价值在实践中非常重要，其与融资之间的关系更为密切，实践中的债权转让也主要是金钱债权的转让，所以，受让人无论善意还是恶意，都能取得债权，债务人不能对受让人主张债权禁止转让的抗辩，债务人对于因此所遭受的损失，有权请求让与人承担违约损害赔偿责任。

（3）依照法律规定不得转让的权利。

我国一些法律中对某些权利的转让作出了禁止性规定。对于这些规定，当事人应当严格遵守，不得违反法律的规定，擅自转让法律禁止转让的权利。例如，我国对文物购销一直实行国家统一管理、收购和经营的政策，禁止私自倒卖文物的行为。为了保护国家的历史文化遗产，严格控制文物的出境，我国禁止公民个人私自将文物卖给外国人。对此，《文物保护法》第25条设有明文规定。

3. 有有效的债权转让合意

最为常见是的债权人和第三人之间签订债权转让合同，对该债权转让合同适用民事法律行为和合同的一般规定。如果法律、行政法规规定应当办理批准等手续生效的，应依法办理这些手续。

（三）债权转让的通知

1. 债权转让中的债务人利益保护

债权人转让债权有利于增强债权的流通性，发挥债权的经济价值。但是，债权人转让债权的行为会给债务人的利益造成一定的影响，因此，为了保护债务人的利益，考虑到债权的流通性和债务人利益保护之间的平衡，《民法典》第 546 条规定了债权转让的通知。

2. 债权转让通知的效力

如果将债权转让不同效力层面的关键点都系于债权转让通知，在内部层面上将使诸多交易无法展开，在外部层面上将无法有效降低受让人事前调查和事中防范的成本，显著减弱了债权的流通性。因此，《民法典》第 546 条第 1 款规定的债权转让通知并不决定债权转让的时间，也不决定债权的最终归属，而仅仅是债权转让对债务人发生效力的条件。受让人取得债权后、债务人接到转让通知前，债务人有权拒绝受让人的履行请求，向让与人履行债务以消灭债权；也有权选择向受让人履行债务以消灭债权。债务人接到转让通知后，债务人应当向受让人履行而拒绝让与人的履行请求，如果债务人仍然向让与人履行，不发生债务消灭的效力，受让人仍然有权请求债务人履行。

原《合同法》第 80 条第 1 款曾规定，“债权人转让债权的，应当通知债务人。未经通知，该转让对债务人不发生效力”。据此，债权转让通知的效力并不清晰，债权转让通知是不是受让人取得债权的条件，应当予以明确。债权转让通知的目的是保护债务人，因此，是否通知债务人不影响受让人对转让债权的取得。因此，《民法典》第 546 条对原《合同法》上述条文进行了修改，以更为明确：在让与人和受让人之间的关系上，受让人取得转让债权不以通知债务人作为条件，债权转让合同的效力不因未通知债务人而受影响。如果转让债权已经存在，则除非让与人和受让人另有约定，受让人在债权转让合同生效时即取得债权；如果被转让的权利是将来债权或者尚不具备可转让性的债权，则在债权转让合同生效之后、转让债权成为现存权利或者具备可转让性时，受让人才取得债权。但是，为保护债务人，债权转让未通知债务人的，该转让对债务人不发生效力，即使受让人取得了债权，债务人也有权拒绝受让人的履行请求；债务人向让与人履行债务的，债权消灭。如果债权转让通知了债务人，则债权转让对债务人发生效力，此时债务人即对受让人负有履行义务，并且有权以此拒绝让与人的履行请求。如果债务人仍然向让与人履行，则不发生债权消灭的效力，受让人仍有权请求债务人履行债务（《合同编解释》第 48 条第 1 款）。这样规定，一方面，尊重了债权人对其权利的行使，有利于保障债权的流通性；另一方面，也防止债务人的利益受到损害。同时，将债权转让通知作为保护债务人的客观时点，避免了考察债务人的主观因素所可能导致的不确定，进而过分增加债务人的审查成本。并且，债务人向谁履行也仅需要看通知，因此，在债务人接到债权转让通知后，除非该债权转让通知被依法撤销，让与人不能以债权转让合同不成立、无效、被撤销或者确定不发生效力为由请求债务人向其履行（《合同编解释》第 49 条第 1 款）。

转让通知是不要式的。如果让与人未通知债务人，受让人直接起诉债务人，请求履行债务，人民法院经审理确认债权转让事实的，应当认定债权转让自起诉状副本送达时对债务人发生效力，但债务人有权主张将因未通知而给其增加的费用或者造成的损失从认定的债权数额中扣除（《合同编解释》第 48 条第 2 款）。

（四）债权转让的效力

债权转让的效力是指债权转让所发生的法律效果，可分为内部效力与外部效力两个方面。

1. 债权转让的内部效力

债权转让的内部效力是指债权转让在让与人和受让人间发生的法律效果，主要包括以下方面。

（1）债权及其从权利转让于受让人。

债权转让的基本效力是受让人取得受让的债权，即债权从让与人处转移于受让人处。除法律另有规定或者当事人另有约定外，自债权转让合同成立之时债权转移于受让人，受让人即成为新的债权人。《民法典》第 547 条第 1 款规定：债权人转让债权的，受让人取得与债权有关的从权利，但是该从权利专属于债权人自身的除外。此处所指从权利包括抵押权、质权、保证等担保权利以及附属于主债权的利息等孳息请求权等从权利。对此，《民法典》第 407 条第二句也规定，债权转让的，担保该债权的抵押权一并转让，但是法律另有规定或者当事人另有约定的除外。《民法典》第 696 条第 1 款也规定了债权人将全部或者部分债权转让给第三人，通知保证人后，保证人对受让人承担相应的保证责任。考虑到有的从权利的设置是针对债权人自身的，与债权人有不可分离的关系，《民法典》第 547 条第 1 款在确立从权利随主权利转让原则的同时，规定专属于债权人自身的从权利不随主权利的转让而转让。在法律另有规定或者当事人另有约定时，受让人也可能在取得主债权的同时未取得从权利。

另外，抵押权、质权等从权利随着主债权转让而转让，但受让人对这些从权利的取得是否以办理转移登记手续或者转移占有为前提？对此，存在不同观点。一种观点是认为，未办理转移登记手续或者转移占有，受让人就不能取得这些从权利，否则违反物权变动公示公信的原则；另一种观点认为，无须办理转移登记手续或者转移占有，受让人即取得从权利。《民法典》第 547 条在原《合同法》第 81 条的基础上增设第 2 款，并采取了后一种观点。债权受让人取得这些从权利是基于法律的规定，并非基于民事法律行为的物权变动，并且有利于保障主债权顺利实现。在债权转让前，这些从属性的担保权利已经进行了公示，公示公信的效果已经实现，因此没有进一步地保护第三人，进而维护交易安全的必要。

（2）让与人应使受让人能够完全行使债权。

债权的让与人负有使受让人能够完全行使债权的义务，因此，让与人应将所有足以证明债权的文件，如债权证书、票据等，交付受让人；让与人应向受让人告知有关主张债权所必要的情形，如债务人的住所、债务的履行方式等；有担保权的，让与人应将担保文书一并交付给受让人；让与人占有担保物的，应将其占有转移给受让人。

（3）让与人对让与的债权负瑕疵担保责任。

让与人对其所让与的债权应负瑕疵担保责任，不使受让人的利益因债务人主张得对抗让与人的事由而受损害。但是，除让与合同另有约定外，让与人不对债务人的履行能力负担保责任。受让人于让与合同成立时知道债权有瑕疵而受让的，让与人也不应负瑕疵担保责任。

2. 债权转让的外部效力

债权转让的外部效力是指债权转让对债务人及第三人发生的法律效果。这一效力主要体现在以下方面。

（1）债务人在收到债权转让的通知之后，应向受让人履行债务。

在债务人收到债权转让的通知之后，该债权转让就对债务人发生效力，债务人应向受让人清偿债务，而不得再向让与人清偿债务。债务人依然向让与人履行债务的，该履行行为并不产生债务清偿的效果，受让人依然有权向债务人主张履行债务。至于已经履行的部分，债务人可以向让与人主张不当得利返还。

如果转让的债权不存在，而债务人向受让人确认了债权的真实存在，基于保护受让人信赖的必要，债务人之后就不得以该债权不存在为由拒绝向受让人履行，除非受让人知道或者应当知道该债权不存在（《合同编解释》第49条第2款）。

（2）债务人可以向受让人主张其对让与人的抗辩。

对于债务人的此类抗辩，应当把握以下几点。

第一，抗辩延续的根据和抗辩产生的时间。债权人转让债权，不需要经债务人同意，因此，债务人的利益不应因债权人转让权利的行为而遭受损害，受让人所享有的权利也不应优于让与人曾经享有的权利，而是和让与人的权利同样；同时，较之债务人而言受让人更有能力控制由此所产生的风险。故为了保障债务人的利益，《民法典》第548条规定，债务人接到债权转让通知后，债务人对让与人的抗辩，可以向受让人主张。据此，债务人在接到债权转让通知后，可以向受让人主张债务人对让与人的抗辩。根据《民法典》第546条第1款的规定，只有在债务人接到债权转让通知后，债权转让才对债务人发生效力；在债务人接到债权转让通知前，债权转让对债务人不发生效力，此时债务人只需向让与人提出抗辩即可。

第二，抗辩范围。债务人可以向受让人主张其对让与人的抗辩。这些抗辩包括阻止或者排斥债权的成立、存续或者行使的所有事由所产生的一切实体抗辩以及程序抗辩，包括：诉讼时效完成的抗辩，债权不发生的抗辩，债权因清偿、提存、免除、抵销等而消灭的抗辩，基于双务合同产生的同时履行抗辩权、不安抗辩权和先履行抗辩权，先诉抗辩权以及程序上的抗辩等。

第三，债务人也可以自愿放弃其对受让人的抗辩。

（3）债务人可以向受让人主张抵销权。

对于债务人的此类抵销权，应当把握以下几点。

第一，债务人的抵销延续。债权人转让权利不需要经债务人同意，因此，债务人的利益不应因债权人转让权利的行为而遭受损害。如果债务人对债权人也享有债权，那么，在这种情况下，债务人可以依照法律的规定向受让人行使抵销权。抵销是债权债务终止的情形之一。一些国家和地区的法律对债务人行使的抵销权作出了规定，但规定的构成条件有所不同。在我国，《民法典》第 549 条在原《合同法》第 83 条的基础上，进一步分别规定了独立抵销（independent set-off）和非独立抵销或者同一交易框架内的抵销（transaction set-off）：前者是指无关的两个交易中产生的债权的抵销，后者是指基于同一原始合同或者同一交易所产生的债权的抵销。

第二，独立抵销。根据《民法典》第 549 条第 1 项的规定，债务人对受让人主张抵销权的条件如下：首先，债务人必须对让与人享有债权，且标的物的种类、品质相同。其次，债务人对让与人享有债权的法律原因必须在债务人接到债权转让通知时已经存在。这是为了避免债务人在接到债权转让通知后才紧急从他人处低价取得对让与人的债权，进而损害受让人的利益。此时受让人也无法预防此种情形的出现。最后，债务人对让与人的债权先于转让的债权到期或者与转让的债权同时到期。例如，债务人于 7 月 1 日接到债权转让通知，债务人对让与人的债权是 8 月 1 日到期，而转让的债权是同年 8 月 1 日或者 9 月 1 日到期，此时债务人就可以向受让人主张抵销。

第三，非独立抵销。根据《民法典》第 549 条第 2 项的规定，债务人对受让人主张抵销权的条件如下：首先，债务人必须对让与人享有债权，且标的物的种类、品质相同。其次，债务人对让与人的债权与转让债权是基于同一合同产生的。这两个债权由于是基于同一合同产生的，因此具有密切的联系，受让人就应当认识到债务人对让与人可能基于该合同享有债权，因此受让人能够在订立债权转让合同时对这种抵销可能性进行预先的安排。例如，甲作为卖方和乙签订货物买卖合同，甲在交完货之后将其对乙的支付价款的债权转让给丙，并通知了乙。丙向乙请求支付价款时，乙以甲交的货有质量瑕疵为由，主张以乙对甲享有的违约赔偿债权抵销该支付价款债权。此时，转让债权与乙对甲的违约赔偿债权都是基于该货物买卖合同产生的，乙可以向丙主张抵销。

应当注意的是，如果债务人在接到债权转让通知时，债务人的抵销权依照法律规定已经产生，其可以行使抵销权但尚未行使的，即使在债权转让后，债务人原本可以主张抵销的利益此时也应受到保护，因此，债务人在接到债权转让通知后，仍可以向受让人主张该抵销。债务人向受让人主张此种抵销的，应当依据《民法典》第 568 条第 2 款的规定通知受让人，并且抵销不得附条件或者附期限。

（4）债权多重转让时的优先顺位规则。

关于债权多重转让时的优先顺位规则，学理上存在成立在先、通知在先和登记在先的争论，可能的方案是类推适用《民法典》第 768 条关于应收账款多重转让时的优先顺位规则。据此，权利冲突时受让人之间的优先顺位为：首先，已经登记的先于未登记的取得债权；其次，均已经登记的，按照登记时间的先后顺序取得债权；再次，均未登记的，由最先到达债务人的转让通知中载明的受让人取得债权；最后，均既未登记也未通知的，按照债权比例取得债权。前述优先顺位与《民法典》第 414 条规定的“可以登记的担保物权”的优先顺位一般规则保持了一致。《担保制度解释》第 66 条第 1 款也规定：“同一应收账款同时存在保理、应收账款质押和债权转让，当事人主张参照民法典第七百六十八条的规定确定优先顺序的，人民法院应予支持。”

需要注意的是，债权多重转让的优先顺位仅涉及受让人之间的关系，而不涉及债务人。债务人向谁履行仅取决于通知，因此，债务人向最先到达债务人的转让通知载明的受让人履行的，即使该受让人并非最优先顺位的受让人，原则上仍然发生债务消灭的效力。此时，最先顺位的受让人有权以不当得利为由请求接受履行的受让人返还（《合同编解释》第 50 条第 1 款第一句）。

（5）让与人负担因债权转让而增加的履行费用。

《民法典》第 550 条规定：因债权转让增加的履行费用，由让与人负担。

三、债务转移

（一）债务转移的含义

债务转移，又称为“免责的债务承担”，是指不改变债务的内容，债务人将债务全部或者部分地转让给第三人。正如债权人可以全部或者部分转让债权一样，债务人也可以依照法律规定将债务全部或者部分转移给第三人。与消灭一个既存的债的关系才能缔结新债相比，债务转移制度克服了债的相对性，使债权债务关系没有因为债务人一方的改变而消灭，避免对本已谈妥的事项重新商议而引发风险，从而节省交易者的时间和精力。其背后往往存在一定的经济目的。例如，销售商甲有权请求货物买方乙支付货款，但甲对货物供应商丙负有债务。此时，甲可以将其对丙所负的债务转移至乙，经过丙同意后，由乙对丙直接履行。

债务转移可分为以下情况：一种情况是债务全部转移。在这种情况下，新的债务人完全取代了原债务人，新的债务人负责全面地履行债务。另一种情况是债务的部分转移，即原债务人和新债务人负有按份债务。

债务人转移债务有别于约定由第三人履行债务。《民法典》第 523 条规定，当事人可以约定由第三人向债权人履行债务，第三人不履行债务或者履行债务不符合约定的，债务人应当向债权人承担违约责任。两者的最大区别在于，在债务人转移债务时，第三人作为新的债务人相应地取代债务人，因此，当第三人不履行债务或者履行债务不符合约定时，应当由第三人向债权人承担责任；但在由第三人履行的债务中，债务人和债权人的关系继续存在，第三人和债权人之间不存在直接的关系，因此，第三人不履行债务或者履行债务不符合约定的，由债务人向债权人承担责任。

同时，债务转移也与第三人代为履行或者履行承担不同。《民法典》第 524 条第 1 款规定，债务人不履行债务，第三人对履行该债务具有合法利益的，第三人有权向债权人代为履行；但是，根据债务性质、按照当事人约定或者依照法律规定只能由债务人履行的除外。两者都是由原债权债务关系以外的第三人向债权人履行债务，从而使原来存在的全部或部分债权债务归于消灭。两者的区别主要有以下几方面：（1）在债务人转移债务时，债务人应当征得债权人的同意。在第三人代为履行债务的情况下，符合法律规定时，第三人单方表示代替债务人清偿债务或者与债务人达成代替其清偿债务的协议，不必经债权人同意；甚至在第三人对于履行该债务具有合法利益时，债权人无权拒绝。（2）在债务人转移债务的情况下，第三人作为新的债务人相应地取代债务人。第三人代为履行时，不涉及债务人的变化，第三人只是履行主体而不是债务人，债权人不能把第三人作为债务人要求第三人履行债务。(3) 在债务人转移债务后，第三人相应地作为债务人，如果第三人未能履行债务，债权人可以直接请求第三人履行，而不能再要求原债务人履行。在第三人代为履行的情况下，第三人不履行或者不完全履行的，债权人只能要求债务人承担责任，而不能要求第三人承担责任。

债务转移和第三人代为履行的界限有时并不十分清晰，由于当事人往往约定不明确，更会出现两种类型交错的局面：合同中虽然有“债务转移”字样但约定的内容是支付价款，或者反过来，可能合同中约定“代为偿还”，但又为第三人设定了债务。在实践中，法官往往通过考察约定中是具有较强的履行意愿还是更着重为第三人设定义务来区分。[①] 如果在合同中使用“委托付款”或者“代为支付”等类似表达，一般认为是第三人代为履行债务。反之，如果合同强调的是偿还债务本身，或者明确约定债权人可以向第三人直接主张，则会被看作是债务转移。当事人之间就是债务转移还是第三人代为履行约定不清晰的，应当基于保护债权人对债务人的资信状况或者债务履行能力的信赖，认为是由第三人代为履行债务而非债务转移，因此，第三人不履行债务或者履行债务不符合约定的，由债务人而非第三人向债权人承担责任。

（二）债务转移的构成要件

债务转移合同的订立涉及债权人、债务人、第三人（新债务人），故可通过三种方式实现免责的债务承担：一是由债务人与第三人订立债务转移合同，二是由第三人与债权人直接订立债务转移合同，三是由债权人、债务人和第三人三方共同订立债务转移合同。《民法典》第 551 条明文规定的内容当属第一种方式，即债务人与第三人订立债务转移合同，并经债权人同意的方式。这也是债务转移的常态。

1. 债务存在且不具有不可转移性

(1) 债务存在。

在债务转移中，首先要求存在债务。对于已经有效成立的债务自然可以转移；对于未来发生的债务也可以进行转移，而且这种转移与对已有债务的转移效力相同，只是债务实际产生时才发生债务转移的效力。诉讼时效期间届满的债务也可被转移，当债务人与第三人就诉讼时效期间届满的债务达成债务转移合同，且经债权人同意时，该债务转移合同合法有效，自然应受法律的保护。

(2) 债务不具有不可转移性。

债务原则上具有可转移性，但是，根据债务的性质、当事人的约定或者法律规定，也存在不得转移的情形。例如，法律明确规定不得转移的债务，如《民法典》第 894 条第 1 款规定，保管人一般不得将保管物转交第三人保管；法律未明确规定，根据债务的性质只能由债务人本人而不能由他人履行的债务，如著名画家绘制肖像的债务、歌手登台演出的债务，这些债务重视债务人的个性、技能、熟练程度等，通常不许转移[②]；当事

① 参见肖俊：《〈合同法〉第 84 条（债务承担规则）评注》，载《法学家》，2018 (2)，177 页。

② 参见韩世远：《合同法总论》，627 页，北京，法律出版社，2018。

人约定了不得转移的债务，此为当事人意思自治、合同自由的表现，自应尊重当事人的意思。

2. 债务人和第三人之间订立债务转移合同

债务人和第三人之间签订债务转移合同的，对该债务转移合同适用民事法律行为和合同的一般规定。如果法律、行政法规规定应当办理批准等手续合同方生效的，应依法办理这些手续。在债权人同意前，债务人和第三人可以协商一致变更或者解除债务转移合同。

在债务人和第三人订立的债务转移合同中，必须存在由第三人负担债务并且债务人从债权债务关系中脱离出来的明确意思表示。欠缺此种明确意思表示的，即使经过债权人同意，也不能发生债务转移的法律效果。

3. 经债权人同意

（1）债权人的同意。

按照《民法典》第 551 条第 1 款的规定，债务转移需要经过债权人的同意。在债务的多种类型中，合同债务是最为重要的一种。债权人和债务人的合同关系产生在相互了解的基础上，在订立合同时，债权人一般要对债务人的资信情况和偿还能力进行了解，而对于取代债务人或者加入债务人中的第三人的资信情况及履行债务的能力，债权人不可能完全清楚。所以，如果债务人不经债权人的同意就将债务转移给了第三人，那么，对债权人来说显然是不公平的，不利于保障债权人合法利益的实现。债务人转移的不论是全部债务还是部分债务，都需要征得债权人同意。未经债权人同意，债务人转移债务的行为对债权人不发生效力，债权人有权拒绝第三人向其履行，同时有权要求债务人履行债务并承担不履行或者迟延履行债务的法律责任。转移债务要经过债权人的同意，也是债务转移制度与债权转让制度最主要的区别。

债权人的同意是单方的需受领的意思表示，包括事前的同意和事后的同意，故债权人同意也可以事先作出，但为保护债权人的利益，债务转移仍需要通知债权人才可对债权人发生效力。

同时，债务人与第三人之间的债务转移合同，在债权人同意之前，对债权人不发生效力，因而，债务人或者第三人为避免债务转移的效力久悬不决，均可定合理期限请求债权人就是否同意作出答复。债权人逾期不为答复的，基于保护债权人利益的考虑，即应视为不同意。《民法典》第 551 条第 2 款明确规定，债务人或者第三人可以催告债权人在合理期限内予以同意，债权人未作表示的，视为不同意。然而，债权人虽未明确作出同意的意思表示，但主动向承担债务的第三人请求履行债务的，应视为同意。

（2）债权人不同意的效力。

债务转移合同必须经过债权人同意方能对债权人发生效力，故出于保护债权人利益的考虑，在债务转移合同未经债权人同意时，仅需要其不对债权人生效即足以起到保护债权人利益的目的，并无必要将债务转移合同的效力完全否定。此时，债务人和第三人之间的债务转移合同的效力，应当根据当事人的意思加以确定：如果当事人有明确的意思，例如约定于债权人拒绝时转化为第三人代为履行债务等，则依其意思发生效力。如果当事人没有约定或者约定不明确，除债务是具有人身性质的债务外，可以将该合同转换为由第三人代为履行债务的合同，即债务人与第三人约定由第三人替代该债务人履行债务，债权人保留对债务人的请求权；债务人仍负有向债权人履行的义务，债权人仍有权向债务人请求履行债务，但不能请求第三人履行债务。

（三）债务转移的法律后果

债务转移生效之后产生以下法律后果。

（1）除另有约定外，全部债务被转移后，原债务人脱离债权债务关系而不再是债务人，而由第三人完全取代原债务人的地位，成为新的债务人。债权人有权请求该第三人履行债务，并在第三人不履行债务或者不完全履行债务时请求第三人承担责任。债务被部分转移的，除另有约定外，第三人仅就部分债务负责，原债务人对未转移的部分债务仍须负责，两个债务各自独立，第三人和债务人对债权人负有按份债务。除另有约定外，债务人对第三人的履行能力不负有担保义务。即使新债务人不履行债务或者陷入破产导致债权不能实现，债权人也不能要求原债务人继续履行。

（2）原债务人基于其与债权人之关系所产生的抗辩延续。《民法典》第553条规定："债务人转移债务的，新债务人可以主张原债务人对债权人的抗辩……"债务人转移债务的，新的债务人取代了原债务人的地位，承担其履行义务的责任，但是债务仍然具有同一性，而与债的更新不同。这意味着新债务人和原债务人具有相同的法律地位，因此，原债务人享有的对债权人的抗辩不因债务的转移而消灭，新债务人可以继续向债权人主张。原债务人对债权人的抗辩，是基于债权人和原债务人之间的法律关系所产生的抗辩。并且，抗辩不限于抗辩权，阻止或者排斥债权的成立、存续或者行使的所有事由所产生的一切实体抗辩和程序抗辩，均可由新债务人向债权人主张。

（3）原债务人的抵销权不延续。原债务人的抵销权并非抗辩，而是对自己债权的处分。依《民法典》第553条第二分句，债务转移中，于因债权人对原债务人承担的债务而产生的抵销权，新债务人不能行使，否则无异于承认新债务人可以处分债务人的权利。

（4）新债务人承担与主债务有关的从债务。《民法典》第554条规定：债务人转移债务的，新债务人应当承担与主债务有关的从债务，但是该从债务专属于原债务人自身的除外。所谓从债务，是指附随于主债务的债务。从债务与主债务密切联系在一起，不能与主债务相互分离而单独存在。因此，在主债务发生转移以后，从债务也要发生转移，新债务人应当承担与主债务有关的从债务。如附随于主债务的未发生的利息债务等，因主债务将转移给新债务人，新债务人应当向债权人承担这些从债务。

四、债务加入

（一）债务加入的含义

债务加入，又被称为"并存的债务承担"，即原债务人不退出债权债务关系，第三人加入债务中，作为新债务人，和原债务人一起向债权人负有连带债务。《民法典》第552

条明确规定了债务加入的规则：第三人与债务人约定加入债务并通知债权人，或者第三人向债权人表示愿意加入债务，债权人未在合理期限内明确拒绝的，债权人可以请求第三人在其愿意承担的债务范围内和债务人承担连带债务。

债务加入与《民法典》第 551 条规定的债务转移之间的区别在于：债务转移中，原则上原债务人不再作为债务人，而由第三人作为债务人；但债务加入中，第三人和原债务人一起对债权人负有连带债务。债务转移需要具备债权人同意这一要件方可对债权人生效，债务加入并不需要债权人的积极同意，原因在于：债务加入制度有利于增强债权的实现可能，对债权人而言相当于增加了一份债务担保，取得较高的债权保障，从而债权人的利益得到了更好的保护。

同样应当区分的是债务加入和连带保证。两者均增加了担保债权实现的责任财产，在一些方面，对债务加入可以参照适用担保的规则。但是，两者的不同之处在于：第一，保证债务是债务人不履行债务时保证人承担保证责任的从属性债务，而债务加入中第三人是作为连带债务人，与债务人之间没有主从关系；第二，连带保证具有保证期间和诉讼时效的限制，而债务加入后产生的连带债务仅具有诉讼时效的限制；第三，连带保证人承担保证责任后，在无特别约定时可以向债务人追偿，而债务加入人作为连带债务人履行债务后，是否对债务人有追偿权，取决于其与债务人之间的约定。对债权人而言，债务加入比连带保证更为有利，相应地，对第三人而言，债务加入就更为不利。

究竟是债务加入还是连带保证，直接关涉到保证期间规定是否适用，因而该区分具有重要的实践意义。对此，应当根据《民法典》第 142 条第 1 款予以解释，其中需要考虑第三人出具的承诺函或当事人签订的协议所使用的文字词句：如果承诺函或协议明确使用“保证”或“债务加入”的措辞，原则上应依其表述进行相应的定性，除非存在足以支持偏离文义进行解释的特别情事。在承诺函或协议的措辞虽明确但具有多种理解可能性、其他内容与措辞相互矛盾，或者措辞并不明确、语义含混之时，就应当不拘泥于所使用之词句，而应加以合理裁判，例如在承诺函或协议的其他内容、实际履行情况等与保证之特性不甚契合的情形，即便明确采用“保证”的表述，亦不得认定为保证。关于履行顺位的约定可以排除债务加入，而更接近一般保证；不以债务人届期未履行作为第三人履行债务的条件的，可以排除保证。同时，还需要考量第三人自身对债务的履行是否具有直接和实际的经济利益，如果是，则更有理由认为是债务加入。但是这不可绝对化，毕竟，尽管利益标准的确立为解决实务问题提供了思路，但其自身也有不合理之处：一方面，债务加入人并不必然意在追求自身的经济利益；另一方面，“直接的经济利益”的内涵往往也并不明晰，依赖法官的自由裁量。①

但是，即使如此，在有疑义时，应推定为债务加入还是连带保证？对此存在不同观点。如果从保护债权人的立场出发，可以认为在约定不明时推定为债务加入。但是，债权人已经在原有债权之外多了一个保障，因而此时更需要考虑第三人的意思自治：如果从意思自治的立场出发，相关约定对意思表示人的后果越严重，越需要意思表示人更为明确的意思表示。因此，是债务加入还是连带保证约定不明时，由于债务加入对加入人

---

① 参见夏昊晗：《债务加入与保证之识别》，载《法学家》，2019（6）。

更为苛刻，后果更为严重，就应当需要更为明确的意思表示，故推定为连带保证更为妥当。

（二）债务加入的要件

在债务加入中，同样首先要求存在债务和债务不具有不可转移性，其次要求存在债务加入合同。

债务加入可以是第三人和债务人约定，可以是第三人、债务人和债权人共同约定，也可以是第三人直接单方向债权人表示愿意加入或者债权人和第三人之间签订债务加入合同。债权人、债务人、加入人三方共同达成债务加入的协议，约定由加入人、债务人共同向债权人负责的，此种协议表明不仅在债务人与第三人之间达成了转让债务的合意，而且该债务转让的合意取得了债权人的明确同意，故此种情形下构成债务加入并无疑义。

但是，如果是第三人和债务人约定，或者第三人直接单方向债权人表示愿意加入，是否需要债权人的同意？对此立法例或者学说上存在不同观点：有的认为同样需要债权人的同意；有的认为无须债权人的同意而仅需通知；有的认为无须债权人同意，但债权人有权拒绝。考虑到债务加入一般对债权人不会造成损失，但是，任何人均有权拒绝获利，且在例外情形中也可能对债权人增加不便，《民法典》第552条明确规定，无须债权人明确同意，但是应当通知债权人，债权人有权在接到通知后的合理期限内对此予以明确拒绝。这与《民法典》第522条第2款规定真正的利益第三人合同、第575条规定债权人免除的考量类似。

当然，第三人向债权人表示愿意加入债务，或者债权人和第三人之间签订债务加入合同，无须债务人同意。但是，与前述债权人和第三人订立债务转移合同的情形相同，债务加入也可能对债务人产生不利影响，故于该类债务加入至少应当通知债务人，债务人也有权拒绝债权人和第三人之间签订的债务加入合同对其发生效力。这同样类似于《民法典》第522条第2款规定真正的利益第三人合同的构建方案。此时，第三人和债权人之间的合同虽然仍然在他们之间发生效力，但是不能对债务人发生效力。

（三）债务加入的法律后果

构成债务加入后，除另有约定外，第三人和债务人负有同一内容的债务，但债务人并不因此而免负债务，而是与第三人一起对债权人负有连带债务，当然，连带债务应当被限制在第三人愿意承担的债务范围内。此时，除当事人另有明确约定外，《民法典》关于连带债务的规定应当在债务加入中得到适用；同样，《民法典》第553条和第554条关于新债务人抗辩、抵销权和承担有关从债务的规定，在债务加入中，在不相抵触的范围内也得到适用。但需要注意的是，在债务加入中，债务人并未被取代而摆脱债务，仍然要对债权人负有债务，因此，为债务人提供的担保并不因第三人加入债务而受到影响，但该担保仅对债务人发生担保效力，而对加入的第三人不发生担保效力。例如，《民法典》第697条第2款就规定，第三人加入债务的，保证人的保证责任不受影响。

至于第三人履行债务后与债务人之间的关系，如果第三人与债务人约定了追偿权，按照双方约定处理；如果第三人和债务人没有约定追偿权，除第三人知道或者应当知道加入债务会损害债务人的利益外，第三人在其已经向债权人履行债务的范围内，有权请求债务人向其履行，其基础可能是委托合同，也可能是不当得利、无因管理和连带债务的内部追偿权等相关规定。如果债务人对于第三人和债权人订立的债务加入合同明确表示反对的，成立类似于违反本人意思的不适当无因管理，此时可以参照适用《民法典》第980条的规定，债务人享有利益的，应当向第三人偿还必要费用，但以债务人获得利益的范围为限。

五、合同权利义务的一并转让

债的概括承受，是指债权债务一并转让给第三人。根据债的发生原因不同，债的概括承受可以分为合同权利义务的一并转让和其他法定债权、债务的一并转让。之所以作出此种分类，是因为合同权利义务通过约定一并转让时，与当事人地位联系在一起的撤销权、解除权等权利也随之转让。而法定的债权债务虽然也可能通过约定而被一并转让，但一般不会涉及撤销权、解除权等权利的转让，因此可以被认为是债权转让和债务转移的结合，并无像合同权利义务通过约定一并转让那样强的特殊性。

1. 合同权利义务的一并转让的含义与方式

合同权利义务的一并转让，又被称为概括转让或者合同地位转让，是指合同关系的一方当事人将其合同权利义务一并转移给第三人，由第三人全部地承受这些权利义务。合同权利义务的一并转让不同于债权转让、债务转移的是，它是一方当事人对其当事人地位的转让，其转让的内容实际上包括但不限于债权转让和债务转移，并非债权转让和债务转移的简单组合，而是第三人成为新的当事人，因此，与当事人地位联系在一起的撤销权、解除权等权利也均转移给第三人。合同权利义务的一并转让主要发生于双务合同，只有双务合同中的当事人一方才可以转让此种权利和义务。在单务合同中，一方当事人可能仅享有权利或仅承担义务，因此不能出让全部的权利义务，故单务合同一般不发生合同权利义务的一并转让。比如，赠与合同的受赠与人只享有权利而不承担义务，这些合同的当事人一般不可能出现将合同权利义务一并转让的情况。

应当注意的是，除了通过约定所进行的合同权利义务的一并转让，还有法定的债权和债务的一并转让，此时一般无须对方当事人的同意，适用特别的规定。最为典型的是，法人合并和分立情形中的一并转让。对此，《民法典》第67条设有明文规定。另外，在被继承人死亡以后，在被继承人的遗产（包括债权）被转让给继承人继承的同时，继承人也应当概括继承被继承人的债务，当然，对被继承人的债务应当在继承的遗产的范围内予以清偿。对此，《民法典》第1161条第1款也设有明文规定。

2. 合同权利义务一并转让的构成和效果

合同权利义务的转让，当然也需要权利义务的有效存在和不具有不可转移性。根据《民法典》的规定，债权人转让债权应当通知债务人，债务人转移债务必须经债权人的同意。合同权利义务的一并转让既包括了债权的转让，又包括了债务的转移，这可能会对对方当事人产生不利，因此，当事人一方将合同权利义务一并转让时，应当经过对方当事人的同意。该同意，与债务转移中的同意并无不同。如果当事人一方未经对方当事人同意，将自己的权利和义务一并转让的，该转让对对方当事人不发生效力。此时，在让与人和受让人之间，如果有明确约定的，按照约定；在没有约定或者约定不明时，在不违反当事人意思表示的前提下，也可以转换为在当事人之间发生约定债权转让及债务加入的效力；但是，如果基于当事人进行一并转让的经济目的，认为不能凭空设想其在不能实现其本初目的时退而求其次选择实现部分内容的，则不能进行上述转换，而应当认为该转让在当事人之间也不发生效力。

合同权利义务一并转让的，除当事人另有约定外，原则上转让的当事人一方退出合同关系，其当事人地位被第三人取代，第三人成为新的当事人，享有当事人的所有权利，包括与合同当事人的地位联系在一起的撤销权和解除权、所有的从债权等，并承担当事人的所有义务，包括所有的从债务。

依据《民法典》第 556 条的规定，合同权利义务一并转让的，适用债权转让和债务转移的有关规则。具体而言，在涉及债权转让的范围内，适用以下规定：(1) 不得转让的债权的规定（《民法典》第 545 条)。(2) 债权受让人取得与债权有关的从权利的规定（《民法典》第 547 条)。(3) 债务人对让与人的抗辩可以继续向受让人主张的规定（《民法典》第 548 条)。(4) 债务人可对受让人主张抵销的规定（《民法典》第 549 条)。(5) 债权转让增加的履行费用的负担的规定（《民法典》第 550 条)。(6) 债权转让经批准的规定（《民法典》第 502 条第 3 款)。在涉及债务转移的范围内，适用以下规定：(1) 新债务人的抗辩和抵销的规定（《民法典》第 553 条)。(2) 新债务人承担与主债务有关的从债务的规定（《民法典》第 554 条)。

问题与思考

1. 简述合同变更的要件和法律后果
2. 简述债权转让的条件和法律后果。
3. 简述债务转移的条件和法律后果。
4. 简述债务加入。

第三十七章
合同的权利义务终止

本章概要

合同的权利义务终止，即合同之债的消灭，主要包括两种类型：一种是指债权债务关系中的单个债权债务消灭，即债的消灭；另一种是指合同债权债务关系整体终止，即合同解除。债的消灭的一般原因通常包括履行、抵销、提存、免除债务、混同等。合同解除，是指当事人一方或双方的意思表示，使具有约束力的合同溯及于自始终止或者仅向将来终止。合同解除包括协议解除、行使解除权解除和申请司法解除三种类型。本章的重点问题包括债的消灭的一般原因、合同解除概述、合同解除的类型、合同解除的效力。

第一节　债的消灭的一般原因

一、概　述

（一）合同之债消灭的概念

从理论上而言，合同的权利义务终止，即合同之债的消灭，一是指债权债务关系中的单个债权债务消灭，二是指合同债权债务关系整体终止。为使这两种终止的含义更为清晰，《民法典》第 557 条在原《合同法》第 91 条之规定的基础上，分成两款，分别规定了这两种情形。

《民法典》第 557 条第 1 款所规定的情形是债权债务关系中单个债权债务的终止，具体包括清偿、抵销、提存、免除、混同以及法律规定或者当事人约定终止的其他情形。例如，在双务合同中，一方当事人适当履行了自己的债务，只能导致该债务和相应的债权消灭，但并非使整体债权债务关系消灭，只有当事人双方都按照约定适当和全面履行后，整体的债权债务关系，也即合同关系，才能终止。同时，该款中的表述是“债权债务”，意味着该款不仅适用于合同债权债务，还适用于法定的债权债务。

《民法典》第557条第2款规定合同解除导致该合同的权利义务终止。这首先意味着，解除仅能适用于合同债权债务关系，不能适用于其他法定债权债务关系。这其次意味着，解除导致合同债权债务关系整体的终止，而非合同关系中单个债权债务的终止，并且合同权利义务终止后，还涉及各种清算权利义务关系。

相较于其他债的消灭原因，合同解除制度比较特殊和复杂，因此本节并不介绍，而是留待下一节专述。下文将依次介绍履行、抵销、提存、免除、混同和法律规定或者当事人约定终止的其他情形。

（二）合同之债消灭的效力

1. 债权债务终止时，债权的从权利消灭

《民法典》第559条规定：债权债务终止时，债权的从权利同时消灭，但是法律另有规定或者当事人另有约定的除外。从权利是指附随于主权利的权利。从权利是从主权利派生出来的，具有从属于主权利的属性，包括消灭上的从属性。当主债权债务终止时，从权利一般也就没有了存在的价值，同时随之消灭。但是，法律可能作出不同的规定。例如，主债权部分消灭的，作为从权利之一的担保物权并不在相应范围内部分消灭。基于担保物权的不可分性，主债权部分消灭，担保物权仍然存在，担保财产仍然担保剩余的债权，直到债务人履行全部债务时为止。

2. 债务人有权请求返还或者涂销负债字据

如果债权部分消灭，或者负债字据上载有债权人其他权利的，债务人有权请求将消灭事由记入字据。履行人对受领人，同样有权请求出具收据，载明履行人、受领人、受领的标的、履行期日等。负债字据返还的，可以推定债权消灭。

3. 当事人互负后合同义务

对此，《民法典》第558条规定：债权债务终止后，当事人应当遵循诚信等原则，根据交易习惯履行通知、协助、保密、旧物回收等义务。

关于后合同义务应把握以下几个方面：

第一，后合同义务的含义及功能。后合同义务，是指合同的权利义务终止后，当事人依照法律的规定，遵循诚信等原则，根据交易习惯履行的各项义务。这些义务不仅在合同的权利义务终止后会发生，而且在其他法定之债的债权债务终止后存在，例如，因无因管理等发生的法定之债中，在债权债务终止后，同样可能发生协助、保密等义务，因此，《民法典》第558条将《合同法》中的“合同的权利义务”修改为“债权债务”，但这些义务主要发生于合同的权利义务终止后。

第二，认定后合同义务存在时，应考虑《民法典》第558条规定的后合同义务的条件。首先，后合同义务是合同的权利义务终止后产生的义务。其次，后合同义务主要是法律规定的义务。再次，后合同义务是诚信等原则派生的义务。合同的权利义务终止后，当事人应当履行哪些义务并没有一定之规，依诚信原则应履行的义务均应为后合同义务的范围。最后，后合同义务的内容根据交易习惯确定。合同的内容不同，后合同义务也不同。法律不可能针对个案确定后合同义务的内容，但按照交易习惯，某类合同终止后，当事人通常的行为准则，应作为后合同义务。

第三，后合同义务的内容。遵循诚信等原则，根据交易习惯，债权债务终止后的义务通常包括但不限于通知、协助、保密和旧物回收义务。旧物回收的义务，属于《民法典》的新增规定。

第四，违反后合同义务的构成要件和法律后果。《民法典》没有明确规定违反后合同义务的构成要件和法律效果。对此，原《合同法司法解释（二）》第22条规定："当事人一方违反合同法第九十二条规定的义务，给对方当事人造成损失，对方当事人请求赔偿实际损失的，人民法院应当支持。"虽然当事人也有权请求对方当事人继续履行后合同义务等，例如履行旧物回收义务，但是最为重要的仍然是违反后合同义务者应当承担赔偿损失的责任。就赔偿损失责任而言，首先当然需要有违反后合同义务的行为；其次要有损害，既可以是财产损害，也可以是人身损害，主要是对相对人固有利益的损害；最后还需要行为和损害之间有因果关系。具体而言，关于后合同义务的具体范围需要根据具体个案予以细致和具体的判断，不宜以结果倒推后合同义务的范围，要考虑诚信等原则所要求的不同价值之间的平衡，要考虑交易习惯的举证，结合当事人主观方面的要求，履行的对价、成本和收益的对比，当事人约定的可能性等，在个案中具体判断后合同义务的具体范围、强度、地域、内容、期限等。此时，对当事人主观方面的要求也可以根据诚信原则予以确定。

二、债务已经履行

（一）债务已经履行的含义及类型

债务已经履行，在导致债权债务终止的意义上又被称为"清偿"，是指通过履行行为或者通过给付结果的产生使所负担的给付对有受领权的债权人或第三人发生效果。清偿与履行基本同义，清偿所重视的是给付结果的发生，而履行更重视债务内容的实现过程和行为。[①]"债务已经履行"实质上就是"债务已经清偿"，清偿是债权债务正常终止的主要原因。《合同法》中表述为"债务已经按照约定履行"，即债务人按照约定的标的、质量、数量、价款或者报酬、履行期限、履行地点和方式全面履行。但是，第三人代为清偿、当事人之外的第三人接受履行、债权人同意以他种给付代替原给付等情况，也可能会发生债权债务消灭的效果，因此，《民法典》第557条第1款第1项不强调"按照约定"履行，仅规定"债务已经履行"，从而使第三人代为清偿、第三人接受履行、以清偿为目的的以物抵债等也可以作为履行或者清偿的类型被涵盖在内。

以下情况也属于债务的全面履行：

第一，第三人按照债权人和债务人之间的约定或者依照法律规定履行。债权债务原则上不涉及债权债务关系之外的第三人，债务当然应当由债务人履行，但有时，为了实现当事人特定目的，便捷交易，法律允许债务由债权人和债务人约定的第三人履行，第

① 参见王利明：《合同法研究》，3版，第2卷，257～258页，北京，中国人民大学出版社，2015。

三人履行债务也产生债务消灭的后果。另外，第三人还可以依据法律的规定履行以消灭债务。对此，《民法典》第 524 条设有明文规定。

第二，债务人按照约定或者依照法律规定向第三人履行。债务人应当向债权人履行债务，债权人受领后产生债务消灭的后果。但有时，当事人约定由债务人向第三人履行债务，债务人向第三人履行后也产生债务消灭的后果。比如，债务人乙欠债权人甲 1 万元人民币，债权人甲又欠第三人丙的钱，债权人甲请求债务人乙直接将欠款付给丙，乙同意，并按照其欠甲的数额将钱付给了丙，从而消灭了其对甲的债务。《民法典》第 523 条对此作出了规定。

第三，债权人和债务人协商一致以他种给付代替原定给付。债务人应当按照合同约定的内容履行，债权人有权拒绝债务人的他种给付。但有时，实际履行原定债务在法律上或者事实上不可能，此时，经债权人和债务人协商一致，可以采用代物履行的办法，达到债务消灭的目的。债权人和债务人协商一致以他种给付代替原定给付的，在债务人履行了该他种给付之后，债务消灭。

履行期届满前达成的以物抵债，更多可以推定为担保目的；履行期届满后达成的以物抵债，更多可以推定为清偿目的（《合同编解释》第 27、28 条）。这里仅讨论后一种以清偿为目的的以物抵债。主要争议的问题在于：第一，以物抵债的约定在债务人实际履行前，是否具有效力，即债权人是否能够请求债务人履行以物抵债协议？第二，如果对第一个问题的回答是肯定的，则以物抵债协议中约定的给付和原定给付之间的关系为何？

首先，实践中有观点认为，以物抵债的约定构成代物清偿约定，代物清偿作为清偿债务的方法之一，是以他种给付代替原定给付的清偿，以债权人等有受领权的人现实地受领给付为生效条件，是实践合同。这就会产生一个问题，即在债务人履行他种给付之前，单纯的以物抵债约定不发生效力，从而否认未实际履行的以物抵债约定的效力，或者认为这种约定是一种缔结实践合同的预约，但这似乎否认了当事人之间意思自治的结果。其原因在于，将以物抵债构成代物清偿，进而发生债权消灭的效力，简化为以物抵债约定的实践性或者要物性。如果以物抵债约定要发生债权消灭的效力，自然需要履行，即“以物抵债约定＋实际履行＝债权消灭”，但这不等同于否认未履行的以物抵债约定的效力，否则有违意思自治，且使债务人享有反悔的机会。即使将以物抵债约定认定为实践合同有助于警示债务人，但是，承认以物抵债约定的效力，债务人仍然可以自由选择是否行使，并不会明显损害债务人的利益。因此，基于当事人意思自治所订立的以物抵债约定，在实际履行了之后，会使债权消灭，但即使未实际履行，以物抵债约定仍然具有合同效力。《合同编解释》第 27 条第 1 款规定，此时的以物抵债协议自当事人意思表示一致时生效。

其次，如果未履行的以物抵债约定仍具有合同效力，那么其与原债是何种关系呢？这仍然取决于当事人间之约定中所体现的真实意图。如果当事人有原债消灭的明确意思，且以物抵债约定与原债丧失同一性，那么这属于债的更新，此时债权人只能请求履行以物抵债约定。如果当事人约定债务人“应当”移转物的所有权来抵借款，那么由于债务人无自由选择的权利，所以这应当属于债的变更，此时债权人只能请求债务人履行以物抵债约定中的给付。如果当事人约定债务人“有权”移转物的所有权来抵借款，则这是为了债务顺利清偿而赋予债务人以选择的权利，类似于选择在实际履行债务之后，发生代物清偿而消灭债权的效力。如果当事人约定债权人有权选择请求债务人移转物的所有权来抵借款，则这是赋予债权人以选择的权利。

但是，如果对当事人的真实意思在解释上有疑问，例如约定债务人以物的所有权来抵借款，该推定为何种类型呢？意思表示的效力越强，意思表示就应当越明确。债的更新和变更都使债权人无法请求原债权，对债权人的不利效力很强，因此需要债权人更为明确的意思表示，故对其意思表示有疑义时，不宜解释为债的更新和变更；赋予债权人以选择的权利，则对债务人的不利效力很强，因此也需要债务人更为明确的意思表示，故对其意思表示有疑义时，不宜如此解释。考虑到债权人和债务人之间利益的平衡，在意思表示有疑义时，可以推定为新债和原债并存，也即学理上所说的“新债清偿”或者“间接给付”。此时，债务人有在一定条件下选择的权利，但新债务不履行，则原债务不消灭；新债务履行，则原债务随之消灭。从债务人角度来看，原债务存在并承担新债务；从债权人的角度来看，其享有两个指向同一目的的债权。其中的考量与《民法典》第515条第1款的内在考量一致，即在选择债务中，选择权一般由债务人享有。

在此种新债清偿或者间接给付中，如果债务人现实履行了，就构成代物清偿，发生新债务和原债务都消灭的效力。这是严格意义上的“以物抵债”。在债务人履行之前，新债务和原债务并存。严格而言，这是“以债抵债”，是以负担新债务作为清偿旧债务的方法，当事人之间并没有变更原债权债务关系的内容，只是在债务人所附原给付义务仍不消灭的情况下，额外为债权人创设实现债之目的的另一途径。但是，若债务人到期不履行，经催告后在合理期限内仍不履行，则选择权转由债权人享有。这也与《民法典》第515条第2款的内在考量一致，即享有选择权的当事人在约定期限内或者履行期限届满时未作选择，经催告后在合理期限内仍未选择的，选择权转移至对方。此时，债权人有权选择请求债务人履行原债务，也有权选择请求债务人履行新债务。《合同编解释》第27条第2款对此明确规定。为避免此种约定损害特定第三人利益的问题，可以考虑适用通谋虚伪行为、恶意串通损害特定第三人利益的行为、合同保全中的撤销权、破产管理人的撤销权等一般性规则予以解决。另外，以物抵债协议仅具有债权效力，即使经人民法院确认或者人民法院根据当事人达成的以物抵债协议制作成调解书，同样仅具有债权效力，不属于《民法典》第229条所规定的能够“导致物权设立、变更、转让或者消灭的”法律文书，不能自确认书、调解书生效时发生物权变动或者具有对抗善意第三人的效力（《合同编解释》第27条第3款）。

（二）履行抵充

履行抵充，指的是债务人对同一债权人负担的数项债务种类相同，债务人的给付不足以清偿全部债务时，确定该给付抵充这些债务中的某项或者某几项债务；或者债务人在履行主债务外还应当支付利息和实现债权的有关费用，其给付不足以清偿全部债务的，确定该给付抵充该项债务中的某个或者某几个部分。《民法典》第560条和第561条明确规定了履行抵充制度。

1. 数项债务的履行抵充

《民法典》第 560 条规定了履行抵充的第一种情形，即数项债务的履行抵充。该条规定适用的条件如下：首先，债务人对同一债权人负担数项债务。如果多个债务人分别负担债务，则应当分别清偿，从而不发生抵充问题；如果是对不同的债权人负担债务，也应当分别作出履行，也不会发生抵充问题。在同一债务的分期履行中，也可参照适用该条规定。其次，债务人负担的数项债务的种类相同。如果数项债务的给付种类不同，应当以给付的种类确定该给付清偿的是何项债务，没必要发生抵充问题。再次要求债务人的给付不足以清偿全部债务。如果债务人的给付可能清偿全部债务，也没有必要确立清偿的顺序，因为所有的债务都可以得到清偿。最后，如果债务人的给付不足以清偿数项债务中的某一项，则可以将该条规定和《民法典》第 561 条的规定结合适用，通过第 561 条确定该项债务中费用、利息和主债务的履行顺序。

此时，确定履行抵充顺序的基本原则是：有约定从约定，无约定从指定，无指定从法定。如果当事人就抵充的顺序协商一致，这是意思自治的表现，此时，该约定应当优先。例如，乙欠甲借款、货款各 1 万元，均已届期，乙向甲清偿 8 000 元，如果双方约定该笔给付用于抵充借款，则从其约定。抵充既可以在清偿前或者清偿时约定；在清偿后约定抵充或者变更原抵充约定的，约定在当事人之间仍然发生效力，但不能影响担保人等有利害关系的第三人的利益。

在当事人对抵充顺序没有约定时，则由债务人指定其履行的债务，但债务人的指定应在清偿时作出。债务人在清偿时未指定的，清偿后不可指定，否则在有争议的时候，债务人可以立即指定，之后的法定抵充顺序就没有任何意义了。

当事人对抵充顺序没有约定且债务人在清偿时未指定的，直接依据法定的顺序。在《民法典》第 560 条第 1 款已经承认了债务人指定权的情况下，法定抵充顺序的确定应更多地考虑债权人的利益，采取债权人利益优先、兼顾债务人利益的原则。依据《民法典》第 560 条第 2 款，依次依据下列方式确定抵充顺序：（1）已到期债务。如果已到期的债务和未到期的债务并存，应当先抵充已到期的债务，毕竟对于未到期的债务债务人不负有履行义务。（2）缺乏担保或者担保最少的债务。该规定旨在保护债权人的利益，使债权人未受偿的债权尽量存在担保。如果某债务有担保，另一债务无担保或者缺乏担保，则优先履行缺乏担保的债务。在债务均存在担保的情形，则优先履行担保最少的债务。应当注意的是，此处的“担保最少”并非担保的绝对数额最少，而是对债权人而言担保利益最少或者担保状况最低，否则某些情况下容易导致和《民法典》第 560 条第 2 款的规定目的相违背的情形。（3）债务人负担较重的债务。该规定旨在保护债务人的利益。优先清偿负担较重的债务，将使债务人因清偿而获益最多。比如，对比无利息的债务和有利息的债务，前者显然使债务人的负担较轻；在本金相同的情况下，对比低利息的债务和高利息的债务，前者使债务人的负担较轻。在一些情形中同样需要综合判断。（4）先到期的债务。比如，对比 8 月 1 日到期的债务和同年 9 月 1 日到期的债务，应当先抵充前一个债务。此时，并非抵充最先成立的债务，而是抵充最先到期的债务。（5）债务比例。前面各项条件都相同的，则按照债务比例进行清偿。

2. 费用、利息和主债务的履行抵充顺序

《民法典》第561条是关于费用、利息和主债务的履行抵充顺序的规定。该条的适用条件如下：首先，债务人在履行主债务外还应当支付利息和实现债权的有关费用。其次，债务人的给付不足以清偿主债务、利息和实现债权的有关费用。

此时确定履行抵充顺序的基本原则是：有约定的按约定，无约定的按法定。如果当事人就抵充的顺序协商一致，这是合同自由的表现，此时，该约定应当优先。例如，乙欠甲借款10万元，利息5 000元，实现债权的费用3 000元，乙向甲清偿3万元，若双方约定该笔给付用于抵充主债务，则从其约定。

在当事人对抵充顺序没有约定时，各个立法例与《民法典》第561条的规定基本一致，采取有利于债权人的立场，规定依次按照下列顺序抵充：(1) 实现债权的有关费用，包括保管费用、诉讼费用、执行费用等。遵照同样的精神，《民法典》第412条规定，债务人不履行到期债务或者发生当事人约定的实现抵押权的情形，致使抵押财产被人民法院依法扣押的，自扣押之日起，抵押权人有权收取该抵押财产的天然孳息或者法定孳息，孳息应当先充抵收取孳息的费用。《民法典》第430条第2款也规定，质权人收取质押财产的孳息也应当先充抵收取孳息的费用。(2) 利息。利息是债权人预期应有的收益，是资金被占有的成本，应当先于主债务或者本金而受抵充。尤其是对于银行而言，收取利息是其发放贷款的主要目的，如果利息不能得到保护，则与此种债权的目的不相一致。(3) 主债务。在上例中，3万元首先抵充实现债权的有关费用3 000元，其次抵充利息5 000元，最后抵充主债务2.2万元，因此未偿还的主债务还剩7.8万元。

应当注意的是，《民法典》第561条的规定着重于对债权人利益的保护，这与《民法典》第560条不同，该条排除了债务人指定的权利，否则，与该条保护债权人利益的立场相违背。由此，债务人不能指定先抵充主债务再抵充利息，以避免给债权人带来损害。

三、抵　销

（一）抵销概述

抵销，是指当事人双方互负债务，各以其债权充抵债务的履行，双方各自的债权和对应债务在对等额内消灭。

抵销因其产生的根据不同，可分为法定抵销和约定抵销。法定抵销，是指法律规定抵销的条件，具备条件时依当事人一方的意思表示即发生抵销的效力。约定抵销，是指当事人双方合意协商一致，使自己的债务与对方的债务发生抵销的效力。

抵销具有以下功能：第一，实现债权。无须诉讼、判决或者强制执行，债权人即可实现债权。这是对自己债权的私人执行。第二，简化法律关系。在未现实交付的情况下，债务人仅通过单方的意思表示就能消灭债务，免除双方互相履行的时间、费用及其他交易成本。在某种意义上，各种集中结算也以抵销规则作为基础。第三，担保的功能。如果当事人一方只行使自己的债权、不履行自己的债务，那么，对方当事人就不能确保自己债权的实现。特别是在一方当事人因财产状况恶化而不能履行债务时，对方当事人行使抵销权就能够确保自己的债权相应实现。因此，现代经济社会活动中，担保是抵销的重要功能。

（二）法定抵销

1. 法定抵销的构成要件

法定抵销，是指法律规定抵销的条件，具备条件时依当事人一方的意思表示即发生抵销的效力。法定抵销当事人一方行使抵销权而使双方互负的债务归于消灭。为防止一方擅自以一己之意改变双方当事人的债权债务关系，法定抵销权的产生需满足一定的要件，理论上称之为“抵销适状”。

法定抵销需要满足以下要件。

（1）当事人双方互负有效的债务、互享有效的债权。

抵销发生的基础在于当事人双方既互负有效的债务又互享有效的债权，只有债务而无债权或者只有债权而无债务，均不发生抵销。双方当事人互负的债权债务，可能基于同一个法律关系而发生，也可能基于两个或两个以上的法律关系而发生。比如，甲欠乙建设工程款 200 万元，乙第一次向甲购货欠款 150 万元，第二次购货欠款 50 万元。甲可以以乙两次共欠它的 200 万元货款债权，抵销它欠乙的 200 万元工程款。其中，提出抵销的一方所享有的债权，称为主动债权；被抵销的债权，称为被动债权。当事人应当对用以抵销的债权具有处分权，比如，提出抵销的一方用于抵销的债权上已经设立质权的，未经质权人同意，不能发生抵销效力。同时，附有抗辩权的债权，也不得作为主动债权用以抵销，否则剥夺了相对人的抗辩权。

（2）被抵销一方的债务已经到期。

抵销具有相互清偿的作用，因此只有在提出抵销的一方所享有的主动债权的履行期限届至时，才可以主张抵销，否则，等于强制债务人提前履行债务，牺牲其期限利益。在符合其他条件的情况下，如果双方的债权均已经到期，则双方均可主张抵销。

但在特殊情况下，未届履行期的债权可以被视为到期债权，依法抵销。比如，《企业破产法》第 46 条规定：未到期的债权，在破产申请受理时视为到期。附利息的债权自破产申请受理时起停止计息。

（3）债务的标的物种类、品质相同。

种类相同，是指标的物本身的性质和特点一致，比如都是支付金钱，或者交付同样的种类物。品质相同，是指标的物的质量、规格、等级无差别，如都是一级天津大米。债务的标的物种类、品质不相同，原则上不允许抵销，除非法律另有规定。债务的标的物的种类、品质相同还表明，用以抵销的债务的标的应当是物而非行为，因为行为具有特定的人身性质，不具有可比性，很难使双方的债权在对等额内消灭。履行地点不属于种类和品质的范畴，因此履行地点不同的同种类、同品质的债务，也可以抵销，但主张抵销的债务人应当赔偿相对人因抵销而遭受的损失。

（4）无禁止抵销的情形。

禁止抵销的情形包括以下几种。

1）根据债务性质不得抵销的。根据债务性质不得抵销的情形主要有：A. 必须履行的债务不得抵销。如应当支付给下岗工人的生活保障金，不得用以抵销工人欠企业的债务。B. 具有特定人身性质或者依赖特定技能完成的债务，以及相互提供劳务的债务，不得相互抵销。如根据教学合同，乙校的张老师应去甲校讲授数学课一个月，而甲校的李老师也负有在乙校讲授数学课一个月的义务，讲课报酬相同。虽然是同种类债务，时间、报酬都相同，但由于张、李二位老师的讲授方法不可能相同，因此，双方的讲课债务不能抵销。C. 不作为债务不得相互抵销。此种债务不经过相互实际履行，就无法实现债权的目的。D. 因侵害自然人人身权益，或者故意、重大过失侵害他人财产权益产生的损害赔偿债务，作为债务人的侵权人不得主张抵销，避免债权人任意侵犯他人的人身和因故意或者重大过失侵犯他人的财产权利（《合同编解释》第 57 条）。如果允许抵销，有违公序良俗。E. 约定应当向第三人履行的债务，债务人不得以自己对对方当事人享有的债权而主张抵销。F. 相互出资的义务不得抵销，即使仅存在两个出资人。

2）按照当事人约定不得抵销的。原《合同法》第 99 条第 1 款并未规定此种例外。在《民法典》制定过程中，有意见提出，当事人约定不得抵销的，也应当不得抵销，司法实践中已对此明确承认。经研究，当事人之间特别约定不得抵销的，基于自愿原则，应当承认此种约定的效力，当事人不得主张抵销。因此，《民法典》第 568 条第 1 款明确规定了按照当事人约定不得抵销的例外。但是，如果当事人之一将其债权转让给第三人的，则此种不得抵销的特约不得对抗善意的第三人，以保护善意第三人的利益。

3）依照法律规定不得抵销的。法律规定不得抵销的债务，当事人不得主张抵销。《企业破产法》第 40 条等对此都设有明文规定。

2. 抵销权的行使

抵销权在性质上是形成权，依据当事人单方的意思表示即可发生抵销效果，导致权利、义务变动。《民法典》第 568 条第 2 款中规定，当事人主张抵销的，应当通知对方。抵销必须以意思表示向对方主张方可发生抵销效力。这能够更好地体现意思自治原则，同时使债权债务关系更为明确。同时，行使抵销权系处分债权的行为，因此需要抵销人有处分权。

值得注意的是，抵销属于形成权，不得附条件或者附期限，因此，抵销附有条件或期限的，抵销的意思表示不生效力。

3. 抵销的法律效果

（1）双方互负的债务在同等数额内消灭。

在双方当事人的债权债务互为相等的情况下，抵销产生债权债务消灭的法律后果，但如果债务的数额大于抵销额，抵销不能全部消灭债务，而只是在抵销范围内使债务部分消灭。比如，甲公司尚未偿还乙公司 20 万元人民币到期债务，乙公司向甲公司支付 20 万元货款的债务也已届清偿期，若双方协商一致将债务互为抵销，则双方的合同关系即归于消灭。如果乙公司应偿付甲公司 50 万元人民币货款，那么乙公司与甲公司的债务相互抵销后，乙公司仍负有偿还甲公司 30 万元人民币的债务。

应当注意的是，当主张抵销方对对方当事人负有两项或者多项债务，或者主动债权数额不足以抵销全部被动债权数额时，发生抵充的问题，应当参照适用《民法典》第

560、561条规定的履行抵充规则。

（2）诉讼时效中断。

抵销实为债权的行使，因此，抵销权的行使，依据《民法典》第195条，导致诉讼时效中断。

（3）抵销不具有溯及力。

所谓抵销的溯及力是指债之关系溯及于最初得为抵销（抵销适状）时消灭。《民法典》第568条并未明确规定抵销是否具有溯及力。《合同编解释》第55、58条明确否认了抵销的溯及力。据此，1）诉讼时效期间届满的债权仍然可作为主动债权主张抵销，但债务人有权事先或者在收到抵销通知后的一定期限内主张时效抗辩；诉讼时效期间届满的债权当然可作为被动债权而被抵销，这相当于抵销权人主动放弃了时效利益。2）抵销权成立的，应当认定通知到达对方时双方互负的主债务、利息、违约金或者损害赔偿金等债务在同等数额内消灭。因此，抵销通知生效时，利息停止计算；债务履行期届满至抵销通知生效时，债务人仍然要承担违约责任。3）对于抵销通知生效后的履行才可依据不当得利请求返还。

（三）约定抵销

1. 约定抵销概述

约定抵销，是指当事人双方协商一致，使自己的债务与对方的债务在对等额内消灭。法定抵销与约定抵销都是使双方的债务在对等额内消灭，但两者有不同，主要表现在：（1）抵销的根据不同。法定抵销是基于法律规定，只要具备法定条件，任何一方可将自己的债务与对方的债务抵销，无须对方当事人的同意；约定抵销是基于当事人约定，双方当事人必须协商一致，不能由单方决定抵销。（2）对抵销的债务的要求不同。法定抵销要求标的物的种类、品质相同；约定抵销的债务的标的物的种类、品质可以不同，如可以约定以煤炭抵销运输费，以二级大米抵销一级大米。（3）对抵销的债务的期限要求不同。法定抵销要求提出抵销的当事人一方所享有的债权，也即对方的债务已经到期；于约定抵销，即使双方互负的债务没有到期，只要双方当事人协商一致，愿意在履行期到来前将互负的债务抵销，也可以抵销。（4）程序要求不同。于法定抵销，当事人主张抵销的应当通知对方，通知未到达对方，抵销不生效；于约定抵销，双方达成抵销协议时，除双方另有约定外，即发生抵销的法律效力，不必履行通知义务。

因此，约定抵销的意义在于，当事人通过合同使债务发生抵销，将会改变法定抵销的条件或弥补法定抵销的不足。约定抵销可能对当事人更为便利，也可能使抵销更为困难，例如，约定债权达到一定数额后才可主张抵销，基于自愿原则，应当承认该约定的效力。实践中，净额计算可以被视为特殊的约定抵销，其主要发生在专门从事买卖的商人之间，因此是商事交易中的一项重要制度。

约定抵销应当优先于法定抵销适用。

2. 约定抵销的构成要件

（1）当事人互负债务。

这里的债务当然应该是合法有效的债务，与法定抵销中的债务要求相同。

（2）当事人具有对债权的处分权。

约定抵销是对债权的处分，这要求当事人应当对所涉债权具有处分权。对于已设立质权的债权、被扣押或者冻结的债权，债权人均丧失处分权，不得约定抵销。在债权人提起代位权诉讼后，债务人同样丧失主动处分其对相对人的债权的权利，该债权不得用于抵销。不具有处分权的，约定抵销不发生抵销效力。

（3）协商一致。

在约定抵销中，要求存在当事人之间的抵销合意或者抵销合同。约定抵销有两种情况：一是当事人在合同中约定一定的抵销权行使条件，待条件成就时一方可以行使抵销权（约定抵销权）。二是当事人可以通过协议将债务抵销（协议抵销）。在此情况下，抵销合同为独立的合同，并非原合同的组成部分。[①] 抵销合同为双方当事人以消灭互负的债务为目的而订立的合同，属于诺成合同及不要式合同；又由于抵销合同是以互相免除对方所负债务为目的而订立的，故抵销合同属于双务合同及有偿合同；如一方的债务有无效或不成立的原因，则对方所为免除债务的意思表示即归无效，抵销合同也随之消灭。对抵销合同适用民事法律行为和合同的一般规则。

3. 约定抵销的法律后果

抵销生效之后，除合同另有约定外，即按照合同约定发生债权债务消灭的效果。但是应该注意：（1）当双方所负债务额不等时，债务数额小的一方的债务全部消灭，债务数额大的一方的债务部分消灭，债务人对未消灭的债务部分仍负清偿义务。要将此与《民法典》所规定的协议解除相区分。（2）抵销合同的效力于当事人的意思表示一致时发生，除当事人另有约定外，抵销没有溯及力。（3）原债务的诉讼时效仍然中断。在行使约定抵销权时，需考虑双方当事人约定抵销的意思表示是否真实，即使一方当事人行使抵销权没有得到法院的支持，其对另一方当事人主张相应权利的诉讼时效依然发生中断。

四、提　存

（一）提存概述

提存，是指由于法律规定的原因债务人难以向债权人履行债务时，债务人将标的物交给提存部门而消灭债务的制度。提存是一种履行的替代。比如，债务人乙在合同约定的履行期限内准备向债权人甲交付货物，但却无法找到债权人，乙根据法律有关规定，将该货物交给提存部门，货物被提存后，债务即消灭。除了此种以消灭债权债务为目的的清偿提存，还有以保管或者担保为目的的提存。《民法典》第 570 条仅规定了清偿提存，《民法典》第 390 条、第 406 条、第 432 条、第 433 条、第 442～445 条等规定了担保提存，即出于担保债权的目的，使特定的债权人对提存的金钱、有价证券等享有优先受偿权的制度。担保提存不需要具备债务人因债权人的原因而难以履行这一要件，因此，

---

① 参见王利明：《合同法研究》，3 版，第 2 卷，284 页，北京，中国人民大学出版社，2015。

《民法典》第 570 条至第 574 条关于提存的条件、效果等的规定仅适用于清偿提存。

债务的履行往往需要债权人的协助，债务人已经按照约定履行债务的，应当产生债务消灭的法律效力，但债权人拒绝受领或者不能受领时，虽然可以减轻债务人的责任，但债务不能消灭。让债务人无期限地等待履行，并且要随时准备履行，对物予以保管，同时为履行提供的担保也不能消灭，承担债权人不受领的后果，显然显失公平。为使债务人不因债权人的原因而受迟延履行之累，《民法典》将提存作为一种履行的替代，构成债权债务终止的原因之一。当由于债权人的原因而无法向其交付标的物时，无须债权人的协助，债务人将该标的物交给提存部门即可消灭债务。据此，提存不仅适用于约定之债，也适用于法定之债，例如合同无效、解除后的清算债务等。

（二）提存关系人

对于提存的当事人，学说上有认为包括提存人、债权人和提存部门的，也有认为包括清偿人和债权人的，还有认为只包括提存人和提存部门的。此时，首先应该区分提存行为的当事人和提存关系的当事人。提存行为的当事人，不论是依公法关系说还是依私法关系说，都只包括债务人和提存部门。而提存行为具有向第三人履行、使第三人受益的性质，债权人也为提存之效力所及，因此提存关系的当事人还包括债权人。

1. 提存人

《民法典》第 570 条规定，出现提存原因难以履行债务的，“债务人可以将标的物提存”。据此，提存人通常为债务人。但是，提存人不限于债务人。例如，《民法典》第 524 条第 1 款规定，债务人不履行债务，第三人对履行该债务具有合法利益的，第三人有权向债权人代为履行；但是，根据债务性质、按照当事人约定或者依照法律规定只能由债务人履行的除外。此时，第三人也可以依据该条予以提存。《提存公证规则》第 2 条中也规定，为履行清偿义务或担保义务而向公证处申请提存的人为提存人。

2. 提存部门

提存部门为国家设立的接收并保管提存物，并应债权人的请求而将提存物发还给债权人的机构。关于哪个部门为提存部门，《民法典》没有明确规定。在外国，一般都有专门的提存所，附属于法院。此外，法院指定的银行、信托局、商会、仓库营业人也可以办理提存事务。

3. 债权人

债权人并非提存行为当事人，而是提存行为效力所及之关系人。此与《民法典》第 522 条第 2 款规定的真正的利益第三人合同在结构上较为类似。债务人为提存之后，债权人取得受领提存物的权利。

（三）提存条件

1. 具有合法的提存原因

《民法典》第 570 条第 1 款规定，有下列情形之一，难以履行债务的，债务人可以将标的物提存：（1）债权人无正当理由拒绝受领；（2）债权人下落不明；（3）债权人死亡未确定继承人、遗产管理人，或者丧失民事行为能力未确定监护人；（4）法律规定的其他情形。《提存公证规则》第5条规定，债务清偿期限届至，有下列情况之一使债务人无法按时给付的，公证处可以根据债务人申请依法办理提存：（1）债权人无正当理由拒绝或延迟受领债之标的的；（2）债权人不在债务履行地又不能到履行地受领的；（3）债权人不清、地址不详，或失踪、死亡（消灭）其继承人不清，或无民事行为能力其法定代理人不清的。

除了上述三种导致难以履行债务的事由，还存在法律规定的其他事由。这主要指债务人非因过失而无法确切地知道谁是债权人，也即债权人不明的其他情形。比如，债权人和债权人的受让人之间就债权转让发生争议，债务人无法确知谁是真正的债权人的，债务人就可以提存。《民法典》第529条也规定，债权人分立、合并或者变更住所没有通知债务人，致使履行债务发生困难的，债务人可以中止履行或者将标的物提存。第837条规定，收货人不明的，承运人依法可以提存标的物。债权人不在债务履行地，又不能到履行地受领的，也可以作为提存原因之一。

2. 债务人难以履行债务

具备提存的上述情形之一，除法律另有规定外，必须导致债务人难以履行债务，才可以提存。所谓难以履行，是指债权人不能受领给付的情形不是暂时的、无法解决的，而是不易克服的。存在以下情况不能被认为是难以履行：（1）债权人虽然迟延受领但迟延时间很短。（2）下落不明的债权人有财产代管人，可以代为接受履行。（3）债权人的继承人、遗产管理人或者监护人很快可以确定。

3. 其他提存原因

当然，除了法定提存，如果当事人在合同中约定以提存方式给付的，也可以提存。同时，还有一些法律规定的提存，最主要的是担保情形中的提存。这些提存不要求具备债务人难以履行债务的条件，一般是为了维护担保权人的利益。

（四）提存的标的物

提存的标的物应当是根据债务应当给付的标的物，主要是货币、有价证券、票据、提单、权利证书、贵重物品等适宜提存的标的物。《民法典》第570条第2款是关于标的物不适于提存时如何处理的规定，从反面解释可以得出提存的标的物原则上应当是适合提存的、合同规定应当给付的标的物，故以行为为标的之债自无提存之可能。《提存公证规则》第7条从正面规定了适于提存之物，包括货币，有价证券、票据、提单、权利证书，贵重物品，担保物（金）或其替代物（此为担保提存之标的物），以及其他适宜提存的标的物。

标的物不适于提存或者提存费用过高的，债务人依法可以拍卖或者变卖标的物，提存所得的价款。所谓标的物不适于提存，是指标的物不适于长期保管或者长期保管将损害价值的，如易腐、易烂、易燃、易爆等物品。所谓标的物提存费用过高，一般指提存费与所提存标的物的价额不成比例，如需要特殊设备或者人工照顾的动物。标的物不适于提存或者提存费用过高有悖设立提存制度的目的，但不提存，债务人又达不到使债务消灭的目的。为此，可以依照《拍卖法》等有关法律的规定，拍卖或者变卖标的物，提存所得的价款。但是，予以拍卖或者变卖的是债务人而非提存部门。在此情况下，债权人丧失了其依据合同本旨应该能得到的标的物，获得的是出卖所得价款。如果出卖所得价款比物的实际价值低，则债务人提存出卖所得价款之后，视为其在提存范围内清偿了债务。

（五）提存的效力

关于提存成立的时间，《民法典》第 571 条第 1 款规定：债务人将标的物或者将标的物依法拍卖、变卖所得价款交付提存部门时，提存成立。基于提存部门与提存人间之关系和向第三人履行的保管合同关系的类似性，该规定也与《民法典》第 890 条的规定“保管合同自保管物交付时成立”保持一致。

确定提存成立的时间有如下意义：（1）对债务人而言，标的物的提存成立后，不论债权人是否提取，视为债务人已经交付标的物，提存成立的时点即为交付的时点。确定提存成立的时间对于确定标的物毁损、灭失的风险及违约责任是否成立具有重要意义。（2）对债权人而言，自提存之日起其取得了向提存部门领取提存物的权利，提存成立之日是该权利存续期间的起算点。（3）对于提存部门而言，自提存成立之日起，其便负有保管义务。此外，提存成立之日还是保管期限的起算点。

提存成立后，涉及提存的效力，包括债务人和提存部门间之保管关系所生权利、义务，债权人基于提存关系受益而对提存部门所生权利、义务，提存关系对债权人和债务人间之债权债务关系的影响。

1. 在债务人与债权人之间的效力

《民法典》第 571 条第 2 款规定，提存成立的，视为债务人在其提存范围内已经交付标的物。首先，视为债务人在提存范围内已经履行了交付标的物的义务。所谓“视为”，是指此时债务人虽然没有直接向债权人交付，但法律认可债务人有权以此抗辩债权人的交付请求。其次，履行了交付标的物的义务，并非必然、绝对地构成导致债务消灭的履行债务。[①] 如果提存的标的物确实是根据债务应当给付的标的物且不存在任何瑕疵，则提存成立时，构成了《民法典》第 557 条第 1 款第 3 项规定的“债务人依法将标的物提存”，债务消灭，债权人请求债务人履行债务时，债务人可以据此提出抗辩。同时，依据《民法典》第 520 条第 1 款的规定，部分连带债务人提存标的物的，其他债务人对债权人的债务在相应范围内消灭。但是，如果提存的标的物存在瑕疵，或者提存的标的物与债的标的物不符，债权人因此原因拒绝受领提存的标的物的，不能构成《民法典》第 557 条第 1 款第 3 项规定的“债务人依法将标的物提存”，债务并不消灭。最后，债务人除了交付提存范围内的标的物这一债务，还负有其他债务的，仍应当履行。例如，除交付标的物这一主给付义务外之外，出卖人可能还负担从给付义务和附随义务，提存符合约定的标的物也仅仅表明主给付义务已经履行，不能认为从给付义务和附随义务也相应消灭。同时，《民法典》第 573 条规定：标的物提存后，毁损、灭失的风险由债权人承担。提存期间，标的物的孳息归债权人所有。提存费用由债权人负担。为了保证债权人能够及时得知提存的事实，《民法典》第 572 条规定：标的物提存后，债务人应当及时通知债权人

---

① 原《合同法司法解释二》第 25 条第 2 款规定：提存成立的，视为债务人在其提存范围内已经履行债务。《提存公证规则》第 17 条规定：……提存之债从提存之日即告清偿。

或者债权人的继承人、遗产管理人、监护人、财产代管人。

2. 在提存人与提存部门之间的效力

提存人与提存部门是提存行为的双方当事人。在提存成立后，提存部门负有保管提存物的义务。提存人在发现提存错误或提存原因消灭时，得撤销提存行为，并取回提存物。但是在提存有效成立期间，提存人不得取回提存物。即使债权人放弃或丧失请求权，提存人也不能取回提存物。提存人也不负担提存物的保管费用。当然，若提存人取回提存物的，提存人自应负担提存物的保管费用。

3. 在提存部门与债权人间的效力

提存部门提供提存服务，收取提存费用。债权人则可以在缴纳提存费用之后，随时领取提存物，但是存在例外情形。对此，《民法典》第574条第1款第二句规定："但是，债权人对债务人负有到期债务的，在债权人未履行债务或者提供担保之前，提存部门根据债务人的要求应当拒绝其领取提存物。"同时《民法典》第574条第2款第一句规定，债权人领取提存物的请求权自提存之日起5年内不行使消灭的，提存物扣除提存费用后归国家所有。此时，债权人不能再对提存物主张权利。其原因在于，对于提存物，债务人可能享有所有权但无取回权，同时，债权人的领取请求权也已经消灭，提存物此时可被视为无主物。由此，又引申出其限制：即使债权人领取提存物的请求权已经消灭，但债务人依据《民法典》第574条第2款之规定享有取回权的，提存物不应属于国家所有。

4. 债务人的取回权

《民法典》第574条第2款规定："……但是，债权人未履行对债务人的到期债务，或者债权人向提存部门书面表示放弃领取提存物权利的，债务人负担提存费用后有权取回提存物。"根据该规定，债务人行使取回提存物的权利的前提是符合以下两种情形之一：(1) 债权人未履行对债务人的到期债务。如果债权人已经履行了对债务人的到期债务，债务人就没有取回权。在债权人未履行对债务人的到期债务时，债务人可以拒绝债权人的履行请求。《民法典》第574条第1款第二句亦规定提存部门应因债务人的要求而拒绝债权人的受领请求权。此时，债务人虽不因此而陷于履行迟延，但其履行利益并未得到满足。在债权人的领取提存物请求权因除斥期间届满而消灭后，债务人的履行利益仍未得到满足，但提存物却在扣除提存费用后归国有。即使债务人可以请求债权人赔偿，但债权人此时往往已经陷入资力不足状态，这对于债务人未免不公。即使债权人的领取提存物请求权仍然存在，但因为债权人并未履行对债务人的到期债务，提存部门可以拒绝债权人的领取提存物的请求，但是，债务人不应因提存部门能够行使履行抗辩权而丧失了自己行使履行抗辩权的机会，故债务人也可以选择行使取回权。这实质上是自己行使履行抗辩权，在此种情形中并无保护债权人利益的必要。并且，此时取回权的行使不以债务人解除其和债权人之间的合同为前提，这恰恰体现了履行抗辩权和解除的不同功能。当然，债务人也有权依法解除其与债权人之间的合同，从而使债权债务关系终止，进而取回提存物。(2) 债权人领取提存物的请求权也可能因为债权人向提存部门书面放弃领取提存物的权利而消灭，此时，债务人享有取回提存物的权利。这更可能发生于债务人领取提存物的请求权在除斥期间届满前行使的情形中。在债权人书面放弃提存物领取请求权的情况下，提存关系应该消灭。提存部门与提存物的保留本无利害关系，现在领取权已经被抛弃，目的不达，作为手段之保管关系亦无存续之必要。

除此之外，还可能在两种情形下承认债务人的取回权：第一，债务人和债权人之间的债权债务已经因另为履行、抵销、免除等其他原因而消灭。第二，不承认债务人的取回权是为了保护债权人的利益，但是，在债权人的利益不可能被损害的前提下，仍然应当承认债务人的取回权。最为典型的情形是尚未向债权人作出提存通知的情形：此时债权人尚未确定地取得利益，故也无利益损害的问题，承认债务人的取回权并不会产生问题。

符合上述条件的，债务人可以行使取回权。取回提存物的，视为未提存，因此产生的费用由债务人承担。“负担提存费用后有权取回提存物”这个表述表明，在债务人支付提存费用前，提存部门有权留置价值相当的提存物。同时，提存物的孳息也归债务人所有。但债权人受领迟延所产生的效果并不因此消灭。

五、免　除

（一）免除概述

免除，是指债权人抛弃债权，从而全部或者部分消灭债权债务。从债权人角度观察，免除是债权人抛弃债权；从债务人的角度观察，其因此而被免去给付义务。债权人可以免除债务的部分，也可以免除债务的全部。比如，债务人乙应当偿还债权人甲 2 万元人民币，甲表示乙可以少还或者不还。这就是债权人免除债务。甲表示只需要偿还 1 万元，是债务的部分免除；表示 2 万元都不必偿还，是债务的全部免除。免除部分债务的，债权债务部分终止；免除全部债务的，债权债务全部终止。《民法典》第 575 条规定：“债权人免除债务人部分或者全部债务的，债权债务部分或者全部终止，但是债务人在合理期限内拒绝的除外。”增加既存债权或者设立新的债权，性质上属于债的变更，但是，债权减少，可以被认为在性质上属于部分免除。

免除多对债务人有利，故债务人一般不会反对。如果认为免除必须由双方当事人明确同意，这可能是不效率的；但是，基于自愿原则，债务人在合理期限内明确拒绝的，应当尊重债务人拒绝的意思，尤其当免除在一些情况下会影响到债务人的利益时。在原《合同法》第 105 条的基础上，《民法典》第 575 条规定，债权人免除债务人债务的，无须债务人明确同意，即可发生免除效力，但存在但书规定“但是债务人在合理期限内拒绝的除外”，即如果债务人在合理期限内拒绝，免除效力自始不发生。这反映了一项最基本的考虑，即给予他人好处，无须他人同意，但他人可以拒绝。

（二）免除的构成要件

1. 免除应由有处分权人作出

免除是对债权的处分行为，故只有对债权有处分权的人方能为免除的意思表示。这些主体具体包括债权人、债权人的代理人和信托受托人。同时，被免除的债权也必须具有可处分性，否则处分的效力不能发生，比如，公司不能免除股东缴纳出资的债务。

2. 免除应以意思表示向债务人为之

免除应由债权人向债务人作出免除债务的意思表示，方能发生债务消灭的后果。免除债务表明债权人放弃债权，不再要求债务人履行义务，因此，债务人不必为免除支付相应的对价，免除是无偿的民事法律行为。免除的原因行为虽得为有偿或为无偿，但是原因行为与免除的效力无关，为让债权人免除债务而约定对待给付的，也不能因此而使免除具有有偿性。

免除的意思表示为有相对人的意思表示，因此应当适用意思表示和民事法律行为的一般规定。免除可以附条件或者附期限。

3. 债务人未在合理期限内表示拒绝

债务人在合理期限内表示反对的，不生免除的效力。之所以作出这一规定，是为了保护债务人的合法利益，更为尊重债务人的意思。债务人在认为免除对其不利时可以在合理期限内表示拒绝，债务不消灭，债务人可以要求继续履行，债权人拒绝的，债务人可以提存标的物。为防止债权的效力长期存在变动的可能，此种拒绝的表示应该在合理期限内作出。合理期限的确定可以考虑作出拒绝的表示所必要的期间、拒绝的表示到达债权人所必要的时间等。

（三）免除的法律后果

免除使债权债务消灭。债权人免除部分债务的，债权债务部分消灭；免除全部债务的，债权债务全部消灭。但是，免除不得损害第三人的利益，比如作为质权标的的债权不允许债权人随便免除，因为该行为会损害质权人的利益；融资租赁合同中若出租人免除出卖人的交付义务，则承租人会因此受到损害，故不允许其免除出卖人的义务，如有违反，对第三人不能发生免除效果。

同时，根据《民法典》第 559 条的规定，债权债务终止时，债权的从权利同时消灭，但是法律另有规定或者当事人另有约定的除外。因此，债权因免除而消灭的，从属于债权的担保权利、利息权利、违约金请求权等也随之消灭。比如甲免除了乙的债务，为乙提供履行担保的丙的保证责任没有了存在基础，必然一同消灭。根据《民法典》第 520 条第 2 款的规定，部分连带债务人的债务被债权人免除的，在该连带债务人应当承担的份额范围内，其他债务人对债权人的债务消灭。

六、混　同

（一）概述

债权债务的混同，是指债权和债务同归于一人，致使债权债务终止。对此，《民法典》第 576 条规定，债权和债务同归于一人的，债权债务终止，但是损害第三人利益的除外。

（二）混同发生的原因

1. 概括承受

概括承受是发生混同的主要原因。概括承受主要有以下几种情形：（1）合并，合并前的两个组织之间的债权债务因同归于合并后的组织而消灭。（2）债权人继承债务人，如父亲向儿子借钱后死亡，儿子继承父亲的债权和债务。（3）债务人继承债权人，如儿子向父亲借钱后，父亲死亡，儿子继承了父亲的遗产。（4）第三人继承债权人和债务人，如儿子甲向父亲乙借钱后，因意外事件二人同时死亡，由甲的儿子丙继承他们二人的财产。

2. 特定承受

特定承受主要包括两种情形：（1）债务人受让债权人的债权，比如债权人甲与债务人乙签订合同后，甲将合同权利转让给乙。（2）债权人承受债务人的债务，比如甲、乙二人签订合同后，债务人乙的债务转移给债权人甲。

（三）混同的法律效果

债权债务的存在必须有债权人和债务人，债权人和债务人双方混同时，债权债务失去存在基础，自然应当终止。根据《民法典》第559条的规定，债权债务终止时，债权的从权利同时消灭，但是法律另有规定或者当事人另有约定的除外。因此，债权因混同而消灭的，从属于债权的担保权利、利息权利、违约金请求权等也随之消灭。需要注意的是，债权与保证债务混同时，保证债务固然归于消灭，但是主债务仍然存在。同时，根据《民法典》第520条第3款的规定，部分连带债务人的债务与债权人的债权同归于一人的，在扣除该债务人应当承担的份额后，债权人对其他债务人的债权继续存在。

《民法典》第576条但书规定，“但是损害第三人利益的除外”。据此，虽然债权债务同归于一人，但是该债权的继续存在具有特别的经济意义或者法律意义，尤其是在会损害第三人利益的情况下，为保护第三人的利益，该债权并不因混同而消灭。这具体包括以下情形：（1）债权成为第三人的权利标的的场合。债权与其债务因混同而消灭时，第三人之法益即受影响者，为该第三人之利益，债权即不应归于消灭。比如甲以对乙的债权为丙设定权利质权，此后甲、乙之间的权利义务如果混同而发生消灭会损害质权人的利益，则作为质权标的的债权并不消灭；又比如债权人甲请求扣押债务人乙对第三人丙的债权，此后乙、丙之间的债权债务虽然发生混同，但是为了保护债权人甲的利益，被扣押的债权并不消灭，甲仍然可以请求人民法院强制执行。（2）具有流通性的证券化债权。票据转让对受让人没有限制，因此，票据可再被转让到以前的票据债务人（发票人、承兑人或者其他票据债务人），被称为回头背书，此时票据上的权利、义务不因混同而消灭。无记名债权、公司债等证券化债权，由于可以作为独立的有价物而交易，自然不因混同而消灭。

第二节　合同解除

一、概　述

（一）合同解除的概念及制度目的

合同解除，是指因当事人一方或双方的意思表示，具有约束力的合同溯及于自始终止或者仅向将来终止。解除是对当事人进行救济的方式之一。作为民事法律行为的合同行为不存在解除问题，能够被解除的仅仅是合同关系。

通过合同解除，当事人能够在其合同目的不能实现的情形中摆脱现有合同权利义务关系的约束，重新获得交易的自由，而不再负有对待给付义务、受领义务，在解除具有溯及力时还可以请求返还已经作出的给付。比如，甲作为卖方和乙作为买方签订买卖合同，乙到期未支付价款，如果甲已经先交货，则甲可以解除合同，要求返还货物，将货物重新出卖；如果甲未交货，则甲可以通过解除合同消灭自己交货的义务。对比而言，履行抗辩权的效果是暂时性地对抗对方的请求，而违约责任，尤其是违约损害赔偿责任的效果是弥补损失。因此，合同解除具有履行抗辩权和违约责任所不能取代的功能，避免在继续履行和损害赔偿请求权实现前保持对待给付的状态。合同解除是合同严守的例外，故在合同解除中，应当考量意思自治和社会整体信赖之间的关系，在意思自治和合同约束之间形成平衡。

关于是否以及如何区分合同解除与合同终止，存在不同的观点。有的观点以是否具有溯及力进行区分：没有溯及力的称为终止，有溯及力的称为解除。《民法典》采取了广义的终止的概念，“解除”仅是“终止”的原因之一，同时依解除的效果又区分为有溯及力的解除和没有溯及力的解除，没有溯及力的解除就相当于狭义上的“终止”。

（二）合同解除的类型

解除包括了当事人协商解除（合意解除）、行使解除权的解除和申请司法解除。合意解除，是指合同产生法律约束力后，当事人以解除合同为目的，经协商一致，订立一个解除原来合同的协议。行使解除权解除，是指一方通过行使其享有的法定或约定解除权来解除合同的情形。至于申请司法解除，是指在满足情势变更的法定要件之时，人民法院或者仲裁机构结合案件的实际情况，根据公平原则来解除合同的情形。

其中，合意解除直接导致合同被解除，而约定解除的事由和法定解除的事由发生仅产生了解除权，解除权人必须依法行使解除权后才能够导致合同被解除。据此，合意解除也可以被称为双方协议解除，约定解除和法定解除可以被称为单方解除。至于申请司法解除，只有通过司法程序才可以解除合同。

二、合意解除

（一）合意解除的概念及构成

合意解除，又称双方协议解除，是指合同产生法律约束力后，当事人以解除合同为目的，经协商一致，订立一个解除原来合同的协议。比如，乙公司向甲公司订购了一批服装面料，准备生产时装，但后来乙公司的生产订单被取消，乙公司不再需要订购的面料，于是乙公司与甲公司协商一致解除合同。

合意解除是双方的民事法律行为，是通过订立一个新的合同来解除原来的合同。合意解除的实质是一种消灭既存合同之效力的合同，故又被称为“解除合同”或者“反对合同”[①]。在解除协议达成之前，原合同仍然有效。如果合意解除违反了法律规定的民事法律行为有效的条件，如违背了公序良俗，则解除协议不能发生法律效力，原有的合同仍要履行。解除协议本身也可以附生效条件或者生效期限。

在合意解除中，最为重要的是当事人具有解除的明确意思表示。该意思表示，根据《民法典》第 140 条第 1 款的规定，可以是明示的，也可以通过行为等方式默示表示；既可能在诉讼外作出，也可能在诉讼中作出。一方起诉，请求解除合同，另一方反诉，亦请求解除合同或者同意解除的，即使经审理认为不符合解除权行使条件，除当事人一方另有意思表示外，也可以认为双方解除合同的意思表示一致，此时合同解除，之后一方反悔的，法院不应予以支持（《合同编解释》第 52 条第 2 款）。有争议的问题是：双方都明确同意解除，但未就合意解除后的违约责任、结算和清理等问题达成一致意思表示的，此时合同是否解除？有观点认为，此时合意的内容并不清晰、确定，并且就解除后的法律后果未协商一致，合同效力的持续往往成为双方当事人合意解除时的一种讨价还价的砝码，因此，此时不能构成合意解除。实际上，这里涉及合意解除的意思表示解释问题。如果合意解除的意思表示以对结算清理事项达成一致意见为前提，则在该前提未成就的情况下，当然不能推导出合意解除的意思表示。但是，在合意解除的意思表示已经非常清晰的情况下，即使未就结算清理事项达成一致意见，仍然可以认为构成合意解除，合同被解除，而对解除后的结算清理事项依据法律规定予以确定。这更为方便，也更具有效率。因此，只要双方合意解除的意思表示是明确的，推定构成合意解除，除非合意解除的意思表示以对解除后果达成一致意见为前提（《合同编解释》第 52 条第 1 款、第 3 款）。

（二）合意解除的法律后果

根据意思自治，当事人可以协商决定合意解除的具体效力。当事人可以协商决定合同解除的具体时间，对此无约定或者约定不明确时，解除合意确定之日就是合同解除之日。双方当事人也可以约定合同解除的后果，比如可以在协议中明确放弃违约损害赔偿请求权；未约定或者约定不明确时，根据法律规定确定解除的后果。同时，在解除协议无明确约定或者约定不明确时，推定之前所有的相关合同都已经被解除。

三、行使解除权的解除

行使解除权的解除属于单方通过行使形成权即解除权的方式来解除合同的情形。根据解除权产生的依据，可以将行使解除权的解除分为约定解除和法定解除。下文将分别阐释这两种解除的类型。

（一）约定解除

1. 约定解除权的含义

约定解除，是指合同当事人一方通过行使约定解除权的方式来解除合同。而约定解

---

① 韩世远：《合同法总论》，695 页，北京，法律出版社，2018。

除权是指当事人约定，在合同履行过程中出现某种情况时，当事人一方或者双方有解除合同的权利。对于解除权可以在订立合同时约定，也可以在履行合同的过程中约定；可以约定一方享有解除合同的权利，也可以约定双方享有解除合同的权利。当约定的解除合同的事由发生时，享有解除权的当事人可以行使解除权解除合同，而不必再与对方当事人协商。

合意解除和约定解除，虽然都是基于当事人双方的合意，但是，合意解除是当事人双方根据已经发生的情况，达成解除原合同的协议，解除现存的合同关系。约定解除是约定将来发生某种事由时，一方或双方享有解除权。约定解除权本身不导致合同的解除，只有在约定的解除事由发生时，通过行使解除权方可使合同归于消灭。

同时，约定解除权的合同和附解除条件的合同不同。《民法典》第 158 条规定中规定，附解除条件的民事法律行为，自条件成就时失效。合同附解除条件的，条件成就时合同自然失效，不需要当事人再有另外的意思表示；而在约定解除权的情况下，双方约定以一定的事由发生作为解除权的产生原因，约定的事由发生时仅产生了解除权，合同并不是自动解除，必须由解除权人主动行使解除权，才能导致合同解除。原《合同法》第 93 条第 2 款第二句规定“解除合同的条件成就时，解除权人可以解除合同”。为了更清晰地显示出约定解除权和附解除条件的不同，《民法典》第 562 条第 2 款第二句将之修改为“解除合同的事由发生时，解除权人可以解除合同”。究竟是约定解除权还是附解除条件的合同，取决于当事人的意思表示，应结合该约定的内容、该约定与整个合同的关系、约定的目的等因素予以确定。

2. 约定解除权的法律构成

关于解除权的约定也是一种合同，行使约定的解除权应当以该合同为基础，因此，对解除权的约定也应当遵循民事法律行为和合同的一般规定。约定解除权在实践中有多种形式，例如，双方可以约定解约定金，即交付定金后，交付定金的一方可以按照合同的约定以丧失定金为代价而解除主合同，收受定金的一方可以双倍返还定金为代价而解除主合同。《民法典》仅在第 585 条及以下条文中规定了违约定金，解约定金可被认为是约定解除权的形式之一。当事人对解除权产生事由的约定应当明确。

约定解除权的功能体现在对法定解除权的要件和行使效果进行修正、缓和与补充，并使当事人在观念上对此明确化。在约定有效的前提下，当事人约定的合同解除事由是否发生，需要根据诚信原则进行判断，不宜轻易地否定一个已经生效，甚至已经作出大部分履行的合同。法院在认定约定解除事由是否发生时，应根据诚信原则予以确定。

（二）法定解除

1. 法定解除概述

法定解除，是指合同具有法律约束力后，当事人在法律规定的解除事由出现时，行使解除权而使合同权利义务关系终止。法定解除权的产生事由与约定解除权的产生事由既有区别又有联系。其区别表现在，法定解除事由是法律直接规定的，而约定解除事由是当事人双方通过合同约定的。其联系表现在：约定解除事由主要是对法定解除事由及其解除效果进行修正、缓和与补充，比如：可以约定，若违反合同中的某项规定，不论程度如何，均可解除合同；也可以约定，必须违反合同某项规定达到一个明确的程度，才可解除合同。在约定解除事由没有涵盖全部法定解除事由的情况下，除非当事人明确排除适用法定解除事由，否则在未涵盖的领域，法定解除权仍有其适用余地。这是民事法律行为调整模式和法定调整模式相互衔接、配合的当然要求，是法定解除制度之目的的表现。

2. 合同目的不能实现

法律规定解除的事由，也是对任意解除合同的限制，以鼓励交易，避免资源浪费，合理保护双方当事人的合法权益；同时，并不是说具备这些事由，当事人就必须解除合同，是否行使解除的权利应由当事人决定。合同解除的目的是使当事人摆脱合同权利义务的约束，并非制裁当事人，因此法定解除权的成立，不以当事人有过错为要件，不以对方当事人具有可归责性为要件。因此，即使是不可抗力发生了，且双方当事人都不具有可归责性，法定解除权仍然在一定前提下可以产生。

但是，为了避免当事人任意地解除合同，仍然需要对法定解除权的产生予以限制，而限制的方式，要么是宽限期模式；要么是合同目的不能实现模式；要么以合同目的不能实现模式为基础，在履行迟延时采取宽限期模式。《民法典》采取了最后一种模式，其最为核心的是必须达到“致使不能实现合同目的”的程度。如果合同目的仍然能够实现，则一般不产生法定解除权。因此，判断法定解除权是否产生，并非看对方当事人是否具有可归责性，而是看合同目的是否不能实现。

判断合同目的是否不能实现，首先需要区分合同目的和合同动机。对于“合同目的”，学理上认为其包括客观目的和主观目的：客观目的即典型交易目的，即给付所欲实现的法律效果，合同的主给付义务一般就体现了合同目的，具体而言，合同目的是合同标的在种类、数量、质量方面的要求及表现。主观目的即当事人签订合同的动机。虽然当事人签订合同的动机在大多数情况下不得作为合同目的，但合同动机也可能在一定情况下转化成合同目的。如果当事人明确地将其签订合同的动机告知了对方当事人，并且以之为成交的基础，或者说以之为合同的条件，也可以在此时例外地将此类动机视为合同目的。

判断合同目的是否能够实现，是否据此产生法定解除权时，不能简单地由所违反条款的性质来推断是否构成根本违约，而必须讨论这一违约是否会产生合同目的落空的结果。此时可以考虑以下情况：第一，违约是否实质上剥夺了另一方当事人根据合同有权期待的利益，除非另一方当事人并未预见而且也不可能合理地预见到此结果。第二，对被违反义务的严格遵守是不是合同的实质性约定。例如，在跟单信用证交易中，提交的单据必须严格与信用证条款相符。第三，违反义务是否导致不能信赖其将来的履行。如果一方当事人分期履行义务，并且在某一次先履行中出现的瑕疵很明显将要在整个履行中重复，则尽管先期履行中的瑕疵本身并不构成解除合同的依据，但另一方当事人仍然可以解除合同。第四，合同解除是否导致违反义务人因已经作出的准备或者履行而遭受不相称的损失，比如，甲和乙约定甲向乙交付专为其制造的软件，约定的交付时间是 12 月 31 日之前，但甲在次年 1 月 31 日才交付。此时乙仍然需要该软件，并且甲无法将该软件出售给其他客户。这时乙可以请求甲承担违约责任，但不能解除合同。

3. 具体的法定解除事由

（1）因不可抗力致使不能实现合同的目的。

《民法典》第 180 条第 2 款规定，不可抗力是不能预见、不能避免并不能克服的客观情况。不能预见，是指行为人主观上对于某一客观情况的发生无法预测。《民法典》采取了解除方式，这有利于当事人之间互通情况和互相配合，并积极采取救济措施；且能够确定债权人的对待给付义务是否消灭以及消灭的时间。根据此目的，应当认为此种情况下，双方当事人都有权解除合同。

不可抗力事件的发生，对履行合同的影响有大有小：有时只是暂时影响到合同的履行，可以通过延期履行实现合同的目的；有时仅对合同目的的实现产生很小影响，对此当事人不能行使法定解除权。只有不可抗力致使合同目的不能实现时，当事人才可以解除合同。

（2）预期违约。

在合同履行期限届满之前，当事人一方明确表示或者以自己的行为表明不履行主要债务的，对方当事人可以解除合同。预期违约，降低了另一方享有的合同权利的价值。在一方当事人预期违约的情况下，仍然要求另一方当事人在履行期限届满时才能主张补救，将给另一方造成损失。允许受害人解除合同，受害人对于自己尚未履行的合同可以不必履行，有利于保护受害人的合法权益。

预期违约，首先要求发生在履行期限届满之前。这不仅包括履行期限为一期间的情形，而且包括履行期限为一时点的情形。其次要求履行是可能的。再次要求当事人一方明确表示或者以自己的行为表明不履行主要债务。预期违约分为明示违约和默示违约。所谓明示违约，是指合同履行期到来之前，一方当事人明确、肯定地向另一方当事人表示他将不履行主要债务。所谓默示违约，是指合同履行期限到来前，一方当事人有确凿的证据证明另一方当事人在履行期限到来时明显将不履行主要债务。这要求将会发生不履行是很明显的，例如，在货物需要运输的情形中，按照既有时间，无论如何货物也无法按期运送到。怀疑，即使是一种有理由的怀疑，也是不充分的。并且，此时不履行的是主要债务，因此是根本性地影响合同目的实现的债务，而非其他债务。最后要求当事人不享有履行抗辩权等正当理由。

应当注意的是，预期违约规定与不安抗辩权的规定相互衔接。如果将会发生不履行是很明显的，则对方当事人依据《民法典》第 563 条的规定享有法定解除权，可以直接解除合同。《民法典》第 527 条第 1 款、第 528 条同时规定了不安抗辩权及合同解除。对于预期违约，必须要有非常确定的证据，但是当事人对此可能会出现判断的不准确，如果等到履行期届至但没有得到履行，当事人可能会遭受损失；但是，如果他认为对方可能丧失履行债务能力或者存在其他预期违约行为，而直接解除合同，但实际上对方仍然具有履行能力或者无其他预期违约行为，则他可能会因此承担违约责任。为避免当事人因判断不准确而遭受上述风险，处于两难境地，保护守约方的利益，同时考虑到上述行为对合同目的是否能够实现的影响程度的不同，守约方可以依据《民法典》第 563 条第 1 款第 2 项直接解除合同，但其也可以为保险起见，选择不直接解除合同，而是首先中止自己的履行并催告对方，给对方一个恢复履行能力和提供担保的机会，消除判断所可能出现的不确定性。

（3）迟延履行主要债务经催告仍未履行。

当事人一方迟延履行主要债务，经催告后在合理期限内仍未履行的，对方当事人可以解除合同。这有助于降低对方当事人证明迟延履行致使不能实现合同目的的难度。《民法典》据此规定了许多具体的情形，例如，第 722 条规定，承租人无正当理由未支付或者迟延支付租金的，出租人可以请求承租人在合理期限内支付；承租人逾期不支付的，出租人可以解除合同。债务人迟延履行债务是违反合同约定的行为，但并非债权人就可以因此解除合同。只有符合一定条件时，债权人才可以解除合同。

（4）其他根本违约行为。

一方当事人迟延履行债务或者有其他违约行为致使合同目的不能实现的，构成根本违约，也产生法定解除权。违约行为导致法定解除权产生的前提是违约行为致使合同目的不能实现，故理论上将这些违约称为"根本违约"。虽然违反合同义务，但并未致使合同目的不能实现的，为非根本违约。同样一个违约行为，可能是根本违约，也可能是非根本违约。只有在这些违约行为致使合同目的不能实现时，也即根本违约时，才产生法定解除权。此种情况下，债权人可以解除合同，不给予债务人采取合理的补救措施的权利。

致使不能实现合同目的的其他违约行为，主要指违反的义务对于合同目的的实现十分重要，如一方不履行这种义务，将剥夺另一方当事人根据合同有权期待的利益。该种违约行为主要包括：1）不能履行主要债务。在不能履行主要债务的场合，如果不能履行是不可抗力导致的，则通过《民法典》第 563 条第 1 款第 1 项解决；对于其他场合的不能履行主要债务，债权人依据《民法典》第 563 条第 1 款第 4 项规定可以解除合同且无须催告。2）拒绝履行，即债务人拒绝履行合同义务，包括债务人在履行期限届满前明示或者默示地拒绝履行非主要债务致使不能实现合同目的，或者履行期限届满后拒绝履行主要债务或拒绝履行其他合同义务致使不能实现合同目的。3）履行与约定严重不符，无法通过修理、重作、更换、减价的方法予以补救，致使不能实现合同目的。比如，约定交付的标的物是一级棉花，但交付的是买方根本无法使用的等外品。如果有通过修理、重作、更换、减价的方法予以补救的可能，则债权人不享有法定解除权。实践中多为债务人瑕疵履行后，债权人多次请求补正，但债务人不能补正，债权人因此解除合同的情况。4）履行主要债务之外的其他合同义务不适当，致使不能实现合同目的。依据《合同编解释》第 26 条，如果当事人一方未根据法律规定或者合同约定履行开具发票、提供证明文件等非主要债务，致使不能实现合同目的，对方有权请求解除合同。

（5）法律规定的其他解除情形。

4. 不定期继续性合同中的任意解除权

（1）制度目的。

《民法典》第 563 条第 2 款规定了以持续履行的债务为内容的不定期合同中当事人的随时解除权或者任意解除权。该规则的制度目的是在以持续履行债务以内容的不定期合同中，避免当事人无限期地受到合同约束。这种制度目的也决定了其为强制性规范，当事人完全放弃此种任意解除权的约定是无效的。但是，当事人可以约定行使此种任意解除权的方法，例如约定提前 3 个月通知。

（2）构成要件。

首先，合同必须是以持续履行的债务为内容的合同，例如租赁合同、保管合同、合伙合同等，而非一次履行就会使债务消灭的合同。这类合同又被称为继续性合同。以持续履行债务为内容的继续性合同，也就是给付的范围单纯由时间决定的合同。如果全部给付的范围自始确定，即使未规定具体期限，但当全部给付完成时，合同自然终止，就不会产生上述无限期约束的可能性。这里所谓的“持续履行债务”包括持续性给付和重复给付。前者又被称为固有的继续性合同，例如借款合同、租赁合同、保管合同、仓储合同、委托合同、合伙合同、劳动合同、保险合同等。后者又被称为连续供应合同，是重复发生给付的合同，主要与买卖联系在一起，例如每天送牛奶的合同、需求供应合同，甚至供用电、水、气、热力合同等。与特定结果目标联系在一起的承揽类合同并非继续性合同，债务人给付的范围已经通过特定结果目标予以确定。由此也排除了分期给付合同，例如，分期付款、分批交货等，其中给付的范围也已事先确定，故是同一债务，仅仅履行方式是分期分批而已。

其次，合同是不定期的合同。继续性合同通常会约定一个存续或者履行期间；如果没有约定期间或者约定不明确，根据《民法典》第 510 条，当事人可以协议补充，不能达成补充协议的，可以按照合同有关条款、合同性质等予以确定。既未约定期间或者约定不明确，也无法确定期间的，就是不定期的合同。

（3）法律后果。

根据《民法典》第 563 条第 2 款的规定，以持续履行的债务为内容的不定期合同，当事人可以随时解除，但是应当在合理期限之前通知对方。而且双方当事人都有解除权，而非仅一方当事人享有解除权。同时，应当在合理期限之前通知对方。这是为了给予对方必要的准备时间。合理期间的确定可以考虑当事人之间合作的时间和合同关系已经持续时间的长短、另一方当事人为履行合同所付出的努力和投资、寻找新的合同对方所可能需要的时间、双方履行之间的时间间隔，等等。当事人没有在合理期限之前通知对方的，并非解除通知无效，而仅是解除通知延至合理期限之后发生效力。

（三）解除权的行使

当事人一方依照《民法典》第 562 条第 2 款、第 563 条行使解除权而解除合同的，必须满足以下条件。

首先，必须享有解除权。解除权行使的前提是当事人享有解除权。如果当事人不享有解除权，即使解除通知到达对方，对方未提出异议，也不发生合同解除的效果。《民法典》第 562 条第 2 款和第 563 条对约定解除权和法定解除权作了规定，只有符合这些规定解除权才可以产生。如果不具备法定条件，一方当事人不享有解除权，自然不能行使解除权而单方解除合同。

其次，必须在规定期限内行使解除权。无论是约定解除权还是法定解除权，均是法律赋予当事人的保护自己合法权益的手段，但其行使不能毫无限制。行使解除权会引起合同关系的重大变化，如果享有解除权的当事人长期不行使解除的权利，就会使合同关系处于不确定状态，影响当事人权利的享有和义务的履行。因此，解除权作为形成权，应当在一定期间内行使，以促使法律关系尽早确定为目标。该期间是解除权的行使期限或者除斥期间，不适用诉讼时效的中止、中断和延长的规定；并且该期间届满后，解除权消灭，这与诉讼时效期间届满后的后果也不相同。

关于解除权行使的具体期限，《民法典》第 564 条规定了三种类型：法律规定或者当事人约定的行使期限；在对方当事人催告后的合理期限；自解除权人知道或者应当知道解除事由之日起一年。解除权消灭的事由除了行使期限届满，还有当事人知道解除事由后明确表示或者以自己的行为表明放弃解除权。对此可以类推适用《民法典》第 152 条第 1 款第 3 项“当事人知道撤销事由后明确表示或者以自己的行为表明放弃解除权”。解除权人无论是明确表示还是通过行为表示对解除权的放弃，均属于对自己权利的处分，依据自愿原则，法律应予以准许。

最后，行使解除权应当通知对方当事人。当事人一方行使解除合同的权利，必然引起合同的权利义务的终止。但是，解除权产生之后，并不导致合同自动解除。为了防止一方当事人因不确定对方已行使合同解除权而仍为履行的行为，避免债权人的消极反应使债务人误解债权人会接受其履行，从而对己方给付作出必要的安排以避免遭受损害，解除权人必须行使解除权才能使合同解除。《民法典》第 565 条规定，当事人根据约定解除权和法定解除权主张解除合同的，应当通知对方。解除的意思表示可以通过诉讼外的通知的方式作出，也可以直接以提起诉讼或者申请仲裁的方式作出。

（四）合同解除的时间

1. 概述

解除时间涉及因解除合同而造成的损失的起算点等问题。合同解除时间的确定直接决定了当事人请求赔偿损失的数额，同时还涉及因解除所产生之请求权的诉讼时效计算等问题，故在实务中较为重要。应当区分以下情形认定合同解除的时间。

第一，当事人协商一致解除合同的，解除协议成立并生效的时间为合同解除的时间，除非当事人另有约定。

第二，解除权人在诉讼外发出解除通知的，自解除通知的意思表示生效时，合同解除。解除的意思表示是有相对人的意思表示，如果解除的意思表示以非对话方式作出，《民法典》第 565 条第 1 款中明确规定，自解除通知到达对方当事人时，合同解除。另外，法律、行政法规规定解除合同应当办理批准手续方生效的，批准的时间是合同解除的时间。

但是，解除通知中载明债务人在一定期限内不履行债务则合同自动解除，债务人在该期限内未履行债务的，《民法典》第 565 条第 1 款中明确规定，债务人在该期限内未履行债务的，合同自通知载明的期限届满时解除，无须解除权人在此之后另发一份解除通知。

第三，解除权人直接以提起诉讼或者申请仲裁的方式依法主张解除合同，人民法院或者仲裁机构确认该主张的，合同自起诉状副本或者仲裁申请书副本送达对方时解除。《民法典》第 565 条第 2 款对此有明确规定。因为解除权为普通形成权而非形成诉权，当事人直接起诉解除合同也属于确认之诉而非形成之诉，故法院判决的作用仅仅是确认解除行为的效力及法律后果，而不是代替当事人解除合同。《合同编解释》第 54 条进一步规定，当事人一方未通知对方，直接以提起诉讼的方式主张解除合同，撤诉后再次起诉主张解除合同，人民法院经审理支持该主张的，除其撤诉后又通知对方解除合同且该通知已经到达对方之外，合同应当自再次起诉的起诉状副本送达对方时解除。

第四，解除权人先行发出解除通知，然后提起诉讼或者申请仲裁，请求解除合同的，由于解除权人已经发出解除通知，合同解除时间仍然应当是解除通知的意思表示生效之时。

2. 相对人的异议和确认解除

解除权的行使可以直接向对方当事人发出解除通知，而无须通过人民法院或者仲裁机构行使，以避免造成时间拖延和当事人在最终确定前的不确定状态，因而产生一些不必要的损失。但是，诉讼和仲裁毕竟能够最终确定当事人之间的关系，避免发生争议。因此，如果一方当事人向对方当事人发出了解除通知，对方当事人对解除合同有异议，认为解除通知的发出人不享有解除权等情形的，为防止随意解除合同导致对方当事人利益受损，避免进一步争议的发生，对方当事人自然可以请求人民法院或者仲裁机构确认解除合同的效力。

但是，解除通知发出人为了使争议最终确定，也可以在向对方当事人发出解除通知之后，再请求人民法院或者仲裁机构确认解除行为的效力，由人民法院或者仲裁机构判断发出人是否享有解除权。如果认为发出人享有解除权，则人民法院或者仲裁机构确认合同自解除通知到达对方当事人时解除。在一方当事人向对方当事人发出解除通知之后，对方当事人对解除表示了异议，认为解除通知的发出人不享有解除权，但不向人民法院或者仲裁机构确认解除合同效力的，此时，为了使当事人之间的法律关系确定，解除通知发出人也可以在收到对方当事人的异议后，请求人民法院或者仲裁机构确认解除行为的效力。《民法典》第 565 条第 1 款对此有明确规定。

较之原《合同法》第 96 条第 1 款的规定“……对方有异议的，可以请求人民法院或者仲裁机构确认解除合同的效力”，《民法典》第 565 条第 1 款的规定更为明确：首先，双方都有请求人民法院或者仲裁机构确认解除行为效力的权利；其次，对方当事人的异议与向请求人民法院或者仲裁机构确认解除行为的效力并不等同，对方当事人提出异议不见得必须以请求人民法院或者仲裁机构确认解除行为的效力这种方式提出，而可以更为简便地提出，否则会倒逼对方当事人以诉讼或者仲裁的方式表示异议。因此，《民法典》第 565 条第 1 款的规定有助于对方表示异议方式的简便，同时也有利于双方当事人的相互制约，以尽快确定双方当事人之间的法律关系，进而使原《合同法司法解释二》第 24 条规定的异议行使期间欠缺足够的正当性。[①]《合同编解释》第 53 条对此明确规定，如果当事人一方以通知方式解除合同，对方未在约定的异议期限或者其他合理期限内提出异议，则只有在通知方享有解除权时，合同才自通知到达对方时解除；如通知方不享有解除权的，则不能发生合同解除的效力。

---

① 实践中，异议期间届满相对人未提出异议的，人民法院仍然需要审查解除权是否存在，不享有解除权的一方当事人向另一方当事人发出解除通知，另一方当事人即便未在异议期间内提起诉讼，也不发生合同解除的效果。这使异议期间的实践意义大为限缩。

四、申请司法解除：情势变更

这里所谓的申请司法解除，是指适用情势变更原则解除合同的情形。

（一）情势变更的含义

情势是指构成合同赖以成立的基础或环境的客观情况，而变更是指合同成立后情势发生的重大变化。所谓情势变更原则就是指合同依法成立后，合同赖以成立的客观基础或者环境发生了当事人在订立合同时无法预见的不属于商业风险的重大变化，继续履行合同对当事人一方明显不公平，而双方当事人又不能协议变更的，人民法院或者仲裁机构根据当事人的请求变更或者解除合同的制度。

依据合同严守原则，在合同依法成立后，当事人就应当按照约定履行债务。我国合同法律浸润着商事合同法的深刻烙印，历来强调合同必守，在违约责任方面更是以严格责任为归责原则。故对于履行中的风险，当事人应当在合同中通过免责条款予以事先约定。一旦发生违约，又没有不可抗力或者约定免责事由，违约责任不可避免。但基于公平和诚实信用的考虑，《民法典》第533条在原《合同法司法解释（二）》第26条的基础上确立了情势变更原则，允许在情势变更的情况下，当事人如不能合意变更合同内容，则可以请求人民法院或者仲裁机构变更或者解除合同。应当注意的是，情势变更是对当事人自治的一种限制，因此，当事人不能通过约定排除情势变更的适用，如果当事人事先约定排除情势变更适用的，该约定无效（《合同编解释》第32条第4款）。

（二）情势变更的构成要件

当事人一方要主张情势变更需要满足以下条件。

1. 合同的基础条件发生了重大变化

所谓合同的基础条件，也就是学理上所谓的情势，是指合同赖以成立的客观基础或环境。首先，合同基础条件必须是客观的。如果基础条件是主观的，则应当按照意思表示瑕疵的相关规则来处理。其次，该基础条件应当构成订立合同、确定合同价格的重要考量因素或者说前提。虽然合同当事人在订立合同时并未对其有清楚的预见或者说并未直接加以特别考量或者特别关注，但是正是基于该条件的存在，当事人才完成了合同的磋商并确定了合同中双方的权利义务关系。而这种条件的变化，会导致合同权利义务的显著失衡。最后，构成合同赖以成立的基础条件的客观情况，既可以是交易或经济环境，包括土地、原材料、劳动力等各类生产成本价格，利息等融资成本，作为结算标准的货币的币值，最终商品或服务的市场需求等，例如，政策调整或者市场供求关系异常变动等原因导致价格发生重大的变化；也可以是非经济事实，包括市场主体正常生产、经营所依赖的社会经济环境、法律政策环境等，例如国家法律变化，经济、环保政策进行重大调整，技术跃升、产业升级换代等。情势变更的原因也可以包括不可抗力的发生。

2. 情势变更发生在合同成立之后、履行完毕之前

首先，合同基础条件的重大变化应当发生在合同成立后。在合同成立之前双方当事人对合同基础条件发生误解的，可以适用重大误解的相关规则予以解决。其次，情势变更必须发生在合同履行完毕以前。如果在履行完毕以后发生情势变更，因债的关系已经因清偿而消灭，合同基础条件的变化对双方的利益不产生任何影响，显然没有必要再适用情势变更原则。最后，如果一方当事人延迟履行后发生情势变更，是否可以适用情势变更规则？对此可以参照适用《民法典》第590条第2款的规定“当事人迟延履行后发生不可抗力的，不免除其违约责任”，不允许当事人主张情势变更。

3. 该重大变化是当事人在订立合同时无法预见的

这里所言的订立合同时，是指合同订立的过程中，也就是合同成立之前。如果当事人在订约时已经预见而仍然订立合同，则表明当事人自愿承担情势变更所发生的风险，或者说其认为合同对价已经能够涵盖此种风险，因而不能适用情势变更。当事人应当预见而没有预见，则可以考虑通过意思表示瑕疵规则处理，而非适用情势变更规则。

所谓无法预见，不是指当事人没有预见，而是指订立合同时不能预见。申言之，如果订约时当事人预见将来要发生情势变更，而当事人仍以现在的客观情况为基础订约的，则表明当事人愿意承担风险，应使当事人自负后果，不应适用情势变更规则。

4. 这种重大变化不能属于商业风险

对于合同履行过程中的商业风险，按照独立决定、独立负责的原则，遭受不利的当事人应当自行承担不利后果。某一客观情况的变化是属于正常的商业风险还是属于可引起情势变更制度适用的“重大变化”，法律无法划定统一的标准，只能在具体个案中综合各方面情况作具体判断，不能单纯依价格涨跌幅度大小、合同履行难易等作简单判断。例如，如果合同涉及市场属性活跃、长期以来价格波动较大的大宗商品以及股票、期货等风险投资型金融产品，则由此所发生的价格变化正是此种市场所内含的商业风险，不能适用情势变更（《合同编解释》第32条第1款）。

5. 继续履行合同对于当事人一方明显不公平

情势变更发生以后，经常造成当事人之间严重的利益失衡，如果继续按原合同规定履行义务，将会对当事人明显不公平，从而违背诚实信用原则。当事人之间的权利、义务是建立在对合同基础条件的认识的基础上的，对于原材料等各类生产成本价格、融资成本、币值以及最终商品或服务市场价格等市场涨跌变化之类的合同基础条件，当事人应当有着合理的预期，并在此基础上结合自身履约能力等议定合同权利义务。但是随着基础条件的重大变化，订立之初的当事人的此种预期被打破，当事人之间的权利、义务就会发生一定的失衡。这种失衡达到明显不公平的地步时，基于诚信原则，就需要通过当事人的协商或者公权力的介入来重新调整当事人的权利义务关系或者解除合同，以实现实质上的公平。对于是否构成明显不公平，应当依据该合同的具体内容和继续履行的结果，结合合同目的、具体行业、交易类型、合同类型等因素来判断，实践中表现为履行过于艰难或必须付出高昂的代价以及不能履行等情形。如果客观情况变化对双方当事人之间的利益关系影响轻微，则不应适用情势变更规则。如果客观情况变化导致合同目的不能实现，则直接产生法定解除权，同样不适用情势变更规则。

（三）情势变更的法律效果

1. 重新协商

在发生情势变更的情况下，当事人首先可以重新协商。这就是说，受到不利影响的一方当事人可以请求与对方当事人重新协商，根据变化了的情势对原有合同的权利、义务协议变更。在情势变更的情况下，通过当事人的再协商，排除合同履行中的非根本性障碍，重新实现新的合同基础条件下的利益均衡，对于双方继续推进合同履行，从而保障交易的顺利进行，最终实现合同目的，具有积极意义。此外，重新协商毕竟意味着当事人可以通过协商达成变更协议，从而实现鼓励交易的目的。

2. 请求变更或者解除合同

（1）以诉讼或者仲裁方式提出。

重新协商不能久拖不决，在合理期限内协商不成的，就应当第三方介入，以实现利益平衡。在合理期限内协商不成的，当事人可以请求人民法院或者仲裁机构变更或者解除合同。这就是说，情势变更的情况下，变更或者解除合同应当通过诉讼或者仲裁方式进行，当事人不能直接以意思表示来解除合同。

（2）人民法院及仲裁机构的处理。

依据《民法典》第533条第2款，人民法院或者仲裁机构应当结合案件的实际情况，根据公平原则变更或者解除合同。对此应当作如下理解：

其一，合同能否变更或解除，取决于人民法院或仲裁机构的裁决。如果人民法院或仲裁机构驳回了当事人的请求，则该当事人仍应继续履行义务，不能发生合同变更或解除的后果；如果人民法院或仲裁机构裁判变更或解除合同，则发生原合同变更或解除的后果。法院此时应当综合考虑合同基础条件发生重大变化的时间、当事人重新协商的情况以及因合同变更或者解除给当事人造成的损失等因素，在判项中明确合同变更或者解除的时间（《合同编解释》第32条第3款）。

其二，究竟是变更还是解除，需要由人民法院或仲裁机构结合案件的实际情况，根据公平原则予以判断。基于鼓励交易的考虑，人民法院或仲裁机构原则上应当通过变更合同来解决问题，即通过增减履行标的物的数量、变更同种类给付、调整价款金额、将履行期延期或将一次履行变为分批履行、将先履行变为后履行等方式变更原合同的内容，使原合同能够在公平的基础上得到履行。已经无法通过变更合同来解决问题的，人民法院或仲裁机构应判决或裁决解除合同。依据《合同编解释》第32条第2款，当事人请求变更合同的，人民法院不得解除合同；当事人一方请求变更合同，对方请求解除合同的，或者当事人一方请求解除合同，对方请求变更合同的，人民法院应当结合案件的实际情况，根据公平原则判决变更或者解除合同。

五、合同解除的效力

（一）合同解除的溯及力

依据《民法典》第557条第2款的规定，合同解除的，该合同的权利义务关系终止。

但是，合同关系终止，并不意味着不发生其他的权利义务关系，解除后仍然会产生诸多权利义务关系。

《民法典》第566条第1款首先是针对尚未履行的部分。由于解除终止了合同权利义务关系，因此该条第1款规定，尚未履行的，终止履行。对此在实践中不存在争议，较有争议的是对已经履行的部分是否应恢复原状或采取其他补救措施，这涉及合同解除的溯及力。合同解除的溯及力，指的是合同解除是否对已经履行的部分具有效力。若解除的效力溯及既往，则应当返还已经履行的部分，此时涉及恢复原状或采取其他补救措施；若合同解除不具有溯及力而仅向将来发生效力，则不需要返还已经履行的部分，不涉及恢复原状或采取其他补救措施。因此，合同解除的溯及力所涉及的真正问题是，针对已经履行的部分，是否要恢复原状。根据《民法典》第566条第1款的规定，根据履行情况和合同性质，当事人可以要求恢复原状、采取其他补救措施，并有权请求赔偿损失。所谓根据履行情况，是指根据履行部分对债权的影响。如果债权人的利益不是通过恢复原状才能得到保护，则不一定采用恢复原状。当然，如果债务人已经履行的部分对债权人根本无意义，则债权人可以请求恢复原状。所谓根据合同性质，是指根据合同标的的属性。根据合同的属性不可能或者不容易恢复原状的，不必恢复原状。这类情况主要包括：第一，以持续履行的债务为内容的继续性合同，比如，以使用标的物为内容的合同，包括水、电、气供应合同，对以往的供应不可能恢复原状。第二，涉及第三人利益或者交易秩序的合同，比如，合同标的物的所有权已经被转让给他人，如果返还，将损害第三人的利益。

（二）恢复原状和采取其他补救措施

在财产返还时，持直接效果说的学者认为：合同因解除而自始不存在，“恢复原状”属于所有物返还，在给付物为动产时指“有体物的返还”，在给付物是不动产且已经办理了移转登记时，则指受领人的登记注销并将登记恢复到给付人名下；而“采取其他补救措施”适用于给付劳务、利用物品、交付金钱、受领的原物毁损灭失等场合，属于不当得利返还。持间接效果说的学者认为：合同并非因解除而自始不存在，已经履行的债务并不消灭，而是发生新的返还债务，即广义上的“恢复原状义务”，该恢复原状义务包括《民法典》第566条中的“恢复原状”和“采取其他补救措施”。“恢复原状”是财产返还的债的请求权，既不是物的返还请求权，也不是不当得利返还请求权。“恢复原状”包括标的物的返还（原物返还或作价返还），利息、孳息及其他使用利益的返还，投入费用的偿还等，甚至包括原物返还不能时的风险负担。

广义恢复原状的一般规则具有如下内容：第一，因履行行为而取得的财产的返还。履行的内容是支付金钱的，所收到的金额即为应返还的数额；所取得的非金钱财产可以转让时，可以通过转让方式返还该财产。财产返还的义务及于自该财产取得的天然孳息和法定孳息。即使双方约定的价款远低于实物的市场价格，也应当返还实物。第二，不能返还或者没有必要返还时的价值返还。可返还财产在受领时和返还时发生价值减少的，予以价值返还。当事人约定了价款的，返还的价值依实际履行部分的价值占承诺履行的价值的比例确定；当事人没有约定价款的，返还的价值是已经知道履行与约定不符时双方当事人应当合理确定的价值。

对于财产受领人在财产占有期间为保存或者维护该财产所花费的必要费用、因返还财产所支出的必要费用，也可请求返还。受领人原则上应就曾利用财产偿付合理的价额；受领人对其应予返还的财产加以改良的，如果对方当事人通过处分该财产可以轻易地获得改良价值，则受领人可以请求返还改良价值，但以下情形除外：（1）该改良是受领人不履行对对方当事人的债务的结果；（2）受领人进行改良时知道或应当知道财产应予返还的。在返还期届满后，财产受领人应当针对返还期届满后不再能返还的财产予以价值返还，赔偿返还财产因返还期届满后利益状况的变化所造成的价值减少。在返还期届满后处分财产，且处分收益比财产利益更大时，应予返还的价值是处分所获得的财产的价值。当然，因不履行财产返还义务而产生的其他责任不受影响。

（三）赔偿损失

《民法典》承认合同解除与赔偿损失并存，毕竟两者的功能是不同的，不存在排斥关系。《民法典》第 566 条第 1 款规定，合同解除后，解除权人有权请求赔偿损失。同时，该条第 2 款明确规定，合同因违约解除的，解除权人可以请求违约方承担违约责任，但是当事人另有约定的除外。这里的违约责任并不包括继续履行、修理、重作、更换，解除与这些违约责任形式是互斥的：如果非违约方认为继续履行、修理、重作、更换对其有利，比如他希望得到标的物，或者在对方交货不足的情况下希望对方交足，或者对方交付了瑕疵产品，希望对方修理、重作、更换，则非违约方就应选择继续履行、修理、重作、更换而不应解除合同；一旦非违约方选择了继续履行，就意味着他放弃了解除合同的权利。但是，合同因违约而解除后，解除权人可以请求违约方承担退货、赔偿损失等违约责任。

赔偿损失，包括了法定的违约损失赔偿，也包括了约定的违约损失赔偿。在当事人约定了一定数额的违约金、因违约产生的损失赔偿额的计算方法、定金等这些违约责任条款时，合同解除后解除权人也能够主张这些条款。

在法律存在特别规定的情况下不适用《民法典》第 556 条第 2 款，而应适用特别规定。例如，《民法典》第 933 条规定：委托人或者受托人可以随时解除委托合同。因解除合同造成对方损失的，除不可归责于该当事人的事由外，无偿委托合同的解除方应当赔偿因解除时间不当造成的直接损失，有偿委托合同的解除方应当赔偿对方的直接损失和可以获得的利益。

（四）解除后的担保

《民法典》第 566 条第 3 款规定，主合同解除后，担保人对债务人应当承担的民事责任仍应当承担担保责任，但是担保合同另有约定的除外。主合同解除后，债务人对于已经履行的债务应当恢复原状或者采取其他补救措施，对债权人遭受的利益损失应当予以赔偿，此时债权人对债务人仍然享有请求权。担保本来就为保障主债务的履行而设立，在合同因主债务未履行而被解除时，合同解除后所产生的债务人的责任同样是主债务未履行所导致的，因此，担保人对债务人仍应当承担担保责任，这也并不违反担保人的通常意思。

（五）合同解除后的结算和清理条款

合同权利义务关系的终止，也就是合同权利义务条款的效力也终止，但是，当事人事先约定了有关合同终止后的结算和清理条款时，因为这些条款本身就涉及对合同终止后事务的处理，故应当尊重当事人的此种约定。《民法典》第567条即规定，合同的权利义务关系终止，不影响合同中结算和清理条款的效力。

该条适用的前提有二：首先是合同约定了结算和清理条款。关于违约责任的违约金和定金的约定也可以被认为是结算和清理条款。除了结算和清理条款，合同终止后仍然有效的还有在合同终止后仍然应当履行的其他合同条款，例如保密条款。其次是合同的权利义务关系终止。合同的权利义务关系终止与合同无效并不相同。在合同无效的情形中，并不能适用《民法典》第567条的规定。

当事人一方如果未按照有效的结算和清理条款履行，则应当依法承担违约责任。

问题与思考

1. 债的消灭的原因有哪些？
2. 简述履行抵充。
3. 简述债务抵销的条件、效力。
4. 简论提存。
5. 试述合同解除的概念及功能。
6. 比较约定解除与法定解除。
7. 试述合同解除权的行使。
8. 简述申请司法解除。
9. 试述合同解除的法律效力。

第三十八章
违约责任

本章概要

违约责任，即违反合同的民事责任，也就是合同当事人因违反合同义务所承担的责任。《民法典》对违约责任原则上采取了无过错责任，同时为了妥当地平衡行为人的行为自由和受害人的法益保护这两个价值，避免违约方绝对承担违约责任所导致的风险不合理分配，《民法典》规定了一些协调规则。按照违约行为发生的时间，可将违约行为分为预期违约和届期违约。继续履行、采取补救措施、赔偿损失等都属于违约责任的承担方式。

第一节　违约责任概述

一、违约责任的含义

违约，是指违反合同义务。违约责任，即违反合同的民事责任，也就是合同当事人因违反合同义务所承担的责任。

在英美法中，违约责任被作为违约救济的具体方式之一；而在大陆法系，违约责任被作为债务不履行责任的具体形态。《联合国国际货物销售合同公约》、《国际商事合同通则》和《欧洲合同法原则》都将违约责任作为债务不履行的救济措施之一，债务不履行的救济措施还包括履行抗辩权、解除等。《民法典》将履行抗辩权规定在“合同的履行”之中，将解除规定在“合同的权利义务终止”之中，将违约责任单独作为一章予以规定，以体现违约责任作为民事责任的一种，较之债务不履行的其他救济措施具有特殊性。

习近平总书记指出，民法典把我国多年来实行社会主义市场经济体制和加强社会主义法治建设取得的一系列重要制度成果用法典的形式确定下来，规范经济生活和经济活动赖以依托的财产关系、交易关系，对坚持和完善社会主义基本经济制度，促进社会主义市场经济繁荣发展具有十分重要的意义。[①]《民法典》所规定的各种违约的救济措施无疑也是如此。

二、违约责任的归责原则

所谓归责，就是将责任归属于某人。所谓归责原则，就是将责任归于某人的正当理由。如果将责任归于某人的正当理由是该人具有过错，需要证明该人具有过错，这就是过错归责原则。如果将责任归于某人无须证明该人具有过错，但该人可以通过证明自己没有过错而免责，这就是过错推定。如果将责任归于某人不以该人具有过错为前提，该人即使证明自己没有过错仍然要承担责任，除非其能够证明自己具有法定的免责事由，这就是无过错归责原则。可以看出，过错、过错推定和无过错，对受害人越来越有利，对行为人越来越不利。

在违约责任中，英美法系往往仅考虑是否存在违约事实，而大陆法系以过错责任或者过错推定责任为出发点。但大陆法系在实践中会通过过错的范围和过错的判断标准扩展过错可能性，并对一些情形采取无过错归责原则。而英美法系以无过错责任为出发点，在债务人不应承担的风险情形，会限缩债务人的责任，使无过错责任不等于绝对责任。因此，违约责任无论采取无过错归责原则还是过错归责原则，其最终目的都是对风险进行合理分配，两者的实践结果并不会像想象中的这么大，归责原则的不同仅仅是论证出发点的不同，不会导致最终实践结果的重大差异。《民法典》在违约责任的一般构成中不考虑过错，非违约方只需要证明违约方的违约行为，不因为违约方的无过错而免除违约方的违约责任。这有利于减轻非违约方的举证负担，保护非违约方的利益，方便裁判，增强当事人的守约意识。但是，为了妥当地平衡行为人的行为自由和受害人的法益保护这两个价值，避免违约方绝对承担违约责任所导致的风险不合理分配，《民法典》规定了一些相关的规则。

1. 违约责任的免除和减轻

《民法典》第590条第1款第一句规定，当事人一方因不可抗力不能履行合同的，根据不可抗力的影响，部分或者全部免除责任，但是法律另有规定的除外……第591条第1款规定，当事人一方违约后，对方应当采取适当措施防止损失的扩大；没有采取适当措施致使损失扩大的，不得就扩大的损失请求赔偿。第592条规定：当事人都违反合同的，应当各自承担相应的责任。当事人一方违约造成对方损失，对方对损失的发生有过错的，可以减少相应的损失赔偿额。同时，《民法典》在具体的典型合同中也规定了免责或者减责事由，比如第823条第1款、第832条、第893条等。

2. 具体合同类型中的特殊归责和免责事由

《民法典》在具体的一些典型合同中规定了特殊的归责事由，比如，第660条第2款

---

① 参见习近平：《充分认识颁布实施民法典重大意义 依法更好保障人民合法权益》，载习近平：《论坚持全面依法治国》，279～280页，北京，中央文献出版社，2020。

规定，依据前款规定应当交付的赠与财产因赠与人故意或者重大过失致使毁损、灭失的，赠与人应当承担赔偿责任；第 662 条第 2 款规定，赠与人故意不告知瑕疵或者保证无瑕疵，造成受赠人损失的，应当承担赔偿责任。

《民法典》在具体的一些典型合同中也可能规定了特殊的免责事由，例如：第 823 条第 1 款规定，承运人应当对运输过程中旅客的伤亡承担赔偿责任，但是，伤亡是旅客自身健康原因造成的或者承运人证明伤亡是旅客故意、重大过失造成的除外；第 832 条规定，承运人对运输过程中货物的毁损、灭失承担赔偿责任，但是，承运人证明货物的毁损、灭失是因不可抗力、货物本身的自然性质或者合理损耗以及托运人、收货人的过错造成的，不承担赔偿责任。

3. 允许当事人约定免责或限制责任

根据自愿原则，《民法典》承认当事人之间自愿协商一致的免责或者限责条款的效力，仅在特殊情况下限制这些条款的效力。比如，《民法典》第 506 条规定，合同中的下列免责条款无效：（1）造成对方人身损害的；（2）因故意或者重大过失造成对方财产损失的。换而言之，如果当事人事先约定免除非因故意或者重大过失造成对方财产损失的条款，除法律另有规定外，是有效的。《民法典》第 618 条规定，当事人约定减轻或者免除出卖人对标的物瑕疵承担的责任，因出卖人故意或者重大过失不告知买受人标的物瑕疵的，出卖人无权主张减轻或者免除责任。

三、违约责任的构成要件

所谓违约责任的构成要件，是指违约当事人应具备何种条件才应当承担违约责任。一般认为，成立违约责任需要满足以下条件。

第一，要求合同义务有效存在。不以合同义务的存在为前提所产生的民事责任，不是违约责任。这使违约责任与侵权责任、缔约过失责任区分开，后两者都不以合同义务的存在为前提。

第二，要求债务人不履行合同义务或者履行合同义务不符合约定。这包括了履行不能、履行迟延和不完全履行等，还包括瑕疵担保、违反附随义务和债权人受领迟延等可能与合同不履行发生关联的制度。合同义务的违反，可以从被违反的义务角度，被区分为违反主给付义务、违反从给付义务、违反附随义务和违反不真正义务。主给付义务，是指债的关系中所必备，并能决定合同目的能否实现的基本义务。从给付义务，是指补充主给付义务以确保债权人利益能获得最大满足的义务。附随义务，是指根据诚信原则产生的顾及对方当事人法益和利益的义务。不真正义务，是指债权人的受领义务或者采取适当措施防止损害扩大的义务。例如，通过网络交易购买一台空调，卖方交付空调并转移空调所有权是主给付义务；卖方交付质保书、发票的义务是从给付义务；卖方不得将其所获知的买方的个人信息泄露是附随义务。买方在空调因出现问题而漏水时尽量采取措施防止损失扩大是不真正义务。

第三，不存在法定或者约定的免责事由。如上文所述，尽管《民法典》在违约责任的归属上采取了无过错责任原则，但是，为了妥当地平衡行为人的行为自由和受害人的法益保护这两个价值，避免违约方绝对承担违约责任所导致的风险不合理分配，《民法典》依然规定了一些免责事由，例如，《民法典》第 590 条第 1 款规定的不可抗力免责的情形。另外，合同当事人可就免责事由进行约定，当约定的免责事由发生之时，当事人并不承担违约责任。

四、违约行为形态

（一）违约行为形态概述

违约行为形态是指违约行为的形态或者说合同义务不履行的形态，本质上是按照违约行为的性质和特点对其所作的一些分类。对于合同义务不履行的形态应如何分类，理论上和实践中存在分歧，但该分歧对司法实践无太大实际影响。较常见的做法是：首先，根据履行期限是否到来，可以将违约行为区分为预期违约和实际违约两种类型。其次，将实际不履行区分为迟延履行、不完全履行（或不适当履行），再将迟延履行分为债务人迟延、债权人迟延，将不完全履行区分为瑕疵给付、加害给付和违反附随义务。

我国在违约责任上放弃了从"原因"进路出发构建履行障碍法的规则和理论体系，转而采取"救济"进路。《德国民法典》最初以履行不能为中心，区分各种债务不履行的类型，具体区分为履行不能、履行迟延和不完全履行，分别规定损害赔偿和解除要件。这种区分债务不履行原因的规定方式，虽然更容易理解，也更容易查找具体的救济方式，但容易出现法律漏洞，也容易出现重复。因此，《民法典》以不区分债务不履行的各种类型为起点，统一采取不履行合同义务或者履行合同义务不符合约定这种合同义务违反的救济进路，随后对合同义务违反的不同效果，如继续履行、采取补救措施或者赔偿损失，予以分别规定，而仅在具体规定中再区分债务不履行的上述各种类型。

因此在违约发生时，首先要解决的问题是违约方的相对人希望获得何种救济，其次要解决的才是违约行为究竟属于哪种形态的问题。为此，《民法典》将违约行为形态区分为不履行合同义务和履行合同义务不符合约定。

（二）预期违约

1. 预期违约的概念和类型

按照违约行为发生的时间，可将违约行为分为预期违约和实际违约（届期违约）。在履行期限届满之前，当事人一方明确表示或者以自己的行为表明不履行合同债务，且不享有履行抗辩权等正当理由的，才构成预期违约。预期违约，也称期前违约、先期违约。

预期违约降低了另一方享有的合同权利的价值，构成对债权人权利的侵害和对合同关系的破坏，必将影响交易的正常进行。如果在一方当事人预期违约的情况下，仍然要求另一方当事人在履行期限届满后才能请求对方承担违约责任，将给另一方造成损失。因此，当事人一方明确表示或者以自己的行为表明不履行合同义务的，即使在履行期限届满前，对方也可以请求其承担违约责任，而无须等到履行期限届满后。这有利于保护守约方的合法权益。

预期违约包括明示预期违约和默示预期违约。所谓明示预期违约，是指合同履行期限届满之前，一方当事人明确肯定地向另一方当事人表示他将不履行合同义务。所谓默示预期违约，是指合同履行期限届满之前，一方当事人以自己的行为表明不履行合同债务。以言词表明不履行的，该言词的内容必须足够确定，以至于可以合理地将其理解为这种违约将实际发生。义务人自愿地积极作为，使其自己在事实上不能履行或者不能完全履行合同的，也构成预期违约。

2. 预期违约与不安抗辩权的衔接

《民法典》第527条第1款规定，应当先履行债务的当事人，有确切证据证明对方有下列情形之一的，可以中止履行：(1) 经营状况严重恶化；(2) 转移财产、抽逃资金，以逃避债务；(3) 丧失商业信誉；(4) 有丧失或者可能丧失履行债务能力的其他情形。第528条规定："当事人依据前条规定中止履行的，应当及时通知对方。对方提供适当担保的，应当恢复履行。中止履行后，对方在合理期限内未恢复履行能力且未提供适当担保的，视为以自己的行为表明不履行主要债务，中止履行的一方可以解除合同并可以请求对方承担违约责任。"据此，第528条规定了以自己的行为表明不履行合同义务的一种特殊情形。在司法实践中，对于某一行为是否构成默示预期违约，需要法官综合全案证据判断其是否符合默示预期违约的构成要件。

（三）届期违约

届期违约，是指违约行为发生在履行期限届满之后的一种违约形态。根据《民法典》第577条的规定，届期违约包括不履行合同义务和履行合同义务不符合约定。

不履行合同义务，即债务人不为当为之事，包括履行不能和履行拒绝。履行不能是指债务人在事实上、法律上和经济上不能履行，有永久不能和一时不能、自始不能和嗣后不能、主观不能和客观不能、全部不能和部分不能的区别。比如，在以提供服务为标的的合同中，债务人丧失提供服务的能力；在以提供特定物为标的的合同中，特定物已经毁损、灭失；在以提供种类物为标的的合同中，种类物全部毁损、灭失。即使自始、客观不能也并非合同无效的原因，而仅仅是违约的原因。履行拒绝，是指债务人能够履行合同义务却无正当理由拒绝履行。拒绝可以是明示的，也可以是默示的。比如，债务人将应交付的特定标的物有效处分给第三人的，可以认为是拒绝履行。

履行合同义务不符合约定，是指债务人为不当为之事，也就是债务人虽然履行了债务，但其履行不符合约定，包括一般的瑕疵履行和加害履行。一般的瑕疵履行有数量不足、质量不符、履行方法不当等多种表现形式。当事人履行合同除有一般瑕疵外，还造成对方当事人的人身、其他财产损害的，为加害履行。加害履行的特征是往往造成违约行为与侵权行为竞合。例如，甲到乙饭店吃火锅，但乙饭店提供的火锅因为不合格而爆炸，导致甲的人身损失的，乙饭店的履行就是加害履行。加害履行也是一种瑕疵履行，故将与其对应的其他瑕疵履行称为一般瑕疵履行。

（四）债权人无正当理由拒绝受领

债权人无正当理由拒绝受领，又称为受领迟延，是指债务人按照约定履行了债务或者提出了履行债务的请求，债权人无理由地不予受领或者协助。

债权人无正当理由拒绝受领的构成要件包括：（1）债务人按照约定提出了履行债务的请求，即债务人已经现实提出或者以言辞提出。（2）债务内容的实现以债权人的受领给付或者其他协助为必要。（3）债权人拒绝受领。这里的拒绝受领是广义的，即不受领，包括了迟延受领，或者明确或以自己的行为表明拒绝受领等情形。例如，对于应在债务人一方所在地履行的债务，债务人按照约定把受领给付的时间和地点通知债权人，债权人没有在债务人所在地出现以受领给付；甲、乙约定由甲到乙家里为其提供辅导，甲按时到达，但乙外出旅游不归。（4）债权人无正当理由。债权人拒绝的正当理由，例如，债务人交付的标的物存在严重质量问题、迟延交付或者有其他违约行为，致使不能实现合同目的。但是，债务人履行的瑕疵非常轻微时，并不构成债权人拒绝受领的正当理由。

债权人受领债务人的履行，是债权人的权利，但其无正当理由不受领，会导致债务人的利益受损，因此受领也是债权人的义务，但是该义务的违反一般不会导致债权人的违约责任，而一般导致减轻债务人的负担或者责任，或者使债权人负担增加的费用等相应的不利后果，故可被认为是不真正义务，除非法律另有规定或者当事人另有约定。《民法典》第589条第1款即规定，债权人无正当理由拒绝受领的，对于由此给债务人增加的费用，债务人可以请求债权人赔偿。所谓给债务人增加的费用，包括债务人提出给付的费用、保管给付物的必要费用和其他费用。同时，《民法典》第589条第2款规定，在债权人受领迟延期间，债务人无须支付利息。同时，债权人受领迟延，导致债务人难以履行债务的，债务人有权依据《民法典》第570条的规定，将标的物提存。

债务人在债权人受领迟延期间，不能简单地抛弃给付物，而是负有保管给付物的义务。这类似于无偿保管合同，参照适用《民法典》第897条的规定："保管期间，因保管人保管不善造成保管物毁损、灭失的，保管人应当承担赔偿责任。但是，无偿保管人证明自己没有故意或者重大过失的，不承担赔偿责任。"据此，在债权人受领迟延期间，债务人仅就故意或者重大过失承担责任。债务人应当返还由标的物所产生的孳息或者偿还其价金的，在债权人受领迟延时，债务人仅以已收取的孳息为限负返还责任。《民法典》第608条也规定，出卖人按照约定将标的物置于交付地点，买受人违反约定没有收取的，标的物毁损、灭失的风险自违反约定时起由买受人承担。

第二节 违约责任的主要形式

一、继续履行

（一）继续履行的概念和类型区分

所谓继续履行，也称为实际履行，就是按照合同的约定继续履行义务。当事人订立合同都追求一定的目的，这一目的直接体现在对合同标的的履行上，义务人只有按照合同约定的标的履行，才能实现权利人订立合同的目的。所以，继续履行合同是当事人一方违反合同后应当承担的一项重要的民事责任。对于一方当事人不能自觉履行合同的，另一方当事人有权请求违约方继续履行合同或者请求人民法院、仲裁机构强制违约当事人继续履行合同。例如，没有交付商品的，应当交付合同约定的商品。继续履行是违约责任的一种形式，具有国家强制性，不是单纯的合同义务的履行。继续履行能够使债权人尽可能实现其利益，避免了赔偿损失计算的困难，强调了合同的法律约束力。

根据债的内容不同，实际履行可以被区分为金钱债务的实际履行和非金钱债务的实际履行。这两种债务的实际履行规则存在较大差异，因此《民法典》分设两条来进行规定：第579条规定了金钱债务的实际履行规则，第580条规定了非金钱债务的实际履行规则。下面分别详述。

（二）金钱债务的实际履行

所谓金钱债务，是指以债务人给付一定货币作为内容的债务，包括以支付价款、报酬、租金、利息，或者履行其他金钱债务为内容的债务。当然，这里所说的报酬指的是金钱报酬，而不包括其他形式的报酬。《民法典》第579条在《合同法》之规定的基础上进一步明确其适用前提是金钱债务，以与《民法典》第580条相对应。

当事人一方未按照合同约定履行金钱债务的，对方可以请求其履行。货币具有高度流通性和可替代性，一般不会出现法律上或者事实上不能履行，或者不适于强制履行、履行费用过高的情形，一般也不会出现因为不可抗力而完全不能继续履行的情形，因此，违约方应当继续履行。要求金钱债务的继续履行，有利于强化诚信观念，防止交易当事人以各种不正当理由拒绝继续履行金钱债务。

当事人一方迟延履行金钱债务的，除应当继续履行金钱债务外，还应当承担其他违约责任，如支付违约金，支付逾期利息等。

（三）非金钱债务的实际履行

如果当事人一方不履行非金钱债务或者履行非金钱债务不符合约定，且非金钱债务能够继续履行，则守约方可以请求违约方继续履行，除此之外，守约方还可以请求违约方承担赔偿损失等其他民事责任。继续履行和其他责任承担形式之间的关系，在不同的立法例中是不同的：英美法系以赔偿损失为原则，以继续履行为例外；大陆法系则以继续履行为原则，以赔偿损失为例外。《民法典》第580条未对继续履行进行严格限制，只要当事人一方违约，对方一般就可请求继续履行。因此，在当事人一方违约时，一般情况下，守约方可以选择请求继续履行，同时请求赔偿损失；也可以选择不请求继续履行，而仅请求赔偿损失。人民法院或者仲裁机构根据守约方的选择作出裁判或者裁决，除非存在《民法典》第580条规定的例外情形。

但是，应当注意的是，守约方在请求违约方继续履行的同时请求违约方赔偿损失，与守约方不请求继续履行而仅请求赔偿损失，这两种情况下损失赔偿的范围是不同的，后一种情形下赔偿损失的范围显然更大，数额显然更高。同时，非金钱债务的继续履行往往存在困难，或者不能继续履行的情形在之后才逐渐显现，因此，即使守约方最初选择请求继续履行，但是在法律规定的期限内或者其他合理期限内，守约方未获得履行的，可以改变最初的选择，转而请求违约方承担其他违约责任。

债权人请求继续履行，以非金钱债务能够继续履行为前提，如果非金钱债务不能继续履行，债权人就不能请求继续履行，或者针对其提出的继续履行请求，债务人能够依据《民法典》第580条第1款提出抗辩。当然，即使债权人不能请求债务人继续履行，但其仍然有权依法请求债务人承担其他违约责任，尤其是赔偿损失。

不能请求继续履行具体包括以下情形。

第一，法律上或者事实上不能履行。

所谓法律上不能履行，指的是基于法律规定而不能履行，或者履行将违反法律的强制性规定。比如，甲将其房屋卖给乙，但未交付和办理移转登记。之后甲又将同一个房屋卖给丙，将房屋交付给丙，并且办理了移转登记。此时甲已经丧失了所有权，因此甲在法律上无处分权，无法履行其对乙所负有的移转房屋所有权的合同义务。这即属于法律上不能履行。此时乙不能请求甲继续履行，而只能请求甲赔偿损失。所谓事实上不能履行，是指依据自然法则已经不能履行。比如，合同标的物是特定物，该特定物已经毁损、灭失。但是，如果仅仅是暂时不能履行，或者债务人作出一定的努力仍可以履行合同义务的，那么合同仍然可以继续履行。人民法院或者仲裁机构应当就是否存在法律上或者事实上不能履行的情形进行审查。

第二，债务的标的不适于强制履行或者履行费用过高。

债务的标的不适于强制履行，是指依据债务的性质不适合强制履行，或者执行费用过高，比如：(1) 基于高度的人身依赖关系而产生的合同，如委托合同、合伙合同等，是因高度信任对方的特殊技能、业务水平、忠诚等所产生的，并且强制债务人履行义务会破坏此种高度的人身依赖关系，故不得请求继续履行。(2) 对于许多提供服务、劳务或者不作为的合同来说，如果强制履行会危害到债务人的人身自由和人格尊严，或者该债务完全属于人身性质的，比如需要艺术性或者科学性的个人技能，或者涉及保密性和私人性的关系，则不得请求继续履行。

履行费用过高，是指履行仍然可能，但会导致债务人负担过重，产生不合理的过大的负担或者过高的费用。比如，一艘运输石油的邮轮沉入海中，尽管将该邮轮打捞出来是可能的，但邮轮所有权人因此支出的费用大大超过了所运石油的价值，故托运人不能请求其继续履行。在判断履行费用是否过高时，需要对比履行的费用和债权人通过履行所可能获得的利益、履行的费用和采取其他补救措施的费用，还需要考量债权人从其他渠道获得履行进行替代交易的合理性和可能性。

如果债务的标的不适于强制履行或者履行费用过高，债权人请求继续履行的，债务人享有拒绝履行的抗辩权。

第三，债权人在合理期限内未请求履行。

履行合同义务需要债务人进行特定的准备和努力，如果履行期限已过，并且债权人未在合理期限内请求债务人继续履行，则债务人可能会推定债权人不再坚持继续履行。

债权人在很长时间之后才请求继续履行的，如果支持债权人的继续履行请求，会使债务人长期处于不确定状态之中、随时准备履行，且会诱使债权人的投机行为。因此，如果债权人在合理期限内未请求继续履行的，不能再请求继续履行。

合理期限首先可以由当事人事先约定；如果没有约定或者约定不明确，当事人可以协议补充；无法协议补充的，按照合同有关条款或者交易习惯确定，这需要在个案中结合合同种类、性质、目的和交易习惯等因素予以具体判断。如果债权人在合理期限内未请求继续履行，之后再请求债务人继续履行的，债务人享有拒绝履行的抗辩权。

同时，需要指出的是，请求继续履行和合同解除是互斥而不能并存的。《民法典》第566条第2款规定，合同因违约解除的，解除权人可以请求违约方承担违约责任，但是当事人另有约定的除外。该款中的违约责任不包括继续履行，如果合同被依法解除，债权人就不能请求债务人继续履行。

（四）不能请求继续履行情形中的申请终止合同关系

1. 概述

在债权人无法请求债务人继续履行主要债务，致使不能实现合同目的，而债权人拒绝解除合同时，由于债权人已经无法请求债务人继续履行，合同继续存在并无实质意义，所以《民法典》第580条第2款规定，当事人均可以申请人民法院或者仲裁机构终止合同。最终由人民法院或者仲裁机构结合案件的实际情况根据公平原则决定终止合同的权利义务关系，在保障债权人合理利益的前提下，有利于使双方当事人重新获得交易的自由，提高整体的经济效率。当然，该款规定不影响对方当事人依据法律规定或者约定所享有的法定解除权和约定解除权，对方当事人仍然可以行使解除权解除合同。如果债权人依法行使了解除权，则债务人之后依据该款规定请求人民法院或者仲裁机构终止合同的，人民法院或者仲裁机构可以依据《民法典》第565条的规定确认合同解除以及解除的时间。

2. 司法终止合同关系的要件和效果

根据《民法典》第580条第2款的规定，当事人申请司法终止合同关系需要满足以下条件：首先，守约方不能请求违约方继续履行。其次，致使不能实现合同目的。这意味着如果不能请求继续履行的仅仅是非主要的债务，不履行一般不会导致不能实现合同目的，则无论是哪一方当事人都不能申请终止合同关系：守约方既不享有法定解除权，也不能依据《民法典》第580条第2款请求人民法院或者仲裁机构终止合同关系；违约方本来就不享有解除权，同样不能依据《民法典》第580条第2款请求人民法院或者仲裁机构终止合同关系。最后，当事人提出请求。双方当事人均有权请求人民法院或者仲裁机构终止合同关系。如果当事人未提出请求，人民法院或者仲裁机构不宜依职权主动终止合同关系。

当事人申请司法终止之后有如下法律后果：

第一，人民法院或者仲裁机构可以终止合同关系。应当注意的是，并非当事人提出请求后，人民法院或者仲裁机构就必须或者应当终止合同关系，在当事人提出终止合同关系的请求后，由人民法院或者仲裁机构最终判断是否终止合同关系。因此，当事人根据《民法典》第 580 条第 2 款所享有的仅仅是申请司法终止合同关系的权利，而非终止合同关系的权利。《民法典》第 580 条第 2 款并未规定当事人的终止权或者形成诉权，而是司法的终止权。人民法院或者仲裁机构有权结合案件的实际情况，根据诚信和公平原则决定是否终止合同关系。此时，可以考虑债务人是否已经进行了部分履行，债务人是否是恶意违约，不能继续履行的原因，债务人是否因合同关系不终止而遭受了严重损失，债权人是否能够以成本较低的方式获得替代履行，债务人是否对他人有赔偿请求权等，债权人拒绝解除合同是不是为获得不相当的利益而违反诚信原则，合同关系不终止是否会导致双方的权利义务或者利益关系明显失衡等因素。在人民法院或者仲裁机构终止合同关系后，对于法律后果可以依据《民法典》第 566 条和第 567 条的规定予以确定。就合同终止的时间而言，由于此时是司法的终止权，因此，一般应当将起诉状副本送达对方的时间作为合同权利义务关系终止的时间；如果根据案件的具体情况，以其他时间为合同权利义务关系终止的时间更加符合公平原则和诚信原则的，人民法院可以以该时间为合同权利义务关系终止的时间，但是应当在裁判文书中充分说明理由（《合同编解释》第 59 条）。

第二，不影响违约方承担除继续履行之外的其他违约责任。合同关系被终止后，违约方自然无须继续履行，但其仍然要依法承担除继续履行之外的其他违约责任，尤其是赔偿损失的责任，以保障守约方的利益。因此，守约方有权依据《民法典》第 584 条请求违约方承担违约责任；如果双方约定了违约金或者定金，守约方有权依据《民法典》第 585～588 条请求违约方承担违约金责任或者定金责任。

（五）替代履行

替代履行或曰代替执行，是指由债务人以外的人提供给付，其费用由债务人负担。其适用于为一定行为的债务。比如，债务人拒不履行维修义务的，鉴于该义务不适于强制履行，债权人可以委托他人完成修复工作，费用由债务人承担。对此，《民法典》第 581 条规定：当事人一方不履行债务或者履行债务不符合约定，根据债务的性质不得强制履行的，对方可以请求其负担由第三人替代履行的费用。从债权人的角度而言，这最终实现了自己的债权，类似于继续履行；从债务人的角度而言，这类似于赔偿损失。同时，《民法典》第 581 条的规定不妨碍债权人就其他损失请求债务人赔偿。

替代履行适用的前提是，当事人一方不履行债务或者履行债务不符合约定，并且该债务根据债务的性质不得强制履行。此时，债权人可以请求债务人负担由第三人替代履行的费用。如果该债务是以作为为标的的债务，则债权人可以请求债务人负担由第三人替代履行的费用。比如，《民法典》第 713 条第 1 款中规定：承租人在租赁物需要维修时可以请求出租人在合理期限内维修。出租人未履行维修义务的，承租人可以自行维修，维修费用由出租人负担。

替代请求权是实体法上的请求权，且以根据债务的性质不得强制履行为前提，同时不以进入执行程序为前提，因此，其与民事诉讼法规定的执行措施不同。同时，其也并非第三人先替代履行，之后债权人才可以请求债务人负担费用，而是债权人可以直接请求债务人负担由第三人之后替代履行的费用。

二、采取补救措施

（一）补救措施的适用条件

债务人履行合同义务不符合约定的，债权人可以考虑采取一些补救措施，主要包括修理、重作、更换以及退货、减少价款或者报酬。这有利于尽量维持当事人之间的合同关系。例如，《民法典》第781条就此规定，承揽人交付的工作成果不符合质量要求的，定作人可以合理选择请求承揽人承担修理、重作、减少报酬、赔偿损失等违约责任。甚至，债务人未按合同约定的期限履行合同义务的，债权人也可以要求采取补救措施，例如，《民法典》第881条第2款规定，技术咨询合同的受托人未按期提出咨询报告或者提出的咨询报告不符合约定的，应当承担减收或者免收报酬等违约责任。

（二）具体补救措施

1. 修理、重作和更换

债权人根据标的的性质以及损失的大小，可以合理选择请求修理、重作、更换、退货、减少价款或者报酬。于修理、重作、更换同样适用《民法典》第580条第1款的规定。当这些方式事实上不能履行、履行费用过高以及债权人未在当事人约定期限或者合理期限内要求的，债权人不能再请求这些方式或者这些方式中的某一种，而只能请求债务人承担其他违约责任。履行瑕疵细微和无关紧要，而修理、重作或者更换的费用过高的，则债权人不能请求修理、重作或者更换。比如，买卖合同中，卖方交付的标的物不符合约定的原因是存在设计缺陷的，导致更换并无意义，修理也无法消除此种缺陷，则此时买方就不能请求修理或者更换。也有可能债权人时间紧迫，无法等待修理、重作或者更换，而必须尽快寻找到适合的替代物，此时要求债权人先请求修理、重作或者更换就是不合理的。修理、重作、更换不可能、不合理或者没有效果，或者债务人拒绝或在合理期限内仍不履行的，债权人可以请求退货、减少价款或者报酬。如果债务人在履行不符合约定后，立即提出在合理期限内自己承担费用予以修理、重作或者更换，则债权人应当允许，除非该瑕疵履行已经致使合同目的不能实现，或者债权人有理由相信，债务人不可能在合理期限内并在不给债权人造成显著不便或者不给债权人的合法利益造成其他损害的前提下，实施有效的修理、重作或者更换。

同样，在对修理、重作和更换这些方式的选择中，也要求选择具有合理性。一般情况下，如果履行瑕疵仅仅是轻微的，并未达到致使合同目的不能实现的程度，而修理能够在合理时间内完成，且修复程度很高，则债权人请求重作或者更换就可能是不合理的。但是，如果履行瑕疵达到了致使合同目的不能实现的程度，则债权人有权直接请求重作或者更换。如果标的物是种类物，且修理的费用超过了标的物本身的价值，则债务人也可以要求在合理期限内予以更换，债权人不得请求修理。出售的商品已经停产，在市场上也已经找不到时，债权人就不能请求更换。

债务人修理的，应当自行承担修理费用和因修理产生的运输费用等合理费用。如果债务人未按要求予以修理，或者因情况紧急，债权人自行或者通过第三人修理标的物后，有权主张债务人负担因此发生的合理费用。在更换或者重作的情况下，债务人有权要求债权人退回标的物，但债务人应当负担取回的必要费用。比如，《消费者权益保护法》第24条第2款规定，依照前款规定进行退货、更换、修理的，经营者应当承担运输等必要费用。

2. 退货、减价

修理、重作、更换不可能、不合理或者没有效果，或者债务人拒绝或在合理期限内仍不履行的，债权人可以请求退货、减少价款或者报酬。

退货是指债权人将已经获得的履行退还给债务人。退货是一种中间状态，依据具体情形，可能导致更换或重作，也可能导致合同解除。

减少价款或者报酬，可以简称为“减价”，是指债权人接受了债务人的履行，但主张相应减少价款或者报酬。其目的在于通过调整价款或者报酬使合同重新恢复到均衡的等价关系。[①] 价款或者报酬未支付的，债权人可以主张减少其应支付的价款或者报酬；价款或者报酬已经支付的，债权人可以主张返还减价后多出部分的价款或者报酬。《民法典》在一些典型合同中也对此予以明确，例如，其第800条规定，勘察、设计的质量不符合要求或者未按照期限提交勘察、设计文件拖延工期，造成发包人损失的，勘察人、设计人应当继续完善勘察、设计，减收或者免收勘察、设计费并赔偿损失。

债权人主张减价，债务人对减价与否或者减价数额均认可的，按照当事人协商一致的意思表示处理；债务人对减价与否或者减价数额有异议的，可以由人民法院或者仲裁机构予以确定。

3. 其他补救措施

补救措施还可能包括其他方式。比如，《民法典》第612条规定，出卖人就交付的标的物，负有保证第三人对该标的物不享有任何权利的义务，但是法律另有规定的除外。在此情况下，买受人可以合理请求出卖人排除第三人对该标的物的权利。

（三）补救措施与损害赔偿

债务人不履行合同义务或者履行合同义务不符合约定，因此而承担继续履行或者采取补救措施的违约责任的，在其履行完毕前，债权人有权拒绝其相应的履行请求。债务人未能在约定期限或者合理期限内继续履行的，或者不能采取有效的补救措施的，债权人可以采取任何救济措施。尽管债务人在约定期限或者合理期限内已经继续履行

---

① 有关减价制度的研究，请参见韩世远：《减价责任的逻辑构成》，载《清华法学》，2008（1）；武腾：《减价实现方式的重思与重构》，载《北方法学》，2014（3）。

或者采取了有效的补救措施，但债权人还有其他损失的，债权人仍然可以请求债务人依法赔偿。这些损失主要包括：（1）债务人最初的不履行合同义务或者履行合同义务不符合约定给债权人造成的损失；（2）嗣后的不继续履行或者继续履行不符合约定给债权人造成的损失；（3）债务人继续履行或者采取补救措施完毕前的迟延履行给债权人造成的损失；（4）补救措施本身给债权人造成的损失；（5）补救措施仍然无法弥补的债权人的损失。对此，《民法典》第583条规定：当事人一方不履行合同义务或者履行合同义务不符合约定的，在履行义务或者采取补救措施后，对方还有其他损失的，应当赔偿损失。

三、法定赔偿损失

（一）概念和要件

违约赔偿损失，是指行为人违反合同约定造成对方损失时，行为人向受害人支付一定数额的金钱以弥补其损失。赔偿损失是运用较为广泛的一种责任方式。赔偿的目的，最基本的是补偿损害，使受到损害的权利得到救济，使受害人能恢复到受到损害前的状态。违约赔偿损失是合同债务的转化，与合同债务具有同一性，因此，对相应合同债权的担保等，在违约赔偿损失请求权上继续存在，除非当事人另有约定。同时，违约赔偿损失包括法定的赔偿损失和约定的赔偿损失。

违约赔偿损失责任的构成要件包括：一是有违约行为，即当事人一方不履行合同义务或者履行合同义务不符合约定。二是违约行为造成了对方的损失。如果违约行为未给对方造成损失，则不能用赔偿损失的方式追究违约方的民事责任。三是违约行为与对方的损失之间有因果关系，对方的损失是违约行为所导致的。四是无免责事由。

（二）完全赔偿原则

违约赔偿损失的范围可由法律直接规定，或由双方约定。当事人可以事先约定免除责任和限制责任的条款，在不违反法律规定的前提下，该免责或者限制责任条款是有效的。在法律没有特别规定和当事人没有另行约定的情况下，应按完全赔偿原则，即违约方的违约行为使守约方遭受的全部损失都应当由违约方承担赔偿责任。具体而言，假定违约方按照约定履行了合同义务时守约方所能获得的利益，扣除在违约情形下守约方现在的利益，就得出了赔偿的数额。赔偿全部损失，目的是使当事人尽可能地处于如果债务得到适当履行其所处状态，这样才能督促当事人有效地履行合同。毕竟违约与否不应当实质性影响守约方之合同利益的实现，仅仅是债务人的债务由履行转化为金钱赔偿而已。

完全赔偿意味着：第一，在违约造成守约方损失的情况下，应当以守约方的损失作为确定赔偿范围的标准。第二，赔偿不能超过守约方的损失，守约方不能因此而获利。例如，出租人将房屋出租给承租人两年，6个月后承租人未支付租金导致租赁合同解除。又过了6个月，出租人成功地将该房屋以每个月比原租金多1 000元的租金出租了，这样，在原租赁合同剩余的一年租期内，出租人多获得了12 000元的收益，该收益应当在承租人赔偿的数额中扣除。赔偿的范围包括守约方可以获得的利益，而为了获得这些利益必须付出缔约成本，因此，赔偿了可以获得的利益的同时一般就不得请求缔约成本的赔偿。例如，签订房屋买卖合同应支付居间费用，请求的违约的赔偿包括可得利益的赔偿时，就不应请求赔偿为缔约所支付的居间费用。《合同编解释》第60条第1款规定，在计算合同履行后可以获得的利益时，应当扣除非违约方为订立、履行合同支出的费用等合理成本。同样，在订立亏本合同的情形下，交易失败的损失也必须由当事人自己承担，而不属于违约赔偿的范围。第三，在赔偿时，一般不应根据违约方的过错程度来确定责任的范围。

按照完全赔偿原则，违约赔偿额应当相当于违约所造成的损失，包括实际损失和可得利益损失。实际损失，即所受损害，是指违约导致现有利益的减少，是现实利益的损失，又被称为积极损失。例如，货物在运输过程中遭受了10 000元的损害，该损失即是实际损失。可得利益，即所失利益，是守约方在合同履行后本可以获得的，但因违约而无法获得的利益，是未来的、期待的利益。可得利益损失又被称为消极损失。例如，汽车修理厂与出租车司机约定10日内修理好损坏的出租车，汽车修理厂迟延3日交付，假定司机开出租车每日可获纯利润200元，3日的可得利益为600元，汽车修理厂违约，应赔偿600元的可得利益。又如，建筑公司承建一商厦迟延10日交付，商厦10日的营业纯利润额即为可得利益。

较之于可得利益损失，实际损失一般比较容易确定。实际损失包括：(1)信赖利益的损失，包括费用的支出、丧失其他交易机会的损失以及对方违约导致自己对第三人承担违约赔偿责任的损失等。(2)固有利益的损失。这体现在债务人违反保护义务的情形中。例如债务人交付了病鸡，导致债权人现有养鸡场的鸡也生病。此时，债务人不仅应当赔偿债权人支出的费用，还应当赔偿债权人现有的鸡生病造成的损失。在违约赔偿中，由于证明可得利益的困难性，债权人可以选择请求债务人赔偿信赖利益。但是，信赖利益一般不得大于履行利益，因为，信赖利益大于可得利益，则表明债权人订立的合同是亏本的，如果债务人按照约定履行了合同，反而会给债权人造成更大的损失。此时允许债权人请求赔偿大于可得利益的信赖利益损失，无异于债权人将自己的亏损转嫁给债务人。但是，固有利益可以大于可得利益。(3)对第三人的赔偿。依据《合同编解释》第63条第2款规定，就非违约方向第三人承担违约责任应当支出的额外费用等其他因违约所造成的损失，有权请求违约方赔偿，只要该损失系违约一方订立合同时预见到或者应当预见到的。

可得利益是合同履行后债权人所能获得的纯利润。可得利益也可能与信赖利益中丧失其他交易机会的损失存在重合。根据交易的性质、合同的目的等因素，可得利益损失主要分为生产利润损失、经营利润损失和转售利润损失等类型（《合同编解释》第60条第1款）。在生产设备和原材料等买卖合同的违约中，出卖人违约而造成的买受人可得利益损失通常属于生产利润损失。承包经营、租赁经营合同以及提供服务或劳务的合同中，一方违约造成的可得利益损失通常属于经营利润损失。先后系列买卖合同中，原合同出卖方违约而造成其后转售合同出售方的可得利益损失通常属于转售利润损失。

在计算生产经营利润时，可以考虑以客观的能够证明的守约方可以获得的上一年度或近几年平均净利润，或者同类同区域同行业的经营者所能够获得的净利润为标准。如果守约方主张其利润比按照客观方法计算出的利润高，则守约方应承担举证责任；如果违约方主张守约方的利润比按照客观方法计算所得出的利润低，则违约方应承担举证责任。

（三）赔偿数额的计算

在不同立法例中和理论上，赔偿数额的计算有主观计算方法与客观计算方法两种方法。主观计算方法又称具体计算方法，它是指根据受害人具体遭受的损失、支出的费用来计算损害额；客观的计算方法又称抽象计算方法，是指按照当时社会的一般情况来确定损害额，而不考虑受害人的特定情况。[①] 这两种计算方法的主要区别是是否将受害人的主观因素加以考虑。在计算方法上以客观方法为主，有助于计算的便利，也避免当事人因考虑赔偿数额而对交易的过分抑制，但也要适当考虑主观方法。

在采客观计算方法时，首先，可以考虑替代交易和市场价格。其次，针对金钱债务的到期不履行，债权人有权要求支付自该笔债务到期时起至支付时止的利息，利率标准有约定的按约定，除非该约定违反法律规定；无约定或者约定不明确的，可以考虑参照通常利率或者逾期罚息利率确定。最后，还可以考虑因债务人违反合同义务而导致的债权人对其他第三人所承担的违约赔偿数额。

在采客观计算方法时，首先，可以考虑替代交易和市场价格。如果非违约方依法行使合同解除权并实施了替代交易，则其有权主张按照替代交易价格与合同价格的差额确定合同履行后可以获得的利益。替代交易价格明显偏离替代交易发生时当地的市场价格的，违约方有权主张按照市场价格与合同价格的差额确定合同履行后可以获得的利益。如果非违约方依法行使合同解除权但是未实施替代交易，其有权主张按照违约行为发生后合理期间内合同履行地的市场价格与合同价格的差额确定合同履行后可以获得的利益（《合同编解释》第 60 条第 2、3 款）。其次，在租赁合同等以持续履行的债务为内容的定期合同中，一方不履行支付价款、租金等金钱债务，对方依法行使解除权后，不能简单地按照合同解除后剩余履行期限相应的价款、租金等扣除履约成本确定合同履行后可以获得的利益并作为赔偿数额。考虑到对方的减损义务，其应当寻找替代的交易以减少自己的损失，此时，可以根据当事人的主张，参考合同主体、交易类型、市场价格变化、剩余履行期限等因素确定非违约方寻找替代交易的合理期限，并按照该期限对应的价款、租金等扣除非违约方应当支付的相应履约成本确定合同履行后可以获得的利益（《合同编解释》第 61 条第 1 款）。再次，针对金钱债务的到期不履行，债权人有权要求支付自该笔债务到期时起至支付时止的利息，利率标准，有约定的按约定，除非该约定违反法律规定；无约定或者约定不明确的，可以考虑参照通常利率或者逾期罚息利率确定。最后，如果根据以上方案仍然无法确定，则可以综合考虑违约方因

---

① 参见王利明：《合同法研究》，3 版，第 2 卷，648～649 页，北京，中国人民大学出版社，2015；韩世远：《合同法总论》，819 页，北京，法律出版社，2018。

违约获得的利益、违约方的过错程度、其他违约情节等因素，遵循公平原则和诚信原则确定（《合同编解释》第 62 条）。

应当注意的是，根据《民法典》第 11 条，其他法律对违约赔偿有特别规定的，依照其规定。这首先是赔偿范围、赔偿计算方式、赔偿限额等方面的规定，例如《海商法》规定了赔偿责任限额的计算单位，可按此理赔。其次是特别规范中的惩罚性赔偿，例如，《消费者权益保护法》第 55 条的规定和《食品安全法》第 148 条第 2 款的规定。

（四）赔偿数额的限制

1. 可预见性规则

《民法典》第 584 条中规定，违约赔偿的数额不得超过违反合同一方订立合同时预见到或者应当预见到的因违反合同可能造成的损失。这不仅适用于对可得利益损失的限制，也适用于对实际损失的限制。对于在订立合同时无法预见到的损失，债务人就不可能采取足够的预防措施。通过可预见性规则限制赔偿数额，有助于双方沟通信息，并以此为基础评估风险采取预防措施，避免损失的发生。例如，旅客因飞机误点而耽误了一笔买卖，要求航空公司赔偿其因该买卖所获得的利益，但航空公司在售票时无法预见到此损失，故对此损失不予赔偿。再如，一个清洁公司向制造商订购了一台最新的大型清洁机器，但该机器延迟交货半年，则制造商应当赔偿因迟延交货给清洁公司造成的利益损失，因为制造者能够预见到清洁公司打算立即使用该机器。但是，如果机器按时交付，清洁公司本来能够和他人签订一个高额合同，则制造者就该损失不予赔偿，因为制造者无法预见到该损失。《民法典》在“典型合同”中据此规定了一些明确的规则，例如，第 898 条规定：寄存人寄存货币、有价证券或者其他贵重物品的，应当向保管人声明，由保管人验收或者封存；寄存人未声明的，该物品毁损、灭失后，保管人可以按照一般物品予以赔偿。对于当事人来说，可预见性规则具有促使其全面履行披露义务的效果。

根据《民法典》第 584 条的规定，关于可预见性规则的适用应当注意以下问题：第一，预见的主体是违约方，而不是守约方。第二，预见的标准是客观的理性人标准，是按照与违约方处于相同或者类似情况的民事主体在订立合同时预见到或者应当预见到的。此时，应当根据当事人订立合同的目的，综合考虑合同主体、合同内容、交易类型、交易习惯、磋商过程等因素（《合同编解释》第 63 条第 1 款）。例如，守约方是生产企业，那么通常违约方应当预见到生产利润损失，而不应预见到转售利益损失。第三，预见的时点是订立合同之时，而不是违约之时。这是因为只有在订立合同时预见，债务人才有机会通过合同采取预防措施。但是，就债务人在订立合同后、违约之前预见到或者应当预见到的损失，债务人也应当为避免损失发生采取合理的措施，以避免债务人采取故意放任该损失扩大的机会主义行为。第四，预见的内容是损失的类型或者种类，而无须预见到损失的具体范围。

2. 减损规则

债务人违约时，债权人不能无动于衷，任凭损失的扩大，而应当积极采取适当的措施，防止损失的扩大。这样有助于激励债权人采取措施减少损失，有助于增进整体效益。据此，《民法典》第591条第1款规定，当事人一方违约后，对方应当采取适当措施防止损失的扩大；没有采取适当措施致使损失扩大的，不得就扩大的损失请求赔偿。但是，债权人负有的减损义务是一种强度较低的义务，学说上称之为不真正义务。债权人违反减损义务的，债务人不得请求债权人承担责任，而仅仅发生债权人利益的减损，即其不得就因违反减损义务而扩大的损失请求债务人赔偿。同时《民法典》第591条第2款规定，当事人因防止损失扩大而支出的合理费用，由违约方负担。

3. 与有过错规则

与有过错，又称过错相抵、混合过错，是指受损害一方对于损害结果的发生存在过错的，在计算损失赔偿额时应当予以相应减少。《民法典》第592条第2款规定，当事人一方违约造成对方损失，对方对损失的发生有过错的，可以减少相应的损失赔偿额。

4. 损益相抵规则

当守约方因导致损失发生的同一违约行为而获有利益时，应当从损失赔偿额中扣除该部分利益。可以扣除的利益包括中间利息、因违约实际减少的守约方的某些税负、商业保险金、社会保险金、以新替旧中的差额、毁损物件的残余价值、原应支付却因损害事故而免于支付的费用、原本无法获得却因损害事故的发生而获得的利益等。

5. 免除规则

违约责任的免除主要包括约定免除和法定免除。其中法定免除主要指的是当事人一方因不可抗力不能履行合同的，根据不可抗力的影响，部分或者全部免除责任。但是，当事人迟延履行后发生不可抗力的，不免除其违约责任。对此，《民法典》第590条设有明文规定。

因此，对于可得利益损失而言，可得利益损失的法定赔偿额＝可得利益损失总额－不可预见的损失－扩大的损失－守约方自己过错造成的损失－守约方因违约获得的利益－必要的成本。

四、约定赔偿损失：违约金

（一）违约金的概念与类型

违约金是当事人在合同中约定的或者由法律直接规定的一方违反合同时应向对方支付的一定数额的金钱。这是违反合同时可以采用的承担民事责任的方式，只适用于当事人有违约金约定或者法律规定违反合同应支付违约金的情形。违约金的标的物通常是金钱，但是当事人也可以约定违约金标的物为金钱以外的其他财产。

根据不同的标准，可以对违约金作以下分类。

（1）依据违约金产生的根据，可以将违约金分为法定违约金和约定违约金。法定违约金是由法律直接规定违约的情形和应当支付的违约金数额。当事人一方只要发生法律规定的违约情况，就应当按照法律规定的数额向对方支付违约金。法定违约金作为立法者衡量相关交易形态和各类情事所预设的违约救济方案，其合理性问题或者债务人负担过重问题应被视为在立法时已有所考量，故不能适用司法酌减。如果违约金是由当事人约定的，为约定违约金。《民法典》第588条仅规定了约定的违约金。约定违约金主要适用于合同之债，但就法定之债也不妨约定违约金。约定违约金可能表现为不同的形式，可以约定向对方支付一定数额的违约金，也可以约定因违约产生的损失赔偿额的计算方法。

（2）根据约定违约金的目的，可以将违约金区分为赔偿性的违约金、惩罚性的违约金和责任限制性违约金。当事人约定违约金，可能是为了事先确定违约后的赔偿数额，以降低法定损失的举证成本；也可能是为了向对方施加履约压力、督促对方守约而约定高额的违约金；还可能是为了避免责任过重而约定低额的违约金。当事人的这些意图可能兼而有之，因此，不同性质的违约金可能在功能上有交叉和重合。在界定是赔偿性的违约金还是惩罚性的违约金时，首先看当事人的目的，一般而言，如果约定了明显高额的违约金，或者违约金不排斥继续履行或者法定的赔偿损失，则可以认定为惩罚性的违约金，或者约定违约金至少部分具有惩罚性。《民法典》第588条规定的违约金以赔偿性的违约金为原则，当事人无约定或者约定不明时，推定为赔偿性的违约金。

（3）根据是否针对特定的违约行为，可将约定违约金分为概括性的和具体性的。概括性约定违约金，是指当事人对违约行为不作具体区分，概括约定凡违约即支付违约金。具体性约定违约金，是指当事人针对不同的违约行为所约定的违约金，如债务不履行违约金、债务部分履行违约金、债务迟延履行违约金等。例如，针对迟延履行约定的违约金，不适用于其他根本违约的情形。

（二）约定违约金的调整

1. 司法酌增

《民法典》第585条第2款第一分句规定，“约定的违约金低于造成的损失的，人民法院或者仲裁机构可以根据当事人的请求予以增加”。对比原《合同法》第114条中的“当事人可以请求人民法院或者仲裁机构予以增加”，上述规定明确规定了司法酌增规则。

司法酌增规则适用的前提是：（1）约定的违约金低于造成的损失。对此处的损失应当按照《民法典》第584条规定的法定赔偿损失的范围和数额予以认定，包括实际损失和可得利益损失。同时上述规定并未如司法酌减规则一样使用“过分”一词，以体现对债权人或者守约方的更强保护。因此，至少酌增的标准不应比酌减的标准严苛。（2）债权人提出申请，申请的情形可以是反诉，也可以是抗辩，同时债权人应当对违约金低于造成的损失予以举证。

此时，人民法院或者仲裁机构可以增加，但并非应当增加，一般而言，增加后的违约金数额不应超过给债权人造成的损失。人民法院或者仲裁机构在判断是否予以增加以及增加的幅度时，可以综合考虑一些因素，例如当事人是否具有明确的限制责任的意图、债权人是普通民事主体还是商事主体、当事人的过错程度、合同的履行情况、预期的利益等。

2. 司法酌减

《民法典》第 585 条第 2 款第二分句规定，“约定的违约金过分高于造成的损失的，人民法院或者仲裁机构可以根据当事人的请求予以适当减少”。对比原《合同法》第 114 条中的“当事人可以请求人民法院或者仲裁机构予以适当减少”，上述规定明确规定了司法酌减规则。根据自愿原则，当事人有权约定违约金，但是，如果任由当事人约定过高的违约金，在有些情况下，无异于鼓励当事人获得不公平的暴利，也可能促使一方为取得高额违约金而故意引诱对方违约。因此，《民法典》第 585 条第 2 款规定了司法酌减规则，以在意思自治、形式自由的基础上协调实质正义、个案公平，平衡自愿原则和公平、诚信原则之间的关系。据此，当事人以合同约定不得对违约金进行调整的，该约定无效（《合同编解释》第 64 条第 3 款）。

司法酌减规则适用的前提是：（1）约定的违约金过分高于造成的损失。对此处的损失同样应当按照《民法典》第 584 条规定的法定赔偿损失的范围和数额予以认定，包括实际损失和可得利益损失。但是，约定的违约金必须“过分”高于造成的损失。这意味着，如果约定的违约金虽然高于造成的损失，但并未“过分”高于，就不应当适用司法酌减规则。违约方主张约定的违约金过分高于违约造成的损失，请求予以适当减少的，应当承担举证责任；非违约方主张约定的违约金合理的，也应当提供相应的证据（《合同编解释》第 64 条第 2 款）。（2）债务人提出申请，并就约定的违约金高于造成的损失予以举证。债务人提出请求的方式可以是提起反诉，也可以是针对债权人的请求予以抗辩。实践中，为避免讼累，人民法院通常也就当事人是否需要主张违约金过高进行释明。如果被告因客观原因而非主观原因在第一审程序中未到庭参加诉讼，但是在第二审程序中到庭参加诉讼并请求减少违约金的，第二审人民法院可以在当事人就是否应当调整违约金充分举证、质证、辩论后，依法判决适当减少违约金（《合同编解释》第 66 条第 2 款）。担保人承担的担保责任，无特别约定时涵盖了主债务人所应承担的违约金，因此，担保人也可以提出申请，于此参照适用《民法典》第 701 条的规定“保证人可以主张债务人对债权人的抗辩。债务人放弃抗辩的，保证人仍有权向债权人主张抗辩”。

此时，人民法院或者仲裁机构可以适当减少违约金数额，但并非应当适当减少。在判断约定违约金是否过高以及调低的幅度时，一般应当以给债权人造成的损失为基准。司法实践中对此掌握的标准一般是，当事人约定的违约金超过造成损失的 30%的，一般认定为“过分高于造成的损失”，但对此不应当机械主义，以避免导致实质上的不公平。依据《合同编解释》第 65 条第 1 款的规定，当事人主张约定的违约金过分高于违约造成的损失，请求予以适当减少的，人民法院应当以法定的损失赔偿数额为基础，兼顾合同主体、交易类型、合同的履行情况、当事人的过错程度、履约背景等因素，遵循公平原则和诚信原则进行衡量。首先，应当以法定损失赔偿数额为基础。约定的违约金超过造成损失的 30%的，一般可以认定为过分高于造成的损失（《合同编解释》第 65 条第 2

款）。同时，还应当可以考虑以下因素：（1）合同主体和交易类型。如果债务人是商事主体，其对违约风险的预见和控制能力更强。《德国商法典》第348条就规定，商人在其营业中约定的违约金不得依《德国民法典》的规定减少。这可能过于绝对，但至少在此时，违约金酌减应当更为审慎。在经营者和消费者之间以格式合同为载体的交易关系之中，如果违约金债务人是消费者，则当事人缔约地位强弱、是否适用格式合同也是可以考虑的。（2）合同履行情况。若合同履行瑕疵较为轻微，例如违约时间很短，可以适当调整违约金的数额。如果部分履行对债权人意义甚微，则应审慎酌减违约金。（3）当事人过错程度。债务人主观过错程度较小或者债权人也有过错时，可以适当调整违约金的数额。在违约方恶意违约的场合，例如双方当事人签订合同后，在履约的时候突然价格上涨，卖方违约，将货物卖给别人，而不卖给原已签订合同的买方，此时一般不得请求减少违约金，以体现出对恶意违约的惩罚（《合同编解释》第65条第3款）。在违约方违约但守约方也有过错的场合，违约金的调整就不应过多体现惩罚色彩。（4）预期利益。预期利益实现的可能性较大时，酌减违约金应当更为审慎。此时，应考虑债权人的一切合法利益，而不仅仅是财产上的利益。（5）其他因素。例如，债务人给付约定违约金达到了可能严重影响债务人生存的程度；债务人因违约而获利的，也可以予以考虑。在实际损失无法确定时，可以考虑合同标的总价款、一定倍数的租金或者承包金、通常利率的一定倍数、投资性质合同中投资总额的一定比例等。借款合同的期内利息法定限额规则，基于禁止法律规避的考虑，也应延伸适用于针对迟延还款所约定的违约金。但是，除借款合同之外的双务合同中，作为对价的价款或者报酬给付之债，并非借款合同项下的还款义务，不应当以受法律保护利率的上限作为判断违约金是否过高的标准。

人民法院或者仲裁机构应当根据公平原则和诚实信用原则，对上述因素予以综合权衡，避免简单地采用固定比例等“一刀切”的做法，防止机械司法可能造成的实质不公平。

（三）迟延履行违约金和继续履行之间的关系

《民法典》第585条第3款规定，当事人就迟延履行约定违约金的，违约方支付违约金后，还应当履行债务。当事人可以就迟延履行这种特定的违约行为约定违约金。当事人双方对履行期限作出的变更，除非明确放弃或者变更迟延履行违约金，不影响当事人关于迟延履行违约金的约定，但该违约金的起算点应当随之变更。在逾期付款违约金中，合同约定了逾期付款违约金，但对账单、还款协议等未涉及逾期付款责任，债权人根据对账单、还款协议等主张受偿欠款时请求债务人依约支付逾期付款违约金的，仍应当得到支持，但对账单、还款协议等明确载有本金及逾期付款利息数额或者已经变更合同中关于本金、利息等的约定的除外。

如果当事人专门就迟延履行约定违约金的，则除另有约定外，该种违约金仅针对违约方对其迟延履行所承担的赔偿责任，违约方支付违约金后还应当继续履行义务。但请求继续履行应当针对迟延后履行尚属可能且对债权人有意义的情形，如果继续履行因对债权人无意义而被拒绝，或者在迟延后陷于履行不能，则债权人可转而要求替代给付的赔偿，该替代给付的赔偿数额一般大于迟延履行的赔偿数额，其作为继续履行的转化形态，可与迟延履行违约金并行主张。

《民法典》第 585 条第 3 款规定，违约方支付迟延履行违约金后，还应当履行债务。对此不应反面解释认为，如果债权人先主张继续履行或先行受领了继续履行，即不得请求迟延履行违约金或者视为放弃迟延履行违约金。债权人受领了债务人迟延后的继续履行，仍可并行主张迟延履行违约金，此并行主张不以受领给付时作特别保留为必要。

应当注意的是，《民法典》第 585 条第 3 款仅规定了迟延履行违约金和继续履行之间的关系，并未具体规定违约金和其他违约责任形式之间的关系，也未具体规定在其他违约类型中违约金和继续履行之间的关系。关于这些关系的处理，需要结合具体情形予以考量：首先要注意是不是同一违约行为导致违约金和其他违约责任形式；其次要注意当事人是否存在特别约定；再次要注意约定的违约金是不是替代给付的违约金，以及其与其他违约责任形式之间的目的衔接；最后还要注意，在约定的违约金可以与其他违约责任形式并用时，需要考量债权人损失的大小，而在不同情形中对违约金予以适当调整。例如，如果交付标的物的质量有瑕疵，针对该瑕疵当事人约定了违约金，则除当事人另有特别约定外，违约金可以与修理、重作、更换、退货和减价并用。质量瑕疵经过修理、重作或者更换等形式被补正的，可结合实际发生的迟延损失及固有利益损失调整违约金；瑕疵履行被接受但债权人未主张减价的，可结合实际发生的瑕疵部分的损害及固有利益损失调整违约金，如果债权人已主张减价，则结合固有利益损失调整违约金；债权人主张退货的，可结合实际发生的整个履行利益损失及固有利益损失调整违约金。再例如，如果债务人不仅迟延履行，而且迟延后还进行了瑕疵履行，则迟延履行与瑕疵履行的法定效果可以并行发生。

五、约定赔偿损失：定金

（一）定金的含义与种类

所谓定金，就是指当事人约定的，为保证债权的实现，由一方在履行前预先向对方给付的一定数量的货币或者其他代替物。《担保法》对定金作出了规定，考虑到《民法典》生效后，《担保法》被废止，《民法典》吸收了《担保法》有关定金的规定。

定金是担保的一种。由于定金是预先交付的，定金的数额在事先也是明确的，因此通过定金罚则的运用可以督促双方自觉履行，起到担保作用。定金与预付款不同：定金具有担保作用，不履行债务或者履行债务不符合约定，致使不能实现合同目的的，适用定金罚则。但预付款仅仅是在标的物正常交付或者服务正常提供的情况下预付的款项，如有不足，交付预付款的一方再补交剩余的价款即可；在交付标的物或者提供服务的一方违约时，如果交付预付款的一方解除合同，其有权请求返还预付款。定金与押金也不同：一般而言，押金的数额不受定金数额的限制，而且没有定金罚则的适用。押金类型非常多，无法统一确定，甚至有的押金需要清算，多退少补。履约保证金的类型也是多种多样，当事人交付留置金、担保金、保证金、订约金、押金或者订金等，但没有约定有定金性质的，不能按照定金处理，但是，如果押金和保证金根据当事人的约定符合定金构成的，可以按照定金处理。根据《合同编解释》第 67 条第 1 款，当事人交付留置金、担保金、保证金、订约金、押金或者订金等，但是没有约定定金性质的，不能适用定金罚则。

实践中定金的种类也非常多，最为常见的是违约定金，即在接受定金以后，一方当事人不履行债务或者履行债务不符合约定，致使不能实现合同目的的，应按照定金罚则予以处理。除了违约定金，常见的还有立约定金、成约定金、证约定金、解约定金。立约定金是当事人约定以交付定金作为订立主合同担保，给付定金的一方拒绝订立主合同或者磋商订立合同时违背诚信原则导致未能订立合同的，无权要求返还定金；收受定金的一方拒绝订立合同或者磋商订立合同时违背诚信原则导致未能订立合同的，应当双倍返还定金（《合同编解释》第 67 条第 2 款）。成约定金，即约定以交付定金作为主合同成立或者生效的要件，该给付定金的一方虽然未支付定金，但合同主要义务已经履行完毕并为对方所接受的，合同在对方接受履行时已经成立或者生效（《合同编解释》第 67 条第 3 款）。证约定金是以定金作为订立合同的证据。解约定金是定金交付后，交付定金的一方可以按照合同的约定以丧失定金为代价而解除主合同，收受定金的一方可以双倍返还定金为代价而解除主合同（《合同编解释》第 67 条第 4 款）。成约定金可被认为是附生效条件的合同；立约定金可以被认为是预约的违约定金；证约定金仅仅是证明合同成立的方式之一；解约定金可以被认为是一种约定解除权。故《民法典》第 588 条仅规定了违约定金；并且，如果当事人约定了定金性质，但是未约定定金类型或者约定不明，则应当认为是违约定金。

定金合同，适用民事法律行为和合同的一般规则，可以在合同的主文中载明，也可以单独设立。但是，按照《民法典》第 588 条第 1 款的规定，定金合同是实践合同，自实际交付定金时才成立。当然，定金交付的时间由双方当事人约定。当事人订立定金合同后，不履行交付定金的约定的，不承担违约责任。同时，定金合同是一种从合同，应参照适用《民法典》第 682 条第 1 款的规定，主债权债务合同无效、被撤销或者确定不发生效力，定金合同也随之无效或者不发生效力。但是，在主合同因违约而被解除后，根据《民法典》第 566 条第 2 款的规定“合同因违约解除的，解除权人可以请求违约方承担违约责任，但是当事人另有约定的除外”，解除权人仍有权依据定金罚则请求违约方承担责任。

（二）定金的数额限制

按照《民法典》第 586 条第 2 款，定金的数额由当事人约定，但是，在能够确定主合同标的额的前提下，约定的数额不得超过主合同标的额的 20%。如果超过，则超过的部分不产生定金的效力，应当予以返还或者按照约定抵作价款，但未超过的部分仍然产生定金效力。例如，甲向乙订购钢材 1 000 吨，总价值 1 000 万元，甲交付定金的最高限额是总价款的 20%，即 200 万元。当事人约定的定金额少于 200 万元的，按照当事人的约定。如果当事人约定的定金数额为 300 万元，则只有其中的 200 万元能够发生定金效力，超过的 100 万元不能发生定金效力，甲方可以要求乙方返还或者按照约定抵作价款。同时，实际交付的定金数额多于或者少于约定的数额的，除了超过法定限额的部分，视为变更约定的定金数额，按照变更后的定金数额适用定金罚则。实际交付的定金数额少于约定数额的，收受定金一方提出异议并拒绝接受定金的，定金合同不成立；收受定金一方接受了定金但提出了异议，仍然在接受定金范围内发生定金效力。例如，甲向乙订购钢材 1 000 吨，总价值 1 000 万元，约定甲交付定金 200 万元，但之后甲仅交付了 150 万元，乙方接受的，接受的 150 万元定金仍然能够发生定金效力。

（三）定金罚则

按照《民法典》第 587 条的规定，债务人按照合同约定履行债务的，定金应当抵作价款或者收回。但如果债务人不履行债务或者履行债务不符合约定，致使不能实现合同目的的，违约定金最为重要的效力是定金罚则，即定金合同约定的条件成就时，双倍返还定金或者扣收。

适用定金罚则的前提条件是：首先按照当事人的约定和法律的规定。当法律对定金有特别规定时，应当适用特别规定；当事人另有约定时，根据自愿原则，应尊重当事人的特别约定。在不存在法律另有规定或者当事人另有约定的情形中，适用定金罚则的前提条件是，当事人一方不履行债务或者履行债务不符合约定，并且该违约行为达到了致使合同目的不能实现，即根本违约的程度。例如，甲、乙双方订立转让商店营业的合同，并约定了定金条款且已交付定金。履行期限到来后虽然甲方按期交付了商店，但该商店的营业执照因转让人甲的违法经营被吊销，无法营业。此时甲方就构成了根本违约，可以适用定金罚则。虽然有违约行为但比较轻微，未达到不能实现合同目的的程度时，就不能适用或者全部适用定金罚则。双方当事人均具有致使不能实现合同目的的违约行为的，任何一方均不能请求适用定金罚则；如当事人一方仅有轻微违约，对方具有致使不能实现合同目的的违约行为，轻微违约方仍然有权主张适用定金罚则（《合同编解释》第 68 条第 1 款）。同时，必须违约方因违约行为而承担违约责任的，才能适用定金罚则；如果违约方因不可抗力而免责，则不能适用定金罚则（《合同编解释》第 68 条第 3 款）。

如果当事人一方已经部分履行合同，在能够区分比例的情况下，除非部分未履行致使不能实现合同目的，原则上应当按照未履行部分所占合同约定内容的比例，适用定金罚则（《合同编解释》第 68 条第 2 款）。例如，合同约定甲方向乙方供应钢材 1 000 吨，约定乙方交付定金 50 万元，未超过主合同标的的 20%，且乙方已实际交付定金，但履行期限到来后，甲方仅交货 500 吨，乙方接受但提出甲方违约。由于供货严重不足，乙方可以请求适用定金罚则，但由于甲方已经供货 500 吨，占约定供货量的一半，此时，只能对 50 万元定金中的 25 万元适用定金罚则。

适用定金罚则的效果是，给付定金的一方无权请求返还定金，收受定金的一方应当双倍返还定金。例如，在上面供应钢材的例子中，甲方是收受定金的一方，其中的 25 万元适用定金罚则，因此，甲方应当向乙方双倍返还定金即 50 万元。

（四）定金与违约金、法定赔偿损失之间适用关系

《民法典》第588条第1款规定了定金和违约金之间的适用关系。合同当事人既约定了违约金，又约定了定金，在当事人不存在明确的特别约定的情况下，如果一方违约，对方当事人可以选择适用违约金或者定金条款，即对方当事人享有选择权，可以选择适用违约金条款，也可以选择适用定金条款，但二者不能并用。当然，不能并用的前提是针对同一违约行为。如果违约金和定金针对的是不同的违约行为，在这些违约行为都存在的前提下，违约金和定金仍然存在并用的可能性，但无论如何不应超过违约行为所造成的损失总额。

现实中，有些当事人在合同中针对同一违约行为，既约定违约金，也约定定金，在一方违约时，对方要求违约金条款与定金条款并用。一般说来，选择适用违约金条款或者定金条款，就可以达到弥补因违约而受到的损失的目的。违约金相当于一方因对方违约所遭受的损失，而且根据《民法典》第585条第2款的规定，约定的违约金低于造成的损失的，人民法院或者仲裁机构可以根据当事人的请求予以增加；约定的违约金过分高于造成的损失的，人民法院或者仲裁机构可以根据当事人的请求予以适当减少。这样，守约方依据违约金条款，就可以补偿自己因对方违约所遭受的损失。当然，在定金条款对守约方更有利时，守约方也可以适用定金条款，通过适用定金罚则来弥补自己的损失。赋予守约方适用选择权，能够起到保障其合同利益、补救其损失的作用。但允许守约方并用违约金条款和定金条款，其一是对于补偿守约方遭受的损失并无必要，其二是违约金与定金并用时因两者指向的是同一损失，其数额可能远远高于违约所造成的损失，既加重了对违约方的惩罚，也可能使守约方获得的补偿高于其所受的损失，而使守约方双重获益，这与合同的公平原则相悖的。因此，《民法典》第588条规定合同当事人选择适用违约金条款或者定金条款，是必要的，也是合理的。

《民法典》第588条第2款规定了定金和法定赔偿损失之间的适用关系。与违约金不同，定金的数额不得超过主合同标的额的20%，但是，违约行为造成的损失可能超过适用定金罚则之后的数额；并且，对于违约金，《民法典》第585条第2款规定了司法酌增规则，而对于定金，并未明确规定类似规则。因此，《民法典》第588条第1款规定，定金不足以弥补一方违约造成的损失的，对方可以请求赔偿超过定金数额的损失。据此，约定的定金不足以弥补一方违约造成的损失的，守约方既可以请求定金，同时也可以就超过定金数额的部分请求法定的赔偿损失。此时，定金和损失赔偿的数额总和不会高于违约造成的损失。这样，既有助于对守约方利益的充分保护，又避免了守约方获得超过其损失的利益。

《问题与思考》

1. 简述违约责任的归责原则。
2. 违约责任的构成要件包括哪些？

3. 试述违约行为的形态。
4. 试述继续履行的含义及类型。
5. 试述法定赔偿损失的适用。
6. 试述法定赔偿损失、违约金和定金之间的适用关系。

第三十九章
买卖合同

本章概要

买卖合同是指出卖人转移标的物的所有权于买受人，买受人支付价款的合同。买卖合同是货物贸易的典型交易方式，既确立了转移财产合同的一般规则，也确立了有偿合同的一般规则。本章的重点问题是买卖合同的效力、买卖合同标的物的风险负担。

一、买卖合同的概念和特征

买卖合同，是指出卖人转移标的物的所有权于买受人，买受人支付价款的合同（《民法典》第 595 条）。依约定应交付标的物并转移标的物所有权的一方称为出卖人，应支付价款的一方称为买受人。

买卖合同具有以下法律特征：

（1）买卖合同是一方当事人转移标的物的所有权、另一方当事人支付价款的合同。买卖合同的出卖人负有交付标的物并转移其所有权于买受人的义务，买受人负有向出卖人支付价款的义务，两项义务互为对价，同属买卖合同当事人所负担的主合同义务。这两项主合同义务使买卖合同区别于其他移转财产所有权的合同（如赠与合同、互易合同）以及移转财产使用权的合同（如租赁合同）。

（2）买卖合同是双务合同。买卖合同的双方当事人在享有合同权利的同时，都负担相应的合同义务，因此，买卖合同是典型的双务合同。

（3）买卖合同是有偿合同。买卖合同中，出卖人所负担的交付标的物并转移其所有权于买受人的义务，与买受人所负担的支付价款的义务，互为对价，因此，买卖合同是典型的有偿合同。作为商品交换发展到一定阶段的产物，买卖合同是商品交换的基本法律形式。因其为典型的有偿合同，《民法典》就买卖合同的有偿性所确立的原则，在其他类型的有偿合同未作特别规定或未有特别的交易惯例时，适用于其他的有偿合同（《民法典》第 646 条）。

（4）买卖合同是诺成合同。除法律另有规定或当事人另有约定外，买卖合同自双方当事人意思表示一致之时起成立，并不以一方当事人标的物的交付或一定行为的进行作为合同的成立要件，因此，买卖合同为诺成合同。

（5）买卖合同是不要式合同。法律和行政法规并未要求当事人之间的买卖合同须采用书面形式，因此，买卖合同为不要式合同。

二、买卖合同的当事人及标的物

（一）买卖合同的当事人

买卖合同的当事人包括买受人和出卖人。

关于买受人，依据《民法典》的规定，除须具备相应的民事行为能力以外，并无特别要求。但实际上，依据民法的基本原则、其他法律的规定以及特定买卖合同的性质，某些具有特别身份的人不得成为特定买卖合同中的买受人。如监护人负有保护被监护人、维护被监护人合法利益的责任，如果监护人购买被监护人的财产，就很难确保被监护人的利益不受损害，因此，监护人不得成为被监护人财产的买受人。再如受托人一般不得自行购买委托人委托其出售的财产；拍卖人及其工作人员不得以竞买人的身份参与自己组织的拍卖活动，并不得委托他人代为竞买（《拍卖法》第22条）。此外，军队、武装警察部队、司法机关和行政执法机关也不得成为商事经营活动中所订立的买卖合同的买受人。

至于出卖人，除须具备相应的民事行为能力之外，还应当是买卖合同标的物的所有权人或其他有处分权人，否则根据《民法典》第597条第1款的规定，出卖人未取得处分权致使标的物所有权不能转移的，买受人可以解除合同并请求出卖人承担违约责任。所谓所有权人，依据《民法典》第240条的规定，是指对自己的不动产或者动产依法享有占有、使用、收益和处分权利的人；所谓有处分权人，是指经过所有权人授权或基于法律的规定，可以对他人的财产为出卖行为的人。有处分权人在我国现行立法上主要包括：（1）抵押权人和质权人。抵押权人和质权人作为担保物权人，在债务人不履行到期债务或者发生当事人约定的实现权利的情形时，有权依照抵押合同或者质权合同的约定将抵押人的财产变卖或拍卖，并从变卖、拍卖的价款中优先受偿。（2）留置权人。留置权属担保物权的一种，留置权人在法律规定的条件满足时，有权留置其依照合同约定所占有的债务人的动产，并可依法将该财产变卖、拍卖，然后从变卖、拍卖的价款中优先受偿。（3）法定优先权人。依据《民法典》第807条的规定，建设工程合同的承包人依照法律的规定享有法定优先权。在发包人未按照约定支付价款，且经催告在合理期限内仍不支付时，承包人得申请人民法院将建设工程依法拍卖，然后从拍卖的价款中优先受偿。（4）行纪人。行纪人是接受委托人的委托，以自己的名义为委托人进行贸易活动的人。行纪人在所有权人的授权之下，可以遵从所有权人的指示进行财产的处分行为。（5）经营权人。国有企业对所国家所授予的财产享有的经营权包括占有、使用、收益和处分权能，故国有企业虽非所有权人，仍有权以出卖的方式处分财产。（6）人民法院。依据《民事诉讼法》第253条第1款中的规定，被执行人未按执行通知履行法律文书确定的义务，人民法院有权根据不同情形扣押、冻结、划拨、变价被执行人的财产。

如果订立买卖合同的出卖人，既非标的物的所有权人，又非标的物的有处分权人，则出卖人与买受人之间的合同即为出卖他人之物的买卖合同。对于出卖他人之物的买卖合同，在各个国家和地区的立法上，由于物权变动模式立法选择的不同，效力认定上存在区别。采取债权意思主义物权变动模式的法国民法，将其认定为无效合同（《法国民法典》第1599条）；采取物权形式主义物权变动模式的德国民法，则将其认定为可以生效的合同（《德国民法典》第433条）。我国民法以债权形式主义物权变动模式为原则，买受人取得标的物的所有权属于出卖人履行合同义务的法律效果，而非买卖合同生效的法律效果。买受人不能取得标的物的所有权，属于出卖人未能履行自己的合同义务，并不影响买卖合同的效力，因此，出卖他人之物的买卖合同同样属于可以生效的合同。[①] 出卖人未取得处分权致使标的物所有权不能转移的，买受人可以解除合同并请求出卖人承担违约责任。《合同编解释》第19条第1款即采此立场。

出卖人就同一标的物订立数个买卖合同的，数个买卖合同都可以成为生效的合同。数个买受人中，只有一个买受人得取得标的物的所有权。未取得标的物所有权的买受人，得对出卖人主张违约责任（在某些场合为侵权责任[②]）的承担。

（二）买卖合同的标的物

在我国合同法上，买卖合同的标的物，依据《民法典》第595条的规定，应为实物。关于财产权利的转让规定在诸如技术转让合同，建设用地使用权出让、转让合同等其他的合同类型中。

买卖合同的标的物可以是现实存在的物，也可以是将来产生的物；可以是特定物，也可以是不特定物。

如果买卖合同的标的物是禁止流通物，该买卖合同应被认定为无效合同（《民法典》第153条第1款第一句）。如果买卖合同的标的物是限制流通物，则该买卖合同属于办理批准等手续才能生效的合同。未办理批准等手续影响合同生效的，不影响合同中履行报批等义务条款以及相关关条款的效力。合同当事人有义务去办理批准等手续，促成买卖合同的完全生效。当事人不履行报批等义务，致使买卖合同未能完全生效的，应承担违反该义务的责任（《民法典》第502条第2款）。

三、买卖合同的内容

买卖合同的内容主要由当事人约定，除标的、数量和质量、价款、履行期限、履行地点、履行方式、违约责任、解决争议的方法等内容以外，当事人还可就包装方式、检

---

① 详请参见王轶：《物权变动论》，第四章，北京，中国人民大学出版社，2001。

② 例如甲有一清代花瓶，与乙订立买卖合同在先，与丙订立买卖合同在后。在与乙订立买卖合同时，双方约定花瓶的所有权自合同成立之时起即由乙享有，但暂不移转花瓶的占有于乙。丙在与甲订立买卖合同时，不知道也不应当知道该花瓶已非甲所有。双方的买卖合同成立之时，甲即将标的物交付于丙。此时，丙得基于动产的善意取得制度取得花瓶的所有权，乙就丧失了业已取得的所有权。乙得向甲主张侵权责任的承担。

验标准和方法、结算方式以及合同使用的文字及其效力等内容进行约定。

（一）标的

标的是买卖合同双方当事人的权利、义务指向的对象。买卖合同不规定标的，就会失去目的，失去意义，因此，标的是买卖合同的必要条款。标的条款必须清楚地写明标的物的名称。

（二）数量

标的物的数量是确定买卖合同标的物的具体条件之一。标的物的数量要确切，应选择双方共同接受的计量单位，一般应采用通用的计量单位，也可以采用行业或者交易习惯认可的计量单位。要确定双方认可的计量方法，同时应允许规定合理的磅差或尾差。

标的物的数量属于买卖合同成立应当具备的必要条款。

（三）质量

标的物的质量是确定买卖合同标的物的具体条件。标的物的质量一般包括两个方面的要求：一是标的物的品种和规格，通常指标的物的型号、批号、尺码、级别等；二是标的物的内在品质，通常指标的物应达到其应有的功效，并且不含有隐蔽瑕疵、缺陷等。关于标的物的质量需订得详细、具体。但在一般情形下，欠缺质量条款，并不影响买卖合同的成立。当事人没有约定质量条款或者约定不明确的，可以依照《民法典》第 510 条以及第 511 条第 1 项补充确定。

（四）履行期限、地点和方式

履行期限直接关系到买卖合同义务完成的时间，涉及当事人的期限利益，也是确定违约与否的因素之一。关于合同的履行可以约定为即时履行，也可以约定为定时履行，还可以约定为在一定期限内履行。如果是分期履行，还应写明每期履行的准确时间。

履行地点是确定验收地点的依据，是确定运输费用由谁负担、风险由谁承受的依据，有时是确定标的物的所有权是否转移、何时转移的依据，有时还是确定诉讼管辖的依据之一。对于涉外买卖合同纠纷，它是确定法律适用的一项依据。因而它十分重要，应在合同中写明。

履行方式，如是一次交付还是分批交付，是交付实物还是交付提取标的物的单证，是铁路运输还是空运、水运等，同样事关当事人的物质利益，因此，应在合同中写明。

关于履行期限、履行地点和履行方式未在买卖合同中作出明确约定，一般并不影响买卖合同的成立。当事人未约定履行期限、履行地点和履行方式条款或者约定不明确的，可以依照《民法典》第 510 条、第 511 条第 3～5 项以及第 603 条第 2 款、第 627 条、第 628 条补充确定。

（五）价款

价款是买受人取得标的物所应支付的代价，买卖合同应当对价款的数额作出明确的约定，同时对价款的币种作出约定，对不同币种之间的汇率作出约定。

价款通常指标的物本身的价款，但因商业上的大宗买卖一般是异地交货，便产生了运费、保险费、装卸费、报关费等一系列额外费用。这些费用由谁支付，需在买卖合同的价款条款中写明。

关于价款未在合同中作出明确约定的，一般不影响买卖合同的成立。当事人在合同中没有约定价款条款或者约定不明确的，依照《民法典》第626条补充确定。

（六）违约责任

违约责任是促使当事人履行债务，使非违约方免受或少受损失的法律措施，对当事人的利益影响重大，故合同应对此予以明确规定。例如，对违约所致损害的计算方法、赔偿范围等予以明确规定，对于将来及时地解决违约问题意义重大。当然，违约责任是法律责任，即使买卖合同中没有违约责任条款，只要未依法或依约免除，违约方就应承担责任。

对违约责任未作出约定的，不影响买卖合同的成立。买卖合同当事人违约的，依照《民法典》合同编第二分编第九章关于买卖合同当事人承担违约责任的特别规定以及《民法典》合同编第一分编第八章关于违约责任的一般规定处理。

（七）包装方式

标的物的包装包括两层含义：一是盛标的物的容器，通常被称为包装用品或者包装物；二是包装标的物的操作过程。因此，包装方式既可以指包装物的材料，又可以指包装的操作方式。包装对标的物起保护和装饰作用，在某些情况下，包装还能反映标的物的质量，因此，在买卖合同中应明确约定包装的方式，包括包装材料、装潢，包装物的交付，包装费用的承担等内容。对该包装方式未作约定的，不影响买卖合同的成立。当事人未约定包装方式或者约定不明确的，依据《民法典》第510条仍不能确定的，依据《民法典》第619条的规定，应当按照通用的方式包装；没有通用方式的，应当采取足以保护标的物且有利于节约资源、保护生态环境的包装方式。产品包装应当按照国家标准或专业（部）标准执行；没有上述标准的，可按承运、托运双方商定并在合同中写明的标准进行包装。有特殊要求或采用包装代用品的，应征得运输部门的同意，并在合同中明确规定。产品包装时必须附有装箱清单。除国家规定由买受人提供的以外，包装物由出卖人提供，运输包装上的标记由出卖人印刷。可以多次使用的包装物，应按有关主管部门制定的包装物回收办法执行；没有规定的，由买卖双方商定包装物回收协议，作为买卖合同的附件。

除国家另有规定外，包装费用由出卖人负担，不得向买受人另外收取。如果买受人有特殊要求的，双方应在合同中约定，其包装费超过原定标准的，超过部分由买受人负担；其包装费低于原定标准的，相应降低产品价格。

（八）检验标准、检验期限和方法

合同应对检验标准、检验期限、是凭封单检验还是凭现状检验，以及对标的物的质量和数量提出异议或答复的期限作出明确规定。

对该项条款未作约定或者约定不明确的，不影响买卖合同的成立，可以依照《民法典》第 510 条、第 620～624 条补充确定。

（九）结算方式

结算方式是指出卖人向买受人交付标的物后，买受人向出卖人支付标的物价款、运杂费和其他费用的方式。买卖合同的结算方式应遵守中国人民银行结算办法的规定，除法律或者行政法规另有规定的以外，必须用人民币计算和支付。同时，除国家允许使用现金履行义务的以外，必须通过银行转账或者票据结算，当事人对结算方式应当明确约定。用托收承付方式的，合同中应明确是验单付款还是验货付款。为便于结算，合同中应注明双方当事人的开户银行、账户名称、账号和结算单位。

对该项条款未作约定的，不影响买卖合同的成立。当事人未约定结算方式条款或者约定不明确的，依照《民法典》第 510 条补充确定。

（十）合同使用的文字及其效力

合同使用的文字及其效力，是涉外买卖合同及跨民族买卖合同的重要条款。在此类合同中双方当事人应就合同所使用的文字作出明确约定，当事人应当使用约定的文字订立合同。

对该项条款未作约定的，不影响买卖合同的成立。当事人未约定合同使用的文字及其效力条款或者约定不明确的，依照《民法典》第 510 条补充确定。

四、买卖合同的效力

买卖合同的效力是指生效买卖合同所具有的法律效力。广义的买卖合同的效力既包括买卖合同的对外效力，又包括买卖合同的对内效力。买卖合同对外效力的核心是合同债权的不可侵性，主要通过《民法典》侵权责任编的规定（《民法典》第 1165～1167 条）予以调整。买卖合同的对内效力以买卖合同的内容为基础，主要表现为出卖人和买受人双方所享有的权利、所负担的义务。狭义的买卖合同的效力仅指买卖合同的对内效力。

前已提及，买卖合同的对内效力主要体现为合同当事人所享有的权利和所负担的义务，由于买卖合同是典型的双务有偿合同，一方当事人所负担的合同义务是对方当事人所享有的合同权利，所以买卖合同的对内效力可以通过双方当事人所负担的合同义务来体现。

（一）出卖人的合同义务

1. 交付标的物并转移标的物的所有权于买受人

该项义务是出卖人的主合同义务，它由两个方面的内容组成：其一为交付标的物，其二为转移标的物的所有权于买受人。

（1）交付标的物。

买卖合同中，出卖人应将买卖合同的标的物交付给买受人。交付标的物可分为交付和替代交付。交付包括现实交付和拟制交付。所谓拟制交付，是指交付提取标的物的单证，以代替标的物的现实交付的交付方式，比如交付仓单、提单以及可转让的多式联运单据等。替代交付包括简易交付、占有改定以及指示交付。现实交付，是指出卖人将标的物置于买受人的实际控制之下，即移转标的物的直接占有。所谓简易交付，是指买卖合同订立前，买受人已实际占有标的物的，标的物的交付系于合同生效的交付方式。所谓占有改定，是指由双方当事人签订协议，使买受人取得标的物的间接占有，以代替标的物直接占有的移转的交付方式。所谓指示交付，是指让与所有物返还请求权以代替现实交付。

依据《民法典》第512条的规定，通过互联网等信息网络订立的买卖合同，采用快递物流方式交付的，收货人的签收时间为交付时间。买卖合同的标的物为采用在线传输方式交付的，标的物进入买受人指定的特定系统且能够检索识别的时间为交付时间。

出卖人交付标的物，在标的物有从物时，若当事人无另外的约定，应当随同交付从物（《民法典》第320条）。

出卖人交付标的物的义务可亲自履行，也可由第三人履行。在第三人代为交付时，对于交付中出现的违约情形，第三人不负违约责任，仍由出卖人承担违约责任（《民法典》第523条）。

出卖人应当按照约定的时间交付标的物。约定交付期限的，出卖人可以在该交付期限内的任何时间交付。出卖人提前交付标的物的，应取得买受人的同意，否则买受人有权拒收，但出卖人的提前交付不损害买受人利益的除外。出卖人提前交付给买受人增加的费用，由出卖人负担。当事人未约定标的物的交付期限或者约定不明确的，可以协议补充；不能达成补充协议的，按照合同有关条款或交易习惯确定；仍不能确定的，可以随时交付，但应当给买受人必要的准备时间。

出卖人应当按照约定的地点交付标的物。当事人未约定交付地点或者约定不明确的，可以协议补充；不能达成补充协议的，按照合同有关条款或者交易习惯确定；仍不能确定的，适用下列规定：第一，标的物需要运输的，出卖人应当将标的物交付给第一承运人以运交给买受人。第二，标的物不需要运输的，出卖人和买受人订立合同时知道标的物在某一地点的，出卖人应当在该地点交付标的物；不知道标的物在某一地点的，应当在出卖人订立合同时的营业地交付标的物（《民法典》第603条）。

出卖人应当按照约定的数量交付标的物。出卖人多交标的物的，买受人可以接收或者拒绝接收多交的部分；买受人拒绝接收多交部分的，应当及时通知出卖人（《民法典》第629条）。买受人接收多交部分的，按照约定的价格支付价款；出卖人少交标的物的，除不损害买受人的利益的情形以外，买受人可以拒绝接收。买受人拒绝接收标的物的，应当及时通知出卖人。买受人怠于通知的，应当承担因此产生的损害赔偿责任。但出卖人交付的标的物数量在合理的磅差或尾差之内的，应视为交付的数量符合约定的标准。合同中约定分批交付的，出卖人应按照约定的批量分批交付。出卖人未按照约定的时间和数量交付的，应就每一次的不适当交付负违约责任。

出卖人应当按照约定的包装方式交付标的物。对包装方式没有约定或者约定不明确的，可以协议补充；不能达成补充协议的，按照合同有关条款或者交易习惯确定；仍不能确定的，应当按照通用的方式包装；没有通用方式的，应当采取足以保护标的物且有利于节约资源、保护生态环境的包装方式。

（2）转移标的物的所有权于买受人。

取得标的物的所有权是买受人的主要交易目的，因此，将标的物的所有权转移给买受人是出卖人的一项主要义务。移转标的物的所有权，是在交付标的物基础上，实现标的物所有权的转移，使买受人获得标的物所有权。依《民法典》第224条的规定，动产物权的设立和转让自交付时发生效力，但是法律另有规定的除外。这表明，标的物所有权的转移方法，可以有所不同。

就动产而言，除法律有特别规定的以外，所有权依交付而移转。这表明，我国现行民事立法就动产所有权的转移确立了债权形式主义的物权变动模式。

债权形式主义的物权变动模式允许当事人约定出卖人先行交付标的物，在买受人未履行支付价款或者其他义务时，标的物的所有权仍归出卖人所有，以担保买受人合同义务的履行。这就是所谓的所有权保留制度。

所有权保留作为一种新型的担保制度，在交易实践中，经常与分期付款买卖结合在一起。在保留所有权的分期付款买卖中，买受人在条件成就前享有所有权的期待权，该项权利为物权化的债权或效力扩张的债权；出卖人基于其所保留的所有权享有取回权。出卖人对标的物保留的所有权，未经登记，不得对抗善意第三人（《民法典》第641条第2款）。在标的物所有权转移前，买受人有下列情形之一，造成出卖人损害的，除当事人另有约定外，出卖人有权取回标的物：（1）未按照约定支付价款，经催告后在合理期限内仍未支付；（2）未按照约定完成特定条件；（3）将标的物出卖、出质或者作出其他不当处分。出卖人可以与买受人协商取回标的物；协商不成的，可以参照适用担保物权的实现程序（《民法典》第642条）。出卖人依据《民法典》第642条第1款的规定取回标的物后，买受人在双方约定或者出卖人指定的合理回赎期限内，消除出卖人取回标的物的事由的，可以请求回赎标的物。买受人在回赎期限内没有回赎标的物，出卖人可以以合理的价格将标的物出卖给第三人，出卖所得价款扣除买受人未支付的价款以及必要费用后仍有剩余的，应当返还买受人；不足部分由买受人清偿（《民法典》第643条）。所有权保留制度以微观上的利益均衡、交易安全为宗旨，以权利拥有和利益享用相分离的权利分化理论为构思主题，以设定标的物所有权移转的前提条件为特征，精巧地实现了买受人对标的物的提前享用，有效消弭了出卖人滞后收取价金的交易风险，从而因其制度设计的内在合理性，在各个国家和地区得到了广泛应用。《民法典》对所有权保留制度的认可和完善，必将推动我国信贷消费的发展。①

依据《民法典》第225条的规定，就船舶、航空器和机动车等特殊类型的动产，所有权也自交付之时起转移，但未依法办理登记手续的，所有权的移转不具有对抗善意第三人的效力。

依据《民法典》第209条第1款以及第214条的规定，不动产所有权的转移须依法办理所有权的转移登记。未办理登记的，尽管买卖合同已经生效，但标的物的所有权不

---

① 参见王轶：《所有权保留制度研究》，载梁慧星主编：《民商法论丛》，第6卷，北京，法律出版社，1997。

发生转移（《民法典》第215条）。这表明，《民法典》就不动产所有权的转移仍然采债权形式主义的物权变动模式。

依据《民法典》第600条的规定，出卖具有知识产权的计算机软件等标的物的，除法律另有规定或当事人另有约定的以外，该标的物的知识产权并不随同标的物的所有权一并移转于买受人。原因在于：首先，知识产权是一种独立的无形权利。虽然知识产权必须通过一定的物质载体才能表现出来，但知识产权的客体并非它的物质载体。知识产权与标的物的所有权是可以分离的，两者是并行于标的物上的独立权利。在买卖合同中，出卖人转让的仅仅是标的物的所有权，而不包括知识产权，因为知识产权有独立的财产价值。其次，假设在出卖人转移标的物所有权的同时，标的物上的知识产权亦同时转让，势必造成如下矛盾：很多情况下，出卖人并非知识产权人，而仅为标的物的所有人，出卖人如何能把自己都不享有的权利转移于买受人呢？另外如标的物为种类物，转让标的物的所有权时，知识产权亦转移，势必造成每个买受人都享有标的物的知识产权，这样，同一客体的知识产权就有无数个主体，而这显然是不可能的。[①]

2. 物的瑕疵担保义务

依据《民法典》第615条的规定，出卖人应当按照约定的质量要求交付标的物。出卖人提供有关标的物质量说明的，交付的标的物应当符合该说明的质量要求。这一义务被称为物的瑕疵担保义务。

出卖人负担物的瑕疵担保义务，是由买卖合同的有偿性决定的。在《民法典》中，物的瑕疵担保义务被表述为质量担保义务，即出卖人应当担保其交付给买受人的标的物符合合同约定的或者法律确定的质量标准。因此，确定标的物的质量标准，是判断出卖人是否全面履行该项义务的前提。买卖合同中，当事人对标的物的质量标准没有约定或约定不明确的，可以协议补充；不能达成补充协议的，按照合同有关条款或者交易习惯确定；仍不能确定的，出卖人交付的标的物，应当符合同种物的通常标准或者为了实现合同目的该物应当具有的特定标准。

出卖人交付的标的物不符合质量标准的，属于对物的瑕疵担保义务的违反，在传统民法上，发生物的瑕疵担保责任的承担。但在《民法典》中，就违约责任的归责原则，一般（尤其是于商事合同中）采严格责任原则，从而使传统民法上违约责任与物的瑕疵担保责任的区别丧失了依据。因此，出卖人应当按照当事人的约定承担违约责任。对违约责任没有约定或者约定不明确，也不能达成补充协议或者按照合同有关条款以及交易习惯仍不能确定的，受损害方可以根据标的物的性质以及损失的大小，合理选择请求对方承担修理、重作、更换、退货或者减少价款（《民法典》第582条）。其中，作为救济手段的退货，在通常情形下就是受损害方行使解除合同的权利。因标的物的主物不符合约定而解除合同的，解除合同的效力及于从物。因标的物的从物不符合约定而解除合同的，解除的效力不及于主物（《民法典》第631条）。标的物为数物，其中一物不符合约定的，买受人可以就该物解除；但是，该物与他物分离使标的物的价值显受损害的，当事人可以就数物解除合同（《民法典》第632条）。此项解除权不得与减少价款同时主张，

① 参见李国光主编：《合同法释解与适用》，650页，北京，新华出版社，1999。

也不得与修理、重作、更换同时并举。质量不符合约定，造成其他损失的，受损害方可以请求赔偿损失（《民法典》第583条）。

买受人要求出卖人承担违反物的瑕疵担保义务的违约责任，除非法律另有规定，以买受人及时向出卖人通知标的物质量不合格为条件（《民法典》第621条第1款）。买受人在订立买卖合同时知道或者应当知道标的物质量不合格的，不得向出卖人主张违反物的瑕疵担保义务的违约责任。商事买卖合同的当事人也可以通过订立免责条款的方式，预先免除出卖人违反物的瑕疵担保义务的违约责任。当事人约定减轻或者免除出卖人对标的物瑕疵承担的责任，出卖人故意或者有重大过失不告知买受人标的物瑕疵的，出卖人无权主张减轻或者免除责任（《民法典》第618条）。

3. 权利的瑕疵担保义务

依据《民法典》第612条的规定，出卖人就交付的标的物，除非法律另有规定，负有保证第三人不得向买受人主张任何权利的义务。这一义务被称为出卖人的权利瑕疵担保义务。违反权利的瑕疵担保义务，在传统民法上发生权利瑕疵担保责任的承担。在《民法典》中，由于违约责任和权利瑕疵担保责任的区分丧失了依据，因此，出卖人应对买受人承担违约责任。

在我国民法上，出卖人违反权利瑕疵担保义务得承担违约责任的情形还包括：共有人出卖全部共有财产或者出卖共有财产中的他人份额；出卖人向买受人出售第三人享有优先购买权或法定优先权的财产；出卖人出售给买受人的财产上存在第三人的居住权或者租赁权；对于出卖人出售给买受人的财产，第三人得根据专利权或其他知识产权主张权利或要求。

依据《民法典》第613条的规定，在买卖合同订立时，买受人知道或者应当知道第三人对买卖的标的物享有权利的，出卖人不负担该项义务。另外，买受人能够依据保护交易安全的规定善意取得标的物所有权的，出卖人也无须承担违反权利瑕疵担保义务的违约责任。

买受人有确切证据证明第三人对标的物享有权利的，可以在出卖人未提供适当担保时，行使合同履行抗辩权，中止支付相应的价款，但是出卖人提供适当担保的除外（《民法典》第614条）。

4. 交付有关单证和资料

出卖人还应当按照约定或者交易习惯向买受人交付提取标的物单证以外的有关单证和资料（《民法典》第599条）。该项义务系出卖人在买卖合同中所负担的从合同义务，该项义务辅助主合同义务，实现买受人的交易目的。交易实践中，与买卖合同的标的物相关的其他单证和资料主要包括保险单、保修单、普通发票、增值税专用发票、产品合格证、质量保证书、质量鉴定书、品质检验证书、产品进出口检疫书、原产地证明书、使用说明书、装箱单等。

在国际贸易中，出卖人交付有关单证和资料的义务因合同具体条件的差异也有所不同，例如，普通货物买卖无须办理进出口许可证；在FOB或CFR条件下，由买方自己办理保险，出卖人自然无须提供保险单或者保险凭证；在DDP条件下，出卖人就必须提供证明已经完成进口完税手续的单证。

除负担前述主合同义务和从合同义务外，出卖人还应遵循诚实信用原则，根据合同的性质、目的和交易习惯负担通知、协助、保密等附随义务（《民法典》第509条第2款）以及相应的不真正义务等法定义务（如《民法典》第591条），在履行合同过程中应当避免浪费资源、污染环境和破坏生态（《民法典》第509条第3款）。

依照法律、行政法规的规定或者按照当事人的约定，标的物在有效使用年限届满后应予回收的，出卖人负有自行或者委托第三人对标的物予以回收的义务（《民法典》第625条），这也属于出卖人负担的附随义务。

（二）买受人的义务

1. 支付价款

支付价款是买受人的主要义务。买受人支付价款应按照合同约定的数额、地点、时间为之。

（1）价款数额的确定。

价款数额一般由单价与总价构成，总价为单价乘以标的物的数量。当事人在合同中约定的单价与总价不一致，而当事人又不能证明总价为折扣价的，原则上应按单价来计算总价。当事人对价款的确定须遵守国家的物价法规，否则其约定无效。

买受人应当按照约定的数额支付价款。对价款没有约定或约定不明确的，可以协议补充；不能达成补充协议的，按照合同有关条款或者交易习惯确定；如仍不能确定，按照订立合同时履行地的市场价格履行，依法应当执行政府定价或者政府指导价的，按照规定履行（《民法典》第626条）。详言之，当事人在合同中约定执行政府定价的，在合同约定的交付期限内政府价格调整时，按照交付时的价格计价。逾期交付标的物的，遇价格上涨时，按照原价格执行；价格下降时，按照新价格执行。逾期提取标的物或者逾期付款的，遇价格上涨时，按照新价格执行；价格下降时，按照原价格执行。

（2）价款的支付地点。

价款的支付地点可由双方当事人约定。买受人应当按照约定的地点支付价款。对支付地点没有约定或者约定不明确的，可以协议补充；不能达成补充协议的，按照合同有关条款或者交易习惯确定；仍不能确定的，买受人应当在出卖人的营业地支付，但是，约定支付价款以交付标的物或者交付提取标的物的单证为条件的，则在交付标的物或者提取标的物单证的所在地支付（《民法典》第627条）。

（3）价款的支付时间。

价款的支付时间，可以由双方当事人约定。买受人应当按照约定的时间支付价款。对支付时间没有约定或者约定不明确的，可以协议补充；不能达成补充协议的，按照合同有关条款或者交易习惯确定；仍不能确定的，按照同时履行的原则，买受人应当在收到标的物或者提取标的物单证的同时支付（《民法典》第628条）。价款支付迟延时，买受人不但有义务继续支付价款，还有责任支付迟延利息。

买受人在出卖人违约的情况下，有拒绝支付价款、请求减少价款、请求返还价款的权利。如出卖人交付的标的物有重大瑕疵以致难以使用，则买受人有权拒绝接受交付，并有权拒绝支付价款。如出卖人交付的标的物虽有瑕疵但买受人同意接受，则买受人可以请求减少价款。标的物在交付后部分或全部被第三人追索的，买受人不但有权解除合同、请求损害赔偿，也有权要求返还全部或部分价款。

（4）价款的支付方式。

价款的支付方式，也可由当事人约定，但当事人关于支付方式的约定不得违反国家关于现金管理的规定。

2. 受领标的物

买受人有依照合同约定或者交易惯例受领标的物的义务。若出卖人不按合同约定的条件交付标的物，如多交付、提前交付、交付的标的物有瑕疵等，则买受人有权拒绝接收。

3. 及时检验出卖人交付的标的物

买受人收到标的物时，有及时检验义务。当事人约定了检验期间的，买受人应当在约定期间内进行检验。没有约定检验期间的，买受人应当在收到标的物之后的合理期间内及时检验（《民法典》第 620 条）。

在约定的检验期间，或者在买受人发现或者应当发现标的物数量或者质量不符合约定的合理期间内，或者自买受人接收标的物的交付之日起 2 年内，买受人没有通知标的物的数量和质量不符合约定的；或者在标的物的质量保证期内，买受人没有通知标的物的质量不符合约定的，通知期间过后，发生一项事实确定规则的适用，即标的物的数量和质量被视为符合约定。该通知期间与保证期间类似，既非诉讼时效期间，也非除斥期间，而是民法上一种独立的期间类型，属于或有期间。[①] 在通知期间内，买受人通知出卖人的，即可取得寻求违约救济的请求权和形成权，于该请求权随即开始诉讼时效期间的计算，于该形成权随即开始除斥期间的计算。

买卖合同当事人约定的检验期限过短，根据标的物的性质和交易习惯，买受人在检验期限内难以完成全面检验的，该期限仅被视为买受人对标的物的外观瑕疵提出异议的期限。约定的检验期限或者质量保证期短于法律、行政法规规定期限的，应当以法律、行政法规规定的期限为准（《民法典》第 622 条）。当事人对检验期限未作约定，买受人签收的送货单、确认单等载明标的物数量、型号、规格的，推定买受人已经对数量和外观瑕疵进行检验，但是有相关证据足以推翻的除外（《民法典》第 623 条）。出卖人依照买受人的指示向第三人交付标的物，出卖人和买受人约定的检验标准与买受人和第三人约定的检验标准不一致的，以出卖人和买受人约定的检验标准为准（《民法典》第 624 条）。

但出卖人知道或应当知道提供的标的物不符合约定的，买受人得随时通知出卖人标的物的数量或质量不符合约定（《民法典》第 621 条第 3 款）。买受人通知出卖人的，于买受人向出卖人寻求违约救济的请求权开始诉讼时效期间的计算，于形成权开始除斥期间的计算。

该项义务属买受人所负担的不真正义务。对该项义务的违反不发生违约责任的承担，

---

① 参见王轶：《民法总则之期间立法研究》，载《法学家》，2016（5）。

但由此造成的损失由买受人自己负担。

4. 暂时保管及应急处置拒绝受领的标的物

在特定情况下，买受人对于出卖人所交付的标的物，虽可作出拒绝接收的意思表示，但有暂时保管并应急处置标的物的义务。关于该项义务属买受人所应负担的附随义务这一点，各国立法皆有规定。

买受人拒绝接收时的保管义务是有条件的：第一，必须是异地交付，货物到达交付地点时，买受人发现标的物存在品质瑕疵而作出拒绝接收的意思表示；第二，出卖人在标的物接收交付的地点没有代理人，即标的物在法律上已处于无人管理的状态；第三，一般物品由买受人暂时保管，但出卖人接到买受人的拒绝接收通知时应立即以自己的费用将标的物提回或作其他处置，并支付买受人的保管费用；第四，对于不易保管的易变质物品如水果、蔬菜等，买受人可以紧急变卖，但变卖所得在扣除变卖费用后须退回出卖人。买受人在拒绝接收交付时为出卖人保管及紧急变卖标的物的行为必须是基于善良的动机，不得扩大出卖人的损失。出卖人也不能因买受人上述情况下的保管或紧急变卖行为而被免除责任。①

五、买卖合同中标的物的风险负担与利益承受

（一）买卖合同中标的物的风险负担

买卖合同中标的物的风险是指买卖合同的标的物由于不可归责于买卖合同双方当事人的事由而毁损、灭失所造成的损失。风险负担是指该损失应由谁来承担。

我国民法对于物权变动，原则上采债权形式主义模式，将交付行为作为动产标的物的所有权移转的成立要件。《民法典》第 604 条规定：标的物毁损、灭失的风险，在标的物交付之前由出卖人承担，交付之后由买受人承担，但是法律另有规定或者当事人另有约定的除外。该条规定所确立的风险负担的一般规则与《民法典》第 224 条关于动产标的物所有权移转的一般规则“动产物权的设立和转让，自交付时发生效力……”相一致。可见，我国的民事立法将动产标的物毁损、灭失的风险负担的移转，在当事人没有特别约定的情况下，规定为既与标的物的交付相一致，又与标的物所有权的移转相一致。这样规定契合当今的立法潮流，应予坚持。其中，《民法典》第 604 条所谓“法律另有规定或者当事人另有约定”主要包括两种情况：一是在交付前标的物的风险由买受人负担，二是交付后的一段时间内标的物的风险仍由出卖人负担。

即使当事人双方约定动产标的物的所有权非自交付时起转移，如买卖合同的双方当事人采所有权保留制度作为合同履行的担保，关于风险负担仍应采交付主义。

买卖合同的标的物为不动产时，其风险负担的移转规则，与动产的有所不同。就大陆法系而言，在物权变动采债权意思主义模式的国家和地区，由于不动产所有权的移转无须办理相应的登记手续，不动产毁损、灭失的风险负担的转移在一般情形下与不动产

① 参见郭明瑞、王轶：《合同法新论·分则》，33 页，北京，中国政法大学出版社，1997。

所有权的转移相一致；在物权变动采债权形式主义或物权形式主义的国家和地区，单纯的不动产占有的转移并不能发生不动产所有权的转移，登记才是不动产所有权转移的成立要件，这就使标的物毁损、灭失的风险负担的转移与标的物所有权的转移不尽一致，其中，作为买卖合同标的物的不动产毁损、灭失的风险负担，仍在不动产交付时转移。[①]《商品房买卖合同解释》（2020年修正）第8条第2款规定："房屋毁损、灭失的风险，在交付使用前由出卖人承担，交付使用后由买受人承担……但法律另有规定或者当事人另有约定的除外。"

在具体应用风险负担的交付主义规则时，应注意以下问题：

（1）依据《民法典》第606条的规定，出卖人出卖交由承运人运输的在途标的物，除当事人另有约定的以外，毁损、灭失的风险自合同成立时起由买受人承担。这就是关于所谓路货买卖中标的物风险负担的规定。路货买卖是指标的物已在运输途中，出卖人寻找买主，出卖在途的标的物。它可以是出卖人先把标的物装上开往某个目的地的运输工具，然后再寻找适当的买主订立买卖合同；也可以是一个买卖合同的买受人在实际收取标的物前，把处于运输途中的标的物转卖给另一方。

在一般情况下，自合同订立之时起转移标的物的风险负担是合理的。但在实践中，以合同订立之时来划分路货买卖的风险负担有时是比较困难的。因为在订立买卖合同时，货物已经装在运输工具上、处于运输的途中。在无确切证据的情况下，买卖双方都难以确定风险到底是发生在运输途中的哪一段，是在合同订立之前还是在合同订立之后。所以《买卖合同解释》（2020年修正）第10条确认："出卖人出卖交由承运人运输的在途标的物，在合同成立时知道或者应当知道标的物已经毁损、灭失却未告知买受人，买受人主张出卖人负担标的物毁损、灭失的风险的，人民法院应予支持。"

（2）当事人没有约定交付地点或者约定不明确，标的物需要运输的，出卖人将标的物交付给第一承运人后，标的物毁损、灭失的风险由买受人承担（《民法典》第607条第2款）。

（3）出卖人按照约定未交付有关标的物的单证和资料的，不影响标的物毁损、灭失风险的转移（《民法典》第609条）。这表明在约定保留所有权场合，即使出卖人未向买受人交付提取标的物的单证和资料，标的物毁损、灭失的风险仍自标的物交付时起转移。[②]

（4）《民法典》第605条规定，买受人的原因致使标的物未按照约定的期限交付的，买受人应当自违反约定之日起承担标的物毁损、灭失的风险。所谓因买受人的原因，主要包括两种情形：一为买受人违约，比如买受人由于可归责于自身的原因而陷于不履行或不完全履行，出卖人由于合同履行抗辩权的行使，在合同约定的履行期中止义务履行；或者是买受人迟延受领或无正当理由拒绝受领。二为买受人对出卖人准备交付的标的物实施侵权行为，致使出卖人无法按照约定的期限交付标的物，双方又未补充约定变更合

① 参见崔建远：《关于制定合同法的若干建议》，载《法学前沿》，第2辑，北京，法律出版社，1998。

② 有立法机关人士认为，该规定系效法《联合国国际货物销售合同公约》第67条："卖方受权保留控制货物处置权的单据，并不影响风险的转移。"详请参见胡康生主编：《中华人民共和国合同法释义》，228～229页，北京，法律出版社，1999。

同履行期限。在这两种情况下，即使出卖人没有完成标的物的交付，买受人仍应自约定的交付期限起，承担标的物毁损、灭失的损失。

（5）出卖人按照约定或者法律的规定将标的物置于交付地点，买受人违反约定没有收取的，标的物毁损、灭失的风险自违反约定之日起由买受人承担（《民法典》第608条）。

（6）标的物不符合质量要求，致使不能实现合同目的的，买受人可以拒绝接受标的物或者解除合同。买受人拒绝接受标的物或者解除合同的，标的物毁损、灭失的风险由出卖人承担（《民法典》第610条）。

（7）《民法典》第611条规定，标的物毁损、灭失的风险由买受人承担的，不影响因出卖人履行义务不符合约定，买受人要求其承担违约责任的权利。如此规定，主要是考虑到违约责任的承担与风险负担同属合同法上对损失进行分配的途径：前者用来解决因可归责于一方或双方的事由所带来的损失的分配；后者用来解决不可归责于双方当事人的事由所带来的损失的分配。在交易实践中，这两种类型的损失有可能同时发生，此时既不能用违约责任的承担代替风险负担，也不能用风险负担代替违约责任的承担。而应当让两个制度同时发挥作用，分别进行损失的分配。

（二）买卖合同中的利益承受

利益承受是指标的物于买卖合同订立后所生孳息的归属。标的物于合同订立后所生孳息的归属与风险的负担是密切相连的，二者遵循同一原则，因此，在利益承受上，标的物在交付前产生的孳息，归出卖人所有；标的物交付后产生的孳息，由买受人承受。合同另有约定的，依其约定（《民法典》第630条）。

六、买卖合同的终止

买卖合同得基于合同终止的一般规则而终止[①]，但也有其特殊性。例如，出卖人分批交付标的物，出卖人对其中一批标的物不交付或交付不符合约定，致使不能实现合同目的的，买受人可以就该批标的物解除；出卖人不交付其中一批标的物或交付不符合约定，致使今后其他各批标的物的交付不能实现合同目的的，买受人可以就该批以及其他各批标的物解除；出卖人已经就其中一批标的物解除，该批标的物与其他各批标的物相互依存的，买受人可以就已经交付和未交付的各批标的物解除（《民法典》第633条）。再如《商品房买卖合同解释》（2003年）第14条规定，出卖人交付使用的房屋套内建筑面积或者建筑面积与商品房买卖合同约定面积不符，合同有约定的，按照约定处理；合同没有约定或者约定不明确的，面积误差比绝对值超出3%，买受人请求解除合同、返还已付购房款及利息的，应予支持。第23条规定（2020年修正后为第19条），商品房买卖合同约定，买受人以担保贷款方式付款，因当事人一方原因未能订立商品房担保贷款合同并导致商品房买卖合同不能继续履行的，对方当事人可以请求解除合同和赔偿损失。

---

① 《商品房买卖合同解释》（2020年修正）就商品房买卖合同中法定解除权的产生及行使，作了不少具体化的规定。

七、特种买卖合同

在《民法典》合同编买卖合同章中，特种买卖合同包括分期付款买卖合同、样品买卖合同、试用买卖合同、招标投标买卖合同和拍卖合同等。

（一）分期付款买卖合同

分期付款买卖是一种特殊的买卖形式，是买受人将其应付的总价款按照一定期限分批向出卖人支付的买卖。《买卖合同解释》（2020年修正）第27条第1款规定："民法典第六百三十四条第一款规定的'分期付款'，系指买受人将应付的总价款在一定期限内至少分三次向出卖人支付。"分期付款在我国常常用于房屋及高档消费品的买卖。由于买受人的分期支付影响了出卖人的资金周转，故分期付款的总价款可略高于一次性付款的价款。在分期付款买卖中，为保护买受人的利益，只有当买受人未支付到期价款的金额达到全部价款1/5时，经催告后在合理期限内仍未支付到期价款的，出卖人方可请求买受人支付全部价款或者解除合同。出卖人解除合同的，可以向买受人请求支付该标的物的使用费（《民法典》第634条）。

同时，分期付款买卖中，出卖人须先交付标的物，买受人于受领标的物后分若干次付款，出卖人有收不到价款的风险，因此，在交易实践中，当事人双方就分期付款买卖常有以下特别约定：

（1）所有权保留的特约，即在分期付款买卖合同中，买受人虽先占有、使用标的物，但在双方当事人约定的特定条件（通常是价款的一部或全部清偿）成就之前，出卖人仍保留标的物的所有权，待条件成就后，再将所有权转移给买受人。这种特约，一般仅适用于动产的买卖。

（2）解除合同的损害赔偿金额的特约，即当事人双方关于解除合同时一方应向另一方支付的赔偿金额的约定。解除合同时，当事人双方应将其从对方取得的财产返还给对方，有过错的一方并应赔偿对方的损失。分期付款买卖合同在因买受人一方的原因而由出卖人解除时，标的物已经交付给买受人，因此，买受人在占有标的物期间的利益也是出卖人的一种损失。为保护出卖人的利益，在分期付款买卖合同中当事人经常有关于出卖人于解除合同时得扣留其已受领的价款或请求买受人支付一定金额的约定。这种约定如过苛，则对买受人不利。为了维系公平和保护买受人的利益，各个国家和地区的法律通常要对关于出卖人解除合同时出卖人得扣留价款或请求支付价款的约定作一定限制。《买卖合同解释》（2020年修正）第28条第1款确认：分期付款买卖合同约定出卖人在解除合同时可以扣留已受领价金，出卖人扣留的金额超过标的物使用费以及标的物受损赔偿额，买受人请求返还超过部分的，人民法院应予支持。

（二）样品买卖合同

样品买卖，又称货样买卖，是指当事人双方约定一定的样品，出卖人交付的标的物应与样品具有相同品质的买卖。所谓样品，又称货样，是指当事人选定的用以决定标的物品质的货物。它通常是从一批货物中抽取出来的，或由生产、使用部门加工、设计出来的，用以反映和代表整批商品品质的少量实物。

样品买卖是在普通买卖关系中附加了出卖人的一项“须按样品的品质标准交付标的物”的担保，因此，样品买卖合同除适用普通买卖合同的规定外，还产生下列效力：第一，当事人应当封存样品，并且可以对样品质量予以说明。出卖人交付的标的物应当与样品及其说明的质量相同（《民法典》第635条）。在判断交付的标的物是否与样品及其说明的质量相同时，应当依据合同的性质以及交易习惯确定。第二，凭样品买卖的买受人不知道样品有隐蔽瑕疵的，即使交付的标的物与样品相同，出卖人交付的标的物的质量仍然应当符合同种物的通常标准（《民法典》第636条）。其中所谓隐蔽瑕疵，是指经过一般、通常的检查不易发现的样品的品质瑕疵。

（三）试用买卖合同

试用买卖合同，是指当事人双方约定于合同成立时，出卖人将标的物交付买受人试验或检验，并以买受人在约定期限内对标的物的认可为生效要件的买卖合同。这种买卖常见于某些新产品的销售。试用买卖合同作为一种特种买卖合同，与一般买卖合同相比，具有以下特征：第一，试用买卖合同约定由买受人试验或检验标的物；第二，试用买卖合同以买受人对标的物的认可为生效条件。

试用买卖合同的当事人可以约定标的物的试用期间。对试用期间没有约定或约定不明确的，可以协议补充；不能达成补充协议的，按照合同有关条款或者交易习惯确定；如仍不能确定，由出卖人确定（《民法典》第637条）。试用人在试用期内可以购买标的物，也可以拒绝购买。试用期限届满，试用人对于是否购买标的物未作表示的，视为同意购买。试用人部分支付价款，或就标的物为试验、检验以外的行为（如将该物出卖、出租或设定担保物权）时，视为同意购买（《民法典》第638条）。

在试用期限内试用人作出不认可的意思表示，或未作出认可的意思表示，也没有前述情形的，为试用人不认可，该买卖合同不生效力。因此，试用人负返还标的物的义务。因可归责于试用人的事由，标的物毁损、灭失时，试用人负赔偿责任。由于不可归责于出卖人和试用人的原因，标的物毁损、灭失的，当事人之间如没有特别约定或特殊的交易习惯，由标的物的所有权人负担损失。

试用买卖合同的当事人对标的物使用费没有约定或者约定不明确的，出卖人无权请求买受人支付（《民法典》第639条）。

（四）招标投标买卖合同

招标投标，是指由招标人向数人或公众发出招标通知或招标公告，在诸多投标人中选择自己最满意的投标人并与之订立买卖合同的方式。

招标投标买卖一般分为以下阶段：

（1）招标阶段。招标，是指招标人采取招标通知或招标公告的形式，向不特定的数人或公众发出投标邀请。关于招标的性质，两大法系均认为招标属于要约邀请而不是要约，所不同的是，英美法认为招标虽属于要约邀请，但并非无法律意义，招标内容发出后，在法律上对招、投标方均有约束力。我国学者一般认为，招标的法律性质为要约邀请，招标人邀请投标人投标即发出要约。但是，如果招标人在招标公告中已明确表示将与报价最优者订立合同，则这一招标行为已具有要约的性质。

（2）投标阶段。投标，是指投标人（出标人）按照招标文件的要求，在规定的期间内向招标人提出报价的行为。拟投标人必须在招标通知或招标公告规定的期限内，到指定地点索取招标文件，按该文件的规定和要求编制好有关文件、资料，做好参加投标的各项工作。投标书制好并密封后按规定的方法、地点、期限投入标箱。投标的法律性质为要约，在投标人投标以后必须有招标人的承诺，合同才能成立。

（3）开标、验标阶段。开标，是指招标人在召开的投标人会议上，当众启封标书，公开标书内容的行为。验标，是验证标书的效力。对于不具备投标资格的标书、不符合招标文件规定的标书以及超过截止日期送达的标书，招标人可宣布其无效。

（4）评标、定标阶段。这是指招标人对有效标书进行评审，选择自己满意的投标人，决定其中标。该定标若是对投标的完全接受，就是承诺。

（5）签订合同。中标人在接到中标通知后，在指定的期间、地点同招标人签订合同书。《合同编解释》第4条第1款确认，采取招标方式订立合同，当事人请求确认合同自中标通知书到达中标人时成立的，人民法院应予支持。合同成立后，当事人拒绝签订书面合同的，人民法院应当依据招标文件、投标文件和中标通知书等确定合同内容。

（五）拍卖合同

拍卖有广义、狭义之分。广义的拍卖是指竞争买卖，即众多欲订约的人通过竞争与出卖人订立合同，购买物品。它包括狭义的拍卖和投标拍卖两种情况。其中，狭义的拍卖，是指对物品的拍卖，即以公开竞价的方法，将标的物的所有权转移给最高应价者的买卖方式。从拍卖的方式上说，广义的拍卖泛指以竞争方式的缔约，包括拍卖和招标。这里仅就狭义的拍卖进行阐述。

拍卖一般须经如下程序：

（1）拍卖的表示。拍卖的表示，是指拍卖人发出的对标的物进行拍卖的意思表示。它包括拍卖公告和拍卖师在拍卖开始时所作的拍卖表示。

（2）应买的表示。应买的表示是指参加竞买的竞买人发出的购买的意思表示。在拍卖时，是由参加购买的应买人竞争，由出价最高者购买。参加竞争的应买人为竞买人，其提出的价格即为应价。竞买人一经应价，不得撤回，当其他竞买人有更高应价时，其应价即丧失约束力。[①] 在一般情况下，拍卖的表示属于要约邀请，竞买人的应价为要约，竞买人应受其约束，但在其他人有更高应价时，其应价即丧失效力。而在拍卖人说明拍卖标的无保留价时，拍卖的表示即属于要约，竞买人的应价为承诺；竞买人一经应价买卖合同即告成立，但以无其他竞买人的更高应价为生效条件，即无其他竞买人的更高应价时条件成就，合同生效；有其他竞买人的更高应价时，条件不成就，合同失去效力。

根据《拍卖法》的规定，拍卖人及其工作人员不得以竞买人的身份参与自己组织的

---

① 参见《拍卖法》第36条。

拍卖活动，并且不得委托他人代为竞买；委托人不得参与竞买，也不得委托他人代为竞买。拍卖人、委托人违反这一规定参与竞买的，其买卖的效力如何确定？对此有不同的观点。有的认为，拍卖人及其工作人员、委托人参与竞买的，其买卖应为无效。有的认为，拍卖人参与竞买的，经委托人承认而生效力。根据我国《拍卖法》的规定，在发生上述情况时，市场监督管理部门应给予拍卖人或委托人以行政处罚，其买卖应为无效。

（3）卖定的表示。拍卖以拍卖人拍板或以其他惯用的方法，为卖定的表示。拍卖人作出卖定的表示，则买卖成交，竞争买卖结束。《拍卖法》第 51 条规定：竞买人的最高应价经拍卖师落槌或者以其他公开表示买定的方式确认后，拍卖成交。因此，拍卖人关于卖定的表示应属于承诺，但须以规定的方式公开表示。经拍卖人确认的出最高应价的竞买人即为买受人。拍卖成交后，买受人和拍卖人应当签署成交确认书。签署成交确认书并不是订立合同，而是对经拍卖成立的买卖合同的一种确认。《合同编解释》第 4 条第 2 款、第 3 款确认：采取现场拍卖、网络拍卖等公开竞价方式订立合同，当事人请求确认合同自拍卖师落槌、电子交易系统确认成交时成立的，人民法院应予支持。合同成立后，当事人拒绝签订成交确认书的，人民法院应当依据拍卖公告、竞买人的报价等确定合同内容。产权交易所等机构主持拍卖、挂牌交易，其公布的拍卖公告、交易规则等文件公开确定了合同成立需要具备的条件，当事人请求确认合同自该条件具备时成立的，人民法院应予支持。

八、互易合同的法律适用

互易合同是指当事人约定易货交易，转移标的物的所有权的合同。互易合同是早期商品交换的合同形态。货币产生后，买卖合同渐居主导地位，互易合同的重要性下降。但考虑到当今社会仍有互易合同的存在余地，各个国家和地区的立法一般都给互易合同留有一席之地。依据《民法典》第 647 条，互易合同参照适用买卖合同的有关规定。据此，互易合同的当事人主要应相互负担以下义务：第一，相互交付标的物并且移转标的物的所有权于对方的义务；第二，就交付的标的物相互负担瑕疵担保的义务；第三，如果互易合同附有补足价金条款的，负担补足价金义务的一方应当按照约定履行补足价金的义务。

问题与思考

1. 试述出卖人的主合同义务。
2. 试述买受人的主合同义务。
3. 试析买卖合同标的物的风险负担规则。

第四十章

供用电、水、气、热力合同

本章概要

供用电、水、气、热力合同是指一方向另一方提供电、水、气、热力，另一方支付价款的合同，属于特殊商品的买卖合同。本章的重点问题是供用电合同的效力。

一、供用电、水、气、热力合同概述

供用电、水、气、热力合同是指一方提供电、水、气、热力供另一方利用，另一方支付价款的合同。供用电、水、气、热力合同属转移财产所有权合同的一种，实质上是特种商品的买卖合同。买卖合同中的相关规定，对该合同有参照适用的效力。

供用电、水、气、热力合同具有以下特征：

（1）公用性。这是指供应人提供的电、水、气、热力的消费对象不是社会中的某些特殊阶层，而是一般的社会公众。因此，供应人有强制缔约义务，不得拒绝利用人通常、合理的供应要求。

（2）公益性。这是指这类公共供用合同不只是为了供应方从中得到利益，更主要的是为了满足人民生活的需要，提高人民生活质量。公共供用企业并非纯粹以营利为目的的企业，而是以促进公共生活水平等公益事业为重要目标的企业。国家对这类供用合同的收费标准都有一定的限制，供应人不得随意将收费标准提高。

（3）继续性。这是指供用电、水、气、热力合同中，利用人合同目的的实现需要供应方持续不断地履行合同义务。因此，与经由义务人的一次交付行为即可完成合同履行的合同不同，供用电、水、气、热力合同为继续性合同。在供用电、水、气、热力合同因各种原因终止之时，其效力仅能向将来发生，而不能溯及过去。[①]

---

① 参见崔建远主编：《合同法》，352～353页，北京，法律出版社，2003。

二、供用电合同

（一）供用电合同的概念和特征

供用电合同是供电人向用电人供电，用电人支付电费的合同（《民法典》第648条第1款）。

供用电合同具有以下法律特征：

（1）合同的主体是供电人和用电人。供电人是指供电企业或者依法取得供电营业资格的非法人组织。其他任何组织和个人都不得作为供电人。受供电企业委托供电的营业网点、营业所不具有民事权利能力，不能以自己的名义签订合同，因而不是供电人。用电人的范围非常广泛，自然人、法人以及非法人组织等，都有资格作为供用电合同的用电人，订立供用电合同。依据《民法典》第648条第2款的规定，向社会公众供电的供电人不得拒绝用电人合理的订立合同要求。这是关于供电人强制缔约义务的规定，意在保护作为用电人的社会公众的利益。

（2）合同的标的物是一种无体物——电力。

（3）供用电合同属于持续供给合同。由于电力的供应与使用是连续的，因此，该类合同的履行方式处于一种持续状态。供电人在发电、供电系统正常的情况下，应当连续向用电人供电，不得中断；用电人在合同约定的时间内，享有连续用电的权利。

（4）供用电合同一般按照格式条款订立。供电企业为了与不特定的多个用电人订立合同而预先拟定格式条款，双方当事人按照格式条款订立合同。用电人对该格式条款仅有同意或不同意的权利，而不能更改其内容。对供用电方式有特殊要求的用电人，可采用非格式条款订立合同。

（5）电力的价格实行统一定价原则。《电力法》第35条第2款规定，“电价实行统一政策，统一定价原则，分级管理”。电价的确定，一般是由电网经营企业提出方案，报国家物价行政主管部门核准。供电企业应当按照国家核准的电价和用电计量装置的记录，向用电人收取电费。供电企业不得擅自变更电价。

（6）供用电合同为诺成、双务、有偿合同。①

（二）供用电合同的内容

供用电合同的内容一般包括供电的方式、质量、时间，用电容量、地址、性质、计量方式，电价、电费的结算方式，供用电设施的维护责任等。

（1）供电方式，是指供电人以何种方式向用电人供电，包括主供电源、备用电源、保安电源的供电方式以及委托转供电等内容。

（2）供电质量，是指供电频率、电压和供电可靠性三项指标。

（3）供电时间，是指用电人有权使用电力的起止时间。

---

① 参见胡康生主编：《中华人民共和国合同法释义》，262～263页，北京，法律出版社，1999。

（4）用电容量，是指供电人认定的用电人受电设备的总容量。

（5）用电地址，是指用电人使用电力的地址。

（6）用电性质，是指用电人的行业分类和用电分类。

（7）计量方式，是指供电人如何计算用电人使用的电量。

（8）电价、电费的结算方式。电价即电网销售价格，是指供电企业向用电人供应电力的价格。电费是电力资源实现商品交换的货币形式。电价、电费的结算方式可以由当事人在合同中协商确定。

（三）供用电合同的效力

供用电合同的效力主要体现为合同双方当事人所享有的合同权利和所负担的合同义务。由于该合同为双务有偿合同，因此其效力可经由双方当事人所负担的合同义务来体现。

1. 供电人的义务

（1）及时、安全、合格供电。用户提出申请的，供电企业应尽速确定供电方案，并在一定期限内正式书面通知用户。供电人应当按照国家规定的供电质量标准安全供电。用户对供电质量有特殊要求的，供电企业应当根据其必要性和电网的可能，依约提供相应的电力。供电人未按照国家规定的供电质量标准和约定安全供电，造成用电人损失的，应当承担损害赔偿责任（《民法典》第651条）。

《民法典》第650条规定：供用电合同的履行地点，按照当事人约定；当事人没有约定或者约定不明确的，供电设施的产权分界处为履行地点。那么如何确定供电设施的产权分界处？供电设施的产权分界处是划分供电设施所有权归属的分界点，分界点电源侧的供电设施归供电人所有，分界点负荷侧的供电设施归用电人所有。在用电人为单位时，供电设施的产权分界处通常为该单位变电设备的第一个磁瓶或开关；在用电人为散用户时，供电设施的产权分界处通常为进户墙的第一个接收点。上述供电设施的产权分界处为供用电合同的履行地点。①

（2）因限电、检修等停电的通知。供电人因供电设施计划检修、临时检修、依法限电或者用电人违法用电等原因，需要中断供电时，应当按照国家有关规定事先通知用电人；未事先通知用电人即中断供电，造成用电人损失的，应当承担损害赔偿责任（《民法典》第652条）。②

（3）对事故断电的抢修。事故断电，是指自然灾害造成供电设施毁坏，以致电力无法继续正常供应的情况。此时，供电人应当按照国家有关规定及时抢修。未及时抢修，造成用电人损失的，应当承担赔偿责任（《民法典》第653条）。

此外，供电人还负有因限电或停电造成用电人用电未达标时，补充供给一定量电力

---

① 参见胡康生主编：《中华人民共和国合同法释义》，267～268页，北京，法律出版社，1999。

② 《电力供应与使用条例》（2019年修订）第28条第1、2项规定，“因供电设施计划检修需要停电时，供电企业应当提前7天通知用户或者进行公告”，“因供电设施临时检修需要停止供电时，供电企业应当提前24小时通知重要用户”。

的义务；在用电人交纳电费时，向用电人开具用电数量详细情况凭证或记录的义务等。

2. 用电人的义务

(1) 支付电费。供用电合同是双务、有偿合同，用电人应当按照国家有关规定和当事人的约定及时支付电费。依据《电力法》第33条第3款第一分句的规定，用户应当按照国家核准的电价和用电计量装置的记录，按时交纳电费。用电人拖欠电费的，应当按照约定支付违约金。经催告，用电人在合理期限内仍不交付电费和违约金的，供电人可以按照国家规定的程序中止供电，中止供电的，供电人应当事先通知用电人（《民法典》第654条）。供电人在用电人补交电费及迟延利息、支付违约金之后重新供电。

(2) 保持用电设施的安全。保持用电设施处于安全状态，是保证用电安全的前提条件。因此，对于已经安全装设的用电线路和保险装置，用电人不应随意拆换，以防发生危险或留下隐患。同时，用电人也不应在已经检修合格的用电设施中随意拉线，连接用电设施。对于用电设施出现故障需要修理的，一般也要请电工修理，不应自己随意接拉电线或修理，否则，造成损失或发生危险的，供电人对此不负责任。

(3) 对供电人正当检修、停电、限电的忍受。供电属于高度危险作业，因各种意外事故而需要对用电设施进行检修，或是因此而停电、限电，都是较为常见的现象，也是防止危险发生的必要措施。用电人对此应当忍受。如果由于特定时期供电总量有限，需要限制用电人的用电量的，用电人也负必要的忍受义务。同时，供电人检修供电设施时需要用电人协助的，用电人负有协助义务。

(4) 依照约定用电。用电人应当按照国家有关规定和当事人的约定安全、节约和计划用电。用电人未按照国家有关规定和当事人的约定安全用电，造成供电人损失的，应当承担赔偿责任（《民法典》第655条）。

在实践中，用电人违反安全用电义务的行为主要包括：擅自改变用电类别；擅自超过合同约定的容量用电；擅自超过计划分配的用电指标用电；擅自使用已经在供电企业办理暂停使用手续的电力设备，或者擅自启用已经被供电企业查封的电力设备；擅自迁移、更动或者擅自操作供电企业的用电计量装置、电力负荷控制装置、供电设施以及约定由供电企业调度的用户受电设备；未经供电企业许可，擅自引入、供出电源或者将自备电源擅自并网。

三、供用水、供用气、供用热力合同的法律适用

根据《民法典》第656条的规定，供用水、供用气、供用热力合同，参照适用供用电合同的有关规定。

问题与思考

1. 试述供用电合同的效力。
2. 试析供用电合同与买卖合同的关系。

第四十一章

赠与合同

本章概要

赠与合同是赠与人将自己的财产无偿给予受赠人，受赠人表示接受赠与的合同。赠与合同属于典型的无偿合同，属于转移财产的合同。本章的重点问题是赠与合同的效力。

一、赠与合同的概念和特征

赠与合同是指赠与人将自己的财产无偿给予受赠人，受赠人表示接受该赠与的合同（《民法典》第657条）。其中，转让财产的一方为赠与人，接受财产的一方为受赠人。赠与合同中，赠与人向受赠人转移的一般是财产的所有权（当然并不限于所有权，土地使用权、股权、债权等也可以成为赠与的财产），因此，买卖合同作为典型的转移财产所有权的合同，其相关规定对于赠与合同具有参照适用效力。

赠与合同具有以下特征：

（1）赠与属于合同的一种。赠与合同属典型有名合同的一种，而非单方民事法律行为。因此，赠与合同要求在当事人之间存在合意。第一，赠与合同与遗赠明显不同。遗赠是被继承人在死亡前作出的将其财产在其死亡后赠与他人的单方意思表示，遗赠一般由《民法典》继承编加以调整。第二，赠与合同与捐赠也有所不同。所谓捐赠，是指赠与人为了特定公益事业、公共目的或其他特定目的，将其财产无偿给予他人的行为。捐赠既包括有明确的赠与人和受赠人，可以归类于普通赠与合同的捐赠，又包括受赠人不明确，无法归类于赠与合同的捐赠，即学说上所谓为特定目的的募捐。[①]

（2）在赠与合同中，必须存在给予行为，在减少赠与人财产的同时，使受赠人的财产因赠与而有所增加。

（3）赠与合同为诺成合同。关于赠与合同为诺成合同还是实践合同，历来存在争议。

---

① 参见郭明瑞、王轶：《合同法新论·分则》，91页，北京，中国政法大学出版社，1997。

我国以往的司法解释将赠与合同作为实践合同加以规定①，但《民法典》合同编中规定，只要双方当事人意思表示一致，赠与合同即成立，依法成立的赠与合同自成立时起生效，不以赠与人交付赠与物作为合同的成立要件。这一点，与有些国家把赠与合同规定为实践合同有所不同。②

（4）赠与合同为单务、无偿合同。在赠与合同中，受赠人并无对待给付义务，仅赠与人负有给付赠与财产的义务，故赠与合同为单务合同、无偿合同。

二、赠与合同的效力

赠与合同为单务合同，仅赠与人一方负担约定的合同义务。赠与合同的效力主要是指赠与合同中赠与人所负担的合同义务。赠与人的义务主要有如下两项。

（一）转移赠与财产的权利

赠与合同以使赠与财产的权利归于受赠人为直接目的，赠与人的主要义务是依照合同约定的期限、地点、方式、标准将赠与财产转移给受赠人。考虑到赠与合同为单务、无偿合同，当赠与人不履行移转赠与财产的义务时，其责任也应当有所限制，不应像一般双务合同那样，在履行给付义务的同时还要支付迟延利息或者赔偿其他损失。经过公证的赠与合同或者依法不得撤销的具有救灾、扶贫、助残等公益、道德义务性质的赠与合同，赠与人不交付赠与财产的，受赠人可以请求交付（《民法典》第 660 条第 1 款），但不得主张支付迟延利息或者赔偿其他损失。

赠与的财产依法需要办理登记或者其他手续的，应当办理有关手续（《民法典》第 659 条）。未办理有关手续的，除非法律另有规定，赠与合同为生效合同，但赠与财产的权利在办理登记等手续前不发生转移。

赠与合同系无偿合同，因此，赠与人只在出于故意或者重大过失致使赠与财产毁损、灭失时，才承担损害赔偿责任（《民法典》第 660 条第 2 款）。

（二）瑕疵担保义务

赠与合同中，一般不要求赠与人承担瑕疵担保义务，但有如下两种例外（《民法典》第 662 条）：

其一，赠与可以附义务。赠与附义务的，受赠人应当按照约定履行义务（《民法典》第 661 条）。在附义务赠与中，赠与财产有瑕疵的，赠与人在附义务的限度内承担与出卖人相同的违约责任。

其二，赠与人故意不告知赠与财产的瑕疵或保证赠与财产无瑕疵，造成受赠人损失的，应当承担损害赔偿责任。这里所谓“造成受赠人损失”，是指受赠人因相信赠与财产

---

① 《民法通则意见》第 128 条曾规定：公民之间赠与关系的成立，以赠与物的交付为准。赠与房屋，如根据书面赠与合同办理了过户手续的，应当认定赠与关系成立；未办理过户手续，但赠与人根据书面赠与合同已将产权证书交与受赠人，受赠人根据赠与合同已占有、使用该房屋的，可以认定赠与有效，但应令其补办过户手续。

② 参见顾昂然：《中华人民共和国合同法讲话》，65 页，北京，法律出版社，1999。

无瑕疵所产生的损失，解释上认为属于信赖利益的损失，不包括赠与财产完全无瑕疵时应得利益的损失。

三、赠与合同的终止

（一）赠与合同的任意撤销

赠与合同的任意撤销是指在赠与财产的权利转移之前，得由赠与人依其意思任意撤销赠与合同。但对于经过公证的赠与合同或者依法不得撤销的具有救灾、扶贫、助残等公益、道德义务性质的赠与合同，赠与人不得任意撤销（《民法典》第 658 条）。

（二）赠与合同的法定撤销

赠与合同中，赠与财产的权利转移之后，赠与人即丧失了任意撤销赠与合同的权利，但在以下条件具备时，赠与人仍可享有撤销赠与合同的法定权利：第一，受赠人严重侵害赠与人或者赠与人近亲属的合法权益；第二，受赠人对赠与人有扶养义务而不履行；第三，受赠人不履行赠与合同约定的义务（《民法典》第 663 条第 1 款）。

赠与人的撤销权，自知道或者应当知道撤销原因之日起 1 年内行使（《民法典》第 663 条第 2 款）。该期间为除斥期间，超过这一期间，赠与人不得再行使撤销权。

受赠人的违法行为致使赠与人死亡或者丧失民事行为能力的，其继承人或其法定代理人可以撤销赠与。赠与人的继承人或者法定代理人的撤销权，自知道或者应当知道撤销原因之日起 6 个月内行使（《民法典》第 664 条）。这一期间同样是除斥期间。

撤销权人撤销赠与的，可以向受赠人请求返还赠与的财产（《民法典》第 665 条）。

（三）赠与合同的法定解除

赠与人的经济状况显著恶化，严重影响其生产经营或者家庭生活的，赠与人可以解除赠与合同，不再履行赠与义务（《民法典》第 666 条）。该合同解除不发生溯及既往的效力，赠与人就原已履行的赠与，无权要求受赠人返还。

《问题与思考》

1. 试述赠与合同的效力。
2. 试析赠与人的任意撤销权。
3. 试析赠与合同的法定解除。

第四十二章
借款合同

本章概要

借款合同是借款人向贷款人借款，到期返还借款并支付利息的合同。借款合同包括金融机构借款合同和自然人间的借款合同，都属于典型的转移财产所有权的合同。本章的重点问题是金融机构借款合同的效力。

一、借款合同概述

借款合同是借款人向贷款人借款，到期返还借款并支付利息的合同（《民法典》第667条）。其中，向对方借款的一方称为借款人，出借钱款的一方称为贷款人。借款合同依据贷款人的不同可以区分为金融机构借款合同和自然人间的借款合同。

我国合同法上的借款合同与传统民法上的借贷合同不同。在传统民法上，借贷合同一般分为使用借贷和消费借贷。使用借贷又称借用合同，是指当事人双方约定，一方（贷与人）将物无偿贷与他方（借用人）使用，借用人在使用后，依照约定返还该物的合同。消费借贷是指当事人双方约定一方（贷与人）将金钱或其他物品移转于他方（借用人），借用人在约定的期限内将同等种类、数量、品质的物返还给贷与人的合同。

借款合同的主要特征为：借款合同的标的物为金钱，借款合同是转移标的钱款所有权的合同。借款合同的标的物为金钱，金钱既是可消耗物，又是特殊的种类物，金钱占有的移转，在双方当事人没有特别约定时，即发生金钱所有权的转移，因此，借款合同系属转移财产所有权的合同。买卖合同中关于财产所有权转移的相关规定，借款合同可以参照适用。借款合同中，在合同约定的或法律规定的还款期限届至时，借款人无须返还原物，仅需返还同样数量的金钱。

二、金融机构借款合同

（一）金融机构借款合同的概念和特征

金融机构借款合同是指办理贷款业务的金融机构作为贷款人一方，向借款人提供贷款，借款人到期返还借款并支付利息的合同。

金融机构借款合同与自然人间的借款合同相比，具有如下特征：

（1）有偿性。金融机构发放贷款，意在获取相应的营业利润，因此，借款人在获得金融机构所提供的贷款的同时，不仅负担按期返还本金的义务，还要按照约定向贷款人支付利息。利息支付义务系借款人使用金融机构贷款的对价，所以金融机构借款合同为有偿合同。在这一点上，该合同与自然人间的借款合同有所不同：后者为无偿合同，当事人对利息没有约定或者约定不明确的，视为没有利息（《民法典》第680条第2款）。

（2）要式性。金融机构借款合同应当采用书面形式，没有采取书面形式，当事人双方就该合同关系的存在产生争议的，推定合同关系不成立。如果一方当事人已经履行了主要义务，对方接受的，则合同成立。在这一点上，该合同也与自然人间的借款合同不同、对于自然人间的借款合同，当事人可以约定不采用书面形式（《民法典》第668条第1款）。

（3）诺成性。金融机构借款合同，在合同双方当事人协商一致时，合同关系即可成立，依法成立的，自成立时起生效。合同的成立和生效在双方当事人没有特别约定时，不以贷款人贷款的交付作为要件，所以金融机构借款合同为诺成性合同。自然人间的借款合同则有所不同，该合同自贷款人提供借款时成立（《民法典》第679条）。

（二）金融机构借款合同的内容

金融机构借款合同主要包括以下内容：

（1）种类。金融机构作为贷款人时，针对不同种类的贷款常实行不同的政策，因此，在合同中应当对贷款的种类作出明确的约定。

（2）币种。合同中应明确约定借款合同的标的物是人民币还是外币。

（3）用途。根据我国现行的金融政策，从金融机构获得的贷款应当专款专用，以保证贷款能够在金融机构的监督下及时收回，因此，合同应对贷款的用途作出明确约定。

（4）数额。合同应明确约定贷款数量的多少，包括贷款的总金额以及在分批发放贷款时每一次发放的金额。

（5）利率。合同应明确约定应收利息的数额与贷款数额的比率。

（6）期限。合同应明确约定借款人能够使用借款的期限。当事人一般根据借款人的生产经营周期、还款能力和贷款人的资金供给能力等，约定借款期限。

（7）还款方式。合同应明确约定借款人以何种结算方式偿还借款给贷款人。

（三）金融机构借款合同的订立

金融机构借款合同的订立，除应遵循合同订立的一般规则外，还应遵守以下规则：

（1）金融机构不得向关系人发放信用贷款，向关系人发放担保贷款应受法律限制。根据《商业银行法》第40条的规定，商业银行不得向关系人发放信用贷款；向关系人发放担保贷款的条件不得优于其他借款人同类贷款的条件。所谓关系人包括商业银行的董事、监事、管理人员、信贷业务人员及其近亲属，以及这些人员投资或者担任高级管理职务的公司、企业和其他经济组织。

（2）借款人在订立合同时负担如实申报义务。订立借款合同时，借款人应当按照贷款人的要求提供与借款有关的业务活动和财务状况的真实情况（《民法典》第669条），主要包括两个方面的内容：一是与借款人资格有关的基本情况，二是借款人财务状况的真实情况。借款人应当按照贷款人的要求，如实提供所有的开户行、账号及存/贷款余额情况以及财政部门或会计师事务所核准的上年度财务报告等。贷款人对于其了解的借款人的上述情况，承担保密义务。

（3）贷款人应当对借款人的借款用途、偿还能力、还款方式等情况进行严格审查；应当实行审贷分离、分级审批的制度（《商业银行法》第35条）。

（4）借款人在订立合同时应依约提供担保。借款人应依据金融机构的要求提供担保（《商业银行法》第36条第1款第一句）。在借款合同中，贷款人可以要求借款人提供保证、抵押、质押等担保。另外，在现代经济生活中，在传统的担保方式之外，又出现了让与担保等新型的担保方式，在金融机构借款合同中发挥着越来越重要的作用。贷款人应当对保证人的偿还能力，抵押物、质物的权属和价值以及实现抵押权、质权的可行性进行严格审查（《商业银行法》第36条第1款第二句）。贷款人经审查、评估，确认借款人资信良好，确能偿还贷款的，可以不要求提供担保（《商业银行法》第36条第2款）。

（四）金融机构借款合同的效力

金融机构借款合同的效力系指生效的金融机构借款合同所具有的法律约束力，主要体现为合同双方当事人的权利和义务。

1. 贷款人的合同义务

（1）按期、足额提供贷款的义务。该项义务系贷款人的主合同义务。贷款人应当按照约定的日期提供借款，未按照约定的日期提供借款，造成借款人损失的，应当赔偿损失（《民法典》第671条第1款）。贷款人还应当按照合同约定的数额足额提供借款，依据《民法典》第670条的规定，对借款的利息不得预先在本金中扣除；对利息预先在本金中扣除的，借款人有权按照实际借款数额返还借款并计算利息。由于贷款人未足额提供借款，给借款人造成损失的，应赔偿损失。

（2）保密义务。作为贷款人一方的金融机构对于其在合同订立和履行阶段所掌握的借款人的各项商业秘密有保密义务，不得泄密或进行不正当使用。该项义务系贷款人的附随义务。

2. 借款人的合同义务

借款人的合同义务主要包括：

（1）按照约定的日期和数额收取借款。贷款人应当履行按期、足额提供贷款的义务，对于借款人来讲，则应当按照约定的日期和数额收取借款。对于贷款人来讲，其盈利目标的实现主要依靠利息的收取，所以贷款人对自己的资金使用状况都有统一的安排和完整的计划，借款人如果未按照约定的日期和数额收取借款，必然会影响贷款人资金的正常周转，损害贷款人的合法利益。对于贷款人而言，所受到的损失主要就是利息损失。因此，我国合同法规定，借款人未按照约定的期限和数额收取借款的，仍需按照合同约定的借款日期和数额向贷款人支付利息（《民法典》第 671 条第 2 款）。

（2）按照约定用途使用借款。借款用途是借款人使用借款的目的。表面上，贷款人提供贷款的最终目标是回收本金、收取利息，与借款用途并不相干。但实际上，借款用途与借款人能否按期偿还贷款、依约支付利息有着很直接的关系。借款人擅自改变借款用途，会使当事人最初共同预期的收益变得不确定，增加了贷款人的经营风险。尤其是贷款人发放的某些贷款是依据国家的宏观经济政策、信贷政策和产业政策进行的，如果借款人不按照约定用途使用借款，会使国家的政策调控失灵。因此，无论是我国的法律和行政法规还是当事人之间订立的借款合同，一直都将借款用途作为借款合同的一项重要内容，都要求借款人按照约定的借款用途使用借款。借款人未按照约定的借款用途使用借款的，贷款人可以停止发放借款、提前收回借款或者解除合同（《民法典》第 673 条）。

（3）按期支付利息。金融机构借款合同为有偿合同，借款人有义务按照约定的期限支付利息。双方当事人对支付利息的期限没有约定或者约定不明确的，可以协议补充；不能达成补充协议的，按照合同有关条款或者交易习惯确定。依据前述方法仍不能确定的，借款期间不满一年的，应当在返还借款时一并支付；借款期间在一年以上的，应当在每届满一年时支付，剩余期间不满一年的，应当在返还借款时一并支付（《民法典》第 674 条）。利息数额的确定，应当按照中国人民银行规定的贷款利率的上下限确定（《商业银行法》第 38 条）。

（4）按期返还借款。借款人应当按照约定的期限返还借款。双方当事人对借款期限没有约定或者约定不明确，可以协议补充；不能达成补充协议的，按照合同有关条款或者交易习惯确定。依据前述方法不能确定的，借款人可以随时返还；贷款人可以催告借款人在合理期限内返还（《民法典》第 675 条）。借款人未按照约定的期限返还借款的，应当按照约定或者国家有关规定支付逾期利息（《民法典》第 676 条）。但借款人在还款期限届满之前向贷款人申请展期，贷款人同意的，可依照新确定的期限返还借款（《民法典》第 678 条）。借款人提前偿还借款的，除非当事人另有约定，借款人有权按照实际借款的期间计算利息（《民法典》第 677 条）。借款人到期不归还担保贷款的，贷款人依法享有要求保证人归还贷款本金和利息或者就担保物优先受偿的权利。贷款人因行使抵押权、质权而取得的不动产或者股票，应当自取得之日起一年内予以处分（《商业银行法》第 42 条第 2 款）。

（5）容忍义务。在贷款人按照约定检查、监督借款的使用情况时，借款人应当按照约定定期向贷款人提供有关财务会计报表或者其他资料（《民法典》第 672 条）。该项义务基于约定产生，未作约定的，借款人有权拒绝贷款人对借款使用状况进行检查、监督的请求。

（五）金融机构借款合同的终止

金融机构借款合同的终止，主要有如下两种情况：第一，借款合同因期限届满双方履行合同而终止。借款合同期限届满，双方当事人未约定对合同展期的，则合同终止，借款人应依约定将借款及利息返还给贷款人，借款合同因此而消灭。第二，借款合同因解除而终止。借款人未按照约定的借款用途使用借款的，贷款人可以解除合同，借款合同因贷款人的解除而终止。此外，合同终止的其他原因也适用于借款合同。

三、自然人间的借款合同

自然人间的借款合同可以比照金融机构借款合同的相关规定处理。合同双方当事人约定有利息条款的，禁止高利放贷，借款的利率不得违反国家有关规定（《民法典》第680条第1款）。

问题与思考

1. 试述借款合同的特征。
2. 试析金融机构借款合同与自然人间借款合同的区别。

第四十三章 保证合同

本章概要

保证合同是为保障债权的实现，保证人和债权人约定，当债务人不履行到期债务或者发生当事人约定的情形时，保证人履行债务或者承担责任的合同。保证合同是主债权债务合同的从合同。本章的重点问题是保证责任。

一、保证合同概述

保证合同是为保障债权的实现，保证人和债权人约定，当债务人不履行到期债务或者发生当事人约定的情形时，保证人履行债务或者承担责任的合同（《民法典》第681条）。

保证合同是主债权债务合同的从合同。主债权债务合同无效，保证合同无效，但是法律另有规定的除外。保证合同被确认无效后，债务人、保证人、债权人有过错的，应当根据其过错各自承担相应的民事责任（《民法典》第682条）。保证合同是为担保主债务的履行而订立的，只有主债务存在时，保证合同的存在才有意义，因此，保证合同的成立以主合同的存在为前提。尽管如此，当事人可以约定就附条件的债务或将来发生的债务提供担保，最高额担保即为著例。保证合同系担保主债务而设立，这就决定了保证债务的范围和强度从属于主债务。《民法典》第691条规定："保证的范围包括主债权及其利息、违约金、损害赔偿金和实现债权的费用。当事人另有约定的，按照其约定。"主合同不成立、无效或被撤销之时，保证合同也无由发生。因此，主合同无效，并保证合同绝对无效；保证合同无效，并不影响主合同的效力。所谓"担保合同另有约定的，按照约定"，是指当事人可以其明示的意思表示排除从属性的适用，如无约定，仍得依从属性特征决定担保合同的效力。在保证之债中，主合同权利、义务的转移，原则上应导致保证合同所生权利、义务的转移，但保证债务不能与主债权相分离而单独转让或者作为其他债权的担保。保证债务以担保主债务为唯一目的，主债务如因清偿、提存、抵销、免除等原因而全部消灭的，保证债务随之消灭。

机关法人不得为保证人，但是经国务院批准为使用外国政府或者国际经济组织贷款进行转贷的除外；以公益为目的的非营利法人、非法人组织不得为保证人（《民法典》第683条）。

机关法人是指依照法律和行政命令组建的、履行公共管理职能的各级国家机关，包括各级权力机关、行政机关、审判机关、检察机关、监察机关、军事机关。在解释上，参公管理的社会团体法人、事业单位法人，包括各级党的机关、妇联、共青团等，也按照规定履行公共管理职能，在此范围内准用机关法人的相关规则。机关法人的主要职责是依法履行管理社会的公共职能，进行日常的公务活动，而且，机关法人的财产和经费由国家财政和地方财政划拨，用以维持国家机关的公务活动和日常的开支，保障国家机关正常履行其职责。因此，机关法人不能直接参与经济活动，不得为他人的债务提供保证。但机关法人可以为经国务院批准为使用外国政府或者国际经济组织贷款进行的转贷提供担保。外国政府和国际经济组织贷款主要用于交通、能源、邮电通讯、环境保护、城市基础建设、扶贫开发等没有赢利或赢利很少或者短期内无法见到经济效益的项目，数额巨大。一般个人和组织不愿意也没有能力为这种贷款提供保证。在使用外国政府和国际经济组织贷款转贷和还款问题上，目前已形成了独特的还款及担保方式：中央政府将筹借到的外国政府或者国际经济组织贷款转贷给项目使用，同时要求地方政府委托其计划、财政管理部门向中央政府提供还款担保，保证向中央政府偿还所用的贷款。中央政府和地方政府通过这种担保，共同维护国家偿还外债的信誉。由此可见，依法定程序经国务院批准后，机关法人可以为此类贷款的转贷活动提供担保。非营利法人，是指为公益目的或者其他非营利目的成立，不向出资人、设立人或者会员分配所取得利润的法人，包括事业单位、社会团体、基金会、社会服务机构等。公益法人、非法人组织为社会化公共利益（不特定的多数人的利益，一般是非经济利益）而设立，公益法人、非法人组织担任保证人与其设立宗旨不相符。

保证合同的内容一般包括被保证的主债权的种类、数额，债务人履行债务的期限，保证的方式、范围和期间等条款（《民法典》第684条）。保证合同可以是单独订立的书面合同，也可以是主债权债务合同中的保证条款。第三人单方以书面形式向债权人作出保证，债权人接收且未提出异议的，保证合同成立（《民法典》第685条）。

保证的方式包括一般保证和连带责任保证。当事人在保证合同中对保证方式没有约定或者约定不明确的，按照一般保证承担保证责任（《民法典》第686条）。《民法典》第687条第1款规定：当事人在保证合同中约定，债务人不能履行债务时，由保证人承担保证责任的，为一般保证。一般保证的保证人在主合同纠纷未经审判或者仲裁，并就债务人财产依法强制执行仍不能履行债务前，有权拒绝向债权人承担保证责任，但是有下列情形之一的除外：(1) 债务人下落不明，且无财产可供执行；(2) 人民法院已经受理债务人破产案件；(3) 债权人有证据证明债务人的财产不足以履行全部债务或者丧失履行债务能力；(4) 保证人书面表示放弃本款规定的权利。由此可见，一般保证的保证人享有先诉抗辩权，仅在主债务人的财产不足以完全清偿债权时才对不能清偿的部分承担保证责任。《民法典》第688条规定：当事人在保证合同中约定保证人和债务人对债务承担连带责任的，为连带责任保证。连带责任保证的债务人不履行到期债务或者发生当事人约定的情形时，债权人可以请求债务人履行债务，也可以请求保证人在其保证范围内承担保证责任。连带责任保证人并不享有先诉抗辩权，只要有主债务人不履行到期债务或者发生当事人约定情形的事实，债权人即可要求保证人承担保证责任。债权人请求连带责任保证人承担保证责任的，只需证明主债务人不履行到期债务或者发生当事人约定情形的事实，而不论债权人是否就主债务人的财产已申请强制执行，保证人均应依保证合同的约定承担保证责任。

保证人可以要求债务人提供反担保（《民法典》第689条）。反担保，又称求偿担保，是指债务人或第三人为确保担保人承担担保责任后实现对主债务人的求偿权而设定的担保。

保证人与债权人可以协商订立最高额保证合同，约定在最高债权额限度内就一定期间连续发生的债权提供保证。最高额保证合同除适用保证合同规定外，参照适用《民法典》物权编中有关最高额抵押权的规定（《民法典》第690条）。最高额保证，是指保证人与债权人约定，就债权人与主债务人之间在一定期间内连续发生的债权，预定最高限额，由保证人承担保证责任的合同。保证债务为从债务，以主债务的存在为其前提，因此，主债务应于保证成立前发生，但并不以现实发生为必要，只要已有发生基础且将来可能发生为已足；将来债务的数额也无须具体确定，只要明定最高限额即可。只是最高额保证所从属者，并非一个确定的主债务，而是债权人与主债务人之间在一定期间内连续发生的债务，且该连续发生的债务还受约定的最高额的限制。最高额保证所担保的债权是一定期间内连续发生的债权，即债权是在最高额保证合同所担保的主合同约定的一定期间内连续发生的。该期间又称债权发生期，该期间届满之日又称决算期。

二、保证责任

（一）保证的范围

保证的范围包括主债权及其利息、违约金、损害赔偿金和实现债权的费用，当事人另有约定的，按照其约定（《民法典》第691条）。保证的范围，又称保证责任的范围、保证担保的范围、保证债务的范围，是指保证人在主债务人不履行债务或者发生当事人约定的情形时，向债权人履行保证债务的限度。根据《民法典》第684条、第691条的规定，当事人订立保证合同时，应明确约定保证的范围，如无约定，直接依法律之规定确定保证的范围。

（二）保证期间

保证期间是指确定保证人承担保证责任的期间，不发生中止、中断和延长。债权人与保证人可以约定保证期间，但是约定的保证期间早于主债务履行期限或者与主债务履行期限同时届满的，视为没有约定；没有约定或者约定不明确的，保证期间为主债务履行期限届满之日起6个月。债权人与债务人对主债务履行期限没有约定或者约定不明确的，保证期间自债权人请求债务人履行债务的宽限期届满之日起计算（《民法典》第692

条）。在主债务履行期限届满后至保证期间完成前，保证人是否最终承担保证责任处于“待确定”状态，保证期间属于或有期间。

一般保证的债权人未在保证期间对债务人提起诉讼或者申请仲裁的，保证人不再承担保证责任；连带责任保证的债权人未在保证期间请求保证人承担保证责任的，保证人不再承担保证责任（《民法典》第 693 条）。

一般保证的债权人在保证期间届满前对债务人提起诉讼或者申请仲裁的，从保证人拒绝承担保证责任的权利消灭之日起，开始计算保证债务的诉讼时效。连带责任保证的债权人在保证期间届满前请求保证人承担保证责任的，从债权人请求保证人承担保证责任之日起，开始计算保证债务的诉讼时效（《民法典》第 694 条）。在一般保证的情形，债权人依主合同提起诉讼或申请仲裁，请求主债务人履行债务时，保证期间因未完成而失去意义。如在保证期间内，债权人不向主债务人以提起诉讼或者申请仲裁的方式主张债权，保证人不再承担保证责任，无保证债务诉讼时效之适用。在连带责任保证的情形，在保证期间内，债权人向保证人主张保证债权（不以提起诉讼或申请仲裁为必要）时，保证期间因未完成而失去意义。如在保证期间内，债权人不请求保证人承担保证责任的，保证人不再承担保证责任，无保证债务诉讼时效之适用。

（三）主合同变更对保证责任的影响

债权人和债务人未经保证人书面同意，协商变更主债权债务合同的内容，减轻债务的，保证人仍对变更后的债务承担保证责任；加重债务的，保证人对加重的部分不承担保证责任。债权人和债务人变更主债权债务合同的履行期限，未经保证人书面同意的，保证期间不受影响（《民法典》第 695 条）。合同内容变更，是指有效成立的合同在尚未履行时或履行完毕之前，由于一定法律事实的出现而使合同内容发生改变。主合同内容的变更改变了主债权人和主债务人之间的权利义务的内容，从属于主合同的保证合同必将因主合同的变更而受影响。在当事人变更主合同，并增加主债权的数额或强度时，如未经保证人同意，对超过原债权数额或强度的部分，径直要求保证人承担保证责任，一方面会使债权人获得经保证人允诺的利益以外的利益，另一方面当然也就使保证人蒙受其允诺外的不测损害，故对保证人至为不公平。保证期间从主合同履行期限届满之日起计算，因此，主债务履行期限与保证期间的关系尤为密切。如果主合同双方当事人协商延长主合同履行期限，没有经过保证人的同意，并且延长后的主合同履行期限届满日接近或者超过保证期间的，如果从延长后的主合同履行期限届满时开始计算保证期间，无异于同时延长了保证期间，从而加重了保证人的保证责任。因此，主合同当事人协商延长主合同履行期限，不应当对保证责任产生期间影响，保证期间仍然应当以原合同约定的或者法律规定的期间为准。

（四）主债权转让对保证责任的影响

债权人转让全部或者部分债权，未通知保证人的，该转让对保证人不发生效力。保证人与债权人约定禁止债权转让，债权人未经保证人书面同意转让债权的，保证人对受让人不再承担保证责任（《民法典》第 696 条）。主债权转让仅涉及债权人的变化，对主债务人的履约能力不发生影响，一般不会增加担保人的风险和负担，因此，担保权利随同主债权一并转移就成了一般规则。《民法典》第547条第1款规定："债权人转让债权的，受让人取得与债权有关的从权利，但是该从权利专属于债权人自身的除外。"保证债权和担保物权自属从权利，应为该条文义所能涵盖。就保证债权而言，其实现端赖于保证人的履行行为，是否通知保证人也就成了此时的考量因素。主债权转让之时债权人通知保证人的，保证人对受让人承担相应的保证责任：全部转让时，受让人成为保证债权人，保证法律关系在受让人和保证人之间存续；部分转让时，债权人和受让人均为保证债权人。主债权转让之时未通知保证人的，该转让对保证人不发生效力。

（五）主债务转移对保证责任的影响

债权人未经保证人书面同意，允许债务人转移全部或者部分债务的，保证人对未经其同意转移的债务不再承担保证责任，但是债权人和保证人另有约定的除外。第三人加入债务的，保证人的保证责任不受影响（《民法典》第697条）。主债务转移，又称债务承担，是就原债务人的债务在不失其同一性的前提下转由第三人承担而言的。其中，转由第三人对债权人负债务履行责任的，为免责的债务承担；由第三人与原债务人共同对债权人负连带责任的，为并存的债务承担。主债务的转移涉及履行主债务的义务人的变化，保证人基于对原债务人的履约能力的信赖为主债务的履行提供保证，承担人是否如原债务人一样具有相应的履约能力，非保证人在提供保证时所能预估。如此，主债务的转移关涉保证人的利益，未经保证人同意的主债务转移虽可在当事人之间发生效力，但不得对保证人主张，保证人的担保责任在转移的主债务范围内免除。第三人加入债务的，债务人的整体偿债能力只会提高而不会减损，对保证人的权益不发生不利影响，只会更有利于保证人，因此，第三人加入债务不需要保证人书面同意，保证人按照原来的约定继续承担保证责任。

（六）一般保证人的特定免责事由

一般保证的保证人在主债务履行期限届满后，向债权人提供债务人可供执行财产的真实情况，债权人放弃或者怠于行使权利，致使该财产不能被执行的，保证人在其提供可供执行财产的价值范围内不再承担保证责任（《民法典》第698条）。在一般保证情形下，债权人应先就主债务人的财产依法强制执行以使其债权受偿，保证人具有先诉抗辩权，仅就债权人未能获偿的部分承担保证责任。但先诉抗辩权仅具有延期履行的效力，其行使并不能使债权债务关系消灭，因此，保证人在一定条件下要考虑以适当的方法进行自救。在主合同履行期限届至之后，保证人发现主债务人存在可供执行的财产，并向债权人提供了真实情况的，如债权人积极主张权利，通过诉讼或者仲裁的方式控制主债务人的该项财产，将不仅使债权人的债权在相应范围内得到实现，而且也在相应范围内减轻了保证人的保证责任。但是，如债权人放弃或者怠于行使权利，致使相应财产流失而不能用于强制执行，势必加重保证人的保证责任。《民法典》第698条因此而规定，因此时是债权人自己的原因导致对债务人财产执行不能，保证人可以在相应范围内免责。如此，保证人的抗辩权由仅具延期履行效力的先诉抗辩权演变成了一种新的免责抗辩权。

（七）共同保证

同一债务有两个以上保证人的，保证人应当按照保证合同约定的保证份额，承担保证责任；没有约定保证份额的，债权人可以请求任何一个保证人在其保证范围内承担保证责任（《民法典》第 699 条）。根据保证人人数的不同可以将保证分为一人保证与共同保证。一人保证是指只有一个保证人为债务人提供担保，并按照保证合同的约定确定其承担保证责任的方式；共同保证是指两个或两个以上的保证人为同一债务作保证的行为。两个或两个以上的保证人对同一债务人的不同债务提供保证的，不能称为共同保证。共同保证可以再分为按份共同保证与连带共同保证。按份共同保证是保证人与债权人约定按照份额对主债务承担保证责任的共同保证；连带共同保证是各保证人约定均对全部主债务承担连带保证责任或保证人与债权人之间没有约定所承担保证份额的共同保证。共同保证人承担按份责任只限于保证人对保证份额有明确约定的情形。同一债务有两个以上保证人，没有约定保证份额的，债权人可以请求任何一个保证人在其保证范围内承担保证责任。

（八）保证人的求偿权与清偿代位

保证人承担保证责任后，除当事人另有约定外，有权在其承担保证责任的范围内向债务人追偿，享有债权人对债务人的权利，但是不得损害债权人的利益（《民法典》第 700 条）。

保证人的求偿权，又称保证人的追偿权，是指保证人履行保证债务后，可向主债务人请求返还的权利。保证人的清偿代位，是指保证人承担保证责任之后，在其承担保证责任的范围内承受债权人对主债务人的债权，而对主债务人行使原债权人之权利的权利。保证人清偿代位的成立仅以“保证人承担保证责任”为要件。在解释上，“保证人承担保证责任”包括保证人自行清偿保证债务、经强制执行或破产清算而清偿保证债务在内。此外，依“保证人承担保证责任”之目的——在相应范围内消灭债权人与主债务人之间的债权债务关系，保证人以代物清偿、提存、抵销等其他方式消灭主债务的，也应包括在内。

（九）保证人对主债务人抗辩的援引

保证人可以主张债务人对债权人的抗辩。债务人放弃抗辩的，保证人仍有权向债权人主张抗辩（《民法典》第 701 条）。

保证债务具有从属于主债务的属性，主债务人对债权人所享有的任何抗辩，保证人均可以主张，以对抗债权人的履行请求。尽管保证人主张的是主债务人的抗辩，但保证人是以自己的名义而非以主债务人或主债务人的代理人的名义主张该项抗辩，因此，保证人的抗辩属于其依法享有的抗辩，独立于主债务人的抗辩而发生效力。

（十）保证人对主债务人之抵销权或者撤销权的援引

债务人对债权人享有抵销权或者撤销权的，保证人可以在相应范围内拒绝承担保证责任（《民法典》第702条）。在主债务人对债权人享有抵销权的情形之下，若主债务人自己行使抵销权，则主债务消灭，保证人亦得援用而据以拒绝清偿。主债务人自己未主张抵销权时，保证人即可依主债务人的抵销权在相应范围内拒绝承担保证责任。值得注意的是，保证人在此时并无直接行使主债务人对债权人的抵销权的权利。从保护当事人的利益出发，抵销权是否行使，取决于债权人与主债务人之间的意思。但为保护保证人的利益，在主债务人对债权人享有抵销权的情形，保证人在相应范围内应享有拒绝履行保证债务的抗辩权。

在主债务人基于法定事由对债权人享有撤销权的情形之下，若主债务人发出撤销的意思表示，则主债权债务合同即自始无效，保证合同亦随之失效，此时保证人亦得援用而据以拒绝履行保证债务。主债务人自己并未行使撤销权的，保证人即可依主债务人的撤销权在相应范围内拒绝承担保证责任。值得注意的是，保证人在此时并无直接行使主债务人对债权人的撤销权的权利。撤销权的规定，系为保护当事人之利益而设，在保证关系上，即系为保护主债务人之利益而设，保证人无权积极行使债务人的撤销权，尽管合同具有可撤销的理由，但是否行使撤销权是债务人的意思自治范畴，债务人可以放弃撤销权。但为具体、周延地保护保证人的利益，在主债务人对债权人享有撤销权的情形，保证人得以主债务人撤销权的存在为由，在相应范围内拒绝履行保证债务。保证人可得主张的主债务人对债权人的撤销抗辩权，在性质上属于暂时性抗辩权，故主债务人的撤销权因除斥期间经过而告失权的，保证人即不得再援引该权利拒绝履行保证债务。

问题与思考

1. 试述保证期间。
2. 试析连带责任保证与一般保证的区别。

第四十四章
租赁合同

本章概要

租赁合同是出租人将租赁物交付承租人使用、收益，承租人支付租金的合同。租赁合同属于转移财产使用权的典型合同。本章的重点问题是租赁合同的效力。

一、租赁合同的概念和特征

租赁合同是出租人将租赁物交付承租人使用、收益，承租人支付租金的合同（《民法典》第 703 条）。租赁合同中交付租赁物供对方使用、收益的一方称为出租人，使用租赁物并支付租金的一方称为承租人。租赁合同的内容一般包括租赁物的名称、数量、用途、租赁期限、租金及其支付期限和方式、租赁物维修等条款（《民法典》第 704 条）。

租赁合同具有以下特征：

（1）租赁合同是转让财产使用权的合同。租赁合同以承租人使用、收益租赁物为直接目的，承租人所取得的仅是对租赁物的使用、收益权，而非租赁物的所有权。这是买卖合同与租赁合同的根本区别。由于租赁合同转移的仅是租赁物的使用权，因而承租人并不享有对租赁物的处分权。这是租赁合同区别于消费借贷合同的重要一点。

（2）租赁合同为有偿合同。租赁合同中，出租人所负担的交付租赁物供承租人使用、收益的义务与承租人所负担的交付租金的义务互为对价，因此，租赁合同为有偿合同。在这点上，租赁合同与借用合同有所不同。

（3）租赁合同为诺成合同。租赁合同中，出租人与承租人双方意思表示达成一致，合同即成立，所以租赁合同为诺成合同。

（4）租赁合同具有临时性。租赁合同具有临时性的特征，不适用于财产的永久性使用。许多国家和地区的立法都规定了租赁合同的最长存续期限。在我国，《民法典》规定：租赁期限不得超过 20 年，超过 20 年的，超过部分无效。租赁期限届满，当事人可以续订租赁合同，但是，约定的租赁期限自续订之日起不得超过 20 年（《民法典》

第705条）。

（5）租赁合同为继续性合同。继续性合同是与非继续性合同（又称一时性合同）相对应的一种合同分类。它是指“债的内容，非一次给付可完结，而是继续地实现，其基本特色是时间因素，在债的履行上居于重要地位，总给付的内容系于应为给付时间的长度”[①]。租赁合同中，承租人合同目的的实现，有赖于出租人在租赁期间内持续不间断地履行合同义务，因此，租赁合同为继续性合同。

二、租赁合同的标的物

租赁合同的标的物是租赁合同的重要构成要素，它是指出租人于合同生效后应交付承租人使用、收益的物。该物既可以为动产，也可以为不动产，如其为动产，则租赁合同的性质决定了该动产应为不可代替的非消耗物。以可代替物为标的物的，只能是为特定目的的使用，例如用于展览，否则，以可代替物为标的物的合同，不能为租赁合同。不动产作为租赁合同的标的物，在我国目前仅限于房屋或其他建筑物、工作物，尚未包括土地在内。在这一点上我国的立法与其他国家和地区的立法多有不同。在其他国家和地区，耕地、基地皆可成为租赁物，在我国仅认可土地使用权为租赁合同的标的物。

租赁合同的标的物应具有合法性。以法律禁止流通物出租的，租赁合同应为无效。以限制流通物作为租赁合同标的物的，该租赁合同属于经办理批准等手续才能生效的合同。未办理批准等手续影响合同生效的，不影响合同中履行报批等义务的条款以及相关条款的效力。合同当事人有义务去办理批准等手续，促成租赁合同的完全生效。当事人不履行报批等义务，致使租赁合同未能完全生效的，应承担违反该义务的责任（《民法典》第502条第2款）。

租赁合同的标的物一般为现存的物，但不以现存的物为必要。当事人就将来之物成立租赁关系的，租赁合同也应为有效。

三、租赁合同的分类

1. 动产租赁与不动产租赁

以租赁合同的标的物为标准，可将租赁合同分为动产租赁合同和不动产租赁合同。以动产为标的物的租赁合同为动产租赁合同，以不动产为标的物的租赁合同为不动产租赁合同。动产租赁包括一般的动产租赁、动物租赁、船舶租赁、汽车租赁等；不动产租赁在我国主要指房屋租赁[②]，另外，建设用地使用权租赁、土地经营权租赁、宅基地使用权租赁等也被视为不动产租赁。这种区分的意义在于，法律、法规一般对不动产租赁有特殊的要求，如登记备案等；而对动产租赁一般没有这些要求。需要注意的是，当事人

① 王泽鉴：《民法债编总论》(1)，109页，台北，三民书局，1993。

② 针对城镇房屋租赁合同，最高人民法院出台有专门的司法解释，即《城镇房屋租赁合同解释》，于2020年修正。

未依照法律、行政法规的规定办理租赁合同登记备案手续的，不影响合同的效力（《民法典》第706条）。

2. 定期租赁与不定期租赁

以租赁合同是否有固定期限为标准，可将租赁合同分为定期租赁合同和不定期租赁合同。定期租赁合同是指合同约定了明确期限的租赁合同。不定期租赁合同的产生有三种情形：第一，当事人在租赁合同中未约定租赁期限；第二，当事人在租赁合同中将租赁期限约定为6个月以上，但未采取书面形式，双方当事人就租赁期限产生争议的，租赁合同被视为不定期租赁合同（《民法典》第707条）；第三，租赁期限届满，承租人继续使用租赁物，出租人没有提出异议的，原租赁合同继续有效，但租赁期限为不定期（《民法典》第734条第1款）。这种区分的意义在于，在不定期租赁中，除非法律另有规定，双方当事人均可随时解除合同，但是应当在合理期限之前通知对方（《民法典》第730条）。

四、租赁合同的形式

就租赁合同而言，不定期租赁合同为不要式合同，无须采取书面形式；租赁期限不满6个月的定期租赁合同也为不要式合同，但租赁期限在6个月以上的定期租赁合同为要式合同，应当采用书面形式。未采用书面形式，双方当事人对租赁期限存在争议的，推定租赁合同为不定期租赁合同。

五、租赁合同的效力

（一）出租人的义务

（1）交付租赁物并在租赁期间保持租赁物符合约定的用途的义务（《民法典》第708条）。租赁合同为诺成性合同，无须将标的物的交付作为合同的成立要件，因此交付租赁物是出租人于租赁合同成立后的一项债务。所谓交付租赁物，是指转移租赁物的占有于承租人，包括现实交付、指示交付和简易交付。承租人不仅应使交付的租赁物处于约定的使用、收益状态，而且于租赁关系存续期间也应保持租赁物的这种适合于约定使用、收益的状态。

（2）维修租赁物的义务（《民法典》第712条）。除合同另有约定外，出租人对租赁物有维修的义务。出租人的该项义务实际上是出租人保持租赁物使其合于使用、收益状态义务的延伸。在租赁物需要维修时，承租人可以要求出租人在合理期限内维修。出租人未履行维修义务的，承租人可以自行维修，维修费用由出租人负担。出租人维修租赁物影响承租人使用的，应当相应减少租金或者延长租期（《民法典》第713条第1款）。承租人未交付租金，出租人得行使同时履行抗辩权，拒绝履行其后的维修义务。

因承租人的过错致使租赁物需要维修的，出租人不承担前述维修义务。

（3）物的瑕疵担保义务。出租人应担保所交付的租赁物能够为承租人依约正常使用、收益。如果租赁物有使承租人不能为正常使用、收益的瑕疵，出租人即应承担违约责任，承租人得解除合同或者请求减少租金。双方当事人在订立合同时，承租人已知道租赁物存在瑕疵的，其后不得解除合同。如果租赁物危及承租人的安全或者健康的，则承租人即使在订立合同时明知该租赁物质量不合格，仍然可以随时解除合同（《民法典》第731条）。

(4) 权利的瑕疵担保义务。出租人应担保不因第三人对承租人主张权利而使承租人不能依约为使用、收益。如有第三人主张权利，致使承租人不能对租赁物使用、收益的，承租人可以要求减少租金或者不支付租金。第三人主张权利的，承租人应当及时通知出租人（《民法典》第723条）。

如果出租人没有将标的物供承租人为使用、收益的权限，比如未经标的物的所有权人或者处分权人许可即出租他人之物，或者租赁物受其他用益物权的限制，致使承租人事实上不能对租赁物为使用、收益，即发生出租人违反权利的瑕疵担保义务所生的违约责任问题。

（二）承租人的义务

(1) 依照约定方法或租赁物的性质使用租赁物的义务。承租人在占有租赁物后，应当依照约定的方法使用租赁物，对使用租赁物的方法没有约定或者约定不明确，当事人可以协议补充；不能达成补充协议的，按照合同有关条款或者交易习惯确定；仍不能确定的，应当按照租赁物的性质使用（《民法典》第709条）。承租人按照约定的方法或者租赁物的性质使用租赁物，致使租赁物受到损耗的，不承担损害赔偿责任（《民法典》第710条）。承租人未依照约定的方法或者租赁物的性质使用租赁物，致使租赁物受到损失的，出租人可以解除合同并请求赔偿损失（《民法典》第711条）。从鼓励交易的立法宗旨考虑，出租人该项法定解除权的行使，一般应以租赁物遭受严重损失，或虽未遭受严重损失，但承租人在出租人提出异议后，仍不修正使用方法作为前提。

(2) 妥善保管租赁物的义务。承租人作为租赁物的占有人，应当妥善保管租赁物。承租人未尽妥善保管义务，造成租赁物毁损、灭失的，应当承担赔偿责任（《民法典》第714条）。承租人应以善良管理人的注意去保管租赁物。租赁物有收益能力的，应保持其收益能力。承租人违背妥善保管租赁物的义务，致使租赁物毁损、灭失的，应对出租人承担损害赔偿责任。

(3) 不作为义务。租赁合同中，承租人的不作为义务主要包括以下内容：第一，不得随意对租赁物进行改善或在租赁物上增设他物。承租人基于租赁合同对租赁物所享有的租赁权，从权利属性来讲，系属债权，因此，承租人只有在经过出租人同意的前提下，方可对租赁物进行改善或者增设他物。承租人未经出租人同意，即对租赁物进行改善或者增设他物的，出租人可以请求承租人恢复原状或者赔偿损失（《民法典》第715条）。第二，不得随意转租。所谓转租，是指承租人不退出租赁合同关系，而将租赁物出租给次承租人使用、收益。根据承租人的转租是否经出租人的承诺，可以将转租区分为合法转租与不合法转租。承租人经出租人同意转租的，为合法转租。就出租人和承租人而言，两者的租赁关系不因转租而受影响，承租人并应就因次承租人应负责的事由所产生的损害向出租人负赔偿责任。例如《民法典》第716条第1款规定：承租人经出租人同意，可以将租赁物转租给第三人。承租人转租的，承租人与出租人之间的租赁合同继续有效；第三人造成租赁物损失的，承租人应当赔偿损失。不合法转租，是指未经出租人允许所进行的转租。《民法典》第716条第2款明确规定：承租人未经出租人同意转租的，出租人可以解除合同。承租人经出租人同意将租赁物转租给第三人，转租期限超过承租人剩余租赁期限的，超过部分的约定对出租人不具有法律约束力，但是出租人与承租人另有约定的除外（《民法典》第717条）。出租人知道或者应当知道承租人转租，但是在6个月内未提出异议的，视为出租人同意转租（《民法典》第718条）。承租人拖欠租金的，次承租人可以代承租人支付其欠付的租金和违约金，但是转租合同对出租人不具有法律约束力的除外。次承租人代为支付的租金和违约金，可以充抵次承租人应当向承租人支付的租金；超出其应付的租金数额的，可以向承租人追偿（《民法典》第719条）。

（4）支付租金的义务。承租人应当依照约定的期限支付租金，对支付期限没有约定或者约定不明确，可以协议补充；不能达成补充协议的，按照合同有关条款或者交易习惯确定；仍不能确定的，租赁期限不满一年的，应当在租赁期限届满时支付；租赁期限在一年以上的，应当在每届满一年时支付，剩余期限不满一年的，应当在租赁期限届满时支付（《民法典》第721条）。承租人无正当理由未支付或者迟延支付租金的，出租人可以请求承租人在合理期限内支付。此期限为宽限期，承租人逾期不支付的，出租人可以解除合同（《民法典》第722条）。

（5）返还租赁物的义务。租赁关系终止后，租赁物仍然存在的，承租人应当返还租赁物。返还的租赁物应当符合按照约定或者租赁物性质使用后的状态（《民法典》第733条）。

承租人在租赁期间未经出租人同意，对租赁物进行改建、改装或者增设他物的，在返还租赁物时，出租人有权要求予以拆除，恢复租赁物的原状或者赔偿损失（《民法典》第715条第2款）。承租人的上述行为经出租人同意的，可不恢复租赁物的原状，并就因此而使租赁物价值增加的部分，转而请求有益费用的返还。

承租人在返还租赁物时，就其对租赁物所支出的必要费用，也可主张返还。所谓必要费用，是指为维护租赁物所不可缺少的费用。比如，租赁物的保管费、机器的养护费、动物的饲养费等皆属之。

（三）租赁合同的特别效力

（1）承租人获取租赁物收益的权利。在租赁期间因占有、使用租赁物获得的收益，归承租人所有，但当事人另有约定的除外（《民法典》第720条）。

（2）租赁权的物权化。租赁合同本为一种债权债务关系。在早期民法上，承租人只能向出租人本人主张对租赁物的使用、收益，租赁权不能对抗第三人。这种权利配置反映了重视所有权，相对轻视使用、收益权的观念。随着社会经济的发展，民法逐渐地承认在房屋等财产的租赁关系中，租赁物所有权在租赁期间内的转移并不影响承租人的权利，原租赁合同对受让租赁物的第三人仍然有效，该第三人不得解除租赁合同。此即“买卖不破租赁”原则。这一原则突破了传统的合同相对性原则，使租赁权具有了对抗第三人的效力。这种情况被称为“租赁权的物权化”或“债权的物权化”。在这种情况下，承租人的租赁权性质如何？对此，学者之间有争论，概括起来主要有债权说、物权说和物权化说三种学说。《民法典》第725条关于租赁合同对抗效力的规定即物权化说的体现。依据该条规定，租赁物在承租人按照租赁合同占有期间内发生所有权变动的，承租人的租赁权可以对抗租赁物的新所有权人，承租人与出租人原来在租赁合同中所作的其他约定，租赁物的新所有权人也应一并遵循。

（3）房屋承租人的优先购买权。这是指当出租人出卖房屋时，承租人在同等条件下，依法享有优先于其他人购买房屋的权利。《民法典》第726条确认，出租人出卖租赁房屋的，应当在出卖之前的合理期限内通知承租人，承租人享有以同等条件优先购买的权利；但是，房屋按份共有人行使优先购买权或者出租人将房屋出卖给近亲属的除外。出租人履行通知义务后，承租人在15日内未明确表示购买的，视为承租人放弃优先购买权。出租人委托拍卖人拍卖租赁房屋的，应当在拍卖5日前通知承租人。承租人未参加拍卖的，视为放弃优先购买权（《民法典》第727条）。

优先购买权的权利属性为形成权，其实质系对出租人选择合同对方当事人自由的限制。

就承租人的优先购买权，须注意承租人仅在同等条件下得享有优先购买权。此处的同等条件，主要是指出价条件，包括价格、交付房款期限、方式等。至于所出售房屋的部位、数量应无区别，更是题中应有之义。[①]

在房屋租赁合同中，承租人在租赁期间死亡的，与其生前共同居住的人或者共同经营人可以按照原租赁合同租赁该房屋（《民法典》第732条），并享有此项优先购买权。

出租人在转让房屋所有权时，未通知承租人或者有其他妨害承租人行使优先购买权情形的，承租人可以请求出租人承担赔偿责任；但是，出租人与第三人订立的房屋买卖合同的效力不受影响（《民法典》第728条）。

（4）承租人的优先承租权。租赁期限届满，房屋承租人享有以同等条件优先承租的权利（《民法典》第734条第2款）。

六、租赁合同中的风险负担

当发生既不可归责于承租人又不可归责于出租人的事由，致使租赁物部分或全部毁损、灭失时，就产生了租赁合同中的风险负担问题。租赁合同中的风险负担问题，可以被分解为两个主要问题。

（1）租赁物的风险负担问题，即当发生不可归责于承租人和出租人双方当事人的事由，致使租赁物部分或全部毁损、灭失时，租赁物部分或全部毁损、灭失的损失应由谁负担。就此问题，除非法律有特别规定，或当事人之间有特别约定，自罗马法以来，就形成了由物的所有人负担风险，即天灾归物权人负担的法律思想。此为标的物风险负担的一般原则。因而，租赁物的所有权人应负担此种情形下标的物毁损、灭失

---

① 参见王利明：《合同法疑难案例研究》，350页，北京，中国人民大学出版社，1997。

的风险。

（2）当发生不可归责于双方当事人的事由致使租赁物部分或全部毁损、灭失，从而引致租赁合同部分或全部履行不能时，租金风险应由谁负担的问题。与租赁物的风险负担不同，此处的风险负担主要解决双务合同中对待给付义务的履行问题，尤其是承租人支付租金义务的履行问题。《民法典》第729条规定：因不可归责于承租人的事由，致使租赁物部分或者全部毁损、灭失的，承租人可以请求减少租金或者不支付租金；因租赁物部分或者全部毁损、灭失，致使不能实现合同目的的，承租人可以解除合同。该条即包含租赁合同中的风险负担的规定，据此，当发生不可归责于双方当事人的事由致使合同部分或全部履行不能时，承租人即可相应地减少履行或不履行其对待给付义务——请求减少租金或者不支付租金。

七、租赁合同的终止

租赁合同主要因下列事由而终止：第一，期限届满；第二，当事人解除。

虽租赁合同期限未届满，但出现了法定或约定情事，而由当事人双方或其中一方解除合同的，租赁合同也因此而消灭。

在租赁合同中，法定解除的情形主要包括：

（1）承租人未按照约定的方法或者未根据租赁物的性质使用租赁物，致使租赁物受到损失的，出租人可以解除合同并请求赔偿损失（《民法典》第711条）。

（2）承租人未经出租人同意转租的，出租人可以解除合同（《民法典》第716条第2款）。

（3）承租人无正当理由未支付或者迟延支付租金的，出租人可以请求承租人在合理期限内支付，承租人逾期不支付的，出租人可以解除合同（《民法典》第722条）。

（4）租赁物被司法机关或者行政机关依法查封、扣押，或者租赁物权属有争议，或者租赁物具有违反法律、行政法规关于使用条件的强制性规定情形，非因承租人原因而租赁物无法使用的，承租人可以解除合同（《民法典》第724条）。

（5）当租赁物由于不可归责于承租人的事由而部分或全部毁损、灭失，致使租赁合同的目的无法实现时，承租人可以解除合同，终止双方当事人间的租赁关系（《民法典》第729条第二分句）。承租人所享有的解除合同的权利，在租赁物的毁损、灭失是可归责于出租人的事由所致时，系违约的救济手段；在租赁物的毁损、灭失是不可归责于双方当事人的事由所致时，系不可抗力制度作为合同法定解除事由的运用，意在对租赁合同中租金的风险进行分配。

（6）当事人对租赁期限没有约定或者约定不明确，依照《民法典》第510条的规定仍不能确定的，视为不定期租赁，当事人可以随时解除合同，但出租人解除合同时应当在合理期限之前通知承租人（《民法典》第730条）。

（7）租赁物危及承租人的安全或者健康的，即使承租人在订立合同时明知该租赁物质量不合格，承租人仍然可以随时解除合同（《民法典》第731条）。

八、租赁合同的更新

租赁合同的双方当事人在租赁合同规定的租赁期限届满时，可以续订合同。所谓续订是指在租赁合同其他内容不变的情形下，延长合同的期限。所以，续订租赁合同又被称为期限更新或租赁合同的更新。租赁合同的更新不同于租赁合同的期限变更，后者是指在租赁合同双方当事人约定的租赁期限内，协议更改租赁期限。租赁合同的更新只能发生在租赁期限届满时。①

租赁合同的双方当事人更新期限、续订合同有两种方式：约定更新和法定更新。其中，约定更新，又称明示更新，是指当事人于租赁合同期限届满后，另订一合同，约定延长租赁期限。当事人另订租赁合同的，租赁的期限也不得超过法律规定的最高期限。所谓租赁合同的法定更新，又称租赁合同默示的更新，是指租赁期限届满后，承租人仍为租赁物的使用、收益，而出租人不表示反对意思的，视为以不定期限继续租赁合同。《民法典》第734条第1款规定：租赁期限届满，承租人继续使用租赁物，出租人没有提出异议的，原租赁合同继续有效，但是租赁期限为不定期。该款即是关于租赁合同默示更新的规定。

问题与思考

1. 试述租赁合同的效力。
2. 试析承租人的优先购买权。
3. 试析租赁合同中的风险负担。

① 参见郭明瑞、王轶：《合同法新论·分则》，106页，北京，中国政法大学出版社，1997。

第四十五章
融资租赁合同

本章概要

融资租赁合同是出租人根据承租人对出卖人、租赁物的选择，向出卖人购买租赁物，提供给承租人使用，承租人支付租金的合同。融资租赁合同是以融资为目的、以融物为手段的合同，属于转移财产的合同。本章的重点问题是融资租赁合同的效力。

一、融资租赁合同的概念和特征

融资租赁合同是指出租人根据承租人对出卖人、租赁物的选择，向出卖人购买租赁物，提供给承租人使用，承租人支付租金的合同（《民法典》第735条）。当事人以虚构租赁物方式订立的融资租赁合同无效（《民法典》第737条）。

融资租赁合同具有以下法律特征：

（1）融资租赁合同是由两个合同（买卖合同和融资性租赁合同）、三方当事人［出卖人、出租人（买受人）、承租人］结合在一起有机构成的新型独立合同。这是融资租赁合同的形式特征。融资租赁合同是融资租赁交易的产物，融资租赁合同的主要特征是由融资租赁交易的特殊性决定的。融资租赁交易主要是由两个合同、三方当事人所构成的交易。这两个合同是由融资租赁公司与承租人所签订的融资性租赁合同以及由融资租赁公司与供应商所签订的买卖合同，这两个合同在效力上相互交错，如融资租赁合同因买卖合同解除、被确认无效或者被撤销而解除，出卖人、租赁物系由承租人选择的，出租人有权请求承租人赔偿相应损失；但是，出租人的原因致使买卖合同解除、被确认无效或者被撤销的除外。出租人的损失已经在买卖合同解除、被确认无效或者被撤销时获得赔偿的，承租人不再承担相应的赔偿责任（《民法典》第755条）。

（2）融资租赁合同是以融资为目的、以融物为手段的合同。这是融资租赁合同的实质特征，也是融资租赁合同不同于传统租赁合同的重要特征，亦为融资租赁合同与买卖、借款等合同的区别之一。因此，依照法律、行政法规的规定，对租赁物的经营使用应当取得行政许可的，出租人未取得行政许可不影响融资租赁合同的效力（《民法典》第 738 条）。

（3）融资租赁合同中的出租人为专营融资租赁业务的租赁公司。融资租赁合同的出租人，只能是专营融资租赁业务的租赁公司，而不能是一般的自然人、法人或者非法人组织。这是融资租赁合同主体上的特征。在我国，考虑到融资租赁交易具有融资性，只有经金融行政主管部门批准许可经营的公司，才有从事融资租赁交易、订立融资租赁合同的资格。

（4）融资租赁合同为诺成合同、多务合同和有偿合同。融资租赁合同应当采用书面形式（《民法典》第 736 条第 2 款），故为要式合同。

二、融资租赁合同的效力

融资租赁合同的效力是指生效的融资租赁合同所具有的法律约束力。它主要是通过融资租赁合同各方当事人所享有的权利和所负担的义务来具体体现。考虑到融资租赁合同是由两个合同、三方当事人结合在一起的新型独立合同，对融资租赁合同效力的考察，将结合这一特征展开。

（一）出卖人与出租人之间所订立的买卖合同

一般情况下，该买卖合同应遵循《民法典》对买卖合同所确立的交易规则。但在以下几个方面，由于融资租赁交易的自身特性使然，该买卖合同与通常的买卖合同有所不同。

（1）出卖人负有按照约定向承租人（而非作为买受人的出租人）直接交付标的物的义务。依据《民法典》第 739 条，出租人根据承租人对出卖人、租赁物的选择订立的买卖合同，出卖人应当按照约定向承租人交付标的物，承租人享有与受领标的物有关的买受人的权利。出卖人违反向承租人交付标的物的义务，有下列情形之一的，承租人可以拒绝受领出卖人向其交付的标的物：标的物严重不符合约定；未按照约定交付标的物，经承租人或者出租人催告后在合理期限内仍未交付。承租人拒绝受领标的物的，应当及时通知出租人（《民法典》第 740 条）。

（2）当出卖人不履行买卖合同义务时，出租人、出卖人、承租人之间可以约定，由承租人行使索赔的权利。承租人行使索赔权利的，出租人应当协助（《民法典》第 741 条）。出租人有下列情形之一，致使承租人对出卖人行使索赔权利失败的，承租人有权请求出租人承担相应的责任：明知租赁物有质量瑕疵而不告知承租人；承租人行使索赔权利时，未及时提供必要协助。出租人怠于行使只能由其对出卖人行使的索赔权利，造成承租人损失的，承租人有权请求出租人承担赔偿责任（《民法典》第 743 条）。

（3）出租人根据承租人对出卖人、租赁物的选择订立的买卖合同，未经承租人同意，出租人不得变更与承租人有关的合同内容（《民法典》第 744 条）。

（4）根据约定，出租人得享有与受领标的物有关的买受人的权利，因而，本应由作为买卖合同买受人的出租人所负担的及时检验义务，以及对于拒绝受领的标的物的妥善保管义务，也转由承租人负担。

（二）出租人与承租人之间所订立的融资性租赁合同

融资性租赁合同是融资性租赁交易的核心，也正是在这一意义上，融资租赁合同与租赁合同都可归入转移财产使用权的合同。融资性租赁合同，从本质来讲，系一种特殊形式的租赁合同，因而一方面，在《民法典》对该合同未设特别的规定，或该合同未有特殊的交易惯例时，应遵循《民法典》关于租赁合同所作的一般规定；另一方面，该合同也有以下与普通租赁合同不同之处。

（1）出租人得享有以下特殊的法律利益：第一，租赁物不符合约定或者不符合使用目的的，出租人不承担违反物的瑕疵担保义务所应该承担的违约责任，但是承租人依赖出租人的技能确定租赁物或者出租人干预选择租赁物的除外（《民法典》第747条）。第二，在承租人占有租赁物期间，租赁物造成第三人人身伤害或者财产损失的，作为租赁物所有权人的出租人不承担责任（《民法典》第749条）。第三，在承租人占有租赁物期间，出租人无须负担维修租赁物的义务（《民法典》第750条第2款）

（2）融资租赁合同中，尽管出租人仍应负担向承租人交付租赁物的义务，但该项义务是由出卖人作为交付租赁物义务的履行辅助人来完成的。在出卖人直接向承租人交付标的物时，承租人一方面是在受领租赁物的交付，另一方面也是作为出租人的受领辅助人，辅助完成标的物的所有权从出卖人向出租人的转移。

出租人应当保证承租人对租赁物的占有、使用。出租人有下列情形之一的，承租人有权请求其赔偿损失：1）无正当理由收回租赁物；2）无正当理由妨碍、干扰承租人对租赁物的占有和使用；3）因出租人的原因第三人对租赁物主张权利；4）不当影响承租人对租赁物占有和使用的其他情形（《民法典》第748条）。

（3）承租人支付租金的义务也有不同。同在租赁合同中一样，融资租赁合同中的承租人所负担的最主要义务是支付租金。融资租赁合同中出租人所收取的租金，既不同于一般租赁合同中的租金，又不同于买卖合同中标的物的价金。出租人所收取的租金一方面应包括其为购买租赁物所支出的全部或部分费用，另一方面要包括一定的营业利润（《民法典》第746条）。租金的第一项构成，在实践中，主要根据出租人和承租人是如何在租赁合同中约定租赁期限届满时租赁物的归属而定的，如果双方当事人约定，租赁期限届满时，租赁物的所有权转归承租人，那么出租人所收取的租金应包括购买租赁物的全部费用；如果双方当事人约定，在租赁期限届满时，出租人有权收回租赁物或者承租人再支付一部分价金即可取得租赁物的所有权，则出租人应收取的租金的构成中就只应包括购买租赁物的部分价金。当然，该项规定为任意性规范，当事人得经由特约予以变更。

出租人得收取租金的另一项构成即利润，利润应在一合理的限度内。如果约定得过高，承租人得依法主张显失公平，以维护自己的利益。

在租赁期间，承租人应按照约定向出租人支付租金，这是承租人的基本义务。承租人支付价款的义务，以承租人通知出租人收到标的物为生效条件，而不以承租人实际使用租赁物为条件。

由于租金并非融物的对价而为融资的对价，所以，承租人支付租金的义务有以下主要特点：第一，在租赁标的物存有瑕疵时，承租人不得拒付租金。如前所述，融资租赁合同的出租人一般不负标的物的瑕疵担保义务，在标的物存有瑕疵时，承租人得向出卖人请求其承担违约责任，但即使标的物有瑕疵致使承租人不能为使用、收益，也不影响承租人支付租金的义务，承租人仍应按照约定支付租金。第二，在租赁期间，承租人承担租金的风险。承租人占有租赁物期间，租赁物毁损、灭失的，出租人有权请求承租人继续支付租金，但是法律另有规定或者当事人另有约定的除外（《民法典》第751条）。第三，因承租人违约而出租人收回标的物时，承租人不能以标的物被收回为由拒绝履行支付租金的义务。

承租人不按照约定支付租金时，出租人得定合理期限要求承租人支付。经出租人催告，承租人在规定的期限内仍不支付租金的，出租人可采取以下两种救济措施：第一，请求承租人支付到期和未到期的全部租金。本来承租人是依约定按期交付租金的，对于未到期的租金，出租人无权请求承租人支付。这是承租人享有的一种期限利益。但是，在承租人不依约定按时交付租金，并且经催告仍逾期交付时，承租人的期限利益丧失，出租人不仅有权请求承租人支付已到期的租金，而且得请求承租人交付未到期的全部租金。第二，解除合同，收回租赁物。出租人不选择请求承租人支付全部租金的，得解除合同，收回租赁物。因为出租人对租赁物享有所有权，出租人的所有权具有担保其租金债权的功能，所以在因承租人一方违约，出租人解除合同时，出租人得收回租赁物（《民法典》第752条）。如果当事人已约定租赁期限届满租赁物归承租人所有，承租人已经支付大部分租金，但无力支付剩余租金，出租人因此解除合同、收回租赁物，收回的租赁物的价值超过承租人欠付的租金以及其他费用的，承租人可以要求相应返还（《民法典》第758条第1款）。当事人约定租赁期限届满，承租人仅需向出租人支付象征性价款的，视为约定的租金义务履行完毕后租赁物的所有权归承租人（《民法典》第759条）。

在融资租赁交易实践中，在承租人违约不按期支付租金时，出租人在解除合同、收回租赁物的同时，还有权主张损害赔偿金的支付。此损害赔偿金或者以相当于残存租金额计算或者以残存租金额减去中间利息计算，后者又称规定损害赔偿金。其他国家或地区的判例和学说均肯定在承租人违约时，租赁公司有权获得损害赔偿金，因为融资租赁具有金融的性质，其租金为投资资金之对价，而非物件使用、收益的对价，且租赁物件往往不具通用性，为保障租赁公司收回投资资金，在承租人违约解除合同之后出租人亦应以损害赔偿金名义收取租金金额。

（4）承租人在占有租赁物期间承担维修租赁物的义务。与租赁合同不同，融资租赁合同具有较强的融资性，因此，在融资租赁合同中，系由承租人而不是由出租人履行占有租赁物期间的维修义务。

三、融资租赁合同的终止

与租赁合同一样，融资租赁合同也得基于租赁期限届满、合同解除等原因而终止。如承租人未经出租人同意，将租赁物转让、抵押、质押、投资入股或者以其他方式处分，出租人可以解除融资租赁合同（《民法典》第753条）。

依据《民法典》第754条，有下列情形之一的，出租人或者承租人可以解除融资租赁合同：(1) 出租人与出卖人订立的买卖合同解除、被确认无效或者被撤销，且未能重新订立买卖合同；(2) 租赁物因不可归责于当事人的原因毁损、灭失，且不能修复或者确定替代物；(3) 因出卖人的原因融资租赁合同的目的不能实现。

在融资租赁期间，出租人对租赁物享有所有权。出租人对租赁物享有的所有权，未经登记，不得对抗善意第三人。但在租赁期限届满时，根据《民法典》第757条的规定，出租人和承租人可以约定租赁期间届满租赁物的归属。对租赁物的归属没有约定或者约定不明确，依照《民法典》第510条的规定仍不能确定的，租赁物的所有权归出租人享有。

融资租赁合同无效，当事人就该情形下租赁物的归属有约定的，按照其约定；没有约定或者约定不明确的，租赁物应当返还出租人。但是，因承租人原因而合同无效，出租人不请求返还或者返还后会显著降低租赁物效用的，租赁物的所有权归承租人，由承租人给予出租人合理补偿（《民法典》第760条）。

问题与思考

1. 试述融资租赁合同的效力。
2. 试析融资租赁合同和租赁合同的区别与联系。

第四十六章 保理合同

本章概要

保理合同是应收账款债权人将现有的或者将有的应收账款转让给保理人，保理人提供资金融通、应收账款管理或者催收、应收账款债务人付款担保等服务的合同。保理合同是集资金融通、应收账款催收或者管理、付款担保等服务于一体的综合性金融服务合同。本章的重点问题是有追索权保理、无追索权保理。

一、保理合同的概念和特征

保理合同是应收账款债权人将现有的或者将有的应收账款转让给保理人，保理人提供资金融通、应收账款管理或者催收、应收账款债务人付款担保等服务的合同。保理合同，是以债权人转让其应收账款为前提，集资金融通、应收账款催收或者管理、付款担保等服务于一体的综合性金融服务合同。[①] 保理合同的内容一般包括业务类型、服务范围、服务期限、基础交易合同情况、应收账款信息、保理融资款或者服务报酬及其支付方式等条款（《民法典》第 762 条）。

保理合同具有以下法律特征：

（1）保理合同以债权人转让应收账款债权为前提。

保理合同必须具备的内容是应收账款债权的转让，没有应收账款的转让就不能构成保理合同。所谓应收账款，是指权利人因转移财产或者提供服务而获得的要求债务人付款的权利以及依法享有的其他付款请求权，包括现有的和未来的金钱债权，但不包括因票据或其他有价证券而产生的付款请求权，以及法律、行政法规禁止转让的付款请求权。应收账款主要包括下列权利：销售、出租产生的债权，包括销售货物，供应水、电、气、暖，知识产权的许可使用，出租动产或不动产等；提供医疗、教育、旅游等服务或劳务产生的债权；能源、交通运输、水利、环境保护、市政工程等基础设施和公用事业项目

---

① 《最高人民法院关于当前商事审判工作中的若干具体问题》（2015 年 12 月 24 日）、《商业银行保理业务管理暂行办法》（中国银行业监督管理委员会令 2014 年第 5 号）。

收益权；提供贷款或其他信用活动产生的债权；其他以合同为基础的具有金钱给付内容的债权。这些应收账款的转让可以是单独转让，也可以是批量集合转让，这取决于当事人之间的约定。应收账款的转让，应当适用《民法典》关于债权转让的一般规则。

应收账款债权人与债务人虚构应收账款作为转让标的，与保理人订立保理合同的，应收账款债务人不得以应收账款不存在为由对抗保理人，但是保理人明知虚构的除外（《民法典》第763条）。

（2）保理人负担的主合同义务包括提供资金融通、应收账款管理或者催收、应收账款债务人付款担保等服务。

保理人负担的主合同义务包括提供资金融通、应收账款管理或者催收、应收账款债务人付款担保等服务。资金融通，是指保理人应债权人的申请，在债权人将应收账款转让给保理人后，为债权人提供的资金融通，包括贷款和应收账款转让预付款。应收账款催收，是指保理人根据应收账款账期，主动或应债权人要求，采取电话、函件、上门等方式，直至运用法律手段等对债务人进行催收。应收账款管理，又称为销售分户账管理，是指保理人根据债权人的要求，定期或不定期向其提供关于应收账款的回收情况、逾期账款情况、对账单等财务和统计报表，协助其进行应收账款管理。付款担保，是指保理人在与债权人签订保理合同后，为债务人核定信用额度，并在核准额度内，对债权人无商业纠纷的应收账款提供约定的付款担保。除了这些服务，保理合同中保理人提供的服务通常还包括资信调查与评估、信用风险控制等其他可认定为保理性质的金融服务。

（3）保理合同为要式合同。

保理合同应当采用书面形式（《民法典》第762条第2款）。

二、保理人的通知义务

保理合同的核心是应收账款债权转让，在此应当适用《民法典》关于债权转让的一般规则。为保护债务人的利益，《民法典》第546条第1款规定，债权人转让债权，未通知债务人的，该转让对债务人不发生效力。因此，就应收账款债权转让未通知债务人的，该转让对债务人不发生效力，即使保理人取得了债权，债务人也有权拒绝保理人的履行请求；债务人向债权人履行债务的，债权消灭。如果就应收账款债权转让通知了债务人，则债权转让对债务人发生效力，此时债务人对保理人负有履行义务，并且有权以此拒绝债权人的履行请求；如果债务人仍然向债权人履行，则不发生债权消灭的效力。因此，只有通知了债务人，才可以最大限度保护保理人的利益。至于转让通知的发出主体，在一般的债权转让中，发出转让通知的主体原则上应当仅限于让与人。实践中的大多数情形都是保理人发出通知，因为其对此具有重大利益，以避免债务人在转让发生后仍向债权人履行债务。

保理人向应收账款债务人发出应收账款转让通知的，应当表明保理人身份并附有必要凭证（《民法典》第764条）。保理人向债务人发出转让通知的，如果表明了保理人的身份并且附有经过公证的债权转让合同、保理合同或者转让通知等必要凭证，可以认为具有与债权人发出转让通知同等的效力。

应收账款债务人接到应收账款转让通知后，应收账款债权人与债务人无正当理由协商变更或者终止基础交易合同，对保理人产生不利影响的，对保理人不发生效力（《民法典》第765条）。应收账款债权人和债务人协商一致变更或者终止基础交易合同的情形主要包括延期、和解、协议抵销、协议解除等，也包括债权人免除债务人的债务而债务人未在合理期限内拒绝的情形；但是，不应当包括基于法律规定以及债务人单方行使基于法律规定而享有的法定解除权等，基础交易合同发生变更或者终止的情形。如果债权人和债务人通过协商使应收账款债权的价值落空或者减损，例如债权人和债务人协商一致变更基础交易合同而减少了债权数额，或者协商一致解除基础交易合同而对保理人产生了不利影响的，对保理人不发生效力。

三、有追索权保理

有追索权保理和无追索权保理是保理业务的基础分类。我国当前的保理实践中，当事人一般都会在保理合同中就有无追索权作出约定，《民法典》同时规定了有追索权保理和无追索权保理，供当事人自己选择。

有追索权保理，是指保理人不承担为债务人核定信用额度和提供坏账担保的义务，仅提供包括融资在内的其他金融服务。于有追索权保理在应收账款到期无法从债务人处收回时，保理人可以向债权人反转让应收账款，或要求债权人回购应收账款或归还融资，故有追索权保理又被称为回购型保理。

依照《民法典》第766条，在有追索权保理中，在当事人无特别约定或者约定不明确时，保理人有权选择向应收账款债权人主张返还保理融资款本息或者回购应收账款债权，或者向应收账款债务人主张应收账款债权；保理人也可以同时向应收账款债权人和债务人主张权利。当然，保理人不能从债权人和债务人处获得重复清偿。同时，在有追索权保理中，保理人向应收账款债务人主张应收账款债权的，在获得债务人的履行后，首先应当扣除保理融资款本息和相关费用，具体包括保理融资款本息、保理人未受清偿的应收账款融资额度承诺费、保理手续费、保理首付款使用费以及其他债权人到期未付款等。关于在扣除后仍有剩余的这部分保理余款的归属，首先由保理人和债权人在保理合同中约定。保理合同对此无约定或者约定不明确时，于保理余款应当返还给应收账款债权人。此时，保理人负有清算义务。

四、无追索权保理

无追索权保理是指保理人根据债权人提供的债务人核准信用额度，在信用额度内承购债权人对债务人的应收账款并提供坏账担保责任，债务人因发生信用风险未按基础合同约定按时足额支付应收账款时，保理人不能向债权人追索。故无追索权保理又被称为买断型保理。无追索权保理在性质上属于应收账款债权买卖，保理人受让债权并享有债权的全部清偿利益、负担债权不能受偿的风险，作为债权转让对价的融资款实际上是通过买卖取得债权的价款。

当事人约定无追索权保理的，保理人应当向应收账款债务人主张应收账款债权，保理人取得超过保理融资款本息和相关费用的部分，无须向应收账款债权人返还（《民法典》第767条）。

依照《民法典》第767条，当事人约定无追索权保理的，保理人应当向应收账款债务人主张应收账款债权，而不能向应收账款债权人主张返还保理融资款本息或者回购应收账款债权。保理人不再追索应收账款债权人是具有一定前提的，即债务人未及时全额付款系源于其自身信用风险，而非其他原因。如果债务人因不可抗力而无法支付，或者债务人依法主张基础交易合同所产生的抗辩、抵销权或者依法解除基础交易合同而拒绝付款，则保理人仍有权对债权人追索，向应收账款债权人主张返还保理融资款本息或者回购应收账款债权。基于无追索权保理在性质上属于应收账款债权买卖，保理余款应当归属于保理人，无须向应收账款债权人返还。

五、保理合同竞存

在实践中，经常会出现应收账款债权人就同一应收账款订立多个保理合同，致使多个保理人享有应收账款债权的情形。应收账款债权人就同一应收账款订立多个保理合同，致使多个保理人主张权利的，已经登记的先于未登记的取得应收账款；均已经登记的，按照登记时间的先后顺序取得应收账款；均未登记的，由最先到达应收账款债务人的转让通知中载明的保理人取得应收账款；既未登记也未通知的，按照保理融资款或者服务报酬的比例取得应收账款（《民法典》第768条）。

六、保理合同的法律适用

《民法典》第769条确认，本章没有规定的，适用本编第六章“债权转让”的有关规定。保理必须具备的要素是应收账款债权的转让，没有应收账款的转让就不能构成保理合同，而应收账款是债权的一种，应收账款转让属于债权转让，应收账款债权人就是债权转让中的让与人，保理人就是债权转让中的受让人，应收账款债务人就是债权转让中的债务人。因此，在保理合同章没有特别规定的情形，应当适用《民法典》合同编第六章关于债权转让的一般规定。

《问题与思考》

1. 试析保理合同的特征。
2. 试析有追索权保理。
3. 试析无追索权保理。
4. 试析保理合同竞存的协调规则。

第四十七章
承揽合同

本章概要

承揽合同是承揽人按照定作人的要求完成工作、交付工作成果，定作人支付报酬的合同。承揽包括加工、定作、修理、复制、测试、检验等工作。承揽合同属于服务贸易的典型交易方式。本章的重点问题是承揽合同的效力。

一、承揽合同的概念和特征

承揽合同是承揽人按照定作人的要求完成工作、交付工作成果，定作人给付报酬的合同。其中，完成工作并将工作成果交付给对方的一方当事人为承揽人，接受工作成果并向对方给付报酬的一方当事人为定作人。承揽属于提供服务的典型交易形式，因此，合同法对承揽合同所设置的法律规则，对于其他提供服务的合同具有参照适用的效力。承揽合同的内容主要包括承揽的标的、数量、质量、报酬、承揽方式、材料的提供、履行期限、验收标准和方法等。

承揽合同具有以下特征：

（1）承揽合同以完成一定工作为目的。承揽合同中承揽人应当按照与定作人约定的标准和要求完成工作；定作人的主要目的是取得承揽人完成的工作成果。承揽合同的这一特征决定了其标的只能是作为义务，否则定作人将无法实现其合同目的。

（2）承揽人完成工作的独立性。定作人与承揽人之间订立承揽合同，一般是建立在对承揽人的能力、条件等信任的基础上，故只有承揽人自己完成工作才符合定作人的要求。如承揽人将其主要义务交由其他人来完成，属于债务不履行，承揽人应负违约责任。

（3）定作物的特定性。承揽合同多属个别商定的合同，定作物往往具有一定的特定性。无论定作物的最终成果以何种形式体现，它都必须符合定作人提出的特别要求，否则交付的工作成果就不合格。

（4）承揽合同为诺成合同。双方当事人意思表示一致，承揽合同即可成立，无须交付定作物或加工物，因此，承揽合同为诺成合同。

（5）承揽合同为有偿合同。承揽人要付出自己的劳动，将定作物按照定作人的要求进行加工；定作人取得承揽人完成的工作成果，要向承揽人支付约定的报酬。因此，承揽合同为有偿合同。

二、承揽合同的种类

依承揽具体内容的不同，可以将承揽合同分为如下一些具体合同种类：

（1）加工合同。这是承揽合同中很常见的一种，指定作人向承揽人提供原材料，承揽人以自己的技能、设备和工作为定作人进行加工，将原材料加工成符合定作人要求的成品并交付给定作人，定作人接受该成品并向承揽人支付报酬的合同。加工合同中材料必须由定作人提供，而不能由承揽人自备。

（2）定作合同。这是指依合同约定，由承揽人自己准备原料，并以自己的技术、设备和工作对该原料进行加工，按定作人的要求制成特定产品，将该产品交付给定作人，定作人接受该产品并向承揽人支付报酬的合同。定作合同与加工合同的区别在于材料提供人的不同。

（3）修理合同。这是指定作人将损坏的物品交给承揽人，由承揽人负责将损坏物品以自己的技术、工作修理好后归还给定作人，定作人接受该工作成果并向承揽人支付报酬的合同。关于修理合同是否仅指动产的修理合同，学者间有不同的看法。本书认为，修理合同中的标的物仅为动产。

（4）复制合同。这是指承揽人依定作人的要求，将定作人提供的样品重新依样制作成若干份，定作人接受该复制品并向承揽人支付报酬的合同。承揽人依照定作人的不同要求可以采取不同的方式进行复制，如对文稿的复印、对画稿的临摹、对雕像的模仿塑造等。

（5）测试合同。这是指承揽人依定作人的要求，以自己的技术、仪器设备以及自己的工作，为定作人对定作人指定的项目进行测试，并将测试结果交付给定作人，定作人接受其成果并向承揽人支付报酬的合同。

（6）检验合同。这是指承揽人按照定作人的要求，对定作人提出的需要检验的内容，以自己的设备、仪器、技术等进行检验，并向定作人提供关于该检验内容相关问题的结论，定作人接受这一结论并向承揽人支付报酬的合同。

三、承揽合同与类似合同的关系

（一）承揽合同与买卖合同

买卖合同属于移转财产所有权的合同，而承揽合同也往往涉及财产所有权的转移，因此，这两种类型的合同具有一定的联系。但二者的区别是主要的，体现在：（1）承揽合同属于以特定的工具和技能完成一定工作任务的合同，转移标的物的所有权并不是承揽人的主要合同义务；买卖合同则属于转移财产所有权的合同，转移标的物的所有权于买受人是出卖人的主要合同义务。（2）承揽合同中的标的物只能是承揽人严格按照定作人的要求所完成的工作成果，具有特定性，若其为物，只能是特定物；而买卖合同的标的物是当事人约定出卖人应该交付的物，可以是特定物，也可以是种类物。因此，在承揽合同中，双方注重的是工作成果完成的条件，是承揽人的“创作”；而在买卖合同中，双方并不注重标的物的制作条件。[①]

需要指出的是，在传统民法上认为有承揽出卖合同，也称承揽供给合同或做成物供给合同，是指当事人一方将全部或主要以自己的材料做成的物，供给他方，他方根据约定支付报酬的合同。例如，甲向乙订购生日蛋糕或者甲公司向乙公司订购特种型号的生产设备等。这种类型的合同是买卖合同还是承揽合同，直接影响到对此类合同的法律适用。《民法典》中，就承揽出卖合同所对应的交易形式，在工作成果属于特定物时，称其为定作合同，属于承揽合同的一种；在工作成果属于种类物时，则未作出明文规定。为保持法律体系的和谐，平衡各方当事人的利益，理应依据以下标准进行判断：当事人在合同中有明确的意思表示，表明交易的意图的，就依据当事人的意思表示进行判断；当事人未在合同中作出明确的意思表示，表明交易的意图的，工作成果是种类物的，为买卖合同。

（二）承揽合同与劳动合同

承揽合同以完成工作为中心，完成工作就需要当事人提供劳务，因此，承揽合同属于提供劳务的合同的一种。在这一点上，承揽合同与劳动合同有一定的联系。但这两种合同的区别是主要的，表现在：

（1）承揽合同是较为纯粹的私法上的合同，适用合同自由原则，一般采用意思主义的法律调控方式；劳动合同的法律调整则具有较为明显的公法因素，大多采用法定主义的法律调控方式，因此在现代，劳动合同通常由单行法加以调整，被认为是一种特殊的合同类型。

（2）承揽合同强调工作的完成以及工作成果的交付；劳动合同则强调劳务本身，并不重视劳务的结果。

（3）尽管各个国家或地区的立法均赋予了定作人对承揽人的工作的一定程度的检查监督权，但承揽人并不因此而丧失工作的独立性和自主性。劳动合同中的劳动者有服从指挥、听从安排的义务，其提供劳务的方式、时间等往往不能由自己决定，独立性较弱。因此，在劳动合同履行的过程中，劳动者给他人造成损害的，雇主通常要承担责任；承揽合同中，定作人无须对承揽人给他人造成的损害承担责任。[②]

（三）承揽合同与委托合同

承揽合同中的承揽人按照定作人的要求完成一定工作，这与委托合同中的受托人按照委托人的要求处理一定事务相似。但这两种类型的合同也有着显著的区别，表现在：

---

① 参见郭明瑞、王轶：《合同法新论·分则》，217页，北京，中国政法大学出版社，1997。

② 参见谢鸿飞编著：《承揽合同》，19页，北京，法律出版社，1999。

（1）承揽合同的承揽人是以自己的名义和费用按照定作人的要求完成一定工作的；而委托合同中的受托人一般是以委托人的名义和费用完成一定的工作。

（2）承揽合同中的承揽人在完成工作任务的过程中，一般不和第三人发生法律关系；而委托合同中的受托人在完成事务处理的过程中，常与第三人发生法律关系。

（3）在《民法典》中，承揽合同是有偿合同，委托合同可以是无偿合同。

四、承揽合同的效力

（一）承揽人的合同义务

1. 完成承揽工作的义务

承揽人的主要合同义务是按照合同的约定，以自己的技术、设备完成所承揽的工作。这一义务包括以下内容。

（1）承揽人要在约定的期限内完成工作。承揽合同成立后，承揽人一般即应着手工作，不得拖延。承揽人在着手工作前，发现定作人提供的图纸或技术要求不合理并通知定作人修改，为此所造成的承揽人延期着手工作的，不应作为承揽人违约处理。承揽人未按时着手工作的，定作人可以请求其立即着手工作。

（2）承揽人应以自己的工作依定作人的要求完成工作。承揽合同的订立是建立在定作人对承揽人完成工作的条件和能力的信任基础之上的，因此，承揽人应当以自己的设备、技术和劳力完成主要工作，但当事人另有约定的除外。所谓主要工作，首先是指对工作成果的质量起决定性作用的部分，如果其质量在承揽工作中不起决定性作用，工作成果属于一般人均可完成的工作，则主要工作即指数量上的大部分。依据《民法典》第772条第2款以及第773条的规定，在经过定作人许可的情况下，承揽人可以将其承揽的主要工作交由第三人完成，在未经定作人许可的情况下，也可以将辅助工作交由第三人完成。此时，发生次承揽法律关系。根据合同的相对性原则，承揽合同的承揽人应就次承揽人的工作向定作人负责。对此，《民法典》第772条第2款规定：承揽人将其承揽的主要工作交由第三人完成的，应当就该第三人完成的工作成果向定作人负责……第773条规定：承揽人可以将其承揽的辅助工作交由第三人完成。承揽人将其承揽的辅助工作交由第三人完成的，应当就该第三人完成的工作成果向定作人负责。承揽人未经定作人同意，将其承揽的主要工作交由第三人完成的，定作人有权解除其与承揽人之间的合同（《民法典》第772条第2款）。

2. 接受定作人提供材料或依约提供材料的义务

承揽合同中，依当事人双方的约定，可以由定作人提供材料（加工合同），也可以由承揽人自己准备材料（定作合同），并由承揽人对此材料加工，以完成合同约定的工作。

定作人提供材料的，承揽人应当及时接受定作人交付的材料。为保证定作人提供的原材料符合合同约定，承揽人在定作人交付材料后，要及时对材料进行验收，如发现定作人提供的材料不符合约定的，应及时通知定作人更换或补齐，否则造成合同履行迟延的，承揽人要承担责任。在检验定作人提供的材料后，未发现不符合合同约定情况的，承揽人应接收并着手工作。承揽人对定作人提供的材料负有妥善保管的义务，因保管不善造成材料毁损、灭失的，承揽人应当承担损害赔偿责任（《民法典》第 784 条）。承揽人不得擅自更换定作人提供的材料，不得更换不需要修理的零部件。承揽人对定作人提供的材料必须合理使用。承揽人的行为导致定作人提供的材料浪费的，承揽人也要负赔偿责任。

承揽人自己提供材料的，材料要符合合同约定的质量标准。合同中没有约定材料的质量标准的，可以依照《民法典》第 510 条以及第 511 条第 1 款的规定补充确定。定作人有权检验承揽人提供的材料是否符合合同约定的要求。承揽人对自己提供的材料应负担与买卖合同中的出卖人相同的瑕疵担保义务（《民法典》第 646 条）。如果依定作物的性质应当由定作人对承揽人提供的材料进行检验，而定作人未在合理期限内进行检验的，则视为定作人不对材料的质量提出异议（《民法典》第 621～623 条）。

3. 交付工作成果的义务

承揽人不仅应按照合同约定完成工作，还要将完成的工作成果交付给定作人，经定作人验收合格，才算完成合同的主要义务。承揽人交付工作成果应当按照合同约定的方式和地点为之。交付可以采取承揽人送交、定作人自提以及运输部门或邮政部门代交等各种方式。工作成果的交付地点可以参照适用《民法典》关于买卖合同的相关规定（《民法典》第 603 条）。但按照合同约定的承揽工作的性质不需要特别交付的，如维修房屋、粉刷墙壁等，则承揽人完成工作之日即为交付之日。

在一般情形下，定作人订立承揽合同是为了取得工作成果的所有权，当工作成果为动产时，就承揽合同中工作成果所有权的归属和移转，应注意以下几点：

（1）在定作人提供材料时，经承揽人工作所完成的工作成果的所有权归定作人，当事人之间无须进行所有权的移转。在不规则承揽中，当事人经常约定，虽然材料由定作人提供，但承揽人可以以自己的同种类材料代替。此时，定作人仍可当然取得工作成果的所有权，承揽人无须为特别的财产移转行为。如果定作人与承揽人约定，材料的所有权移转给承揽人，则工作成果的所有权归承揽人，当事人之间须进行财产的移转行为。

（2）在承揽人提供材料时，承揽人完成的工作成果归承揽人所有，当事人之间须进行财产所有权的移转。①

（3）由双方提供材料时，应依据何方提供的材料形成工作成果的主要部分进行判断。如果定作人提供的材料形成工作成果的主要部分，则定作人取得工作成果的所有权，当事人之间不需进行财产所有权的移转；如果承揽人提供的材料形成工作成果的主要部分，则承揽人取得工作成果的所有权，当事人之间须进行财产所有权的移转；如果定作人与承揽人提供的材料对于工作成果的形成作用相当，则承揽人取得工作成果的所有权，当事人之间须进行财产所有权的移转。

（4）在材料由第三人提供时，需要首先根据承揽人与第三人之间的约定或者添附规

---

① 也有观点认为此时工作成果的所有权应自始归定作人享有。详请参见王和雄：《承揽供给契约之性质及其工作物所有权之归属》，载郑玉波主编：《民法债编论文选辑》（下），1136～1138 页，台北，五南图书出版公司，1984。

则，在承揽人与第三人之间解决工作成果所有权的归属。在定作人与承揽人之间须进行财产所有权的移转行为。

工作成果为不动产时，无论材料由何方提供，均由定作人取得工作成果的所有权。

承揽合同不仅以有形物作为工作成果，也可以无形的结果作为工作成果。

4. 承揽人的瑕疵担保义务

瑕疵担保义务包括权利的瑕疵担保义务与物的瑕疵担保义务。考虑到在承揽合同中发生权利瑕疵的情形“殆属不可思议”[①]，下文仅介绍承揽人所负担的物的瑕疵担保义务。如果承揽人所完成的工作成果不符合合同中约定的质量标准和要求，或使工作成果的价值减少或不符合通常效用的，则承揽人应承担违反瑕疵担保义务的违约责任。为确定工作成果是否有瑕疵，定作人应当按照合同的约定或者法律的规定及时进行验收。如果定作人发现工作成果有瑕疵，应当及时通知承揽人。此时可以适用《民法典》关于买卖合同的相关规定（第620～623条）。

承揽人交付的工作成果有瑕疵的，定作人可以要求承揽人承担下列类型的违约责任：第一，修理。定作人得享有瑕疵修补请求权，请求承揽人对工作成果的瑕疵进行修理。承揽人也可以要求定作人同意其对工作成果的瑕疵进行修理。第二，重作。其他国家或地区的民法典就定作人能否请求承揽人重作，一般都没有作出明确的规定。审判实践中的做法，也未尽明确。在我国，《民法典》明确认可定作人请求承揽人重作的权利，但如果存在《民法典》第580条所规定的情况，则定作人不得主张承揽人承担重作的违约责任。第三，减少报酬。各个国家或地区的民法典一般都认可定作人请求减少报酬的权利。在我国，《民法典》同样认可定作人的此项权利。第四，赔偿损失。承揽人完成的工作成果存在有瑕疵，给定作人造成损害的，定作人得主张承揽人赔偿损失。

除了修理、重作、减少报酬、赔偿损失这几种责任承担方式，承揽人违反瑕疵担保义务，符合合同法定解除权产生条件的，定作人有权解除合同。定作人行使法定解除权解除承揽合同的，不得主张修理、重作或者减少报酬，但可以主张赔偿损失。

定作人主张承揽人承担违反瑕疵担保义务的违约责任的，应适用《民法典》第621～623条的相关规定。

5. 承揽人的容忍义务

承揽人完成工作期间，定作人可以对承揽人的工作进行检验和监督，承揽人不得拒绝其检验和监督。

6. 承揽人的保密义务和通知义务

依据诚实信用原则，承揽人应对定作人负担相应的保密义务，不得以任何方式泄露秘密，否则应承担违约责任。因其违反此义务给定作人造成损失的，定作人还可以向其请求损害赔偿。

承揽人对定作人提供的材料应当及时检验，发现不符合约定时，应当及时通知定作

---

① 陈和慧：《承揽契约之履行责任与瑕疵担保责任》，载郑玉波主编：《民法债编论文选辑》（下），1163页，台北，五南图书出版公司，1984。

人更换、补齐或者采取其他补救措施。承揽人发现定作人提供的图纸或者技术要求不合理的，也应当及时通知定作人。

（二）定作人的义务

1. 支付价款的义务

定作人获得承揽人的工作成果，应当及时向承揽人支付价款。这里的“价款”包括承揽人的工作报酬、承揽人提供材料时的材料费、定作人提供材料时或其迟延接收时承揽人的保管费用等。这是定作人最主要的合同义务。

由于定作人支付报酬与承揽人的实施工作并非同时进行，而是后于承揽人的工作，因此关于承揽合同中承揽人的报酬债权是否与合同成立同时发生的问题，学者间有肯定说与否定说两种意见，肯定说为通说。[①]

定作人迟延交付报酬的，应向承揽人支付迟延期间的利息。定作人拒不支付报酬的，承揽人对定作人享有所有权的工作成果可以行使留置权，通过留置权担保其报酬请求权。

2. 定作人的协助义务

合同的顺利履行往往是当事人双方互相协助的结果，承揽工作需要定作人协助的，定作人有协助的义务。

按照承揽合同的特点，需要定作人负协助义务的主要有如下几种情况：其一，依合同性质应由定作人提供材料的，定作人应当及时提供。如标的物为不动产的，则定作人应使该不动产处于可供工作的状态。其二，定作人自己提供设计图纸、技术要求或技术资料的，或者定作人提供样品的，定作人均应及时、合理提供。其三，依承揽人的通知，定作人应履行的某些协助义务，如及时更换、补齐有瑕疵的材料或技术资料、图表设计，为承揽人提供生活条件、工作环境等。定作人均应依诚实信用原则协力相助。

定作人不履行协助义务的，构成违约，承揽人可以确定合理期限催促其履行。如其逾期仍不履行的，承揽人不必再履行合同，可以解除合同并不承担因此而造成承揽工作无法完成的责任。

3. 受领工作成果

关于定作人是否有受领承揽人所完成的工作成果的义务，有不同的观点。我国学者多认为定作人有受领义务。[②] 定作人在受领工作成果的同时，有义务对工作成果进行验收。但是验收本身并不能作为承揽人免除责任的理由。如依其性质在短期内难以发现工作成果瑕疵，或者工作成果存在隐蔽瑕疵的，定作人仍可于验收后的相当期限内请求承揽人承担责任。受领不能被认为是定作人对责任追究的放弃。定作人如无正当理由受领迟延的，承揽人可请求其受领并支付相应的报酬和费用，包括违约金、保管费用等。定作人并应承担因其受领迟延而发生的工作成果的风险负担。

---

① 参见郑玉波：《民法债编各论》（上册），382 页，台北，三民书局，1986。

② 参见王家福主编：《中国民法学·民法债权》，700 页，北京，法律出版社，1991。

（三）定作人的中途变更权

定作人得中途变更承揽工作的要求，此项变更给承揽人造成损失的，定作人应当赔偿损失。

（四）共同承揽人的连带责任

共同承揽人不包括再承揽关系中的承揽人与次承揽人，而仅指对定作人均负直接完成承揽工作义务的多数承揽人。共同承揽人对定作人承担连带责任，但当事人另有约定的除外。

五、承揽合同中的风险负担

承揽合同中的风险负担，是一个需要在利益衡量的基础上作出价值判断的问题。

（一）材料的风险负担

材料的风险负担是指承揽合同中，定作人或者承揽人（也可能是第三人）所提供的材料一旦由于不可归责于双方当事人的事由而毁损、灭失所造成的损失由谁来承担。承揽合同中，材料毁损、灭失的风险负担应遵循民法上标的物毁损、灭失风险负担的一般规则，即由材料的所有权人负担材料毁损、灭失的风险，当事人另有约定的除外。

（二）工作成果的风险负担

工作成果的风险负担，是指承揽人业已完成的工作成果一旦由于不可归责于双方当事人的事由而毁损、灭失时，工作成果本身所遭受的损失由谁来承受。对此问题，应首先区分承揽合同的类型。在承揽合同中，前已提及，有一种类型是定作人自始即可取得工作成果的所有权，因此在当事人之间不需进行财产所有权的移转；另有一种类型是承揽人首先取得工作成果的所有权，在当事人之间须进行财产所有权的移转。就第一种类型，由于不存在物权变动问题，因此应遵循民法上标的物毁损、灭失风险负担的一般规则，即由工作成果的所有权人即定作人负担工作成果毁损、灭失的风险，当事人另有约定的除外。就第二种类型，由于存在物权变动问题，应参照适用买卖合同标的物毁损、灭失风险负担的有关规定，工作成果的风险在交付以前由承揽人承担，在交付以后由定作人承担，当事人另有约定或者法律另有规定的除外。

（三）报酬的风险负担

所谓报酬的风险负担，实际上就是传统民法上所谓债务履行不能的风险负担，它主要是指承揽人业已完成的工作成果一旦由于不可归责于双方当事人的事由而毁损、灭失，致使承揽人无法交付工作成果或者无法移转工作成果的所有权于定作人时，定作人应否向承揽人支付约定的报酬。对此问题应区别而论。

（1）承揽人完成工作成果即由定作人自始取得工作成果所有权的，此时在承揽人业已完成的工作成果由于不可归责于双方当事人的事由毁损、灭失的情况下，承揽人不能够履行的是交付工作成果的债务，考虑到毁损、灭失的工作成果中一般既包括定作人提供材料所形成的价值也包括承揽人提供劳务所形成的价值，报酬的风险应依据这两部分价值之间的比例关系，由定作人和承揽人合理负担，承揽人只能依照定作人承担风险的比例主张报酬的支付。

（2）承揽人完成工作成果由承揽人首先取得工作成果所有权的，此时在承揽人业已完成的工作成果由于不可归责于双方当事人的事由毁损、灭失的情况下，承揽人不能够履行的是交付工作成果并移转工作成果的所有权于定作人的债务，报酬的风险负担应适用《民法典》第563条第1款第1项的规定确定，即由承揽人负担报酬的风险，承揽人不得向定作人主张报酬的支付。

当事人另有约定的，依照其约定。

六、承揽合同的终止

承揽合同的终止原因很多，比如一些国家或地区的民法典将定作人、承揽人的破产，承揽人的死亡或丧失完成工作的能力等事由认可为得以导致承揽合同终止的事由。这里简单介绍承揽合同因当事人行使合同解除权而终止的两种情况。

（1）定作人的任意解除权。定作人可以随时解除承揽合同，造成承揽人损失的，应当赔偿损失。定作人任意解除权的行使，应当在承揽人完成工作成果之前。

（2）承揽合同因当事人一方严重违约而解除。这种情况主要包括：第一，承揽人未经定作人同意将承揽合同的主要工作转由第三人完成的；第二，定作人未尽到协助义务，经承揽人通知仍不履行的。此外，符合《民法典》第563条有关合同法定解除权产生条件的规定时，当事人均可行使合同解除权，有损害存在的，并可同时请求损害赔偿。

问题与思考

1. 试述承揽合同的效力。
2. 试析承揽合同的风险负担。

第四十八章
建设工程合同

本章概要

建设工程合同是实践中十分常见的合同类型，是《民法典》合同编典型合同分编所规定的合同类型之一。本章主要阐述建设工程合同的概念和特征、建设工程合同的订立、建设工程合同的效力与内容、建设工程价款优先受偿权、建设工程分包合同，建设勘察、设计合同，建设施工合同、建设监理合同以及承揽合同之规则的适用。

一、建设工程合同的概念和特征

建设工程合同是承包人进行工程建设，发包人支付价款的合同。建设工程合同包括工程勘察、设计、施工合同（《民法典》第 788 条）。所谓建设工程勘察，是指根据建设工程的要求，查明、分析、评价建设场地的地质地理环境特征和岩土工程条件，编制建设工程勘察文件的活动。所谓建设工程设计，是指根据建设工程的要求，对建设工程所需的技术、质量、经济、资源、环境等条件进行综合分析、论证，编制建设工程设计文件的活动。所谓工程施工，是指根据建设工程设计文件的要求，对建设工程进行新建、扩建、改建的活动。

就建设工程合同而言，《民法典》在第三编“合同”中延续了 1999 年《合同法》的主要内容，在该编第二分编“典型合同”中，于第十八章规定了“建设工程合同”。该章的规则对于规范建筑行业的发展、完善相关的司法实践均具有重要价值。从性质来说，建设工程合同属于所谓广义上的“服务合同”（service contract）的范畴，是针对以原材料为“投入”而以建筑物等工作成果为“产出”的过程，这一过程最为重要的特征是形成了不可移动的建筑物。①

《民法典》合同编中建设工程合同的规定源自 1999 年《合同法》第十六章，而后者是在《经济合同法》关于建设承包合同之规定的基础上扩充而成的。根据参与《合同法》

① See Study Group on a European Civil Code, *Principles of European Law on Service Contracts* (*PEL SC*), Munich: Sellier, 2009, p. 309.

起草的相关专家的论述，《合同法》设立建设工程合同专章的主要目的是“适应我国经济建设发展和规范建筑市场管理的需要，对完善房地产市场体系、使房地产业成为国民经济新增长点发挥重要作用”①。另外，在《合同法》颁布后，最高人民法院先后颁布了2002年《关于建设工程价款优先受偿权问题的批复》（法释〔2002〕16号，已失效）、2004年《关于审理建设工程施工合同纠纷案件适用法律问题的解释》（法释〔2004〕14号，已失效）、2018年12月《关于审理建设工程施工合同纠纷案件适用法律问题的解释（二）》（法释〔2018〕20号，已失效）等重要的司法解释文件，对于统一司法裁判效果起到了重要的作用。因此，这些司法文件无疑是民法典编纂过程中的重要参考和来源。在《民法典》颁布、实施后，最高人民法院随即于2020年12月颁布了《建设工程施工合同司法解释一》，为《民法典》中建设工程合同有关规则的准确适用提供了重要的指导。还值得注意的是，《建筑法》《招标投标法》《建设工程质量管理条例》《建设工程勘察设计管理条例》《建设工程安全生产管理条例》《招标投标法实施条例》《建筑工程施工许可管理办法》《建设工程造价鉴定规范》等具有公法性质的单行法、行政法规、规章的有关规定亦可适用于建设工程合同。另外，据不完全统计，最高人民法院先后公布了三十多个涉及建设工程合同的指导性案例和公报案例。因此，建设工程合同的法律渊源体系呈现十分复杂的状态，这也是建设工程合同法律制度具有高度复杂性的重要原因。

建设工程合同实际上是承揽合同的一种，因此，《民法典》第808条规定：“本章没有规定的，适用承揽合同的有关规定。”但与一般承揽合同相比较，建设工程合同仍有其特殊之处，表现在以下几个方面：

（1）合同的标的物为建设工程。建设工程是指建造新的或改造原有的固定资产。建设工程是固定资产再生产过程中形成综合生产能力或发挥工程效能的工程项目；其经济形态包括建筑工程建设、安装工程建设、购置固定资产以及与此相关的一切其他工作。从产业划分来说，建筑业属于第二产业。所谓第二产业是指采矿业（不含开采专业及辅助性活动），制造业（不含金属制品、机械和设备修理业），电力、热力、燃气，水生产和供应业，以及建筑业等。

（2）合同的主体应具备相应的条件。建设工程具有投资大、周期长、质量要求高、技术力量要求全面等特点，一般的民事主体不易完成。因此，建设工程合同的双方当事人的主体资格是有限制的，发包方一般是经过批准建设工程的法人，承包方也只能是具有从事勘察、设计、建筑、安装资格的民事主体。

（3）建设工程合同具有较强的国家管理性。众所周知，工程建设是一项十分复杂的活动，从事工程建设行为，往往牵涉建设用地、市政规划、建筑质量监督、安全生产监督、环境保护等多个领域的法律，因此，相关的行政主管部门需要进行相应的监管。

（4）建设工程合同的要式性。建设工程合同应当采用书面形式。建设工程合同由于其专业性，所涉及的内容十分复杂和专业。以施工合同为例，其中涉及建设工程施工方面极为具体和专业性的内容（质量标准、工期、监理、验收、价款结算等），如果不采取书面的正式形式，极易为未来预留隐患。因此，法律明确要求其采取书面形式，其属于

① 李凡：《建设工程合同中的有关问题》，载《人民司法》，1999（11），4页。

所谓要式合同。

二、建设工程合同的订立

对于建设工程合同的订立，法律提倡采用招标、投标形式进行。建设工程合同招标投标活动应当遵循“公开、公平、公正”三原则。《招标投标法》第5条亦规定，招标投标活动应当遵循公开、公平、公正和诚实信用的原则。这些规定具有强制性，不允许当事人排除其适用，以维护招标投标程序的严肃性。因此，在裁判实践中，违反招投标程序达成的建设工程合同会被法院认定为无效。根据《建设工程施工合同司法解释一》第1条第1款第3项的规定，建设工程必须进行招标而未招标或者中标无效的，建设工程合同无效。

根据《民法典》第791条第1款，发包人可以与总承包人订立建设工程合同，也可以分别与勘察人、设计人、施工人订立勘察、设计、施工承包合同。因此，实践中，建设工程合同主要采取两种形式：(1) 发包方与承包方就整个建设工程从勘察、设计到施工签订总承包协议，由承包方对整个建设工程负责。(2) 由发包方分别与勘察人、设计人、施工人签订勘察、设计、施工承包合同，实行平行发包，各承包方分别对建设工程的勘察、设计、建筑、安装阶段的质量、工期、工程造价等与发包方产生债权债务关系。

根据《民法典》第792条，国家重大建设工程合同，应当按照国家规定的程序和国家批准的投资计划、可行性研究报告等文件订立。通常来说，国家重大工程指一般列入国家重点投资计划而且投资额巨大，建设周期特别长，由中央政府全部投资或者参与投资的工程，属于国家重大建设项目。另外，有些工程项目虽然未列入国家重点投资计划，但影响很大，因此也属于国家重大建设工程项目。鉴于国家重大建设工程项目的特殊重要性，其合同订立需遵循极为严格的程序。根据有关规定，对国家重大建设工程在事先应当进行可行性研究，对工程的投资规模、建设效益进行论证分析，并编制可行性研究报告，然后申请立项。立项获得批准后，根据立项制订投资计划，并报有关发改委等行政主管部门进行批准，投资计划获批后，有关建设单位根据工程的可行性研究报告和国家批准的投资计划，按照国家规定的程序进行发包，与承包人订立建设工程合同。

三、建设工程分包合同的订立

（一）建设工程的分包与转包

建设工程的分包和转包是两个既有密切联系又有明显区别的概念。《民法典》《建筑法》等法律禁止转包和违法分包。所谓转包是将所承包的全部建设工程转包给第三人；而承包人将其所承包的全部建设工程支解后以分包名义分别转包给第三人、将其工程分包给不具备相应条件的单位，则属于违法分包。根据《建设工程质量管理条例》(2019年修订) 第78条第3款的规定，转包是指承包单位承包建设工程后，不履行合同约定的责任和义务，将其承包的全部建设工程转给他人或者将其承包的全部建设工程肢解以后以分包的名义分别转给其他单位承包的行为。就分包而言，原则上是合法的，它主要是指主体符合资质要求、专业工程经约定或认可条件下的分包。由于建设工程主体结构的施工必须由承包人自行完成，因此，分包的内容是除主体结构的施工外的部分内容。只允许一次分包且分包指向内容合法，分包单位不得将其承包的建设工程再次分包。

另外，实践中还有“内包”的概念。所谓“内包”又叫“内部承包”，是承包人承接工程后，将工程交由内部职能机构或者部门负责完成的一种经营行为。也有人认为内包属于转包的一种形式和变种，是无效的。但根据工程行业的惯例，内包原则上合法有效。内设机构或分支机构和法人属于同一主体，内设机构或分支机构的行为被视为法人的行为，内设机构或分支机构不属于法律意义上的“他人”或“第三人”。因此，内包只是法人经营的策略或手段，并不属于法律意义上的转包。

《建设工程施工合同司法解释一》第 1 条第 2 款也确认，承包人因转包、违法分包建设工程而与他人签订的建设工程合同，应当根据《民法典》第 153 条第 1 款及第 791 条第 2 款、第 3 款的规则，认定无效。《民法典》第 806 条第 1 款同时确认，承包人将承包的建设工程转包、违法分包的，发包人可以解除合同。由此可见，在裁决实践中，将全部承包工程转包给第三人、将工程分包给无资质的第三方的建筑工程承包合同无效。

（二）分包的法律适用

按照《民法典》和《建筑法》的规定，建设工程合同的承包方、勘察人、设计人、施工人与第三人签订分包合同，必须具备以下条件：(1) 工程分包须经过发包人的同意，承包人将自己承包的部分工作交由第三人完成，第三人就其完成的工作成果与总承包人或者勘察、设计、施工承包人向发包人承担连带责任。(2) 建设工程主体结构的施工必须由承包人自行完成。禁止承包单位将其承包的全部建筑工程转包给他人，禁止承包单位将其承包的全部工程肢解以后以分包的名义分别转包给他人。(3) 分包人须具备相应建设资质条件，且只能分包一次。

根据《建设工程质量管理条例》(2019 年修订) 第 78 条第 2 款规定，违法分包主要是指以下行为：(1) 总承包方将建设工程分包给不具备相关资质条件的单位。(2) 建设工程总承包合同中没有约定，但又未经建设单位认可，承包方将其承包的部分建设工程交由其他单位完成的。(3) 施工总承包方将建设工程主体结构的施工分包给其他单位的。(4) 分包方将其承包的建设工程再分包的。

《民法典》第 806 条第 1 款还规定，承包人将建设工程转包、违法分包的，发包人可以解除合同。

四、建设工程合同的效力与内容

（一）建设工程合同无效的问题

《民法典》第 793 条规定：建设工程施工合同无效，但是建设工程经验收合格的，可以参照合同关于工程价款的约定折价补偿承包人。建设工程施工合同无效，且建设工程经验收不合格的，按照以下情形处理：(1) 修复后的建设工程经验收合格的，发包人可以请求承包人承担修复费用；（2）修复后的建设工程经验收不合格的，承包人无权请求参照合同关于工程价款的约定折价补偿。发包人对因建设工程不合格造成的损失有过错的，应当承担相应的责任。

关于无效后果，《民法典》第 793 条采纳“折价补偿”这一措辞，也进一步说明了所谓“无效合同、有效处理”做法的合理性。长期以来，《关于审理建设工程施工合同纠纷案件适用法律问题的解释》（已失效）的做法被实务界俗称为“无效合同、有效处理”，引起了一些不必要的误解，因为按照民法原理，在合同无效的情况下，合同中所约定的权利义务条款因违反强行法自然不能发生效力，不可能发生合同无效后还按有效来处理的情况。显然，这一称呼有简约主义的错误。根据《民法典》第 157 条，合同无效后，双方负有返还义务。然而，对于已经验收合格的建设工程而言，显然无法进行实物返还；在此情况下，只能采取折价补偿的方案。而为了计算补偿的折价，则必须参照建设工程施工合同的约定。采用“折价补偿”这一措辞更为充分和清晰地解释了前述做法的合理性所在。《建设工程施工合同司法解释一》第 6 条、第 24 条亦与《民法典》第 157 条保持一致。

（二）承包人的合同义务

建设工程合同系一种特殊形式的承揽合同，《民法典》对发包人与承包人均规定了相应的权利、义务。

1. 按合同约定完成工程

承包人最为重要的义务，是按照合同所约定的质量、期限等完成所发包的工程，并按相关程序和标准完成竣工验收，在约定期间内交付发包人使用。

2. 接受监督检查的义务

建设工程合同的履行期限通常较长。为保证承包人能按照约定的质量和期限完成工程建设任务，发包人可以在不妨碍承包人正常作业的情况下，随时对作业进度、质量进行检查。实践中，发包人一般指派代表在工地现场进行监督检查。发包人委派工地代表后，应当及时通知承包人；派驻的工地代表具体负责对工程进度、工程质量进行监督检查，办理中间交工工程验收手续以及其他应当由发包人解决的事宜。发包人如果在检查中发现问题，应在第一时间通知承包人，确保问题及时得到解决。

3. 通知义务

在一个整体的建设工程中有许多中间工程，特别是有一些需要及时隐蔽的工程，如为一项整体工程而铺设的自来水、煤气等地下管线工程。所谓隐蔽工程是指建筑物、构筑物在施工期间将建筑材料或构配件埋于物体之中后被覆盖，从外表看不见的实物，譬如房屋基础、钢筋、水电构配件、设备基础等分部分项工程。显然，隐蔽工程在隐蔽后如果发生质量问题，需要重新覆盖，甚至拆除重建，会造成返工等损失与浪费。因此，为了避免资源的浪费和不必要的损失，承包人在隐蔽工程隐蔽以前，应当通知发包人检查，发包人检查合格的，方可进行隐蔽工程。对此，《民法典》规定：隐蔽工程在隐蔽以前，承包人应当通知发包人检查。发包人没有及时检查的，承包人可以顺延工程日期，并有权请求赔偿停工、窝工等损失。

（三）发包人的合同义务

1. 协助义务

《民法典》第806条第2款规定：发包人提供的主要建筑材料、建筑构配件和设备不符合强制性标准或者不履行协助义务，致使承包人无法施工，且在催告后的合理期限内仍未履行相应义务的，承包人可以解除合同。

协助义务在建设工程合同的履行中具有特别重要的意义。协助义务又称为协力义务，其内容包括：提供符合承包人进场施工条件的施工场地；及时提供工程图说及文件，并适时对工程文件作出解释；确保整个施工现场的一般秩序，并负责协调各个承包商之间的工作；提供工程所需的执照和许可，并协助承办人办理必要的证件和批件；提供承包人使用或共用工地上必要的堆置地和施工场地；组织竣工验收并接收工程等。① 有论者指出，债权人的这些协力义务属于不真正义务，而非传统的（债务人的）附随义务；对于此类不真正义务，相对人通常不得请求履行，其违反并不发生损害赔偿责任，仅发生权利人可以主张的赔偿相应扣减②；此点与非违约方的“减损义务”性质类似。

建筑工程合同中对材料和设备的供应方式往往有明确规定。除法律、法规规定必须由发包人供应的外，可由双方自行约定物资供应方式，若承包人对建筑工程采取包工不包料或者包工半包料的方式，则发包人应负责材料和设备的全部或者部分供应。发包人未按约定的时间和要求提供原材料、设备的，即构成违约。

所谓发包人提供场地，是指发包人负责办理正式工程和临时设施所需土地使用权的征用、民房的拆迁、施工用地和障碍物拆除等许可证。发包人应按期完成这些工作，为承包人提供符合合同要求的施工场地，否则，构成违约。

发包人需按照合同的约定，在开工前或者施工过程中提供建设资金，如果不按照约定时间和支付方式提供的，需承担相应责任。

技术资料是建设工程顺利进行的技术保障，故发包人应当按照合同的要求，及时、全面地提供相关的技术资料，不得无故拖延或者隐匿，否则，应承担违约责任。

在发包人有上述违约行为的情况下，《民法典》规定发包人承担如下责任：(1) 顺延工程日期的责任；(2) 赔偿停工、窝工等损失。(3) 因发包人的原因工程停建、缓建的，发包人有义务采取措施弥补或者减少损失，防止损失的扩大。工程停建、缓建后，对承包人按合同约定投入的人员、物资等重新作出调整，造成建设工程的停工、窝工、倒运、机械设备调迁、材料和构件积压等，给承包人带来额外的损失和费用的，发包人应按承包人的实际损失予以赔偿。

2. 验收义务

《民法典》第799条第2款规定，“建设工程竣工经验收合格后，方可交付使用；未经验收或者验收不合格的，不得交付使用”。工程竣工验收是指承包人依照国家有关法

---

① 参见《中华人民共和国标准设计招标文件》(2017年版) 第四章“合同条款及格式”。

② 参见黄喆：《论建设工程合同发包人的协力义务——以德国民法解释论为借鉴》，载《比较法研究》，2014 (5)，106～107页。

律、法规及工程建设规范、标准的规定完成工程设计文件要求和合同约定的各项内容，发包人取得政府有关主管部门所出具的工程施工质量、消防、规划、环保、城建等验收文件或准许使用文件后，对所完成的建设工程组织工程竣工验收并编制完成“建设工程竣工验收报告”。工程项目的竣工验收是施工全过程的最后一道程序，也是工程项目管理的最后一项工作。

建设工程完工后，发包人应及时对工程进行验收。发包人验收所应遵循的依据包括：（1）施工图纸及说明书。在一项工程中，一般都需经过勘察、设计、建筑安装诸阶段，建筑安装的施工通常以设计的图纸为依据，但在施工过程中，发包人往往会对设计图纸予以更改，故设计图纸与施工图纸不一致的，验收时以施工图纸为准。施工图纸及说明书是建设工程合同的有机组成部分，是对承包人施工条款的具体化，对工程的验收自应将其作为重要依据。（2）国家颁发的施工验收规范。（3）国家颁发的建设工程质量检验标准。

3. 支付价款并接收建设工程的义务

发包人在对建设工程验收合格后，应按合同的约定，在扣除一定的保证金后，将剩余工程的价款按约定方式支付给承包人。同时发包人应与承包人办理移交手续，正式接收该项建设工程。至此，承包合同的主要条款即告履行完毕。该工程的诸多风险，自接收之日起，即由承包人转移到发包人。

当事人对建设工程的计价标准或者计价方法有约定的，按照约定结算工程价款。设计变更导致建设工程的工程量或者质量标准发生变化，当事人对该部分工程价款不能协商一致的，可以参照签订建设工程施工合同时当地建设行政主管部门发布的计价方法或者计价标准结算工程价款。《建设工程施工合同司法解释一》第28条确认：当事人约定按照固定价结算工程价款，一方当事人请求对建设工程造价进行鉴定的，不予支持。当事人约定有支付工程款时间的，从其约定。没有约定或者约定不明确的，根据《建设工程施工合同司法解释一》第27条的规定，下列时间被视为应付款时间：建设工程已实际交付的，交付之日；建设工程没有交付的，提交竣工结算文件之日；建设工程未交付，工程价款也未结算的，当事人起诉之日。发包人未按约定支付价款的，发包人应承担逾期付款的违约责任。《建设工程施工合同司法解释一》第26条确认，当事人对欠付工程价款利息计付标准有约定的，按照约定处理；没有约定的，按照同期同类贷款利率或者同期贷款市场报价利率计息。第27条确认，利息从应付工程价款之日计付。

如果发包人不向承包人支付价款，《民法典》赋予了承包人法定优先权。根据《民法典》及《建设工程合同司法解释一》第35、36条的规定，发包人逾期不支付工程价款，除根据建设工程的性质不宜折价、拍卖外，承包人可以与发包人协议将该工程折价，也可以请求人民法院将该工程依法拍卖。建设工程的价款就该工程折价或者拍卖的价款优先受偿。

（1）工程款优先受偿权的权利主体。

原《合同法》第286条将工程款优先受偿权的权利主体规定为承包人，并未明确分包人、实际施工人等其他主体能否主张。民法典沿袭了原《合同法》的规定，未明确其他可以主张的主体。本书认为，就合法分包中的分包人而言，应允许其主张工程款优先受偿权。从上述比较法的分析可以看出，工程款优先受偿权的实质是特定群体对建筑物提供了使其增值的工作，因此，其权利主体除了承包人，还有分包人、材料供应商、建筑师等。就我国的司法实践而言，很多地方法院所发布的司法政策文件中，都承认分包人或实际施工人完成了合同约定的施工义务且工程质量合格，在总承包人或转包人怠于行使工程价款优先受偿权时，就其承建的工程在发包人欠付工程价款范围内可以主张工程价款优先受偿权。因此，可以对立法中的"承包人"概念进行扩大解释，将分包人纳入工程款优先受偿权的权利主体范围。

而"实际施工人"的情况要复杂得多。这一概念是我国司法解释的一个创造。必须看到：一方面，工程价款优先受偿权是基于有效的建设工程合同所产生的法定优先权；在合同无效的情况下，显然难以支持实际施工人向发包人主张这一法定优先权。另一方面，尽管实际施工人在建设工程中投入了资金、劳动力，但其对合同无效显然并非无辜，作为无资质的直接当事人，其对合同无效亦具有过错。在此情况下，法律没有必要对其授予合法的承包人、分包人所享有的优先受偿权。而且，正是考虑到其实际所投入的资金、劳动力等资源，司法解释赋予了其对发包人的直接诉权，但这种诉权并非优先受偿权，而是一种债权性质的权利。根据《民法典》第535条，债权人可以自己的名义代位行使债务人对相对人的权利以及与债权"有关的从权利"，包括具有担保物权属性的优先受偿权。总之，对于分包人，未来可以通过对《民法典》中的"承包人"概念进行扩张解释，将其纳入工程款优先受偿权的权利主体范围。至于实际施工人，鉴于其本身是司法解释所使用的概念，其是否可以主张工程款优先受偿权这一问题，显然继续交由司法解释和判例去解决较为适宜，《民法典》无必要对此作出规定。

（2）关于工程款优先受偿权的范围。

就工程价款优先受偿权的范围，《建设工程施工合同司法解释一》第40条作出了模糊界定："承包人建设工程价款优先受偿的范围依照国务院有关行政主管部门关于建设工程价款范围的规定确定。承包人就逾期支付建设工程价款的利息、违约金、损害赔偿金等主张优先受偿的，人民法院不予支持。"该条没有明确限定建设工程价款的范围，而是通过援引规范（"依照……确定"），指向"国务院有关行政主管部门关于建设工程价款范围的规定"。此条规定中的"国务院有关行政主管部门"，应为具体建设工程归属管理的国务院有关行政主管部门，根据所涉行业领域的不同而有所不同。至于"国务院有关行政主管部门关于建设工程价款范围的规定"，司法解释并未明确具体是哪一部。事实上，此类"规定"有多部，譬如，2004年财政部、建设部发布《建设工程价款结算暂行办法》，2017年住房和城乡建设部发布《建设项目总投资费用项目组成（征求意见稿）》和《建设项目工程总承包费用项目组成（征求意见稿）》等。[①] 人民法院将参照这些规章来确

① 根据这些文件，建设项目工程总承包费用由建筑安装工程费、设备购置费、总承包其他费、暂列费用构成。其中，建设单位应根据建设工程总承包项目发包的工程内容、工作范围，按照风险合理分担的原则确定具体费用项目及其范围。建筑安装工程费是指为完成建设项目发生的建筑工程和安装工程所需的费用，不包括应列入设备购置费的被安装设备本身的价值。设备购置费是指为完成建设项目，需要采购设备和为生产准备的不够固定资产标准的工具、器具的价款，不包括应列入安装工程费的工程设备（建筑设备）本身的价值。总承包其他费是指建设单位应当分摊计入工程总承包相关项目的各项费用和税金支出，并按照合同约定支付给总承包单位的费用，主要包括：（1）勘察费、设计费、研究试验费。（2）土地租用及补偿费。（3）税费。（4）总承包项目建设管理费。（5）临时设施费。（6）招标投标费。（7）咨询和审计费。（8）检验检测费。（9）系统集成费。（10）其他专项费用指建设单位按照合同约定支付给总承包单位使用的费用（如财务费、专利及专有技术使用费、工程保险费、法律费用等）。

定承包人建设工程价款优先受偿的范围。另外，《建设工程施工合同司法解释一》第 40 条第 2 款明确规定，“承包人就逾期支付建设工程价款的利息、违约金、损害赔偿金等主张优先受偿的，人民法院不予支持”。这就沿袭了 2002 年批复的一贯立场：违约金并不包含在优先受偿权的范围内，工程款利息同样不包含在此范围当中。这被认为是平衡各方当事人利益的结果。

(3) 工程价款优先受偿权期限的起算点。

2002 年《最高人民法院关于建设工程价款优先受偿问题的批复》第 4 条规定，“建设工程承包人行使优先权的期限为六个月，自建设工程竣工之日或者建设工程合同约定的竣工之日起计算”。这一司法解释确定自工程竣工之日起计算 6 个月的优先权期限。在一般情况下，工程竣工之日即为工程款支付的日期，因此，这一做法确有其合理性。在裁判实践中，由于此期限限制，优先受偿权期限计算的起点以及主张的时间认定对案件结果有重大的影响。但是，实践中也存在工程款支付日期晚于工程竣工日期的情形。在这样的情况下，如果一律将竣工日期作为 6 个月期限的起算点，对承包人显然不公。正因为如此，《最高人民法院关于审理建设工程施工合同纠纷案件适用法律问题的解释(二)》(法释〔2018〕20 号，已失效) 第 22 条对工程款优先受偿权行使期限的起算点重新作出了规定：“承包人行使建设工程价款优先受偿权的期限为六个月，自发包人应当给付建设工程价款之日起算。”随之而来的问题是，在实践中，工程结算经常期限较长，承包人也往往无法在 6 个月之内主张优先受偿权。故《建设工程施工合同司法解释一》第 41 条对优先权期限重新作出了规定：“承包人应当在合理期限内行使建设工程价款优先受偿权，但最长不得超过十八个月，自发包人应当给付建设工程价款之日起算。”

(四) 建设工程合同的解除

《民法典》第 806 条第 1、2 款规定：承包人将建设工程转包、违法分包的，发包人可以解除合同。发包人提供的主要建筑材料、建筑构配件和设备不符合强制性标准或者不履行协助义务，致使承包人无法施工，且在催告后的合理期限内仍未履行相应义务的，承包人可以解除合同。

五、建设勘察、设计合同

(一) 建设勘察、设计合同的概念

建设勘察、设计合同是指发包人与承包人为完成特定的勘察、设计任务，明确相互权利义务关系而订立的合同。建筑勘察、设计合同的内容一般包括提交有关基础资料和概预算等文件的期限、质量要求、费用，以及其他的协作条件等。勘察、设计合同的发包人应当是法人或者自然人，承包人必须具有法人资格。一般发包人是建设单位或项目管理部门，承包人是持有建设行政主管部门颁发的工程勘察设计资质证书、工程勘察设计收费资格证书和市场监管部门核发的企业法人营业执照的工程勘察设计单位。

（二）建设勘察、设计合同的内容

根据《民法典》的规定，建设勘察、设计合同的内容一般包括提交有关基础资料和概预算等文件的期限、质量要求、费用以及其他协作条件等条款。具体说来，包括如下内容：第一，提交勘察或者设计基础资料、设计文件（包括概预算）的期限。第二，勘察、设计的质量要求。第三，勘察、设计费用。第四，其他协作条件。

（三）合同双方当事人责任的承担

1. 发包人的责任

发包人将一项工程的勘察、设计委托给勘察人、设计人后，勘察人、设计人即按合同约定开展勘察、设计工作。发包人应严守合同的规定，不得随意更改勘察、设计内容，并应按合同约定，全面、准确、及时提供勘察、设计所需的资料、工作条件等。如果发包人违反合同约定，单方更改合同条款，或不尽协助履行义务，都会导致相同的损害后果，即会使勘察人、设计人支出额外的工作量，从而使勘察、设计费用不合理增加。由于该部分增加的工作量和相关费用是由发包人的违约行为引起的，故《民法典》将发包人的此种违约责任的承担方式规定为，发包人应按照勘察人、设计人实际消耗的工作量增付费用，即按照勘察人、设计人所受到的实际损失承担赔偿责任。

2. 勘察人、设计人的责任

勘察人、设计人有下述两种行为，给发包人造成损失的，应对发包人承担违约责任：一是勘察、设计的质量不符合要求，包括勘察、设计的质量没有达到合同的要求或者勘察、设计的质量不符合法律、法规的强行性标准；二是勘察人、设计人未按照合同约定的期限提交勘察、设计文件，致使工期拖延的。

勘察人、设计人承担违约责任的方式为：其一，由勘察人、设计人实际履行，继续完成勘察、设计。其二，损害赔偿。建设勘察、设计合同中，勘察人、设计人承担损害赔偿责任主要有两种方式：一是通过减收或者免收应得的勘察、设计费，补偿发包人的损失；二是勘察、设计费不足以赔偿的，勘察人、设计人还需赔偿发包人的该部分损失，使发包人因勘察人、设计人而遭受的实际损失完全得到赔偿。

六、建设施工合同

（一）建设施工合同的概念

建设施工合同是指发包人（建设单位）和承包人（施工人）为完成商定的施工工程，明确相互权利、义务的协议。建设施工合同是承包人进行工程建设施工、发包人支付价款的合同，是建设工程的主要合同，同时也是工程建设质量控制、进度控制、投资控制的主要依据。

（二）建设施工合同的内容

根据2017年住房城乡建设部、国家工商行政管理总局所发布的《建设工程施工合同示范文本》（GF—2017—0201），建设施工合同由合同协议书、通用合同条款和专用合同条款三部分组成。

（1）合同协议书。其主要内容有工程概况、合同工期、质量标准、签约合同价和合同价格形式、项目经理、合同文件构成、承诺以及合同生效条件等重要内容，集中约定了合同当事人基本的合同权利、义务。

（2）通用合同条款。通用合同条款是合同当事人根据《建筑法》《民法典》等法律法规的规定，就工程建设的实施及相关事项，对合同当事人的权利、义务作出的原则性约定。通用合同条款的具体条款分别为一般约定、发包人、承包人、监理人、工程质量、安全文明施工与环境保护、工期和进度、材料与设备、试验与检验、变更、价格调整、合同价格、计量与支付、验收和工程试车、竣工结算、缺陷责任与保修、违约、不可抗力、保险、索赔和争议解决。前述条款安排既考虑了现行法律法规对工程建设的有关要求，也考虑了建设工程施工管理的特殊需要。

（3）专用合同条款。专用合同条款是对通用合同条款原则性约定的细化、完善、补充、修改或另行约定的条款。合同当事人可以根据不同建设工程的特点及具体情况，通过双方的谈判、协商对相应的专用合同条款进行修改、补充。

（三）建设工程施工人的责任

根据《民法典》第801条，是施工人的原因致使建设工程质量不符合约定的，发包人有权请求施工人在合理期限内无偿修理或者返工、改建。经过修理或者返工、改建后，造成逾期交付的，施工人应当承担违约责任。据此，是施工人的原因致使建设工程质量不符合约定的，施工人应承担以下责任：（1）无偿修理或者返工、改建。这是一种违约责任中的继续履行责任。承包人根据不合格工程的具体情况，予以或修理或返工或改建，使之达到合同约定的质量要求。承包人修理、返工、改建所支出的费用，均由其自行承担。（2）逾期违约责任。因承包人的原因工程质量不合格的，虽经承包人修理、返工、改建后，达到了合同约定的质量标准，但修理、返工、改建导致工程逾期交付的，与一般的履行迟延相同，承包人应当承担迟延履行的违约责任，赔偿发包人因此而遭受的损失。

七、建设监理合同

（一）建设监理合同的概念

“监理”是指监理人受委托人的委托，依照法律法规、工程建设标准、勘察设计文件及合同，在施工阶段对建设工程的质量、进度、造价进行控制，对合同、信息进行管理，对工程建设相关方的关系进行协调，并履行建设工程安全生产管理法定职责的服务活动。

建设监理合同的全称叫建设工程委托监理合同，是指工程建设单位聘请监理单位代其对工程项目进行管理，明确双方权利、义务的协议。建设单位为委托人，监理单位为受托人。

（二）建设监理合同的内容

建设监理合同主要包括以下内容：（1）工程名称，即建设单位委托监理单位实施监理的工程的名称。（2）工程地点，即所监理的工程的具体位置、地点。（3）监理职责，即监理单位应对建设单位承担的义务。（4）费用及其支付方式。监理合同双方应明确约定监理单位监理酬金的计取方法，支付监理酬金的时间和数额，支付监理酬金所采用的货币币种、汇率等内容。另外，其他与费用有关的事项，如第三人对监理单位的收费、有争议的发票的解决、独立的审计等，也须详细定明。

八、承揽合同规则的适用

《民法典》第808条规定，如本章没有规定的，适用承揽合同的有关规定。其原因在于，建设工程合同本质上仍然属于承揽合同，两者的区别主要在于工作内容不同，以承揽建设工程为内容的是建设工程合同，而以承揽其他工作为内容的属于承揽合同。而复杂的问题在于：对建设工程合同可否适用承揽合同中定作人的任意解除权？《民法典》第787条规定：定作人在承揽人完成工作前可以随时解除承揽合同，造成承揽人损失的，应当赔偿损失。这样一种定作人的任意解除权，是否可以适用于建设施工合同？可否允许发包人在承包人完成工作之前任意解除建设工程合同？需要考虑的可能性是，在承包人完成工程之前，如果由于规划方案改变，或者整体的商业计划发生变化，原先所涉及的用途对发包人已无价值，甚至整个建筑工程对发包人来说已无需要可言，那么，在此情况下，如发包人提出解除合同，承包人并无理由拒绝；承包人不能强迫发包人接受其继续施工的行为，在未来更不能强迫发包人接收其执意按原计划所建设的建筑。显然，应允许发包人及时通知承包人终止合同，避免施工行为继续所导致的不必要浪费，否则，可能出现的情况是：在明知发包人已无需要的情况下，承包人还继续履行合同，花费巨大的人力、物力去建成对发包人而言毫无价值的工程，造成社会财富的浪费。当然，发包人解除合同如对承包人造成损失，应给予相应的赔偿。

《问题与思考》

1. 简述建设工程合同的概念与类型。
2. 简述建设工程合同的转包与违法分包。
3. 简述建设工程价款优先受偿权制度。
4. 简述建设监理合同的主要内容。

第四十九章
运输合同

本章概要

运输合同也是常见的合同类型之一，与人民群众的生产生活密切相关。本章主要阐述运输合同的概念与类型、公共运输承运人的强制缔约义务、旅客运输合同、货物运输合同、联运合同。

一、运输合同的概念和特征

众所周知，交通运输是国民经济中一个重要的物质生产部门，它能把社会生产、分配、交换和消费等各个环节有机地联系起来。交通运输作为经济发展的重要基础和先导条件，在一定程度上可促进或制约经济的发展速度。得益于交通运输的发展，各种生产要素频繁流动，由此带来巨大的人流、物流、资金流、技术流和信息流等，从而极大地促进了城市化和区域经济一体化的进程。

运输合同，又称运送合同，是指承运人将旅客或者货物从起运地点运输到约定地点，旅客、托运人或者收货人支付票款或者运输费用的合同。

运输合同具有以下特征：

（1）运输合同一般为双务和有偿合同。在运输合同中，承运人负有将旅客或货物运送到约定地点的义务，旅客或托运人负有按照规定支付票款或运费的义务，这两种义务互为对价关系，所以运输合同一般属于有偿合同。但作为例外情形，运输合同也有无偿的情况，譬如好意同乘的情形。

（2）运输合同多为格式合同，即运输合同多为承运人提供的为了重复使用而预先拟定的格式条款，在订立合同时旅客或托运人只有同意或不同意的权利。客票、货运单、提单等均为依照专门法规统一印制，关于运费一般也是执行统一的规定。当然，运输合同一般为格式合同并不排除有的运输合同不采用格式合同的形式，而由双方协商订立。

（3）运输合同多为诺成合同，自双方签署合同时成立，无须额外的交付特定实物的行为。当然，当事人之间另有约定或另有交易习惯时除外。

二、运输合同的分类

运输合同范围广泛，种类繁多，采用不同的标准，可对运输合同作不同的分类。

（1）以运输的对象为标准，可将运输合同分为旅客运输合同和货物运输合同。前者是指承运人将旅客从起点运送到约定的目的地的合同，后者是指承运人将所交运的货物从起点运送到约定目的地的合同。《民法典》所采取的主要是这一种分类。

（2）以运输工具为标准，运输合同可被分为铁路运输合同、公路运输合同、航空运输合同、水上运输合同、海上运输合同及管道运输合同等。

（3）以承运人的数量为标准，运输合同可被分为单一运输合同和联合运输合同。

三、公共运输承运人的强制缔约义务

一般情况下，合同的订立遵循自由意志原则。但为了衡平作为弱者的社会公众与往往处于垄断经营地位的公用企业或事业单位的利益，防止社会排斥现象，各国法律常常对公共服务的提供者设置了强制缔约义务。在我国，《民法典》第494条第2、3款规定："依照法律、行政法规的规定负有发出要约义务的当事人，应当及时发出合理的要约。""依照法律、行政法规的规定负有作出承诺义务的当事人，不得拒绝对方合理的订立合同要求。"与之相对应，《民法典》第810条规定从事公共运输的承运人不得拒绝旅客、托运人通常、合理的运输要求。这表明《民法典》限制了公共运输承运人自由承诺或不承诺的选择权利，为从事公共运输的承运人设定了强制性承诺义务，禁止其单方面基于自己的意愿选择缔约对象，以确保社会公众可以平等地享受公共服务。强制缔约义务在例外情况下亦可被排除，譬如，公共运输承运人有确切证据证明如履行缔约义务可能对公共安全、公共利益等造成实际危害的，可针对特定对象拒绝履行缔约义务。

四、运输合同的一般效力

运输合同的效力是指运输合同关系中，基于当事人的权利和义务所产生的拘束力。《民法典》为运输合同的承运人与旅客、托运人设定了一系列权利、义务。

（一）承运人的义务

1. 承运人在约定期间或者合理期间内将旅客、货物安全运到约定地点

此为承运人的主合同义务，即在约定期限或者合理期限内将旅客、货物安全运输到约定地点。其中，"约定期限"可以根据双方当事人的合意确定，而如何确定将旅客、货物安全运输到约定地点的"合理期限"成为实践难点。期限是否合理，需要结合案件的具体情况，从通常的管理等角度来衡量。

2. 承运人应当按照约定的或者通常的运输路线运送旅客、货物

运输路线是承运人承担运输业务所需经过的路线。就承运人在运输中路线的选择而

言，其可以按照双方当事人的约定，也可以按照“通常的运输路线”。实践中，在铁路、公路、航空、水运等领域，运输主管部门和运输企业为了运输安全、便利和快捷，对运输路线往往都有统筹的计划和安排。运输路线的选择，影响着客货的运输时间，故承运人负有按通常的运输路线将旅客、货物运输到约定地点的义务。

（二）旅客、托运人或者收货人的义务

旅客、托运人或者收货人应当按照约定支付票款或者运费。旅客、托运人或者收货人的主要义务就是支付票款或者运输费用，关于这一费用通常在事前其已与承运人协商一致，或其接受承运人所公示的收费标准。但是，如果承运人未按照约定路线或者通常路线运输，导致票款或者运输费用额外增加的，旅客、托运人或者收货人可以拒绝支付增加部分的票款或者运输费用。如双方对运输线路约定不明，承运人必须按照“通常线路”来完成其运输义务。此种情况下，承运人所遵循的运输路线是否是“通常路线”、是否存在“绕道”等现象，同样要根据行业惯例等因素予以判断。

五、旅客运输合同

（一）旅客运输合同的概念和特征

旅客运输合同是承运人与旅客关于承运人将旅客及其行李安全运输到目的地，旅客为此支付运费的协议。

旅客运输合同为运输合同的一种，具有如下法律特征：(1) 旅客运输合同的标的为运输旅客的服务行为。(2) 旅客运输合同为诺成合同。《民法典》第 814 条规定，客运合同自承运人向旅客出具客票时成立，但当事人另有约定或者另有交易习惯的除外。该条文将 1999 年《合同法》第 293 条中的“交付”改为“出具”，其理由在于：一方面，随着电子商务交易环境的普及，客票（火车票、飞机票）销售大量采取在线销售的形式，旅客所获得都是电子客票（甚至无须出具客票，直接凭身份证件乘车、乘机），因此，实践中已无实际“交付”客票的环节。另一方面，强调旅客运输合同的诺成性，自双方意思表示一致，满足要约、承诺要求时起合同成立，而无须以另行交付客票作为合同成立要件。也因此，合同成立与生效的时间被提前，从而更有利于对旅客的保护。

（二）旅客运输合同的效力

旅客运输合同的效力体现为旅客的义务和承运人的义务。

1. 旅客的义务

(1) 持有效客票乘运。

客票是表示承运人有运送其持有人义务的书面凭证，是收到旅客乘运费用的收据，是旅客乘运的唯一凭证。因此，旅客通常须凭有效客票才能乘运。《民法典》第 815 条第 1 款规定：旅客应当按照有效客票记载的时间、班次和座位号乘坐。旅客无票乘坐、超

程乘坐、越级乘坐或者持不符合减价条件的优惠客票乘坐的，应当补交票款，承运人可以按照规定加收票款；旅客不支付票款的，承运人可以拒绝运输。因此，承运人可以据此拒绝个别乘客不按客票注明的日期、班次和座位号乘车的“霸座”行为。另外，实名制客运合同的旅客丢失客票的，可以请求承运人挂失补办，承运人不得再次收取票款和其他不合理费用。

（2）携带行李必须符合要求。

旅客运输合同不仅约定将旅客送达目的地，而且约定将旅客行李随同旅客送达的内容。旅客随身携带行李应当符合约定的限量和品类要求；超过限量或者违反品类要求携带行李的，应当办理托运手续。

（3）禁止携带或者在行李中夹带违禁物品的义务。

旅客不得随身携带或者在行李中夹带易燃、易爆、有毒、有腐蚀性、有放射性以及有可能危及运输工具上人身和财产安全的危险物品或者其他违禁物品。旅客违反规定的，承运人可以将危险物品或者违禁物品卸下、销毁或者送交有关部门。旅客坚持携带或者夹带危险物品或者违禁物品的，承运人应当拒绝运输。

（4）配合义务。

旅客对承运人为安全运输所作的合理安排应当积极协助和配合。

2. 承运人的义务

（1）运输义务。

承运人应当按照有效客票记载的时间、班次和座位号运输旅客。这是其主要义务。

（2）告知义务。

如承运人迟延运输或者有其他不能正常运输情形的，应当及时告知和提醒旅客，采取必要的安置措施，并根据旅客的要求安排改乘其他班次或者退票。由此造成旅客损失的，承运人应当承担赔偿责任，但是不可归责于承运人的除外。

（3）救助义务。

承运人在运输过程中，应当尽力救助患有急病、分娩、遇险的旅客。如果承运人对患有急病、分娩、遇险的旅客不予救助，因其不作为的过失，可被要求承担民事责任。虽然旅客的这些紧急情况并非承运人的原因造成的，但是，基于人道主义，承运人如果对其所运输旅客的急病、分娩等紧急情况拒绝救助，对旅客的安危不闻不问，显然有悖于公序良俗，也违反了承运人所负担的安全义务。“尽力（救助）”一词也表明，其救助义务是一种“方法之债”而非“结果之债”，即只要承运人作出了其客观条件允许范围内的努力，即应被视为履行了救助义务，如旅客仍然发生意外伤亡，则承运人应免于承担责任。

（4）安全运输义务。

承运人应当严格履行安全运输义务，及时告知旅客安全运输应当注意的事项。众所周知，公共运输事关公共安全，公共运输一旦出现安全问题，可能会造成多人死伤的重大事故，给人民群众的生命、财产安全带来重大损失，因此，公共运输安全本身也是公共安全的重要内容。作为公共运输服务的提供者，承运人必须保证运输安全，保证旅客的人身安全。这也是其作为运输企业对旅客所应负担的安全义务。安全义务被认为是一种“结果义务”，即承运人必须实现将旅客安全运送到约定目的地的结果，方可视为义务履行完成。① 另外，承运人应当及时告知安全运输的注意事项，以保障旅客的知情权。

对于旅客在运输过程中的伤亡，承运人应承担损害赔偿责任，但伤亡是旅客自身健康原因造成的或者承运人证明伤亡是旅客故意、重大过失造成的除外。这种免责事由的规定，说明承运人应对旅客的人身伤亡承担严格责任。承运人对旅客伤亡的赔偿责任及免责事由，适用于正常购票乘车的旅客，也适用于按照规定免票、持优待票或者经承运人许可搭乘的无票旅客。除上述旅客外，对于无票乘车又未经承运人许可的人员的伤亡，因没有合法有效的合同关系存在，承运人不承担赔偿责任。

承运人负有安全运输旅客自带物品的义务。在运输过程中旅客随身携带物品毁损、灭失，承运人有过错的，应当承担赔偿责任。

（三）旅客运输合同的变更和解除

1. 旅客自身原因导致的变更或解除

旅客因自己的原因不能按照客票记载的时间乘坐的，应当在约定的期限内办理退票或者变更手续；逾期办理的，承运人可以不退票款，并不再承担运输义务。实践中，铁路、地铁等运输中常会出现旅客退票、改签等情形，旅客可能会损失部分乃至全部退票款，于是部分旅客诉至法院，请求承运人返还。承运人通常也会公开相关的退票或者变更手续，法院一般会将承运人的相关公告视为约定。

2. 承运人的原因导致的变更或解除

承运人的原因导致的旅客运输合同变更或解除，被称为非自愿的变更或解除，主要包括两种情况。

（1）承运人的迟延运输导致的变更或解除。承运人应当按照有效客票记载的时间、班次和座位号运输旅客。承运人迟延运输或者有其他不能正常运输情形的，应当及时告知和提醒旅客，采取必要的安置措施，并根据旅客的要求安排改乘其他班次或者退票；由此造成旅客损失的，承运人应当承担赔偿责任，但是不可归责于承运人的除外（譬如天气原因、临时性的空中交通管制、火山爆发后喷发火山灰等）。

（2）承运人擅自降低服务标准。《民法典》第 821 条删去了原《合同法》第 300 条中“变更运输工具”这一措辞，因为承运人擅自降低服务标准与变更运输工具之间并无必然的因果联系；在不变更运输工具的情况下，也可能降低服务等级，譬如，因超售原因将客户购买的航班头等舱座位调低为经济舱座位，或者将高铁的商务座调低为一等座。在这样的情况下，承运人应当根据履行的请求，为其安排退票，或者退还相应的差额。如因为承运人的安排，旅客的服务等级提升，譬如为旅客安排升舱或调改座位等级，承运人不应向旅客加收差额票款。

---

① François Collart Dutheilleul et Philippe Delebecque, *Contrats civils et commerciaux*, 10e édition, Dalloz, 2015, pp. 734 - 735.

六、货物运输合同

（一）货物运输合同的概念和特征

货物运输合同是承运人将托运人交付运输的货物运送到指定地点，托运人支付运费的合同，是运输合同的一种。[①] 在货物运输实践中，收货人可能为托运人，但更为普遍的情况是收货人为托运人和承运人之外的第三人，因此，货物运输合同往往有第三人参加，甚至被称为“真正的利益第三人合同”，收货人即便不是订立合同的当事人，亦享有对托运人的直接请求权。[②]

货物运输合同为运输合同的一种，除具有运输合同的一般特征外，还具有如下重要特征：

（1）货物运输合同往往涉及第三人。货物运输合同由托运人与承运人双方订立，托运人与承运人为合同的当事人，但托运人既可以为自己的利益托运货物，也可以为第三人的利益托运货物。托运人既可以自己为收货人，也可以第三人为收货人。在第三人为收货人的情况下，收货人虽不是订立合同的当事人，却是合同的利害关系人，因此，在此情况下的货物运输合同属于为第三人利益订立的合同。

（2）货物运输合同以将货物交付给收货人为履行完毕。货物运输合同与旅客运输合同一样，均是以承运人的运输行为为标的。但是，旅客运输合同中承运人将旅客运输到目的地，义务即履行完毕；而货物运输合同中，承运人将货物运输到目的地，其义务并不能完结，只有将货物交付给收货人后，其义务才告履行完毕。

（3）货物运输合同为诺成性合同。合同自双方意思表示一致时成立，无须交付特定的物。

（二）货物运输合同的效力

货物运输合同中，双方主要负有如下义务。

1. 托运人的义务

（1）如实申报的义务。

托运人办理货物运输，应当向承运人准确表明收货人的姓名、名称或者凭指示的收货人，货物的名称、性质、重量、数量，收货地点等有关货物运输的必要情况。因托运人申报不实或者遗漏重要情况，造成承运人损失的，托运人应当承担赔偿责任。

如货物运输需要办理审批、检验等手续的，托运人应当将办理完有关手续的文件提交承运人。

（2）包装义务。

合同中对包装方式有约定的，托运人有按照约定方式包装货物的义务。合同中对包

① 参见崔建远：《合同法》，388页，北京，法律出版社，2016。

② 关于货物运输合同为利益第三人合同这一观点，参见崔建远：《合同法》，388页，北京，法律出版社，2016；黄立主编：《民法摘编各论》（下），655～656页，北京，中国政法大学出版社，2003。当然，亦有人对此持不同观点，参见赵军、周荆、孙之斌、刘斌：《货物运输合同若干问题研究》，载《法律适用》，2007（5）。

装方式没有约定或者约定不明确时，可以协议补充；不能达成补充协议的，按照合同有关条款或者交易习惯确定；仍不能确定的，应当按照通用的方式包装；没有通用方式的，应当采取足以保护标的物且有利于节约资源、保护生态环境的包装方式。

托运人违反约定的包装方式，或者不按通用的包装方式或足以保护运输货物的包装方式而交付运输的，承运人有权拒绝运输。

（3）托运危险物品时的义务。

托运人托运易燃、易爆、有毒、有腐蚀性、有放射性等危险物品的，应当按照国家有关危险物品运输的规定对危险物品妥善包装，粘贴危险物品标志和标签，并将有关危险物品的名称、性质和防范措施的书面材料提交承运人。托运人违反规定的，承运人可以拒绝运输，也可以采取相应措施以避免损失的发生，因此产生的费用由托运人负担。

（4）支付运费等费用的义务。

在承运人履行完运输义务的情况下，托运人或者收货人须按照约定支付运费、保管费以及其他运输费用。托运人或者收货人不支付运费、保管费或者其他费用的，承运人对相应的运输货物享有留置权，但是当事人另有约定的除外。

货物在运输过程中因不可抗力灭失，未收取运费的，承运人不得要求支付运费；已收取运费的，托运人可以要求返还。法律另有规定的，依照其规定。《民法典》所确立的一般规则是：货物在运输过程中因不可抗力灭失，未收取运费的，承运人不得请求支付运费；已经收取运费的，托运人可以请求返还。该规则的适用情形被严格限制为货物在运输中因不可抗力灭失，货物必须全损，且原因仅限于不可抗力。不过，随着国际货物运输的发展，这一规则也受到一些质疑：在海上货物运输实践中，承运人不承担预付运费之风险，但是如果灭失乃承运人所致，托运人可将预付运费作为其遭受损失的一部分向承运人索赔。[①] 为了兼顾国际货物贸易运输的实践需求，《民法典》第 835 条特别增加了法律另有规定时从其规定的例外条款。

2. 承运人的义务

（1）安全运输义务。

承运人应依照合同约定，将托运人交付的货物安全运输至约定地点。承运人对运输过程中货物的毁损、灭失承担赔偿责任，但是，承运人证明货物的毁损、灭失是不可抗力、货物本身的自然性质或者合理损耗以及托运人、收货人的过错造成的，不承担赔偿责任。货物的毁损、灭失的赔偿额，当事人有约定的，按照其约定；没有约定或者约定不明确，可以协议补充；不能达成补充协议的，按照合同有关条款或交易习惯确定；或者按照交付或者应当交付时货物到达地的市场价格计算。法律、行政法规对赔偿额的计算方法和赔偿限额另有规定的，依照其规定。

所谓“法律另有规定”，我国《铁路法》第 17 条可供参考。该条第 1 款第 1 项规定，托运人或者旅客根据自愿申请办理保价运输的，按照实际损失赔偿，但最高不超过保价额。第 2 项规定，未按保价运输承运的，按照实际损失赔偿，但最高不超过国务院铁路主管部门规定的赔偿限额；如果损失是铁路运输企业故意或者出于重大过失造成的，不

---

① 参见司玉琢主编：《海商法》，88、118 页，北京，法律出版社，2018。

适用赔偿限额的规定，按照实际损失赔偿。不难发现，该条的适用范围既包括单纯的铁路货物运输合同，也包括在铁路旅客运输合同中，承运人的过错导致的旅客托运货物的损害。

2020年颁布的《最高人民法院关于审理铁路运输损害赔偿案件若干问题的解释》（法释〔2020〕17号）对《铁路法》第17条进一步明确。该解释第1条规定：《铁路法》第17条规定的“实际损失”是指灭失、短少、变质、污染、损坏导致货物、包裹、行李实际价值的损失。铁路运输企业按照实际损失赔偿时，对灭失、短少的货物、包裹、行李，按照其实际价值赔偿；对变质、污染、损坏降低原有价值的货物、包裹、行李，可按照其受损前后实际价值的差额或者加工、修复费用赔偿。货物、包裹、行李的赔偿价值按照托运时的实际价值计算。实际价值中未包含已支付的铁路运杂费、包装费、保险费、短途搬运费等费用的，按照损失部分的比例加算。该解释第2条规定：“重大过失”是指铁路运输企业或者其受雇人、代理人对承运的货物、包裹、行李明知可能造成损失而轻率地作为或者不作为。该解释第3条第1款规定，所谓“最高不超过保价额”，是指保价运输的货物、包裹、行李在运输中发生损失，无论托运人在办理保价运输时，保价额是否与货物、包裹、行李的实际价值相符，均应在保价额内按照损失部分的实际价值赔偿，实际损失超过保价额的部分不予赔偿。

（2）通知义务。

货物运输到达后，承运人知道收货人的，应当及时通知收货人，收货人应当及时提货。在货物运输中，装运时间和在途时间往往难以准确确定，当事人经常仅对运输期限进行约定，因此，要求承运人履行在货物运输到达后及时通知收货人的义务，是对实践中需求的考量。① 当然，承运人履行这一义务的前提是其知晓收货人的通信地址或者联系方式，如果承运人不知道收货人，则应当通知托运人在合理期限内就运输货物的处分作出指示；如果托运人没有及时作出指示，承运人免除相应的通知义务。② 承运人怠于履行通知义务可能导致违约，其应当承担相应的赔偿责任。如果收货人逾期提货的，应当向承运人支付保管费等费用。

3. 收货人的义务

（1）及时提货的义务。

收货人虽然没有直接参与货物运输合同的签订，但受承运人、托运人双方签订货物运输合同的约束，收货人应当及时提货，收货人逾期提货的，应当向承运人支付保管费等费用。

收货人不及时提货的，承运人有提存货物的权利。根据《民法典》第837条的规定，在货物运输合同履行的过程中，承运人提存货物的法定事由有两项：一是收货人不明。收货人不明，既包括托运人没有向承运人提供收货人信息，承运人向收货人请求指示，托运人逾期没有指示之情况，亦包括虽有人主张自己为收货人，但是根据现有证据无法认定其是否为收货人的情形。二是收货人无正当理由拒绝受领货物。收货人无正当理由

① 参见崔建远：《合同法》，391页，北京，法律出版社，2016。

② 参见王利明：《合同法分则研究》（上卷），482页，北京，中国人民大学出版社，2012。

拒绝受领，主张是指其对货物质量、品种、数量、运到期限等存有异议，或者由于其他原因，与承运人未达成一致意见，而拒绝受领货物。[①]

承运人提存运输的货物后，运输合同关系即告消灭，该货物毁损、灭失的风险由收货人承担。在提存期间，货物的孳息归收货人所有，提存所生费用也均由收货人承担。

（2）支付费用的义务。

一般情况下，运费由托运人在发站向承运人支付，但如果合同约定由收货人在到站支付或者托运人未支付的，收货人应支付。在运输中发生的其他费用，应由收货人支付的，收货人也必须支付。

（3）检验货物的义务。

货物运交收货人后，收货人负有对货物及时进行验收的义务。收货人应当按照约定的期限检验货物。对检验货物的期限没有约定或者约定不明确的，当事人可以协议补充；不能达成补充协议的，按照合同有关条款或者交易习惯确定仍不能确定的，应当在合理期限内检验货物。收货人在约定的期限或者合理期限内对货物的数量、毁损等未提出异议的，视为承运人已经按照运输单证的记载交付了货物。

（三）货运合同的变更或解除

《民法典》第829条规定：在承运人将货物交付收货人之前，托运人可以要求承运人中止运输、返还货物、变更到达地或者将货物交给其他收货人，但是应当赔偿承运人因此受到的损失。据此，托运人或货物凭证持有人可以请求对货物运输合同作如下具体内容的变更或解除：（1）要求解除合同，由承运人中止运输、返还货物。（2）要求承运人变更到达地。（3）要求承运人将货物交给其他收货人，即变更收货人。

托运人并非可以随时要求变更或解除运输合同，其请求变更或解除货物运输合同的时间，应是在承运人将货物交付收货人之前。如果承运人已将货物交付收货人，则货物运输合同已履行完毕，自无变更和解除合同的必要与可能。对于承运人因变更和解除合同所遭受的损失，托运人负有赔偿责任。

七、联运合同

（一）联运合同的概念

联运合同，即联合运输合同，是指当事人约定由两个或两个以上的承运人通过衔接运送，用同一凭证将货物运送到指定地点，托运人支付运输费用而订立的协议。联运合同包括单式联运合同和多式联运合同。

（二）单式联运合同

所谓单式联运合同，是指当事人约定由两个以上承运人以同一种运输方式将货物运

---

① 参见崔建远：《合同法》，390页，北京，法律出版社，2016。

至约定地点，托运人支付运费的货物运输合同。两个以上承运人以同一运输方式联运的，与托运人订立合同的承运人应当对全程运输承担责任。损失发生在某一运输区段的，与托运人订立合同的承运人和该区段的承运人承担连带责任。

（三）多式联运合同

多式联运合同是指多式联运经营人与托运人签订的，约定以两种或两种以上不同运输方式、采取同一运输凭证将货物运输至约定地点的合同。多式联运与单式联运或者普通运输相比，在风险和责任分配机制上有诸多不同，因此，《民法典》就多式联运合同作出特别规定，主要涉及了多式联运经营人的权利、义务及责任，同时对多式联运经营人与各实际运输人之间的责任承担进行了规范。多式联运是实行“一次托运、一次收费、一票到底、一次保险、全程负责”的“一条龙”服务的综合性运输，多式联运合同是该种交易形式的法律体现。

关于多式联运合同应注意以下问题。

1. 多式联运单据

多式联运的托运人在办理多式联运手续，交付货物、支付运费的同时，还应填写相关联运单据。多式联运单据是确认当事人权利、义务的重要依据，也是确定当事人联运合同关系的凭证，并且对多式联运的全程运输具有指示作用。

多式联运单据可以是可转让单据，也可以是不可转让单据。对于单据是否可转让，托运人享有选择权。多式联运经营人收到托运人交付的货物时，应当向托运人签发多式联运单据。多式联运单据是证明多式联运合同以及证明多式联运经营人接管货物并负责按照合同交付的单据。多式联运中只签发一个单据，实际上，多式联运是通过“一份合同，一张单证，一个负责方”将多种运输方式和不同运输区段连接起来形成一个整体。这正是多式联运最大的特点。

托运人托运货物时的过错造成多式联运的承运人损失的，即使托运人已经转让多式联运单据，托运人仍然应当承担损害赔偿责任。托运人托运货物时的过错造成多式联运经营人损失的，托运人应当承担赔偿责任；托运人的赔偿责任不受多式联运单据是否转让的影响，即使托运人已经转让多式联运单据，多式联运经营人仍然应当向托运人要求赔偿。有人分析认为，这一规则主要是为了平衡托运人和受让人之间的利益，将托运人对多式联运经营人的赔偿责任一并转移至受让人，会将受让人置于过重的负担之下，不符合公平原则，也与多式联运实践不符。

2. 责任承担

多式联运经营人负责履行或者组织履行多式联运合同，对全程运输享有承运人的权利、承担承运人的义务。实践中，多式联运经营人是本人或者委托他人以本人名义与托运人订立多式联运合同的人，是合同的当事人，而并非托运人的代理人或者实际承运人的代理人或者代表。其有可能仅为多式联运的缔约经营人，而并不进行实际承运；亦有可能为缔约经营人兼实际承运人。

对于多式联运经营人的责任，存在着分担责任制和单一责任制两种路径。分担责任制是指多式联运经营人和区段承运人仅对自己完成的运输负责的责任形式；单一责任制则是要求多式联运经营人对全程负责。《民法典》第838、839条沿用了1999年《合同法》所确立的单一责任制，要求多式联运经营人对全程承担责任。[①] 之所以采纳单一责任制，主要是考虑到多式联运经营人为合同当事人，而实际承运人往往有数个，且并非合同当事人，与托运人没有直接联系，由多式联运经营人承担全部承运人的义务并享有承运人的权利更加合理。

问题与思考

1. 简述运输合同的特点。
2. 简述公共运输承运人的强制缔约义务。
3. 简述航班迟延时承运人所应采取的措施及可能承担的责任。
4. 简述货物在运输途中意外灭失时运费的支付。
5. 简述多式联运经营人的责任。

① 参见司玉琢主编：《海商法》，177～179页，北京，法律出版社，2018。相关案例参见"广东红土地物流有限公司与中国平安财产保险股份有限公司广东分公司等多式联运合同纠纷案""东莞市锐展铸造材料有限公司与日照市日丰物流有限公司合同纠纷案"。

第五十章
技术合同

本章概要

技术合同是指当事人之间就技术开发、技术转让、技术咨询或者服务所订立的确立相互之间权利和义务的合同的总称（《民法典》第843条），包括技术开发合同、技术转让合同、技术许可合同、技术服务合同和技术咨询合同等。本章的重点问题是各类技术合同的效力。

第一节　技术合同的一般规定

一、技术合同的概念和特征

技术合同是指当事人之间就技术开发、技术转让、技术许可、技术咨询或者服务所订立的确立相互之间权利和义务的合同的总称。

技术合同具有以下法律特征：

（1）技术合同的标的物是技术成果和技术秘密。技术成果以及技术秘密是一种特殊的商品，是凝聚着人类智慧的创造性劳动成果。根据《技术合同解释》（2020年修正）第1条，所谓技术成果，是指利用科学技术知识、信息和经验作出的涉及产品、工艺、材料及其改进等的技术方案，包括专利、专利申请、技术秘密、计算机软件、集成电路布图设计、植物新品种等；技术秘密是指不为公众所知悉、具有商业价值并经权利人采取保密措施的技术信息。

（2）技术合同的法律调整具有多样性。对技术合同的法律调整，涉及《民法典》合同编以及知识产权法等多种法律。

（3）技术合同是双务合同、有偿合同。

（4）技术合同的主体一方具有特定性。技术合同的当事人中通常一方是能够利用自己的技术力量从事技术开发、技术转让、技术服务或咨询的自然人、法人和非法人组织，因此，技术合同的主体一方具有特定性。

二、技术合同的内容

订立技术合同的基本原则是，应当有利于知识产权的保护和科学技术的进步，加速科学技术成果的研发、转化、应用和推广（《民法典》第 844 条）。

与其他合同一样，技术合同的内容是通过技术合同的条款体现出来的，而技术合同的特殊性也正是通过技术合同条款的特殊性体现出来的。技术合同一般应包括以下内容：项目的名称，标的的内容、范围和要求，履行的计划、地点和方式，技术情报和资料的保密，风险责任的承担，技术成果的归属和收益的分配办法，验收标准和方法，名词和术语的解释等。

在当事人有明确约定的情况下，与履行合同有关的技术背景资料、可行性论证和技术评价报告、项目任务书和计划书、技术标准、技术规范、原始设计和工艺文件以及其他技术文档如图纸、表格、数据和照片等，可以作为合同的组成部分。在当事人就此没有约定时，以上内容仅能成为履行合同的参考。

技术合同涉及专利的，应当注明发明创造的名称、专利申请人和专利权人、申请日期、申请号、专利号以及专利权的有效期限（《民法典》第 845 条）。

三、技术合同中价款、报酬和使用费的支付

对技术合同的价款、报酬和使用费，当事人没有约定或者约定不明确的，《技术合同解释》（2020 年修正）第 14 条确认，人民法院可以按照以下原则处理：对于技术开发合同和技术转让合同、技术许可合同，根据有关技术成果的研究开发成本、先进性、实施转化和应用的程度，当事人享有的权益和承担的责任，以及技术成果的经济效益等合理确定；对于技术咨询合同和技术服务合同，根据有关咨询服务工作的技术含量、质量和数量，以及已经产生和预期产生的经济效益等合理确定。技术合同价款、报酬、使用费中包含非技术性款项的，应当分项计算。

技术合同价款、报酬和使用费的支付方式多样，得由当事人自由约定。《民法典》第 846 条明确认可了技术合同的当事人经常采用的两种支付方式。

1. 定额支付

定额支付，也称一次总算、一次总付，或者一次总算、分期支付。当事人在签订合同时，将所有合同价款一次算清，在合同中明确地规定了总的金额，该合同价款中除了技术商品自身的价格，通常还包含技术指导、人员培训等技术服务报酬。一次总算，并不意味着一次总付，在实践中，定额支付可以是一次总付或者分期支付。

2. 提成支付

以技术转让合同为例：所谓提成支付，是指将技术实施以后所产生的经济效益按一定的比例和期限支付给转让方，作为对转让方出让技术的经济补偿。提成支付可以被分为单纯提成和“入门费加提成”两种支付方式。

当事人约定采用提成支付的方式支付技术合同的价款、报酬或使用费的，其提成的具体数额可以按照产品价格，实施专利和使用技术秘密后新增加产值、利润或者产品销售额的一定比例提成。当事人另有约定的，从其约定。

无论采取何种提成方法，就提成支付的比例，当事人可以约定采取固定比例、逐年递增比例或者逐年递减比例。

当技术合同的双方当事人约定采用提成支付方式时，转让方、开发方或提供服务、咨询的一方（一般情况下是转让方）有权查核受让方的账目。双方当事人应当在合同中约定查阅有关会计账目的办法。

四、技术成果相关权利的归属

《民法典》将技术成果分为两类：一类是执行法人或者非法人组织的任务或者主要是利用法人或者非法人组织的物质技术条件所完成的职务技术成果；另一类是职务技术成果以外的其他技术成果，或称非职务技术成果。《民法典》中的这一分类方式与专利法的有关规定是基本一致的。

依照《民法典》第847条第2款的规定，职务技术成果主要包括以下两类：(1)执行法人或者非法人组织的工作任务所完成的技术成果。“执行法人或者非法人组织的工作任务”，既包括工作人员从事他的本职工作，也包括履行法人或者非法人组织交付的本职工作以外的任务。《技术合同解释》(2020年修正)第2条确认，“执行法人或者非法人组织的工作任务”包括：履行法人或者非法人组织的岗位职责或者承担其交付的其他技术开发任务；离职后一年内继续从事与其原所在法人或者非法人组织的岗位职责或者交付的任务有关的技术开发工作，但法律、行政法规另有规定的除外。当然，法人或者非法人组织与其职工就职工在职期间或者离职以后所完成的技术成果的权益有约定的，人民法院应当依约定确认。(2)主要是利用法人或者非法人组织的物质技术条件所完成的技术成果。《技术合同解释》(2020年修正)第4条确认，所谓“主要是利用法人或者非法人组织的物质技术条件”，包括职工在技术成果的研究开发过程中，全部或者大部分利用了法人或者非法人组织的资金、设备、器材或者原材料等物质条件，并且这些物质条件对形成该技术成果具有实质性的影响；还包括该技术成果的实质性内容是在法人或者非法人组织尚未公开的技术成果、阶段性技术成果基础上完成的情形，但下列情况除外：对利用法人或者非法人组织提供的物质技术条件，约定返还资金或者交纳使用费的；在技术成果完成后利用法人或者非法人组织的物质技术条件对技术方案进行验证、测试的。

《技术合同解释》(2020年修正)第5条确认：个人完成的技术成果，属于执行原所在法人或者非法人组织的工作任务，又主要利用了现所在法人或者非法人组织的物质技术条件的，应当按照该自然人原所在和现所在法人或者非法人组织达成的协议确认权益。不能达成协议的，根据对完成该项技术成果的贡献大小由双方合理分享。

《民法典》所确认的职务技术成果以外的技术成果，都属于非职务技术成果。

为了合理兼顾职务技术成果所涉及的法人或者非法人组织以及完成成果人的利益，鼓励科技发明和技术创新，调动各方的积极性，《民法典》一方面，确认职务技术成果的使用权、转让权属于法人或者非法人组织，法人或者非法人组织可以就该项职务技术成果订立技术合同；另一方面，确认职务技术成果的完成人享有优先受让权，即当法人或者非法人组织订立技术合同转让职务技术成果时，职务技术成果的完成人享有优先受让的权利。当然，职务技术成果的完成人只有在同等条件下方可享有并行使该项优先受让权。

至于非职务技术成果，其使用权和转让权自然属于技术成果的完成人，该完成人可以就该项非职务技术成果订立相应的技术合同。

五、完成技术成果人的署名权和取得荣誉权

完成技术成果的个人有在有关技术成果文件上写明自己是技术成果完成者的权利和取得荣誉证书、奖励的权利。这就是《民法典》第 849 条关于完成技术成果人的署名权和获取荣誉权的规定。完成技术成果的民事主体享有相应的人身权利。法律对完成技术成果人的人身权利予以确认，其根本目的是鼓励创新。

六、技术合同无效的特别规定

非法垄断技术或者侵害他人技术成果的技术合同无效（《民法典》第 850 条）。依据《技术合同解释》（2020 年修正）第 10 条的规定，这里所谓“非法垄断技术”包括如下情形：第一，限制当事人一方在合同标的技术基础上进行新的研究开发或者限制其使用所改进的技术，或者双方交换改进技术的条件不对等，包括要求一方将其自行改进的技术无偿提供给对方、非互惠性转让给对方、无偿独占或者共享该改进技术的知识产权；第二，限制当事人一方从其他来源获得与技术提供方类似技术或者与其竞争的技术；第三，阻碍当事人一方根据市场需求，按照合理方式充分实施合同标的技术，包括明显不合理地限制技术接受方实施合同标的技术生产产品或者提供服务的数量、品种、价格、销售渠道和出口市场；第四，要求技术接受方接受并非实施技术必不可少的附带条件，包括购买非必需的技术、原材料、产品、设备、服务以及接收非必需的人员等；第五，不合理地限制技术接受方购买原材料、零部件、产品或者设备等的渠道或者来源；第六，禁止技术接受方对合同标的技术知识产权的有效性提出异议或者对提出异议附加条件。

第二节　技术开发合同

一、技术开发合同的概念与分类

技术开发合同是指当事人之间就新技术、新产品、新工艺、新品种或者新材料及其系统的研究开发所订立的合同。依据《技术合同解释》（2020 年修正）第 17 条的规定，所谓“新技术、新产品、新工艺、新品种或者新材料及其系统”，包括当事人在订立技术

合同时尚未掌握的产品、工艺、材料及其系统等技术方案，但对技术上没有创新的现有产品的改型、工艺变更、材料配方调整以及对技术成果的验证、测试和使用除外。

技术开发合同区分为委托开发合同与合作开发合同两种。委托开发合同是指当事人一方即委托方委托另一方即研究开发方进行技术研究开发的合同。[①] 合作开发合同是指当事人各方就共同进行技术研究开发所达成的合同。

当事人之间就具有实用价值的科技成果实施转化订立的合同，参照技术开发合同的规定。依据《技术合同解释》（2020 年修正）第 18 条的规定，这里所谓“当事人之间就具有实用价值的科技成果实施转化订立的”技术转化合同，是指当事人之间就具有实用价值但尚未实现工业化应用的科技成果包括阶段性技术成果，以实现该科技成果工业化应用为目标，约定后续试验、开发和应用等内容的合同。

二、技术开发合同的特征

技术开发合同具有如下特征：（1）技术开发合同的标的物是具有创造性的技术成果，即新技术、新产品、新工艺、新材料及其系统。（2）技术开发合同是双务合同、有偿合同、诺成合同、要式合同。（3）技术开发合同的当事人须共担风险。

三、技术开发合同的效力

（一）委托开发合同的效力

1. 委托开发合同中委托人的义务

（1）按照合同约定支付研究开发费用和报酬。研究开发费用是指完成研究开发工作所必需的成本。除合同另有约定外，委托方应当提供全部研究开发费用。研究开发报酬是指研究开发成果的使用费和研究开发人员的科研补贴。委托方应按合同约定按时支付报酬。委托方迟延支付研究开发经费，造成研究工作停滞、延误的，研究开发方不承担迟延责任。委托方逾期，经催告于合理期限内仍不支付研究开发费用或者报酬的，研究开发方有权解除合同，请求委托方返还技术资料、补交应付的报酬、赔偿由此所造成的损失。

（2）按照约定提供技术资料、原始数据，完成协作事项。委托方应依合同的约定，向研究开发方提供研究开发所需要的技术资料、原始数据，并完成其他协作事项。在研究开发中，应研究开发方的要求，委托方应补充必要的背景材料和数据，但只以研究开发方履行合同所必需的范围为限。委托方不依合同的约定及时提供技术资料、原始数据，完成协作事项，或者所提供的技术资料、原始数据或协作事项有重大缺陷，导致研究开发工作停滞、延误、失败的，委托方应当承担责任。委托方逾期，经催告于合理的期限

① 《技术合同解释》（2020 年修正）第 19 条第 2 款规定，技术开发合同当事人一方仅提供资金、设备、材料等物质条件或者承担辅助协作事项，另一方进行研究开发工作的，属于委托开发合同。

内仍不提供技术资料、原始数据和完成协作事项的，研究开发方有权解除合同并请求损害赔偿。

(3) 接受研究开发成果。委托方应当按期接受研究开发方完成的研究开发成果。委托方不及时接受研究开发方交付的已完成的成果时，应承担违约责任并支付保管费用。经研究开发方催告并经过一合理期间委托方仍拒绝接受的，研究开发方有权处分研究开发成果，从所得收益中扣除约定的报酬、违约金和保管费；如所得收益不足以抵偿上述款项，则研究开发方有权请求委托方赔偿损失。

2. 委托开发合同中研究开发方的义务

(1) 依约亲自制订和实施研究开发计划。计划的制订是开展研究开发工作的前提，合同订立并生效后，研究开发人应尽快制订研究开发计划。委托开发合同的标的物是具有创造性的技术成果，这决定了研究开发方具有主体上的限定性，亦即研究开发方必须有相当的研究开发能力。委托方之所以与特定的研究开发方签订委托开发合同，也正是着眼于研究开发方的研究开发能力。如果研究开发方未经委托方同意，擅自将技术研究开发工作的全部或主要部分交由第三人完成，则违背了委托方的信赖，而且也很可能因第三人的科研实力有限而影响研究开发工作的完成及质量。所以，研究开发方应当按照合同的约定亲自履行研究开发的合同义务，制订和实施研究开发计划。研究开发方不亲自履行研究开发义务的，委托方应有权解除合同并请求返还研究开发经费和赔偿损失。

当然，在研究开发中对于研究开发工作的辅助部分，因有的技术难度较小，或者其本身属于已被普遍掌握的技术，故即使未经委托方同意，研究开发方也可以将其转由第三人完成。于此种情形下，研究开发方也应对该第三人完成的工作负责。

(2) 合理使用研究开发费用。研究开发方在完成研究开发工作中应当依合同的约定合理使用研究开发费用。研究开发方将研究开发费用用于履行合同以外的目的的，委托方有权制止并要求其退还，以用于研究开发工作。由此而造成研究开发工作停滞、延误或失败的，研究开发方应支付违约金或赔偿损失；经委托方催告并经一合理期间，研究开发方仍不退还费用以用于研究开发工作的，委托方有权解除合同并请求损害赔偿。

(3) 按期完成研究开发工作并交付成果。研究开发方应当按照合同约定的条件按期完成研究开发工作，及时组织验收并将工作成果交付委托方。研究开发方在完成研究开发工作中不得擅自变更标的的内容、形式和要求。由于研究开发方的过错，研究开发成果不符合合同约定条件的，研究开发方应当支付违约金或者赔偿损失；研究开发工作失败的，研究开发方应当返还部分或全部研究开发费用，支付违约金或赔偿损失。

(4) 研究开发方的后续义务。研究开发方依照合同约定完成研究开发工作并交付工作成果时，还应当提供有关的技术资料，并给予必要的技术指导，对委托方人员进行技术培训，帮助委托方掌握该项技术成果。研究开发方不得向第三人泄露技术开发成果的技术秘密，不得向第三人提供该项技术成果，但当事人另有约定或法律另有规定的除外。

根据诚实信用原则，当事人双方除应履行上述各自的主要义务外，还应共同在合同的订立和履行过程中承担相互不断地通报合同履行情况的义务。①

① 参见郭明瑞、王轶：《合同法新论·分则》，406～407页，北京，中国政法大学出版社，1997。

（二）合作开发合同的效力

《民法典》第855条确认，合作开发合同的各方当事人应负担以下义务：(1) 合作各方应当依照合同约定投资。合作开发合同当事人各方应依合同的约定投资。所谓投资，是指当事人以资金、设备、材料、场地、试验条件、技术情报资料、专利权、非专利技术成果等方式对研究开发项目所作的投入。以资金以外的形式投资的，应当折算成相应的金额，明确当事人在投资中所占的比例。(2) 合作各方应依合同约定的分工参与研究开发工作并相互协作配合。合作开发合同的各方有共同进行研究开发工作的权利和义务。合作开发合同的当事人各方可以派代表组成指导机构，对研究开发工作中的重大问题进行决策，协调和组织研究开发工作。当事人各方均应按照合同中约定的分工参与研究开发工作，并在工作中相互协作、相互配合。若一方当事人仅提供资金、设备、材料等物质条件，或者承担辅助协作事项，或者按约定的计划和分工进行或者承担设计、工艺、试验、试制等工作，是不能成为合作开发合同的当事人的。合作开发合同的当事人必须参与研究开发工作。

此外，合作开发合同的当事人各方应保守技术情报、资料和技术成果秘密。

合作开发合同中，任何一方违反合同，造成研究开发工作停滞、延误或者失败的，应当承担违约责任。合作开发合同当事人的违约行为主要表现为：不按照合同约定进行投资（包括以技术进行投资）；不按照合同约定的分工参与研究开发工作；不按照合同约定与其他各方完成协作、配合任务。

合作开发合同当事人一方在约定的期限内不履行义务的，另一方或其他各方有权解除合同。当事人一方应当支付违约金，或者赔偿因违约而给另一方或其他各方所造成的损失。

（三）技术开发合同中风险的负担

狭义的技术合同中的风险是指当事人一方的债务因不可归责于双方当事人的事由而不能履行时所产生的损害状态。风险负担，即指上述风险应由哪一方当事人负担。假如合同中没有对风险责任加以约定或者约定不明确，依照《民法典》第510条的规定仍不能确定的，根据《民法典》第858条的规定，风险由当事人合理分担。

当一方当事人发现技术开发合同履行过程中出现无法克服的技术困难，可能导致研究开发失败或者部分失败的，应当及时通知另一方并采取适当措施减少损失，如向委托方提供咨询报告和意见，建议改变研究开发内容或者全部放弃研究开发工作，等等。与此同时，研究开发方亦有权主动停止研究开发工作。当事人一方如果没有及时通知另一方并采取适当措施，致使损失扩大的，应当就扩大的损失承担责任。

（四）技术开发合同中技术成果权益的归属

技术开发合同中技术成果权益的归属的确定，应遵循以下规则：

(1) 委托开发所完成的技术成果，如属可申请专利的，申请专利的权利在一般情况下归研究开发方，但法律另有规定或当事人另有约定的除外（《民法典》第859条第1

款)。但当事人约定申请专利的权利归委托方或由双方当事人共同行使的，从其约定。委托开发所完成的技术成果，如属不可申请专利的，或虽可申请专利，但当事人不欲申请专利的，则对于此项技术秘密成果，一般情况下当事人各方都有使用、转让和收益的权利。当事人就此另有约定的，从其约定。

(2) 合作开发所完成的技术成果，如属可申请专利的，申请专利的权利属于合作开发的当事人共有。当事人约定归其中一方或几方所有的，从其约定。合作开发所完成的技术成果，如属不可申请专利的，或虽可申请专利但当事人不欲申请专利的，对于此项技术秘密成果，合作开发的各方当事人均有使用、转让、收益的权利。当事人就此另有约定的，从其约定。

依据《技术合同解释》(2020 年修正) 第 20 条的规定，对于技术秘密，所谓技术开发合同的“当事人均有使用和转让的权利”，包括当事人均有不经对方同意而自己使用或者以普通使用许可的方式许可他人使用技术秘密，并独占由此所获利益的权利。当事人一方将技术秘密成果的转让权让与他人，或者以独占或者排他使用许可的方式许可他人使用技术秘密，未经对方当事人同意或者追认的，应当认定该让与或者许可行为无效。

四、技术开发合同终止的特别事由

作为技术开发合同标的物的技术已经由他人公开，致使技术开发合同的履行没有意义的，当事人可以解除合同。

第三节　技术转让合同和技术许可合同

一、技术转让合同的范围及特征

技术转让合同，是指合法拥有技术的权利人将现有特定的专利、专利申请、技术秘密的相关权利让与他人所订立的合同(《民法典》第 862 条第 1 款)，包括专利权转让、专利申请权转让、技术秘密转让等合同(《民法典》第 863 条第 1 款)。

技术许可合同，是指合法拥有技术的权利人将现有特定的专利、技术秘密的相关权利许可他人实施、使用所订立的合同(《民法典》第 862 条第 2 款)，包括专利实施许可、技术秘密使用许可等合同(《民法典》第 863 条第 2 款)。

技术转让合同和技术许可合同中关于提供实施技术的专用设备、原材料或者提供有关的技术咨询、技术服务的约定，属于合同的组成部分(《民法典》第 862 条第 3 款)。

另依据《技术合同解释》(2020 年修正) 第 22 条第 2、3 款的规定，技术转让合同中关于让与人向受让人提供实施技术的专用设备、原材料或者提供有关的技术咨询、技术服务的约定，属于技术转让合同的组成部分，因此发生纠纷的，按照技术转让合同处理；当事人以技术入股方式订立联营合同，但技术入股人不参与联营体的经营管理，并且以保底条款形式约定联营体或者联营对方支付其技术价款或者使用费的，视为技术转让合同。

技术转让合同和技术许可合同具有以下法律特征：第一，合同的标的物是现有的技术成果。这是与技术开发合同的区别所在。第二，技术转让合同为双务合同、有偿合同、诺成合同、要式合同。

二、技术转让合同和技术许可合同中的“使用范围”条款

《民法典》第864条规定，技术转让合同和技术许可合同可以约定让与人和受让人实施专利或者使用技术秘密的范围，但不得限制技术竞争和技术发展。这就是关于技术转让合同和技术许可合同中所谓“使用范围”条款的规定。此处所称的“范围”，是指技术转让方（许可方）与受让方（被许可方）在合同中约定的对实施专利技术或使用非专利技术的合理限制，它包含了当事人合法使用合同标的技术的行为界限和活动领域。在专利实施许可或专有技术转让的情况下，合同首先应当明确受让方取得的是普通使用权、排他使用权还是独占使用权。

除了确定技术许可合同的性质，合同中还可以规定转让方（许可方）对受让方（被许可方）实施专利技术和使用专有技术的若干限制。这类限制主要包括：一是期限范围。当事人对于实施专利或者使用技术秘密的期限没有约定或者约定不明确的，受让人实施专利或者使用技术秘密不受期限限制。二是使用地区的范围。三是实施方式的范围等。

三、涉及专利权的技术转让合同的特别规定

专利权的一个主要特征就是期限性。一旦超过有效期限，该专利便进入公有领域，任何组织和个人都可以自由地、无偿地使用。此时，专利权人自然不得就此项专利再行订立专利实施许可合同。

专利权在一定情况下还可能被宣告无效。根据我国《专利法》的规定，宣告无效的专利权视为自始不存在，当事人自然也不得就被宣告无效的专利权与他人订立专利实施许可合同。

四、技术转让合同和技术许可合同的效力

（一）一般效力

1. 技术转让合同中转让方和技术许可合同中许可方的义务

技术转让合同和技术许可合同中，转让方、许可方应当保证自己是所提供技术的合法拥有者，并且保证所提供的技术完整、无误、有效，能够达到约定的目标（《民法典》第870条）。这是技术转让合同和技术许可合同中转让方、许可方的权利瑕疵担保义务和物的瑕疵担保义务的具体体现。

转让方未按照约定转让技术的，许可方未按照约定许可技术的，应当返还部分或者全部使用费，并且应当承担违约责任；实施专利或者使用技术秘密超越约定范围的，违

反约定擅自许可第三人实施该项专利或者使用该项技术秘密的，应当停止违约行为，承担违约责任；违反约定的保密义务的，应当承担违约责任（《民法典》第872条第1款）。

受让方或者被许可方按照约定实施专利、使用技术秘密侵害他人合法权益的，由转让方或者许可方承担责任，但是当事人另有约定的除外（《民法典》第874条）。

2. 技术转让合同和技术许可合同中受让方的义务

技术转让合同的受让方、技术许可合同的被许可方应当按照约定的范围和期限，对转让方、许可方提供的技术中尚未公开的秘密部分承担保密义务（《民法典》第871条）。

受让方、被许可方应当依约支付使用费，未按照约定支付使用费的，应当补交使用费并按照约定支付违约金；不补交使用费或者支付违约金的，应当停止实施专利或使用技术秘密，交还技术资料，承担违约责任；实施专利或者使用技术秘密超越约定范围的，未经转让方、许可方同意擅自许可第三人实施该专利或者使用该技术秘密的，应当停止违约行为，承担违约责任；违反约定的保密义务的，应当承担违约责任（《民法典》第873条）。

3. 后续改进技术成果的权益分配

所谓后续改进，是指在技术转让合同和技术许可合同的有效期内，一方或双方对作为合同标的物的专利或技术秘密所作的革新和改良。对于这种超出原有转让技术的新的改进和发展如何分享，当事人可以在合同中明确约定；没有约定或者约定不明确的，依照《民法典》第510条确定；仍不能确定的，一方后续改进的技术成果，其他各方无权分享（《民法典》第875条）。

（二）特别效力

1. 专利实施许可合同的效力

专利实施许可包括以下方式：第一，独占实施许可，是指许可方在约定许可实施专利的范围内，将该专利仅许可一个被许可方实施，许可方依约定不得实施该专利；第二，排他实施许可，是指许可方在约定许可实施专利的范围内，将该专利仅许可一个被许可方实施，但许可方依约定可以自行实施该专利；第三，普通实施许可，是指许可方在约定许可实施专利的范围内许可他人实施该专利，并且可以自行实施该专利。当事人对专利实施许可方式没有约定或者约定不明确的，应认定为普通实施许可。专利实施许可合同约定被许可方可以再许可他人实施专利的，应认定该再许可为普通实施许可，但当事人另有约定的除外。

在专利实施许可合同中，双方当事人分别承担以下义务：许可方应依合同约定许可被许可方在约定的范围、期限内实施专利技术。许可方应当保证其对专利技术享有许可他人使用的权利，并保证被许可方依合同约定使用其技术不会损害第三人的权利。若合同中约定专利实施许可为排他实施许可，则许可方不得在已经许可被许可方实施专利的范围内，就同一专利与第三人订立专利实施许可合同，若合同中约定专利实施许可为独占实施许可的，许可方和任何第三人都不得在已经许可被许可方实施专利的范围内实施该专利。

许可方还负有在合同有效期内维持其权利的义务，包括依法缴纳专利年费和积极应对他人提出宣告专利权无效的请求，并应当办理法律规定的必要手续，交付与实施技术有关的资料，提供必要的技术指导。

被许可方应当依照合同约定的范围、方式使用技术，未经许可方同意，不得允许第三人使用技术。支付使用费是被许可方的主要义务，使用费可以理解为被许可方对许可方转让其专利使用权的报酬。

2. 技术秘密转让合同的效力

技术秘密转让合同，又称非专利技术转让合同，或专有技术许可合同，是指双方当事人约定转让方将其拥有的技术秘密（非专利技术或专有技术）提供给受让方，明确相互之间对技术秘密的使用权、转让权，受让方支付约定使用费的合同。

在技术秘密转让合同中，双方当事人分别应负担以下义务。

（1）就转让方而言，应按照合同约定提供技术资料、进行技术指导，保证技术的实用性和可靠性，承担合同约定的保密义务。转让方未按照合同约定转让技术的，如转让方不按合同约定向受让方提供技术资料，或不按照合同约定向受让方提供技术指导的，除返还部分或全部使用费外，应当支付违约金或者赔偿损失。转让方逾期未提供合同约定的非专利技术成果的，受让方有权解除合同，转让方应当返还使用费、支付违约金或者赔偿损失。违反合同约定的保密义务，泄露技术秘密，使受让方遭受损失的，受让方有权解除合同，转让方应当支付违约金或者赔偿损失。

（2）就受让方而言，应履行以下义务：在合同约定的范围内使用技术；按照合同约定支付使用费；承担合同约定的保密义务，但该保密义务不限制许可方申请专利，当事人另有约定的除外（《民法典》第 868 条）。

第四节　技术咨询合同和技术服务合同

一、技术咨询合同概述

技术咨询合同是当事人一方以技术知识为对方就特定技术项目提供可行性论证、技术预测、专题技术调查、分析报告等合同。依据《技术合同解释》（2020 年修正）第 30 条，所谓特定技术项目，包括有关科学技术与经济社会协调发展的软科学研究项目，促进科技进步和管理现代化、提高经济效益和社会效益等运用科学知识和技术手段进行调查、分析、论证、评价、预测的专业性技术项目。

技术咨询合同具有如下特征：

（1）技术咨询合同在技术领域内具有自己特定的调整对象，即合同当事人在完成一定的技术项目的可行性论证、技术预测、专题技术调查等软科学研究活动中产生的民事法律关系。

（2）技术咨询合同的目的在于，受托方为委托方进行科学研究、技术开发、成果推广、技术改造、工程建设、科技管理等项目提出建议、意见和方案，供委托方在决策时参考，从而使科学技术的决策和选择真正建立在民主化和科学化的基础之上。因此，技术咨询合同的履行结果并不是某些立竿见影的科技成果，而是供委托方选择的咨询报告。

（3）技术咨询合同有其特殊的风险责任承担原则，即委托方因实施符合约定要求的咨询报告和意见作出决策所造成的损失，由委托方承担，但合同另有约定的除外。这一特殊的风险责任承担原则对技术开发合同、技术转让合同、技术服务合同是不适用的。

二、技术服务合同概述

技术服务合同是指当事人一方以技术知识为对方解决特定技术问题所订立的合同，不包括承揽合同和建设工程合同。依据《技术合同解释》（2020 年修正）第 33 条的规定，所谓特定技术问题，包括需要运用专业技术知识、经验和信息解决的有关改进产品结构、改良工艺流程、提高产品质量、降低产品成本、节约资源能耗、保护资源环境、实现安全操作、提高经济效益和社会效益等专业技术问题。

技术服务合同在实践中主要包括技术辅助服务合同、技术中介合同和技术培训合同。其中，所谓技术辅助服务合同，是指当事人一方利用科技知识为另一方解决特定专业技术问题所订立的合同。所谓技术中介合同，又称技术中介服务合同，是指一方当事人为另一方当事人提供订立技术合同的机会或者作为订立技术合同的媒介的合同。所谓技术培训合同，又称技术培训服务合同，是指一方当事人为另一方当事人所指定的人员进行特定技术培养和训练的合同。另依据《技术合同解释》（2020 年修正）第 34 条第 1 款的规定，当事人一方以技术转让的名义提供已进入公有领域的技术，或者在技术转让合同履行过程中合同标的技术进入公有领域，但是技术提供方进行技术指导、传授技术知识，为对方解决特定技术问题符合约定条件的，按照技术服务合同处理，约定的技术转让费可以被视为提供技术服务的报酬和费用，但是法律、行政法规另有规定的除外。

三、技术咨询合同的效力

（一）委托方的义务

（1）阐明咨询的问题，并按照合同的约定向受托方提供有关技术背景资料及有关材料、数据；必要时还应当依合同的约定为受托方做现场调查、测试、分析等工作提供方便。委托方迟延提供合同约定的数据和资料，或者所提供的数据资料有严重缺陷，影响工作进度和质量的，应当如数支付报酬，并应当支付违约金或者赔偿损失；委托方逾期不提供或者补充有关技术资料和数据、工作条件，导致受托方无法开展工作的，受托方有权解除合同，委托方应当支付违约金或者赔偿损失。

（2）按时接受咨询顾问的工作成果并按约定支付报酬。委托方迟延支付报酬的，应当支付违约金；不支付报酬的，应当退还咨询报告和意见，补交报酬，支付违约金或者赔偿损失。

（二）受托人的主要义务

受托方应按照合同约定按期提供咨询报告或者解答委托方提出的问题。受托人提出的咨询报告或意见应达到约定的要求。

技术咨询合同的受托方未按期提出咨询报告或意见，或者所提出的咨询报告或意见不符合合同约定的，应当减收或者免收报酬，支付违约金或者赔偿损失；受托方迟延提交咨询报告或意见的，应当支付违约金。咨询报告或意见不符合合同约定的条件的，应当减收或者免收报酬；不提交咨询报告或意见，或者所提交的咨询报告或意见水平低劣、无参考价值的，应当返还报酬，支付违约金或者赔偿损失；受托方在接到委托方提交的技术资料和数据之日起超过约定期限不进行调查论证的，委托方有权解除合同，受托方应当支付违约金或赔偿损失。

合同对受托方正常开展工作所需费用的负担没有约定或者约定不明确的，由受托方负担（《民法典》第886条）。

（三）实施风险的负担

在技术咨询合同的委托方采纳和实施受托方作出的符合合同约定的咨询报告、意见后，如果出现一些不良后果，这种风险责任应当由谁承担？对此应当遵循的原则是：除合同另有规定外，委托方按照受托方符合约定要求的咨询报告或意见作出决策所造成的损失，应当由委托方承担。

四、技术服务合同的效力

（一）委托方的合同义务

（1）按照约定提供工作条件，完成配合事项。

（2）在技术辅助服务合同中，委托方应当按照合同的约定按期接受受托方的工作成果，在验收工作成果时，如发现工作成果不符合合同规定的技术指标和要求，应当在约定的期限内及时通知对方返工或改进。

（3）委托方应按照约定给付报酬。委托方不履行合同义务或者履行合同义务不符合约定，影响工作进度和质量，或者不接受或者逾期接受工作成果的，对支付的报酬不得追回，对未支付的报酬应当支付。

（二）受托方的主要义务

受托方应当按照合同约定完成服务项目，解决技术问题，保证工作质量，并传授解决技术问题的知识。受托方未按照合同约定完成服务工作的，应当承担免收报酬等违约责任。

合同对受托方正常开展工作所需费用的负担没有约定或者约定不明确的，由受托方负担（《民法典》第886条）。

五、新技术成果权益的归属

在履行技术咨询合同、技术服务合同的过程中，受托方利用委托方提供的技术资料和工作条件所完成的新的技术成果，除合同另有约定外，属于受托方；委托方利用受托方的工作成果所完成的新的技术成果，除合同另有约定外，属于委托方（《民法典》第885条）。对新的技术成果享有所有权的一方当事人，可依法享有就该技术成果取得的精神权利（如获得奖金、奖章、荣誉证书的权利）、经济权利（如专利权、非专利技术的转让权、使用权等）和其他利益。

六、技术中介合同和技术培训合同的法律适用

技术中介合同和技术培训合同属于技术服务合同的两个具体类别。

技术中介合同是指当事人约定一方以知识、技术、经验和信息为另一方与第三人订立技术合同进行联系、介绍以及对履行合同提供专门服务，另一方支付约定报酬所订立的合同。可见，技术中介合同，又称技术居间合同。《民法典》关于中介合同的规定对其有适用余地。此外，国家为规范技术中介市场，出台了一系列的规定，其中的法律或行政法规，对技术中介合同也有适用余地。

技术培训合同是指当事人一方委托另一方对指定的学员进行特定项目的专业技术训练和技术指导所订立的合同，不包括职业培训、文化学习和按照行业、法人或者非法人组织的计划进行的职工业余教育。技术培训合同是国际上公认的技术服务合同形式。就技术培训，其他法律、行政法规有规定的，适用其规定。

问题与思考

1. 试述技术开发合同的效力。
2. 试述技术转让合同和技术许可合同的效力。
3. 试述技术咨询合同的效力。
4. 试述技术服务合同的效力。

第五十一章

保管合同

本章概要

保管合同是较为典型的实践合同，实践中较为常见。本章主要阐释保管合同的概念和特征、保管合同的成立与效力、保管人和寄存人的权利与义务等内容。

一、保管合同的概念和特征

保管合同是保管人保管寄存人交付的保管物并返还该物的合同。保管合同双方当事人包括保管人（保管物品的一方，又称受寄人）和寄存人（交付物品保管的一方，又称寄托人），交付保管的物品称为保管物。保管合同始自罗马法：罗马法把寄托分为通常寄托与变例寄托。通常寄托是指受寄人应于合同期满后将受托保管的原物返还寄托人，而变例寄托是指受寄人得返还同种类、品质、数量之物，包括金钱寄托、讼争物寄托及危难寄托。①

《合同法》由于采民商合一的立法体例，在规定仓储合同的同时，对保管合同也一并加以明确规定，保管合同因而成为独立的有名合同。《民法典》合同编第二十一章“保管合同”基本承袭了《合同法》的相关规定，除新增少数实体规则外，主要是进行了立法语言或表达等文字方面的修改和完善。

值得注意的是，除了传统的保管合同，《民法典》第 888 条第 2 款新增以下规定：“寄存人到保管人处从事购物、就餐、住宿等活动，将物品存放在指定场所的，视为保管，但是当事人另有约定或者另有交易习惯的除外。”将购物、就餐、住宿等特定情形下发生的物品保管行为认定为“保管”，实质上确立了在特定场所存放物品合同法律性质不明情形下法律拟制为保管合同的规则。该规则在平衡双方利益和风险的基础上，旨在通过立法明晰法律规则，统一法律适用，减少司法争议，从而有助于增强对消费者权益的保护，促使特定场所的管理人履行对他人财产安全的注意义务。此外，《民法典》第 888

① 参见胡康生主编：《中华人民共和国合同法释义》，534 页，北京，法律出版社，1999。

条也通过“当事人另有约定或者另有交易习惯的除外”的但书条款，允许法律拟制的例外，以尊重私法自治和更好地平衡个案利益。

保管合同有以下特征：首先，保管合同属于双方民事法律行为，保管合同需要保管人和寄存人就物品保管的意思表示达成一致；其次，保管合同是实践合同，除双方当事人意思表示一致外，寄存人将保管物交付保管人是保管合同的成立要件；再次，保管合同以保管物品为目的，通常而言保管指占有保管物并维持原状，不包括对保管物进行改良、利用和处分，除消费保管合同外不发生保管物所有权的转移变动；又次，保管合同为不要式合同，双方当事人无须采用特定形式订立保管合同；最后，根据不同的合同内容，保管合同既可以是有偿合同、双务合同，也可以是无偿合同、单务合同。

二、保管合同的成立与效力

如前所述，保管合同是实践合同，保管合同自保管物交付时成立，但是当事人另有约定的除外。保管合同成立后，双方负有如下义务。

（一）保管人的义务

1. 出具保管凭证

除非另有交易习惯，寄存人向保管人交付保管物时，保管人应当给付保管凭证。但是，保管人出具保管凭证不是保管合同成立的形式要件，是否给付保管凭证不影响保管合同的成立。保管凭证也非保管合同的书面形式。但是，保管凭证本身具有一定的意义。首先，保管凭证是寄存人交付保管物且保管人已接收保管物的证明，得以佐证保管合同的成立；其次，保管凭证可以在一定程度上证明保管人对保管物的验收和确认，证实保管物寄存的原初状态；最后，鉴于保管合同的非要式性，现实生活中多数情况下保管合同不采书面形式，保管凭证对于确定合同内容和双方的权利义务关系有重要作用，是保管合同的重要载体，也是当事人履行义务和纠纷发生时裁判的依据。

2. 保管保管物

（1）妥善保管保管物的义务。

保管合同以物品的保管为直接和主要目的，因而妥善保管保管物是保管人应当履行的主要义务，该义务不受保管有偿与否的影响，保管有偿与否只是对义务的履行标准或注意义务标准存在影响。就比较法而言，各个国家和地区通常依保管是否有偿，对保管人规定不同程度的保管义务，即区分有偿合同和无偿合同中保管人的注意义务。在有偿合同中保管人一般应尽善良管理人的注意义务，承担更重的合同义务，而于无偿合同中保管人只需要尽与处理自己事务同一的注意义务。

《民法典》第 892 条第 2 款规定，当事人可以约定保管场所或者方法。除紧急情况或者为维护寄存人的利益外，不得擅自改变保管场所或者方法。此处的“紧急情况”，主要是指保管物因其他原因可能发生毁损、灭失的风险，而对“为维护寄存人的利益”也应作类似的解释，一般不包括保管物的改良、利用甚至处分。当事人对保管场所或者保管方法没有约定的，保管人应按照有利于保存保管物的合理方式保管。

保管期内，保管人保管不善造成保管物毁损、灭失的，保管人应当承担赔偿责任；但是，无偿保管人证明自己没有故意或者重大过失的，不承担赔偿责任。

（2）亲自保管保管物的义务。

保管人不得将保管物转交第三人保管，但是当事人另有约定的除外。保管人违反规定，将保管物转交第三人保管，造成保管物损失的，保管人应当承担赔偿责任。

保管人须亲自为保管行为，除当事人另有约定，不得将保管义务转托给他人履行。所谓亲自保管，包括保管人自己保管，也包括使用履行辅助人辅助保管。传统民法上，保管合同属无偿合同，双方当事人通常基于相互之间的信任关系而进行保管，体现的是市民社会成员之间的互助精神。此种意义上讲，传统的保管合同具有某种人身性质的色彩。这里的亲自保管，并不限于保管人自己进行保管，利用履行辅助人进行保管应当属于“亲自保管”的范畴。因此，保管人不得将保管物转交第三人保管。这里的“第三人”在解释上不应当包括履行辅助人。[①] 但是，履行辅助人在保管过程中造成保管物损失的，保管人应当向寄存人承担赔偿责任。

在当事人另有约定时，保管人使用第三人代为保管的，保管人应就对第三人的选任和指示的过失承担责任。于此情况下，保管人若在对第三人的选任和指示上没有过错，则不承担责任。但保管人应就其选任和指示没有过错负举证责任。

3. 不得使用或许可他人使用保管物的义务

保管人不得使用或者许可第三人使用保管物，但是当事人另有约定的除外。其原因在于，保管合同的目的是对物品进行保管而非管理，不包括对保管物的使用、改良甚至处分。保管旨在维持保管物的原有状态，而对保管物的使用在一定程度上会减损其自身价值、功效或使用寿命，增加保管物毁损、灭失的风险，因此，原则上禁止使用保管物。但是，若基于保管物的特殊性质，对保管物进行必要的使用才能有效或合理履行保管义务以维持保管物的应有状态的，即使未经寄存人同意，保管人使用保管物亦不构成违约，如定期发动汽车防止电瓶亏空，对保管的牲畜进行适当放牧等。前述“使用”行为本身就是过程合理的保管，属于保管合同内容的一部分。

4. 危险通知义务

第三人对保管人提起诉讼或者对保管物申请扣押的，保管人应当及时通知寄存人。此为保管合同中保管人的危险通知义务。这里的危险，是指保管物罹于诉讼的情形。[②] 危险通知义务，是指当第三人对保管人提起诉讼就保管物主张权利，或者对保管物申请扣押时，保管人应当将上述可能危及保管物的情况及时通知寄存人。寄存人将保管物交付保管人保管时，无法直接了解保管物的当前状态，在第三人通过诉讼程序主张对保管物的权利时，若保管人不及时通知寄存人参与诉讼或采取其他合理措施，寄存人的权益就会受损。该危险通知义务是基于诚实信用原则产生的合理附随义务，即根据合同的性质、目的和交易习惯履行的通知、协助、保密的义务等。因此，保管人未及时履行危险通知

---

① 参见林诚二：《民法债编各论》，325～326页，北京，中国人民大学出版社，2003。

② 参见邱聪智：《新订债法各论》（中），姚志明校订，4页，北京，中国人民大学出版社，2006。

义务，给寄存人造成损失的，保管人应当承担赔偿责任。

5. 返还保管物的义务

在保管合同期限届满或者寄存人提前领取保管物时，保管人应及时返还保管物。当事人对保管期限没有约定或者约定不明确的，保管人可以随时请求寄存人领取保管物；约定了保管期限的，保管人无特别事由，不得请求寄存人提前领取保管物。保管期限届满或者寄存人提前领取保管物的，保管人应当将原物及其孳息归还寄存人。返还地点一般应为保管地，保管人并无送交的义务，当事人另有约定的除外。

保管人保管货币的，可以返还相同种类、数量的货币；保管其他可替代物的，可以按照约定返还相同种类、品质、数量的物品。

（二）寄存人的义务

1. 支付保管费和偿还必要费用的义务

于有偿的保管合同，寄存人应当按照约定的期限向保管人支付保管费。当事人对支付期限没有约定或者约定不明确，依据《民法典》第 510 条的规定，当事人可以就保管费的支付期限进行协商，达成补充协议；不能达成补充协议的，按照合同相关条款或者交易习惯确定；仍不能确定的，应当在领取保管物的同时支付。寄存人未按照约定支付保管费或者其他费用的，保管人对保管物享有留置权，但是当事人另有约定的除外。可见，《民法典》关于保管合同中的保管费用采取了“费用后付主义”模式。基于此，保管人可就保管费用的支付与保管物的返还主张先履行抗辩，但不得就保管费用的支付与保管物的保管主张同时履行抗辩。

2. 告知义务

寄存人交付的保管物有瑕疵或者根据保管物的性质需要采取特殊保管措施的，寄存人应当将有关情况告知保管人。寄存人未告知，致使保管物受损失的，保管人不承担赔偿责任；保管人因此受损失的，除保管人知道或者应当知道且未采取补救措施外，寄存人应当承担赔偿责任。

保管物的特殊情况包括保管物有瑕疵和根据保管物的性质需要采取特殊保管措施两种情形。保管物有瑕疵，是指保管物的品质、效用或价值存在缺陷，如保管的衣物为被污染之物，保管人易因此患病。① 根据保管物的性质需要采取特殊保管措施，是指保管物存在易燃、易爆、易碎、易腐、有毒、放射性等不同于一般物品的特征，需要采取特殊的方法进行保管，如海鲜、水果等食物需要低温保藏。

寄存人违反告知义务造成保管物损失的，由寄存人自己承担责任，保管人不承担赔偿责任，因此时保管物的损失完全系基于寄存人自己的过错，保管人未违反合同义务。寄存人违反告知义务造成保管人损失的，亦可归责于寄存人的瑕疵履行，由寄存人承担赔偿责任无可非议。

---

① 参见邱聪智：《新订债法各论》（中），姚志明校订，289 页，北京，中国人民大学出版社，2006。

3. 声明义务

根据保管物的性质，保管物可以被分为贵重物品和一般物品两类：前者是指货币、有价证券、珠宝等具有较高功效和社会价值的物品，后者是指不具有高价值的其他一般物品。寄存人寄存货币、有价证券或者其他贵重物品的，应当向保管人声明，由保管人验收或者封存；寄存人未声明的，该物品毁损、灭失后，保管人可以按照一般物品予以赔偿。

问题与思考

1. 简述保管合同的主要特征。
2. 简述保管人的主要义务。

第五十二章 仓储合同

本章概要

仓储合同属于商事合同，和保管合同存在诸多的联系与差别。本章主要阐释仓储合同的概念、特征，仓储合同的效力，仓储合同的法律适用。

一、仓储合同的概念和特征

仓储合同，是指当事人双方约定由保管人（又称仓库营业人）为存货人保管储存的货物，存货人为此支付报酬的合同。仓储合同是由一般保管合同发展、演变而来的，属于保管合同的特殊类型，故又称“仓储保管合同”。仓储合同和保管合同具有特殊与一般的关系，因此，法律对仓储合同有特别规定的，适用该特别规定；如没有特别规定的，则可适用保管合同的有关规定。

仓储合同在性质上属商事合同，其保管人为职业经营者。

仓储合同具有以下法律特征。

1. 仓储合同是保管人与存货人之间的合同

仓储合同是保管人与存货人之间的法律关系。存货人是指对仓储物享有所有权或其他相关权益的人，保管人是指按照合同约定保管存货人交付的仓储物的人。保管人对仓储设备应当具有所有权或使用权。仓储合同的标的物是仓储物，且必须是动产，不动产不能作为仓储合同的标的物。其中的动产是否为商品，以及其价值多少，在所不问。[①] 仓储合同的目的是维持仓储物的原状，因此，金钱、有价证券以及其他权利凭证一般不能作为仓储合同的保管对象。此外，仓储营业须兼具存储和保管功能，二者缺一，都不构成仓储合同，而可能成立租赁合同或保管合同等，例如，只提供仓储设备供他人储存物

---

① 参见邱聪智：《新订债法各论》（中），姚志明校订，317 页，北京，中国人民大学出版社，2006；刘春堂：《民法债编各论》（中），375～376 页，台北，三民书局，2007。

件而不负保管责任，或不具备储存功能仅承担保管义务等。①

2. 仓储合同是继续性、双务、有偿合同

仓储合同需要保管人长期不断地提供仓储服务，合同义务不是一次给付即可完结，即债务人的给付义务在时间上具有持续性，所以，仓储合同为继续性合同。在仓储合同中，双方当事人互负给付义务，保管人负有接收并储存仓储物的义务，存货人因此支付相应的仓储费作为对价，一方的义务即为另一方的权利，故仓储合同属于双务、有偿合同。② 如在“中国石油物资郑州有限公司、浙江明日国际贸易有限公司仓储合同纠纷案”③ 中，法院在判决中指出：双务、有偿是仓储合同的基本特征之一。保管人提供储存、保管的义务，存货人承担支付仓储费的义务是认定构成仓储合同纠纷的要素。

3. 仓储合同是商事合同

仓储或仓库营业是随着国际和地区贸易发展而兴起的商业活动。仓储合同属于典型的商事合同，其在合同主体、保管对象等方面有别于一般保管合同。我国采取民商合一的立法例，因此将仓储合同规定于《民法典》合同编。在仓储合同关系中，仓储合同中的保管人须是仓储营业人④，即保管人必须是具有相应从业资质的专营或兼营仓储保管业务的法人、非法人组织或自然人，且具备符合规定的仓储设备。仓储设备是保管人从事仓储营业的基本物质条件，包括房屋等能够储存仓储物的设施。在司法实务中，多数法院均认为仓储合同中的保管人需要具备相关的资质，并将此作为认定构成仓储合同的标准。

4. 仓单是提取仓储物的凭证

仓单是表示一定数量的货物已交付的法律文书，属于有价证券的一种，其性质为记名的物权证券。仓储合同的存货人凭仓单提取储存的货物，存货人或者仓单持有人以背书方式并经保管人签字或盖章，可以将仓单上所载明的物品的所有权转移给他人。

二、仓储合同的效力

不同于一般保管合同，仓储合同是诺成合同，合同自双方当事人意思表示一致时而非仓储物交付时或作出特定行为时成立。这主要是基于仓储合同的商事属性。仓储合同当事人是商主体，通常是存货人就大宗物品与专门从事仓储营业的保管人订立协议。

（一）保管人的义务

1. 出具仓单、入库单等凭证

存货人交付仓储物的，保管人负有出具仓单、入库单的义务。保管人拒不填发仓单、

---

① 参见邱聪智：《新订债法各论》（中），姚志明校订，317 页，北京，中国人民大学出版社，2006；刘春堂：《民法债编各论》（中），376 页，北京，三民书局，2007。

② 参见史尚宽：《债法各论》，5 版，524～525 页，台北，荣泰印书馆，1981；郑玉波：《民法债编各论》（下），6 版，556 页，台北，三民书局，1981。

③ 河南省高级人民法院（2017）豫法民终 1222 号民事判决书。

④ 参见崔建远：《合同法》，6 版，426 页，北京，法律出版社，2015。

入库单的，构成债务不履行。仓单是指保管人在收到仓储物时向存货人签发的，表示其收到一定数量储存物的有价证券。[①] 入库单是指保管人对其收到的仓储物入库数量的确认。仓单、入库单等凭证的作用主要体现在：一是证明仓储合同关系的存在，且保管人已收到仓储物。应当注意的是，尽管该凭证上可能记载仓储合同的主要内容，但不能代替仓储合同，只能作为仓储合同存在的凭证。仓储合同经双方当事人意思表示一致即成立，无论是存货人交付仓储物还是保管人出具仓单、入库单等凭证，都是在履行合同成立后的义务。保管人在检验时发现仓储物不符合合同约定条件，从而通知存货人取回仓储物的，无须出具仓单等凭证。二是存货人可以凭借该凭证提取仓储物。司法实践中，法院通过明确相关单证的性质来认定当事人是否可以提取仓储物。

仓单既是存货人与保管人之间仓储合同的证明，亦是存货人或仓单持有人向保管人请求交付货物的凭证。仓单兼具债权效力和物权效力[②]，但主要表现为物权效力：一方面，仓单是仓储合同的书面凭证，仓单持有人享有请求保管人交付仓储物的权利；另一方面，仓单交付会产生物权变动的效果，据此仓单具有物权凭证的效力。经存货人或仓单持有人在仓单上背书并经保管人签名或盖章后，仓单持有人将仓单转让给第三人时，即相当于完成货物之交付，第三人即取得货物所有权。[③] 仓单表彰其记载物品的所有权，持有仓单者即享有该仓储物的所有权。

仓单应当记载的法定事项包括：一是存货人的姓名或者名称和住所。存货人是自然人的，需记载其姓名和住所；存货人是法人或非法人组织的，需记载其名称和住所地。二是仓储物的品种、数量、质量、包装及其件数和标记，以将仓储物特定化，便于当事人行使权利。三是损耗标准。仓储物可能因为自然原因或自身性质发生损耗，因此在仓单上应当明确仓储物的损耗标准，以区分于保管不善造成的损失，避免提取仓储物时发生纠纷。四是储存场所。记载存放仓储物的场所对于确定合同的履行地点有重要意义，便于存货人或仓单持有人及时、准确提取仓储物。五是储存期限。储存期限是保管人储存仓储物的保管期限，同时也是存货人或仓单持有人提取仓储物的时间界限。储存期限届至之后，存货人或仓单持有人负有提取仓储物的义务。六是仓储费。仓储合同原则上是双务、有偿合同，仓储费是存货人向保管人支付的报酬，仓单上应当记载数额、支付方式、支付时间等事项。但如果当事人间有特殊约定，存货人也可以不支付仓储费。七是仓储物的投保情况。如果仓储物已经办理保险的，仓单上应当记载保险金额、期限以及保险人的名称。这有利于保险事故发生后，仓单持有人向保险人主张权利。八是填发人、填发地和填发日期。这是仓单作为物权证券的基本要求，便于确定当事人的权利、义务。

2. 接收、验收义务

在仓储合同中，保管人负有验收义务。这也是仓储合同与保管合同的不同之处。《民

---

① 参见郭明瑞、房绍坤：《新合同法原理》，676页，北京，中国人民大学出版社，2000。

② 参见吴志正：《债编各论逐条释义》，311页，北京，法律出版社，2016。

③ 参见邱聪智：《新订债法各论》（中），姚志明校订，328页，北京，中国人民大学出版社，2006；王利明：《合同法分则研究》（上卷），592页，北京，中国人民大学出版社，2012。

法典》第 907 条规定，保管人在接收存货人交存的仓储物入库时，应当按照合同的约定对入库仓储物进行验收。保管人验收时发现入库仓储物与约定不符合的，应当及时通知存货人。验收的方式包含实物验收和抽样验收，一般根据当事人的约定或交易习惯确定。[①] 验收是指保管人对仓储物的品种、数量、规格等进行查验，以确定是否符合合同约定。保管人如未按照合同约定的项目、方法和期限进行验收，或验收不准确的，因此造成的损失由保管人承担。违反验收义务所承担的赔偿责任为严格责任，不以保管人的过错为前提。

另外，保管人怠于履行验收义务应承担赔偿责任。首先，验收是保管人接收仓储物的前提，在保管人验收完毕后，仓储合同即进入履行阶段，保管人开始履行妥善保管仓储物的义务。其次，保管人验收时发现入库仓储物与约定不符合的，应当及时通知存货人，由存货人作出解释说明，或修改合同，或将不符合合同约定的仓储物予以退还。如果保管人未及时通知或未提出异议，推定为验收合格，视为仓储物符合合同约定的条件。保管人验收后，其已实际占有仓储物，应当履行妥善保管之合同义务。[②] 因此，如果验收后发生仓储物的品种、数量、质量不符合约定的，推定是保管人未履行保管义务之后果，故保管人应当承担赔偿责任。

3. 通知义务

保管人接收存货人交付的仓储物后，在符合合同约定的条件和要求下储存、保管仓储物。保管人发现入库仓储物有变质或者其他损坏的，应当及时通知存货人或者仓单持有人。保管人发现入库仓储物有变质或者其他损坏，危及其他仓储物的安全和正常保管的，应当催告存货人或者仓单持有人作出必要的处置。因情况紧急，保管人可以作出必要的处置，但是，事后应当将该情况及时通知存货人或者仓单持有人。紧急处置以能够保证其他货物的安全和正常保管为限度。保管人的紧急处置权是保管人防止损失扩大的注意义务的体现，即仓储物发生较为严重的变质或其他损坏后，保管人应当采取合理措施尽量避免损失扩大。保管人紧急处置仓储物发生的费用由存货人或仓单持有人负担。

4. 妥善保管义务

保管人应当按照合同约定的储存条件和保管要求妥善保管保管物。保管人履行妥善保管义务主要表现在：一是具备法定的资格和保管条件，如对危险物品的保管，法律规定了特别保管条件，保管人应当符合该条件。二是保管人必须按照仓储合同的约定按要求和条件进行保管。三是除了合同约定的保管条件和保管要求，保管人还应当尽到善良管理人的义务，如保管人应当完善安全防范措施，避免仓储物毁损、灭失。因为仓储合同中保管人的专业性和营利性，所以其注意义务要高于一般保管合同中保管人的义务。在判断保管人是否尽到妥善保管义务时，可以参考行业内的一般水平加以认定。

保管人储存易燃、易爆、有毒、有腐蚀性、有放射性等危险物品的，应当具备相应的保管条件，应当按照国家或合同规定的要求操作和储存；在储存、保管过程中不得损

---

① 参见魏耀荣等：《中华人民共和国合同法释论（分则）》，537 页，北京，中国法制出版社，2000。

② 参见王利明：《合同法分则研究》（上卷），601 页，北京，中国人民大学出版社，2012。

坏货物的包装物。如因保管或操作不当包装发生毁损的，保管人应当负责修复或按价赔偿。

因保管人保管不善而非因不可抗力、自然因素或货物（包括包装）本身的性质而发生储存的货物灭失、短少、变质、损坏、污染的，保管人均应承担损害赔偿责任。因仓储物的性质、包装不符合约定或者超过有效仓储期而仓储物变质、损坏的，保管人不承担损害赔偿责任。

5. 容忍义务

保管人根据存货人或仓单持有人的要求，应当同意其检查仓储物或者提取样品，这就是保管人的容忍义务。在存货人或仓单持有人请求对仓储物为一定的保存行为时，保管人除非有正当理由，应予允许。其原因在于，仓储物交付后由保管人实际占有，存货人有权请求了解货物的存放和保管情况。但检查仓储物或提取样品的行为，不得妨碍保管人的正常工作。从保管人的角度看，这是其容忍义务：一是容许存货人或仓单持有人检查、清点仓储物，二是容许存货人或仓单持有人提取仓储物样本。存货人或仓单持有人的检查或提取方法、范围等不应当超出维持仓储物原状的目的，且应符合交易习惯和诚实信用原则。检查仓储物或提取样品所造成的损失或产生的费用，由存货人或仓单持有人承担

（二）存货人的义务

1. 说明义务

储存易燃、易爆、有毒、有放射性等危险物品或者易腐物等特殊货物的，存货人应当向保管人说明货物的性质和预防危险、腐烂的方法，提供有关的保管、运输等技术资料，并采取相应的防范措施。此项义务是法定义务，无论当事人是否有约定，存货人都应当履行说明义务。这是因为危险物品和易变质物品本身具有较大危险性，如果不提前告知，很可能会导致严重的人身或财产损害。存货人提前说明仓储物的特殊性质，并且提供仓储物保管注意事项等材料，将便于保管人采取特殊的保管措施。如果存货人不履行该项义务造成损失，通常会被认定为自身具有过错。存货人违反该义务的，保管人有权拒收该货物；保管人因接受该货物遭受损害的，存货人应承担损害赔偿责任。

2. 提取仓储物的义务

当事人对储存期限没有约定或者约定不明确的，存货人或者仓单持有人可以随时提取仓储物，保管人也可以随时要求存货人或仓单持有人提取仓储物，但应当给予必要的准备时间。合同中约定了储存期限的，存货人或仓单持有人应当按照合同的约定及时提取仓储物；逾期提取的，应当加收仓储费。在仓储合同期限届满前，保管人不得要求返还或要求由存货人或仓单持有人取回保管物。在存货人或仓单持有人要求返还时，保管人不得拒绝返还，但不减收仓储费。

存货人或仓单持有人对于临近失效期或有异状的货物，应当及时提取或予以处理。于合同约定的期限届满，或者在未约定期限而收到保管人合理的货物出库通知时，存货人或仓单持有人应及时办理货物的提取。存货人或仓单持有人提取货物时须提示仓单并

缴回仓单。由于存货人或仓单持有人的原因货物不能如期出库造成压库时，存货人或仓单持有人应负违约责任。储存期限届满，存货人或者仓单持有人不提取仓储物的，保管人可以催告其在合理期限内提取；逾期不提取的，保管人可以提存仓储物。

三、仓储合同的法律适用

仓储合同系由一般的保管合同发展、演变而来，故在法律对仓储合同有特别规定时，应适用法律的特别规定，在法律对其未设特别规定时，应适用法律关于一般保管合同的规定。例如，关于仓储合同保管人留置权的规定可以参照适用《民法典》第903条规定的保管合同留置权规则：寄存人未按照约定支付保管费或者其他费用的，保管人对保管物享有留置权，但是当事人另有约定的除外。

问题与思考

1. 简述仓储合同的性质与特征。
2. 简述仓单的概念与法律性质。
3. 简述仓储合同中保管人的主要义务。

第五十三章
委托合同

本章概要

委托合同是委托人和受托人约定，由受托人处理委托人事务的合同。委托合同属于服务贸易中的典型交易方式，确立了行纪合同、中介合同等提供劳务合同的一般规则。本章的重点问题是委托合同的效力。

一、委托合同的概念和特征

委托合同，又称委任合同，是指一方委托他方处理事务，他方允诺处理事务的合同。委托他方处理事务的，为委托人；允诺为他方处理事务的，为受托人。

委托合同具有以下法律特征：

（1）委托合同是以为他人处理事务为目的的合同。委托合同是一种典型的提供劳务的合同。对于无论是民事法律行为还是事实行为，只要委托人委托的事项不违背法律、法规的强制性规定，不是与委托人人身密不可分的事务，都可借助委托合同委托他人代为处理。

（2）委托合同的订立以委托人和受托人之间相互信任为前提。委托合同建立在委托人和受托人相互信任的基础上，因此，在委托合同生效后，一方如果对另一方产生了不信任，可随时终止委托合同。

（3）委托合同是诺成合同、不要式合同。

（4）委托合同一般为无偿合同。委托合同以无偿为原则。尽管委托合同中委托人对于受托人处理委托事务的费用负担支付义务，但该项义务并非支付报酬的义务，与受托人负担的处理委托事务的义务不具有对价性。

二、 委托合同的效力

（一）受托人的义务

1. 依委托人的指示处理委托事务的义务

在委托合同中，受托人的基本义务是依委托人的指示处理委托事务（《民法典》第

922条）。受托人依委托人指示处理委托事务有以下含义：首先，委托人有指示时，应尽可能地遵守委托人的指示处理委托事务；其次，受托人在情势紧急时得变更委托人的指示，妥善处理委托事务；最后，受托人在变更指示后，负有报告义务。在变更委托人的指示时，受托人无法与委托人取得联系的，应在变更后及时报告委托人。如果因受托人怠于报告而给委托人造成损失的，受托人应负赔偿责任。

2. 亲自处理委托事务的义务

《民法典》第923条第一句规定，受托人应亲自处理受托事务。要求受托人亲自处理委托事务，意在防止出现受托人有负委托人的信任致委托人的利益受损的情形。委托人同意转委托的，法律当然无禁止的必要。有紧急情况发生，难以和委托人取得联系的，受托人于不得已之下，也可以转委托。

转委托，又称复委托，是指受托人经委托人同意，将委托人委托的部分或全部事务转由第三人处理，在委托人与第三人之间直接发生委托合同关系的行为。其中由受托人负责选定第三人。在转委托关系中，该被委托的第三人叫次受托人。转委托的内容，得依原委托的内容。转委托包括以下两种情况：第一，转委托经委托人同意或者追认。对于由受托人所进行的转委托，委托人同意或追认的，受托人可以就委托事务直接指示转委托的第三人即次受托人，由次受托人直接就委托事务向委托人负责，委托关系所生的权利、义务也自然在委托人和转委托的第三人之间产生。委托人应向该次受托人支付报酬、发布指示、预付费用、赔偿损失；该次受托人也应对委托人本着诚信原则，尽力勤勉地履行义务。同时，受托人也可以向次受托人发布指示。因为次受托人的选任及受托人对次受托人的指示已经委托人同意，因而受托人仅对次受托人的选任以及其对次受托人的指示承担责任。因受托人选人不慎或指示有误而给委托人造成损失的，受托人应当承担赔偿责任。第二，转委托未经委托人同意或者追认。受托人所为的转委托未报知委托人或虽报知但委托人未同意的，该转委托的第三人应被视为受托人的履行辅助人，转委托的第三人处理事务的行为应被视为受托人自己的行为。因而，于未经同意的转委托，第三人处理事务的行为给委托人造成损失的，应视为受托人的行为所造成的损失。受托人应对未经同意或者追认的转委托的第三人的行为承担责任。

在有偿的委托合同中，受托人应尽善良管理人的注意义务，若欠缺此注意，即为有过错。对于委托人因此所受的损害，受托人应负赔偿责任。在无偿的委托合同中，受托人仅就故意或重大过失而给委托人带来的损失负责任。受托人在处理委托事务时，有一定的权限范围。当受托人超越该权限而处理事务时，若给委托人造成损失，则受托人不论有无过错，均应对委托人负损害赔偿责任。

在委托合同关系中，受托人有时不止一个。委托人委托两个或两个以上的受托人共同处理委托事务，若其中一个受托人或数个受托人违反了受托人的义务，而给委托人带来损失，委托人可以向所有受托人或其中任何一个要求赔偿，即受托人为数个时，相互之间负连带责任。但如果其中的一人或数人未与其他受托人协商而实施的行为损害了委托人的利益，则无过错的受托人可以在承担连带责任后向实施行为的受托人行使追偿权。负连带责任的受托人必须是委托人所委托的共同处理委托事务的人。若委托人分别委托不同受托人处理不同事务，则各受托人就各自处理事务向委托人负责，并不发生连带责任的问题。

3. 报告义务

受托人应当按照委托人的要求，随时或者定期报告委托事务的处理情况。委托事务终了或者委托合同终止时，受托人应当将处理委托事务的始末和处理结果报告给委托人，并提交必要的证明文件，如各种账目、收支计算情况等（《民法典》第 924 条）。

4. 财产转交义务

受托人因处理委托事务所取得的财产，应当转交给委托人（《民法典》第 927 条）。这些财产，包括金钱、物品及其孳息、权利等。不论是以委托人名义取得的还是以受托人自己名义取得的，也不管是由次委托人取得的还是由受托人自己在处理委托事务时直接取得的，受托人均应将其交还给委托人。委托人请求受托人交付财产的这项权利，可以让与。

（二）委托人的义务

1. 支付费用的义务

不论委托合同是否有偿，委托人都有支付费用的义务。委托人履行支付费用的义务有两种方式：一是预付费用，二是偿还费用。

委托人应当向受托人预付处理委托事务的费用。委托人应预付费用的多少以及预付的时间、地点、方式等，应依据委托事务的性质和处理的具体情况而定。预付费用是为了委托人的利益，与委托事务的处理并不成立对价关系，因此，二者之间不存在适用同时履行抗辩权的问题。非经约定，受托人并无垫付费用的义务。因此，如果经委托人请求，委托人不预付费用的，即使受托人因此不履行处理委托事务的义务，受托人也不负履行迟延或拒绝履行的责任。同时，正因为预付费用是为了委托人的利益，所以，受托人并无申请法院强制委托人预付费用的权利。但在委托合同为有偿合同的场合，在委托人拒付费用影响受托人基于该合同的收益或给受托人造成损失时，受托人有权请求赔偿。

受托人无为委托人垫付费用的义务，一旦垫付，有请求委托人偿还的权利，与此相应，委托人也就负有偿还费用的义务。委托人偿还的费用一般应限于受托人为处理委托事务所支出的必要费用及其利息。所谓必要费用，是指处理受托事务不可缺少的费用，如交通费、住宿费、手续费等。当事人就必要费用的范围发生争议时，委托人应对其认为不必要的部分举证，以免使提前垫付费用的受托人处于不利地位，同时维系委托人和受托人之间利益的均衡。在确定必要费用的范围时，应充分考虑委托事务的性质、受托人的注意义务及支出费用的具体情况，实事求是地确定。在支付当时为必要的，即使其后已无必要，也应认定为必要费用；相反，在支付当时为不必要的，即使其后为必要的，也不是必要费用。委托人偿还费用时应加付利息，利息从垫付之日起计算。双方关于利息有约定的，从约定；没有约定的，应以当时的法定存款利率计算。

对于受托人在处理委托事务时所支出的有益费用，双方当事人没有约定或者约定不明确的，受托人应根据无因管理或不当得利的规定，向委托人请求偿还。①

2. 支付报酬的义务

委托合同是无偿的，委托人自然无支付报酬的义务。然而在现代社会，市场经济日渐发达，委托合同的当事人之间多约定报酬，即使当事人之间没有约定报酬，但依习惯或者委托的性质应当由委托人支付报酬的，委托人应支付报酬，受托人享有给付报酬请求权。

发生不可归责于受托人的事由，致委托合同解除或委托事务不能完成的，系属委托合同中的风险负担问题。对于此时的风险，《民法典》第 928 条第 1 款规定委托人应当向受托人支付相应的报酬，即由双方当事人合理负担。发生可归责于受托人的事由而致委托合同终止或委托事务不能完成时，受托人无报酬请求权。若报酬是分期给付的，对于在受托人债务不履行前已支付的报酬，受托人无须返还。至于报酬的数额，由双方当事人自行约定；约定不明确的，依《民法典》第 510 条、第 511 条的相关规定确定。报酬的标的不限于金钱，也可包括有价证券或其他给付，但当事人无约定时，应给付金钱报酬。

关于支付报酬的时间，各国民法大都采“后付主义”，即除当事人另行约定事先支付报酬的外，非于委托关系终止及受托人明确报告始末后，受托人不得请求给付。因此，受托人不得以委托人未付报酬为由，就委托事务的处理行使同时履行抗辩权。一般情况下，委托人支付报酬并不以受托人成功地处理委托事务为要件，但若有特别约定，应从其约定。

3. 赔偿受托人损失的义务

一方面，委托人对于受托人在处理委托事务时非因自己过错所造成的损失应负赔偿责任；另一方面，委托人再委托第三人处理委托事务给受托人造成损失的，委托人应负赔偿责任。

三、委托合同的终止

（一）委托合同终止的原因

委托合同终止的原因包括一般原因和特殊原因。委托合同终止的一般原因是指一般合同共同适用的终止原因。委托合同终止的特殊原因是指导致委托合同终止特有的原因，主要包括以下两种情况：第一，当事人一方任意解除合同。在委托合同中，合同的当事人双方均享有任意解除权，可任意解除合同。第二，当事人一方死亡、丧失民事行为能力或破产，致使委托合同终止。当事人一方死亡、丧失民事行为能力或破产时，委托合同当然终止，但双方当事人另有约定，或依委托事务的性质在发生上述情况时不宜终止委托合同的除外。受托人死亡、丧失民事行为能力或者破产，致使委托合同终止的，受托人的继承人、法定代理人或者清算组织应当及时通知委托人。

---

① 参见郭明瑞、王轶：《合同法新论·分则》，309～310 页，北京，中国政法大学出版社，1997。

（二）委托合同例外不终止时的法律后果

（1）受托人有继续处理委托事务的义务。委托人死亡、被宣告破产、解散，致使委托合同终止将损害委托人利益的，在委托人的继承人、法定代理人或者清算人承受委托事务之前，受托人有继续处理委托事务的义务（《民法典》第935条）。

（2）受托人的继承人、法定代理人或者清算组织在委托关系终止时有采取必要措施的义务。受托人死亡、丧失民事行为能力或者被宣告破产、解散，致使委托合同终止将损害委托人利益的，在委托人作出善后处理之前，受托人的继承人、遗产管理人、法定代理人或者清算人应当采取必要措施（《民法典》第936条）。对于所谓的“必要措施”应作广义理解，既包括消极的保存行为，也包括对委托事务的积极处理。

问题与思考

1. 试述委托合同的效力。
2. 试析委托合同终止的法律效果。

第五十四章 物业服务合同

本章概要

物业服务合同是物业服务人在物业服务区域内，为业主提供建筑物及其附属设施的维修养护、环境卫生和相关秩序的管理维护等物业服务，业主支付物业费的合同。物业服务是社会分工发展的产物，物业服务合同的应用范围日益广泛。本章的重点问题是物业服务合同的效力。

一、物业服务合同的概念和特征

物业服务合同是物业服务人在物业服务区域内，为业主提供建筑物及其附属设施的维修养护、环境卫生和相关秩序的管理维护等物业服务，业主支付物业费的合同。物业服务人包括物业服务企业和其他物业管理人（《民法典》第 937 条）。

社会分工的发展，催生了物业服务。《民法典》第 284 条第 1 款规定：业主可以自行管理建筑物及其附属设施，也可以委托物业服务企业或者其他管理人管理。第 285 条第 1 款进一步规定：物业服务企业或者其他管理人根据业主的委托，依照本法第三编有关物业服务合同的规定管理建筑区划内的建筑物及其附属设施，并接受业主的监督……基于物业服务合同在现实生活中的普遍性及重要性，为了规范物业服务行业的健康发展，统一物业服务的司法实践，《民法典》增加物业服务合同，作为典型合同的一种专门予以规定，对物业服务合同双方当事人的权利、义务予以整体的明确规定。

物业服务合同具有以下法律特征。

1. 物业服务合同属于提供服务的合同

物业服务人提供的服务具有综合性或者复合性，既涉及建筑物及其附属设施的维修养护，也涉及环境卫生和相关秩序的管理维护；既涉及物的管理，也涉及人的管理。因此，物业服务合同涉及委托、承揽、劳务等多种因素，但并非这些合同类型的简单组合，兼具委托、承揽、劳务等诸多合同类型中部分给付的性质。[①]

---

① 参见王利明：《合同法研究》，2 版，第 4 卷，131～132 页，北京，中国人民大学出版社，2017。

2. 物业服务合同属于长期继续性合同

继续性合同，即以持续债务为内容的合同。就物业服务合同而言，物业服务并不是一次性完成的，而是需要持续一定的时间。物业服务人应当在服务期间内不间断地提供物业服务，物业服务人给付的范围单纯由时间决定，故物业服务合同属于固有的继续性合同。继续性合同在终止时没有溯及既往的效力，故在物业服务合同终止时，其效力向将来发生，对于物业服务人已经提供的服务，业主仍应当按照合同约定支付相应的报酬。

物业服务合同也是一种长期合同。长期合同包括长期的继续性合同和长期的非继续性合同。长期合同的重点是长期性所产生的合同社会关系性和不完全合同，因此，其重心体现在诚信谈判、开放性或者待定条款、情势变更、弹性调整的实体和程序条款、后合同义务等方面，例如，在长期合同终止后，就会发生交接等后合同义务问题。《民法典》第 949 条对此专门作出规定。

3. 物业服务合同属于集体合同

《民法典》第 939 条规定，建设单位依法与物业服务人订立的前期物业服务合同，以及业主委员会与业主大会依法选聘的物业服务人订立的物业服务合同，对业主都具有法律约束力。此时，就出现了合同的订立主体和合同的约束主体有可能不同。其主要的原因在于，还没有业主或者全体业主人数众多，难以由业主或者全体业主直接参与合同订立过程。法定的主体依据法定的程序和要求订立的物业服务合同，对全体业主都具有法律约束力。这充分体现了物业服务合同的集体合同特点。

既然物业服务合同是集体合同，那么业主作为业主团体的一员，享有接受物业服务人提供的物业服务的权利，但是单个业主的权利也要因此受到一定的限制。例如，《民法典》第 944 条第 1 款第二句规定，物业服务人已经按照约定和有关规定提供服务的，业主不得以未接受或者无须接受相关物业服务为由拒绝支付物业费；第 946 条第 1 款第一句规定，解除物业服务合同的，业主必须依照法定程序共同决定解聘物业服务人，单个业主无权解除合同。

4. 物业服务合同属于双务、有偿、诺成、要式合同

根据《民法典》第 937 条，物业服务人提供物业服务，业主也要支付物业费，因此，物业服务合同是双务、有偿合同。物业服务合同只要双方当事人意思表示达成一致即告成立，故为诺成合同。物业服务合同应当采用书面形式（《民法典》第 938 条第 3 款），故其属于要式合同。

二、物业服务合同的内容

物业服务合同的内容一般包括服务事项、服务质量、服务费用的标准和收取办法、维修资金的使用、服务用房的管理和使用、服务期限、服务交接等条款。物业服务人公开作出的有利于业主的服务承诺，为物业服务合同的组成部分（《民法典》第 938 条第 1、2 款）。

1. 服务事项

物业服务事项是指物业服务人按照约定应当提供的具体服务类型。

2. 服务质量

物业服务合同中可以明确约定物业服务的质量。

3. 服务费用的标准和收取办法

服务费用，是指物业服务人按照物业服务合同的约定提供物业服务而向业主所收取的费用。关于服务费用的标准，需要秉承合理、公开以及费用与服务水平相适应的原则，区分不同物业的性质和特点分别实行政府指导价和市场调节价。至于服务费用的计费方式，可以约定采取包干制或者酬金制。

4. 维修资金的使用

维修资金，是指专项用于共用部位、共用设施设备保修期满后的维修和更新、改造的资金。维修资金应当存入相关行政主管部门或者业主大会委托的住宅专项维修资金专户管理银行的住宅专项维修资金专户。关于该资金的使用，由物业服务人或者相关业主提出使用建议或者使用方案，并组织实施使用方案。

5. 服务用房的管理和使用

物业服务用房是满足物业服务人的物业服务设施设备、办公及值班等需求所使用的房屋。物业服务用房的所有权依法属于全体业主。物业服务用房的用途是特定的，只能用于物业服务，未经业主大会同意，物业服务人不得改变服务用房的用途。

6. 服务期限

服务期限，是指物业服务合同双方当事人约定的合同存续期限。

7. 服务交接

物业服务合同涉及的服务事项较多，一般服务期限较长。物业服务人不仅长期占有物业服务用房，而且掌握了小区内相关设施、物业服务的很多相关资料。根据《民法典》第 949 条第 1 款，应当将这些物业服务用房及相关资料等交还给业主委员会、决定自行管理的业主或者其指定的人，物业服务人还应当配合新物业服务人做好交接工作，如实告知物业的使用和管理情况。

物业服务人公开作出的服务承诺，已经成为业主选聘物业服务人的重要依据，也是业主维护其权益的根据，有助于合理扩充物业服务人应承担义务的依据范围，维护业主的合理信赖，同时未不合理地额外增加物业服务人的义务。

三、前期物业服务合同

（一）前期物业服务合同对业主的法律约束力

物业服务合同可以被分为两大类，即前期物业服务合同和普通物业服务合同。前期物业服务合同，是指由建设单位与其委托的物业服务人依法签订的物业服务合同。普通物业服务合同，是指由业主委员会等依法与物业服务人签订的物业服务合同。前期物业服务合同与普通物业服务合同，均对业主具有法律约束力（《民法典》第 939 条）。

前期物业服务合同虽是建设单位与物业服务人订立的，其对业主的法律约束力，最终来源于业主通过购买体现出的意思表示或者通过业主共同管理体现出的意思表示，因此，前期物业服务合同仍植根于业主的意思表示。实践中，在成立业主委员会之前，还存在由居民委员会与物业服务人订立物业服务合同的情形。基于同样的原理，该类物业服务合同也对业主具有约束力。

物业服务合同对业主具有法律约束力，就意味着业主享有物业服务合同中的权利、承担物业服务合同中的义务，业主无权以其并非合同当事人或者未参与订立合同为由提出抗辩。

（二）前期物业服务合同的终止

建设单位依法与物业服务人订立的前期物业服务合同约定的服务期限届满前，业主委员会或者业主与新物业服务人订立的物业服务合同生效的，前期物业服务合同终止（《民法典》第 940 条）。

建设单位依法与物业服务人订立的前期物业服务合同约定的服务期限届满前，业主委员会或者业主与新物业服务人订立的物业服务合同生效，包括两种情形：一是业主委员会与业主大会依法选聘的物业服务人订立物业服务合同，并且物业服务合同生效。二是依《物业管理条例》（2018 年修订）第 10 条的规定“……只有一个业主的，或者业主人数较少且经全体业主一致同意，决定不成立业主大会的，由业主共同履行业主大会、业主委员会职责”，业主直接与新物业服务人订立物业服务合同，并且物业服务合同生效。

四、物业服务合同的效力

（一）物业服务人的义务

1. 亲自提供物业服务的义务

物业服务人应当亲自履行提供物业服务的义务。物业服务人将物业服务区域内的部分专项服务事项委托给专业性服务组织或者其他第三人的，应当就该部分专项服务事项向业主负责。物业服务人不得将其应当提供的全部物业服务转委托给第三人，或者将全部物业服务支解后分别转委托给第三人（《民法典》第 941 条）。

物业服务涉及卫生、环保、消防、特种设备维修、道路养护等诸多方面，其中许多方面具有一定的专业性。随着社会分工的进一步发展，应当允许物业服务人结合自己的人员配备情况，将部分服务事项转委托给更为专业的机构或者人员来完成。例如，另外寻找保安公司、保洁公司等，将其所承担的小区保安、保洁、电梯服务等工作分别进行转委托。这样，既能够保证物业服务的质量，同时也有利于降低物业管理成本、提高资源配置效率。因此，物业服务人有权将物业服务区域内的部分专项服务事项委托给专业性服务组织或者其他第三人，无须经过业主同意。当该部分专业服务事项不符合约定时，业主有权依法请求物业服务人承担违约责任，而无权请求次受托人承担违约责任。

转委托合同与物业服务合同效力相互独立。物业服务合同的当事人是业主和物业服务人，转委托合同的当事人是物业服务人和次受托人，因此，转委托合同并非物业服务合同权利、义务的概括转移。转委托合同的效力与物业服务合同无关，物业服务合同无效或者被解除，不影响转委托合同的效力，仅仅是产生了法定的解除转委托合同的权利。

在物业服务合同中，选聘某一物业服务人而非其他物业服务人，大多出于对物业服务人之实力与服务质量的信任。一旦允许物业服务人将全部物业服务一并委托他人，将使业主大会所享有的选聘物业服务人的权利形同虚设，业主的合法权益难以得到保障；另外，在实践中物业服务人将全部物业服务转移给他人，大多出于通过全部转委托赚取差额利润的动机，而次受托人因为支出了较高的成本，自然会基于谋取利益的需要，使所提供服务的质量有所降低，最终损害业主的合法权益。因此，《民法典》禁止物业服务人将其应当提供的全部物业服务转委托给第三人，或者将全部物业服务支解后分别转委托给第三人。所谓的物业服务人将其应当提供的全部物业服务转委托给第三人，指的是一并转委托，将全部物业服务转委托给同一个第三人。所谓的将全部物业服务支解后分别转委托给第三人，指的是将全部物业服务支解成各个服务事项，而分别转委托给不同的第三人，实质上也是将全部物业服务转委托。这里的“全部”不能被理解为“主要或者实质内容”，因为对于物业服务中的各项内容很难区分出哪些是主要或者实质性的，一旦如此理解，就会难以区分合法转委托与违法转委托。

2. 妥善提供物业服务的义务

物业服务人应当按照约定和物业的使用性质，妥善维修、养护、清洁、绿化和经营管理物业服务区域内的业主共有部分，维护物业服务区域内的基本秩序，采取合理措施保护业主的人身、财产安全。对物业服务区域内违反有关治安、环保等法律法规的行为，物业服务人应当及时采取合理措施制止，向有关行政主管部门报告并协助处理（《民法典》第 942 条）。

物业服务人提供服务的区域是物业服务区域。目前在实践中，物业服务区域一般与建筑区划一致。物业服务人在物业服务区域内妥善提供物业服务主要包括以下内容：

（1）对业主共有部分的维修、养护。

首先，应当注意的是，物业服务人此项服务的对象是业主共有部分而非专有部分。其次，业主共有部分也不等于共用部分。再次，供水、供电、供气、供热等的相关管线和专业设施设备，不属于物业服务的范围。最后，所谓的维修养护，包括：1）日常养护和出现故障情形下的维修。2）静态的维修养护（例如，建筑物共有部分）和运行、使用的维修养护（例如，共有设备和设施）。3）包括建筑物，共有的设施、设备，以及道路、广场、构筑物等。具体的措施，例如，对房屋共有部分和共有的设施设备日常巡查和定期养护，运行、检修、保养等记录齐全，建立共有设施设备档案（设备台账）；需要维修，属于小修范围的，及时组织修复，对电梯、消防、技防、配电等涉及人身、财产安全以及其他有特定要求的设施设备的维修和养护，组织由专业机构实施；属于大、中修范围的，及时编制维修计划和住房专项维修资金使用计划，向业主大会或者业主委员会提出报告与建议，根据业主大会的决定，组织维修；等等。

(2) 对业主共有部分的清洁、绿化。

这主要是指对共有部分环境卫生的管理维护。首先是清洁。物业服务人应当自行或委托专业性服务企业提供保洁服务，维护物业服务区域内良好的卫生环境。其次是绿化。在开发建设过程中，规划条件对小区绿地面积、比例等都有明确要求，建设单位在房地产开发过程中应当按照相关规定，足额配置绿化。在物业交接之后，业主也可以委托物业服务人保持、改善绿化环境，物业服务人应当按照合同的约定，加强对小区绿化的日常维护管理。

(3) 对业主共有部分的经营管理。

实践中，对业主共有部分的具体经营管理事项，通常由业主通过物业服务合同委托物业服务人代为进行。经营的方式较为多样，可以是承包，也可以是委托，需要在物业服务合同中加以约定；而在经营过程中，需要从经营收益中支付给物业服务人一定的费用和报酬，也需要在物业服务合同中约定其支付标准。如果物业服务人未依法取得同意即对业主共有部分进行经营管理，扣除合理成本后的收益仍然由业主共有，物业服务人应当将该部分返还并相应地赔偿资金占有损失，并且由物业服务人对成本支出及其合理性承担举证责任。

(4) 维护物业服务区域内的基本秩序。

物业服务人仅负有维护业主基本生活秩序的义务，例如对出入人员和车辆的管理，制止影响业主和物业使用人安宁生活的行为等，而不负有维护公共秩序的义务。公共秩序应当由政府维护，相关开支应当以公共财政支付，而不应当由业主承担并支付相关成本。关于对公共秩序的维护，物业服务人仅负有协助义务。

(5) 采取合理措施保护业主的人身、财产安全。

物业服务人负有采取合理措施保护业主的人身、财产安全的义务，该义务属于物业服务人依据合同所应当承担的附随义务。判断是否采取了合理措施时，应当考虑多种因素，包括物业服务合同的约定、法律法规的规定、物业收费标准等，在个案中予以具体判断。[①]

(6) 对违法行为采取合理措施制止，并且报告和协助处理。

作为物业服务区域的管理者，物业服务人常常最先知悉其中发生的违法行为。物业服务人对禁止性行为负有采取合理措施制止并且报告和协助处理的义务，有助于及时遏制禁止性行为蔓延，使有关行政主管部门尽早了解相关情况，采取有力措施，保持物业服务区域的安宁与秩序，最终促进社会整体利益的实现。

(7) 其他义务。

除了以上义务，物业服务人还需承担服务信息公开的义务、承接物业时的物业验收义务、物业服务档案资料和账务的管理义务、配合做好社区管理相关工作的义务等。

3. 公开和报告义务

物业服务人应当定期将服务的事项、负责人员、质量要求、收费项目、收费标准、履行情况，以及维修资金使用情况、业主共有部分的经营与收益情况等以合理方式向业

---

① 参见王利明：《合同法研究》，2版，第4卷，161页，北京，中国人民大学出版社，2017。

主公开并向业主大会、业主委员会报告（《民法典》第943条）。

在物业服务合同履行过程中，业主和物业服务人对服务信息掌握的程度不同，存在明显的信息不对称。法律规定物业服务人负有公开和报告义务，有助于防止物业服务人利用信息优势损害业主的合法权益，有助于保障业主的知情权，便利业主行使监督权，维护自身权益，对物业服务作出正确评判，进而推进物业服务领域的市场竞争。

关于物业服务人公开和报告的内容、方式，可以在物业服务合同中明确约定，有约定的，按照约定；没有明确约定的，按照有关的规定予以确定。

（二）业主的义务

1. 支付物业费的义务

业主应当按照约定向物业服务人支付物业费。物业服务人已经按照约定和有关规定提供服务的，业主不得以未接受或者无须接受相关物业服务为由拒绝支付物业费。业主违反约定，逾期不支付物业费的，物业服务人可以催告其在合理期限内支付；合理期限届满仍不支付的，物业服务人可以提起诉讼或者申请仲裁。物业服务人不得采取停止供电、供水、供热、供燃气等方式催交物业费（《民法典》第944条）。

在物业服务合同中，物业服务人提供物业服务，而业主所负有的主给付义务就是向物业服务人支付物业费，因此，业主支付物业费就是基于物业服务合同，业主就负有按照物业服务合同的约定向物业服务人支付物业费的合同义务。负有支付物业费义务的主体就是业主。业主包括：(1) 依法登记取得建筑物专有部分所有权者；(2) 即使未登记，但依据《民法典》第229～231条规定取得建筑物专有部分所有权者；(3) 基于与建设单位之间的商品房买卖民事法律行为，已经合法占有建筑物专有部分，但尚未依法办理所有权登记的人。除此之外，还有以下特殊的支付义务主体：建设单位以及物业承租人、借用人或者其他物业使用人等。

业主违反约定逾期不支付物业费的，物业服务人可以催告其在合理期限内支付；逾期仍不支付的，物业服务人才可以提起诉讼或者申请仲裁。这是将物业服务人的催告作为提起诉讼或者申请仲裁的前置程序。这同时意味着，物业服务人只能采取催告的方式催交，而不得采取停止供应电、水、气、热力、通讯、有线电视等方式催交。以供电为例：供电合同的双方当事人是供电人和用电人，物业服务人并非供电合同的当事人。在特定情形下中止供电的权利人是供电人而非物业服务人，即使供电人委托物业服务人代收电费，也并未改变这一点。即使物业服务合同中约定在业主不支付物业费的情况下物业服务人有中止供电的权利，这一约定也是无效的。

2. 告知和协助义务

业主装饰装修房屋的，应当事先告知物业服务人，遵守物业服务人提示的合理注意事项，并配合其进行必要的现场检查。业主转让、出租物业专有部分，设立居住权或者依法改变共有部分用途的，应当及时将相关情况告知物业服务人（《民法典》第945条）。

物业的装饰装修是业主行使专有部分所有权的一种方式，但是，装饰装修对其他业主的利益会产生直接影响，不适当的装饰装修会危及建筑物的安全，妨碍物业服务人妥善提供物业服务，危害其他业主的利益。物业服务人对业主的装饰装修活动应当进行适度的管理、指导、监督，防止损害业主团体和其他业主的合法权益。这是物业服务人履行物业服务合同，实现对“物”有效管理、维护的必要要求。因此，业主进行装饰装修活动的，应当及时将相关情况告知物业服务人，以便物业服务人采取适当措施。业主有遵守物业服务人提示的合理注意事项的义务。为了确保建筑物的安全，物业服务人有权对装饰装修活动进行必要的现场监督、检查，以便及时发现和制止不当行为。在此过程中，业主应当积极协助、配合物业服务人履行职责，不得横加阻挠。这同样以物业服务人的现场检查是必要的为前提。

业主转让、出租物业专有部分以及设立居住权，均属于业主依据专有权所享有的权利。但是，这些行为都涉及物业服务相对人的变化，故业主负有告知物业服务人的义务，以最大限度促使物业服务人了解情况，知悉相关物业真实使用情况，确定物业服务享有之主体、物业服务人救济权利主张的对象，为物业服务人及时对物业服务区域进行有效维护创造前提。业主依法改变共有部分用途的，应当在依法办理有关手续后告知物业服务人。

五、物业服务合同的终止

（一）业主共同决定解除物业服务合同

业主依照法定程序共同决定解聘物业服务人的，可以解除物业服务合同。决定解聘的，应当提前 60 日书面通知物业服务人，但是合同对通知期限另有约定的除外。解除合同造成物业服务人损失的，除不可归责于业主的事由外，业主应当赔偿损失（《民法典》第 946 条）。

物业服务合同是一种集体合同，业主的共同管理权应当由业主大会依照法定程序共同行使。物业服务合同属于服务合同的一种，在服务合同的履行中，需要当事人双方的特别信任和配合，也会出现服务受领人方面的信息不充分或者情况变化，因此，服务受领人对于解除合同具有合法利益。这些理由在物业服务合同中同样适用。

业主依照法定程序共同决定解聘物业服务人的，如果物业服务合同对通知期限有明确约定，按照其约定。如果没有约定或者约定不明确，应当提前 60 日通知，并且应当采取书面形式。未提前通知的，只有在 60 日期限届满之后，解除才发生效力，而非解除无效。这也是基于特殊的政策考量：给物业服务人一定的准备期，以此减轻业主的赔偿责任，避免业主承担过重的赔偿责任而产生的社会问题和执行难题。

解除合同造成物业服务人损失的，除不可归责于业主的事由外，业主应当赔偿损失。在合同是因不可归责于业主的事由而被解除的情况下，业主不承担赔偿责任。例如，物业服务人的商业信誉严重受损，导致业主无法相信物业服务人时，即使物业服务人不存在违约行为，业主此时也可以解除合同而无须赔偿；或者物业服务人存在非根本的违约行为，例如物业服务人制作虚假财务报表，致使业主无法相信物业服务人时，也可以被认为属于不可归责于业主的事由。在不存在不可归责于业主的事由时，业主应当赔偿因解除物业服务合同给物业服务人造成的损失。

（二）续聘物业服务人

物业服务期限届满前，业主依法共同决定续聘的，应当与原物业服务人在合同期限届满前续订物业服务合同。物业服务期限届满前，物业服务人不同意续聘的，应当在合同期限届满前 90 日书面通知业主或者业主委员会，但是合同对通知期限另有约定的除外（《民法典》第 947 条）。

无论是前期物业服务合同还是普通物业服务合同，在物业服务合同期限届满前，依据《民法典》第 278 条，业主有权共同决定续聘或者解聘物业服务人，这要求由专有部分面积占比在三分之二以上的业主且人数占比在三分之二以上的业主参与表决，并且经参与表决专有部分面积过半数的业主且参与表决人数过半数的业主同意。在业主共同决定后，由业主委员会，或者未设立业主委员会情况下由全体业主，依据业主的共同决定而与物业服务人续聘或者解聘。同样，如果业主委员会未经业主大会同意，擅自续聘或者解聘，业主大会不予追认的，业主委员会的行为对全体业主不具有法律约束力，由此产生的后果由业主委员会中负有责任的个人承担。

无论是前期物业服务合同还是普通物业服务合同，物业服务期限届满后，物业服务人不负有订立新物业服务合同的义务。无论业主共同决定是否续聘，物业服务人都可以不同意续聘。物业服务人不同意续聘的，除非合同对通知期限另有约定，物业服务人应当在合同期限届满前 90 日书面通知业主委员会；未成立业主委员会的情形下，应当书面通知业主。

（三）不定期物业服务合同

物业服务期限届满后，业主没有依法作出续聘或者另聘物业服务人的决定，物业服务人继续提供物业服务的，原物业服务合同继续有效，但是服务期限为不定期。当事人可以随时解除不定期物业服务合同，但是应当提前 60 日书面通知对方（《民法典》第 948 条）。

无论是前期物业服务合同还是普通物业服务合同，在物业服务期限届满后，业主没有依法作出续聘或者另聘物业服务人的决定，但是物业服务人继续提供物业服务的，业主与物业服务人之间形成事实上的物业服务合同关系，但是服务期限为不定期。不定期物业服务合同的内容应当与原物业服务合同的内容相同，因此，物业服务人应当依据原物业服务合同的约定提供物业服务，业主也应当按照原物业服务合同的约定支付物业费。当事人可以随时解除不定期物业服务合同，但是应当提前 60 日书面通知对方。

（四）物业服务人的交接义务

物业服务合同终止后，原物业服务人应当在约定期限或者合理期限内退出物业服务区域，将物业服务用房、相关设施、物业服务所必需的相关资料等交还给业主委员会、决定自行管理的业主或者其指定的人，配合新物业服务人做好交接工作，并如实告知物业的使用和管理状况。原物业服务人违反前述规定的，不得请求业主支付物业服务合同终止后的物业费；造成业主损失的，应当赔偿损失（《民法典》第 949 条）。

物业服务人在合同终止后的交接义务就是物业服务人最为重要的后合同义务之一。交接义务的具体内容包括：退出物业服务区域，交还物业服务用房、相关设施、物业服务所必需的相关资料等，配合新物业服务人完成交接工作，并如实告知物业的使用和管理状况。

物业服务人违反交接义务，构成了对后合同义务的违反，应当依据《民法典》第577条的规定，承担继续履行、采取补救措施或者赔偿损失等违约责任。

（五）原物业服务人继续处理物业服务事项

物业服务合同终止后，在业主或者业主大会选聘的新物业服务人或者决定自行管理的业主接管之前，原物业服务人应当继续处理物业服务事项，并可以请求业主支付该期间的物业费（《民法典》第950条）。

问题与思考

1. 试述物业服务合同的效力。
2. 试析前期物业服务合同对业主的法律约束力。
3. 试析物业服务合同终止的法律效果。

第五十五章
行纪合同

本章概要

行纪合同亦属商事合同，具有较强的专业性。本章主要阐释行纪合同的概念与特征、行纪合同的效力、行纪人与委托人的权利和义务关系、行纪合同对委托合同规则的参照适用等内容。

一、行纪合同的概念和特征

行纪合同，又称信托合同，是指一方根据他方的委托，以自己的名义为他方从事贸易活动，并收取报酬的合同。其中，以自己的名义为他方办理业务的，为行纪人；由行纪人为之办理业务，并支付报酬的，为委托人。行纪合同由委托合同发展而来，但行纪合同关系和委托合同关系之间仍存在显著区别，因为在行纪合同关系中，行纪人必须是以自己的名义从事相关活动。

行纪合同具有如下法律特征：

（1）行纪合同中的行纪人具有主体的限定性。行纪人应当是经过批准可以从事行纪业务的自然人、法人和非法人组织。

（2）行纪人以自己的名义为委托人办理业务。行纪人在接受委托办理业务时，须以自己的名义而非委托人的名义进行民事法律行为。

（3）行纪人为委托人的利益办理业务。

（4）行纪合同是商事合同。在行纪合同中，行纪人以自己的名义为委托人从事贸易活动，委托人支付报酬。

（5）行纪合同是双务、有偿、诺成合同和不要式合同。行纪合同具有诺成性，属于不要式合同，即便采取口头形式，合同亦有效。

二、行纪合同的效力

（一）行纪人的义务

1. 负担行纪费用的义务

行纪费用，是指行纪人在处理委托事务时所支出的费用。《民法典》第952条明确规定：行纪人处理委托事务支出的费用，由行纪人负担，但是当事人另有约定的除外。可见，在我国行纪费用以行纪人负担为原则，但当事人另有约定的除外。在现实生活中，难免会发生当事人没有约定相关费用由谁负担的问题。考虑到行纪人是以自己的名义处理相关事务，在无特别约定的情况下，行纪人处理委托事务支出的费用宜由行纪人负担。

2. 妥善保管委托物的义务

行纪人占有委托物的，应当妥善保管委托物。行纪合同为有偿合同，因而行纪人对物的保管应尽善良管理人的注意。如未尽到此种义务，则行纪人应承担赔偿责任。

3. 合理处分委托物的义务

行纪合同关系中，行纪人是为了委托人的利益而从事相关活动的。由于委托人自己才是其利益的最权威判断者，故而行纪人必须接受委托人的指示。这是其义务所在。但行纪人在不能与委托人及时取得联系时，可以合理处分。

4. 依委托人的指示处理事务的义务

根据《民法典》第955条的规定，对于委托人所指定的卖出委托物的价格或买入价格，行纪人有遵从指示的义务。对该项义务可分解为以下两种情况来具体考察：

(1) 行纪人低于指定价格卖出或者高于指定价格买进委托物。行纪人低于委托人指定的价格卖出或者高于委托人指定的价格买入的，应当经委托人同意。未经委托人同意，行纪人补偿其差额的，该买卖对委托人发生效力。

(2) 行纪人高于指定价格卖出或低于指定价格买进委托物。行纪人高于委托人指定的价格卖出或者低于委托人指定的价格买入的，可以按照约定增加报酬。没有约定或者约定不明确，双方当事人可以协议补充；不能达成补充协议的，按照合同有关条款或者交易习惯确定，仍不能确定的；该利益属于委托人。

（二）委托人的义务

1. 支付报酬的义务

行纪人完成或者部分完成委托事务的，得请求报酬，委托人有支付报酬的义务。所谓报酬，系行纪人为行纪行为的对价。其数额应由双方当事人约定，无约定的；依习惯确定。习惯上行纪人的报酬多以其所为交易的价额依一定的比率提取，这在证券交易中尤为常见。

行纪人全部完成或部分完成委托事务，委托人应当支付报酬却逾期不支付的，行纪人享有留置委托物，并依照法律规定以委托物折价或从拍卖、变卖该财产所得的价款中优先受偿的权利。

2. 受领或取回标的物的义务

行纪人按照行纪合同的约定为委托人买回委托物的，委托人应当及时受领。经过行纪人催告，委托人无正当理由拒绝受领的，行纪人可以提存委托物。催告是行纪人处分委托物的程序前提。委托人拒领委托物的，未经催告，行纪人无权处分委托物；反之，经行纪人催告，委托人无正当理由拒绝受领的，行纪人依法可以提存委托物。

（三）行纪人的介入权

《民法典》第 956 条第 1 款规定：行纪人卖出或者买入具有市场定价的商品，除委托人有相反的意思表示外，行纪人自己可以作为买受人或者出卖人。一般而言，在行纪人自己作为买受人或者出卖人时，可能违反利益冲突原则，损及委托人的利益，故不承认其效力。但在商品具有明确的市场价格的情况下，譬如在公开竞价的证券市场以市场价格买卖证券，委托人的利益是能够获得保障的。此时，仍然绝对否认其效力不仅毫无积极意义而且会抑制交易，故宜承认其效力。但在委托人有相反意思表示的情况下，不宜认可其效力。在允许行纪人自己作为买受人或者出卖人的情况下，委托人的利益并未受损，而行纪人已圆满完成了委托人的指示，并且，其在这一过程中难免然会耗费时间、精力，乃至支出一定的费用，故行纪人可以请求委托人支付报酬。

三、行纪合同的法律适用

由于行纪合同在性质上与委托合同十分相近，故《民法典》第 960 条规定，“本章没有规定的，参照适用委托合同的有关规定”。该条在原《合同法》第 423 条之“适用”的基础上增加“参照”一词，更为严谨和准确。

问题与思考

1. 简述行纪合同的概念与特征。
2. 简述行纪合同和委托合同的联系与差别。
3. 简述行纪人的介入权。

第五十六章
中介合同

本章概要

中介合同是日常生活中十分常见的合同类型。本章主要阐述了中介合同的概念与特征、中介合同的效力等。

一、中介合同的概念和特征

中介合同，又名中介服务合同、居间合同，是指双方当事人约定一方为他方报告订立合同的机会或者提供订立合同的媒介服务，他方给付报酬的合同。在中介合同中，报告订约机会或提供交易媒介的一方为中介人，给付报酬的一方为委托人。就中介合同，《合同法》中所使用的术语为“居间合同”，比较具有学理特色；而《民法典》改用“中介合同”这一术语，表明《民法典》在立法语言上倾向于通俗化表述，便于法典的通俗易懂，以确保社会公众能更为容易地理解和适用法典。

中介合同与委托合同、行纪合同既有联系又有区别，其中最主要的联系在于，三者都是为他人提供服务的；而最主要的区别在于：中介人是为委托人提供机会，其中介行为与受服务对象之间的法律关系相对独立。而在行纪合同关系中，行纪人与第三人建立了法律关系。在委托合同关系中，也是如此。

一般认为，中介合同有如下法律特征：

（1）中介合同的主体具有特殊性。某些法律、法规、规章等规范性文件对中介人的资格作出一定的限制，要求中介人具有相应的知识、能力和从业条件；并规定国家机关、领导干部等有特殊职权的人不得作为中介人从事中介交易。实践中一般对中介人有资格要求，譬如地产、娱乐等行业一般要求取得经纪人资格证，中介人不得超越经营范围，特定行业如境外就业中介一般也需要经过行政许可。

（2）中介合同为有偿合同。中介人促成合同成立的，委托人应当按照约定支付报酬。

（3）中介合同为诺成合同和不要式合同。

（4）中介合同中委托人的给付义务的履行有不确定性。中介人未促成合同成立的，不得请求支付报酬；但是，可以按照约定请求委托人支付从事中介活动支出的必要费用。

（5）中介合同具有独立性。即使标的合同事后被撤销或被确认为无效，若中介人已履行合同约定的相应义务，则可以确认中介合同单独有效。

二、中介合同的效力

（一）中介人的义务

1. 报告义务

中介人应当就有关订立合同的事项向委托人如实报告。这是中介人的主要义务，中介人应忠实勤勉地履行。在报告型中介中，中介人对于订约事项，应就其所知，据实地报告给委托人。中介人对于相对人而言，并不负有报告委托人有关情况的义务。在媒介型中介中，中介人应将有关订约的事项据实报告给各方当事人。中介人故意隐瞒与订立合同有关的重要事实或者提供虚假情况，损害委托人利益的，不得请求支付报酬并应当承担赔偿责任。

2. 忠实勤勉义务

中介人就自己所为的中介活动，有忠实义务。中介人的忠实义务包括以下几方面的要求：其一，中介人应将所知道的有关订约的情况或商业信息如实告知给委托人。其二，不得对订立合同实施不利影响，影响合同的订立或者损害委托人的利益。其三，中介人对于所提供的信息、成交机会以及后来的订约情况，负有向其他人保密的义务。

中介人在负有忠实义务的同时，还负有勤勉义务。判断中介人是否有尽力义务及其范围如何，应就其合同依照诚实信用原则来解释。报告中介人的任务在于报告订约机会给委托人。媒介中介人的任务除向委托人报告订约信息外，还包括尽力促使将来可能订约的当事人双方达成合意，排除双方所持的不同意见，并依照约定准备合同，对于相对人与委托人之间所存障碍加以说合和克服。

3. 自行负担中介活动费用的义务

中介人促成合同成立的，中介合同的费用由中介人负担。中介人作为中介合同的一方主体，若欲为委托方了解相关的订约信息、商业信息及有关人的资信状况、信誉度、知名度等情况，必定会有一定的费用支出。对于此费用的支出，若委托方和中介人事先没有明确约定由哪一方负担，那么应当由中介人承担。这是因为在一般情形下，中介人支出的中介活动的费用都已计算在中介报酬内。

（二）委托人的义务

1. 支付报酬的义务

在中介合同中，委托人的主要义务是支付报酬。中介人促成合同成立的，委托人应当按照约定支付报酬。对中介人的报酬没有约定或者约定不明确，依据《民法典》第510条的规定仍不能确定的，根据中介人的劳务合理确定。中介人提供订立合同的媒介服务促成合同成立的，由该合同的当事人平均负担中介人的报酬。中介人未促成合同成立的，不得请求支付报酬；但是，可以按照约定请求委托人支付从事中介活动支出的必要费用。

值得注意的是，《民法典》新增了第965条关于“跳单”的规定：委托人在接受中介人的服务后，利用中介人提供的交易机会或者媒介服务，绕开中介人直接订立合同的，应当向中介人支付报酬。所谓“跳单”是指委托人在接受中介服务后，为逃避支付中介费用，恶意越过中介人而直接与第三人交易的行为；“跳单”行为违反了诚实信用原则和公平原则，也构成对中介合同的违反。当然，“跳单”认定的关键是委托人接受了中介人所提供的服务，并利用了中介人所提供的交易机会或媒介服务。譬如，在二手房交易中，作为委托人的买方确实利用了地产中介所提供的房源以及相应服务，但为了节省中介费而绕开中介直接与卖方签订房屋买卖合同。

2. 支付中介费用的义务

中介人进行中介活动所支出的费用，为中介费用。中介费用一般包含于报酬之中，因此，中介活动的费用由中介人负担。在中介成功时，即中介人促成合同成立的，中介费用未经约定不得请求委托人偿还，由中介人负担。即使中介人已尽了报告或媒介义务，但仍不能使合同成立，达不到委托人的预期目的的，一些国家或地区的立法认为，此时的中介费用不得请求委托人偿还。在我国，《民法典》第964条规定，中介人未促成合同成立的，不得请求支付报酬；但是，可以按照约定请求委托人支付从事中介活动支出的必要费用。

最后，还值得注意的是《民法典》第966条的新增规定：本章没有规定的，参照适用委托合同的有关规定。中介合同与委托合同之间存在密切的联系，主要的区别在于中介合同的内容是促成委托人与第三缔约，而委托合同的内容是受托人处理委托事务。但是，就中介人与委托人之间的关系而言，其与委托合同中委托人与受托人的关系具有近似性，因此，对于“中介合同”章没有规定的内容，可参照适用“委托合同”章的相关规定。

问题与思考

1. 简述中介合同的概念与特征。
2. 简述中介合同和委托合同的联系与区别。
3. 简述中介合同中的“跳单”及其法律后果。

第五十七章 合伙合同

本章概要

合伙合同是两个以上合伙人为了共同的事业而订立的共享收益、共担风险的协议。合伙合同是民事主体参与社会交往、实现特定事业的重要方式。本章的重点问题是合伙财产、合伙的利润分配与亏损分担、合伙人的债务承担。

一、合伙合同的概念和特征

合伙合同是二个以上合伙人为了共同的事业目的，订立的共享利益、共担风险的协议（《民法典》第967条）。

在《民法典》之前，《合伙企业法》已经作为一类合伙规范而存在，其预设的规范对象是合伙企业，是典型的形成组织的合伙。为避免规则重复、充分发挥规范价值，《民法典》中的合伙合同以未形成组织的合伙为规范重心，从而形成了合伙规范的双轨格局。

合伙合同具有如下特征。

1. 二个以上合伙人

合伙合同的当事人为二人以上，至于人数上限，不作规定，由当事人自行选择。如果合伙人因死亡等原因少于二人，则合伙合同当然终止。无论是自然人、法人还是非法人组织，原则上都可以作为合伙人。

2. 有共同的事业目的

合伙合同与《民法典》规定的其他典型合同的最大区别即在于“共同的事业目的”。事业目的可以是任何合法的目的，不限于经营目的，无论是经济、科学还是艺术等目的，无论是公益、共同利益还是私益目的，无论是持续性的还是暂时性的目的，无论是为合伙人利益还是为他人利益目的，均无不可。而所谓“共同”，是指合伙人共同追求该事业目的，但允许合伙人的动机不同。

3. 共享利益

基于共同的事业目的，合伙人应当共享利益，但此处的“利益”不必须是“利润”。

4. 共担风险

基于共同的事业目的，合伙人之间必须共担风险。

5. 为不要式合同

《民法典》并未要求合伙合同采用书面形式，所以合伙合同为不要式合同。

二、合伙人的出资义务

合伙人应当按照约定的出资方式、数额和缴付期限，履行出资义务（《民法典》第968条）。

所有合伙人都负有按照合同中规定的方式促进共同事业目的实现的义务，而出资是合伙人实现共同事业目的的经济手段，故合伙人都具有出资义务。出资方式由合伙人自行约定。由于合伙人对合伙债务承担连带责任，因此法律对出资方式的限制较小。出资的数额由各合伙人自由约定，不必均等分配。出资的缴付期限由各合伙人自由约定，不必一致。除货币出资之外，对于其他方式的出资可以进行评估。

三、合伙财产

合伙人的出资、因合伙事务依法取得的收益和其他财产，属于合伙财产。合伙合同终止前，合伙人不得请求分割合伙财产（《民法典》第969条）。

合伙财产仅包括积极财产，而不包括消极财产，包括合伙事业依法取得的收益和其他财产。除获得的收益之外，因合伙事业而取得的其他财产包括用合伙财产所购入的新财产，合伙财产所生的天然孳息或者法定孳息，以及因合伙财产毁损、灭失等原因而获得的保险金、赔偿金或者补偿金等。合伙财产属于全体合伙人共同共有，共有的基础就是合伙合同。合伙合同终止前，合伙人不得请求分割合伙财产。

四、合伙事务的决定和执行

合伙人就合伙事务作出决定的，除合伙合同另有约定外，应当经全体合伙人一致同意。合伙事务由全体合伙人共同执行。按照合伙合同的约定或者全体合伙人的决定，可以委托一个或者数个合伙人执行合伙事务；其他合伙人不再执行合伙事务，但是有权监督执行情况。合伙人分别执行合伙事务的，执行事务合伙人可以对其他合伙人执行的事务提出异议；提出异议后，其他合伙人应当暂停该项事务的执行（《民法典》第970条）。

合伙事务不仅是具体的合伙事务，也包括涉及合伙自身基础或者合伙人相互关系的行为，例如订立、修改、补充合伙合同，终止合伙合同，接受他人入伙或者同意退伙等。原则上合伙事务的决定应当由全体合伙人一致同意。

为实现合伙合同追求的共同事业目的，需要作出包括法律行为和非法律行为在内的各项行为，统称合伙事务执行。合伙事务的执行不同于合伙事务的决定。在全体合伙人一致同意就合伙事务作出决定后，可以将决定后的合伙事务的具体执行委托给部分合伙人。同样，经全体合伙人一致决定，也可以直接将合伙事务委托给部分合伙人执行，执行事务合伙人可以就委托的合伙事项作出决定而无须取得全体合伙人的一致同意。

合伙事务的执行区分为内部关系和外部关系。在合伙人的内部关系中，事务执行涉及合伙人共同意思的形成、职权、责任等问题。在与第三人之间的外部关系中，事务执行涉及行为效果是否归属于全体合伙人。

合伙事务执行有三种方法：第一种是全体合伙人共同执行，第二种是委托一个或者数个合伙人执行，第三种是合伙人分别执行。合伙事务原则上由全体合伙人共同执行，为使合伙事务的执行更为灵活、效率，按照合伙合同的约定或者全体合伙人的决定，以及法律的特别规定，合伙人可以分别执行合伙事务。此时，各合伙人均享有单独执行合伙事务的权利，无须取得全体合伙人的一致同意。

在合伙合同中，内部关系不存在代理问题；而外部关系涉及的除了民事法律行为，还可能有准法律行为、公法上的行为等，对这些行为应当参照适用代理的规则。违约责任和因合同无效、被撤销或者解除所产生的责任，应由全体合伙人承担。至于侵权责任，如果全体合伙人共同作出意思表示实施侵权行为，依照《民法典》的规定，应由全体合伙人承担连带责任。关于执行事务合伙人实施侵权行为时的责任承担，依据《民法典》第 167 条，只有在被代理人知道或者应当知道且对代理人的代理行为违法未作反对表示时，被代理人和代理人才应当承担连带责任，所以在一般情况下，执行事务合伙人应当自己承担侵权责任，但在内部关系中可以依据合伙合同请求其他合伙人分担。

五、执行事务合伙人的报酬

合伙人不得因执行合伙事务而请求支付报酬，但是合伙合同另有约定的除外（《民法典》第 971 条）。

执行合伙事务虽然是为全体合伙人的利益，但也是合伙人按照合伙合同应尽的义务①，况且实践中不乏以劳务的方式出资的合伙人，故以无偿为原则最符合合伙的本旨。

六、合伙的利润分配与亏损分担

合伙的利润分配和亏损分担，按照合伙合同的约定办理；合伙合同没有约定或者约定不明确的，由合伙人协商决定；协商不成的，由合伙人按照实缴出资比例分配、分担；无法确定出资比例的，由合伙人平均分配、分担（《民法典》第 972 条）。

利润分配，是指合伙在必要扣除后所获利润在各合伙人之间分配。关于分配的时间和方法，由合伙人在合伙合同中约定，未约定的，由全体合伙人依据《民法典》第 976 条第 1 款予以决定；仍无法决定，可以依照《民法典》第 510 条，考虑交易习惯和该合伙的具体情况予以确定。亏损分担，是指合伙在一定时期内各种收入减去各项费用之后

---

① 参见李飞主编：《中华人民共和国合伙企业法释义》，40 页，北京，法律出版社，2006。

出现负差额，亦即发生了亏损时，就此等亏损在各合伙人之间分担。但是，除非合伙人另有约定或者决定，往往是在合伙合同终止且部分合伙人承担亏损后，才产生请求亏损分担的请求权和其他合伙人填补亏损的义务。不在该时点填补亏损的，应当由全体合伙人依据《民法典》第 970 条第 1 款予以决定。由于部分合伙人违约造成其他合伙人无法执行合伙事务的，在合伙人之间的内部关系中，其他合伙人不分担亏损。

合伙合同的利润分配与亏损分担的具体比例，遵循意定优先、法定补充的顺序。其目的是在保障当事人意思自治的前提下，确保合伙的损益分配有所依据。基于意思自治，合伙人完全可以就利润分配与亏损分担确定不同的比例。但是，如果合伙人仅确定了利润分配比例或者亏损分担比例的，有疑义时，推定该比例同时适用于利润分配和亏损分担。如果当事人无法就利润分配与亏损分担达成意定方案，则须诉诸法定方式。在法定方式中，优先按照各合伙人的实缴出资比例分配与分担，如无法确定出资比例的，则由各合伙人平均分配与分担。

七、合伙人的债务承担

合伙人对合伙债务承担连带责任。清偿合伙债务超过自己应当承担份额的合伙人，有权向其他合伙人追偿（《民法典》第 973 条）。

合伙人对合伙债务承担连带责任。对外的连带责任使合伙债务更容易清偿，有助于保护合伙债权人的利益。合伙人承担连带责任，于对外的关系要适用《民法典》第 520 条的规定，合伙人之一的事项原则上具有相对效力，而《民法典》第 520 条明确列举的事项具有绝对效力或者限制的绝对效力。由于合伙人对合伙债务承担连带责任，合伙人完全可能在自己应承担的份额之外清偿了合伙债务，此时即有追偿的必要。该追偿权的具体构成要件和法律效果，应当适用《民法典》第 519 条予以确定，此不赘述。关于合伙人内部对合伙债务承担份额的确定，适用《民法典》第 972 条关于利润分配和亏损分担份额的规定。

八、合伙财产份额的转让

除合伙合同另有约定外，合伙人向合伙人以外的人转让其全部或者部分财产份额的，须经其他合伙人一致同意（《民法典》第 974 条）。

合伙财产份额外部转让以其他合伙人一致同意为原则，这实际上是维护民事合伙高度人合性的必然要求。合伙人对外转让合伙份额，既可以部分转让，也可以全部转让，后者使转让人实际上脱离了合伙，构成了退伙。转让合伙份额的多少属于当事人意思自治的范畴，由当事人约定。

合伙财产份额对外转让，如果经过全体合伙人的一致同意，必然会发生受让人的入伙，也可能会发生转让人的退伙。同时，符合《民法典》第 977 条但书规定的情形的，也会发生合伙人的退伙。

九、合伙人债权人代位权的限制

合伙人的债权人不得代位行使合伙人依照法律规定和合伙合同享有的权利，但是合伙人享有的利益分配请求权除外（《民法典》第 975 条）。

合伙人的债权人，是指合伙人个人债务的债权人。合伙人的个人债务是合伙人以自己的名义发生的债务，该债务可能与合伙事务有关，也可能与合伙事务无关。但是，即使是与合伙有关的债务，只要是以合伙人个人名义发生的，对外也仍然是个人债务，但在合伙人内部可以依照约定共同分担。《民法典》第 535 条规定了债权人的代位权，但是，合伙人对合伙所享有的权利，大多基于合伙人之间的特别信赖产生，自不应允许合伙人的债权人代位行使，否则即发生第三人介入合伙关系的结果。

十、不定期合伙合同

合伙人对合伙期限没有约定或者约定不明确，依据《民法典》第 510 条的规定仍不能确定的，视为不定期合伙。合伙期限届满，合伙人继续执行合伙事务，其他合伙人没有提出异议的，原合伙合同继续有效，但是合伙期限为不定期，合伙人可以随时解除不定期合伙合同，但是应当在合理期限之前通知其他合伙人（《民法典》第 976 条）。

十一、合伙合同的终止事由

合伙人死亡、丧失民事行为能力或者终止的，合伙合同终止，但是合伙合同另有约定或者根据合伙事务的性质不宜终止的除外（《民法典》第 977 条）。

立足于合伙合同中的“合伙人相互牵连原则”，当合伙人死亡、丧失民事行为能力或者终止时，合伙合同即告终止。然而，如果合伙合同另有约定或者根据合伙事务的性质不宜终止，则不应发生合同终止的后果。这样，一方面为当事人留出了自治空间，另一方面考虑了根据合伙事务的性质不宜终止的特殊情况，避免过于僵化的处理结果。

十二、合伙剩余财产的分配

合伙合同终止后，合伙财产在支付因终止而产生的费用以及清偿合伙债务后有剩余的，依照《民法典》第 972 条的规定进行分配（《民法典》第 978 条）。

在合伙合同终止后，对合伙的财产关系应予以结算清理。清算的目的是让合伙财产从共同共有的联结中脱离出来，以便让属于各合伙人的财产能够供其自由支配。合伙合同终止后，合伙财产先用于支付因终止而产生的费用以及清偿合伙债务，之后有剩余的才可以分配。

《问题与思考》

1. 试析合伙人的出资义务。
2. 试析合伙的利润分配与亏损分担。
3. 试析合伙人的债务承担。

第五十八章
准 合 同

本章概要

准合同包括无因管理和不当得利。无因管理是指管理人没有法定的或者约定的义务，为避免他人利益受损失而管理他人事务。不当得利是指得利人没有法律根据取得不当利益。无因管理与不当得利都是债的发生原因。本章的重点问题是无因管理的构成要件及效力、不当得利的构成要件及效力。

第一节　无因管理

一、无因管理的概念和性质

无因管理制度起源于罗马法，后为各个国家和地区的立法所继受。无因管理制度作为债的一种发生原因，使管理人和本人之间产生了债权债务关系。它较好地平衡了以下两个冲突的生活准则：一是对于个人事务，他人不得随意干涉；二是社会共同生活要求人们互相帮助。各个国家或地区关于无因管理制度的具体设计，对这两个生活准则各有侧重。

无因管理，是指没有法定的或约定的义务，为避免他人利益受损失，自愿管理他人事务或为他人提供服务的行为。管理他人事务的人，为管理人；事务被管理的人，为受益人。无因管理发生后，管理人与受益人之间便发生债权债务关系，这就是无因管理之债。其主要内容是，管理人享有请求受益人偿还因管理事务而支出的必要费用的债权，受益人负有偿还该项费用的债务（《民法典》第121条）。

无因管理能引起债的发生，因此是一种法律事实。该种债权债务关系的产生，是基于法律的规定而非当事人的约定，故无因管理非民事法律行为。

如果管理人为受益人管理事务，使受益人获得利益，而管理人因此受到损失的，也符合不当得利的构成要件。对此问题的处理，各国立法不尽相同。在《查士丁尼法典》

中，倾向于把管理费用的偿还视为不当得利的返还。在18世纪前后，德国法也曾把无因管理当作不当得利来处理。在我国，《民法典》第121条、第122条分别确认了无因管理和不当得利两项制度，这是很有道理的。第一，没有法定的或约定的义务而管理他人事务，便在管理人与受益人之间形成一种社会关系。法律要想最佳地调整这种关系，至少应规定如下问题：管理人以为受益人谋利益的意思管理事务支出必要费用的，应有权请求返还；管理人因管理事务获得利益的，有义务交还受益人；在可能的情况下，管理人有义务把管理事务的事实及进展情况及时通知受益人；管理人违反上述义务给受益人造成损害时，应承担赔偿责任；管理人因管理事务而受到其他损失时，有权请求受益人予以赔偿。对于这些内容只有无因管理制度才能包揽无遗，而不当得利制度只能解决其中的管理费用的偿还和因管理事务所获利益的返还问题，对其他问题则鞭长莫及。第二，不当得利制度的目的在于使得利人返还不当得利，因此在得利人为善意时，返还的范围仅仅以"现存利益"为限，如果得利人未获利益或其善意使所获利益丧失，则不存在返还问题。在无因管理中，虽然管理人因管理事务而支出了必要的费用，但受益人未获得利益的事例不在少数，若以不当得利制度取代无因管理制度，则不利于对管理人之合法权益的保护。第三，无因管理是立法鼓励助人为乐、危难相助、见义勇为风尚的产物，它能划清侵权行为和互相帮助行为的界限，促使助人为乐、危难相助、见义勇为风尚的发扬光大，而不当得利制度并无此目的与功能。①

一般来说，在既无法定义务又无约定义务的情况下，管理他人的事务属于干预他人事务的范畴。但是，法律所承认的无因管理，是为他人利益而主动管理他人事务的行为，是符合助人为乐、危难相助、见义勇为的道德准则的行为，因而是应该得到鼓励和受到保护的行为，而不是应受制裁的侵权行为。

二、无因管理的构成要件

无因管理的构成要件有三，即为他人管理事务、有为他人谋利益的意思、没有法定或约定义务。

（一）为他人管理事务

管理他人事务，就是为他人进行管理或者服务。这是成立无因管理的首要条件。这里所说的"事务"，是指有关人们生活利益的一切事项。它可以是有关财产的事项，也可以是有关非财产的事项；可以是继续性的事项，也可以是一时性的事项；可以是民事法律行为，也可以是事实行为。但下列事项不能成为无因管理的对象：违法事项；不能发生债的关系的事项，如纯粹宗教的、道德的和公益性质的事项；依照法律规定必须经本人授权才能办理的事项；必须由本人亲自办理的事项，如结婚登记；不作为事项；等等。

管理的事务必须是他人的事务。如将自己的事务误认为他人的事务而管理，即使目的是让他人避免损失，也不能构成无因管理。根据事务自身的性质，可以将事务分为三

---

① 参见佟柔主编：《中国民法》，470～471页，北京，法律出版社，1990。

类：客观的他人事务；客观的自己事务；客观上无法判断是自己的事务还是他人的事务的事务，也有人称之为中性事务。于客观的他人事务，得成立无因管理；于中性事务中主观的他人事务，也可成立无因管理，但管理人应负举证责任。

所谓管理，就是处理事务的行为。它既可以是民事法律行为，也可以是事实行为，例如，保存行为、改良行为、利用行为和服务行为。

（二）有为他人谋利益的意思

为他人谋利益的意思，简称为管理意思，是构成无因管理的主观要件。由于管理意思是管理人的主观心理状态，所以对它的判明需借助一定的判断标准。本书认为，管理意思的判断标准，应是本人对其事务的管理要求、关于事务管理的社会常识和管理人所具有的管理知识水平这三种因素的有机结合体。之所以把本人的管理要求作为判断标准的构成要素之一，是因为本人对其事务一般有较正确的管理见解或特殊的需要，据此管理事务往往最能满足其需要。之所以把社会常识作为判断标准的构成要素之一，是因为本人未曾表示其管理要求时，就必须按社会常识来推断本人的管理要求；在本人虽然表示过其管理要求，但该要求违背社会常识，会导致不利于本人的结果的情况下，只有以社会常识为标准来认定有无管理意思，才符合无因管理制度的目的与功能。之所以要适当考虑管理人的管理知识水平，是因为管理人的管理知识水平并非总能与社会常识相一致，并非总能与本人的要求相适合。在管理人尚不具备足够的管理知识时，不将其管理行为视作侵权行为，而是认定为无因管理；而在管理人对某项事务具有高于社会常识的管理知识，他却仍按社会常识进行管理，因而未取得好的效果的情况下，就不应把管理行为认定为无因管理。

为他人谋利益的对立形态是专为本人谋利益的意思。但也允许管理人在有为本人谋利益的意思的同时，为自己的利益实施管理或服务行为。这里的“利益”，既包括无因管理行为使本人取得某种权益而直接受益，也包括使本人得以避免或减少损失而间接受益。

（三）没有法定或约定义务

无因管理中所谓的“无因”，就是指“没有法定或约定义务”。没有法定或约定义务是无因管理成立的重要条件，因此在下列情况下就不能发生无因管理：一是管理人负有法定义务，二是管理人负有约定义务。需指出的是：管理人虽然有法定或约定义务，但在履行义务的过程中超出义务范围管理了他人的事务，且不属于诚实信用原则的当然要求的，仍可构成无因管理；或者在进行事务管理之初，管理人负有义务，但在管理事务的过程中，义务消灭的，其后的事务管理，若非诚实信用原则的当然要求，也可构成无因管理。还应指出，衡量管理人有无法定或约定义务，应当依客观的标准确定，而不以管理人的主观认识为标准。如果负有义务而管理人误认为没有义务，其管理事务不能构成无因管理；如果本无义务而管理人误认为有义务，其管理事务照样构成无因管理。

管理人管理事务未满足法定条件，但是受益人享有管理利益的，受益人应当在其获得的利益范围内向管理人偿还因管理事务而支出的必要费用，补偿其因管理事务而受到的损失（《民法典》第 980 条）。

三、无因管理的效力

无因管理的效力表现在，无因管理一经成立，即在管理人与受益人之间产生债的关系。管理人有要求受益人偿付因管理而支付的必要费用和补偿因管理而遭受的相应损失的权利（《民法典》第 979 条第 1 款）。但与不当得利之债不同的是，无因管理之债中，管理人不仅是债权人，也是债务人。详言之，无因管理的效力包括如下内容。

（一）管理人的义务

1. 适当管理义务

这一义务表现在两个方面：第一，管理人不应违背受益人的管理意思。管理人在进行事务管理时，不得违背受益人明示的或可推知的管理意思。管理事务不符合受益人真实意思的，不构成无因管理。但是，受益人的真实意思违反法律或者违背公序良俗的除外（《民法典》第 979 条第 2 款）。第二，管理人应以有利于受益人的方法进行管理。管理方法是否有利于受益人，应从客观上判断，以能否避免受益人的利益遭受损失为标准。中断管理对受益人不利的，无正当理由不得中断（《民法典》第 981 条）。

2. 通知义务

管理人应将管理事务的事实及时通知受益人。这是管理人的从属义务。管理开始时，除确实无法通知受益人之外，管理人均应及时通知受益人。通知后，管理的事务不需要紧急处理的，应听候受益人的指示（《民法典》第 982 条）。

3. 报告、计算义务

报告、计算义务主要包括以下三项内容：第一，管理人应将管理事务的进行状态及时报告给受益人。管理关系终止时，应向受益人明确报告其始末。第二，管理人因管理事务所取得的物品、钱款及孳息应交付给受益人（《民法典》第 983 条）。第三，管理人为自己的利益而使用了应交付于受益人的钱款，或者使用了应为受益人利益而使用的钱款的，应自使用之日起支付利息。

管理人违反上述适当管理义务的责任，应分两种情况确定：第一，管理人开始管理事务时，并不违反受益人的管理要求和社会常识，只是具体的管理方法、措施不当，给受益人造成损害的，若管理人有故意或重大过失，则管理人应负赔偿责任；若管理人有一般过失，则应免除或减轻管理人的责任。国外有立法例规定，管理人对各种过失负其责任。本书认为，在一般侵权行为情况下，侵权行为人没有为他人谋利益的意思也不过承担过失责任；在无因管理场合，管理人有管理意思，并且其管理事务在总体上并不违反受益人的管理要求和社会常识，仍然令其就各种过失承担责任，就在一定程度上模糊了侵权行为与无因管理的界限，对管理人过于苛刻，违背了无因管理制度的目的。第二，管理人员有管理意思，但其管理事务违反受益人的管理要求或社会常识，使管理效果不利于受益人的，管理人如有过错，则应负赔偿责任。国外有立法例规定，不论管理人有无过失均应负责。我国民法既然立足于鼓励人们进行无因管理，就应当坚持过失责任原则。

（二）管理人的权利

管理人管理事务对受益人有利并且不违反社会常识时，管理人有权要求受益人：第一，偿还管理人因管理事务所支出的必要费用及其利息；第二，管理人为受益人负担必要的债务时，受益人应清偿该债务；第三，管理人因管理事务而遭受损失时，受益人负责赔偿。

管理人管理事务违反受益人的意思，但管理事务的结果有利于受益人的，受益人应就实际所得的部分利益偿还管理人支付的必要费用，而不以管理人实际支付的费用为标准。但是，管理人所管理的事务属于为受益人尽公益的义务或为其履行法定义务时，如代缴税款、支付抚养费等，则受益人仍应负全部偿还管理费用的义务。

管理人管理事务经受益人事后追认的，从管理事务开始时起，适用委托合同的有关规定，但是管理人另有意思表示的除外（《民法典》第 984 条）。

第二节　不当得利

一、不当得利的概念

不当得利制度作为债的发生原因，起源于罗马法，历经各个国家和地区私法的继受与发展，已构成民法上的基本制度。该制度奠基于衡平观念，对于当事人间的财产流转关系起着调节作用，意在恢复当事人之间在特定情形下所发生的非正常的利益变动。

不当得利，是指没有法律根据，使他人受到损失而自己获得了利益。不当得利没有法律根据，因此虽属既成事实也不能受到法律的保护，应返还不当利益给受损失的人。这种权利义务关系就是不当得利之债。其中，取得不当利益的人为得利人，是不当得利之债的债务人，负有返还不当得利的债务；财产受损失的人为受损失的人，是不当得利之债的债权人，享有请求受益人返还不当利益的债权。

依照法律规定，不当得利能引起不当得利之债，所以，不当得利是一种法律事实，是债的发生根据。不当得利引起的债完全是基于法律的规定，而不是基于当事人的意思，因此，它不属于民事法律行为。

二、不当得利的构成要件

不当得利的构成要件有四：一方获得利益；他方受到损失；获得利益和受到损失之间有因果关系；获得利益没有合法根据。

（一）一方获得利益

得利人没有法律根据取得不当利益是不当得利成立的要件之一（《民法典》第 985

条)。如果一方使他方的财产受到损害，自己并未从中获得任何利益，即使其依法应负赔偿责任，也不构成不当得利。

所谓获得利益，是指因为一定事实使财产总额增加。增加有积极的增加和消极的增加两类。财产的积极增加，是指权利的增强或义务的消灭，使财产范围扩大。其具体表现形式为：财产权利的取得；占有的取得；财产权的扩张及效力的增强；财产权限制的消灭。财产消极的增加，是指当事人的财产本应减少却因一定事实而没有减少，包括本应支出的费用没有支出、本应负担的债务未负担或少负担、本应在自己的财产上设定负担后来不再设定等。

获得利益的方法，可以是民事法律行为，也可以是事实行为；可以是得利人的行为，也可以是受损失的人的行为，还可以是第三人的行为，甚至可以是自然事实。

（二）他方受到损失

他方确实受到损失是不当得利成立的另一个要件。如果一方获得利益，他方并没有因此而受到任何损失，就不构成不当得利。

损失，包括现有财产利益的减少即直接损失或积极损失，财产利益应当增加而没有增加即间接损失或消极损失。[①] 其中，对损失的解释不应像侵权行为或违约行为制度中那么严格，如在给付型不当得利情形下，一方因他方为给付而受利益时，对他方即构成损失；在非给付型不当得利情形下，一方取得依权利内容应当归属于他方的利益时，对他方即构成损失。就间接损失而言，只要在通常情况下财产可能增加而实际没有增加即为损失。[②] 这是因为不当得利制度的功能在于使得利人返还其没有法律上原因而取得的利益，而非填补损害。

（三）获得利益和受到损失之间有因果关系

获得利益和受到损失之间有因果关系，是指他方的损失是一方获得利益造成的。关于这种因果关系的含义，在民法理论上有直接因果关系说与非直接因果关系说之争。前者主张，获得利益和受到损失必须基于同一原因事实，才算两者之间有因果关系。如果获得利益的原因事实与受到损失的原因事实不同，即使获得利益和受到损失之间有所牵连，也无因果关系。例如，甲向乙借钱用于修理丙的房屋，甲无力还钱时，乙不得向丙请求返还不当得利，因为乙受损失的原因与丙取得利益的原因不是同一事实。非直接因果关系说认为，获得利益的原因事实不必与受到损失的原因事实相同，只要社会观念认为获得利益和受有损失有牵连关系，就可认定两者之间有因果关系。例如，甲拾得乙的金钱而赠与丙，丙即可构成不当得利。

不当得利制度的作用在于，依照衡平观念对财产利益的不当变动进行调节：一方没有法律上的原因而取得利益，他方因而受到损失的，应当基于衡平观念并依照社会伦理来确定有无因果关系。在利益和损失之间尽管有第三人的行为介入，如果依照社会观念

① 参见王利明、郭明瑞、方流芳：《民法新论》（下），423页，北京，中国政法大学出版社，1988。
② 参见崔建远：《不当得利研究》，载《法学研究》，1987（4）。

系属不当，并且利益的取得没有法律上的原因，即应适用不当得利的规定，令第三人负不当得利返还义务。如采直接因果关系理论，就会不当地排除受损害的人向间接获利的第三人主张不当得利返还请求权的机会。《民法典》第122条关于不当得利的规定，就是采取了非直接因果关系的观点，即只要他方的损失是取得不当利益造成的，或者如果没有其不当利益的取得，他方就不会遭受财产的损失，就应认为获得利益与受到损失之间有因果关系，构成不当得利。

（四）没有合法根据

造成他方损失而使自己获得利益，之所以构成不当得利，是因为该项利益的取得没有合法根据。可见，没有合法根据是不当得利成立的重要要件。如果一方获得利益和他方受到损失有法律上的根据，当事人之间的关系就受到法律的认可和保护，不构成不当得利。

没有合法根据，在罗马法上叫“无原因”，在德国民法上称“无法律原因”，在瑞士债务关系法上称“无适法的原因”。关于无法律原因的含义如何概括，历来有争论，大致分为统一说和非统一说。主张统一说的学者认为，无法律上的原因应当具有统一的意义，对任何情形下不当得利的构成均应作统一说明，概括出无法律原因的统一含义。非统一说认为，各种不同类型的不当得利有其存在的不同基础，应当区别给付型不当得利的具体情形以及其他不当得利的类型，分别说明无法律上的原因的意义，不可能说明无法律上的原因的统一含义，于是就需要发展和完善不当得利的类型理论。不当得利情况复杂，类型也多，但其基本上可被划分为两类：一是基于给付行为产生的不当得利，二是基于给付行为以外的事实产生的不当得利。非统一说贯彻了类型化思考方法，有助于法律的解释适用。

三、不当得利的基本类型

依据不当得利之债的发生是否基于给付行为，可以将不当得利区分为给付型不当得利和非给付型不当得利。这种划分不是基于历史的沿革，而是基于其内在的本质特征：给付型不当得利是欠缺给付目的的财产变动，非给付型不当得利则与给付行为没有关系。

（一）给付型不当得利的类型

（1）给付原因自始不存在的给付型不当得利。这种类型的不当得利包括：第一，民事法律行为不成立、无效及被撤销所产生的不当得利。民事法律行为不成立、无效及被撤销，当事人已完成其给付行为的，由于民事法律行为并无法律效力，因此该项给付即属于自始没有给付原因的给付行为。由于我国现行民事立法并未承认所谓的物权行为独立性和无因性，所以，实施给付行为一方在原物仍然存在时，既可主张所有物返还请求权，要求受领人返还所有物，也可放弃此项效力较强的请求权，转而主张不当得利返还请求权。如果原物已被受领人消费，或由第三人合法取得，或标的物为种类物，无法进行原物返还的，实施给付行为人可对受领人主张不当得利返还。第二，履行不存在的债务所引起的不当得利。这即是所谓的非债清偿。此处所谓履行不存在的债务，既包括履行根本不曾存在过的债务，如甲欠乙 10 元，误还给丙，或甲根本不欠乙钱，却误以为欠钱，还给乙 10 元，也包括履行已经消灭的债务。

（2）给付原因嗣后不存在的给付型不当得利。向他人为给付时尚存在给付原因，但实施给付行为后法律上的原因不存在或消灭的，也会构成不当得利。这种类型的不当得利包括：第一，因合同解除产生的不当得利。合同解除有溯及力的，基于合同发生的债权债务关系溯及既往地消灭。实施给付行为的一方当事人对于其此前所为给付，如果原物仍然存在的，既可主张效力较强的所有物返还请求权，也可主张不当得利返还请求权；原物已被消费，或由第三人合法取得，或为种类物，无法返还原物的，可主张不当得利返还请求权。第二，因给付目的嗣后不能实现产生的给付型不当得利。如发生财产保险事故后，保险人依照保险合同给付保险金后，被保险人从第三人处取得损害赔偿而填补损害的，其所受领的保险金即构成不当得利，应当予以返还。

（二）非给付型不当得利的类型

非给付型不当得利包括如下类型：第一，基于得利人的行为而产生的不当得利，如得利人擅自出卖、消费他人之物而取得利益。第二，基于受损失的人的行为而产生的不当得利，如受损失的人将他人的土地误以为是自己的土地而耕种。第三，基于第三人的行为而产生的不当得利，如第三人擅自使用受损失的人的材料为得利人制作家具。第四，基于事件而产生的不当得利，如洪水过后，受损失的人养的鱼被冲到得利人的鱼塘里。

于债务人放弃时效利益或者期间利益所为的给付（《民法典》第 985 条第 2 项）、因为履行道德义务而为的给付（《民法典》第 985 条第 1 项）、明知没有给付义务而为的给付（《民法典》第 985 条第 3 项）、不法给付，不得请求不当得利的返还。

四、不当得利的效力

一旦不当得利成立，当事人之间即发生债权债务关系，受损失的人有权请求得利人返还不当得利，得利人负有返还不当得利的义务。

（1）得利人为善意，即在取得利益时不知道且不应当知道没有法律根据的，其返还利益的范围以利益存在的部分（现存利益）为限；如利益已不存在，则不负返还的义务（《民法典》第 986 条）。所谓现存利益不限于原物的固有形态，如果形态改变，其财产价值仍然存在或者可以代偿的，仍然属于现存利益。

（2）得利人为恶意，即在取得利益时知道或者应当知道没有法律根据的，其返还利益的范围应是得利人取得利益时的数额，即使该利益在返还之时已经减少，甚至不复存在，该返还义务也不免除，得利人并应当依法赔偿损失（《民法典》第 987 条）。之所以如此，是因为得利人明知其取得利益没有合法根据，却仍然置受损失的人的合法利益于不顾，法律对此没有加以特别保护的必要。

（3）得利人在取得利益时为善意，嗣后为恶意的，其返还范围应以恶意开始之时存在的利益为准。

（4）得利人已经将取得的利益无偿转让给第三人的，受损失的人可以请求第三人在相应范围内承担返还义务（《民法典》第988条）。

问题与思考

1. 试述无因管理的构成要件。
2. 试析无因管理的效力。
3. 试述不当得利的构成要件。
4. 试析不当得利的效力。

PART FOUR

4

| 第四编 |

人格权

第五十九章
人格权概述

本章概要

人格与人格权具有不同的法律内涵，一般认为人格权是指以主体固有的人格利益为客体，以维护和实现人身自由、人格尊严为目标的权利，为民事主体所固有且具有专属性。本章着重介绍人格和人格权概念的演进及内涵，人格权的特征及主要权能，人格权与身份权、财产权及人权的联系与区别，以及自然人死后人格利益的保护。本章的重点问题包括人格和人格权的概念、人格权与其他权利的共性与区别，以及自然人死后人格利益保护的相关制度。

第一节　人格和人格权的概念

一、人格的法律内涵

近现代民法主要是从以下两种含义上使用“人格”的概念：其一，人格与民事主体互为指代：或者直接等同于“民事主体”；或者指民事权利能力，即成为法律上“人”的“资格”。后者以法人为典型，因为法人就是法律拟制的人格。其二，人格是指民事主体在法律关系上所体现的与其自身不可分离并受法律保护的固有利益，包括人格独立、人身自由、人格尊严等抽象人格利益，以及生命、身体、健康、姓名、名称、肖像、名誉、隐私和个人信息等具体的人格利益。这个意义上的人格，也就是作为民事权利的人格权的客体。

中国法律中的人格概念，始于清末修定的《大清民律草案》（1909 年）。该法律草案在总则编专设“人格保护”一节，共 7 条，规定了自由权、姓名权、身体权、生命权、名誉权等具体人格权；同时在债权编的侵权行为部分规定了对上述人格权的法律保护方法。从此，人格及各类人格权成为中国法学乃至法律中的正式概念，沿用至今。

二、人格权的概念与特征

人格权，是指以主体固有的人格利益为客体，以维护和实现人身自由、人格尊严为目标的权利。《民法典》第 990 条第 1 款规定：人格权是民事主体享有的生命权、身体权、健康权、姓名权、名称权、肖像权、名誉权、荣誉权、隐私权等权利。该条第 2 款同时明确：除前款规定的人格权外，自然人享有基于人身自由、人格尊严产生的其他人格权益。

保护人格权，维护个人人身自由和人格尊严，是我国法治建设的重要任务。人格权在《民法典》中独立成编，是贯彻中国共产党十九大精神，落实宪法关于“公民的人格尊严不受侵犯”的要求，加强人格权保护的重要举措。习近平总书记指出，我国社会主要矛盾已经转化为人民日益增长的美好生活需要和不平衡不充分的发展之间的矛盾。《民法典》人格权编及其构建的人格权制度，有助于适应社会主要矛盾的变化，把对人民权利的保护放在至高地位，充分体现了习近平法治思想和中国共产党的现代法治理念。

与其他民事权利相比较，人格权主要有以下特征：

（1）人格权是民事主体依法所固有的基本权利。所谓固有，是指自然人从出生、非自然人自成立之日起就享有人格权。其取得无须民事主体积极的作为，而是由法律直接赋予。作为一种固有权利，人格权与民事主体相伴始终。当然，人格权在性质上仍是一种法定权利，人格利益的保护范围和方式等也皆因法律的肯定才得以为权利人所实际享有。

（2）人格权是民事主体专属享有的民事权利。一方面，人格权是民事主体资格得到维持的前提，人格权的阙如，将导致民事主体资格的虚化；另一方面，从其权利要素上看，任何一项人格权皆须以具体的民事主体为依托，并借此表现其价值和个性。在具体的法律效果上，人格权的专属性集中体现在对权利的放弃、转让和继承的限制。《民法典》第 992 条明确规定：人格权不得放弃、转让或者继承。

（3）人格权以民事主体的人格利益为其客体。《民法典》第 991 条宣示“民事主体的人格权受法律保护，任何组织或者个人不得侵害”。作为人格权客体的人格利益，是应受法律保护的利益。与有形的财产利益不同，人格利益，无论是抽象的还是具体的，在很大程度上皆体现于精神范畴；都是行为与精神活动的自由及完整的利益，且以人的精神活动为核心。如果说法律对财产利益的保护旨在维持主体的生存、发展以及为其从事各种活动提供物质基础，那么，其对无形的人格利益的保护旨在维持主体作为人的存在，并且为其从事财产活动提供前提条件。从这个意义上讲，人格利益是人的最高利益。《民法典》第 2 条在表述上将作为民法调整对象的“人身关系”置于“财产关系”之前，也在一定程度上体现了其价值取向。

三、人格权的主要权能

一般认为，权能是权利的作用，也是权利人为实现其权利所体现的目的利益依法所能采取的手段，是体现权利人的意思支配力的方式。对于人格权而言，基于其特殊的内涵和属性，其权能主要体现为：

（1）控制权。人格权是民事主体以自己的意思对自身的人格利益进行控制的权利。权利人仅凭自己的意志即可直接保有或支配其人格利益。例如，自然人可出于对自身行为自由和生活安宁的维护而对其姓名、肖像等人格要素的公开或使用加以许可或限制；法人基于对其信誉和经营形象塑造的需要，可对其名称、信誉等人格利益加以维护；等等。

（2）利用权。权利主体可以依法通过自己的意志去实现人格利益，即通过各种人类活动，实现个体的需求、愿望和个性特征，以区别于他人，体现个人存在的价值，并满足自身需要，如利用姓名、名称于社会活动和商业活动；利用肖像于身份证、护照以及其他证明身份的场合，以区分个体的形象；等等。

（3）处分权。人格权在法律上的处分主要体现为权利主体通过法律行为（例如合同）的方式将其对部分人格利益的利用转让给他人，典型的处分方式如姓名（名称）、肖像的许可使用等。根据《民法典》第993条，民事主体可以将自己的姓名、名称、肖像等许可他人使用，但是依照法律规定或者根据其性质不得许可的除外。作为人格权客体的利益不是无限的，对人格利益的处分，须以适当的范围和程度为限制，必须遵从法律和社会公序良俗。

第二节　人格权与其他权利

一、人格权与身份权

身份权是民事主体基于其特定地位或资格而享有人身利益的权利，在外延上包括两大类，即基于亲属关系而产生的身份权和基于其他身份关系而产生的身份权，前者如亲权、亲属权、监护权等，后者如作者权、社员权等。

作为人身权概念下的两项基本的权利类型，人格权与身份权的联系无疑是最为密切的，二者之间具有许多共通性。

（1）人格权与身份权都是专属性的民事权利。无论是生命、健康、姓名、名誉等人格利益，还是夫妻之间、父母与子女之间的身份利益，都需与特定的主体紧密联系才有意义。这就决定了人格权与身份权都只能由权利人专属享有和行使，不得转让或由他人继承。

（2）二者都是非财产性权利。无论是人格还是身份，都不是财产，不能直接以金钱来衡量其价值。尽管人身权的行使与财产权有相当的联系，并且会为权利人带来一定的财产利益，但是人身权的行使主要是为了实现主体的内在价值，满足其精神需要，而不单纯是为了谋取经济利益。

（3）从法律保护的目的来看，二者表达了共同的价值关怀。作为人身权的人格权和身份权都体现了个人的价值和尊严，并都以人格的独立、自由和平等为基础，所以对这两种权利的保护都旨在实现和维护人格的独立、自由、平等和尊严，确认人的共同价值并鼓励个人以自己的意志支配自己的活动，自主地从事各项正当的社会交往。

人格权与身份权的区别主要体现在以下方面：

（1）权利客体上的差别。人格权以人格利益为客体，基于人格平等的思想。除自然人与法人、非法人组织的人格权因各自自然属性的不同而有所差别外，各民事主体所享有的人格权的内容是基本上一致的，尤其是一般人格权，为一切自然人所普遍享有。即使在具体人格权上，法人亦可享有其中的名称权、名誉权、信用权等。而身份权的客体身份利益具有多元性，不同的身份权所指向的身份利益具有明显差别，如夫妻间的身份利益是共同生活，共同享受相互依靠、扶助、忠实、关爱的人类情感，而父母子女之间的身份利益体现为父母对未成年子女的教育、抚养、保护以及相互尊重、爱护的亲情和责任等。[①]

（2）权利取得上的差别。人格权因自然人的出生和组织的法律人格的取得而获得。换言之，人格权系基于出生的自然事件或成立的事实而自然地取得。而身份权的取得，既可基于身份事实，也可基于身份行为。在以身份行为创设身份权的场合，行为人不仅要有民事行为能力，而且受到法律上一定的限制。

（3）权利的存续期限不同。人格权以权利人的生存为基础，伴随权利人的存在而存在，没有期限限制。而身份权中的具体权利既可以是无期限权利，如基于亲属身份而产生的身份权，在自然状态下，随身份关系的存续而始终；也可以由当事人设定权利存续期限或因当事人一定的身份行为而随时产生或终止，如离婚当事人可基于婚姻关系的主动解除而丧失配偶关系。

基于人格权与身份权的上述异同，《民法典》第1001条规定：对自然人因婚姻家庭关系等产生的身份权利的保护，适用本法第一编（总则编——引者注）、第五编（婚姻家庭编——引者注）和其他法律的相关规定；没有规定的，可以根据其性质参照适用本编人格权保护的有关规定。例如，《民法典》总则编关于监护的条文以及婚姻家庭编关于夫妻身份关系的条文系对身份权的直接规制，应当优先适用；但于对身份权请求权是否适用诉讼时效、对身份权侵权行为能否适用侵权禁令等问题，目前缺乏直接规定，此时就应当参照适用《民法典》人格权编关于人格权保护的规定，认定身份权请求权不受诉讼时效的限制；身份权人在符合法定条件时，得以向法院申请侵权禁令。

二、人格权与财产权

人格权与财产权是相对应的范畴，呈现出较为直观的差异性。当然，人格权与财产权作为两大类型，共同构成民事权利中最主要和最重要的部分，其共性也是显而易见的。

（1）人格权的享有和保障是民事主体取得、行使财产权的前提。一方面，人格权与民事权利能力密不可分，是民事主体作为民法中的“人”的基本条件，也是其取得和行

① 参见杨立新：《人身权法论》，3版，90～91页，北京，人民法院出版社，2006。

使包括财产权利在内的诸多民事权利的基础和前提。另一方面，对民事主体人格权的侵害往往会伴生财产损害的后果，如健康权受到侵害时，受害人除遭受身体及精神上的痛苦外，还会因治疗费和误工费等方面的支出而承受财产损失。

（2）财产权的享有和行使可以为民事主体享有人格权提供更为充分的保障。在制度体系构造上，财产权和生命权、自由权作为基本权利，一直以来是法律的基本价值之所在。在市场经济时代，财产构成社会主体参与社会关系、实现自身价值的物质基础，也为民事主体充分地享有其人格利益提供必要的现实条件。对法人而言，拥有自己独立的财产是其作为独立民事主体享有法人人格权的基本条件之一。

（3）人格权也部分包含财产利益的因素。传统民法认为，人格权和人格利益具有固有性、专属性、非财产性，本身并不具有直接的财产内容。然而，不承认财产为其主要内容，并非对人格权内涵中财产性因素的绝对否定，毕竟，一方面，对人格权的损害大多仍需将财产赔偿作为救济；另一方面，对某些人格权的利用，如对名称权或肖像权的许可使用，也确实可以为权利主体带来财产上的收益。随着人格权商业化利用手段的发展，人格权与财产权之间已经从绝对的区别走向相对的区分，两者的发展有接近的趋势。

当然，即使如此，在学理上仍然必须区分这两类不同性质的权利。

（1）权利客体不同。人格权以人格权利益为其客体，而人格利益，不论是具体的生命、身体、健康、姓名、肖像、名誉等，还是抽象的人身自由、人格尊严，主要表现为权利人精神层面的利益，不具有直接的财产内容，无法以经济价值估量之。对于财产权而言，其客体或是物，或是行为，或是智力成果，都体现为一定的财产利益，均可以金钱计量其价值。

（2）专属与否不同。人格权与民事主体资格密不可分，只能由权利主体专属享有和使用，不能转让，也无法继承。即便部分人格权的权利客体如肖像、名称可以通过许可使用或者转让的方式流转，也仍受到较为严格的限制。而对于财产权来讲，处分权是其基本权能，民事主体基于意思自治可以转让或者继承财产权，也可以抛弃财产权。只要其行为不违背法律和社会公共利益，权利人得自由处分其财产权。

三、人格权与人权

人权是指人在社会、国家中的地位，是人在一切社会关系和社会领域中的地位与权利的总和，既包括社会、经济、文化权利及政治权利，也包括人身权利。习近平总书记指出："中国坚持把人权的普遍性原则和当代实际相结合，走符合国情的人权发展道路，奉行以人民为中心的人权理念，把生存权、发展权作为首要的基本人权，协调增进全体人民的经济、政治、社会、文化、环境权利，努力维护社会公平正义，促进人的全面发展。"①

人格权是人权的具体化和制度化体现。人权实质上是对人基于其自然属性所产生的

---

① 习近平：《走符合国情的人权发展道路》(2018 年 12 月 10 日)，载习近平：《习近平谈治国理政》，第 3 卷，288 页，北京，外文出版社，2021。

诸多基本需求的高度抽象和理念化表达，其内涵丰富且具有浓厚的道德权利色彩。人格权以人权为其价值基础，是人权理念和思想在民事法律领域的延续与具体表现。人权的主要内容如人格尊严、人格平等和人身自由等，也借由人格权的规范形式获得制度化的表达，进而获得了更加充分的保护和实现。当然，作为两个不同法域的概念，两者之间也存在明显的区别。

（1）人权是一个十分复杂和多元的概念，既有作为自然权利（道德权利）的一面，又有作为法律权利的一面。即便是在法律的语境内，人权的内容也并不以人格权所指向的生命、健康、人格尊严等人格利益为限，还包括言论自由、选举权与被选举权、监督权等公法权利的内容，可见，其概念所涵摄的范围十分广泛。人格权作为一项以维护民事主体人格利益为目的的权利，虽然借助一般人格权之类的框架性权利而具备了较高的开放性，但仍是一个具有明确范围限制的民事权利。人格权仅是人权的一个组成部分。

（2）人格权作为一项民法权利，其救济主要依靠法律手段，由各国法院通过行使司法权予以实现。而人权中具有很多道德权利内容，而且常常成为政治团体乃至国际社会各方处理相互关系的口号和工具。虽然对于人权保护而言，法律的手段不可或缺，但因其内容十分复杂，权利的保护形式也是多种多样的。

第三节　自然人死亡后人格权的保护

一、死者人格利益保护的意义

自然人的民事权利能力始于出生、终于死亡。自然人死亡后即丧失民事主体资格，当然也就不应再享有专属于民事主体的人格权益。但从以下各方面考量，强调对死者人格利益的保护，也确有其充分必要性：

（1）有助于维护良好的社会风尚，促进社会的进步。尊重死者既是对死者人格的尊重，也是对人们追求良好的道德、风尚、声誉等的尊重。漠视对死者人格利益的保护，实际上是在蔑视生者对良好道德的追求，不鼓励人们的正当行为，极易引发道德风险，不利于良好社会秩序的形成和维护。

（2）有助于维护社会公共利益。当死者生前的人格利益受到侵害时，虽对其个人来说已无所谓损害，但对社会来说影响依然存在。特别是对于英烈而言，其名誉、肖像等其实已经成为社会利益甚至国家利益的组成部分，对其进行贬损或不当使用，不仅是对历史的不尊重，而且是对民族感情的伤害，理应依法予以禁止。

（3）有助于抚慰死者的近亲属。对死者人格利益的侵害往往会伴随着对生者人格利益的侵害。辱骂他人的长辈、祖先，在某种程度上，也足以形成对生者的辱骂；不当地公布死者生前的隐私，也有可能造成其近亲属人格利益受损的结果。而且，即使不涉及近亲属的名誉等，基于社会人伦，侵害死者人格也会侵害其近亲属的追思之情，理应依法予以救济。

二、死者人格利益的保护

《民法典》颁布之前，我国民法上并没有对死者人格利益保护作出明确的规定，但是，在司法实践中，最高人民法院基于审理死者人格侵害案件的需要，以判例和司法解释的方式，已经为死者人格利益的保护提供了不少规范上的支持，主要包括《最高人民法院关于死亡人的名誉权应受法律保护的函》(现已失效)、《最高人民法院关于范应莲诉敬永祥等侵害海灯法师名誉权一案有关诉讼程序问题的复函》、《最高人民法院关于审理名誉权案件若干问题的解释》、《民事侵权精神损害赔偿解释》(2020 年修正) 等。《民法典》承继了司法实践中所达成的共识，于第 994 条规定，死者的姓名、肖像、名誉、荣誉、隐私、遗体等受到侵害的，其配偶、子女、父母有权依法请求行为人承担民事责任；死者没有配偶、子女且父母已经死亡的，其他近亲属有权依法请求行为人承担民事责任。上述规定确立的规则是：第一，所谓对死者人格的侵害，实际上是对其活着的配偶、子女、父母和其他近亲属之精神利益和人格尊严的直接侵害，而对逝去亲人的怀念和哀思是生者之人格利益的重要内容。第二，保护的范围限于死者的姓名、肖像、名誉、荣誉、遗体等。侵害的方式主要为：非法披露、利用死者隐私，或者以违反社会公共利益、社会公德的其他方式侵害死者隐私；非法利用、损害遗体、遗骨，或者以违反社会公共利益、社会公德的其他方式侵害遗体、遗骨。在构成要件上，强调行为对社会公序良俗的违反。第三，请求权人限于死者的“近亲属”。

问题与思考

1. 试析人格权的主要特征。
2. 简述人格权与财产权的关系。
3. 试论死者人格利益保护的主要范围。

第六十章
一般人格权

本章概要

本章着重介绍一般人格权的概念、特征及价值内涵，一般人格权的基本功能和司法适用。本章的重点问题包括一般人格权的概念与价值内涵、一般人格权的功能和司法适用。

第一节　一般人格权的概念与特征

一般人格权，系相对于具体人格权而言的概念，是指法律采用高度概括的方式赋予民事主体享有的具有权利集合性特点的人格权，是关于人的存在价值及尊严的概括性权利。[①]

相较于具体人格权，一般人格权的主要特征体现在：

（1）概念内涵的抽象性。一般人格权和具体人格权是抽象与具体的哲学范畴在人格权领域的运用。具体人格权借助已知的人格要素，采取类型化的方法解析人格权的内涵；而一般人格权以抽象演绎的方式，概括人格权的价值内核。由于缺乏具体的人格要素为判断标准，一般人格权在形式上又体现出了框架性权利的特点，其权利的具体内容并不明确，需要法官根据案件的具体情况，通过解释予以补充。

（2）权利内容的广泛性。借由抽象的概念内涵，一般人格权体现出较强的涵盖能力：其既可以包含已经被法律明确肯定的人格权内容，还可以吸收法定人格权以外的其他人格利益。民事主体的人格利益，不论是否已为法律所具体列举，只要符合一般人格权所设定的价值标准（人格尊严和人身自由），便可被纳入一般人格权的权利内涵，获得法律上概括的保护和救济。

（3）权利地位的基础性。一方面，作为一种对人格权内涵的高度概括和抽象，一般人格权能更全面、更贴切地体现人格权的基本内涵和价值；另一方面，作为对人格权价

① 参见王泽鉴：《民法总则》，126页，北京，中国政法大学出版社，2001。

值内核的集中反映，一般人格权还在一定程度上扮演着具体人格权的价值基础和正当性源泉的角色，为后者的合理性论证提供理论和规范上的支持。

第二节　一般人格权中的价值内涵

一、人身自由

《民法典》第109条规定，“自然人的人身自由、人格尊严受法律保护”；第990条第2款规定，“……自然人享有基于人身自由、人格尊严产生的其他人格权益”。以上规定，是对一般人格权的立法确认。据此，人身自由和人格尊严被明文宣示为一般人格权的价值基础。

人身自由，包括身体行动的自由和自主决定的自由，是自然人自主参加社会各项活动、参与各种社会关系、行使其他人身权和财产权的基本保障，是自然人行使其他一切权利的前提和基础。[①] 人身自由源于法治思想中的自由理念，一般人格权中的人身自由更具有其相对独立的权利内涵，主要包括身体活动的自由与精神活动的自由两个方面，其中：身体行动的自由是自然人根据自己的愿望自由支配自己身体运动的权利；精神活动自由的实质为意思决定自由，是自然人进行意思表示或其他民事活动的意志决定自由，例如缔结合同、决定合同内容的自由，设立遗嘱的自由，以及选择住所、职业的自由等。但是，单纯权利行使的自由，作为公民基本权利的言论自由、信仰自由、投票自由，以及已具有独立人格权地位的婚姻自主权、性自主权等，不在其范围内。

二、人格尊严

人格尊严，是指人在人格上所具有的不可冒犯、不可亵渎、不可侵害或不可剥夺的一种社会性的精神特质。人格尊严包括消极和积极两个层面的内容。消极层面上的人格尊严，是指人格尊严不受侵犯。这是人之为人的基本条件之一，也是社会文明进步的重要标志。积极层面上的人格尊严，则指代人格的自由发展。

人格尊严作为抽象的概念所集中反映的是一种作为人的观念，并且以他人、社会对特定主体作为人的尊重为其客观因素。人格尊严如人身自由一样，均为自然人才享有的权益，法人和非法人组织一般来说均不具有人格尊严意义上的人格利益。人格尊严体现为对人之为人的资格的评价，评价的内容不关乎褒贬，而是对人的最起码的尊重，是把人真正视为一个人所应具有的尊重。因而无论人的各种属性、状态有何不同，对其尊严的评价无任何不同之处。[②]

---

① 参见黄薇主编：《中华人民共和国民法典人格权编解读》，16页，北京，中国法制出版社，2020。

② 参见杨立新：《人身权法论》，3版，362页，北京，人民法院出版社，2006。

第三节 一般人格权的功能

一般人格权作为自然人的人格利益的法律表现，其保护对象为自然人的人格利益之抽象及总和，具有解释、创造和补充立法上明定的具体人格权的功能。

（1）解释功能。一般人格权突显以人为本的理念，明确了人格权立法的目的与宗旨，对于进一步明确个别人格权的保护目的、保证各具体人格权制度的正确适用，具有积极的启发和指导作用。在司法裁判中，在遇到就具体人格权的法律规定应如何适用产生分歧或疑惑时，应依据一般人格权的基本原理进行解释，并要求其至少不得违背一般人格权所规定的价值内涵。

（2）创造功能。首先，一般人格权为生成新的具体人格权提供了基础和条件。立法者据此可以对法律没有类型化为具体人格权的人格法益进行权衡救济，以适应社会经济、文化的发展，充分实现现代法律以人为本的价值，因而一般人格权具有明显的价值宣示功能，可以使人们明确人格平等、人格尊严、人身自由等价值的重要性，说明具体人格权存在的合理性与正当性，提供立法的指导精神与原则，进而使某些人格利益先依一般人格权受到保护，在成熟之后，再被提升为具体人格权。法律之所以要将具体人格权以外的某些人格利益纳入一般人格权，就是希望通过一般人格权的设定形成兜底条款，为将受法律保护的新型人格利益上升为独立的权利形态提供充分的空间，并经法官的价值填充使之类型化，形成一种开放的人格权体系，不断扩大人格权保护的范围。其次，一般人格权属不确定的法律概念，严格说来，是内涵和外延均不确定的类型式概念，其功能的一个重要方面就是，使法院能够适应社会经济、文化发展及伦理道德价值观念的变迁而适用法律，以使法律能够与时俱进，实现其规范功能。

（3）补充功能。在社会实践中，游离于既有的具体人格权之外的人格利益不乏其存在，当该类人格利益受到侵害时，便需要发挥一般人格权的补充功能，弥补法律对之保护的不足。作为一种“框架性权利”，一般人格权的高度抽象和概括性特点赋予其较强的涵摄能力，可以将广泛的人格利益涵盖其中加以保护；而从其内涵来看，一般人格权实际上是对基于人格而发生的全部利益从整体上进行保护，在遇有具体人格权列举保护不足时，自然可以借助作为总括性权利的一般人格权加以弥补。

第四节 一般人格权的司法适用

一般人格权是开放的权利，也发挥了兜底条款的作用。法律之所以承认一般人格权，其重要原因之一就是要使其适应社会中保护新型人格利益的需要。在新的“人格利益”产生之后，在确定此种利益是否构成人格利益时，应当考虑这些利益是否体现了人格尊严和人身自由等基本价值，判断侵害这些人格利益的行为是否违反了一般人格权中所包含的价值目标，从而决定是否以一般人格权作为其请求权基础予以保护。

一般人格权是一种高度概括的权利，在具体适用上赋予法官很大的自由裁量空间，如果对一般人格权的适用不加限制，可能使一些不应受到人格权保护的利益受到保护，且有可能无限制地扩张精神损害赔偿的范围，造成法律及行为预期的不确定，所以一般人格权的适用应当具有严格的条件限制。此种限制主要包括：（1）只有在不能适用具体人格权时才有一般人格权的适用余地，因为后者只是补充具体人格权的不足；（2）必须通过个案的价值判断或利益衡量来确定在具体案件中是否存在人格利益被侵害的情形，进而判断此种人格利益是否应当受到一般人格权的保护；（3）应当限制一般人格权所保护的法益的内容；（4）在适用一般人格权对受害人提供精神损害补救时，应当结合社会的一般观念和受害人个人的感受来确定其是否实际遭受了精神损害以及损害程度。

此外，因为一般人格权仍然属于权利而非利益，所以对于侵害一般人格权的行为不应该要求加害人主观上必须出于故意，也不必要求其加害系采用违背善良风俗的方式。当然，主观过错程度的不同，会对精神损害赔偿的范围产生影响。

问题与思考

1. 简述一般人格权的功能。
2. 简述一般人格权与具体人格权的联系和区别。
3. 试论一般人格权的基本内容。

第六十一章
具体人格权

本章概要

具体人格权包括生命权、身体权、健康权、姓名权、名称权、肖像权、名誉权、荣誉权和隐私权等，这些权利皆具有不同的内涵与外延。本章着重介绍各项具体人格权的概念、特征及主要内容，以及随着时代不断发展的其他人格利益的基本内容。本章的重点问题包括具体人格权的概念与范围、其他人格利益的基本内容。

第一节　生命权、身体权、健康权

一、生命权

生命是法律所保护的最高利益形态。保护人民的生命安全和健康始终是党和国家的重要任务。习近平总书记指出，人民至上、生命至上，保护人民生命安全和身体健康，应始终放在第一的位置。《民法典》第1002条规定："自然人享有生命权。自然人的生命安全和生命尊严受法律保护。任何组织或者个人不得侵害他人的生命权。"生命权是以自然人的生命安全利益为内容的权利。将生命权作为一种独立的权利，是世界大多数国家的立法例。生命的存在和生命权的享有是每个人的最高人身利益，生命安全是自然人从事民事活动和其他一切活动的前提与基本要求，因此，法律赋予每个自然人以生命权，禁止任何组织和个人非法剥夺他人的生命。

生命权的主要特征在于：第一，生命权的客体是生命安全和生命尊严。这与身体权和健康权的客体明显不同。第二，生命权只有在生命安全和生命尊严受到威胁或者处于危险状态时，才能够行使，否则没有主张的必要。对于生命权的主体来说，该项权利的主要内容在于排除生命安全和生命尊严所受到的危险和威胁，例如，请求他人消除危险、排除妨害，对所受不法侵害进行正当防卫，对威胁生命安全的危险采取紧急避险措施等。第三，一旦生命权受到实际侵害，任何法律救济对于权利主体都是毫无意义的，法律救济的唯一功能在于使权利主体的利害关系人得到财产上的补偿和精神上的抚慰，因为，人的死亡意味着主体在法律上的灭失，也就不可能再以自己的名义向加害人提出任何赔偿请求。实际上，生命权是人格权中唯一一项受到侵害时只能由第三人主张赔偿的权利，因为致人死亡的后果是由生命权人以外的人来承受的。

生命权的内容包括生命安全维护权、生命尊严维护权和生命利益支配权。生命安全维护权的首要内容是维护生命延续，具体包括禁止他人非法剥夺生命，为维护生命安全采取相应保护措施或排除危害，等等。生命尊严维护权是指自然人有权基于人格尊严，在消极意义上禁止他人侵害自己作为生命主体者的尊严，在积极意义上要求自己作为生命主体者的尊严获得应有的尊重，以提升生命的尊严和品质。[①] 生命权中所包含的生命利益支配权实际上关乎生命权人可否处分自己的生命。对此，传统理论持否定态度，认为一旦确认自然人有权处分自己的生命，就给自杀提供了合法的根据。现代人格权法理论主张有限制的生命利益支配权，认为尽管生命对于个人来说具有最高的人格价值，但是，当认识到个人的生命利益与他人利益或社会公共利益相比，后者具有更高的价值的时候，权利主体毅然放弃自己的生命利益，不仅可获得道义上的尊敬和赞扬，而且从法律角度来看也是合法的。

二、身体权

身体权，是指自然人保持其身体组织完整并支配其肢体、器官和其他身体组织，行动自由受保护的权利。《民法典》第 1003 条规定：“自然人享有身体权。自然人的身体完整和行动自由受法律保护。任何组织或者个人不得侵害他人的身体权。”身体是生命的物质载体，是生命得以产生和延续的最基本条件。这就决定了身体权对自然人至关重要。身体权与生命权、健康权密切相关，侵害自然人的身体往往导致对自然人健康的损害，甚至剥夺自然人的生命。但是生命权以保护自然人生命的延续为内容，健康权保护身体各组织及整体功能正常，身体权所保护的则是身体组织的完整及对身体组织的支配。

身体权区别于其他人格权的主要特征在于其以身体及其利益为客体，在内容上表现为：第一，保持身体组织的完整性，禁止他人的不法侵害。第二，支配其身体组织，包括肢体、器官、血液等。第三，自然人行动自由受法律保护。传统的伦理观念认为身体组织的构成部分不得转让，致使传统的民法理论认为身体权并不包括对身体组织的支配权。但是，医学的发展推动了伦理观念的变化，也为身体权注入了新的内容。身体器官的移植、血液的有偿或者无偿奉献，都是自然人行使身体权的方式。《民法典》第 1006 条第 1 款规定：“完全民事行为能力人有权依法自主决定无偿捐献其人体细胞、人体组织、人体器官、遗体。任何组织或者个人不得强迫、欺骗、利诱其捐献。”第四，损害赔偿请求权。任何权利在受到损害时都能依法寻求赔偿，身体权也不例外。

《民法典》对身体权与健康权进行了区分表述。身体权的客体（身体）和健康权的客体（健康）的区别在于，身体系肉体之构造，而健康系生理之机能。二者的区别是明显的。健康权保护的是保持正常健康水平的权利，而身体权保护的是自然人保持其身体之

① 参见黄薇主编：《中华人民共和国民法典人格权编解读》，64 页，北京，中国法制出版社，2020。

完好性的权利。

须注意的是，一项行为可能同时侵害自然人的身体权和健康权，典型例证是《民法典》第1010条第1款规定的“违背他人意愿，以言语、文字、图像、肢体行为等方式对他人实施性骚扰”的行为：性骚扰行为可能采取触碰受害人身体私密部位的行为方式，这会涉及对身体权的侵害；性骚扰行为也可能采取言语、文字、图像等方式，这将影响受害人的心理和身体健康，进而会涉及对健康权的侵害。在比较法上，许多国家（地区）都以立法的形式对性骚扰行为予以规制。我国吸纳了各国（地区）的先进经验，对性骚扰行为兼采权利保护主义和职场保护主义两种模式，亦即在规定性骚扰行为的一般构成要件的同时，规定了机关、企业、学校等单位有防止和制止性骚扰的义务。

与身体权密切相关的还包括《民法典》第1011条规定的人身自由权，根据该条的规定，以非法拘禁等方式剥夺、限制他人的行动自由，或者非法搜查他人身体的，受害人有权依法请求行为人承担民事责任。人身自由的重要表现是行动自由，而行动自由主要指代身体行动的自由。例如商超管理者在没有证据的情况下无端怀疑他人偷拿商品而非法搜查他人身体的行为，此类行为往往以限制行动自由为前提，同时涉嫌侵犯自然人的身体权。根据《民法典》的规定，非法限制他人行动自由、非法搜查他人身体的行为，构成对人身自由权的侵害，受害人有权依法请求行为人承担民事责任。

三、健康权

健康是指人体各器官系统良好发育及保持正常功能的状态，包括肉体组织和生理及心理机能三个方面。无论对其中哪一方面予以侵害，都构成对自然人健康的侵害。健康权是自然人依法享有的以维护人的身体的上述状态和利益为内容的权利。《民法典》第1004条规定：“自然人享有健康权。自然人的身心健康受法律保护。任何组织或者个人不得侵害他人的健康权。”第1009条还特别强调：“从事与人体基因、人体胚胎等有关的医学和科研活动、应当遵守法律、行政法规和国家有关规定，不得危害人体健康，不得违背伦理道德、不得损害公共利益。”

健康权的内容主要体现为自然人对自身健康状况予以维护的权利。这包括自然人维护自身健康、提高生活质量、追求体格完美状态，在生理和心理机能、功能出现不正常的状态时请求医疗、接受医治的权利；具有维护社会利益、提高人类生存质量的意义。这些权利的行使，不受任何他人的强制或干涉。

关于对胎儿健康法益的保护，《民法典》第16条将法律对自然人的保护延伸至其出生之前的胎儿时期。对胎儿健康利益的民法保护，应该自胎儿成功受孕时起，无论是婚内受孕还是婚外受孕，均在法律保护的范围之内。对胎儿健康利益的侵害，表现为胎儿在母腹中时，外力作用于母体，致胎儿身体功能的完善性受到损害。确定胎儿健康利益受损害的事实，须在胎儿出生、具有民事权利能力之后。此时，其方可行使损害赔偿请求权，不能由他人行使。这是因为，胎儿健康利益受损，并未害及其生命法益的，在其活着出生之后，即具有民事权利能力，自然可以自己的人格行使权利。尽管不具有完全的民事行为能力，需要由监护人代理，但本人仍为权利主体。

健康权和生命权不同，应予区别。生命和健康虽同样存在于身体之中，但生命为存在之本身，而健康是维持人体正常生命活动的基础；生命的丧失具有不可逆转性，而健康受到损害时，无论是发生器质性的改变还是发生功能性的改变，都有可能经过医治而康复或好转，保持人体的生命活动。健康损害的可康复性和生命损害的不可逆转性，是生命权和健康权的首要及最显著的区别。

第二节　姓名权、名称权

一、姓名权

《民法典》第 1012 条规定："自然人享有姓名权，有权依法决定、使用、变更或者许可他人使用自己的姓名，但是不得违背公序良俗。"姓名权是自然人依法享有的决定、变更和使用自己的姓名并得排除他人干涉或非法使用的权利。对此处所谓姓名应作广义理解和解释，不仅指公民在户籍和居民身份证上显示的姓名，还包括曾用名、笔名、艺名及我国传统文化中所独具的"字""号"等。《民法典》第 1017 条规定："具有一定社会知名度，被他人使用足以造成公众混淆的笔名、艺名、网名、译名、字号、姓名和名称的简称等，参照适用姓名权和名称权保护的有关规定。"

姓名权的人格权属性包括：第一，专有性。姓名权与自然人的人身不可分离，也不得由权利人抛弃。而且，依照我国法律规定，姓名权的主体仅限于自然人；学理上也一向区分自然人的姓名权和法人所享有的名称权。第二，非财产性。姓名权本身不具有直接的财产内容，也无法体现为确定的财产价值。姓名权的客体姓名也不像财产权的客体一般可以转让或继承。第三，姓名是使自然人特定化的标志，是自然人的人格的外在表现。姓名权正是以姓名以及与姓名相关联的人格利益为客体的权利。

在中华传统文化中，姓氏体现血缘传承、伦理秩序和文化传统，公民选取姓氏涉及公序良俗。根据《民法典》第 1015 条的规定，自然人原则上应当随父姓或母姓，但有下列情形之一的，可以在父姓和母姓之外选取姓氏：一是选取其他直系长辈血亲的姓氏，二是因由法定扶养人以外的人扶养而选取扶养人的姓氏，三是有不违反公序良俗的其他正当理由。少数民族自然人的姓氏可以遵从本民族的文化传统和风俗习惯。

根据《民法典》第 1014 条的规定，侵害姓名权的行为具体包括以下几种：

(1) 干涉，是指针对他人的姓名实施某种积极的侵害行为，例如，干涉养子女决定和使用其姓名、干涉被监护人决定和使用其姓名等。干涉他人姓名权的行为，仅以违背本人意思为构成要件，而不论是否有不正当目的。

(2) 盗用，是指未经他人同意或授权，擅自使用他人姓名实施有害于他人和社会的行为，如擅自以他人的姓名签字于罚款通知书，以他人的姓名签字领取不合法收入，等等。盗用他人姓名的，行为人通常出于某种不正当目的，行为的结果则直接损害他人利益或社会公共利益。另外，这种行为也常常构成对他人名誉权的侵害。

(3) 假冒，是指冒名顶替，冒充他人姓名进行活动。例如，未经他人同意，擅自在自己的作品中署上他人姓名等。假冒他人姓名者，通常是利用社会对知名人士的崇敬和信赖，冒用知名人士的姓名从事活动。假冒他人姓名与盗用他人姓名均属非法使用他人姓名并侵害了权利人的姓名权，但盗用的结果通常表现为直接损害被盗用者的利益，而假冒姓名者的目的常常并不是直接损害被假冒者的利益，而只是谋取个人的非法所得。这是二者的区别之处。

对姓名权的限制主要体现在以下几个方面：

（1）任何人在从事重要法律行为时，都负有使用其在户籍上登记的正式姓名的义务。每个人都可以自由选择使用多个名字，但经过登记记载于户籍簿上的正式姓名只能有一个。自然人在参与各种重要的民事法律关系并行使权利、承担义务，例如取得、设立、转移或变更财产权，或在具有法律意义的证书、合同及其他文件上签字时，必须使用其正式姓名，否则容易导致法律关系的混乱，使权利义务主体不明确，从而影响社会经济秩序和个人的利益。

（2）自然人不得基于不正当目的而取与他人相同的名字，不得故意造成姓名权的冲突。所谓姓名权冲突，是指两个以上自然人使用相同姓名并且因此导致的在姓名权行使上的相互妨碍。导致姓名权冲突的直接原因是重名。姓名是借助有限的文字符号予以表示的，因此，重名现象在所难免。合法取得相同姓名者，即使第三人发生误认并导致权利义务上的混乱，如被误认者并不知情，则不构成侵害姓名权。但是，如果基于不正当的目的，故意取与他人姓名相同的姓名，并且造成他人利益受损害的，则此种行为结果已超出了合理的姓名权冲突范围，从而构成侵权行为。

（3）不得滥用姓名权。权利人有充分行使自己权利的自由，但是权利的行使和处分不应损及他人的合法权益。姓名权的行使也不例外。滥用姓名权的行为有多种表现，如基于不正当目的而改名换姓，随意更改姓名造成权利义务关系混乱，以违背公序良俗方式允许他人使用自己姓名，非法转让姓名，等等。

二、名称权

名称，是特定团体区别于其他团体的文字符号。名称权，即特定团体依法享有的决定、使用、变更及依照法律规定转让自己的名称，并得排除他人的非法干涉及不当使用的权利。《民法典》第 110 条第 2 款规定："法人、非法人组织享有名称权、名誉权和荣誉权。"第 1013 条规定："法人、非法人组织享有名称权，有权依法决定、使用、变更、转让或者许可他人使用自己的名称。"从《民法典》的规定来看，名称权与姓名权是两个概念，名称权专指除自然人以外的各类法人或非法人组织所享有的人格权利，不能为姓名权所包括。

名称和字号、商号也有区别。字号在我国古代兼指编次符号和商店名称，而在现代语义学中仅指商店的名称，日常用语中也扩张用于指个体工商户、个人合伙等不具独立主体资格的社会组织的名称。字号的确立，可以经登记，也可不经登记，而根据《民法典》第 1016 条第 1 款的规定，法人、非法人组织决定、变更、转让名称的，应当依法向有关机关办理登记手续，但是法律另有规定的除外。商号又称商业名称，广义上与企业名称同义，在商法上，则是商人的特定名称，是商事主体依商法申请登记，用以表示其营业的名称。商号的主要特征在于：首先，商号是表现营业本身的标志；其次，商号须经依法登记。由上述比较可知，字号、商号均为名称的一种，而不是名称的全部。

特定团体或社会组织享有决定自己名称的权利，这是名称权的最基本内容。名称权主体可以按照自己的意愿选取名称，他人不得强制干预。除此之外，名称权主体对其名称依法还享有使用、变更以及符合法定条件时的转让名称或许可他人在一定范围和期限内使用自己名称的权利。由于名称的设定及使用是一个社会化的行为，关乎国家利益及社会公共利益，因此法律对不同的团体或组织的名称设定有各不相同的具体要求。另外，名称权人在行使其独占使用权时也要受到一定的限制，这些限制主要包括禁止使用持不正当目的而使公众误认是他人营业的名称，禁止使用有可能对公众造成欺骗或误解的名称，禁止使用外国国家（地区）名称、国际组织名称，等等。

名称权在性质上应属人格权，但却同时具有某些无体财产权的性质，最明显的就是，名称权具有可转让性。法人或者非法人组织许可他人使用自己名称的同时，自己的名称权并不丧失。在没有特别约定的情况下，名称权主体还可以同时许可多个主体使用其名称。这也是许可使用名称与转让名称最大的差别。

第三节　肖像权

《民法典》第 1018 条规定："自然人享有肖像权，有权依法制作、使用、公开或者许可他人使用自己的肖像。""肖像是通过影像、雕塑、绘画等方式在一定载体上所反映的特定自然人可以被识别的外部形象。"肖像权作为人格权的一种，除了具备人格权所共同具有的绝对性、专属性等特点，还有以下两项重要特征：第一，肖像权的主体只能是特定的自然人。肖像是自然人形象的外在表现，反映的是自然人的外部生理特征，所以肖像权只能为自然人享有。换言之，法人、非法人组织等团体或社会组织无法拥有肖像权。第二，与其他人格权种类相比，肖像权具备更多的财产利益。肖像中所包含的艺术价值在市场交易中可以直接体现为一定的财产价值。当然，肖像权所包含的这种物质利益，是由肖像权的人格利益所派生和转化而来的，并不足以改变肖像权的人格权属性。

构成侵害肖像权的民事责任，须具备以下几个要件：

（1）未经许可而制作、使用、公开他人肖像，或者丑化、污损，或者利用信息技术手段伪造等方式侵害他人的肖像权。肖像权的内容，就其积极方面而言，主要体现为制作和使用的专有权。未经许可擅自制作或使用肖像权人的肖像，是侵害肖像权民事责任构成中最主要的损害事实。此处所谓使用，并不仅仅指商业上的利用，而是包括一切对权利人肖像的制作、使用、公开等行为。使用他人的肖像，只能在权利人许可的范围之内。如果行为人经肖像权人同意使用其肖像，但其后改变约定的使用范围和用途，仍然构成对肖像权的侵害。

（2）无正当理由。虽然未经许可而制作或使用他人肖像，但如果有正当理由，即可阻却违法，从而该制作或使用行为为合法。

世界各国民事立法关于对肖像权的保护一般采取两种做法：一是全面保护制度，即未经许可不得以任何方式使用他人肖像；二是有限保护制度，即未经许可不得以营利方式使用他人肖像。我国采用第二种做法。

肖像权的行使，在某种场合要受到限制。这主要是基于国家利益、社会公共利益的需要。各国法律在其肖像权制度中都对自然人的肖像权进行了某些限制，这种限制被称为肖像的合理使用。在符合合理使用条件时，未经本人同意而使用其肖像阻却违法，不构成对肖像权的侵害。

根据《民法典》第1020条的规定，对肖像的合理使用可以大致被归纳为以下几种情况：

（1）为了为个人学习、艺术欣赏、课堂教学或者科学研究的目的，而在一定范围内使用他人肖像。例如，出于临床医学教学科研的目的而在特定场合或专业报刊上展示病人照片等。

（2）为实施新闻报道，不可避免地制作、使用、公开肖像权人的肖像。政治家、外交官、人大代表、知名学者、社会活动家、作家、艺术家、运动员等各类社会知名人士，其活动往往为社会公众所普遍关注，而其活动本身通常也同时体现国家的政治生活、国事活动、社会焦点或公众兴趣。为了报道这些人士的活动和事迹而使用其肖像，即使未征得本人同意，亦不构成侵权。

（3）为依法履行职责，国家机关在必要范围内制作、使用、公开肖像权人的肖像。如公安机关为通缉犯罪嫌疑人而使用其肖像，司法机关在诉讼活动中作为证据而使用当事人的肖像等。

（4）为展示特定公共环境，不可避免地制作、使用、公开肖像权人的肖像，例如，使用参加集会、游行、仪式、庆典等活动的人的肖像。这类活动往往具有新闻报道价值，而参加者将自己置身于此类场合，亦即在一定意义上处分了自己的肖像权益，所以任何人在参加这些于特定公共环境进行的特定活动时，都应允许将自己的肖像用于公开的场合。

（5）为维护公共利益或者肖像权人合法权益，制作、使用、公开肖像权人的肖像的其他行为。例如为了寻找下落不明者而在寻人启事上使用其肖像，为了行使正当舆论监督权而使用他人肖像等。

《民法典》第1023条第2款规定："对自然人声音的保护，参照适用肖像权保护的有关规定。"这一规定以参照适用的法律技术将肖像权的保护对象延伸到了自然人的声音。声音可以表示人格的特征，具有人格上的重要利益，理应作为一种人格利益受到人格权法的保护。《民法典》第1023条第2款并没有将对声音的保护确认为具体人格权类型，而是规定对自然人声音的保护参照适用肖像权保护的有关规定，适应了声音利益发展及其法律保护的需要。

第四节　名誉权、荣誉权

一、名誉权

《民法典》第1024条规定："民事主体享有名誉权。任何组织或者个人不得以侮辱、诽谤等方式侵害他人的名誉权。""名誉是对民事主体的品德、声望、才能、信用等的社会评价。”名誉作为一种社会评价，直接关系到民事主体的人格尊严和社会地位，属于重要的人格利益。名誉权就是自然人或法人及非法人组织依法享有的维护其所获得的社会公正评价并排除他人侵害的权利。

名誉权具有以下主要法律特征：

（1）名誉权的客体是名誉。所谓名誉，根据《民法典》第 1024 条第 2 款的规定，是指对民事主体的品德、声望、才能、信用等的社会评价。需要指出的是，名誉权的客体不包括名誉感，因为侵害名誉权的行为后果通常为社会评价的降低，而名誉感是民事主体自身内心的一种情感或自我认知，对名誉感的侵害往往并不会导致社会评价的降低。法律对名誉感的保护可以通过对人格尊严的保护加以实现。

（2）名誉权的内容是就名誉受有利益和排除他人的侵害。受有利益主要表现在：其一，民事主体就自己的客观公正之社会评价获得精神上的满足。其二，民事主体利用自己良好的名誉取得财产上的利益。对以营利为目的的民事主体而言，此种权能尤为重要。排除他人的侵害表现在：第一，维护名誉，使自己的社会评价免于不正当的降低和贬损；第二，在名誉受到侵害时，有权获得法律救济，特别是使名誉恢复到受侵害之前的状态。

（3）名誉权的主体包括自然人和非自然人。与隐私权、肖像权等由自然人专有的人格权不同，名誉权的主体也可以是非自然人的法人或者非法人组织等。与自然人的名誉相比较，非自然人的名誉的最显著的特点在于其与财产利益的联系更为密切，比如，侵害法人名誉权，可能会构成不正当竞争行为，并依反不正当竞争法的有关规定承担责任。

根据《民法典》的规定，损害名誉的行为方式主要有两种：一是侮辱，二是诽谤。所谓侮辱，是指故意使用侮辱性言辞等贬损他人名誉，贬低他人人格的行为；而诽谤则是指因过错捏造、歪曲事实或散布某些虚假的事实，损害他人名誉的行为。同时，基于名誉权作为人格权需与特定主体资格相联系并由其专属享有的特点，上述侮辱和诽谤行为必须是针对特定的民事主体实施，方可认定为对名誉的损害。至于侮辱和诽谤的具体行为方式，既可以是书面的，也可以是口头的，还可以是其他的形式。

名誉权的客体是作为社会客观评价的名誉，判断名誉权是否受到侵害的重要指标之一，就是看对受害人的品德、声望、才能、信用等的社会评价是否因侵权行为而降低。因此，如何确定公众对受害人的社会评价已经降低，以及如何认定名誉权侵权的免责事由是认定侵害名誉权的关键问题。对此理论界与实务界多采用“公示”或“第三人知悉”标准进行判断，亦即因行为人的原因侮辱、诽谤行为对外公示，或者为第三人所知悉的，就应当认定受害人的社会评价因此降低，行为人的行为构成名誉权侵权。

司法实践中较多名誉权诉讼缘起于新闻报道、社会舆论以及公开发表的文学艺术作品。对此，《民法典》第 1025 条规定，行为人为公共利益实施新闻报道、舆论监督等行为，影响他人名誉的，一般不承担民事责任，但是如果有捏造、歪曲事实，使用侮辱性言辞等贬损他人名誉或者对他人提供的严重失实内容未尽到合理核实义务的，仍然构成对名誉权的侵害。这体现了对名誉权保护和公共利益维护的平衡。《民法典》第 1026 条进一步规定了“合理核实义务”的考量因素，为审判实践提供有效指引，以利实务操作。《民法典》第 1027 条则明确了文艺批评的“尺度”：行为人发表的文学、艺术作品如果不以特定人为描述对象，就算其中的情节与该特定人的情况相似，也不构成名誉权侵权；

但如果行为人发表的文学、艺术作品以真人真事或者特定人为描述对象，且含有侮辱、诽谤内容，应当认定为对他人名誉权的侵害。

二、荣誉权

除名誉权外，《民法典》第1031条尚规定了“荣誉权”，即“民事主体享有荣誉权。任何组织或者个人不得非法剥夺他人的荣誉称号，不得诋毁、贬损他人的荣誉”；“获得的荣誉称号应当记载而没有记载的，民事主体可以请求记载；获得的荣誉称号记载错误的，民事主体可以请求更正”。

将荣誉权明定为一项法定具体人格权，实为中国民法所独有。但学说上对所谓“荣誉权”一直存有争议。就其性质如何，学界存有人格权说、身份权说和双重属性说等诸多不同见解。

通过将荣誉与名誉予以比较可以发现，二者的区别体现在如下方面：

（1）评价来源。名誉也是一种社会评价，但名誉来自社会，是一种广泛的、没有形态约束的评价。荣誉评价的来源则具有组织性或曰机构性。作出荣誉评价的往往是社会中特定化的组织或机构而不是任何个人或开放的公共舆论。法学界通常认为：荣誉与名誉一样，都是社会对特定的自然人或法人、非法人组织之行为的一种评价。但其与名誉又不完全一样，是根据一定程序或者由国家行政机关给予特定人的评价，如嘉奖或光荣称号等。荣誉获得的前提必须是，民事主体在社会生产或社会生活中作出突出贡献，或有突出事迹，具有应受褒奖性。所以，严格地说，荣誉不是一般公众的评价，而是由国家政府、所属单位、群众团体或上级首长授予的荣誉称号，是一种社会性的积极而褒扬性的评价。由此可见，名誉是自然产生的，无须民事主体作出一定的积极行为而获取，也无法通过特定的手段去剥夺或消除；而荣誉的产生，必须是主体的行为获得特定组织或机构的认可或褒扬。正因为这样，对荣誉可以授予，也可以剥夺。名誉只是确认评价，而荣誉却创造评价。

（2）评价内容。构成荣誉的评价是积极的、褒扬性的，而于名誉，褒扬与贬抑均可有之。荣誉获得的前提，必须是民事主体在社会生产或社会活动中作出突出的贡献，或者有突出的表现，确定与众不同，具有应受褒奖性。

（3）评价形式。评价来源与内容的不同，直接导致形式上的差别。名誉是社会的自由和自然的评价，因而是不定型的存在。荣誉则具备专门性和定型性。构成荣誉的评价，必须是社会组织或机构的正式评价，因而不能只是口头随意的赞颂表扬，而须具有专门性，其形式则须定型化。有关荣誉的授予、撤销、剥夺均为要式行为，须严格依照法定或约定的程序进行。尤其是荣誉的剥夺，应当依照法定程序进行，否则为侵权。

（4）评价的取得与变更。人格权是主体依法固有的权利，是专属性权利。换言之，人格权利必须始终由主体享有。主体不论是否实际参与各种法律关系，都应平等地享有人格权。因此，人格权不能由主体转让、抛弃，也不受他人的限制、剥夺。但荣誉与此截然不同：民事主体对荣誉的享有与否，并不影响到其主体资格的存在。荣誉本身很难被认定为人格要素：人格要素是人之所以为人必须具备的，而荣誉是否取得并不影响民事主体的资格。如果主体的行为表明其不应当继续享有某种关系，或违背了专门机关授予荣誉的原因或规定，则授予人可以依法撤销或剥夺荣誉。

当然，应当看到，在现有《民法典》的规范体系下，作为人格权体系中的一个子权利，荣誉权与人格权也确实具有密切联系。首先，在最一般的意义上，荣誉权和人格权中的各项权利一样，属于非财产权，因此，关于非财产权利的一切共同规则，可以同样适用于荣誉权纠纷。其次，在侵权行为的表现及后果上，两者之间存在相同或相似之处，进而造成请求权竞合的发生。这主要表现在，对荣誉权的侵害，将直接导致权利人的名誉毁损；反之，侵害诸如名誉权之类的人格权，也可能危及当事人的荣誉。从现行法律来看，侵害荣誉权的行为仅限于非法剥夺民事主体已经取得的荣誉称号。如果行为人的行为并非否定、贬低、亵渎、剥夺他人荣誉，而是以侮辱、诽谤的方式无端指责他人沽名钓誉、名不副实、以不正当手段骗取荣誉，则应认定为侵害名誉权。

第五节 隐私权

根据《民法典》第 1032 条的规定，隐私是自然人的私人生活安宁和不愿为他人知晓的私密空间、私密活动、私密信息。隐私具有私人性、非公开性的基本特点。隐私权，就是指个人对其私生活安宁、私生活秘密等享有的权利，是自然人享有的对其个人的、与公共利益无关的个人信息、私人活动和私有领域进行支配的一种人格权。此种权利具有以下基本特征。

（1）主体的特定性。隐私权只能由自然人享有，而不能由法人、非法人组织享有。隐私本身源于自然人的精神活动，体现了对个人的尊重和对人格尊严的维护，因此，隐私的主体仅仅限于自然人，而法人、非法人组织作为一种组织体不可能享有隐私。[①]

（2）内容的广泛性。从内容上说，隐私权包括私生活的信息秘密、私生活的安宁，甚至扩及个人对私生活事务的自主决定权。可以说，凡是与公共利益无关的私人信息和私人生活都应当属于隐私权的保护范围。

（3）客体的可利用性。隐私权虽然在性质上是一种精神性人格权，但也具有一定的财产属性。隐私本身作为一种个人控制的信息资源，可以进行商业化利用。在现代社会，这种隐私权的商品化也是隐私权发展的重要趋势。

隐私权人有权保护自己的隐私不受他人的非法披露和公开，《民法典》第 1033 条规定，除法律另有规定或者权利人明确同意外，任何组织或者个人不得实施下列行为：（1）以电话、短信、即时通讯工具、电子邮件、传单等方式侵扰他人的私人生活安宁；（2）进入拍摄、窥视他人的住宅、宾馆房间等私密空间；（3）拍摄、窥视、窃听、公开他人的私密活动；（4）拍摄、窥视他人身体的私密部位；（5）处理他人的私密信息；（6）以其他方式侵害他人的隐私权。隐私的维护权是一种消极性的权能，只有在受到外来侵害时才发挥作用。基于此种权能，权利人有权在自己的隐私受到侵害时，采取自力救济手

---

① 参见张新宝：《隐私权的法律保护》，2 版，21 页，北京，群众出版社，2004。

段和公力救济手段，对加害人的行为予以制止，维护自己的利益。

隐私权人在法律和道德的范围内有权公开自己的隐私，同时，行使个人的隐私权时，需注意隐私权的保护不是绝对的，当国家安全等利益与个人的隐私权发生冲突的时候，在必要的范围内隐私权应依法予以适当让步。自然人对其个人信息、私人活动和私有领域进行控制和利用，也须以不违背公共利益为前提。当个人隐私与公共利益相冲突，如公众人物的隐私与社会公众的知情权冲突时，就需要对个人的隐私权的行使和享有作出适当限制。特别是对隐私的公开和利用而言，必须要求权利人遵守社会公共道德的要求。

第六节　其他人格利益

一、个人信息

《民法典》第 1034 条第 1、2 款规定："自然人的个人信息受法律保护。""个人信息是以电子或者其他方式记录的能够单独或者与其他信息结合识别特定自然人的各种信息，包括自然人的姓名、出生日期、身份证件号码、生物识别信息、住址、电话号码、电子邮箱、健康信息、行踪信息等。"该条规定确认了自然人的个人信息受法律保护，但未明确将个人信息直接规定为一项权利。关于个人信息是权利还是法益，存在争议，多数观点认为个人信息应被规定为权利，以提高其受保护程度，亦即应当明文创设个人信息权。但因立法过程中争议过大，且考虑到将来需要制定专门的个人信息保护法，《民法典》并未明确将个人信息规定为一项权利。

个人信息的特征包括：（1）个人性。这是指个人信息的主体限于自然人，不包括法人、非法人组织。自然人的个人信息所涉及的范围非常广泛，包括个人已被识别和可被识别的所有信息，如出生年月日、性别、身高、体重等。（2）隐秘性。个人信息记载的自然人的私人信息，在不涉及公共利益和他人利益的情况下，如果本人不愿公开，构成个人隐私的组成部分。就个人生活而言，这些信息还是其私生活中形成的信息，权利人一般不愿对外透露。（3）识别性。个人信息必须与特定个人相关联，可以据此直接或间接地识别某人。如果纯粹是不特定人的信息，或无法确定归属的信息，在发生侵害时，也不能确定权利主体，则不能作为个人信息予以保护。（4）客观性。个人信息本质上仍是数据，大多可以被固定和保存，也能够存储和传播。

对个人信息的收集、存储、使用、加工、传输、提供、公开等，属于个人信息的处理行为。个人信息的处理直接关涉人格尊严及其他人格利益。《民法典》第 1035 条第 1 款为此明定，处理个人信息的，应当遵循合法、正当、必要原则，不得过度处理。该条第 1 款同时规定处理个人信息应当符合下列条件：（1）征得该自然人或者其监护人同意，但是法律、行政法规另有规定的除外；（2）公开处理信息的规则；（3）明示处理信息的目的、方式和范围；（4）不违反法律、行政法规的规定和双方的约定。

在学理层面，自然人因其个人信息而受法律保护的权利被称作个人信息权，并被视作一项新型的民事权利。在民法上关于究竟如何确定个人信息权的性质，一直存在争议，比较典型的有所有权说、隐私权说、基本人权说、人格权说、财产权说等。以上学说从不同层面在不同深度分别揭示了个人信息权的私法内涵。

个人信息权和隐私权有关联：（1）两者都体现了一种人格利益；（2）遭受侵害的方式均大多表现为不当或非法的披露、公开。个人信息权和隐私权的区别在于：（1）客体范围不同。隐私权的客体主要是私密信息，个人信息权的客体并不均属私密信息，有的已经在一定范围内公开，例如电话号码、家庭住址等。（2）权利性质不同。隐私权主要是一种精神性的人格权，而个人信息权在性质上属于一种综合性的权利。（3）权利内容不同。隐私权的内容主要包括维护个人的私生活安宁、个人私密不被公开、个人私生活自主决定等；个人信息权主要是指对个人信息的支配和自主决定。（4）保护方式不同。隐私权更多的是一种不受他人侵害的消极防御权利，即权利人在受到侵害时可要求停止侵害或者排除妨碍，而个人信息权包含要求更新、更正等救济方式。《民法典》第1037条就明确规定："自然人可以依法向信息处理者查阅或者复制其个人信息；发现信息有错误的，有权提出异议并请求及时采取更正等必要措施。""自然人发现信息处理者违反法律、行政法规的规定或者双方的约定处理其个人信息的，有权请求信息处理者及时删除。"

在我国，诸如《个人信息保护法》《网络安全法》《电子商务法》等多部法律法规和司法解释均直接或间接地体现出对个人信息予以保护的理念，《民法典》吸收已有的立法经验，对个人信息保护作出了较为系统的规定。从总体来看，对个人信息的保护，应在明晰个人信息是权利还是法益，并在个人信息权和隐私权界分的基础上，合理汲取我国的实践经验，设置有关个人信息保护的法律规则，就对个人信息的收集、利用、存储、传送和加工等行为进行规范，从而形成个人信息保护和利用的良好秩序，既充分保护权利人自身的个人信息权利，也有效发挥个人信息的价值。

二、信　用

信用是对民事主体的经济能力包括经济状况、生产能力、产品质量、偿付债务能力、履约状态、诚实信用的程度等的评价。《民法典》第1029条规定："民事主体可以依法查询自己的信用评价；发现信用评价不当的，有权提出异议并请求采取更正、删除等必要措施。信用评价人应当及时核查，经核查属实的，应当及时采取必要措施。"该规定明确了民事主体的信用评价受法律保护。但在我国的立法体例下，信用被认为属于名誉的组成部分，故被置于名誉权框架下受到保护，而未单独创设信用权。

民法学理论上有所谓"信用权"概念。学理意义上的信用权，是指民事主体享有并支配其信用及其利益的人格权，或者说是自然人、法人或者非法人组织对其所具有的经济活动及其能力的良好评价所享有的权利。

信用权具有如下特点：（1）信用权的客体是信用利益。信用是对民事主体的经济能力，包括经济状况、经营管理水平、产品经济效益、资产负债情况、履约状态、诚实信用的程度等的综合评价。（2）信用权具有双重属性。一方面，信用代表着对民事主体之经济能力的综合评价，在较大程度上被视为企业和个人的无形财产，体现了一定的财产属性。另一方面，信用权本质上还是社会对当事人的经济能力的评价，具有很强的人格属性，例如，企业的信用与企业紧密相连，无法单独转让。

信用权包括如下内容：（1）信用享有权，主要是指信用权人有权享有并维持对其信用的完整的、客观的、全面的评价。该项权利主要可通过对信用信息的控制加以实现。根据此项权利，信用权人可以保持自身信用的私密性，任何人如果没有正当的理由，不得要求查询当事人的信用信息，以及传播当事人的信用信息。（2）信用维护权。信用权人有权维护自身的信用不受他人的侵害。当信用利益被侵害时，民事主体可依法要求行为人停止侵害、恢复名誉、赔礼道歉、赔偿损失。（3）信用利用权。权利主体可以通过对其信用的支配，利用其信用从事经济活动，如向金融机构申请融资贷款等。

《问题与思考》

1. 试述侵害名誉权行为的构成要件及抗辩事由。
2. 简述隐私权与知情权、名誉权的关系。
3. 试述隐私权的法律保护及其限制。

第六十二章
人格权的保护

本章概要

人格权会不可避免地与财产权、著作权及言论自由等权利和利益产生冲突，司法人员应综合运用权利限制、利益衡量并考量公共利益，对冲突进行协调。随着社会的发展，司法实践中人格权商业化利用案件逐渐增多，人格权并非单纯具有人格利益内涵而是包括经济利益的观点逐渐被学界接受，人格权的立法调整可分为多种情形。本章着重介绍人格权和其他权利的冲突与协调、人格权的商业化利用及其规制以及对人格权的保护问题。本章的重点问题包括人格权和其他权利的冲突与协调、人格权商业化利用的概念及相应规制、侵害人格权的民事责任。

第一节 人格权与其他权利的冲突

权利冲突之所以发生，是由于两种权利的界限相互交叉或重叠，或者两种权利的界限模糊，而二者所涵盖的利益存在不可协调的部分。就人格权的冲突而言，学界通说大体上将其分为两类，即对内冲突和对外冲突。对内冲突，指的是人格权在行使过程中彼此之间产生的，如名誉权、隐私权、肖像权彼此之间在各自的行使当中可能发生的冲突；对外冲突，指的是人格权与其他民事权利或公法上权利的冲突。

一、人格权与财产权的冲突

人格权和财产权是民法中的基本民事权利，两者之间可能会发生冲突。解决此种冲突涉及两个方面的问题：一是在发生权利冲突后对何种权利进行限制。一般来说，法律有明确的规则的，应依法律；法律没有明确规则的，依社会的一般观念、习惯以及道德准则。行使财产权利时并未对他人人格权造成侵害的，就不得对其财产权作过多的限制。

二是对哪种权利进行优先保护。原则上，在财产权和人格权都因为受保护而发生冲突，特别是在财产权与生命健康权等物质性人格权发生冲突时，应该优先保护人格权。但人格权优先规则也并非绝对，例如在土地上合法建造的临时设施与他人的窗户临近，他人不得以威胁其隐私为由主张拆除该建造物，即在此情况下不能以人格权优先来主张权利。

在特殊情况下，财产权和人格权会发生竞合，例如，擅自闯入他人房屋进行搜查，既侵害财产权，也侵害隐私权，受害人据此可以选择其中一种请求权提出主张或提起诉讼。一般来说，基于人格权提出请求，可以要求精神损害赔偿以及赔礼道歉等；基于财产权提出请求，就只能要求对财产损失的赔偿。①

二、人格权与著作权的冲突

人格权和知识产权的冲突主要体现在与著作权的冲突，此种冲突主要表现在如下几个方面：第一，著作权和肖像权冲突。著作权的对象是作品，当作品的内容涉及具体人的肖像时，两者就可能发生冲突。第二，著作权和隐私权的冲突。未经他人同意利用他人的隐私而创作文学作品的，由于作品一经创作完成就自动产生著作权，所以，作者对作品享有著作权。而作品的内容体现了他人的隐私，如果作者将作品予以公开发表，势必涉及对他人隐私的侵害。第三，著作权和名誉权的冲突。作品可以是虚拟的，也可以具有纪实性质，在后一种情况下，就有可能产生著作权和名誉权的冲突问题。虽作者对作品本身有著作权，但若著作中含有侵害他人名誉的情节，则作品的发行就意味着对他人名誉权的侵害。

三、人格权与言论自由的冲突

公民享有言论自由，但是在任何国家的法律中言论自由都是有一定限制的，这个限制就是言论自由的法定范围。除法律之外，任何组织和个人都不得对言论自由加以禁止或限制。② 自由止于权利，言论自由也应当尊重自然人、法人、非法人组织所享有的人格权，不得妨碍其正当行使权利。

在人格权与言论自由发生冲突时，原则上应对言论自由予以优先保护。其原因在于：一方面，言论自由所产生的舆论监督功能对于建立民主和法治社会、加强政府廉政建设具有重要作用；另一方面，完善对言论自由的保护，实质是从根本上体现保护人格权的法律精神并对此加以深化。

四、权利冲突的解决方式

囿于语言的模糊性、解释的非客观性、社会现象的复杂性以及立法的局限性等因素，

---

① 参见王利明：《人格权法》，101～102页，北京，中国人民大学出版社，2009。

② 参见许崇德、张正钊：《人权思想与人权立法》，59页，北京，中国人民大学出版社，1992。

期待以立法的方式确定此权利与彼权利的界限，从而化解权利冲突，是难以实现的。权利冲突的协调和解决除需要完善立法外，还需倚重司法，即在司法过程中由法官对发生冲突的权利的边界进行重新划定，以此来消除权利边界的模糊性，最后解决权利之间的冲突。

解决冲突的具体方法主要有如下几种：

(1) 权利限制。权利限制是解决权利冲突的根本方法。所谓权利限制，是指为了避免权利主体在权力行使中出现冲突以及为法院裁判提供裁量和权衡的依据，在具体的法律（令）中由权力机构对权利的行使及范围作出限制性的规定。《民法典》第 999 条第一分句就规定，为公共利益实施新闻报道、舆论监督等行为的，可以合理使用民事主体的姓名、名称、肖像、个人信息等。这实质上构成了对人格权的限制。对民事权利之内容及行使的限制，必须有明确充分的理由和经过正当的程序，且不得违反宪法中保护基本权利的规定。原则上，对民事权利行使的限制应当出于维护公共利益的目的，且必须由法律、行政法规明确规定。

(2) 利益衡量。利益衡量是解决权利冲突的基本方法。所谓利益衡量，解决的是在个案中利益实现的先后顺序以及对冲突利益的取舍问题。在认定侵害人格权的责任时，应当进行个案判断，并注重利益平衡。例如《民法典》第 998 条规定，认定行为人承担侵害除生命权、身体权和健康权外的人格权的民事责任，应当考虑行为人和受害人的职业、影响范围、过错程度，以及行为的目的、方式、后果等因素。该条规定所引入的是一种动态系统论的方法，实际上也要求裁判者在个案中综合考量多种因素，作出全面的利益衡量而不是非此即彼的判断，以裁量某项行为是否构成对人格权的侵害。利益衡量的通常步骤应当是：首先，寻找依基本法的“价值秩序”得以判断的较他种法益具有明显优越性的某种法益。其次，当涉及位阶相同的权利或者因涉及的权利歧义过大而无法抽象比较时，应当考虑以下三个方面：一是应受保护的法益被影响的程度，二是让步利益的受害程度，三是须适用比例原则。最后，应将衡量得出的初步结论置于“宪法的基本价值体系”这一背景中再审视，并兼顾法律政策的要求。

(3) 公共利益。公共利益与个人利益相对应，在国家及社会因安全、秩序、发展等需要而必须适度限制或损害个人权利时，个人在国家给予补偿后必须尽容忍义务。所以，限制民事主体自由的足够充分且正当的理由之一就是公共利益。在这一意义上民事权利的边界需要借助公共利益予以划定，权利冲突的解决也需要公共利益的介入作为重要的方法来发挥作用。例如《民法典》第 999 条规定：为公共利益实施新闻报道、舆论监督等行为的，可以合理使用民事主体的姓名、名称、肖像、个人信息等；使用不合理侵害民事主体人格权的，应当依法承担民事责任。该规定明确了人格权保护和公共利益之间的界限，能够有效平衡新闻报道、舆论监督与人格权保护的关系。

第二节 人格权的商业化利用及其保护

人格权的非财产性是对人格权及其客体——人格利益的一项基本判断。然而，经济的发展、科技的进步、传媒业的发达以及社会观念的更新，使人格权与财产权之间不再泾渭分明，人格权并非单纯具有人格利益内涵而是包括经济利益的观点逐渐被学界接受。与此同时，司法实践中人格权商业化利用案件逐渐增多，更是促使这种“法现象”向“法秩序”转变。尽管在法学界，关于人格权的商业化利用，不仅对概念指称存在不同看法，对其法律属性也有不同观点，但人们均认可对人格权及其他人格利益的商业化利用可以扩张具体人格权的权能，符合社会发展的需要，并为社会通念所接受，在法律秩序上亦应该被肯认。

对人格权商业化利用的现有立法调整方式主要分为以下不同情形：

（1）民法调整。《民法典》第993条规定，民事主体可以将自己的姓名、名称、肖像等许可他人使用，但是依照法律规定或者根据其性质不得许可的除外。关于对自然人的姓名、肖像权的商业化利用，主要是通过授权他人使用的方式即签订许可合同的方式来进行的。《民法典》在其相应的条文当中对于此类许可使用合同的具体规则也作出了规范。例如其第1021条规定：“当事人对肖像许可使用合同中关于肖像使用条款的理解有争议的，应当作出有利于肖像权人的解释。”第1022条第1款则明确：“当事人对肖像许可使用期限没有约定或者约定不明确的，任何一方当事人可以随时解除肖像许可使用合同，但是应当在合理期限之前通知对方。”

（2）知识产权法的调整。首先，将自然人的姓名、肖像或者企业的名称、商号作为商标或其组成部分加以使用时，受到知识产权法中的商标法律制度的保护。商标权人享有对注册商标的专有使用权、禁止权、许可权和转让权，他人未经许可，不得在相同或类似的商品或服务上使用与其注册商标相同或近似的商标。如果是驰名商标，不论其是否注册，都要受到有关法律的保护。其次，根据《商标法》及《商标法实施细则》的规定，注册商标因侵犯如姓名权、肖像权、著作权、工业品外观设计权及商号权等在先权利而无效。如超过合同规定的对他人姓名、肖像的使用期限、方式或范围，未经著作权人的许可，擅自使用他人肖像作品（包括虚构形象），都将因侵害他人的在先权利而使已注册的商标无效。但是，在注册商标是以姓名或厂商名称构成时，他人使用自己的与注册商标相同的姓名或厂商名称时，在不损害商标权人及第三人之合法利益的前提下，被认为是正当使用，并不构成对商标权人的侵害。最后，对商事人格权的保护还体现在有关的知识产权国际公约中，如《保护工业产权巴黎公约》《保护文学艺术作品伯尔尼公约》《与贸易有关的知识产权协议》等。因此，当企业的商号、商业秘密、经营信息、商业信用等商事人格利益受到侵害时，可以通过有关的保护知识产权的国际公约来寻求保护。

（3）反不正当竞争法的调整。就商事人格权的保护而言，在知识产权法不能提供保护或超出其保护范围时，应由反不正当竞争法加以调整：第一，对商标法不能规范的侵害他人商事人格权的行为即商业假冒行为进行规制，如《反不正当竞争法》第6条；第二，对侵害他人商事人格权的商业诋毁行为进行规制，如《反不正当竞争法》第11条；第三，对侵害他人商业秘密权之商事人格行为予以规制，如《反不正当竞争法》第9条；第四，对于侵害相应商事人格权的行为允许受害人请求损害赔偿，如《反不正当竞争法》第17条。

（4）商法调整。持商事人格权为商事权利的观点的学者指出：应当改变通过反不正当竞争法等法律对商事人格权予以保护的现行做法，恢复商事人格权在商法中原本应有的地位。对于民法中规定的能够适用于一切民商事法律关系的制度，商法当然无须重复规定，但是，对于商法中不能为民法一般规定所包含的特殊制度，应当也只能由商法单独规定。商事人格权可以被分为一般商事人格权与具体商事人格权。具体商事人格权除在商法典或相关商事立法中得到规定外，还受民法人格权制度、反不正当竞争法以及其他相关法律的规制。一般商事人格权的制度价值难以通过其他法律得到实现。一般商事人格权仅以人格独立与平等为内容，而这两项内容既是对具体商事人格权的抽象，又是对具体商事人格权的补充，应该在商事法律中予以规定。

第三节　侵害人格权的民事责任

一、人格权的保护及其特点

尽管早在罗马法时代就已经形成了较为全面、完善的人格理论，但作为一种实在的权利，人格权的产生与发展是 19 世纪中叶以后的事情。人格权被广泛地承认和进一步确立，是在第二次世界大战以后。尤其在受到西方世界所发生的“人权运动”的深刻影响之后，人格权在立法和判例中才逐渐得了确认和保护，人格权制度也才开始成为具有自身内在体系的一项民法制度。[①] 人格权的确立以及人格权制度的形成与现代民法的理念具有较高的契合度。就人格权制度的形成来说，人格权保护的现实诉求乃是人格权制度形成的直接动因和终极目的。而基于人格权自身的某些特性，人格权的保护也呈现出一些不同于其他权利保护的特殊之处，具体而言，有以下几点：

第一，人格权保护与人格权内容上的同一性。人格权保护的这一特点源于人格权本身所具有的防御性特征。所谓防御性是指在通常情况下，人格权的内容不表现为积极的利用和处分，而表现为一种消极的保有和维护，只有在受到外来侵害时才表现出来。[②] 为了保护自然人的生命权，身体权和健康权，弘扬社会主义核心价值观，《民法典》第 1005 条设置了关于法定救助义务的规定：“自然人的生命权、身体权、健康权受到侵害或者处于其他危难情形的，负有法定救助义务的组织或者个人应当及时施救。”

第二，人格权保护方法上的特殊性。对财产权的救济通常采用损害赔偿的保护方法即为已足，但对于人格权来说，损害赔偿并不能够对受害人所遭受的损害提供完全的救济。这正是人格权和财产权受侵害的区别之所在。与财产利益受侵害不同，人格利益一旦遭受侵害就覆水难收，事实上无法再通过金钱对损害予以填补。生命、身体、名誉、隐私等人格利益被侵害后的治愈是极端困难的，甚至是不可能的。正因为如此，针对盖然性较高的侵害事先采取措施防患于未然就显得极为必要。这造就了人格权的保护在方

---

① 参见王利明、杨立新、姚辉：《人格权法》，1 页，北京，法律出版社，1997。

② 参见王利明：《人格权法研究》，36 页，北京，中国人民大学出版社，2005。

法上的特殊性。《民法典》第 997 条的规定，即为其著例。

第三，人格权保护的开放性。人类社会历史，特别是近现代历史表明，随着人类社会的发展和法治国家的逐渐成熟，人们对人格利益的理解也越来越丰富。人格权实际上是与人类社会文明发展进程相适应并与一定文化传统密切相关的法律概念，是文明程度、文化传统、伦理道德和价值取向的法律表述，是一个永远开放、不能穷尽的观念和价值范畴。人格权的这种开放性特点决定了人格权制度的构建在体系上必须保持开放。尽管对人格权可以采用类型化的列举予以明示，但这种列举是不完全的。随着科学技术的不断进步、人类社会的不断发展，新型的人格权随时可能出现，而诸多未上升为权利的人格利益的范围也必将进一步扩大。因此，在具体人格权之外，仍需要一般人格权制度对人格权作"以一当十、以不变应万变"的开放式保护。必须指出的一点是，一般人格权的产生主要起因于人格权法自身的发展逻辑，而不是源于侵权责任法上权利类型列举的局限性所带来的法益扩张。

二、侵害人格权的责任概述

侵害人格权的民事责任主要涉及侵害人格权的责任构成、各种具体侵害形态、抗辩事由以及责任形式等内容。在行为人之行为构成对他人人格权的侵害的情况下，应当使行为人承担何种侵权责任体现了大陆法系两种不同的观点：(1) 以恢复原状为主的责任制度，即在侵害人格权的情况下，通过特定救济手段使受害人所遭受的损害恢复到损害发生前的利益状态；(2) 以金钱赔偿为主的责任制度，即在人格权受到损害时，应以金钱赔偿作为主要责任形式。我国法律对于人格权侵害采用的是通过各种责任形式对受害人予以补救，即一方面强调对受害人权益的全面保护，另一方面强调多种责任形式的综合运用。

依据《民法典》的相关规定，在侵害人格权的情况下，应当适用如下各种民事责任形式：(1) 停止侵害，即在正面临即将发生的损害的情况下，受害人有权请求行为人停止侵害。另根据《民法典》第 997 条的规定，民事主体有证据证明行为人正在实施或者即将实施侵害其人格权的违法行为，不及时制止将使其合法权益受到难以弥补的损害的，有权依法向人民法院申请采取责令行为人停止有关行为的措施。(2) 消除危险、排除妨害。消除危险是指行为人的行为对他人的人身或财产安全造成威胁，或存在着侵害他人的人身或财产的可能时，受害人有权要求行为人采取有效措施消除已经形成的危险；排除妨害既可能是对已经构成的妨害进行排除，也可能是在发生了妨害行为以后，为防止妨害行为扩散而予以排除。(3) 消除影响、恢复名誉、赔礼道歉。消除影响是指行为人因其行为侵害了自然人或法人、非法人组织的人格权，而应承担的在影响所及范围内消除不良后果的一种责任形式；恢复名誉是指行为人因其行为侵害了自然人或法人的名誉，而应在影响所及的范围内将受害人的名誉恢复至未受侵害时的状态；赔礼道歉，是指加害人向受害人公开认错、表达歉意。根据《民法典》第 1000 条第 1 款的规定，行为人因侵害人格权承担消除影响、恢复名誉、赔礼道歉等民事责任的，应当与行为的具体方式和造成的影响范围相当。另外，消除影响、恢复名誉、赔礼道歉具有特殊性，侵权人很可能不情愿以此种方式承担民事责任。对此《民法典》第1000条第2款规定，如果行为人拒不承担此种民事责任的，人民法院可以采取在报刊、网络等媒体上发布公告或者公布生效裁判文书等方式执行，产生的费用由行为人负担。（4）精神损害赔偿。《民法典》第1183条第1款规定，侵害自然人人身权益造成严重精神损害的，被侵权人有权请求精神损害赔偿。同时，根据《民法典》第996条的规定，因当事人一方的违约行为，损害对方人格权并造成严重精神损害，受损害方选择请求其承担违约责任的，不影响受损害方请求精神损害赔偿。根据该条规定，在违约责任和侵权责任竞合的情况下，无论当事人选择何种请求权作为基础进行起诉，都能够对精神损害赔偿进行主张。（5）财产损害赔偿，即侵害人格权而产生财产损害以后，行为人负有赔偿财产损害的义务。

上述各种侵权民事责任方式都是为保护民事主体的人格权而采取的措施，既可以单独适用，也可以合并适用。

问题与思考

1. 试从人格权保护的角度论述权利冲突的解决方式。
2. 简述对人格权商业化利用的法律规制。
3. 简述侵害人格权的民事责任。

PART FIVE

| 第五编 |

5 婚姻家庭

第六十三章
婚姻家庭法概述

本章概要

《民法典》婚姻家庭编的一般规定是关于婚姻家庭法律制度的普遍性、共通性规范的规定。该编第一章采取了提取公因式的方法，对婚姻家庭法律制度的普遍性和共通性的规范，作出了专章的规定。该章的规定对婚姻家庭编的所有制度都有统率作用，婚姻家庭编的具体法律制度都是以该章的规定为基础而展开的。

婚姻家庭法律制度，是调整因婚姻家庭产生的民事关系的法律规范。《民法典》第五编“婚姻家庭”全面规定了我国的婚姻法庭法律制度：一般规定、结婚制度、婚姻关系制度、离婚制度、收养制度。该编是以于 1980 年制定并于 2001 年修改的《中华人民共和国婚姻法》以及于 1991 年制定并于 1998 年修改的《中华人民共和国收养法》为基础，并吸收了相关司法解释的规定而制定的，实现了我国婚姻家庭法与民事法律的法典化的目标。

在习近平法治思想指引下，《民法典》不仅规定了“婚姻家庭受国家保护”的立法宗旨，还规定“家庭应当树立优良家风，弘扬家庭美德，重视家庭文明建设。”《民法典》婚姻家庭编第一章“一般规定”的主要内容为婚姻家庭法的调整对象、基本原则，违反婚姻家庭法基本原则的禁止性规定，调整婚姻家庭关系的倡导性规定以及亲属、近亲属和家庭成员的范围界定。

第一节　婚姻、家庭和婚姻家庭法的调整对象

一、婚姻和家庭的概念

（一）婚姻

广义的婚姻，是指为当时社会制度所确认的、男女两性互为配偶的结合。可以将婚姻的法律概念表述如下：婚姻，是男女双方依法缔结为配偶，彼此具有夫妻权利和义务的民事关系。正确理解婚姻的法律概念应当把握三个方面：第一，婚姻是男女两性的结

合。婚姻制度的确立，是基于人类的自然属性特征，出于维护两性关系社会秩序的客观需要。因此，婚姻关系应被限定在男女两性之间。第二，婚姻是依法缔结的婚姻关系，具有合法性。在法治社会中，婚姻并不是某种中性的、与法律无关的结合，合法性是婚姻的本质特征。婚姻关系的成立、解除以及内容，均由法律规定。第三，婚姻的主体之间彼此享有夫妻的权利和义务。婚姻关系主体之间的关系，是以权利和义务为内容的民事法律关系。例如，依照《民法典》婚姻家庭编之规定，夫妻有互相扶养的义务。

（二）家庭

广义的家庭，是指以婚姻、血缘关系和共同经济为纽带而组成的亲属团体。可以将家庭的法律概念表述如下：家庭，是由彼此具有扶养权利和义务的配偶、父母、子女和其他共同生活的近亲属形成的亲属关系。正确理解家庭的法律概念应当把握以下几个方面：第一，家庭的本质是亲属关系。这是家庭这种团体关系有别于其他组织的本质原因。第二，家庭关系的主体是配偶、近亲属和家庭成员。同一家庭的成员是被婚姻和血缘纽带联结在一起的。《民法典》第1045条第3款规定："配偶、父母、子女和其他共同生活的近亲属为家庭成员。"第三，家庭成员之间彼此具有扶养的权利和义务。《民法典》婚姻家庭编明确规定：父母有抚养、教育、保护未成年子女的义务；成年子女有赡养父母的义务；有负担能力的祖父母、外祖父母，对于父母已经死亡或者父母无力抚养的未成年孙子女、外孙子女，有抚养的义务。有负担能力的孙子女、外孙子女，对于子女已经死亡或者子女无力赡养的祖父母、外祖父母，有赡养的义务。有负担能力的兄、姐，对于父母已经死亡或者父母无力抚养的未成年弟、妹，有扶养的义务。由兄、姐扶养长大的有负担能力的弟、妹，对于缺乏劳动能力又缺乏生活来源的兄、姐，有扶养的义务。

二、婚姻家庭法的调整对象

《民法典》婚姻家庭编调整因婚姻家庭产生的民事关系。从调整对象的范围来看，《民法典》婚姻家庭编既调整婚姻关系，又调整家庭关系。"婚姻家庭关系，是以两性结合和血缘联系为其自然条件的社会关系。它依存于一定的社会结构，具有一定的社会内容。"[①] 婚姻关系因结婚而成立，又因一方死亡或离婚而终止。这也意味着其包含了婚姻关系发生、变更和终止的动态运行的全过程。因此，关于结婚的条件和程序、夫妻间的权利和义务，离婚的处理规则、条件、程序，离婚后有关子女抚养、财产分割和生活困难的经济帮助等问题，都属于《民法典》婚姻家庭编的调整范围。家庭关系是结婚、子女的出生、法律拟制等原因而发生，又基于离婚、家庭成员死亡、拟制血亲关系的解除等原因而消灭。因此，关于确认家庭成员之间的亲属身份，规定家庭成员之间的权利义务及其产生、变更和终止等方面的事项，也都属于《民法典》婚姻家庭编的调整范围。婚姻关系和家庭关系既有联系又有区别，它们一经法律调整，便在具有主体身份的自然

① 王歌雅主编：《婚姻家庭继承法学》，2版，1页，北京，中国人民大学出版社，2013。

人之间产生相应的权利义务关系。《民法典》婚姻家庭编正是通过对婚姻家庭关系的规定来实现其调整作用的。

第二节　婚姻家庭编的基本原则

婚姻家庭编的基本原则，既是婚姻家庭法的立法指导思想，又是婚姻家庭法规范的基本精神，也是婚姻家庭法操作、运行的基本准则。婚姻家庭编坚持五项基本原则：婚姻家庭受国家保护原则；婚姻自由原则；一夫一妻原则；男女平等原则；保护妇女、未成年人、老年人、残疾人的合法权益原则。婚姻家庭编的五个基本原则体现了《民法典》婚姻家庭编贯穿的人权平等、人身自由、人格尊严、人亲和谐、人际诚信、人性友善、人财共济、人伦正义、人本秩序、人文关怀的十个核心法理思想。①

一、婚姻家庭受国家保护原则

《民法典》第1041条第1款规定："婚姻家庭受国家保护。"《宪法》第49条第1款规定："婚姻、家庭、母亲和儿童受国家的保护"。《民法典》婚姻家庭编在《宪法》第49条第1款的基础上，将"婚姻家庭受国家保护"吸收为该编的基本原则。

正确理解婚姻家庭受国家保护原则，应把握以下两点：第一，国家通过制定和实施一系列保护婚姻家庭的法律和法规，赋予自然人在婚姻家庭领域里的一系列民事权利，如婚姻自由权、夫妻之间的人身权和财产权、父母与子女间的人身权和财产权、祖孙之间的人身权和财产权、兄弟姐妹之间的人身权和财产权。婚姻家庭成员行使上述婚姻家庭权利，将实现自然人在婚姻家庭关系中的根本利益。第二，当婚姻家庭成员所享有的婚姻家庭权利受到侵害时，国家将采取一系列强制措施，为婚姻家庭成员提供有效的法律救济。

家庭是国家和社会的基本细胞，婚姻是家庭的核心。婚姻家庭关系幸福和谐，是国家和社会稳定与和谐的前提和基础。国家对婚姻家庭的保护，就是国家对人民根本利益的保障和维护，彰显了人民利益高于一切的宪法精神。《民法典》婚姻家庭编将"婚姻家庭受国家保护"作为该编的首要基本原则，是宪法关于保护公民基本人权的法律要求在《民法典》中的具体体现。

二、婚姻自由原则

（一）婚姻自由的含义

婚姻自由又称婚姻自主，是指婚姻当事人享有自主自愿地决定自己的婚姻的权利。

---

① 参见龙翼飞：《编纂民法典·婚姻家庭编的法理思考与立法建议》，载《法制与社会发展》，2020（2）。

婚姻当事人按照法律的规定，有权基于本人的意志，自主自愿地决定自己的婚姻问题，不受任何人的强制或干涉。

婚姻自由具有以下含义：

首先，婚姻自由为一项宪法性权利。《宪法》第49条第4款规定的“禁止破坏婚姻自由……”被确立为我国公民的一项基本权利，不受任何人的强制或干涉。《民法通则》第103条明确规定了“公民享有婚姻自主权”，将公民的婚姻自主权明确规定为公民的一项基本人格权。人格权是人权的重要组成部分，因此，保障婚姻自由也是人权的基本内容之一，是对人权的尊重，也是对独立人格的尊重，是建立以爱情为基础的婚姻关系的重要保障。[①]《民法典》第1041条规定了“实行婚姻自由”的原则，第1042条第1款第一句规定“禁止包办、买卖婚姻和其他干涉婚姻自由的行为”，第1046条规定“结婚应当男女双方完全自愿，禁止任何一方对另一方加以强迫，禁止任何组织或者个人加以干涉”。根据《民法典》婚姻家庭编的上述规定，婚姻自由是法律确认和保护的权利，一切干涉婚姻自由的行为，均属于侵害公民婚姻自主权的行为。

其次，婚姻自由是相对的，不是绝对的，婚姻自由的行使必须符合法律规定。婚姻自由的边界不只存在于私人与私人的自由权利之间，也存在于国家的公权力与公民个人的私权利之间。[②]《民法典》婚姻家庭编对婚姻自由原则的有关规定，主要排除的是第三人对婚姻合意、婚姻自主决定权的侵害和婚姻关系中一方对另一方的强迫，侧重点在于对其他私力干预的排除，而对于符合公共利益的公力干预，是予以认可和支持的。[③] 与此同时，《民法典》婚姻家庭编又规定了结婚和离婚的条件与法定程序，也指明了婚姻当事人行使婚姻自由的边界。婚姻当事人在行使婚姻自由时，必须在法律规定的范围内进行，既不允许任何组织、个人对当事人行使婚姻自由的侵犯，也不允许当事人滥用权利。

（二）婚姻自由的内容

婚姻自由包括结婚自由和离婚自由两个方面，二者互相结合，缺一不可，共同构成婚姻自由原则的完整含义。结婚自由是建立婚姻关系的自由，离婚自由是解除婚姻关系的自由。结婚自由是实现婚姻自由的先决条件，离婚自由是结婚自由的必要补充。[④]

1. 结婚自由

结婚自由，是指婚姻当事人有依法缔结婚姻关系的自由。一方面，《民法典》第1046条规定：“结婚应当男女双方完全自愿，禁止任何一方对另一方加以强迫，禁止任何组织或者个人加以干涉。”据此规定，当事人有权决定是否结婚，与谁结婚是其本人的权利，不允许任何一方对另一方加以强迫，或者任何组织、个人对婚姻当事人加以干涉。结婚自愿是实现结婚自由的前提，要求男女双方关于缔结婚姻关系的意思表示一致且真

---

① 参见夏吟兰主编：《中华人民共和国婚姻法评注·总则》，175页，厦门，厦门大学出版社，2016。

② 参见上书，186页。

③ 参见杨帆：《从婚姻自由的角度谈同居现象的存在》，载《当代法学》，2003（1）。

④ 参见王洪：《婚姻家庭法》，25页，北京，法律出版社，2003。

实。保障结婚自由，是为使男女双方能够依照《民法典》婚姻家庭编的规定，基于自己的意愿结成共同生活的伴侣，建立幸福美满的家庭。另一方面，结婚必须符合法律规定的条件和程序。缔结婚姻不仅仅是当事人双方之间的私事，也涉及他人和社会的利益。因此，即使双方当事人对结婚表示了完全自愿和真实的态度，也必须符合《民法典》婚姻家庭编规定的结婚条件和结婚程序。

2. 离婚自由

所谓离婚自由，是指婚姻当事人有权自主地处理离婚问题。一方面，夫妻双方有共同作出离婚决定、达成离婚协议的权利，或者在夫妻感情确实已经破裂、婚姻关系无法继续维持下去的情况下，夫妻任何一方都有提出离婚的权利，即：自愿离婚的，可以协商离婚。一方要求离婚的，可以诉至法院解决。保障离婚自由，是为使无法维持的婚姻关系得到解除，使当事人免除婚姻名存实亡的痛苦。另一方面，离婚同结婚一样，必须符合法定条件、履行法定程序、承担相应的法律后果。提出离婚，是当事人的一项自由权利，但是否允许离婚则须有国家的干预，不能由当事人任意决定。《民法典》婚姻家庭编对离婚的原则、程序，离婚时的财产分割、离婚后子女的抚养教育等问题，都作了明确规定。这些规定既是对离婚自由的保障，也是对当事人行使离婚自由权利的约束。①

三、一夫一妻原则

（一）一夫一妻原则的含义

在现代社会中，一夫一妻制是一男一女结为夫妻的婚姻制度。其基本含义包括：（1）任何人不得同时与两个或两个以上的人结婚；（2）已婚者即有夫之妇、有妇之夫，在其配偶死亡或离婚前不得再行结婚；未婚男女不得同时与两个或两个以上的人结婚；（3）一切公开的隐蔽的一夫多妻、一妻多夫，都是非法的，受到法律的禁止。

（二）一夫一妻原则的内容

一夫一妻制的内容主要分为以下两方面：一方面，《民法典》第1041条第2款规定了“实行……一夫一妻……婚姻制度”，这标志着《民法典》婚姻家庭编从正面确立了一夫一妻作为婚姻家庭法律的基本原则的地位。另一方面，为了有效保障一夫一妻原则的贯彻和落实，《民法典》婚姻家庭编针对现实生活中违反一夫一妻原则的行为作出了明确的禁止性规定。《民法典》第1042条第2款规定“禁止重婚。禁止有配偶者与他人同居”。关于对“重婚”和“有配偶者与他人同居”的界定和法律后果分析，详见后文。

---

① 参见杨大文、龙翼飞主编：《婚姻家庭法》，7版，49页，北京，中国人民大学出版社，2018。

四、男女平等原则

（一）男女平等原则的含义

男女平等原则，是指男女双方在政治、经济、文化、社会和婚姻家庭生活等各方面都处于平等的地位。男女平等原则是《民法典》婚姻家庭编的一项基本原则，根据这个原则，男女双方在婚姻关系和家庭生活的各个方面，均享有平等的权利、承担平等的义务。

（二）男女平等原则的内容

男女平等原则不仅体现了贯穿于《民法典》婚姻家庭编的人权平等的法理思想，而且还融入《民法典》婚姻家庭编相关具体法律规范之中。

男女平等原则主要包括以下内容：

第一，在婚姻关系方面，《民法典》婚姻家庭编所规定的结婚和离婚条件、程序及其相应的权利、义务和责任对男女双方同样适用；男女双方在婚姻家庭关系中地位平等。

第二，在父母与子女关系方面，《民法典》婚姻家庭编关于父母子女权利义务的规定对不同性别的家庭成员平等适用：子女可以随父姓，可以随母姓；父母双方对未成年子女享有平等的监护权；父母离婚后，子女可以由父方抚养，也可以由母方抚养；父母均有要求子女赡养的权利；父母和子女之间有相互继承遗产的权利等。

第三，在其他家庭成员方面，兄弟姐妹之间、祖父母与孙子女之间、外祖父母与外孙子女之间处于平等的家庭地位。兄弟姐妹都享有要求父母抚养的权利，都有承担赡养父母的义务，都是父母的第一顺位的法定继承人。兄、姐对未成年的弟、妹及已成年的弟、妹对兄、姐承担扶养义务的条件和内容都是平等的，兄弟姐妹互为第二顺序的法定继承人。祖父母、外祖父母抚养孙子女、外孙子女的义务平等，接受孙子女、外孙子女赡养的权利平等。祖父母、外祖父母是孙子女、外孙子女的第二顺位法定继承人，孙子女、外孙子女享有平等的代位继承权。

五、保护妇女、未成年人、老年人、残疾人合法权益的原则

保护妇女、未成年人、老年人、残疾人合法权益的原则是《民法典》婚姻家庭编所贯穿的人权平等的核心法理思想的必然要求。[①] 该原则包括以下四个方面的内容。

（一）保护妇女的合法权益

保护妇女的合法权益，是对男女平等原则的必要补充。对妇女的合法权益的特别保护，是由妇女的地位、作用和生理特点决定的。《民法典》婚姻家庭编中保护妇女合法权

① 参见龙翼飞：《编纂民法典·婚姻家庭编的法理思考与立法建议》，载《法制与社会发展》，2020（2）。

益的原则主要包括两个方面的内容：一方面，妇女在婚姻家庭关系中与男性平等的地位，由男女平等原则来反映。另一方面，在离婚方面享有特殊保护权益，由保护妇女合法权益原则来体现，具体如下：（1）在离婚程序方面，女方在怀孕期间、分娩后一年内或者终止妊娠后六个月内，男方不得提出离婚。（2）在离婚而分割共同财产方面，法院根据财产的具体情况，按照照顾子女和女方权益的原则进行判决。（3）在离婚的经济帮助方面，一方生活困难的，有负担能力的另一方应当给予适当帮助。以上规定有利于保障妇女离婚后的生活和子女归女方直接抚养时的抚养、教育问题。

（二）保护未成年人的合法权益

《民法典》婚姻家庭编将“保护儿童合法权益”修改为“保护未成年人合法权益”，正式确立了保护未成年人的合法权益原则。在《民法典》总则编“监护”一节，《民法典》婚姻家庭编“家庭关系”一章、“收养”一章中规定了一系列旨在保护未成年人合法权益的内容。与此同时，几经修订的《未成年人保护法》也对未成年人的合法权益作了较为全面、系统的规定。“保护未成年人的合法权益”的主要内容包括：（1）禁止溺婴、弃婴和其他残害婴儿的行为。（2）未成年人享有接受父母抚养、教育的权利；未成年人享有附条件地接受祖父母、外祖父母抚养的权利；未成年人享有接受兄、姐附条件的扶养的权利。（3）婚生子女、非婚生子女、养子女、继子女的权利同样受到法律的保护。（4）保护未成年人的继承权及其他财产权利。（5）父母对未成年子女的义务不因父母离婚而解除。

（三）保护老年人的合法权益

“基于确认和维护家庭、亲属养老职能的需要”①，《宪法》第 49 条第 3、4 款明确规定“成年子女有赡养扶助父母的义务”，“禁止虐待老人……”。保护老年人的合法权益是 1980 年《婚姻法》对 1950 年《婚姻法》在基本原则方面的一个重要补充。自 1996 年起实施的《老年人权益保障法》对老年人的合法权益作了较为全面的规定，特别是在家庭赡养方面作了补充规定。《民法典》婚姻家庭编在“一般规定”一章中把保护老年人的合法权益作为基本原则加以规定，又在“家庭关系”一章中对老年人的婚姻自主决定权、受赡养权、继承权加以明确规定：（1）成年子女对父母负有赡养、扶助和保护的义务。（2）孙子女、外孙子女对祖父母、外祖父母负有附条件的赡养义务。（3）保护老年人的婚姻自由，子女应当尊重父母的婚姻权利，不得干涉及父母离婚、再婚以及婚后的生活。

（四）保护残疾人的合法权益

残疾人在家庭中的物质、生活、抚养、赡养等方面离不开对其他亲属的依赖和仰仗。养老育幼作为家庭的职能之一，在残疾人家庭中被赋予了更深刻的含义。《残疾人保障法》第 9 条规定：“残疾人的扶养人必须对残疾人履行扶养义务。”“残疾人的监护人必须履行监护职责，尊重被监护人的意愿，维护被监护人的合法权益。”“残疾人的亲属、监

---

① 杨大文、龙翼飞主编：《婚姻家庭法》，7 版，55 页，北京，中国人民大学出版社，2018。

护人应当鼓励和帮助残疾人增强自立能力。”“禁止对残疾人实施家庭暴力，禁止虐待、遗弃残疾人。”残疾人在家庭关系中受法律保护还表现在以下方面：（1）父母无论残疾与否，均对未成年子女具有抚养、教育的义务。（2）子女无论残疾与否（智力残疾和其他四种重度残疾人除外），均应承担对老人的赡养、扶助义务。（3）无论是父母具有残疾还是子女具有残疾，均有相互继承遗产的权利。

第三节　婚姻家庭编的禁止性规定

《民法典》婚姻家庭编规定了与婚姻家庭相关的禁止性规定，包括：（1）禁止包办、买卖婚姻和其他干涉婚姻自由的行为；（2）禁止借婚姻索取财物；（3）禁止重婚；（4）禁止有配偶者与他人同居；（5）禁止家庭暴力；（6）禁止家庭成员间的虐待和遗弃。禁止性规定是婚姻家庭编之强制性的体现，是基本原则得到贯彻实施的必要保障。

一、禁止包办、买卖婚姻和其他干涉婚姻自由的行为

（一）包办、买卖婚姻

包办婚姻，是指婚姻关系以外的第三人（包括父母在内）违反婚姻自由原则，在完全违背婚姻当事人意愿的情况下，强迫其缔结的婚姻。买卖婚姻，是指婚姻关系以外的第三人（包括父母在内）以索取财物为目的，包办、强迫他人缔结的婚姻。

包办婚姻与买卖婚姻既有联系也有区别。包办婚姻不一定是买卖婚姻，而买卖婚姻都是包办婚姻。二者的共同之处在于都表现为婚姻以外的第三人违背婚姻当事人的意愿强迫其缔结婚姻。二者的区别在于是否以索取一定的财物为目的：包办婚姻不索取财物，而买卖婚姻主要是为了索取财物。

包办婚姻和买卖婚姻都属于可撤销的胁迫婚姻。《民法典》第1052条第1款规定：“因胁迫结婚的，受胁迫的一方可以向人民法院请求撤销婚姻。”据此，包办婚姻和买卖婚姻中受胁迫的一方有权向人民法院请求撤销婚姻。

（二）其他干涉婚姻自由的行为

其他干涉婚姻自由的行为，是指除包办、买卖婚姻以外的违反婚姻自由原则，阻挠、干涉他人行使婚姻自主决定权的行为，例如，父母干涉子女婚姻，子女干涉丧偶或离异父母再婚，子女干涉父母复婚等。其中，子女干涉父母再婚问题较为突出。为了保护老年人的婚姻自由，2001年修正的《婚姻法》作了专条规定。2001年修正的《婚姻法》第30条第一句规定：“子女应当尊重父母的婚姻权利，不得干涉父母再婚以及婚后的生活。”

如果以暴力干涉他人婚姻自由，还构成暴力干涉婚姻自由罪。《刑法》第257条第1款规定了暴力干涉婚姻自由罪的基本犯，第2款规定：“犯前款罪，致使被害人死亡的，

处二年以上七年以下有期徒刑。”

二、禁止借婚姻索取财物

借婚姻索取财物，是指婚姻当事人一方（或其父母等第三人）向另一方索要一定的财物，以此作为结婚条件的违法行为。此种结婚行为中，男女双方对缔结婚姻基本上是自愿的，但以索要财物作为结婚的条件，是对婚姻自主权的滥用。[①]

借婚姻索取财物与买卖婚姻既有联系又有区别。借婚姻索取财物与买卖婚姻的共同之处在于，均以索取一定的财物为结婚的条件。借婚姻索取财物与买卖婚姻的区别在于：(1) 在婚姻决定权上，借婚姻索取财物的男女双方对结婚基本上是自主自愿的。买卖婚姻是完全违背婚姻当事人之结婚意愿的。(2) 在索取财物主体的认定上，借婚姻索取财物的主体一般是婚姻当事人一方，也有婚姻当事人一方的父母。买卖婚姻的主体是婚姻当事人以外的第三人。

借婚姻索取财物，婚后一方要求离婚的，法院依法进行调解，调解无效的，应当判决是否准予离婚。离婚时，对于婚前一方向另一方索要的财物，根据《婚姻家庭编解释(一)》第5条的规定，当事人请求返还按照习俗给付的彩礼的，如果查明属于以下情形，人民法院应当予以支持：(1) 双方未办理结婚登记手续；(2) 双方办理结婚登记手续但确未共同生活；(3) 婚前给付并导致给付人生活困难。适用前述第2、3项的规定，应当以双方离婚为条件。如果不属于司法解释规定的上述几种情形的，应当作为夫妻共同财产进行分配，即法院不支持返还彩礼的请求。在司法实践中，关于彩礼返还的额度，一般根据当事人的请求，综合考虑双方共同生活时间的长短、给付方的经济状况以及过错责任等因素，根据公平原则全部或部分返还。[②]

三、禁止重婚

依照《民法典》婚姻家庭编的规定，重婚是结婚的禁止条件和引起婚姻无效的原因。禁止重婚行为是落实一夫一妻原则的必然要求。[③] 重婚，是指有配偶者又与他人结婚的违法行为，即一个人在同一时间内存在两个或两个以上的婚姻关系。按照一夫一妻原则的要求，有配偶者只能在婚姻终止即配偶死亡或依法离婚后再行结婚，否则构成重婚。[④] 构成重婚须具备两个要件：(1) 当事人一方或者双方存在有效的婚姻关系。(2) 有配偶者与他人结婚。重婚有两种类型：一是法律上的重婚，是指有配偶者又与他人登记结婚；二是事实上的重婚，是指虽未经结婚登记，但又与他人以夫妻名义同居生活。

---

① 参见王歌雅主编：《婚姻家庭继承法学》，2版，39页，北京，中国人民大学出版社，2013。

② 参见马忆南：《婚姻家庭继承法学》3版，38页，北京，北京大学出版社，2014。

③ 参见吴高盛主编：《〈中华人民共和国婚姻法〉释义及实用指南》，20页，北京，中国民主法制出版社，2014。

④ 参见杨大文、龙翼飞主编：《婚姻家庭法》，7版，52页，北京，中国人民大学出版社，2018；夏吟兰主编：《中华人民共和国婚姻法评注·总则》，221页，厦门，厦门大学出版社，2016。

为维持一夫一妻婚姻制度的社会秩序①，《刑法》第 258 条规定了重婚罪。值得注意的是，刑法上的重婚罪侧重于对当事人之主观恶性的惩罚②，其犯罪的主观要件为故意，过失不构成该罪；重婚罪的客观构成要件③是有配偶而又与他人结婚，或者明知他人有配偶而与之结婚。对于“包二奶”或者通奸行为，因这类行为与重婚行为并不相同，故不能依照重婚罪定罪处罚。“包二奶”者、通奸者的配偶因此受到损害的，其可以在提出离婚时要求对方根据过错进行赔偿。出于对现役军人婚姻的特殊保护，《刑法》第 259 条规定了破坏军婚罪，即明知是现役军人的配偶而与之同居或者结婚的行为。如果重婚行为符合破坏军婚的构成要件，应以破坏军婚罪论处。④

四、禁止有配偶者与他人同居

有配偶者与他人同居，是指有配偶者与婚外的异性不以夫妻名义，持续、稳定地共同居住的行为。在认定和处理相关具体问题时，应当将有配偶者与他人同居和重婚，特别是事实重婚加以区别。有配偶者与他人同居是不以夫妻名义出现，事实重婚中双方以夫妻关系相对待。有配偶者与他人同居虽不构成犯罪，但须承担民事责任。在离婚时，无过错方有权请求损害赔偿。另外，应当将有配偶者与他人同居与通奸等婚外性行为加以区别。有配偶者与他人同居是持续、稳定的，一般有共同的居所，这可以作为认定时的客观标志之一。⑤ 通奸等婚外性行为，有的是偶发性的，有的即使是长期的，但比同居更为隐蔽，一般没有共同的居所，无共同的同居生活。

五、禁止家庭暴力

家庭暴力，是指行为人以殴打、捆绑、残害、强行限制人身自由或者其他手段，给其家庭成员的身体、精神等方面造成一定伤害后果的行为。持续性、经常性的家庭暴力，构成虐待。2015 年通过的《反家庭暴力法》第 2 条在“以殴打、捆绑、残害、限制人身自由”的基础上，补充了“经常性谩骂、恐吓等方式”实施的身体、精神等侵害行为。

认定家庭暴力，可以从以下五个方面进行分析和判断：第一，从主体来看，施暴者和受害者之间具有特定的亲属关系⑥，施暴者一般是在家庭中处于强势地位的成员，受害者一般是在家庭中处于弱势地位的成员，大多数为妇女、未成年人和老年人。第二，从实施暴力的场所来看，具有一定的隐蔽性，一般发生在家庭共同生活关系中，以家庭内为行为场所。⑦ 第三，从客体来看，家庭暴力侵害的客体主要是受害者的人身权利，即家

---

① 参见王洪：《婚姻家庭法》，27 页，北京，法律出版社，2002。
② 参见夏吟兰主编：《中华人民共和国婚姻法评注·总则》，224 页，厦门，厦门大学出版社，2016。
③ 参见张明楷：《刑法学》，3 版，695 页，北京，法律出版社，2007。
④ 参见上书，697 页。
⑤ 参见马忆南：《婚姻家庭继承法学》，3 版，39 页，北京，北京大学出版社，2014。
⑥ 参见巫昌祯、夏吟兰主编：《婚姻家庭法学》，2 版，74 页，北京，中国政法大学出版社，2016。
⑦ 参见王洪：《婚姻家庭编法》，32 页，北京，法律出版社，2003。

庭成员的生命权、健康权、人身自由权、婚姻自主权、性自主权以及人格尊严等权利。第四，家庭暴力的表现形式复杂多样，主要包括身体暴力、性暴力、精神暴力和经济控制四种类型。(1) 身体暴力是指施暴者通过殴打或捆绑受害者或限制受害者人身自由等使受害者产生恐惧的行为；(2) 性暴力是指施暴者强迫受害者以其感到屈辱、恐惧、抵触的方式接受性行为，或残害受害者性器官等性侵犯行为；(3) 精神暴力是指施暴者以侮辱、谩骂或者不予理睬、不给治病、不肯离婚等手段对受害者进行精神折磨，使受害者产生屈辱、恐惧、无价值感等的作为或不作为；(4) 经济控制是指施暴者通过对夫妻共同财产和家庭收支状况的严格控制，摧毁受害者的自尊心、自信心和自我价值感，以达到控制受害者的目的的行为。[①] 第五，施暴者主观上具有故意，即施暴者实施家庭暴力行为，是出于故意的，并且家庭暴力行为在时间上具有一定的连续性。

六、禁止家庭成员间的虐待和遗弃

虐待，是指以作为或不作为的形式，对家庭成员歧视、折磨、摧残，使其在精神上、肉体上遭受损害的违法行为，如打骂、恐吓、冻饿、患病不予治疗、限制人身自由等。家庭暴力与虐待的区别在于：家庭暴力一般表现为积极的行为；虐待既包括积极的行为，如打骂、紧闭、捆绑等，又包括消极的不作为，如冻饿、患病不予治疗。

遗弃，是指家庭成员中负有赡养、扶养、抚养义务的一方，对于需要赡养、扶养、抚养的另一方，不履行其应尽义务的违法行为，如父母不抚养未成年子女，成年子女不赡养无劳动能力或生活困难的父母，配偶不履行扶养对方的义务等。遗弃以不作为的形式出现，应为而不为，致使被遗弃人的权益受到侵害。

第四节　婚姻家庭编的倡导性规定

婚姻家庭编的倡导性规定，是指婚姻家庭关系应当遵循的伦理道德要求。确立婚姻家庭编的倡导性规定，是社会主义核心价值观融会贯通于《民法典》的又一重要体现，对于促进新型婚姻家庭制度的形成与发展，发挥着积极的作用。

一、家庭应当树立优良家风，弘扬家庭美德，重视家庭文明建设

1. 树立优良家风

优良家风作为中华民族传统美德的重要组成部分，发挥着为家庭成员树立行为准则，为家庭与社会和谐提供内在价值与秩序支持的重要功能。在现代社会，随着法律与道德界限的澄清，优良家风转化为关于构建平等、和睦、文明的婚姻家庭关系的道德要求。

---

① 参见国务院法制办公室编：《中华人民共和国婚姻法（含最新司法解释）注解与配套》，4 版，7 页，北京，中国法制出版社，2017。

习近平总书记指出："家风是社会风气的重要组成部分。家庭不只是人们身体的住处，更是人们心灵的归宿。家风好，就能家道兴盛、和顺美满；家风差，难免殃及子孙、贻害社会……广大家庭都要弘扬优良家风，以千千万万家庭的好家风支撑起全社会的好风气。"[①]《民法典》婚姻家庭编赋予树立优良家风以法律地位，贯彻落实习近平总书记关于加强家庭文明建设的讲话精神，也是对《民法典》第1条中关于"弘扬社会主义核心价值观"的立法宗旨的贯彻与实施。

2. 弘扬家庭美德

家庭美德是公民个体道德化的摇篮。"尊老爱幼、妻贤夫安，母慈子孝、兄友弟恭，耕读传家、勤俭持家，知书达礼、遵纪守法，家和万事兴等中华民族传统家庭美德……是支撑中华民族生生不息、薪火相传的重要精神力量，是家庭文明建设的宝贵精神财富。"[②] 全社会弘扬家庭美德，就是要大力倡导以尊老爱幼、男女平等、夫妻和睦、勤俭持家、邻里互助为主要内容的思想道德这充分地体现了《民法典》婚姻家庭编的立法宗旨，也从总体上反映了《民法典》婚姻家庭编的原则性规定的基本要求。

3. 重视家庭文明建设

家庭文明建设是指家庭成员在家庭生产生活中开展的物质文明建设和精神文明建设的活动，并进而形成的家庭文明氛围。家庭文明建设的重点是紧密结合社会主义核心价值观，这也是社会主义核心价值观融入《民法典》的又一重要体现。

二、夫妻应当互相忠实，互相尊重，互相关爱

夫妻应当互相忠实、互相尊重、互相关爱，是维系夫妻关系和谐、幸福的基本准则，对于培育良好的夫妻关系具有导向性。这对于维护一夫一妻原则、保护婚姻家庭和婚姻当事人双方的合法权益，都具有重要的意义。夫妻互相忠实，是指夫妻之间应当忠于感情，应该诚实、坦诚相待以及互敬互爱，以维护婚姻家庭关系的专一性和排他性。夫妻互相尊重，是指夫妻在共同生活中，应当互相尊重和理解对方的意愿与选择，不得将自己的意愿强加于对方[③]，也不得侮辱对方，应尊重对方的独立人格及权利。

三、家庭成员间应当敬老爱幼，互相帮助，维护平等、和睦、文明的婚姻家庭关系

婚姻家庭关系在本质上是一个伦理实体[④]，而家庭成员之间的敬老爱幼、互相帮助是维护平等、和睦、文明家庭的基础和保障。

1. 家庭成员应当敬老爱幼，互相帮助

敬老，是指家庭中的晚辈成员对长辈成员应当予以尊敬，使其愉悦地安度晚年。爱

①② 习近平：《在会见第一届全国文明家庭代表时的讲话》，载《人民日报》，2016-12-16，2版。

③ 参见吴高盛主编：《〈中华人民共和国婚姻法〉释义及实用指南》，23页，北京，中国民主法制出版社，2014。

④ 参见王歌雅主编：《婚姻家庭继承法学》，2版，47页，北京，中国人民大学出版社，2013。

幼，是指家庭中的长辈成员对晚辈成员应当予以爱护，使其健康成长。敬老爱幼和保护未成年人、老年人合法权益原则是完全一致的，但两者从不同角度加以规定。保护未成年人、老年人合法权益，侧重于对各种具体的人身和财产权益的保护。敬老爱幼，则是从更高的层次，对于如何处理家庭中的代际关系提出了更高的要求。[①]

2. 维护平等、和睦、文明的婚姻家庭关系

家庭是组建社会的基本单元，婚姻家庭关系是最基本的社会关系。[②] 维护平等、和睦、文明的婚姻家庭关系，既是对婚姻家庭关系进行法律调整的出发点，也是这种法律调整所追求的价值目标。家庭成员间具有平等的法律地位，不得恃强凌弱，应当平等相待、和睦相处、文明互让。家庭成员间应当团结互助，避免和妥善处理家事纠纷。

第五节 亲属、近亲属和家庭成员

1985 年《继承法》、1986 年《民法通则》及 2001 年修正的《婚姻法》在多处已使用亲属、近亲属的概念。《民法典》婚姻家庭编在吸收已有的立法经验基础上，对亲属、近亲属以及家庭成员的主体范围作统一规范。界定亲属、近亲属和家庭成员的范围，有利于明确婚姻家庭权利义务的主体范围。

一、亲 属

（一）亲属的含义

广义的亲属是指一切具有婚姻、血缘或法律拟制血亲关系的自然人的总体，包括受法律调整和不受法律调整的所有具有婚姻、血缘或者法律拟制血亲关系的自然人。正如费孝通所言，“亲属关系是根据生育和婚姻事实所发生的社会关系。从生育和婚姻所结成的网络，可以一直延伸至过去的、现在的和未来的人”[③]。狭义的亲属是指具有婚姻、血缘或者法律拟制血亲关系，受法律调整的彼此具有一定权利和义务的自然人。《民法典》婚姻家庭编中的亲属是指法律意义上的亲属，即狭义的亲属。

（二）亲属的种类

大陆法系对亲属的界定主要存在二分法和三分法两种模式。二分法将亲属分为血亲和姻亲。三分法将亲属分为配偶、血亲和姻亲。也有少数国家或地区（如葡萄牙）采用了四分法的模式，将亲属的法律渊源归纳为结婚、血亲关系、姻亲关系和收养。我国采用

---

① 参见杨大文、龙翼飞主编：《婚姻家庭法》，7 版，58～59 页，北京，中国人民大学出版社，2018。

② 参见龙翼飞：《编纂民法典·婚姻家庭编的法理思考与立法建议》，载《法制与社会发展》，2020（2）。

③ 费孝通：《乡土中国 生育制度》，26 页，北京，北京大学出版社，1998。

三分法，根据亲属关系产生的原因，将亲属分为配偶、血亲和姻亲三种。

1. 配偶

配偶，即夫妻，是指男女双方因结婚而互为配偶的亲属。配偶在亲属关系中居于核心地位，也是血亲和姻亲产生的源泉、基础，在亲属关系中起到承上启下的作用。

2. 血亲

血亲，是指有血缘关系的亲属。根据血缘的来源不同，血亲分为自然血亲和法律拟制血亲。

（1）自然血亲。

自然血亲，是指出自同一祖先，因出生而形成的具有真实血缘联系的亲属，如父母与子女、兄弟姐妹、祖父母与孙子女、外祖父母与外孙子女、伯叔与侄子女、舅姨与外甥子女等。不分父系或母系，无论是婚生的还是非婚生的，也无论是全血缘的（同父同母的兄弟姐妹）还是半血缘（同父异母或同母异父的兄弟姐妹）的，都属于自然血亲的范围。

（2）法律拟制血亲。

法律拟制血亲，是指本来没有血缘关系，但由法律确认其与自然血亲具有同等的权利义务的亲属。此种血亲不是因出生而形成的，是由法律设定的，因此又被称为“法定血亲”。《民法典》婚姻家庭编确认的法律拟制血亲有两类：一是养父母与养子女之间，二是继父母与受其抚养、教育的继子女之间。

3. 姻亲

姻亲，是指配偶一方与另一方的血亲之间因婚姻关系而发生的亲属关系，如，儿媳与公婆、女婿与岳父母、丈夫与妻子的兄弟姐妹、妻子与丈夫的兄弟姐妹。根据姻亲间联系的环节，姻亲分为血亲的配偶、配偶的血亲、配偶的血亲的配偶以及血亲的配偶的血亲。

（1）血亲的配偶。

血亲的配偶，是指自己的直系血亲、旁系血亲的配偶。如，儿子的妻子（儿媳）、女儿的丈夫（女婿）是自己的直系血亲的配偶，兄弟的妻子（嫂子或弟妹）、姐妹的丈夫（姐夫或妹夫）是自己的旁系血亲的配偶。

（2）配偶的血亲。

配偶的血亲，是指自己配偶的血亲。如，丈夫的父母（公婆）、妻子的父母（岳父母）是自己配偶的直系血亲，妻子的兄弟姐妹、丈夫的兄弟姐妹是自己配偶的旁系血亲。

（3）配偶的血亲的配偶。

配偶的血亲的配偶，是指自己配偶的直系血亲或旁系血亲的丈夫或妻子。如，民间称兄弟的妻子之间为“妯娌”，称姐妹的丈夫之间为“连襟”。

（4）血亲的配偶的血亲。

血亲的配偶的血亲，是指自己的直系血亲或旁系血亲的配偶的直系血亲或旁系血亲。如，民间夫妻双方间的父母互称为“亲家”。

二、近亲属

近亲属的范围，是法律在对亲属关系的调整范围内所规定的特定的范围。关于近亲属范围的限定，一般有以下两种法例：第一种是总体概括性限定法，即法律对亲属范围从总体上作概括性规定，然后根据亲属的种类和亲等的远近，再规定其法律效力。另一种是个别适用性限定法，即法律根据不同法律关系的需要，对亲属的法律效力作出具体的规定。我国采用的是个别适用性限定法，即以配偶、父母、子女、兄弟姐妹、祖父母、外祖父母、孙子女、外孙子女为近亲属。

近亲属的效力主要表现在以下领域：在《民法典》婚姻家庭编中，禁止一定范围内的亲属结婚；规定一定范围内的亲属具有扶养义务等。在《民法典》总则编中，近亲属可以担任无民事行为能力或者限制民事行为能力的成年人的监护人；近亲属可依法针对失踪的亲属向法院提出宣告失踪和宣告死亡的申请。在刑法中，告诉才处理的犯罪，如果被害人因受强制、威吓无法告诉的，被害人的近亲属也可以告诉；利用影响力受贿罪的主体包括国家工作人员的近亲属。在诉讼法领域，无论是在民事诉讼中还是在刑事诉讼中，审判人员是涉案当事人的近亲属时，应当回避。

三、家庭成员

家庭成员，是指同居一家共同生活、相互具有法定权利义务关系的近亲属。《民法典》将配偶、父母、子女和其他共同生活的近亲属确定为家庭成员。并非所有的亲属都是家庭成员，如伯父、叔父、姑母、舅父、姨母与侄子女和外甥子女之间虽然是旁系血亲，但在非同居一家共同生活的情况下，彼此不具有法定的权利义务关系，因而他们彼此不是家庭成员。家庭成员仅是亲属中的极少部分，亲属的范围要广泛得多。因此，家庭成员一般具有亲属关系，而有亲属关系的并不一定都属于家庭成员。

《问题与思考》

1. 如何从法律意义上界定婚姻、家庭？
2. 试论述《民法典》婚姻家庭编中的五项基本原则。
3. 《民法典》婚姻家庭编中的禁止性规定是什么？
4. 如何理解《民法典》婚姻家庭编的调整对象？
5. 家庭成员的范围是什么？
6. 近亲属的范围是什么？

第六十四章
结　婚

本章概要

结婚，又称婚姻成立，是指男女双方按照法律规定的条件和程序，确立夫妻关系的法律行为。婚姻的本质属性是合法性。法律对于缔结婚姻规定了明确的成立要件，包括结婚的实质要件和形式要件。凡欠缺结婚要件的男女结合，不具有婚姻的法律效力。本章重点介绍我国的结婚制度。本章的重点问题包括结婚的实质要件、结婚的形式要件、无效婚姻、可撤销婚姻。

第一节　概　述

一、结婚的概念和特征

结婚，又称婚姻成立，是指男女双方按照法律规定的条件和程序，确立夫妻关系的法律行为。结婚有广义和狭义之分。广义上的结婚，包括婚姻成立和订立婚约两个方面。狭义上的结婚，仅指婚姻的成立。近、现代后，各国亲属立法大多对结婚作狭义上的规定，订婚已不再是结婚的必经程序。

结婚的特征是：第一，结婚的主体是男女两性。人类的两性差异、性本能和自身繁衍等自然属性是婚姻存在的前提，也是婚姻关系区别于其他社会关系的最重要特征。第二，结婚是法律行为。婚姻要依法成立，必须当事人符合法律规定的结婚要件。欠缺结婚实质要件和形式要件的男女结合，不具有婚姻的法律效力。第三，结婚的后果是确立夫妻身份关系。夫妻互为配偶，依法相互享有和承担人身、财产方面的权利和义务。

二、婚　约

婚约，是男女双方以结婚为目的而作的事先约定。订立婚约的行为，被称为订婚。

订婚后的男女双方具有未婚夫妻的身份。

古代社会的婚约是结婚的必经程序，没有婚约的婚姻被视为无效。在近、现代社会，婚约不再是结婚的必经程序，任何一方不得基于婚约诉求结婚。中国古代的聘娶婚是缔结婚姻的主要方式，男以娶之程序而娶，女因聘之程序而嫁。聘娶婚中的嫁娶程序是六礼，即纳采、问名、纳吉、纳征、请期、亲迎。经纳征，即男家纳吉，往女家送聘礼后，婚约完全成立。依《唐律》，“六礼备，谓之聘；六礼不备，谓之奔”。新中国成立后，婚约不再是法律的调整对象，订婚不是结婚的必要手续，男女自愿订婚者，听其订婚，但别人不得强迫包办。[①] 父母或者其他监护人不得为未成年人订立婚约，当事人自愿订立的婚约自始不具有法律上的约束力。婚约既可以依双方合意解除，也可以依单方意思表示予以解除。随着现代社会的发展，婚约在民法中的意义大为降低。这种变化的原因在于妇女社会地位的不断提高和性解放运动的发展。[②]

婚约自古不得强制履行，但订立婚约后，一方无理由要求解除的，需要承担一定的法律责任。在我国，婚约解除产生的法律后果是：第一，当事人对于不缔结婚姻的情形允诺支付违约金的，其允诺无效。第二，婚约期间，未婚夫妻不具有夫妻身份，不享有法律上的夫妻人身权利。第三，在婚约期间，未婚夫妻间的财产关系不适用夫妻财产关系的法律规定。双方在婚约期间的财产，依法归各自所有或按份共有。第四，婚约期间，当事人生育的子女与婚生子女具有同等的法律地位。第五，当事人请求返还按照习俗给付的彩礼的，如果查明属于以下情形，人民法院应予以支持：（1）双方未办理结婚登记手续；（2）双方办理结婚登记手续但确未共同生活；（3）婚前给付并导致给付人生活困难。适用前两项规定，应当以双方离婚为条件。

第二节　结婚的要件

结婚行为是创设夫妻身份关系的法律行为，不同于一般的民事法律行为。“如果婚姻不是家庭的基础，那末它就会像友谊一样，也不是立法的对象了。”[③] 因此，法律针对缔结婚姻规定了明确的成立要件，包括结婚的实质要件和形式要件。凡欠缺结婚要件的男女结合，不具有婚姻的法律效力。

一、结婚的实质要件

结婚的实质要件，也称结婚的必备条件，是指结婚当事人在结婚时必须符合法律规定的条件。

1. 双方具有结婚合意

结婚合意，是指男女双方确立夫妻关系的意思表示一致。一方面，结婚合意是建立

---

① 1953 年 3 月 19 日中央人民政府法制委员会《有关婚姻问题的解答》。

② 参见［德］迪特尔·施瓦布：《德国家庭法》，王葆莳译，29 页，北京，法律出版社，2010。

③ 《马克思恩格斯全集》，第 1 卷，183 页，北京，人民出版社，1956。

在当事人具有意思能力的基础上的，即当事人具备认识和理解结婚的意思能力。患有精神疾病的人在患病期间为无民事行为能力人或限制行为能力人，不具有同意结婚的意思能力。另一方面，结婚合意是建立在平等和自愿基础上的。《民法典》第1046条规定："结婚应当男女双方完全自愿，禁止任何一方对另一方加以强迫，禁止任何组织或者个人加以干涉。"该规定包含以下三层含义：第一，自愿是指双方自愿而不是指一方愿意；第二，自愿是指缔结婚姻的当事人本人自愿而不是指包括父母在内的第三人愿意；第三，自愿是指当事人自主决定而不是一方或双方被迫同意。但要指出的是，这里所称的"自愿"，是指结婚自主，正如恩格斯所说："在婚姻关系上，即使是最进步的法律，只要当事人在形式上证明是自愿，也就十分满足了，至于法律幕后的现实生活是怎样的，这种自愿是如何造成的，关于这些，法律和法学家都可以置之不问。"①

2. 双方达到法定的结婚年龄

法定婚龄，是指法律规定的男女双方结婚必须达到的年龄。男女结婚必须达到一定的年龄是各国立法的通例。法定婚龄的确定主要受两方面因素的制约：一是自然因素。人类的生理和心理的发育具有一定的规律，只有达到一定的年龄，才能具备结婚的生理条件、心理条件，具有履行夫妻义务和承担家庭责任的行为能力。二是社会因素。法定婚龄受一定的生产方式以及与之相适应的政治、经济、文化、人口状况、道德、宗教、民族习惯等社会条件的影响。《民法典》第1047条规定："结婚年龄，男不得早于二十二周岁，女不得早于二十周岁。"我国确立的这一法定婚龄，是以婚姻的自然属性为基础，以社会经济发展和人口状况为依据，与国家的经济发展、人口增长和提高人口素质相适应的。

3. 双方符合一夫一妻的要求

一夫一妻的婚姻制度，是指一个人在同一段时间内，不得存在两个或两个以上的婚姻关系。法律禁止重婚，是禁止已有配偶的人又与他人结婚的行为，既包括禁止有配偶的人又与他人登记结婚的法律上的重婚，也包括禁止有配偶者虽未与他人办理结婚登记手续，但确以夫妻名义同居生活的事实上的重婚。按照一夫一妻制的要求，一切公开的、隐藏的、变相的一夫多妻或一妻多夫的两性关系都是非法的，受法律的禁止和取缔。办理结婚登记的当事人，一方或者双方已有配偶的，婚姻登记机关不予登记。依据《刑法》的规定，有配偶而重婚，或者明知他人有配偶而与之结婚的，应追究其刑事责任；不知对方已有配偶而与之结婚的，不是重婚的犯罪主体。

4. 双方不具有法律禁止结婚的亲属关系

禁止一定范围的亲属结婚是各国立法的通例，主要源于两个原因：一是对遗传基因的畏忌。血缘过近易将疾病遗传给后代，不利于民族的健康和人口素质的提高。我国古籍中就有"男女同姓，其生不蕃"和"取于异姓，所以附远厚别也"的记载。二是受伦理道德的约束。近亲结婚有悖于教化，有碍于人类长期形成的婚姻道德，容易造成亲属身份和继承上的混乱。鉴于中国历史上盛行中表婚，为提高国家的人口素质和民族健康，

---

① 《马克思恩格斯全集》，第21卷，86页，北京，人民出版社，1956。

《民法典》第1048条规定："直系血亲或者三代以内的旁系血亲禁止结婚。"按照我国传统世代计算方法，凡出自同一祖父母、外祖父母的血亲，除直系血亲外，都是三代以内的旁系血亲，禁止通婚。三代以内旁系血亲包括：(1) 兄弟姐妹，包括同父同母全血缘的兄弟姐妹、同父异母或同母异父半血缘的兄弟姐妹。(2) 伯、叔、姑、舅、姨与侄子(女)、外甥(女)。(3) 堂兄弟姐妹、表兄弟姐妹。

二、结婚的形式要件

结婚的形式要件，即结婚的程序，是指法律规定的缔结婚姻所必须履行的法定手续。结婚是要式的法律行为，当事人不仅要符合结婚的条件，而且要履行结婚的程序。但基于传统、文化和婚姻习俗，各国规定的结婚程序并不相同，主要有登记制、仪式制、登记与仪式结合制。我国以办理结婚登记为结婚的法定程序。《民法典》第1049条规定："要求结婚的男女双方应当亲自到婚姻登记机关申请结婚登记。符合本法规定的，予以登记，发给结婚证。完成结婚登记，即确立婚姻关系。未办理结婚登记的，应当补办登记。"

结婚登记是婚姻登记①的重要组成部分，婚姻登记的意义是，保障婚姻自由、一夫一妻、男女平等的婚姻制度的实施。通过结婚登记对婚姻关系进行监督和管理，不仅可以保障当事人的合法权益，预防和制止违法婚姻的发生，同时也可以减少婚姻纠纷，维护国家、社会和当事人的利益。

1. 结婚登记的机关和程序

(1) 结婚登记的机关。

根据《婚姻登记条例》的规定，办理婚姻登记的机关是县级人民政府民政部门或者乡(镇)人民政府，省、自治区、直辖市人民政府可以按照便民原则确定农村居民办理婚姻登记的具体机关。中国公民同外国人结婚，大陆(内地)居民同香港特别行政区居民(以下简称香港居民)、澳门特别行政区居民(以下简称澳门居民)、台湾地区居民(以下简称台湾居民)、华侨结婚，办理婚姻登记的机关是省、自治区、直辖市人民政府民政部门或者省、自治区、直辖市人民政府民政部门确定的机关。

婚姻登记的管辖范围，原则上以当事人的户籍为依据。大陆(内地)居民结婚，男女双方应当共同到一方当事人常住户口所在地的婚姻登记机关办理结婚登记。中国公民同外国人在中国大陆(内地)结婚的，大陆(内地)居民同香港居民、澳门居民、台湾居民、华侨在大陆(内地)结婚的，男女双方应当共同到大陆(内地)居民常住户口所在地的婚姻登记机关办理结婚登记。

(2) 结婚登记的程序。

结婚登记的程序主要有以下三个环节：

第一，申请。办理结婚登记的大陆(内地)居民应当出具下列证件和证明材料：本人的户口簿、身份证；本人无配偶以及与对方当事人没有直系血亲和三代以内旁系血亲

---

① 婚姻登记制度是我国婚姻制度的重要组成部分，包括结婚登记、离婚登记和复婚登记三项具体内容。

关系的签字声明。办理结婚登记的香港居民、澳门居民、台湾居民应当出具下列证件和证明材料：本人的有效通行证、身份证；经居住地公证机构公证的本人无配偶以及与对方当事人没有直系血亲和三代以内旁系血亲关系的声明。办理结婚登记的华侨应当出具下列证件和证明材料：本人的有效护照；居住国公证机构或者有权机关出具的、经中华人民共和国驻该国使（领）馆认证的本人无配偶以及与对方当事人没有直系血亲和三代以内旁系血亲关系的证明，或者中华人民共和国驻该国使（领）馆出具的本人无配偶以及与对方当事人没有直系血亲和三代以内旁系血亲关系的证明。办理结婚登记的外国人应当出具下列证件和证明材料：本人的有效护照或者其他有效的国际旅行证件；所在国公证机构或者有权机关出具的、经中华人民共和国驻该国使（领）馆认证或者该国驻华使（领）馆认证的本人无配偶的证明，或者所在国驻华使（领）馆出具的本人无配偶的证明。

第二，审查。婚姻登记机关应当对结婚登记当事人出具的证件、证明材料进行审查并询问相关情况。办理结婚登记的当事人有下列情形之一的，婚姻登记机关不予登记：未到法定结婚年龄的；非双方自愿的；一方或者双方已有配偶的；属于直系血亲或者三代以内旁系血亲的。

第三，登记。婚姻登记机关对于当事人符合结婚条件的，应当当场予以登记，发给结婚证；对于当事人不符合结婚条件不予登记的，应当向当事人说明理由。

离婚的男女双方自愿恢复夫妻关系的，应当到婚姻登记机关办理结婚登记。《民法典》第1083条规定，离婚后，男女双方自愿恢复婚姻关系的，应当到婚姻登记机关重新进行结婚登记。

重新进行结婚登记适用《婚姻登记条例》中关于结婚登记的规定。

2. 对结婚登记存在瑕疵的处理

结婚登记存在瑕疵，是指婚姻登记机关办理的结婚登记在权限、程序、内容和形式上存在着各种问题和错误。结婚登记存在瑕疵的纠纷，大多都涉及民事争议和行政争议交叉的问题，两者相互关联、互为因果，包括“婚姻”纠纷的解决有待于行政先决，以及行政诉讼的裁判引发民事法律后果的处理。我国对结婚登记瑕疵的处理思路是，将婚姻成立与效力分开，当事人办理结婚登记时存在违反结婚实质要件的情形的，应当通过民事诉讼程序处理。对于存在其他瑕疵的婚姻登记，一律按照行政复议法或行政诉讼法的规定处理，即当事人以《民法典》第1051条规定的三种无效婚姻以外的情形请求确认婚姻无效的，人民法院应当判决驳回当事人的诉讼请求。当事人以结婚登记程序存在瑕疵为由提起民事诉讼，主张撤销结婚登记的，告知其可以依法申请行政复议或者提起行政诉讼。

3. 未办理结婚登记的法律后果

结婚必须履行的法定程序是办理结婚登记手续，这是不能以包括举行婚礼仪式在内的其他方式替代的。有结婚合意的当事人符合结婚实质要件的，只是具备了作为婚姻法律关系主体的可能性，只有在办理了结婚登记后，才能使婚姻从可能变为现实。符合结婚的形式要件，双方的婚姻关系才被法律承认和保护。凡未办理结婚登记的男女，不具有法律意义上的夫妻身份关系。但我国历史上长期实行仪式婚，婚姻登记制的历史较短，因此，我国对事实婚姻[①]采有条件的承认：男女双方依据《民法典》第 1049 条的规定补办结婚登记的，婚姻关系的效力从双方均符合《民法典》所规定的结婚的实质要件时起算。

未依据《民法典》第 1049 条的规定办理结婚登记而以夫妻名义共同生活的男女，提起诉讼要求离婚的，应当区别对待：

（1）1994 年 2 月 1 日民政部《婚姻登记管理条例》公布实施以前，男女双方已经符合结婚实质要件的，按事实婚姻处理。

（2）1994 年 2 月 1 日民政部《婚姻登记管理条例》公布实施以后，男女双方符合结婚实质要件的，人民法院应当告知其补办结婚登记。未补办结婚登记的，依据《婚姻家庭编解释（一）》第 3 条的规定处理。

未依据《民法典》第 1049 条的规定办理结婚登记而以夫妻名义共同生活的男女，一方死亡，另一方以配偶身份主张享有继承权，依据《婚姻家庭编解释（一）》第 7 条的原则处理。

第三节　无效婚姻和可撤销的婚姻

无效婚姻和可撤销的婚姻，为结婚制度中的重要组成部分。婚姻是当时的社会所认可的男女两性互为配偶的结合。为维护社会公共利益和婚姻当事人的利益，各国法律都明确规定了结婚的要件，并通过法律手段对结婚行为实施监督和管理。只有依法成立的婚姻，才能得到法律的承认和保护。无效婚姻和可撤销的婚姻都违反了婚姻成立的实质要件，但结婚实质要件又分为公益要件和私益要件，无效婚姻违反的是公益要件，可撤销的婚姻违反的是私益要件。

一、无效婚姻

1. 婚姻无效的原因

无效婚姻，是指办理了结婚登记的男女，因一方或双方违反了结婚的公益要件而不具有法律效力的婚姻。《民法典》第 1051 条规定，有下列情形之一的，婚姻无效：（1）重婚；（2）有禁止结婚的亲属关系；（3）未到法定婚龄。

申请婚姻无效的原因，是违反了结婚的实质要件，但如果当事人依据《民法典》第 1051 条的规定向人民法院请求确认婚姻无效，法定的无效婚姻情形在提起诉讼时已经消失的，人民法院不予支持。

---

① 《最高人民法院关于贯彻执行民事政策法律的意见》（1979 年 2 月 2 日）规定：事实婚姻是指没有配偶的男女，未进行结婚登记，以夫妻关系同居生活，群众也认为是夫妻关系的。

2. 申请婚姻无效的请求权人

有权依据《民法典》第1051条的规定向人民法院就已办理结婚登记的婚姻请求确认婚姻无效的主体，包括婚姻当事人及利害关系人。其中，利害关系人包括：（1）以重婚为由的，为当事人的近亲属及基层组织；（2）以未到法定婚龄为由的，为未到法定婚龄者的近亲属；（3）以有禁止结婚的亲属关系为由的，为当事人的近亲属。

夫妻一方或者双方死亡后，生存一方或者利害关系人依据《民法典》第1051条的规定请求确认婚姻无效的，人民法院应当受理。

利害关系人依据《民法典》第1051条的规定，请求人民法院确认婚姻无效的，利害关系人为原告，婚姻关系当事人双方为被告。

夫妻一方死亡的，生存一方为被告。

3. 宣告婚姻无效的程序

人民法院审理宣告婚姻无效案件，对婚姻效力的审理不适用调解，应当依法作出判决，有关婚姻效力的判决一经作出，即发生法律效力。人民法院审理无效婚姻案件，涉及财产分割和子女抚养的，应当对婚姻效力的认定和其他纠纷的处理分别制作裁判文书。涉及财产分割和子女抚养的，可以调解。调解达成协议的，另行制作调解书。未达成调解协议的，应当一并作出判决。对财产分割和子女抚养问题的判决不服的，当事人可以上诉。

人民法院受理申请宣告婚姻无效案件后，经审查确属无效婚姻的，应当依法作出宣告婚姻无效的判决。原告申请撤诉的，不予准许。人民法院受理离婚案件后，经审查确属无效婚姻的，应当将婚姻无效的情形告知当事人，并依法作出宣告婚姻无效的判决。人民法院就同一婚姻关系分别受理了离婚案件和请求确认婚姻无效案件的，对离婚案件的审理，应当待就请求确认婚姻无效案件作出判决后进行。在婚姻关系被确认无效后，涉及财产分割和子女抚养的，应当继续审理。

二、可撤销的婚姻

1. 婚姻可撤销的原因

可撤销的婚姻，是指办理了结婚登记的男女，因欠缺结婚合意，受到胁迫或欺诈的一方可以向人民法院申请撤销的婚姻。可撤销婚姻与无效婚姻不同的是，法律赋予当事人撤销其婚姻关系的权利，但如果仅有可撤销的事由而无撤销行为的，当事人的婚姻具有法律效力。

有以下两种法定情形的，当事人可以申请撤销婚姻：

（1）胁迫。《民法典》第1052条第1款规定，因胁迫结婚的，受胁迫的一方可以向人民法院请求撤销婚姻。婚姻自由是我国宪法赋予公民的人身权利，结婚自由是婚姻自由的重要组成部分。结婚自由的基本要求是当事人有权按照法律的规定，自主地决定自己的婚姻问题，不受任何人的强迫和干涉。因受胁迫而结合的婚姻中，受胁迫方同意结婚的意思表示不真实，因而法律赋予了受胁迫方撤销婚姻的权利。

构成胁迫须要符合以下要件：第一，有胁迫的行为。胁迫行为人可以是婚姻当事人，也可以是第三人。由第三人实施胁迫的，婚姻当事人双方均可请求撤销该婚姻。第二，有胁迫的故意，即行为人有以给另一方当事人或者其近亲属的生命、身体健康、名誉、财产等方面造成损害为要挟，迫使另一方当事人违背真实意愿而结婚的情况。第三，受胁迫一方同意结婚与胁迫行为存在因果关系。但要指出的是，尽管胁迫行为本身具有违法性，但当事人的内心意思和心理活动具有复杂性，受胁迫方是否行使撤销请求权，应由受胁迫方自行决定，法律不予干预。

(2) 一方患有重大疾病未在结婚登记前未如实告知另一方的。为防止疾病传播，提高人口素质，维护人民健康，我国自1950年《婚姻法》以来一直将患有医学上认为不应当结婚的疾病规定为禁止结婚的法定情形。2001年《婚姻法》修正后，又明确规定了患有医学上认为不应当结婚的疾病按无效婚姻处理。为保障患有疾病的人享有结婚的权利，尊重当事人的意思自治，《民法典》取消了患有医学上认为不应当结婚的疾病禁止结婚的规定，并不再将患有医学上认为不应当结婚的疾病作无效婚姻处理。《民法典》第1053条第1款规定，一方患有重大疾病的，应当在结婚登记前如实告知另一方；不如实告知的，另一方可以向人民法院请求撤销婚姻。该规定将“重大疾病”作为结婚的私益要件，规定：患有重大疾病的当事人负有在结婚登记前如实告知另一方的义务，凡不如实告知的，另一方享有向人民法院请求撤销婚姻的权利。

法律赋予当事人撤销婚姻的权利的原因是，若患病一方如实告知，相对人将不会作出同意结婚的意思表示。结婚应当男女双方完全自愿，一方恶意隐瞒重大疾病构成欺诈，致使对方同意结婚的意思表示存在瑕疵，受欺诈方有权请求人民法院予以撤销。欺诈包括积极欺诈和消极欺诈。积极欺诈，是指行为人主动提供虚假情况，使相对人在意思形成的过程中受到自身以外的因素影响，形成错误的认识，并基于错误的认识作出意思表示。消极欺诈，是指行为人根据法律的规定、双方的约定或者诚信原则，负有对相关事实进行说明的义务。但是，行为人违反这种义务而故意不作说明，导致相对人形成错误的认识，并基于此错误认识而作出意思表示。[①] 一方婚前隐瞒重大疾病的，既包括积极欺诈，也包括消极欺诈，被欺诈的一方都可以行使婚姻的撤销权。

法律没有明确规定“疾病”的范围，但基于婚姻关系的自然属性，可以撤销婚姻的“重大疾病”应当是指足以危害到对方或下一代的健康的传染性、遗传性疾病。

2. 申请撤销婚姻的请求权人和行使期限

(1) 申请撤销婚姻的请求权人。

申请撤销婚姻的请求权人应当是婚姻当事人本人，包括：1）因受胁迫而请求撤销婚姻的，只能是受胁迫的婚姻关系当事人本人；2）因一方患有重大疾病而请求撤销婚姻的，只能是患有重大疾病的婚姻关系相对人本人。

(2) 可撤销婚姻请求权的行使期限。

为促使请求权人尽快地行使权利，避免婚姻关系长期处于不稳定的状态，法律明确规定了可撤销婚姻当事人行使撤销权的期限。1）因受胁迫结婚请求撤销婚姻的，应当自

---

① 参见张新宝：《中华人民共和国民法总则释义》，304页，北京，中国人民大学出版社，2017。

胁迫行为终止之日起一年内提出。被非法限制人身自由的当事人请求撤销婚姻的，应当自恢复人身自由之日起一年内提出。2）因一方患有重大疾病请求撤销婚姻的，应当自知道或者应当知道撤销事由之日起一年内提出。

撤销权属于形成权，适用除斥期间的规定。撤销请求权因法定期间的经过而归于消灭，逾期不行使，可视为默示的放弃。对这里的“一年”不适用诉讼时效中止、中断或者延长的规定。受胁迫或者被非法限制人身自由的当事人请求撤销婚姻的，不适用《民法典》第152条第2款的规定。

3. 申请撤销婚姻的程序

人民法院审理婚姻当事人请求撤销婚姻的案件，应当适用简易程序或者普通程序。

三、婚姻无效和被撤销的法律后果

《民法典》第1054条规定：“无效的或者被撤销的婚姻自始没有法律约束力，当事人不具有夫妻的权利和义务。同居期间所得的财产，由当事人协议处理；协议不成的，由人民法院根据照顾无过错方的原则判决。对重婚导致的无效婚姻的财产处理，不得侵害合法婚姻当事人的财产权益。当事人所生的子女，适用本法关于父母子女的规定。”“婚姻无效或者被撤销的，无过错方有权请求损害赔偿。”据此，人民法院对婚姻无效或撤销的宣告具有溯及既往的效力，当事人自始不具有夫妻的权利和义务。《民法典》第1054条所规定的“自始没有法律约束力”，是指无效婚姻或者可撤销的婚姻在依法被确认无效或者被撤销时，才确定该婚姻自始不受法律保护。该规定主要包括以下几个方面的内容。

第一，婚姻无效或被撤销婚姻的，当事人之间自始不具有夫妻人身关系。婚姻关系产生的夫妻人身方面的权利义务，不适用于无效婚姻关系和被撤销的婚姻关系。该后果包括当事人之间不是配偶关系、双方亲属间不发生姻亲关系，相互间也不适用以夫妻身份为基础的各项规定，如监护、代理、收养以及告诉才处理的犯罪等。

第二，婚姻无效或被撤销婚姻的，当事人之间自始不具有夫妻财产关系。无效婚姻和被撤销婚姻的当事人自始不具有夫妻身份，因此当事人之间不适用以婚姻关系为前提的夫妻财产制的规定。为保护无过错当事人的信赖利益，婚姻被确认无效或者被撤销后，当事人同居期间所得的财产，除有证据证明为当事人一方所有的以外，按共同共有处理。当事人对同居期间所得的财产无法达成协议时，由人民法院根据照顾无过错方的原则判决。但是，对重婚导致的婚姻无效的财产处理，不得侵害合法婚姻当事人的财产权益。人民法院审理重婚导致的无效婚姻案件时，涉及财产处理的，应当准许合法婚姻当事人作为有独立请求权的第三人参加诉讼。

第三，婚姻无效或被撤销的，当事人不能以配偶的身份相互继承遗产。在同居期间，一方死亡，另一方对死亡一方的父或母尽了主要赡养义务的，不适用《民法典》第1129条关于“丧偶儿媳对公婆，丧偶女婿对岳父母，尽了主要赡养义务的，作为第一顺序继承人”的规定，只能适用《民法典》第1131条关于“对继承人以外的依靠被继承人扶养的人，或者继承人以外的对被继承人扶养较多的人，可以分给适当的遗产”的规定，请求酌情分得遗产。

第四，婚姻无效或者被撤销的，无过错方有权请求损害赔偿。过错方应当承担的损害赔偿责任，既包括婚姻被宣告无效或被撤销给无过错方带来的精神损害，也包括因缔结婚姻造成的财产损失。

第五，婚姻无效或者被撤销的，在无效婚姻或被撤销婚姻中受胎或出生的子女，为非婚生子女。《民法典》第1071条规定：非婚生子女享有与婚生子女同等的权利，任何组织或者个人不得加以危害和歧视。不直接抚养非婚生子女的生父或者生母，应当负担未成年子女或者不能独立生活的成年子女的抚养费。此外，在监护、收养等涉及父母子女关系的事项中，父母子女间的权利和义务也不受父母婚姻无效或被撤销的影响，无效婚姻或被撤销婚姻当事人在终止同居关系时，有关子女的抚养权、抚养费等问题，应按《民法典》的有关规定处理。

问题与思考

1. 试述结婚的实质要件。
2. 试述结婚的形式要件。
3. 试述无效婚姻和可撤销婚姻的不同点。
4. 试述无效婚姻和可撤销婚姻的法律后果。

第六十五章
家庭关系

本章概要

夫妻，又称配偶，是指婚姻关系中的男女双方。法律上的夫妻关系，是指夫妻间的权利义务关系，包括夫妻人身方面的权利义务关系和财产方面的权利义务关系。父母子女关系，又称亲子关系。法律上的父母子女关系是指父母与子女之间的权利义务关系。其他近亲属关系，包括祖孙关系和兄弟姐妹关系。本章重点介绍我国的家庭关系，包括夫妻关系、父母子女关系及其他亲属关系。本章的重点问题包括：夫妻人身关系、夫妻财产关系和父母子女关系。

第一节　夫妻关系

夫妻，又称配偶，是指婚姻关系中的男女双方。法律上的夫妻关系，是指夫妻间的权利义务关系，包括夫妻人身方面的权利义务关系和财产方面的权利义务关系。

夫妻在家庭中的法律地位，是由当时社会的经济基础决定的。从法律沿革的角度看，夫妻关系主要经历了两个阶段。在古代社会，采“夫妻一体”主义，妻子在家庭关系中处于依附的地位，其人格被丈夫的人格吸收。近、现代后，各国普遍采“夫妻别体”主义，夫妻在家庭中的法律地位逐渐趋于平等，各自保留独立的人格和独立的民事行为能力。我国《宪法》第 48 条第 1 款规定：“中华人民共和国妇女在政治的、经济的、文化的、社会的和家庭的生活等各方面享有同男子平等的权利。”《民法典》第 1055 条规定：“夫妻在婚姻家庭中地位平等。”作为基本的家庭成员，夫妻只有在法律地位平等的前提下，才有可能平等享有权利和履行义务。因此，该规定不仅是我国婚姻家庭制度中婚姻自由、男女平等原则的具体体现，同时也是夫妻人身关系和财产关系的基本原则。

一、夫妻人身关系

夫妻人身关系，是指与夫妻的人格、身份有关的权利义务关系，主要包括以下内容。

（1）姓名权。

自然人有无独立的姓名权，是其有无独立人格的标志。传统的婚姻制度是男娶女嫁，女子结婚后冠以夫姓（赘夫则冠以妻姓）。为破除妻随夫姓的封建习俗，保障已婚妇女的姓名权，我国第一部《婚姻法》（1950 年）就明确规定了夫妻有各用自己姓名的权利。这对废除男尊女卑的婚姻关系具有积极的推动作用。《民法典》第 1056 条规定："夫妻双方都有各自使用自己姓名的权利。"该规定旨在保障夫妻双方的姓氏在婚后保持各自的独立性。赋予妻子享有同丈夫平等的姓名权，是夫妻在家庭关系中的法律地位平等的具体体现。

（2）人身自由权。

人身自由权是自然人的一项基本权利。夫妻人身自由权，是指夫妻双方都享有从事社会职业、参加社会活动、进行社会交往的权利。在夫权制度下，已婚妇女处于丈夫意志的支配之下，没有参与社会活动的权利。为破除夫妻关系中存在的封建夫权思想的残余，保障已婚妇女享有参加生产、工作、学习和社会活动的权利，禁止丈夫限制或干涉妻子的人身自由，我国婚姻法一直坚持规定夫妻双方均有选择职业、参加工作和参加社会活动的自由。《民法典》第 1057 条规定："夫妻双方都有参加生产、工作、学习和社会活动的自由，一方不得对另一方加以限制或者干涉。"这是我国宪法保障男女平等的具体体现，也是夫妻家庭地位平等的重要标志。

（3）共同亲权。

父母双方共同行使亲权，是现代亲权制度的基本原则。《民法典》第 1058 条规定："夫妻双方平等享有对未成年子女抚养、教育和保护的权利，共同承担对未成年子女抚养、教育和保护的义务。"亲权，由父优先行使或父有最后决定权，发展为现代的由父母双方共同行使，是男女平等、夫妻家庭地位平等的体现。父母共同行使亲权，不仅表现在亲权由父母双方平等地享有，而且强调的是父亲和母亲都是亲权人，亲权应由父母双方共同行使。在通常情形下，行使亲权应当以父母的共同意思表示为依据。作为一个整体权利，亲权不能分割，不能由父或母独自享有。虽然在日常生活中，共同亲权原则并不排斥父或母一方行使亲权，但如遇重大问题，法律要求亲权必须由父母双方共同行使。当父母的意思表示不一致时，亲权人应协商解决，协商不成时，一方或双方可诉请人民法院判决。

（4）相互扶养的义务。

扶养，是指特定亲属之间经济上的供养和生活上的扶助。夫妻间的相互扶养是夫妻间法定的权利和义务。《民法典》第 1059 条规定："夫妻有相互扶养的义务。需要扶养的一方，在另一方不履行扶养义务时，有要求其给付扶养费的权利。"婚姻自古具有扶助的功能，传统的婚姻制度由丈夫承担家庭经济供养的责任，妻子负担对丈夫、子女和老人的服侍、照料义务。在现代社会男女平等，扶养是相互的，既是夫妻双方的权利，也是双方的义务。当夫妻一方没有生活来源又缺乏劳动能力时，另一方不履行扶养义务的，需要扶养的一方有要求其给付扶养费的权利。

（5）家事代理权。

日常家事代理，是指夫妻一方因日常事务而与第三人交往时所为法律行为应当被视为夫妻共同意思表示，并由配偶他方承担连带责任的制度。[①] 家事代理权的意义在于：一方面，方便家庭日常生活需要；另一方面，保护第三人利益，维护社会秩序和交易安全。在现代平等的家庭关系中，夫妻都有权处理家庭日常事务，如家庭中的衣食住行及未成年子女的抚养、教育等，任何一方因家庭日常生活需要而实施的民事法律行为对夫妻双方发生效力。《民法典》第 1060 条规定：夫妻一方因家庭日常生活需要而实施的民事法律行为，对夫妻双方发生效力，但是夫妻一方与相对人另有约定的除外。夫妻之间对一方可以实施的民事法律行为范围的限制，不得对抗善意相对人。该规定赋予了夫妻平等享有对家庭日常事务的处理权和决定权。与传统婚姻制度中丈夫委任妻子行使理家权的委托代理不同，日常家事代理权是夫妻基于身份产生的特殊代理，夫妻任何一方处理家庭日常事务，无须获得配偶的授权，也不以配偶名义进行，但民事法律行为的后果由夫妻双方共同承担，对于由此产生的债务另一方应当承担连带责任。

日常家事代理权的特殊性表现在，配偶一方以自己的名义所为的民事法律行为，对另一方直接发生法律效力。虽然根据日常家事代理权进行的交易也对交易外的第三人发生效力，但行为人无须具有这样的意图，也无须向交易相对人表明此种意图。也有观点认为，配偶一方的行为虽然导致另一方共同承担权利、义务，但另一方并没有成为合同当事人，只是根据法律规定承担附属支付义务，并有权代替配偶主张权利，但配偶另一方不能行使形成权。[②]

（6）继承权。

夫妻相互享有继承一方死亡时遗留的个人合法财产的权利。这既是夫妻基于身份享有的财产权，又是夫妻基于身份享有的人身权。我国古代实行的是以男系亲为本位的宗祧继承制度，妻子对亡夫的遗产只有管理权，没有继承的权利。自 1950 年《婚姻法》开始，我国法律一直明确规定夫妻有相互继承遗产的权利。《民法典》第 1061 条规定：“夫妻有相互继承遗产的权利。”配偶是法定的继承人，夫妻相互间享有平等的继承权，除法律另有规定外，妇女享有的与男子平等的财产继承权受法律保护，任何人不得以任何借口剥夺、干涉或妨碍生存配偶对法定继承权的享有和行使。配偶相互享有继承权以夫妻身份/关系存在为前提，配偶的继承权不受生存一方是否再婚的影响。

二、夫妻财产关系

夫妻财产关系是夫妻关系中的重要组成部分，是实现家庭经济职能的基础。夫妻财产关系有广义和狭义之分。广义上的夫妻财产关系，既包括夫妻财产制，也包括与夫妻身份相关联的相互扶养和继承权。狭义上的夫妻财产关系专指夫妻财产制。

夫妻财产制，是指夫妻婚前财产和婚后所得财产的所有权制度。依据其发生根据，夫妻财产制可分为法定财产制和约定财产制。约定财产制的效力高于法定财产制，没有

---

① 参见最高人民法院民事审判第一庭编著：《最高人民法院婚姻法司法解释（二）的理解与适用》，217 页，北京，人民法院出版社，2004。

② 参见［德］迪特尔·施瓦布：《德国家庭法》，王葆莳译，87 页，北京，法律出版社，2010。

约定或约定无效的，适用法定的夫妻财产制。法定财产制和约定财产制均为普通财产制。在特殊情形下，经当事人申请由法院判决适用的夫妻财产制，为特殊财产制。

（一）法定的夫妻财产制

法定的夫妻财产制，是指法律规定的夫妻婚前、婚后财产的所有权制度。由法定共有、法定特有和夫妻共同债务三部分共同构成。

由于各国政治、经济、文化、传统和民族习惯不同，法律规定直接适用的财产制也不尽相同。我国的法定财产制是共同财产制。共同财产制，是指除夫妻个人特有的财产外，夫妻在婚姻关系存续期间所得的财产归夫妻共同所有的财产制。我国适用共同财产制作为法定财产制，是从我国现实国情考虑的，符合我国的文化传统和绝大多数人对家庭财产制的要求，符合夫妻作为生活共同体的要求，有利于维系更加平等、和睦的家庭关系。①

1. 法定共有财产

法定夫妻共有财产，是指夫妻一方或双方在婚姻关系存续期间所得财产，除法律规定或另有约定外，为夫妻共同共有。

法定夫妻共有财产的特征是：第一，夫妻共有财产的主体必须是具有合法婚姻关系的夫妻。不具有合法婚姻关系的男女，不适用夫妻共有财产的规定。第二，夫妻共同财产取得的时间必须是夫妻婚姻关系的存续期间，即从婚姻关系成立之日起，至配偶一方死亡或双方离婚。夫妻分居期间和离婚判决生效前所得的财产，均为夫妻关系存续期间所得财产。第三，双方依法办理了结婚登记手续但尚未同居生活的，一方或双方取得的礼物礼金，以及所得的其他财产为夫妻共同财产。但是，已经登记结婚尚未共同生活的夫妻，各自出资购置、各自使用的财产为个人所有。第四，婚姻当事人就财产为共有还是个人所有存在争议，无法查证的，推定为夫妻共同财产。

《民法典》第 1062 条规定，夫妻在婚姻关系存续期间所得的下列财产，为夫妻的共同财产，归夫妻共同所有：（1）工资、奖金、劳务报酬；（2）生产、经营、投资的收益；（3）知识产权的收益；（4）继承或者受赠的财产，但是本法第 1063 条第 3 项规定的除外；（5）其他应当归共同所有的财产。夫妻对共同财产，有平等的处理权。依此，夫妻共有财产的范围，主要包括以下几个方面。

（1）工资、奖金和劳务报酬。对这里的“工资、奖金”等应作广义的理解，泛指工资性收入。除基本工资外，各种形式的补贴、奖金、福利、期权、实物等共同构成工资性收入和劳务报酬，属于夫妻共同财产的范围。

（2）生产、经营、投资的收益。从事生产经营的收益既包括劳动所得，也包括资本性收益。这里的“生产、经营收益”，既包括农民的生产劳动收入，也包括工业、服务业、信息业等行业的生产经营收益，还包括买卖股票和债券、投资公司企业经营等获得的收益。这些经营收益都属于夫妻共同财产。

---

① 参见胡康生主编：《中华人民共和国婚姻法释义》，62～63 页，北京，法律出版社，2001。

（3）知识产权的收益。知识产权是基于创造成果和工商业标记依法产生的权利的统称。[①] 知识产权中的人身权具有人身专属性，这里所称知识产权的收益，是指婚姻关系存续期间，实际取得或者已经明确可以取得的财产性收益。该收益为夫妻共同共有。如作品出版或允许他人使用而获得的报酬、专利权人转让专利权或许可他人使用其专利所取得的报酬、个体工商户或个体合伙的商标所有权人转让商标权或许可他人使用其注册商标所取得的报酬等，均为夫妻共同财产。

（4）继承或者受赠的财产。夫妻一方或双方因继承或受赠取得的财产，为夫妻共同共有，但遗嘱或赠与合同中确定只归夫妻一方所有的除外。

（5）其他应当归共同所有的财产。这项规定属于概括性规定。其他应当归共同所有的财产有：1）一方以个人财产投资取得的收益；2）男女双方实际取得或者应当取得的住房补贴、住房公积金；3）男女双方实际取得或者应当取得的基本养老金、破产安置补偿费。4）夫妻一方个人财产在婚后产生的收益，除孳息和自然增值外，应认定为夫妻共同财产。

“夫妻对共同财产，有平等的处理权”应当被理解为：第一，夫或妻在处理夫妻共同财产方面的权利是平等的。因日常生活需要而处理夫妻共同财产的，任何一方均有权决定。第二，夫或妻非因日常生活需要对夫妻共同财产作重要处理决定，应当夫妻双方平等协商，取得一致意见。他人有理由相信其为夫妻双方共同意思表示的，另一方不得以不同意或不知道为由对抗善意第三人。例如，一方未经另一方同意出售夫妻共同所有的房屋，第三人善意购买、支付合理对价并已办理不动产登记，另一方主张追回该房屋的，人民法院不予支持。夫妻一方擅自处分共同所有的房屋造成另一方损失，离婚时另一方请求赔偿损失的，人民法院应予支持。

2. 法定特有财产

夫妻特有财产，也称法定夫妻个人财产，是指夫妻在婚前或婚姻关系存续期间所得的财产，依法专属于夫或妻个人所有。夫妻特有财产是对法定共有财产的限制和补充，是夫妻在婚姻关系存续期间分别保留的个人财产，独立于夫妻共同财产之外。夫妻双方对各自的特有财产，享有独立的管理、使用、收益和处分的权利，他人不得干涉。

夫妻特有财产的意义在于，弥补了法定共同财产对个人权利和意愿关注不够的缺陷，防止共同财产范围的无限延伸，有利于保护个人财产权利。[②]

《民法典》第1063条规定，下列财产为夫妻一方的个人财产：（1）一方的婚前财产；（2）一方因受到人身损害获得的赔偿或者补偿；（3）遗嘱或者赠与合同中确定只归一方的财产；（4）一方专用的生活用品；（5）其他应当归一方的财产。依此，夫妻个人特有财产的范围，主要包括以下几个方面。

（1）一方的婚前财产。当事人婚前的个人财产和财产权利，仍归财产所有权人个人所有。此类财产既包括婚前个人单独享有所有权的财产，也包括与他人共同享有所有权的财产；既包括婚前个人劳动所得的财产，也包括通过继承、受赠和其他合法途径所获

---

① 参见刘春田主编：《知识产权法》，5版，6页，北京，中国人民大学出版社，2014。

② 参见胡康生主编：《中华人民共和国婚姻法释义》，69～70页，北京，法律出版社，2001。

得的财产。夫妻一方所有的财产，不因婚姻关系的延续而转化为夫妻共同财产，但当事人另有约定的除外。

(2) 一方因受到人身损害获得的赔偿或者补偿。自然人的人身权与自然人的人身密不可分，为维护受害人、残疾人的医疗和正常生活，夫妻一方因人身损害获得的赔偿或补偿，应当专属于个人所有，不为夫妻共同所有。例如，军人的伤亡保险金、伤残补助金、医药生活补助费属于个人财产。

(3) 遗嘱或者赠与合同中确定只归一方的。为尊重遗嘱人、赠与人的个人意愿，保护公民对其财产的自由处分权，夫妻一方因被遗嘱指定为继承人或受遗赠人而获得的财产，为个人所有。夫妻一方因被赠与合同明确指定为受赠人的受赠财产，为个人所有。例如，当事人结婚前，父母为双方购置房屋出资的，该出资应当认定为对自己子女个人的赠与，但父母明确表示赠与双方的除外。

当事人结婚后，父母为双方购置房屋出资的，依照约定处理；没有约定或者约定不明确的，按照《民法典》第 1062 条第 1 款第 4 项规定的原则处理。

(4) 一方专用的生活用品。夫妻在婚姻关系存续期间购置的具有个人专属性质的生活用品，属于夫妻个人所有。属于个人所有的专用生活用品需要具备两个条件：一是须为生活用品，二是须为个人专用。此类用品有衣物、日用品等。

(5) 其他应当归一方的财产。这项规定属于概括性规定。“其他应当归一方的财产”主要是指具有较强人身专属性的财产，例如，与个人荣誉密切相关的奖杯、奖章等。

3. 夫妻共同债务

夫妻共同财产包括积极财产和消极财产，夫妻共同债务为夫妻共同的消极财产，对共同债务夫妻双方应当承担连带的清偿责任。[①]

《民法典》第 1064 条规定：夫妻双方共同签名或者夫妻一方事后追认等共同意思表示所负的债务，以及夫妻一方在婚姻关系存续期间以个人名义为家庭日常生活需要所负的债务，属于夫妻共同债务。夫妻一方在婚姻关系存续期间以个人名义超出家庭日常生活需要所负的债务，不属于夫妻共同债务；但是，债权人能够证明该债务用于夫妻共同生活、共同生产经营或者基于夫妻双方共同意思表示的除外。依此，夫妻共同债务的范围主要包括以下两个方面。

第一，夫妻双方具有合意的债务，包括：(1) 双方共同签字所负的债务；(2) 一方签字，另一方通过电话、短信、微信、邮件等其他形式确认的债务；(3) 一方签字，另一方事后追认的债务；(4) 一方签字，另一方默示同意的债务；(5) 夫妻共同决定生产经营事项，或者一方授权另一方决定生产经营事项所负的债务。

第二，一方为家庭生活所负的债务，包括：(1) 为家庭日常生活需要所负的债务。判断是否为家庭日常生活需要，应当参考的因素有两个：第一，举债是为家庭日常生活需要的衣食住行、医疗教育、文娱活动和各种服务等。如果债权人明知或者应知举债不属于家庭日常生活需要的，例如，举债用于赌博、吸毒、投资、对外担保或者转账给没有法定扶养义务的亲友的，不属于夫妻共同债务。第二，举债的数额不大。关于数额大

---

① 参见夏吟兰：《我国夫妻共同债务推定规则之检讨》，载《西南政法大学学报》，2011 (1)，30 页。

小，需要结合举债方的家庭收入、消费水平、生活习惯等综合因素判断。债务金额过大，明显超出债务人家庭收入和家庭日常消费水平的，不属于为家庭日常生活需要所负债务。（2）为家庭共同生活所负债务。这主要是指为家庭消费或者积累共同财产所负债务，例如：举债为家庭购置大额财产或者进行大额消费；举债用于投资、生产经营，收益被纳入家庭财产或者债务人配偶从中受益的；为支付有法定扶养义务的亲友的生活费、医疗费、教育费等所负的债务。《民法典》第 56 条规定：个体工商户的债务，个人经营的，以个人财产承担；家庭经营的，以家庭财产承担；无法区分的，以家庭财产承担。农村承包经营户的债务，以从事农村土地承包经营的农户财产承担；事实上由农户部分成员经营的，以该部分成员的财产承担。（3）债权人就一方婚前所负个人债务向债务人的配偶主张权利的，人民法院不予支持，但债务人能够证明所负债务用于婚后家庭共同生活的除外。

夫妻一方与第三人串通，虚构债务，第三人主张该债务为夫妻共同债务的，人民法院不予支持。

夫妻一方在从事赌博、吸毒等违法犯罪活动中所负债务，第三人主张该债务为夫妻共同债务的，人民法院不予支持。

（二）约定的夫妻财产制

约定的夫妻财产制，是指夫妻以协议的方式，对婚前、婚后财产的归属以及占有、使用、收益和处分进行约定的财产制。约定财产制是相对于法定财产制而言的，是夫妻以协议的方式确立的财产制。约定的效力高于法定，是指约定的财产制优先适用，只有当事人没有约定、约定不明确或者约定无效时，才适用法定财产制。随着市场经济的发展，夫妻财产关系以及家庭财产构成已趋复杂化、多元化，个人的财产权利意识、自我保护意识都在不断增强。相较于法定的财产制，约定的财产制更具有灵活性，更能适应复杂多样的夫妻财产关系和生活方式，也更能体现当事人的真实意愿和个性化需求。①

《民法典》第 1065 条规定：男女双方可以约定婚姻关系存续期间所得的财产以及婚前财产归各自所有、共同所有或者部分各自所有、部分共同所有。约定应当采用书面形式。没有约定或者约定不明确的，适用本法第 1062 条、第 1063 条的规定。夫妻对婚姻关系存续期间所得的财产以及婚前财产的约定，对双方具有法律约束力。夫妻对婚姻关系存续期间所得的财产约定归各自所有，夫或者妻一方对外所负的债务，相对人知道该约定的，以夫或者妻一方的个人财产清偿。

该规定主要包括以下内容：

第一，约定的时间和方式。约定可以在婚前，也可以在婚后。财产约定应当采书面形式，但如果双方对口头约定没有争议的，口头约定有效。

第二，约定财产的范围。既可以对一方或双方的婚前财产进行约定，也可以对一方或双方的婚后所得财产进行约定；既可以对全部财产进行概括性约定，也可以对部分财产进行约定；既可以约定财产的所有权，也可以约定财产的使用、管理、收益和处分，

① 参见胡康生主编：《中华人民共和国婚姻法释义》，74 页，北京，法律出版社，2001。

还可以约定家庭生活费用的负担、债务的清偿等。

第三，约定的效力。夫妻财产约定产生对内、对外的效力。对内的效力是，夫妻财产约定对双方具有法律约束力，任何一方未经对方同意不得擅自变更或撤销。对外的效力是，夫妻以规避法定义务或逃避共同债务、损害第三人利益为目的订立的财产协议，对外不具有法律效力。夫或者妻一方对外所负的债务，以相对人知道夫妻有财产约定为条件，相对人知道夫妻约定债务各自负担的，以夫或者妻一方的个人财产清偿。这里所称“相对人知道该约定的”，由夫妻一方负有举证责任。

这里要特别指出的是，婚前或者婚姻关系存续期间，当事人约定将一方所有的房产赠与另一方或者共有，赠与方在赠与房产变更登记之前撤销赠与，另一方请求判令继续履行的，人民法院可以按照《民法典》第 658 条的规定处理。

（三）特殊的夫妻财产制

特殊的夫妻财产制，是指在婚姻关系存续期间，当事人适用人民法院判决确立的财产制。在不解除婚姻关系的前提下，人民法院依据当事人的申请，变更夫妻原有的共同财产制，有利于对婚姻当事人合法权益的保护。

《民法典》第 1066 条规定，婚姻关系存续期间，有下列情形之一的，夫妻一方可以向人民法院请求分割共同财产：（1）一方有隐藏、转移、变卖、毁损、挥霍夫妻共同财产或者伪造夫妻共同债务等严重损害夫妻共同财产利益的行为；（2）一方负有法定扶养义务的人患重大疾病需要医治，另一方不同意支付相关医疗费用。

对该规定的理解，应当注意把握以下几个方面的问题。

第一，分割共同财产的条件。在婚姻关系存续期间，除《民法典》第 1066 条规定的情形以外，夫妻一方请求分割共同财产的，人民法院不予支持。对法定事由不能类推适用，也不能作扩大解释。

第二，分割共同财产的范围。法院分割的共同财产，既可以是法定的共同财产，也可以是约定的共同财产。人民法院依据案件的具体情况，既可以对全部共同财产进行分割，也可以对部分共同财产进行分割；既可以对现有共同财产进行分割，也可以判决未来一方或双方获得的财产分别所有。

第三，人民法院在分割夫妻共同财产时，可以根据案件的具体情况考虑是否需要参考适用与离婚法律后果相关的规定。

第四，分割共同财产的效力。夫妻实行分别财产制，不得妨碍法定扶养义务的履行。

第二节　父母子女关系和其他近亲属关系

一、概　述

父母子女关系，又称亲子关系。法律上的父母子女关系是指父母与子女之间的权利义务关系。

根据其产生的原因，父母子女关系主要被分为两类：第一类是自然血亲的父母子女关系。这是基于子女出生的法律事实而发生的，包括父母与婚生子女、非婚生子女的关系。由于自然血亲的父母子女关系是因血缘联系而存在的，除一方死亡而自然终止外，不能人为解除，所以法律上的权利和义务，通常只有在父母将子女送养的情形下消除。第二类是拟制血亲的父母子女关系。这是基于收养或再婚形成事实上的抚养关系而发生的，包括养父母子女关系和形成抚养教育关系的继父母子女关系。依法拟制的父母子女关系，与自然血亲的父母子女关系在法律上有同等的权利和义务。这种拟制血亲的父母子女关系，既可依法设立，也可因死亡、收养的解除或继父母与生父母离婚以及抚养关系的变化而终止。

二、父母子女关系

（一）父母子女间的权利义务

1. 父母对未成年子女有抚养、教育和保护的义务

《民法典》规定：父母对未成年子女负有抚养、教育和保护的义务。父母不履行抚养义务的，未成年子女或者不能独立生活的成年子女，有要求父母给付抚养费的权利。父母有教育、保护未成年子女的权利和义务。未成年子女造成他人损害的，父母应当依法承担民事责任。

父母对未成年子女的抚养是无条件的，除法律另有规定外，父母必须履行抚养义务。所谓“不能独立生活的子女”，是指丧失或未完全丧失劳动能力等非因主观原因而无法维持正常生活的成年子女。抚养费包括子女生活费、教育费、医疗费等费用。父母不履行抚养义务的，不能独立生活的成年子女有要求父母给付抚养费的权利。尚在校接受高中及其以下学历教育，或者丧失、部分丧失劳动能力等非因主观原因而无法维持正常生活的成年子女，可以被认定为“不能独立生活的成年子女”。关于追索抚养费的纠纷，可由抚养义务人的所在单位或有关部门进行调解，也可直接经由诉讼程序处理。人民法院应当根据子女的需要和父母的抚养能力，通过调解或判决的方式，确定抚养费的数额、给付的期限和方法。对于追索抚养费的请求，必要时可以依法裁定先予执行。对于拒不履行抚养义务，情节恶劣，构成遗弃罪的，应当依法追究其刑事责任。婚姻关系存续期间，父母双方或者一方拒不履行抚养子女义务，未成年子女或者不能独立生活的成年子女请求支付抚养费的，人民法院应予支持。

教育未成年子女是父母的重要职责。父母应当以健康的思想、品行和适当的方法教育未成年子女，引导未成年子女进行有益身心健康的活动。为保障子女的健康和安全，也为防止未成年子女损害他人和社会的利益，当子女的言行有错误时，父母有责任进行批评和帮助，但教育未成年子女的方式要适当。禁止虐待和残害子女，虐待子女情节严重构成犯罪的，应依法追究刑事责任。

保护，是指父母保护未成年子女的人身安全和合法权益，防止和排除来自自然界的损害以及他人的非法侵害。当未成年子女的人身安全和财产权益受到侵害时，父母应依法采取行动保护其权益。依据《未成年人保护法》的规定，保护未成年人应当遵循下列原则：（1）保障未成年人的合法权益；（2）尊重未成年人的人格尊严；（3）适应未成年人身心发展的特点；（4）教育与保护相结合。

父母对未成年子女的保护和教育，既是权利又是义务。父母对未成年子女保护和教育的权利是不能抛弃的。

2. 成年子女对父母有赡养的义务

按照《民法典》的规定，成年子女对父母负有赡养、扶助和保护的义务。成年子女不履行赡养义务的，缺乏劳动能力或者生活困难的父母，有要成年子女给付赡养费的权利。子女应当尊重父母的婚姻权利，不得干涉父母离婚、再婚以及婚后的生活。子女对父母的赡养义务，不因父母的婚姻关系变化而终止。

子女对父母的赡养是法定的义务，不得附加任何条件。赡养人不得以放弃继承权或者其他理由，拒绝履行赡养义务。子女无论是否与父母居住在一起，都应根据父母的实际需要履行赡养义务。赡养的方式既可以是与父母共同生活，直接履行赡养义务，也可以是采用提供生活费用的方式承担经济责任。如有多个子女，则每个子女应根据自己的经济状况，共同承担对父母的经济责任。赡养人之间可以就履行赡养义务签订协议，并征得老年人的同意。这种协议，可由居民委员会、村民委员会或者赡养人所在组织监督其履行。赡养费的数额，既要根据赡养人的经济负担能力，又要满足父母的实际生活需要，一般应不低于当地的平均生活水平。

关于追索赡养费的纠纷，可由当事人所在单位或者有关部门调解，也可直接经由诉讼程序处理。调解纠纷时，对于有过错的，调解人应当给予批评教育，责令改正。人民法院在处理赡养纠纷时，应坚持保护老人合法权益的原则，通过调解或判决的方式，确定赡养费的数额、给付的期限和方法。对于追索赡养费的请求，必要时可以依法裁定先予执行。对于拒不履行赡养义务，情节恶劣，构成遗弃罪的，应依法追究其刑事责任。

3. 父母子女有相互继承遗产的权利

《民法典》第 1070 条规定："父母和子女有相互继承遗产的权利。"父母和子女的继承权是平等的，父母、子女都是独立的继承主体，享有独立的继承份额。

（二）非婚生父母子女关系

非婚生子女，是指没有婚姻关系的男女所生育的子女。生育子女的男女，是非婚生子女的生父母。非婚生子女，包括未婚男女所生育的子女、已婚男女与第三人所生育的子女、无效婚姻和被撤销婚姻当事人所生育的子女等。

从生育的自然属性来讲，非婚生子女与婚生子女并无区别。但是，从生育的社会属性来讲，非婚生子女是婚生子女的对称，是指没有合法婚姻关系的父母所生育的子女。在传统社会，由于对婚姻关系以外的性行为和生育行为持排斥的态度，所以非婚生子女的社会地位、家庭地位和法律地位一直十分低下。20 世纪后，随着人权观念的发展，非婚生子女的法律地位发生改变，社会逐渐认识到非婚生子女是无辜的，不应当因为父母的过错而受到不公平的待遇。在我国，《民法典》第 1071 条规定：非婚生子女享有与婚生子女同等的权利，任何组织或者个人不得加以危害和歧视。不直接抚养非婚生子女的生父或者生母，应当负担未成年子女或者不能独立生活的成年子女的抚养费。

（三）亲子关系的确认和否认

《民法典》第1073条规定：对亲子关系有异议且有正当理由的，父或者母可以向人民法院提起诉讼，请求确认或者否认亲子关系。对亲子关系有异议且有正当理由的，成年子女可以向人民法院提起诉讼，请求确认亲子关系。该规定是关于亲子关系异议之诉的规定。根据提起诉讼主体的不同，该类诉讼可分为父或母作为诉讼主体提起的亲子关系之诉和成年子女作为诉讼主体提起的亲子关系之诉。

（1）父或母作为诉讼主体提起的亲子关系之诉。其主体限于父亲或者母亲，其诉讼请求为“确认或者否认亲子关系”，其条件是有正当理由认为现存的亲子关系是错误的，自己不是或者才是他人生物学意义上的父或者母。

父或者母向人民法院起诉请求否认亲子关系，并已提供必要证据予以证明，另一方没有相反证据又拒绝做亲子鉴定的，人民法院可以认定否认亲子关系一方的主张成立。

父或者母以及成年子女起诉请求确认亲子关系，并提供必要证据予以证明，另一方没有相反证据又拒绝做亲子鉴定的，人民法院可以认定确认亲子关系一方的主张成立。

（2）成年子女作为诉讼主体提起的亲子关系之诉。其主体限于成年的生子女。为避免成年子女逃避赡养义务，法律不允许成年子女提起否认亲子关系之诉。

（四）继父母子女关系

继子女，是指夫与前妻或妻与前夫所生的子女。继父母，是指母之后夫或父之后妻。继父母与继子女关系产生的原因有二：一是由于父母一方死亡，他方再行结婚；二是由于父母离婚，父或母再行结婚。子女对父母的再婚配偶称为继父或继母。夫或妻对其再婚配偶的子女称为继子女。继父母子女关系是由于父或母再婚而形成的姻亲关系。

继父母子女关系可被分为三种情形：（1）父或母再婚时，继子女已成年并已独立生活；（2）父或母再婚后，未成年的或未独立生活的继子女未与继父母共同生活或未受其抚养、教育；（3）父或母再婚后，未成年的或未独立生活的继子女与继父母长期共同生活，继父或继母对其进行了抚养、教育。在我国，只有在一起共同生活并形成了抚养、教育关系的继父母子女间，才具有法律上的拟制血亲关系，发生生父母子女间的权利和义务。没有形成抚养、教育关系的继父母子女间仅为姻亲关系，不发生亲子间的权利和义务。

《民法典》第1072条规定：继父母与继子女间，不得虐待或者歧视。继父或者继母和受其抚养教育的继子女间的权利义务关系，适用本法关于父母子女关系的规定。

继子女和与其有抚养、教育关系的继父母间，与其生父母间，存在双重的权利义务关系。基于血缘，父母子女关系不因父母的离婚而消除。离婚后的子女仍是父母双方的子女，与不和其共同生活的父母间仍存在权利义务关系，生父母仍对子女有抚养、教育的权利和义务。但是，继父母子女关系可基于一定的原因而解除，主要有以下几种情况：第一，对于无抚养、教育关系的继父母子女，在生父与继母或生母与继父离婚时，继父母子女间的姻亲关系也随之解除。第二，生父与继母或生母与继父离婚的，对于受其抚养、教育的继子女，继父或继母不同意继续抚养的，仍应由生父母抚养，双方已形成的拟制血亲关系也随之消除。第三，继子女的生父或生母死亡，与继子女共同生活的继母或继父仍应继续抚养、教育未成年的继子女，除继子女的生母或生父要求领回的以外，继父母子女关系并不自然解除。第四，在通常的情况下，由继父母抚养成人并已独立生活的继子女，应当承担赡养继父母的义务，双方的拟制血亲关系原则上不能自然终止。但是，如果双方关系恶化，可以通过协议解除其拟制关系，或经当事人的请求，由人民法院解除其拟制关系。对于继子女成年后虐待、遗弃继父母而解除拟制关系的，继父母有权要求继子女补偿共同生活期间为其支出的生活费和教育费。补偿费可由双方协商，也可请求人民法院予以判决。

（五）人工生育子女的法律地位

人工生育子女，是指利用人类辅助生殖技术受胎而出生的子女。人工生育不同于人类传统的自然生育，是根据生物遗传工程理论，采用人工方法取出精子或卵子，再经人工将精子或受精卵注入妇女的子宫，使其受孕的一种新的生育技术。

在婚姻关系存续期间，夫妻双方一致同意进行人工授精，所生子女应被视为婚生子女，父母子女间的权利义务关系适用《民法典》的有关规定。

三、其他近亲属关系

1. 祖孙间的权利义务

祖孙是仅次于父母子女的直系血亲，可分为祖父母与孙子女、外祖父母与外孙子女，包括自然血亲的祖孙和拟制血亲的祖孙。祖孙是隔代直系血亲。在一般情况下，子女由父母抚养，父母由子女赡养，祖孙之间只有在特定条件下才产生抚养、赡养义务。《民法典》第 1074 条规定：有负担能力的祖父母、外祖父母，对于父母已经死亡或者父母无力抚养的未成年孙子女、外孙子女，有抚养的义务。有负担能力的孙子女、外孙子女，对于子女已经死亡或者子女无力赡养的祖父母、外祖父母，有赡养的义务。

祖父母对孙子女、外祖父母对外孙子女的抚养义务是有条件的：第一，祖父母、外祖父母有负担能力；第二，孙子女、外孙子女是未成年人；第三，孙子女、外孙子女的父母已经死亡或者父母没有抚养能力。祖父母、外祖父母同时具备上述抚养条件时，同为第一顺序的抚养义务人，应合理分担抚养责任。凡不同时符合上述三个条件的祖孙之间，不产生法定的权利义务。

孙子女、外孙子女对祖父母、外祖父母的赡养义务是有条件的：第一，孙子女、外孙子女有负担能力；第二，祖父母、外祖父母需要赡养；第三，祖父母、外祖父母的子女已经死亡或者无赡养能力。多个孙子女、外孙子女同时具备上述赡养条件的，同为第一顺序的赡养义务人，应合理分担赡养义务。凡不同时符合上述三个条件的祖孙之间，不产生法定的权利义务。

2. 兄弟姐妹间的权利义务

兄弟姐妹是最近的旁系血亲，包括同胞兄弟姐妹、同父异母或同母异父的兄弟姐妹、养兄弟姐妹和相互有扶养关系的兄弟姐妹。《民法典》第1075条规定：有负担能力的兄、姐，对于父母已经死亡或者父母无力抚养的未成年弟、妹，有扶养的义务。由兄、姐扶养长大的有负担能力的弟、妹，对于缺乏劳动能力又缺乏生活来源的兄、姐，有扶养的义务。

兄弟姐妹间的权利义务是有条件的。兄、姐在同时具备以下条件时，对弟、妹有扶养义务：第一，兄、姐有负担能力；第二，弟、妹未成年；第三，父母已经死亡或者无抚养能力。弟、妹在同时具备以下条件时，对兄、姐有扶养义务：第一，弟、妹有负担能力；第二，弟、妹由兄、姐扶养长大；第三，兄、姐缺乏劳动能力又无生活来源。

问题与思考

1. 试述夫妻在家庭关系中的法律地位。
2. 试述法定的夫妻财产制。
3. 试述约定的夫妻财产制。
4. 试述特殊的夫妻财产制。
5. 试述父母子女间的权利和义务。

第六十六章
离　婚

本章概要

离婚，是指夫妻依照法定的条件和程序解除婚姻关系的法律行为。离婚的法律后果，包括对当事人的后果和对子女的后果。本章主要介绍离婚的程序和法律后果。本章的重点问题包括离婚的指导思想、离婚的程序、离婚的法律后果。

第一节　概　述

一、离婚的概念和特征

离婚，是指夫妻依照法定的条件和程序解除婚姻关系的法律行为。

离婚具有以下法律特征：

第一，解除婚姻关系以合法的婚姻关系存在为前提。离婚为合法有效婚姻关系的解除，婚姻当事人双方必须符合结婚的实质要件和程序要件。不符合结婚要件的男女结合后请求“离婚”的，不按离婚处理。

第二，解除婚姻关系的主体是婚姻当事人。解除婚姻关系体现的是当事人的意愿，只能由当事人本人进行，但无民事行为能力人的配偶有实施严重损害被监护人身心健康的行为；怠于履行监护职责，或者无法履行监护职责且拒绝将监护职责部分或者全部委托给他人，导致被监护人处于危困状态；实施严重侵害被监护人合法权益的其他行为的，其他有监护资格的人可以要求撤销其监护资格，并依法指定新的监护人；变更后的监护人代理无民事行为能力一方提起离婚诉讼的，人民法院应予受理。

第三，解除婚姻关系应当符合法定的离婚条件和程序。婚姻当事人之间自行达成的离婚协议，或者在婚姻当事人所在单位、群众团体、居民/村民委员会、基层调解组织等有关部门主持下达成的离婚协议，都不产生离婚的法律效力。当事人需要按照法定程序办理离婚手续，否则不发生离婚的法律效力。

第四，解除婚姻关系将产生一系列离婚的法律后果。婚姻关系终止将引起夫妻人身关系消灭、共有财产清算、子女抚养方式变更、共同债务清偿等一系列后果。

二、离婚的指导思想

保障离婚自由、反对轻率离婚是我国离婚法律制度的指导思想。

保障离婚自由，是指保障婚姻当事人有自主决定自己婚姻问题的权利。婚姻关系是建立在双方合意基础上的，只有双方有共同生活的主观愿望，婚姻关系才有存续的基础和必要。如果婚姻关系维系存在不可调和的矛盾或者无法克服的障碍，一方或双方不愿再维系婚姻关系的，婚姻就失去了其存在的价值和意义。法律应当给予当事人救济的途径，解除已经死亡的婚姻。正如马克思在《论离婚法草案》中指出的，"离婚仅仅是对下面这一事实的确定：某一婚姻已经死亡，它的存在仅仅是一种外表和骗局。不用说，既不是立法者的任性，也不是私人的任性，而每一次都只是事物的本质来决定婚姻是否已经死亡……"①。

反对轻率离婚，是指反对婚姻当事人以轻率的态度对待和处理离婚问题。离婚的后果是一个家庭的解体，涉及家庭、子女和社会的利益，因此，"……婚姻不能听从已婚者的任性，相反地，已婚者的任性应该服从婚姻的本质"②。离婚权利的行使受法律的拘束，目的是尽可能挽回尚未完全死亡的婚姻。只有在夫妻感情确已破裂，双方无法继续共同生活时，婚姻关系才能按照法定的离婚程序解除。

三、离婚的程序

依据当事人是否具有离婚合意，离婚程序分为两种：

（1）登记离婚，亦称协议离婚，是指具有离婚合意的婚姻当事人双方，通过婚姻登记程序解除婚姻关系。婚姻当事人双方具有离婚合意的，即可办理离婚登记手续。

（2）诉讼离婚，亦称判决离婚，是指不具有离婚合意的婚姻当事人一方向人民法院提起离婚诉讼，请求通过诉讼程序解除婚姻关系。诉讼离婚的，由人民法院依据法定的离婚标准依职权进行判决。

第二节　登记离婚

一、登记离婚的条件

登记离婚是离婚自由原则的重要体现。法律充分保障当事人离婚的自主权，并提供

---

① 《马克思恩格斯全集》，第1卷，184页，北京，人民出版社，1956。

② 同上书，183页。

程序上的保障。婚姻登记机关不追究离婚的原因和具体理由，凡具有离婚合意的当事人都可以办理离婚手续。这不仅有利于对个人隐私的保护，而且有利于当事人平心静气地解除无法继续维系的婚姻关系，对于消除双方的对立情绪、避免矛盾激化具有积极的意义。

办理离婚登记时，有下列情形之一的，婚姻登记机关不予受理：

（1）未办理结婚登记。未办理结婚登记主要包括两种情况：一是当事人的结婚登记不是在中国办理的。对其离婚登记，婚姻登记机关不予受理。二是未办理婚姻登记的事实婚姻。于此，只能通过诉讼程序解除婚姻关系。

（2）未达成离婚协议。《民法典》第 1076 条规定：夫妻双方自愿离婚的，应当签订书面离婚协议，并亲自到婚姻登记机关申请离婚登记。离婚协议应当载明双方自愿离婚的意思表示和对子女抚养、财产以及债务处理等事项协商一致的意见。据此，婚姻当事人不能就上述事项达成协议的，婚姻登记机关不予受理。

（3）一方或双方为无民事行为能力人或者限制民事行为能力人。登记离婚需要双方具有离婚的合意，如果离婚当事人一方或双方为无民事行为能力人或者限制民事行为能力人，无法就婚姻关系解除、财产处理表达真实意愿的，则婚姻登记机关不予受理。夫妻一方或双方为无民事行为能力人或限制民事行为能力人的离婚，应通过诉讼程序进行。

二、登记离婚的程序

办理离婚登记的程序是申请、审查和登记。

1. 管辖

大陆/内地居民自愿离婚的，男女双方应当共同到一方当事人常住户口所在地的婚姻登记机关办理离婚登记。中国公民同外国人在中国自愿离婚的，大陆/内地居民同香港居民、澳门居民、台湾居民、华侨在大陆/内地自愿离婚的，男女双方应当共同到大陆/内地居民常住户口所在地的婚姻登记机关办理离婚登记。

2. 申请

办理离婚登记的内地居民应当出具下列证件和证明材料：（1）本人的户口簿、身份证；（2）本人的结婚证；（3）双方当事人共同签署的离婚协议书。离婚协议书应当载明双方当事人自愿离婚的意思表示以及对子女抚养、财产及债务处理等事项协商一致的意见。

办理离婚登记的香港居民、澳门居民、台湾居民、华侨、外国人除应当出具前述第二项、第三项规定的证件、证明材料外，香港居民、澳门居民、台湾居民还应当出具本人的有效通行证、身份证，华侨、外国人还应当出具本人的有效护照或者其他有效国际旅行证件。

3. 审查

婚姻登记机关应当对离婚登记当事人出具的证件、证明材料进行审查并询问相关情况，并告知当事人自婚姻登记机关收到离婚登记申请之日起 30 日内，任何一方不愿意离婚的，可以向婚姻登记机关撤回离婚登记申请。前述期限届满后 30 日内，双方应当亲自到婚姻登记机关申请发给离婚证；未申请的，视为撤回离婚登记申请。

4. 登记

《民法典》第 1078 条规定："婚姻登记机关查明双方确实是自愿离婚，并已经对子女抚养、财产以及债务处理等事项协商一致的，予以登记，发给离婚证。"当事人自取得离婚证时起解除夫妻关系。离婚证和人民法院的离婚判决书、离婚调解书具有同等的法律效力，是证明婚姻关系已经解除的证件。

三、离婚协议的效力

当事人依照《民法典》第 1076 条签订的离婚协议中关于财产以及债务处理的条款，对男女双方具有法律约束力。登记离婚后当事人因履行上述协议发生纠纷提起诉讼的，人民法院应当受理。

男女双方协议离婚后就财产分割问题反悔，请求撤销财产分割协议的，人民法院应当受理。人民法院审理后，未发现订立财产分割协议时存在欺诈、胁迫等情形的，应当依法驳回当事人的诉讼请求。

第三节　诉讼离婚

一、诉讼离婚的两项特别规定

1. 对现役军人的特殊保护

在我国，军人的婚姻历来受到党和国家的高度重视与特别保护。这是由军人的特殊地位决定的。人民军队担负着保卫祖国、保卫社会主义建设的神圣职责，维护军婚的稳定，不仅有利于维护部队广大官兵的切身利益，而且有利于维护军队稳定，对于消除军人的后顾之忧，激发其保家卫国的热情，增强部队战斗力都具有积极的作用。①

《民法典》第 1081 条规定："现役军人的配偶要求离婚，应当征得军人同意，但是军人一方有重大过错的除外。"就该规定的适用需要注意以下几个问题：

第一，现役军人，是指具有中国人民解放军军籍的干部和战士、人民武装警察部队的干部和战士。不包括退伍、复员、转业的军人以及军事单位中不具有军籍的职工和文职人员。

第二，现役军人的配偶，是指提起离婚诉讼的一方为非军人。夫妻双方都是现役军人，或者现役军人向非军人一方提出离婚的，不适用上述规定。

第三，非军人配偶提出的离婚，应当征得军人同意，军人一方不同意离婚的，应教

① 参见胡康生主编：《中华人民共和国婚姻法释义》，142 页，北京，法律出版社，2001。

育原告珍惜与军人的夫妻关系，尽量调解和好或判决不准离婚。对于夫妻感情已经破裂，经过做和好工作无效，确实不能继续维持夫妻关系的，应通过军人所在部队团以上的政治机关，做好军人的思想工作，准予离婚。但军人有重大过错，非军人配偶请求离婚的，不受“应当征得军人同意”的限制。这里所称的“军人一方有重大过错”，是指军人存在重婚或者与他人同居的行为，实施家庭暴力或者虐待、遗弃家庭成员的行为，有赌博、吸毒等恶习屡教不改的行为，以及其他重大过错，导致夫妻感情破裂的情形。

2. 对女方的特殊保护

《民法典》第1082条规定：“女方在怀孕期间、分娩后一年内或者终止妊娠后六个月内，男方不得提出离婚；但是，女方提出离婚或者人民法院认为确有必要受理男方离婚请求的除外。”该规定是根据保护妇女、儿童合法权益的原则作出的，主要包括以下内容：

第一，该规定是对于女方在怀孕期间、分娩后一年内或者终止妊娠后六个月内等特定时间，对男方提起离婚诉讼权利的一种限制，并没有剥夺男方离婚的实体权利。在上述期限届满后，男方可以依法行使离婚请求权。

第二，女方提出离婚或者人民法院认为确有必要受理男方离婚请求的，不受此规定的限制。这是因为，如果双方存在不能继续共同生活的重大事由，为避免出现更不利于孕产妇、胎儿或婴儿保护的情形，或者有危及生命、人身安全隐患的，人民法院应根据具体情况受理当事人的离婚请求。

第三，如果一审法院在判决离婚时不知女方怀孕，女方以此提起上诉的，二审法院应撤销一审判决，驳回男方的离婚请求。

二、调 解

《民法典》第1079条中规定，夫妻一方要求离婚的，可以由有关组织进行调解或者直接向人民法院提起离婚诉讼。人民法院审理离婚案件，应当进行调解。

1. 诉讼外的调解

诉讼外调解，是指在当事人所在单位、群众团体、居民/村民委员会、基层调解组织等有关部门的主持下，对当事人就维系或解除婚姻关系及其连带法律问题进行的调解。诉讼外调解是我国处理民事纠纷的传统，属民间调解的性质，不仅符合当事人的非讼心理，易于被当事人认可和接受，而且调解人对当事人的情况大多比较了解，便于展开思想工作，有利于缓解夫妻矛盾，及时化解纠纷。

诉讼外调解应当注意的问题是：第一，诉讼外调解不是离婚的必经程序，当事人可以选择接受诉讼外调解，也可以直接向人民法院提起离婚诉讼，人民法院不得以未经诉讼外调解为由拒绝受理。第二，诉讼外调解应当坚持自愿、合法的原则，不得强制或变相强制当事人达成某项协议，也不得阻止或妨碍当事人就离婚问题向人民法院提起离婚诉讼。

诉讼外调解的后果是：第一，调解和好的，双方继续维系婚姻关系；第二，达成离婚合意，并就子女抚养、财产分割等问题达成一致意见的，双方到婚姻登记机关办理离婚登记；第三，调解无效，双方不能就离婚与否、子女抚养、财产分割达成共识的，可以向人民法院提起离婚诉讼，由人民法院依法判决。

2. 诉讼中的调解

诉讼中调解，是人民法院审理离婚案件的必经程序，是由审判人员依职权主动进行的调解。该调解的目的是防止当事人草率离婚，或者在双方感情确已破裂时，能协商处理子女抚养权和财产分割问题。调解是人民法院行使国家审判权的一种方式，不论诉讼前当事人是否经过有关部门的调解，人民法院审理离婚案件都应当进行调解，并将调解贯穿于离婚案件审理的始终。

诉讼中调解的后果是：第一，双方达成和好的协议，由原告撤诉，将调解协议记录在卷；第二，双方达成离婚协议，审判人员按调解协议内容制作离婚调解书，调解书与判决书的法律效力相同，双方领取了离婚调解书，夫妻关系即告解除。第三，调解无效的，由人民法院依法作出准予或不准离婚的判决。

一审法院判决离婚的，当事人在判决发生效力前，不得另行结婚。当事人一方或双方不服一审判决的，有权依法提起上诉。双方当事人在上诉期间均没有上诉的，判决书发生法律效力。二审人民法院审理上诉案件，可以进行调解，经调解双方达成协议的，自调解书送达时起，原审判决即被视为撤销。二审人民法院作出的判决是终审判决。对于判决不准离婚或调解和好的离婚案件，没有新情况、新理由，原告在 6 个月内又起诉的，人民法院不予受理。

三、法定的离婚标准

法定的离婚标准，是指人民法院审理离婚案件时适用的是否准予解除婚姻关系的法律依据。

《民法典》第 1079 条规定：夫妻一方要求离婚的，可以由有关组织进行调解或者直接向人民法院提起离婚诉讼。人民法院审理离婚案件，应当进行调解；如果感情确已破裂，调解无效的，应当准予离婚。有下列情形之一，调解无效的，应当准予离婚：（1）重婚或者与他人同居；（2）实施家庭暴力或者虐待、遗弃家庭成员；（3）有赌博、吸毒等恶习屡教不改；（4）因感情不和分居满 2 年；（5）其他导致夫妻感情破裂的情形。一方被宣告失踪，另一方提起离婚诉讼的，应当准予离婚。经人民法院判决不准离婚后，双方又分居满 1 年，一方再次提起离婚诉讼的，应当准予离婚。

诉讼离婚的法定离婚标准采取的是概括与列举相结合的方式，主要包含以下内容：

第一，感情确已破裂是离婚法定标准的概括性规定。夫妻感情确已破裂，调解无效的，应当准予离婚。这是人民法院处理离婚纠纷的基本原则。在司法实践中，人民法院审理离婚案件，准予或不准离婚应以夫妻感情是否确已破裂作为判断标准。如果夫妻感情已经完全破裂，没有和好可能，双方不能继续共同生活的，应当准予离婚。相反，如果夫妻感情没有完全破裂，有和好可能，双方还能够继续共同生活的，即使调解无效，也不应准予离婚。夫妻感情是否确已破裂，应当从婚姻基础、婚后感情、离婚原因、夫妻关系的现状和有无和好的可能等方面综合分析。

第二，鉴于感情标准过于原则和抽象，法律列举了感情确已破裂的几种情形，如：重婚、与他人同居；实施家庭暴力；虐待或者遗弃家庭成员的；有赌博或吸毒等恶习，屡教不改；因感情不和分居满 2 年。有上述情形之一，调解无效的，应当认定为感情确已破裂。鉴于现实生活的复杂性，法律不可能逐一列举出所有感情破裂的情形，因此，以“其他导致夫妻感情破裂的情形”作为兜底条款，将没有列举的情形也纳入夫妻感情确已破裂的范围，例如：夫以妻擅自终止妊娠侵犯其生育权为由请求损害赔偿的，人民法院不予支持；夫妻双方因是否生育发生纠纷，致使感情确已破裂，一方请求离婚的，人民法院经调解无效，应依照《民法典》第 1079 条第 3 款第 5 项的规定处理。但要指出的是，我国的法定离婚标准虽然列举了“过错”，但并不意味着我国实行的是过错离婚，人民法院审理离婚案件的，对于符合“应准予离婚”情形的，不应当因当事人有过错而判决不准离婚。

第三，为防止人民法院久拖不决、久调不判，法律明确规定：“经人民法院判决不准离婚后，双方又分居满一年，一方再次提起离婚诉讼的，应当准予离婚。”这是人民法院判断感情是否确已破裂的客观标准，为强制性规定。除特殊情况外，有上述情形的，人民法院不应继续调解或驳回离婚诉讼。

此外，法律规定的“一方被宣告失踪，另一方提起离婚诉讼的，应当准予离婚”，是针对一方被宣告失踪后引起的离婚诉讼。该种情形与上文列举的五种情形不同。此项规定不受调解无效的限制，只要一方存在失踪的情形，另一方请求离婚的，人民法院应当准予离婚。

四、离婚的法律后果

《民法典》第 1080 条规定：“完成离婚登记，或者离婚判决书、调解书生效，即解除婚姻关系。”作为引起婚姻关系终止的法律事实，离婚产生一系列的法律后果，主要包括对婚姻当事人的后果和对子女的后果。

（一）对当事人的法律后果

1. 夫妻人身关系

离婚对夫妻人身关系的影响，主要包括以下内容：（1）夫妻身份关系解除；（2）夫妻间扶养义务终止；（3）法定继承人资格丧失；（4）双方再婚自由。

2. 夫妻财产关系

离婚对夫妻财产关系的影响，主要包括以下方面：

（1）共有财产的分割与清算。

《民法典》第 1087 条规定：离婚时，夫妻的共同财产由双方协议处理；协议不成的，由人民法院根据财产的具体情况，按照照顾子女、女方和无过错方权益的原则判决。对夫或者妻在家庭土地承包经营中享有的权益等，应当依法予以保护。适用该规定时，首先应当尊重当事人意愿，由双方协议处理；协议不成时，由人民法院根据财产的具体情况判决，夫妻共有财产原则上均等分割，同时应当区分财产的不同类型，在不损害国家、集体和他人的利益的前提下，根据有利于生产和生活需要，遵循照顾子女、女方原则和照顾无过错方原则判决。

财产的具体处理方式有以下几种。

1）人民法院审理离婚案件，涉及分割夫妻共同财产中以一方名义在有限责任公司的出资额，另一方不是该公司股东的，按以下情形分别处理：A. 夫妻双方协商一致将出资额部分或者全部转让给该股东的配偶，其他股东过半数同意，并且其他股东均明确表示放弃优先购买权的，该股东的配偶可以成为该公司股东；B. 夫妻双方就出资额转让份额和转让价格等事项协商一致后，其他股东半数以上不同意转让，但愿意以同等条件购买该出资额的，人民法院可以对转让出资所得财产进行分割。其他股东半数以上不同意转让，也不愿意以同等条件购买该出资额的，视为其同意转让，该股东的配偶可以成为该公司股东。用于证明前述股东同意的证据，可以是股东会议材料，也可以是当事人通过其他合法途径取得的股东的书面声明材料。

2）人民法院审理离婚案件，涉及分割夫妻共同财产中以一方名义在合伙企业中的出资，另一方不是该企业合伙人的，当夫妻双方协商一致，将其合伙企业中的财产份额全部或者部分转让给对方时，按以下情形分别处理：A. 其他合伙人一致同意的，该配偶依法取得合伙人地位；B. 其他合伙人不同意转让，在同等条件下行使优先购买权的，可以对转让所得的财产进行分割；C. 其他合伙人不同意转让，也不行使优先购买权，但同意该合伙人退伙或者消减部分财产份额的，可以对结算后的财产进行分割；D. 其他合伙人既不同意转让，也不行使优先购买权，又不同意该合伙人退伙或者削减部分财产份额的，视为全体合伙人同意转让，该配偶依法取得合伙人地位。

3）夫妻以一方名义投资设立个人独资企业的，人民法院分割夫妻在该个人独资企业中的共同财产时，应当按照以下情形分别处理：A. 一方主张经营该企业的，对企业资产进行评估后，由取得企业资产所有权一方给予另一方相应的补偿；B. 双方均主张经营该企业的，在双方竞价基础上，由取得企业资产所有权的一方给予另一方相应的补偿；C. 双方均不愿意经营该企业的，按照《个人独资企业法》等有关规定办理。

4）夫妻双方分割共同财产中的股票、债券、投资基金份额等有价证券以及未上市股份有限公司股份时，协商不成或者按市价分配有困难的，人民法院可以根据数量按比例分配。

5）离婚时双方对尚未取得所有权或者尚未取得完全所有权的房屋有争议且协商不成的，人民法院不宜判决房屋所有权的归属，应当根据实际情况判决由当事人使用。当事人就前述房屋取得完全所有权后，有争议的，可以另行向人民法院提起诉讼。

6）夫妻一方婚前签订不动产买卖合同，以个人财产支付首付款并在银行贷款，婚后用夫妻共同财产还贷，不动产登记于首付款支付方名下的，离婚时该不动产由双方协议处理。

依前述规定不能达成协议的，人民法院可以判决该不动产归登记一方，尚未归还的贷款为不动产登记一方的个人债务。双方婚后共同还贷支付的款项及其相对应财产增值部分，离婚时应根据《民法典》第 1087 条第 1 款规定的原则，由不动产登记一方对另一方进行补偿。

7）双方对夫妻共同财产中的房屋价值及归属无法达成协议时，人民法院按以下情形分别处理：A. 双方均主张房屋所有权并且同意竞价取得的，应当准许；B. 一方主张房屋所有权的，由评估机构按市场价格对房屋作出评估，取得房屋所有权的一方应当给予另一方相应的补偿；C. 双方均不主张房屋所有权的，根据当事人的申请拍卖、变卖房屋，就所得价款进行分割。

8）离婚时夫妻一方尚未退休、不符合领取养老保险金条件，另一方请求按照夫妻共同财产分割养老保险金的，人民法院不予支持；婚后以夫妻共同财产缴付养老保险费，离婚时一方主张将养老金账户中婚姻关系存续期间个人实际缴付部分及利息作为夫妻共同财产分割的，人民法院应予支持。

9）人民法院审理离婚案件，涉及分割发放到军人名下的复员费、自主择业费等一次性费用的，以夫妻婚姻关系存续年限乘以年平均值，所得数额为夫妻共同财产。所谓“年平均值”，是指将发放到军人名下的上述费用总额按具体年限均分得出的数额。其具体年限为人均寿命 70 岁与军人入伍时实际年龄的差额。

10）在婚姻关系存续期间夫妻一方作为继承人依法可以继承的遗产，在继承人之间尚未实际分割，起诉离婚时另一方请求分割的，人民法院应当告知当事人在继承人之间实际分割遗产后另行起诉。

11）在婚姻关系存续期间，双方用夫妻共同财产出资购买以一方父母名义参加“房改”的房屋，登记在一方父母名下，离婚时另一方主张按照夫妻共同财产对该房屋进行分割的，人民法院不予支持。购买该房屋时的出资，可以作为债权处理。

此外，还需要注意的问题有：第一，婚前个人财产在婚后共同生活中自然毁损、消耗、灭失，离婚时一方要求以夫妻共同财产抵偿的，不予支持。第二，夫妻之间订立借款协议，以夫妻共同财产出借给一方从事个人经营活动或用于其他个人事务的，应被视为双方约定处分夫妻共同财产的行为，离婚时可按照借款协议的约定处理。第三，一方未经另一方同意出售夫妻共同共有的房屋，第三人善意购买、支付合理对价并办理产权登记手续，另一方主张追回该房屋的，人民法院不予支持。夫妻一方擅自处分共同共有的房屋造成另一方损失，离婚时另一方请求赔偿损失的，人民法院应予支持。第四，夫妻一方隐藏、转移、变卖、毁损、挥霍夫妻共同财产，或者伪造夫妻共同债务企图侵占另一方财产的，在离婚分割夫妻共同财产时，对该方可以少分或者不分。离婚后，另一方发现有上述行为的，可以向人民法院提起诉讼，请求再次分割夫妻共同财产。第五，离婚后，一方以尚有夫妻共同财产未处理为由向人民法院起诉请求分割，经审查该财产确属离婚时未涉及的夫妻共同财产的，人民法院应当依法予以分割。第六，当事人依据《民法典》第 1092 条的规定向人民法院提起诉讼，请求再次分割夫妻共同财产的诉讼时效期间为 3 年，从当事人发现之日起计算。第七，夫妻一方申请对配偶的个人财产或者夫妻共同财产采取保全措施的，人民法院可以在采取保全措施可能造成损失的范围内，根据实际情况，确定合理的财产担保数额。第八，当事人达成的以协议离婚或者到人民法院调解离婚为条件的财产以及债务处理协议，如果双方离婚未成，一方在离婚诉讼中反悔的，人民法院应当认定该财产以及债务处理协议没有生效，并根据实际情况依照《民法典》第1087条和第1089条的规定判决。

（2）离婚经济补偿。

《民法典》第1088条规定：夫妻一方因抚育子女、照料老年人、协助另一方工作等负担较多义务的，离婚时有权向另一方请求补偿，另一方应当给予补偿。具体办法由双方协议；协议不成的，由人民法院判决。在该规定适用时，应当注意以下几个问题：

第一，离婚经济补偿的适用范围涵盖所有家庭，不受婚姻关系存续期间双方适用何种财产制的影响。

第二，离婚经济补偿的请求权人，是在婚姻关系存续期间因抚育子女、照料老年人、协助另一方工作等负担较多义务的一方。离婚经济补偿的义务人，是因补偿请求权人付出较多义务而受益的另一方。

第三，离婚经济补偿的方式、数额等问题，由双方协商，协商不成的，由人民法院根据案件的具体情况判决。

（3）夫妻共同债务的清偿。

《民法典》第1089条规定：离婚时，夫妻共同债务应当共同偿还。共同财产不足清偿或者财产归各自所有的，由双方协议清偿；协议不成的，由人民法院判决。在适用该规定时应当注意以下问题：

第一，夫或妻一方死亡的，生存一方应当对婚姻关系存续期间的共同债务承担清偿责任。

第二，因共有的不动产或者动产产生的债权债务，在对外关系上，共有人享有连带债权、承担连带债务，但是法律另有规定或者第三人知道共有人不具有连带债权债务关系的除外；在共有人内部关系上，除共有人另有约定外，按份共有人按照份额享有债权、承担债务，共同共有人共同享有债权、承担债务。偿还债务超过自己应当承担份额的按份共有人，有权向其他共有人追偿。

第三，当事人的离婚协议或者人民法院生效判决、裁定、调解书已经对夫妻财产分割问题作出处理的，债权人仍有权就夫妻共同债务向男女双方主张权利。一方就夫妻共同债务承担清偿责任后，主张由另一方按照离婚协议或者人民法院的法律文书承担相应债务的，人民法院应予支持。

第四，配偶一方“被负债”的，可以主张追偿。这主要包括：A. 一方清偿“共同债务”超出了自己应当承担的份额，有权向另一方追偿。B. 夫妻“合意”的债务，是因一方存在欺诈、胁迫，或者利用另一方处于危困状态、缺乏判断能力等而签署的共同债务的，受损害方可以请求撤销，并要求追偿不应当由自己负担的债务。C. 一方对外以为家庭日常生活需要所负的债务，但实际并非为家庭日常生活需要的，另一方有权向他/她追偿。D. 夫妻一方负债，但债权人能够证明所负债务的收益用于家庭生活的共同债务，在对外清偿后，举债方配偶认为负担的债务与其受益相差过于悬殊的，可以平均分担债务有失公平为由主张追偿。

（4）离婚经济帮助。

《民法典》第1090条规定：离婚时，如果一方生活困难，有负担能力的另一方应当给予适当帮助。具体办法由双方协议；协议不成的，由人民法院判决。适用该规定应当具备以下三个条件：第一，请求帮助的一方确有生活上的困难。所谓“生活困难”，是指依靠个人财产和离婚时分得的财产无法维持当地基本生活水平。第二，提供帮助的一方有负担能力。第三，请求帮助的时间是离婚时，一方在离婚后出现生活困难的，不适用经济帮助。

离婚时，一方给予另一方的适当经济帮助，不是夫妻扶养义务的延伸，而是由婚姻关系的解除派生出的道义上的责任，是对法律保护弱势群体原则的贯彻和执行。

离婚时，一方生活确有困难的，另一方给予适当经济帮助的具体做法是：第一，一方年轻有劳动能力，生活暂时有困难的，另一方可给予短期的或一次性的经济帮助；结婚多年，一方年老病残、失去劳动能力而又无生活来源的，另一方应在居住和生活方面给予适当的安排。第二，在执行经济帮助期间，受资助的一方另行结婚的，对方可终止给付。第三，原定经济帮助执行完毕后，一方又要求对方继续给予经济帮助的，一般不予支持。第四，经济帮助可以是现金、实物或者劳务，一方离婚后没有住处的，属于生活困难，可以采居住权的方式实施帮助；现金或实物一次性给付有困难的，可以约定采多次给付的方式处理；具体数额和给付的期限，应根据双方的经济条件、当地生活水平及实际生活需要加以确定。双方无法达成协议的，由人民法院依法判决。

（5）离婚损害赔偿。

《民法典》第 1091 条规定，有下列情形之一，导致离婚的，无过错方有权请求损害赔偿：1）重婚；2）与他人同居；3）实施家庭暴力；4）虐待、遗弃家庭成员；5）有其他重大过错。适用该规定时应注意以下几个问题：首先，“损害赔偿”包括物质损害赔偿和精神损害赔偿。其次，损害赔偿责任的主体，为离婚诉讼当事人中无过错方的配偶。夫妻双方均有《民法典》第 1091 条规定的过错情形，一方或者双方向对方提出离婚损害赔偿请求的，人民法院不予支持。最后，人民法院判决不准离婚的案件中，对于当事人提出的损害赔偿请求，不予支持。在婚姻关系存续期间，当事人不起诉离婚而单独依据该条规定提起损害赔偿请求的，人民法院不予受理。

人民法院受理离婚案件时，应当将当事人的有关权利义务书面告知当事人。在适用《民法典》第 1091 条的规定时，应当区分以下不同情况：第一，无过错方作为原告基于该条规定向人民法院提出损害赔偿请求的，必须在提起离婚诉讼的同时提出。第二，无过错方作为被告的离婚诉讼中，被告如果不同意离婚，也不基于该条规定提出损害赔偿请求的，可以就此单独提起诉讼。第三，无过错方作为被告的离婚案件中，一审时被告未基于《民法典》第 1091 条的规定提出损害赔偿请求，在二审期间提出的，人民法院应当进行调解，调解不成的，告知当事人另行起诉。双方当事人同意由第二审人民法院一并审理的，第二审人民法院可以一并裁判。

当事人在婚姻登记机关办理离婚登记手续后，以《民法典》第 1091 条的规定为由向人民法院提出损害赔偿请求的，人民法院应当受理。但当事人在协议离婚时已经明确表示放弃该项请求，或者在办理离婚登记手续一年后提出的，人民法院不予支持。

（二）对子女的法律后果

1. 抚养权

《民法典》第 1084 条规定：父母与子女间的关系，不因父母离婚而消除。离婚后，子女无论由父或者母直接抚养，仍是父母双方的子女。离婚后，父母对于子女仍有抚养、教育、保护的权利和义务。离婚后，不满两周岁的子女，以由母亲直接抚养为原则。已满两周岁的子女，父母双方对抚养问题协议不成的，由人民法院根据双方的具体情况，按照最有利于未成年子女的原则判决。子女已满八周岁的，应当尊重其真实意愿。该规定是从有利于保护未成年子女权益的角度，对离婚后子女的抚养问题作出的具体规定，主要包括以下内容。

第一，对不满两周岁的子女，以由母亲直接抚养为原则。离婚案件涉及未成年子女抚养的，对不满两周岁的子女，按照《民法典》第 1084 条第 3 款规定的原则处理。母亲有下列情形之一，父亲请求直接抚养的，人民法院应予支持：（1）患有久治不愈的传染性疾病或者其他严重疾病，子女不宜与其共同生活；（2）有抚养条件不尽抚养义务，而父亲要求子女随其生活；（3）因其他原因，子女确实不宜随母亲生活。

父母双方协议不满两周岁子女由父亲直接抚养，并对子女健康成长无不利影响的，人民法院应予支持。

第二，对已满两周岁的未成年子女，父母均要求直接抚养，一方有下列情形之一的，可予优先考虑：（1）已做绝育手术或者因其他原因丧失生育能力；（2）子女随其生活时间较长，改变生活环境对子女健康成长明显不利；（3）无其他子女，而另一方有其他子女；（4）子女随其生活，对子女成长有利，而另一方患有久治不愈的传染性疾病或者其他严重疾病，或者有其他不利于子女身心健康的情形，不宜与子女共同生活。

除此之外，是否最有利于未成年子女，需要对以下几方面的因素进行考察：子女的意愿；子女生活的主要照顾者；子女的身体、心理、教育和人格发展上的需求；子女对家庭、学校和居住地的适应；父母的心理和身体状况及对子女的影响；父母的监护意见及满足子女需求的能力；等等。父母抚养子女的条件基本相同，双方均要求直接抚养子女，但子女单独随祖父母或者外祖父母共同生活多年，且祖父母或者外祖父母要求并且有能力帮助子女照顾孙子女或者外孙子女的，可以作为父或者母直接抚养子女的优先条件予以考虑。

在有利于保护子女利益的前提下，父母双方协议轮流直接抚养子女的，人民法院应予支持。

第三，未成年子女已满八周岁的，应当尊重子女的意愿。联合国《儿童权利公约》第 12 条第 1 款明确规定：缔约国应确保有主见能力的儿童有权对影响到其本人的一切事项自由发表自己的意见，对儿童的意见应按照其年龄和成熟程度给以适当的看待。我国《未成年人保护法》规定，父母或者其监护人应当根据未成年人的年龄和智力发展状况，在作出与未成年人决议有关的决定时，告知其本人并听取他们的意见。未成年人抚养权的确定与未成年人的自身利益密切相关，因此，未成年子女已满八周岁的，应当尊重他们的真实意愿。

在一定条件下，子女的直接抚养权是可以变更的。父母双方协议变更子女抚养关系的，人民法院应予支持。具有下列情形之一，父母一方要求变更子女抚养关系的，人民法院应予支持：(1) 与子女共同生活的一方因患严重疾病或者因伤残无力继续抚养子女；(2) 与子女共同生活的一方不尽抚养义务或者虐待子女行为，或者其与子女共同生活对子女身心健康确有不利影响；(3) 已满八周岁的子女，愿随另一方生活，该方又有抚养能力；(4) 有其他正当理由需要变更。

2. 抚养费

《民法典》第1085条规定："离婚后，子女由一方直接抚养的，另一方应当负担部分或者全部抚养费。负担费用的多少和期限的长短，由双方协议；协议不成的，由人民法院判决。前款规定的协议或者判决，不妨碍子女在必要时向父母任何一方提出超过协议或者判决原定数额的合理要求。"该规定是关于离婚后子女抚养费的负担，主要包括以下几方面的内容。

第一，抚养费的范围。抚养费包括生活费、教育费和医疗费。抚养子女是父母的法定义务，离婚后不直接抚养子女的一方应当负担部分或者全部抚养费。

第二，抚养费给付的数额和方式。当事人应当负担的抚养费数额和给付方式，由双方协议，协议不成时，由人民法院判决。父母对子女抚养费的负担，可根据子女的实际需要、父母双方的负担能力和当地的实际生活水平确定。有固定收入的，抚养费一般可按其月总收入的20%～30%的比例给付。负担两个以上子女的抚养费的，比例可适当提高，但一般不得超过月总收入的50%。无固定收入的，抚养费的数额可依据当年总收入或同行业平均收入，参照上述比例确定。有特殊情况的，可适当提高或降低上述比例。抚养费应当定期给付，有条件的可一次性给付。父母一方无经济收入或者下落不明的，可用其财物折抵抚养费。

第三，父母双方可以协议由一方直接抚养子女并由直接抚养方负担子女全部抚养费。但是，直接抚养方的抚养能力明显不能保障子女所需费用，影响子女健康成长的，人民法院不予支持。

第四，抚养费的给付期限，一般至子女18周岁为止。

16周岁以上不满18周岁，以其劳动收入为主要生活来源，并能维持当地一般生活水平的，父母可以停止给付抚养费。

第五，生父与继母离婚或者生母与继父离婚时，对曾受其抚养教育的继子女，继父或者继母不同意继续抚养的，仍应由生父或者生母抚养。

第六，离婚后，父母一方要求变更子女抚养关系的，或者子女要求增加抚养费的，应当另行提起诉讼。

具有下列情形之一，子女要求有负担能力的父或者母增加抚养费的，人民法院应予支持：(1) 原定抚养费数额不足以维持当地实际生活水平；(2) 因子女患病、上学，实际需要已超过原定数额；(3) 有其他正当理由应当增加。

第七，父母不得因子女变更姓氏而拒付子女抚养费。父或者母擅自将子女的姓氏改为继母或继父的姓氏而引起纠纷的，应当责令恢复原姓氏。

第八，在离婚诉讼期间，双方均拒绝抚养子女的，可以先行裁定暂由一方抚养。

第九，对拒不履行或者妨害他人履行生效判决、裁定、调解书中有关子女抚养义务的当事人或者其他人，人民法院可依照《婚姻家庭编解释一》第 61 条的规定采取强制措施。

3. 探望权

探望权，是指父母离婚后，不直接抚养子女的一方有定期或不定期看望子女并与之交往的权利。探望权的主体是不直接抚养子女的父亲或母亲，直接抚养子女的母亲或者父亲有协助探望的义务。

《民法典》第 1086 条规定：离婚后，不直接抚养子女的父或者母，有探望子女的权利，另一方有协助的义务。行使探望权利的方式、时间由当事人协议；协议不成的，由人民法院判决。父或者母探望子女，不利于子女身心健康的，由人民法院依法中止探望；中止的事由消失后，应当恢复探望。适用该规定时需要注意以下几个问题：

第一，探望权的行使方式、时间由当事人协议，协议不成的，由人民法院判决。如果人民法院作出的生效的离婚判决中未涉及探望权，当事人就探望权问题单独提起诉讼的，人民法院应予受理。

第二，对于拒不协助另一方行使探望权的有关个人或者组织，可以由人民法院依法采取拘留、罚款等强制措施，但是不能对子女的人身、探望行为进行强制执行。

第三，未成年子女、直接抚养子女的父或母，以及其他对未成年子女负担抚养、教育、保护义务的法定监护人，有权向人民法院提出中止探望的请求。中止探望的理由是行使探望权不利于子女身心健康的各种情形。中止探望的情形消失后，人民法院应当根据当事人的申请通知其恢复探望权的行使。

第四，当事人在履行生效判决、裁定或者调解书的过程中，一方请求中止探望的，人民法院在征询双方当事人意见后，认为需要中止探望的，依法作出裁定；中止探望的情形消失后，人民法院应当依据当事人的请求书面通知其恢复探望。

问题与思考

1. 试述登记离婚的条件。
2. 试述诉讼离婚的法定标准。
3. 试述离婚经济补偿制度。
4. 试述离婚经济帮助制度。

第六十七章
收　养

本章概要

收养是在收养人与被收养人之间产生拟制父母子女关系的法律行为。收养法律制度的基本原则是："……应当遵循最有利于被收养人的原则，保障被收养人和收养人的合法权益。禁止借收养名义买卖未成年人。"收养关系的成立，应当符合法定的实质要件和程序要件。收养的效力包括：(1) 拟制效力，即产生新的亲属关系；(2) 消除效力，即原亲属关系消灭。对于收养关系在符合法定条件时可以依法解除。

收养是在收养人与被收养人之间产生拟制父母子女关系的法律行为。收养行为具有如下法律特征：第一，收养行为的条件和程序由法律规定。第二，收养属于民事法律行为，其主体包括收养人、送养人与被收养人。第三，收养行为必须按照自愿的原则实施。第四，收养行为导致亲属身份和权利义务关系的变更。第五，收养只能发生在非直系血亲之间。

收养制度作为亲属制度的延伸以及生育制度的补充，在人类社会发展中发挥了重要作用。新中国成立以后，废除了以继承宗祧为目的的立嗣制度，1950 年《婚姻法》第 13 条第 2 款规定："养父母与养子女相互间的关系，适用前项规定（父母与子女间的权利义务关系——引者注）。"1980 年《婚姻法》第 20 条进一步规定："国家保护合法的收养关系。养父母和养子女间的权利和义务，适用本法对父母子女关系的有关规定。""养子女和生父母间的权利和义务，因收养关系的成立而消除。"1991 年 12 月 29 日第七届全国人民代表大会常务委员会第二十三次会议通过了《收养法》，自 1992 年 4 月 1 日起正式施行。1999 年 5 月民政部颁布了《中国公民收养子女登记办法》（2023 年 7 月修订）和《外国人在中华人民共和国收养子女登记办法》。2003 年 12 月民政部、国家档案局联合发布了《收养登记档案管理暂行办法》（2020 年修改）。2005 年 4 月 27 日全国人大常委会批准了《跨国收养方面保护儿童及合作公约》。2014 年民政部颁布了《民政部关于规范生父母有特殊困难无力抚养的子女和社会散居孤儿收养工作的意见》（2020 年修改）。自此我国形成了较为全面的收养法律制度，积累了丰富的立法经验。在吸收前述法律、行政法规的优秀立法技术的基础上，《民法典》婚姻家庭编第五章规定的收养法律制度，通过对收养成立条件、程序、解除条件和法律责任等有关内容的细化规定，为收养法律关系的当事人提供了更高水平的法律保障，充满人性友善和人文关怀①，为构建和谐家庭与和谐社会提供了强大的法律支撑。

第一节 收养法律制度的基本原则

我国收养法律制度的基本原则可以被概括为：最有利于被收养人的原则、保障被收养人和收养人的合法权益原则、禁止借收养名义买卖未成年人原则。《民法典》第1044条是关于收养制度的基本原则的规定，该条规定：收养应当遵循最有利于被收养人的原则，保障被收养人和收养人的合法权益。禁止借收养名义买卖未成年人。

一、最有利于被收养人的原则

建立收养制度的目的之一是有效贯彻与落实保护未成年人合法权益原则，保护未成年人的健康成长。保护未成年人的健康成长是实行收养制度的首要目的。未成年人身心发育尚不成熟，缺乏独立的生活能力和辨认自己行为的能力，属于无民事行为能力人或限制民事行为能力人，故而需要家庭和社会的悉心抚养、关怀爱护、培养教育和监督保护。② 尤其对于那些丧失父母的、查找不到生父母的以及生父母有特殊困难无力抚养的未成年人，《民法典》婚姻家庭编将其列为被收养人的范围，通过收养关系的设立，可以使他们在家庭中生活获得养父母的抚养、教育，健康成长。

二、保障被收养人和收养人的合法权益原则

保障被收养人和收养人的合法权益原则是在1998年修正的《收养法》新增加的一项原则。该项原则的重点在于收养关系成立后，应当注意对收养关系各方权益的有效保护。如果只强调单方保护未成年的被收养人的利益，很容易导致收养关系中收养人的利益被轻视，甚至被否定。③ 因此，《民法典》婚姻家庭编规定必须同时保障收养人和被收养人，使其合法权益得到平等实现。

为了保障被收养人与收养人的合法权益，保障收养关系的健康发展，《民法典》婚姻家庭编规定了被收养人和收养人应具备的条件；同时规定：生父母送养子女，应当双方共同送养；有配偶者收养子女，应当夫妻共同收养；收养人、送养人要求保守收养秘密的，其他人应当尊重其意愿，不得泄露。以上规定是为了最大限度地维护收养人和被收养人的合法权益。

---

① 参见龙翼飞：《编纂民法典婚姻家庭编的法理思考与立法建议》，载《法制与社会发展》，2020（2）。

② 参见马忆南主编：《婚姻家庭继承法学》，3版，166页，北京，北京大学出版社，2014。

③ 参见雷明光主编：《中华人民共和国收养法评注》，10页，厦门，厦门大学出版社，2016。

三、禁止借收养名义买卖未成年人原则

《民法典》婚姻家庭编规定禁止借收养名义买卖未成年人，这意味着收养关系一经成立，即受到法律的保护，不可以借收养名义买卖未成年人。借收养名义买卖未成年人，实际上是收养人以收养的合法形式来掩盖其真实的非法目的，以此规避法律、行政法规的强制性规定[①]，此种行为属于无效的收养行为。根据《民法典》总则编规定的民事法律行为无效的情形以及《民法典》婚姻家庭编规定的收养行为无效的情形，借收养名义买卖未成年人的，自始没有法律约束力。

第二节　收养关系成立的法定条件

收养是重要的民事法律行为，也是民事法律行为的特定种类。收养成立既要符合民法中有关民事法律行为的一般规定，又要符合收养法律规范中有关收养行为的专门规定。因收养行为而形成的父母子女关系为收养关系，收养他人子女为自己子女的人为收养人，即养父与养母；被他人收养的人为被收养人，即养子或养女；将子女或非其子女的其他未成年人送给他人收养的个人或组织为送养人。收养关系的产生，决定亲属关系的变更，从而直接导致自然人之人身、财产关系的变化，因此，必须符合法定条件并履行相应的法律手续后收养关系的成立才具有法律效力。

一、被收养人的条件

《民法典》婚姻家庭编从年龄和被收养人的被抚养条件两个方面，对被收养人的条件作了具体规定。这对于保护未成年人的合法权益，维护收养关系的稳定，维护收养关系各方主体家庭关系的稳定，均具有重要的意义。

1. 被收养人应当是未成年人

根据《民法典》第 17 条的规定，不满 18 周岁的自然人为未成年人。1998 年《收养法》第 4 条规定收养人的年龄上限为 14 周岁。该种限制并不合适，因为从我国的现实情况来看，14 周岁以上的未成年人大多数仍需要家庭的经济供给，而且随着我国高等教育的普及，这一阶段的未成年人大多仍处于受教育阶段，将其排除在被收养人的范围之外是不妥当的。[②] 1998 年《收养法》规定的年龄上限忽略了 14 周岁到 18 周岁的未成年人的被收养权。[③]《民法典》第 1093 条将被收养人的年龄上限提高至 18 周岁，是符合我国国情的。

---

① 参见巫昌祯、夏吟兰主编：《婚姻家庭法学》，2 版，182 页，北京，中国政法大学出版社，2016。

② 参见雷春红：《欠缺法定要件收养关系的法律规制》，载《西部法学评论》，2014（1）。

③ 参见王歌雅：《完善收养制度的立法思考》，载《法律适用》，1997（4）。

2. 被收养人缺乏相应的被抚养条件

根据法律规定，除了年龄限制，被收养人在经济与精神方面还应缺乏相应的被抚养生活条件，具体包括以下三种情形：

第一，被收养人是丧失父母的孤儿。关于这里的“丧失”应作如下理解：“丧失”是指被收养人的父母已经死亡或者被宣告死亡。在特定情况下，可以对此处的“丧失”作扩张解释，即被收养人无法找到其父母，例如，对被拐卖的儿童而言，其父母虽然可能并没有死亡或者被宣告死亡，但是无法找到，故该儿童无法得到有效抚养。因此，从保护未成年人的角度出发，可以将此种情形也解释为“丧失”父母的情形。

第二，被收养人是查找不到生父母的未成年人。这里所规定的“查找不到”，既包括相关国家机关如民政部门无法找到未成年人的生父母，也包括个人通过各种方式无法找到未成年人的生父母。《民法典》第1093条没有对查找的期间作出限定，从维护收养关系稳定的角度出发，应当为该查找行为设置一定的期间，即只有在一定合理期间经过后仍无法找到该未成年人生父母的情况下，该未成年人才能成为被收养人。

第三，被收养人的生父母有特殊困难，无力抚养子女。“生父母有特殊困难无力抚养”也是被收养人应当具备的条件之一。关于这一条件，在理解与适用时应把握以下几点：一是，原则上是“生父母”无力抚养。《民法典》第1093条将被收养人欠缺抚养条件的情形限定为“生父母”无力抚养，但在特殊情况下，被收养人的养父母、继父母也可能存在特殊困难而欠缺抚养条件，在此情形下，出于保护未成年人考虑，也应当认定其符合被收养人的条件。二是，生父母“有特殊困难无力抚养”子女。这是一个概括条款，因为实践中“有特殊困难无力抚养子女”的情形复杂多样，如未成年人的生父母经济困难而无力抚养，或者生父母的工作性质特殊，无法抚养子女。法律对于“生父母有特殊困难无力抚养”的情形，无法逐一列举，相关部门在适用这一规则时，应当根据具体的情况，从未成年人利益最大化的角度出发，就未成年人的生父母是否有特殊困难无力抚养子女进行判断。

3. 收养子女人数的规定

《民法典》第1100条规定：“无子女的收养人可以收养两名子女；有子女的收养人只能收养一名子女。”“收养孤儿、残疾未成年人或者儿童福利机构抚养的查找不到生父母的未成年人，可以不受前款和本法第一千零九十八条第一项规定的限制。”

二、送养人的条件

《民法典》婚姻家庭编对收养关系中送养人的条件作了细致规定，这对于明确收养关系成立的条件、规范收养法律关系具有重要意义。从比较法来看，在收养关系中，关于送养人的范围，主要有两种立法模式[①]：一是分散型的立法模式，即不在法律中对送养人的条件或者范围进行集中规定，而是分散规定在法律的各个部分。二是统一型的立法模

① 参见于静：《比较家庭法》，264页，北京，人民出版社，2006。

式，即在法律中对送养人的条件和范围进行集中规定。《民法典》婚姻家庭编对送养人条件的立法模式为后者，即通过封闭式列举的立法技术，集中规定了适格送养人的法定条件。

1. 孤儿的监护人

孤儿已丧失父母，处于他人监护之下。以监护人为送养人是出于保护孤儿权益的需要。关于孤儿的监护人的选定，应适用《民法典》第 27 条第 2 款的规定——未成年人的父母已经死亡或者没有监护能力的，由下列有监护能力的人按顺序担任监护人：（1）祖父母、外祖父母；（2）兄、姐；（3）其他愿意担任监护人的个人或者组织，但是须经未成年人住所地的居民委员会、村民委员会或者民政部门同意。

由于孤儿的监护人不是其父母，为了防止孤儿的监护人通过送养损害孤儿的权利，《民法典》婚姻家庭编一方面规定了孤儿的监护人可以作为送养人，另一方面又对孤儿的监护人实施送养行为加以限制，于第 1096 条规定："监护人送养孤儿的，应当征得有抚养义务的人同意。有抚养义务的人不同意送养、监护人不愿意继续履行监护职责的，应当依照本法第一编的规定另行确定监护人。"孤儿的祖父母、外祖父母、兄、姐等近亲属，是与孤儿有法定权利义务关系的人，因此，由孤儿的近亲属行使同意权，有利于孤儿的健康成长。

2. 儿童福利机构

《民法典》第 1094 条将 1998 年《收养法》规定的"社会福利机构"改为"儿童福利机构"，使该项送养人主体指代更准确。根据《社会福利机构管理暂行办法》（现已失效）第 2 条的规定，"社会福利机构"是指"……国家、社会组织和个人举办的，为老年人、残疾人、孤儿和弃婴提供养护、康复、托管等服务的机构"。根据该条的规定，"社会福利机构"的涵盖面较广，包括为老年人、残疾人、孤儿和弃婴提供养护、康复、托管等服务的机构，对孤儿和弃婴的养护只是其中一部分机构承担的服务内容，这部分内容由民政部颁布的《儿童福利机构管理办法》具体细化。《儿童福利机构管理办法》第 2 条第 1 款规定："本办法所称儿童福利机构是指民政部门设立的，主要收留抚养由民政部门担任监护人的未满 18 周岁儿童的机构。"可见，"社会福利机构"是"儿童福利机构"的上位概念。为了司法实践的可操作性以及法条行文的准确性，《民法典》第 1094 条将"社会福利机构"改为"儿童福利机构"是妥当的。

3. 有特殊困难无力抚养子女的生父母

依据《民法典》第 1093 条，被收养人的生父母可以作为送养人。依据《民法典》第 26 条的规定，抚养未成年子女是生父母的法定义务。生父母原则上不得将其子女送养，但为保障未成年人的被抚养环境，在生父母有特殊困难无力抚养子女时，也应当允许其作为送养人。

父母作为送养人应当符合以下条件：

第一，主体只能是生父母。从《民法典》第 1093 条的文义来看，只有未成年人的生父母可以以有特殊困难无力抚养子女为由送养子女，未成年人的养父母、继父母等不在其列。

第二，生父母必须是有特殊困难无力抚养子女。《民法典》第1093条并没有明确此处“特殊困难”的内涵与范围，但从督促父母履行其抚养义务的角度出发，应当严格认定该条所规定的“特殊困难”。一般认为，此处的特殊困难主要是指经济方面的困难，即生父母缺乏继续抚养子女的经济能力，但该特殊困难的范围又不限于此，在生父母因身体方面的原因，如患有重大疾病，无法继续抚养子女时，也应当属于该条所规定的“有特殊困难”。

第三，关于特殊困难的证明。《中国公民收养子女登记办法》（2023年修订）规定，有特殊困难无力抚养子女的，还应当提交送养人有特殊困难的证明。关于是否为特殊困难，可以由送养人所在单位或者村民委员会、居民委员会进行初步判断并可以出具证明，因送养人所在单位或者村民委员会、居民委员会，是与送养人关系密切的组织，能较好地了解送养人的经济收入和生活状况。

4. 监护人送养子女的限制性规定

在一般情形下，父母丧失民事行为能力时变更亲子关系对父母是不利的，因为送养有生父母的未成年人将直接导致该生父母的亲权消灭。因此，法律在规定何种情形下监护人可以送养有生父母的未成年人时，较为谨慎，要求“未成年人的父母均不具备完全民事行为能力且可能严重危害该未成年人”。此种规定考虑了民事行为能力缺失的父母的亲权保护以及未成年人权益保护，体现了民法对弱势群体的人文关怀。

5. 生父母应共同送养子女

变更亲子法律关系事关重大。收养关系一旦成立，虽然并不影响生父母与子女之间的血亲关系，但是生父母将无法继续抚养子女，因此，送养应取得父母双方同意。在送养子女时，法律规定应当由双方共同送养，任何不经对方同意的送养行为，都是严重侵犯对方亲权的行为，也无法形成合法有效的收养法律关系。《民法典》第1097条规范了生父母送养子女的行为，要求夫妻双方共同送养子女。这不仅是对生父母亲权的保护，也体现了对未成年人合法权益的保护。

三、收养人的条件

收养行为是重大的身份法律行为，其产生的法律效果关系到拟制血亲的产生，即父母子女间权利义务的产生。因此，对于该法律行为的主体应作严格的规定。对收养人设置明确的条件，是规范收养行为的主要规定之一。其与收养法律倡导最有利于被收养人的法律原则相符，体现了对未成年人合法权益的保障，同时也有助于防止违背婚姻伦理的行为，确保收养关系的有效。因此，规定收养人的法定条件对于规范收养法律关系具有重要意义。

《民法典》第1098条规定，收养人应当同时具备下列条件：（1）无子女或者只有一名子女；（2）有抚养、教育和保护被收养人的能力；（3）未患有在医学上认为不应当收养子女的疾病；（4）无不利于被收养人健康成长的违法犯罪记录；（5）年满30周岁。

具体而言，我国收养制度对收养人提出了以下要求。

1. 无子女或只有一名子女

这较 1998 年《收养法》的规定，放宽了对收养人已有子女数量的限制。1998 年《收养法》基于 1982 年《宪法》和 1980 年《婚姻法》对计划生育的要求，要求收养人无子女。2015 年 12 月 27 日第十二届全国人大常委会表决通过了《人口与计划生育法》修正案，新的人口与计划生育政策于 2016 年 1 月 1 日起正式实施。该规定正是根据人口与计划生育政策的新规定进行了改动，将收养人应“无子女”改为“无子女或者只有一名子女”。2021 年 8 月 20 日，第十三届全国人大常委会表决通过了《人口与计划生育法》修正案，规定一对夫妻可以生育三个子女。

2. 有抚养、教育和保护被收养人的能力

“有抚养、教育和保护被收养人的能力”，是指收养人应当具有完全民事行为能力，在身体上、智力上、经济上、道德品质和教育子女等方面有能力抚养和教育被收养人，能够履行父母对子女应尽的义务。

送养人、收养登记机关应从以下几方面判断收养人有无抚养、教育和保护被收养人的能力：

第一，收养人应具备一定的经济实力。收养人应拥有一份稳定的工作和收入，该收入的数额应足够负担收养人家庭的开支并能支持被收养人完成基本学业以及获得及时的医疗服务。收养申请人有义务就自己的收入状况诚实地提供书面证明，送养人与收养登记机关也应着重对收养申请人的经济收入作实质审查及判断。

第二，收养人应具备教育被收养人的基本文化及道德水平。此处的基本文化水平应是指具备基本的读书识字能力，基本道德水平是指收养人应具备较为积极的人生观、价值观和世界观，如收养人品行恶劣、道德败坏，显然不利于未成年人的成长。

第三，收养人应具备保护被收养人的能力。保护是指父母应保护未成年子女的人身安全和合法权益，防止和排除来自外界的损害以及他人的非法侵害。收养人应有能力提供稳定、安全的生活环境，防止被收养人陷入危险之中。

3. 未患有在医学上认为不应当收养子女的疾病

收养人的身体健康情况直接关系到收养关系的质量以及未成年人的成长状况，因此，各国法律都对收养人的健康状况提出了基本的要求。在适用“未患有在医学上认为不应当收养子女的疾病”规定处理具体问题时，应当特别注意必须有充分科学的依据，必要时得进行医学上的专门鉴定。这里所称的“未患有在医学上认为不应当收养子女的疾病”，主要是指精神疾病和传染病。精神疾病包括精神分裂症、精神抑郁症等有精神障碍的疾病，传染病包括我国传染病防治法规定的霍乱等甲类传染病，病毒性肝炎、细菌性和阿米巴性痢疾、伤寒和副伤寒、艾滋病、淋病、梅毒、脊髓灰质炎、麻疹、白喉、流行性脑脊髓膜炎、猩红热、流行性出血热、狂犬病、流行性和地方性斑疹伤寒、流行性乙型脑炎、黑热病、登革热等乙类传染病，肺结核、麻风病、流行性腮腺炎等丙类传染病。患精神病在发病期内的或者患传染病在传染期内的收养人应当暂缓收养。

4. 无不利于被收养人健康成长的违法犯罪记录

收养人不应有不利于被收养人健康成长的违法犯罪记录。但是，并非所有具有违法犯罪记录的人均不可以收养子女，只有当犯罪记录可能不利于被收养人健康成长时才行禁止性规定，例如严重刑事犯罪记录，可能使未成年人在成长过程中受到歧视或者不公平待遇，或者曾有过侵害未成年人的刑事犯罪记录，从保护未成年人的角度出发，不应成为适格收养人。另外，收养机关有义务向公安机关查询收养申请人是否存在不利于被收养人健康成长的违法犯罪记录，或者要求收养申请人提供从其他相关部门调取的关于收养申请人不存在不利于被收养人健康成长的犯罪记录的材料。

5. 年满 30 周岁

收养的目的是在收养人与被收养人之间确立父母子女关系，履行法律规定的相应的责任与义务，使被收养人得到良好的抚养、教育的环境，因此，收养人必须是成年人且达到一定的年龄段。其目的是保障被收养的未成年人的健康成长环境及必要的抚育、教育能力，从而更有效地维护收养人与被收养人的合法权益。根据《民法典》第 1098 条的规定，年满 30 周岁，是对收养人最低年龄的规定。夫妻共同收养，则双方都需年满 30 周岁。

《民法典》第 1102 条对无配偶者收养异性的年龄作出例外的限制性规定：无配偶者收养异性子女的，收养人与被收养人的年龄应当相差 40 周岁以上。

6. 有配偶者应共同收养

《民法典》第 1101 条规定："有配偶者收养子女，应当夫妻共同收养。"收养关系一旦成立，被收养人即成为收养人的家庭成员。有配偶的收养人，若置其配偶的意见于不顾而单独收养，可能会对收养人的家庭关系造成不利的影响，同时也不利于被收养人的健康成长，既有悖于贯穿在《民法典》婚姻家庭编中的人亲和谐的基本法理思想，也有违最有利于被收养人的立法原则。

7. 收养人条件的例外规定

收养法律关系涉及多方当事人，法律关系复杂，基于保护未成年人的合法权益以及收养法律关系当事人的情感需要，严格按照前述一般规定实施，无法充分发挥收养法律制度的功能。因此，有必要在一般规定之外，就例外情况对收养法律关系的成立要件作出特别的规定。

作为收养条件一般规定的例外，《民法典》第 1099 条规定在若干具体情形下可以适当放宽收养条件。该条具体规定了：（1）收养三代以内旁系同辈血亲的子女，可以不受《民法典》第 1093 条第 3 项、第 1094 条第 3 项和第 1102 条规定的限制；（2）华侨收养三代以内旁系同辈血亲的子女，还可以不受《民法典》第 1098 条第 1 项规定的限制。放宽条件主要出于对近亲收养的历史传统的考虑，也有对侨胞利益的关切和照顾。其主要目的是在特定情形下放宽收养法律关系成立的要求，促成收养法律关系的成立，更好地发挥收养法律制度的社会保障功能。

第三节　收养关系成立的法定程序

收养关系的成立除了应满足法定的实质要件，还应符合法定程序。《民法典》第

1105 条是关于成立收养关系法定程序的规定：收养应当向县级以上人民政府民政部门登记。收养关系自登记之日起成立。收养查找不到生父母的未成年人的，办理登记的民政部门应当在登记前予以公告。收养关系当事人愿意签订收养协议的，可以签订收养协议。收养关系当事人各方或者一方要求办理收养公证的，应当办理收养公证。县级以上人民政府民政部门应当依法进行收养评估。

一、收养登记机关

为规范收养登记工作，依据被收养人的不同情况，收养的登记机关也不相同。根据《中国公民收养子女登记办法》（2023 年修订）第 2 条以及《华侨以及居住在香港、澳门、台湾地区的中国公民办理收养登记的管辖以及所需要出具的证件和证明材料的规定》第 2 条的规定，登记机关具体分为：

第一，收养儿童福利机构抚养的查找不到生父母的未成年人和孤儿的，在儿童福利机构所在地的收养登记机关办理登记。

第二，收养非儿童福利机构抚养的查找不到生父母的未成年人的，在未成年人发现地的收养登记机关办理登记。

第三，收养生父母有特殊困难无力抚养的子女或者由监护人监护的孤儿的，在被收养人生父母或者监护人常住户口所在地的收养登记机关办理登记。

第四，收养三代以内旁系同辈血亲的子女，以及继父或者继母收养继子女的，在被收养人生父或者生母常住户口所在地的收养登记机关办理登记。

第五，华侨以及居住在香港、澳门、台湾地区的中国公民在大陆（内地）收养子女的，应当到被收养人常住户口所在地的直辖市、设区的市、自治州人民政府民政部门或者地区（盟）行政公署民政部门申请办理收养登记。

二、收养人应提交的材料

根据《中国公民收养子女登记办法》（2023 年修订）第 6 条，以及《华侨以及居住在香港、澳门、台湾地区的中国公民办理收养登记的管辖以及所需要出具的证件和证明材料的规定》第 3 条、第 4 条、第 5 条、第 6 条、第 7 条的规定，收养人应当提交以下材料。

1. 收养人是内地居民的，申请办理收养登记应当提交的材料

（1）收养人的居民户口簿和居民身份证。

（2）由收养人所在单位或者村民委员会、居民委员会出具的本人婚姻状况、抚养教育被收养人的能力等情况的证明，以及收养人出具的子女情况声明。

（3）县级以上医疗机构出具的未患有在医学上认为不应当收养子女的疾病的身体健康检查证明。

（4）收养查找不到生父母的未成年人的，应当提交收养人经常居住地卫生健康主管部门出具的收养人生育情况证明。其中，收养非儿童福利机构抚养的查找不到生父母的未成年人的，收养人还应当提供下列证明材料：1）收养人经常居住地卫生健康主管部门出具的收养人生育情况证明；2）公安机关出具的捡拾未成年人报案的证明。收养继子女的，可以只提交居民户口簿、居民身份证和收养人与被收养人生父或生母结婚的证明。

2. 收养人是华侨的，申请办理收养登记应当提交的材料

（1）护照；（2）收养人居住国有权机构出具的收养人的年龄、婚姻、有无子女、职业、财产、健康、有无受过刑事处罚等状况的证明材料，该证明材料应当经其居住国外交机关或者外交机关授权的机构认证，并经中国驻该国使领馆或者经已与中国建立外交关系的国家驻该国使领馆认证。

3. 收养人是居住在香港、澳门、台湾地区的中国公民的，申请办理收养登记应当提交的材料

（1）居民身份证；（2）港澳居民来往内地通行证或者同胞回乡证，或者中华人民共和国主管机关给台湾居民签发或签注的有效旅行证件；（3）有关机构出具的收养人的年龄、婚姻、有无子女、职业、财产、健康、有无受过刑事处罚等状况的证明材料。

三、送养人应提交的材料

根据《中国公民收养子女登记办法》（2023 年修订）第 7 条的规定，送养人应当向收养登记机关提交以下证件及证明材料：

（1）送养人的居民户口簿和身份证明（送养人是组织机构的，提交其负责人的身份证件）。

（2）送养人是儿童福利机构的，应当提交未成年人进入儿童福利机构的原始记录，公安机关出具的捡拾未成年人报案的证明，或者孤儿的生父母死亡或者被宣告死亡的证明。

（3）送养人是监护人的，应当提交实际承担监护责任的证明，孤儿的父母死亡或者被宣告死亡的证明，或者被收养人生父母无完全民事行为能力并对被收养人有严重危害的证明。

（4）送养人是生父母，有特殊困难无力抚养子女的，应当提交送养人有特殊困难的证明。其中，因丧偶或者一方下落不明，由单方送养的，还应当提交配偶死亡或者下落不明的证明；子女由三代以内旁系同辈血亲收养的，还应当提交公安机关出具的或者经过公证的与收养人有亲属关系的证明。

（5）被收养人是残疾儿童的，并应当提交县级以上医疗机构出具的该儿童的残疾证明。

四、收养协议

由于收养是变更身份的法律行为，因此签订收养协议必须由收养人和送养人双方亲自进行，不能由他人代理。

签订收养协议应符合下列要求：

(1) 收养协议的当事人，包括收养人、被收养人和送养人，必须符合法律规定的条件。

(2) 收养协议的主要内容必须符合收养法律制度的规定。其主要内容应当包括：1) 收养人、送养人和被收养人的基本情况。2) 收养的目的是建立亲子关系。3) 送养人、收养人的真实意思表示以及年满八周岁以上的被收养人的意思表示。4) 收养人不虐待、不遗弃被收养人和扶养被收养人成长的保证。5) 收养开始的时间以及双方都同意写入的其他内容。

收养协议应当采书面形式，双方各执一份。该协议自送养人、收养人在协议上签字、盖章之日起生效。

五、收养公证

收养公证不是收养的必经程序，只有在收养关系当事人要求时才依法予以办理。公证应当在签订收养协议并且办理收养登记之后进行。如果尚未办理收养登记，仅就收养协议进行了公证，只能证明协议是真实合法的，并不能证明收养关系已经成立。

六、收养评估

我国收养法律制度建立以来的实践证明，当前被收养未成年人生存权益保障问题已得到基本解决。随着经济社会发展和未成年人福利保障水平的提高，收养制度需解决的问题已转变为更好实现被收养未成年人成长权益问题。从国际通行做法以及国内个别地方的实践来看，建立、完善收养评估制度，为被收养未成年人寻找更为适合的收养家庭是适应当前形势发展需要的现实选择。

1. 收养评估制度的建立与发展

2012 年第十三次全国民政工作会议首次提出“完善儿童收养政策，建立收养评估制度”的要求。2012 年民政部围绕第十三次全国民政工作会议提出的“建立收养评估制度”的要求开展试点工作。民政部先后在上海、江苏、湖北、广东、重庆等五省（直辖市）开展了收养评估试点工作，并在试点工作中不断探索建立收养评估模式，探索建立收养评估指标体系，探索建立收养评估监督机制，探索建立收养评估保障机制。① 2014 年 6 月，民政部开展第二批收养评估试点工作，明确以下工作内容：第一，明确收养评估基本内容，加强对收养评估指标的设计、梳理。第二，探索完善收养评估程序，优化收养评估流程。第三，多渠道解决经费难题，初步建立收养评估保障机制。第四，积极引导社会力量参与，优先开展第三方评估模式。②

---

① 参见《民政部关于开展收养评估试点工作的通知》（民函〔2012〕189 号）。

② 参见《民政部关于开展第二批收养评估试点工作的通知》（民函〔2014〕179 号）。

2. 收养评估的对象与内容

《民法典》第1098条规定收养人应有“抚养、教育和保护被收养人的能力”，“无不利于被收养人健康成长的违法犯罪记录”。因此，收养评估制度的评估对象应当是收养人的“抚养、教育和保护被收养人的能力”以及“无不利于被收养人健康成长的违法犯罪记录”。

《民政部关于开展第二批收养评估试点工作的通知》明确将收养动机、个人经历和家庭背景、受教育情况、婚姻状况及子女情况、职业和经济状况、身体健康状况、道德品行、居住环境、对收养作出的准备等作为收养评估的基本内容。围绕评估的基本内容，重点对申请人或家庭成员有无虐待（忽视）未成年人、家庭暴力或者其他针对未成年人的违法行为，有无吸毒、酗酒或者暴力犯罪；申请人的收入或经济能力是否足以负担家庭生活；申请人能否提供充足的空间满足家中新增被收养未成年人的需求；申请人有无身体或者心理疾病影响其给予被收养未成年人适当的照顾，申请人是否提供虚假信息或隐瞒信息等事项，按照科学、具体、可行的原则，综合考虑现有评估手段，加强对具体评估指标的设计、梳理，初步建立收养评估指标体系。

3. 收养评估的程序

收养评估应严格遵循平等自愿的原则，充分尊重送养人和被送养人的意愿，更好地维护、发展被收养人和收养人的合法权益。收养评估流程应结合当前我国收养观念和收养申请人认识、接受程度，指导评估机构注重加强对评估对象的服务，并明确收养评估流程中暂不设收养后跟踪和回访、配对等环节。收养评估完成后必须出具书面的评估报告，评估报告须经机构负责人审批签发，报告中应明确收养评估推荐意见。积极探索由收养人所在地的评估机构开展评估以及评估报告的地域效力和有效期限，避免重复评估。

第四节　收养的法律效力

收养关系一经成立，便引起一系列的法律后果。收养的法律效力，是指因收养的成立而引起的法律后果的总称，主要分为两个方面：一是在收养家庭产生新的亲子关系及其他亲属关系，为收养的拟制效力；二是被收养人与原生家庭之间的亲子关系归于消灭，为收养的消除效力。规定收养关系成立后的法律效果，明确收养关系中双方当事人的权利、义务以及法律地位，并规定相应的后果，能够有效地约束收养人、被收养人正确履行自己的义务，认真对待自己的行为，使收养行为得到规范，使亲子利益得到保障，使亲子秩序得到维护。

一、收养的拟制效力

拟制效力，是指收养依法创设新的亲属关系及其权利义务的效力，也称收养的积极效力，具体表现为对养子女与养父母的法律效力以及对养子女与养父母的近亲属的法律效力。

1. 对养子女与养父母的法律效力

《民法典》第1111条规定："自收养关系成立之日起，对养父母与养子女间的权利义务关系适用本法关于父母子女关系的规定……"依此规定，自收养关系成立之日起，对养父母与养子女间的权利义务关系适用法律关于父母子女关系的规定。养子女取得了相同于养父母婚生子女的身份与地位，享有与婚生子女同等的权利与义务。

2. 对养子女与养父母的近亲属的法律效力

同时，养子女与养父母的近亲属间的权利义务关系，是养亲子关系在法律上的延伸。具体说来，养子女与养父母的父母间，有祖孙间的权利和义务；养子女与养父母的子女间，有兄弟姐妹间的权利和义务。对上述近亲属间的抚养、赡养和扶养适用《民法典》婚姻家庭编的规定，对其法定继承适用《民法典》继承编的相关规定：养兄弟姐妹、养祖父母、养外祖父母为第二顺序法定继承人；养孙子女、养外孙子女可以代位继承其养祖父母、养外祖父母的遗产。

二、收养的消除效力

消除效力，是指收养依法终止原有的亲属关系及其权利义务的效力，也称收养的消极效力，具体表现为对养子女与生父母的法律效力以及对养子女与生父母以外的其他近亲属的法律效力。

1. 对养子女与生父母的法律效力

养子女与生父母间的权利义务关系，因收养关系的成立而消除。收养的解除效力所消除的，仅为法律意义上的父母子女关系，而非血缘意义上的父母子女关系。养子女与生父母间基于出生而具有的直接血缘联系，是客观事实，不能通过法律手段加以改变。因此，《民法典》婚姻家庭编关于禁止直系血亲结婚的规定，对于养子女与生父母仍然适用。

2. 对养子女与生父母以外的其他近亲属的法律效力

养子女与生父母以外的其他近亲属间的权利义务关系，亦因收养关系的成立而消除。养子女与生父母的父母间不再存在祖孙的身份关系，与生父母的子女间不再存在兄弟姐妹的身份关系，原祖孙、兄弟姐妹间的权利义务关系也不再存在。同样，因收养的解除效力并不影响血缘关系这一客观事实，因此，《民法典》婚姻家庭编中有关禁止直系血亲和三代以内旁系血亲结婚的规定，对养子女与生父母以外的其他近亲属也仍然是适用的。

三、养子女的姓名权

子女姓氏的更改，是收养的法律效力的表现之一。养子女可以随养父或者养母的姓氏，经当事人协商一致，也可以保留原姓氏。姓名权是公民的一项重要的人身权利，同时也是身份关系的一种标志，法律在此赋予当事人很大的自由选择空间。在我国的司法实践中，收养人年满 8 周岁以上的，如需要改动其姓名，还需要征得该收养人的同意。因此，《民法典》第 1112 条规定既符合收养制度的宗旨和男女平等的原则，又具有一定的灵活性。

多数国家的法律规定，被收养人随收养人之姓，如日本法、奥地利法、丹麦法、荷兰法等如此规定；少数国家允许被收养人继续保留原姓氏，如德国法如此规定；还有一些国家，如丹麦和瑞典，允许双方自由选择姓氏。[①]

四、收养行为的无效

无效收养行为，是欠缺收养成立的法定要件，不能发生收养法律后果的收养行为。前述法定要件，包括实质要件和形式要件。在我国收养制度中，收养无效的原因和收养成立的要件是互相对应的。这里所说的要件，包括一般的、所有民事法律行为均须具备的要件，也包括特定的、收养法律行为必须具备的要件。具体而言有以下情况：

第一，违反《民法典》第 143 条、第 144 条的规定。具体存在三种情形：一是收养关系当事人不具备相应的民事行为能力。夫妻双方都不具备完全民事行为能力，或者无配偶者是限制民事行为能力、无民事行为能力者，不得作为收养人，否则收养无效。二是收养的意思表示不真实。于收养关系的建立，收养关系当事人的意思表示应当真实。如果一方故意欺骗、胁迫另一方，使其作出错误的意思表示，则受欺诈、胁迫的一方当事人可以主张收养无效。三是收养行为的性质或内容违反法律、行政法规的强制性规定或者违背公序良俗。

第二，违反《民法典》婚姻家庭编有关收养的规定。可以分为两种情形：一是收养欠缺法定的实质要件，包括收养人、被收养人和送养人的条件，以及法律对收养人数的限制和无配偶者收养异性的年龄限制等；二是收养欠缺法定形式要件，包括收养应当向县级以上人民政府民政部门登记、办理登记的民政部门对查找不到生父母的未成年人应当在登记前予以公告等。

在审判实践中，依诉讼程序确认收养无效有以下两种情形：一是当事人或利害关系人提出请求确认收养无效之诉，由人民法院依法判决收养无效；二是人民法院在审理有关案件的过程中发现无效收养行为，在有关判决中确认收养无效。拟制血亲的亲子关系和自然血亲的亲子关系一样，是赡养、抚养、监护、法定继承等借以发生的基础法律关系，认定收养行为是否有效，是正确处理有关案件的必要前提，也直接影响判决结果。

我国民政部在有关收养登记的规定中指出，当事人弄虚作假骗取收养登记的，收养关系无效。至于当事人和利害关系人能否依行政程序申请确认收养无效，法律并无规定。身份立法重身份关系的稳定性，一旦在当事人之间形成了身份关系，除非有重大理由，一般不可宣告该身份行为无效。因此，为了体现保护未成年被收养人合法权益

---

① 参见蒋新苗：《比较收养法》，130 页，长沙，湖南人民出版社，1999。

这一各国现代收养立法的最基本原则，对于违反行政规定而面临收养无效的情形，如果从未成年被收养人的利益出发否认该收养的效力对其不利的，应例外地肯定该收养的合法性。

第五节 收养关系的解除

收养关系是基于一定的法律事实而成立的法律拟制的父母子女关系，其既然可以依法设立，就可以在一定条件下终止或者依法解除。双方依法办理解除手续而终止收养关系的，以该收养关系为中介的各方关系也随之解除和终止，即各方的身份关系与权利义务都同时终止。《民法典》第 1114 条至第 1118 条对于收养关系当事人解除收养关系的条件、程序和法律后果作了明确的规定。

一、一方要求解除收养关系

收养关系的依法解除是收养关系终止的原因之一，属于通过法律手段的人为终止。依法解除收养关系后，直接存在于当事人之间的法律拟制直系血亲关系归于消灭，以该收养关系为中介而形成的其他亲属关系也随之终止。不得违法解除与未成年人的收养关系，旨在保护未成年人，使其有稳定的生活环境，避免频繁更换家庭导致其心理或生理的伤害；在特殊情形下，即当收养人不履行抚养、教育被收养人的义务，或者收养人有虐待、遗弃被收养人的行为时，赋予送养人协议解除权，也是从保护被收养人的角度出发，及时将被收养人从不良的生活环境中解救出来，使被收养人免受生理和精神的摧残。

收养关系依当事人一方的要求而解除时，其中一方包括收养人、送养人或已成年的被收养人。由于解除收养的要求仅由一方提出，未获另一方当事人同意，因而在当事人间可能发生有关解除收养的纠纷。在这种情形下，只有基于法定理由始得解除收养关系，并须经法定的程序办理。

1. 一方要求解除收养关系的法定理由

依《民法典》第 1114 条第 2 款的规定，收养人不履行抚养义务，有虐待、遗弃等侵害未成年养子女合法权益行为的，送养人有权要求解除养父母与养子女间的收养关系。送养人、收养人不能达成解除收养关系协议的，可以向人民法院起诉。据此，收养人、送养人可在具有法定理由的情形下，向人民法院提出解除收养关系的诉讼请求。

2. 一方要求解除收养关系的程序

当事人一方要求解除收养关系的，应当经由诉讼程序办理。人民法院审理要求解除收养关系的案件，应当查明有关事实，根据《民法典》婚姻家庭编的有关规定，正确处理收养纠纷，保护当事人的合法权益，特别是未成年养子女的权益。

在诉讼程序中以调解方式解除收养关系的，其性质亦为协议解除。但是诉讼程序中达成的解除收养关系的协议不同于诉讼外解除收养关系的协议。人民法院已将解除收养关系的协议载入调解书，当事人无须另行办理解除收养关系的登记。

二、协议解除收养关系

《民法典》第 1115 条是关于养父母与成年养子女协议解除收养关系的规定：养父母与成年养子女关系恶化、无法共同生活的，可以协议解除收养关系。不能达成协议的，可以向人民法院提起诉讼。收养关系成立后，养子女融入收养家庭开始生活，但是家庭生活情形多变，父母子女关系会因为家庭生活的变化产生矛盾和隔阂。当养父母与养子女间的矛盾升级导致关系恶化，无法共同生活时，赋予成年养子女与养父母协议解除收养关系的权利具有现实意义。已经成年的被收养子女具有完全的民事行为能力，也具有独立生活的经济条件，当与养父母关系恶化，无法维持收养关系时，其可以通过协商或者诉讼的方式解除收养关系。

成年养子女与养父母解除收养关系的原因应是且只能是双方关系恶化、无法共同生活。不问双方关系恶化的原因，但应有双方关系恶化的表象，如双方经常发生激烈争吵，甚至有肢体冲突等。对"无法共同生活"应作扩大解释，养子女成年后可能已有独立住房，双方已不在同一住宅内共同生活，因此仅将无法共同生活狭义理解为无法生活在同一处房屋内，是不妥的。应将"无法共同生活"理解为无法维持收养关系，即双方无法继续维系养父母子女关系，继续维持养父母子女关系将对双方的工作和生活都带来极大影响。

三、收养关系解除的法定程序

办理收养解除登记是协议解除收养关系的必经程序。《民法典》第 1116 条规定：当事人协议解除收养关系的，应当到民政部门办理解除收养关系登记。《中国公民收养子女登记办法》（2023 年修订）第 9 条规定："收养关系当事人协议解除收养关系的，应当持居民户口簿、居民身份证、收养登记证和解除收养关系的书面协议，共同到被收养人常住户口所在地的收养登记机关办理解除收养关系登记。"协议解除收养关系的各方当事人必须亲自到收养登记机关办理，不允许第三人代替。收养登记机关在收到解除收养关系登记申请书及有关材料后，应当自次日起 30 日内，根据有关法律法规的规定进行审查。对于符合收养法规定条件的，为当事人办理解除收养关系的登记，收回"收养登记证"，发给各方当事人"解除收养关系证明"。民政部门对于解除收养关系的协议并不作实质审查，仅作形式审查。

四、收养关系解除的效力

收养关系解除的效力，是指收养关系解除后，对收养关系当事人发生的法律效果。收养关系解除后，根据被收养人此时的年龄状态有不同的法律后果。

1. 对未成年养子女与养父母及其近亲属的后果

收养关系解除后，首先要解决未成年被收养人的抚养、教育和利益保护问题。法律应始终考虑未成年人的权益保护，坚持未成年人利益优先原则。在收养人与被收养人的收养关系解除后，收养人没有继续对未成年被收养人提供抚养、教育和保护的义务，也不会继续承担与此相关的经济支出。未成年被收养人的生父母始终是被收养人的亲生父母，他们有着血缘关系，此时应回归最原始的血亲关系，由血亲重新承担起对未成年人的抚养、教育和保护义务。因此，在收养关系解除后，未成年被收养人与其生父母及其他近亲属间的权利义务关系自行恢复，是合理的，也是符合未成年人利益优先原则的。

2. 对成年养子女与养父母及其近亲属的后果

对于收养关系解除后，成年养子女与生父母之间的血亲关系是否恢复的问题，法律赋予被收养人与生父母以选择权，由各方根据实际情况协商确定。因为生父母多年来与被收养人之间并无抚养、赡养关系，在现实生活中往往也接触较少，生父母和被送养的子女之间往往有隔阂，如解除收养关系后自行恢复与生父母及近亲属的亲属关系，对被收养人以及其生父母都是较为突兀的设定；同时，父母子女关系还涉及赡养和继承等问题，也需要成年养子女及其生父母经过慎重考虑后再作出决定。法律强制要求恢复未成年被收养人与其生父母及近亲属的亲属关系，是因为未成年人尚无谋生能力，恐解除收养关系后被遗弃而无人认养。然而，成年养子女已有劳动能力，可以做到经济独立，因此不必担忧其无法生存的问题，此时应当赋予其选择权，让其自行决定是否与生父母及其近亲属之间恢复直系血亲与旁系血亲关系。若协商达成一致意见，则双方的直系血亲与旁系血亲之权利义务关系恢复；若双方没有达成一致意见，成年养子女不愿意恢复与生父母的亲子关系或者生父母不愿意恢复与成年养子女的亲子关系，那么，双方就不能恢复相互之间的父母子女关系，亦即成年养子女与生父母之间不存在赡养、继承等权利义务关系。

3. 收养关系解除后的生活费、抚养费给付义务

《民法典》第1118条规定：收养关系解除后，经养父母抚养的成年养子女，对缺乏劳动能力又缺乏生活来源的养父母，应当给付生活费。因养子女成年后虐待、遗弃养父母而解除收养关系的，养父母可以要求养子女补偿收养期间支出的抚养费。生父母要求解除收养关系的，养父母可以要求生父母适当补偿收养期间支出的抚养费；但是，因养父母虐待、遗弃养子女而解除收养关系的除外。

收养关系解除之后，收养人与被收养人之间以收养关系为中介而产生的父母子女关系消除，但这并不意味着养父母与被收养人之间联系全无。收养人在抚养被收养人的过程中付出了金钱与精力，为被收养人的成长提供了必要的精神与经济支持。在解除收养关系后，如果法律作出此时收养人与被收养人之间没有财产关系的相关规定，是不符合权利义务一致性原则的。因此，《民法典》第1118条规定了收养关系解除后原收养关系各方的财产关系。同样，当生父母要求解除收养关系时，由生父母补偿养父母在收养期间支出的抚养费也是符合权利义务一致性原则的。

《问题与思考》

1. 收养有哪些法律特征？
2. 《民法典》婚姻家庭编关于收养制度规定了哪些基本原则？
3. 收养关系的成立应当具备哪些法定条件？
4. 什么是收养关系的法律效力？包括哪些方面？
5. 收养关系解除引起的法律后果是什么？

6 PART SIX

| 第六编 |

继　承

第六十八章
继承法概述

本章概要

继承权是一项重要的民事权利，是继承人依法享有的、能够无偿取得被继承人遗产的权利。在根本上说，它是一种财产权利，但是又具有鲜明的身份特点，因此，它不同于一般的财产权或人身权。在继承权受到侵害时，合法继承人可行使继承恢复请求权。《民法典》继承编规定的基本原则有保护自然人私有财产继承权原则，继承权男女平等原则，养老育幼、互济互助原则，互谅互让、和睦团结原则，权利和义务相一致原则。

第一节　继承权的概念和特征

一、继承权的概念

《民法典》第124条规定：自然人依法享有继承权。自然人合法的私有财产，可以依法继承。这里的继承权，又称财产继承权，是继承人依法享有的、能够无偿取得被继承人遗产的权利。

关于继承权的本质，学界存在数种观点。第一种观点是家族协同说，即认为继承是基于家族协同生活而发生，个人死亡后其私人财产应当尽量被保留在家族或亲属集团内部；第二种观点是死后扶养说，即认为遗产是一种家庭扶养金，扶养人死亡后，其遗产由被扶养人获得，这一过程即为继承；第三种观点是被继承人意思说，即认为继承是被继承人处分其私人财产的过程，继承权体现的是被继承人的个人意志；第四种观点是无主财产说，即认为在自然人死亡后其个人财产均成为无主财产，继承就是根据立法政策重新分配这些财产的过程。《民法典》继承编所秉持的立法理念中，于遗嘱继承是以被继承人意思说为主导，于法定继承是以家族协同说为主导，同时部分特殊制度体现了死后扶养说的影响。对继承权本质的认识，在一定程度上决定了一国继承法的基本特征。在我国《民法典》继承编基于上述理念，即形成了如下特征：（1）遗嘱人享有高度的遗嘱自由；（2）法定继承人的范围较小，限于关系亲近的家庭成员；（3）在继承关系中高度重视扶养要素，例如规定尽了主要赡养义务的丧偶儿媳、女婿为第一顺序法定继承人，遗嘱继承中必须为需扶养的继承人保留必要份额等。

继承权具有两种含义，即继承开始前的继承权和继承开始后的继承权。继承开始前的继承权不是一种完全的、具体的权利，而是于将来继承一经开始即可依法继承被继承人遗产的一种资格，可以被解释为“为继承的权利”或“应为继承人的权利”。学界大多称此时的继承权为一种期待权，但也有人以“无发生被侵害情事之可能”为由否认继承开始前的继承权为期待权，而认为它是“享受一定保障之法律上地位”①。继承开始后的继承权是具有法律上意义的继承权，一经接受即为完全的、具体的权利，可以被解释为“因继承而取得的权利”或“为继承人的权利”。人们称此时之继承权为一种既得权。在接受继承权之前，此种权利具形成权性质；在接受继承权之后，此种权利具有支配权性质。学界通说及各国立法例均承认这两种继承权，我国亦不例外。

二、继承权的特征

继承权作为一种财产权利，具有以下特征：

（1）继承权以一定的身份关系为基础。继承人是与被继承人有特定身份关系（婚姻关系、血缘关系、家庭关系）的自然人，离开了这种关系就不会有继承权的发生。即使承受若干遗产，也不是基于继承权而取得。

（2）继承权的取得以他人的财产权利为基础。继承权是基于他人的财产权利而取得，即继受取得而非原始取得。继承权的实现，即财产权利的转移。

（3）继承权的实现与一定的法律事实相联系。继承权的实现以被继承人死亡和留有遗产等法律事实为前提。离开了被继承人死亡这一事实，继承权永远是一种期待性质的利益；离开了被继承人留有遗产这一事实，继承权无法形成支配性的财产权利。

第二节 《民法典》继承编的性质和基本原则

一、《民法典》继承编的性质

“……继承法最清楚地说明了法对于生产关系的依存性。”② 继承制度作为一种法律制度，是一定社会经济基础的上层建筑。在奴隶社会，继承制度建立在奴隶制的财产私有制基础之上，奴隶主将其占有的社会财富和奴隶作为遗产遗留给后代，妻、子被认为

---

① 陈棋炎、黄宗乐、郭振恭：《民法继承新论》，新订2版，14页，台北，三民书局，2004。

② 《马克思恩格斯全集》，第3卷，420页，北京，人民出版社，1960。

没有财产而依附于作为奴隶主的夫、父，奴隶更是被视为继承的客体而非主体。在封建社会，封建土地所有制是继承开展的基础。在这一时期继承关系的突出特点是继承人的地位不平等，例如妻子、女儿对丈夫、父亲的财产继承权遭否认，又如嫡长子制下长子相对于其他子女的继承特权。在资本主义社会，出于反封建的需要，资产阶级提出了自由、平等、博爱的立法理念，以资产阶级的财产私有制为基础构建继承制度，逐步实现了继承关系中的遗嘱自由、男女平等，但其突出特点表现为以金钱关系主导家庭、血缘关系。

在我国，《民法典》继承编建立在社会主义公有制之上，与剥削阶级的继承制度在性质上截然不同，具体表现在：（1）财产继承的主体差异。在我国，实行按劳分配和多种分配方式并存的分配制度，财产继承的主体是劳动人民而非剥削阶级。（2）财产继承的客体差异。公有制决定了我国生产资料的基本属性，财产继承是以自然人在社会主义公有制基础上享有的私人财产为客体。（3）财产继承的目的差异。剥削阶级的继承制度以保护剥削阶级的私有财产为目的，而《民法典》继承编主要是通过生产资料的传承，保障家庭发挥其应有的生产经营、消费储蓄、养老育幼、社会扶助的功能。据此，在我国，继承权的权利主体是自然人，客体是自然人合法的私有财产，根本目的是更好地保障自然人合法的财产权利，发挥家庭的职能，维护社会安定团结的局面。但是，这并不阻止我们批判地借鉴和吸收古今中外继承制度中合理的原则、有益的形式、先进的立法技术和成熟的立法经验。

二、《民法典》继承编的基本原则

继承制度的基本原则是处理继承问题必须遵循的普遍适用的准则，其既是继承立法的指导思想，又是解释、适用继承法的依据和出发点。

《民法典》继承编规定的基本原则有以下几项。

1. 保护自然人私有财产继承权的原则

自然人依法享有财产继承权是我国宪法和民法所确立的重要原则。该原则既是继承法立法的目的和任务，也是继承法首要的基本原则。这一原则的确立，有利于巩固社会主义市场经济发展的物质基础，尊重自然人处分个人财产的真实意愿，保障社会主义家庭职能的实现，并提高社会成员创造社会财富的积极性。

2. 继承权男女平等的原则

这是社会主义平等观念在继承法中的反映，也是男女平等的宪法原则在继承法中的体现。我国古代社会长期受男尊女卑封建思想的影响，女性的继承权往往不受重视，甚至被完全剥夺。但自 1950 年《婚姻法》确立了男女平等原则以来，我国在继承制度上始终贯彻男女平等原则。根据《民法典》继承编的规定，我国继承权男女平等原则具体表现为：（1）继承人的范围和顺序上男女平等，无论女性已婚未婚、初婚再婚、是否工作等，其继承权均不得被剥夺；（2）代位继承权男女平等，直系卑血亲无论男女，均得依代位继承取得遗产；（3）遗嘱自由处分权男女平等，女性亦得通过遗嘱处理死后个人财产的分配问题；（4）遗产继承份额男女平等，在法定继承中，同一顺序的法定继承人，无论男女，分得的遗产份额一般均等；等等。

3. 养老育幼、互济互助的原则

养老育幼、互济互助是社会主义家庭职能的客观要求，也是我国传统道德优良传统在当代社会的反映。以我国当前的社会保障体系发展程度而言，尚需家庭发挥其重要的扶养保障作用。因此，法律重视和鼓励家庭成员间履行相应的扶养义务，并以此作为继承关系调整的重要考量要素。这一原则在我国继承制度中的表现包括：（1）遗产分割时不搞平均主义，保证缺乏劳动能力而又无生活来源的继承人获得基本的生活资料；（2）相互有扶养义务的人互有继承权；（3）丧偶儿媳或女婿对公婆或岳父母尽了主要赡养义务的，可为第一顺序继承人。

4. 互谅互让、和睦团结的原则

互谅互让、和睦团结是社会主义家庭关系和社会主义精神文明的要求。在处理继承法律关系时，促进和鼓励当事人之间的互谅互让、和睦团结，既有利于社会的和谐稳定，也有利于节约相应的纠纷解决成本，同时还反映了社会主义法制下继承关系非唯金钱论的制度优越性。根据这一原则，继承纠纷都应由继承人本着互谅互让、和睦团结的精神协商解决，鼓励当事人之间根据既有的亲情、伦理、经济基础、履行赡养义务程度等因素，确定相应的遗产分配方案。

5. 权利义务相一致的原则

权利义务相一致是我国宪法的基本原则之一，在《民法典》继承编中同样有所体现，即在确定继承人范围、继承顺序及继承份额时，贯彻权利义务相一致的原则。该原则具体表现为：（1）在确定法定继承人的范围和顺序时，以继承人与被继承人之间血缘、婚姻关系的密切程度为基础；（2）以履行扶养义务的程度作为确定法定继承人分得遗产份额的依据，对尽了主要扶养义务者可以多分，对有能力却不尽扶养义务者应当少分或不分；（3）限定继承，即对债务的继承以遗产实际价值为限，被继承人所欠税款或债务超出继承人所继承的遗产实际价值的部分，继承人不负清偿责任；（4）承认遗嘱中所附义务的有效性，即遗嘱继承或遗赠附有义务的，继承人或受遗赠人无正当理由不得拒绝履行，否则得取消其获得遗产的权利；（5）承认遗赠扶养协议的效力，即允许协议相对人通过对被继承人履行生养死葬的义务换取获得遗赠的权利；等等。

第三节　继承权的保护

一、继承恢复请求权的概念

继承恢复请求权，又称继承回复请求权，是指合法继承人请求确认其继承人的地位和请求恢复到继承开始时的状态的权利。继承人根据继承恢复请求权可以要求法院确认自己依法享有继承权，并可以请求返还其依法应得的遗产。[①]

继承恢复请求权是使继承权从观念的权利转变为现实的权利的需要。[②] 依当然继承主义，继承人因继承开始而当然地取得对遗产的权利。但这仅仅是观念上的一种权利取得，客观上能否真正占有和支配遗产，却可能由于遗产占有人的侵害而受到影响。因此，为排除侵害并实现救济，设立继承恢复请求权，从而使继承人在其遗产受到侵害时提起恢复请求之诉，有利于保护其权利。

继承恢复请求权不等同于侵权损害赔偿请求权，其权能仅限于使权利人的继承状态恢复。若遗产占有人另外造成了权利人的财产损失，则权利人可以并行主张其侵权损害赔偿请求权。继承恢复请求权也不同于物上请求权，因为后者无法针对包括各项有体物、无体物在内的综合性对象——遗产行使。

二、继承恢复请求权的构成要件

继承恢复请求权的构成要件包括：（1）无继承权人须事实上占有遗产标的物。若无继承权人仅主张权利，或否认权利人的继承权，而没有占有遗产，则继承恢复请求权不能行使。（2）遗产占有人须无正当依据地占有遗产。若占有人本身是基于质权、留置权或特定的合同债权而占有遗产，则继承恢复请求权不能行使。（3）遗产占有人须否认权利人的继承权。遗产占有人并非基于否认继承权而无权占有遗产的，权利人应当主张相应的请求权，如物上请求权等，以获得救济。（4）权利人须享有合法的继承权。如果权利人因特定事由丧失继承权，则其自然不能主张继承恢复请求权。

实践中，继承人的继承权被侵犯，需要主张继承恢复请求权的，主要有以下情况：（1）在共同继承时，同一顺序继承人中的一人或数人非法侵吞了另一部分继承人应得的遗产份额；（2）第二顺序的继承人非法排斥了第一顺序继承人的继承权；（3）已丧失继承权的人或非继承人没有法律根据取得被继承人的遗产又拒不返还等。

三、继承恢复请求权的保护期限

继承权诉讼时效期限为 3 年，自继承人知道或者应当知道其权利被侵犯之日起计算。但是，自继承开始之日起 20 年的，不得再提起诉讼。此外，于继承权诉讼时效的中止、中断和延长等问题，遵循《民法典》总则编的相关规定。

去台人员和台胞与大陆同胞一样，享有同等的继承权，不能因为继承人去台湾而影响他们对在大陆遗产的继承。由于涉及去台人员和台湾同胞的案件许多已经超过 20 年了，所以，人民法院可以根据《民法典》第 188 条的规定，作为特殊情况适当延长诉讼时效。

---

① 参见黄薇主编：《中华人民共和国民法典解读·婚姻家庭编·继承编》，326 页，北京，中国法制出版社，2020。

② 参见郭明瑞、房绍坤、关涛：《继承法研究》，51 页，北京，中国人民大学出版社，2003。

问题与思考

1. 试述继承权的概念与特征。
2. 试述我国继承制度的基本原则。
3. 试述继承恢复请求权的概念与构成要件。

第六十九章
法定继承

本章概要

法定继承，是根据法律直接规定的继承人的范围、继承人继承的顺序、继承人继承遗产的份额及遗产分配原则继承被继承人遗产的一种继承方式。依照《民法典》继承编的规定，法定继承人的范围是配偶、子女、父母、兄弟姐妹、祖父母、外祖父母、对公婆或者岳父母尽了主要赡养义务的丧偶儿媳或者女婿，其中，配偶、子女、父母为第一顺序继承人，兄弟姐妹、祖父母、外祖父母为第二顺序继承人，丧偶儿媳对公婆或者丧偶女婿对岳父、岳母尽了主要赡养义务的，作为第一顺序继承人。于死于被继承人之前的子女的直系卑血亲，适用代位继承；被继承人的兄弟姐妹先于被继承人死亡的，由被继承人的兄弟姐妹的子女代位继承。继承人在被继承人死亡后、遗产分割之前死亡的，适用转继承，应当由该继承人继承的遗产份额，由他的法定继承人继承。法定继承人有两人及以上时，按照法定应继份比例分配遗产。

第一节　法定继承及其适用范围

一、法定继承的概念和特征

法定继承，是与遗嘱继承相对而称的一种继承形态，是指继承人的范围、继承顺序和遗产分配原则均由法律直接加以规定的继承制度。法定继承是一种法律推定继承。被继承人未立遗嘱或所立遗嘱无效时，法律根据被继承人与继承人之间的近亲属关系，推定被继承人生前愿意将自己的遗产由全体继承人按照近亲属亲等的近远、一般均等分配的方法进行继承。[①]

① 参见张俊浩主编：《民法学原理》，修订3版，981页，北京，中国政法大学出版社，2000。

法定继承制度的历史最早可以追溯到《汉穆拉比法典》，而在罗马法确立了遗嘱继承制度后，法定继承制度即被视为与遗嘱继承相对应的制度，因此也被称为无遗嘱继承。在我国古代，虽然遗嘱继承制度并未被确立，但基于封建宗法制度形成的继承制度与现代意义的法定继承仍有一定区别：宗祧继承是家长权、祖先祭祀权、财产权合而为一的继承制度，继承人主要被限定为嫡长子。到1930年中华民国民法典时期，我国才确立了具有现代意义性质的法定继承制度。

法定继承有如下特征：

（1）法定继承严格建立在人身关系的基础上。亲属身份权是法定继承的来源，法定继承是亲属身份权的派生。[①] 虽遗嘱继承也以一定的人身关系为基础，但遗嘱继承可以在较大范围内不受人身关系的限制。只有法定继承才与人身关系有严格、密切的联系。

（2）法定继承人的范围、继承顺序和遗产分配原则均由法律直接加以规定，属于强制性规范，不容改变。但遗嘱继承与此不同，遗嘱人可以按照自己的意思变更继承顺序和应继份额。

（3）法定继承的适用受遗嘱继承的限制。如果被继承人生前作成合法有效的遗嘱，就必须首先按照遗嘱来处理被继承人的遗产，而不能适用法定继承。只有在被继承人未立遗嘱或者所立遗嘱因法定原因而不能执行或不能全部执行时，才能完全或部分地采用法定继承方式。

二、法定继承的适用范围

依照《民法典》继承编的规定，对遗产中的有关部分应当按照法定继承予以办理的情形有：（1）遗嘱继承人放弃继承或者受遗赠人放弃遗赠的，对该部分遗产适用法定继承；（2）遗嘱继承人丧失继承权或者受遗赠人丧失受遗赠权的，对其所应继承的遗产适用法定继承；（3）遗嘱继承人、受遗赠人先于遗嘱人、遗赠人死亡的，对其所应继承的遗产适用法定继承；（4）遗嘱因违反法律、公序良俗等而无效的，对遗嘱无效部分所涉及的遗产适用法定继承；（5）对遗嘱未处分的遗产，适用法定继承；（6）被继承人没有订立遗嘱或遗赠扶养协议的，适用法定继承。

第二节　法定继承人的范围和顺序

一、法定继承人的范围

继承人，亦称遗产继承人，是指依法律规定承继死者的财产上一切权利和义务的人。

---

① 参见张贤钰主编：《婚姻家庭继承法》，270页，北京，法律出版社，1999。

继承人可被分为法定继承人和遗嘱继承人两种：前者是根据法律规定直接取得继承权的人，后者是根据被继承人生前所作成的遗嘱而取得继承权的人。通常所说的继承人的范围，是指法定继承人的范围。在《民法典》继承编中，遗嘱继承人的范围就是法定继承人的范围。

法定继承人的范围由法律直接规定，其确定的依据是继承人与被继承人之间既存的婚姻关系、血缘关系和家庭关系。《民法典》继承编确定的法定继承人的范围是：

（1）配偶，是处于合法婚姻关系中的夫妻双方。作为法定继承人的配偶，专指被继承人死亡时尚生存的与被继承人保持合法夫妻关系的人。尚未办理结婚登记手续而同居的男女，不能构成继承法上的配偶；已经离婚的男女，也不能构成继承法上的配偶。配偶间的继承权是平等的，夫妻得相互继承财产，不因性别差异而有所区别。

（2）子女，是父母的亲属中最近的直系卑血亲。根据《民法典》继承编的规定，作为法定继承人的子女包括婚生子女、非婚生子女、养子女和有抚养关系的继子女。

就非婚生子女、养子女、继子女的继承权问题，根据《民法典》第 1071 条第 1 款的规定，非婚生子女享有与婚生子女同等的权利，因此其享有与婚生子女同等的继承权；根据《民法典》第 1111 条的规定，养子女同养父母的收养关系确立后，与养父母之间适用父母子女关系，与生父母之间权利义务关系消除，因此，养子女有权继承养父母的遗产，无权继承其生父母的遗产；根据《民法典》第 1072 条第 2 款的规定，继父母与受其抚养、教育的继子女间适用父母子女关系，但根据第 1103 条，其又并不当然构成收养关系，因此，继子女可以继承继父母的遗产，同时也可以继承生父母的遗产。

（3）父母，是子女的亲属中最近的直系尊血亲。我国古代存在“同居共财”的家长制家庭财产所有制，因此，父母在死亡前不存在对子女财产的继承问题。但随着封建家产制的瓦解，立法将父母这一关系最近的直系血亲列为法定继承人，实有必要。

根据《民法典》继承编的规定，对子女的遗产有继承权的父母包括生父母、养父母、有抚养关系的继父母。其中，按照上述解释，继父母可以继承继子女的遗产，且不影响其对生子女遗产的继承权；但是，养子女与生父母间的权利和义务，因收养关系的成立而消除，故生父母无权继承其遗产。

（4）兄弟姐妹，是最亲近的旁系血亲。将兄弟姐妹列为法定继承人，一方面是为了扩大法定继承人的范围，尽量避免由于缺少法定继承人而需适用无人继承遗产的规则；另一方面也是由于我国历来有兄弟姐妹相互帮扶、团结友爱的传统，将兄弟姐妹列为法定继承人符合继承法的立法宗旨。

根据《民法典》继承编的规定，作为法定继承人的兄弟姐妹包括同父母的兄弟姐妹、同父异母或同母异父的兄弟姐妹、养兄弟姐妹、有扶养关系的继兄弟姐妹。关于养兄弟姐妹、继兄弟姐妹的继承权问题，可参照前述养子女、继子女的相关规定。

（5）祖父母、外祖父母，是较为亲近的直系尊血亲。按照《民法典》婚姻家庭编的规定，祖父母、外祖父母和孙子女、外孙子女间也存在着抚养、赡养关系，这是他们之间享有继承权的法理前提。

将祖父母、外祖父母列为法定继承人是比较法的立法通例。但在一些国家，养祖父母、外祖父母并不被认为具有法定继承人资格，原因在于立法者认为收养关系仅发生在父母子女这一代，与上一代的祖父母、外祖父母并不发生拟制血亲关系。《民法典》第1127条就该条内的“祖父母、外祖父母”，未如对“子女”“父母”“兄弟姐妹”那样作特别说明，因此从反面解释的角度，应当认为我国继承法没有承认养祖父母、养外祖父母的法定继承人资格。但同时需要注意的是，实践中如果当事人仅是以养祖父母与养孙子女关系相称，但实际具有收养关系，则依然按照养父母与养子女的关系处理继承问题。

此外，应当注意的是，《民法典》继承编中并未规定孙子女、外孙子女对其祖父母、外祖父母的遗产享有继承权。众多学者认为孙子、外孙子女可以代位继承其祖父母、外祖父母的遗产。但是，如果被继承人的子女丧失或者放弃继承权，则孙子女、外孙子女即因之丧失代位继承权。因此，有学者主张应赋予孙子女、外孙子女对祖父母、外祖父母遗产的本位继承权[①]，以弥补代位继承的不足。

（6）对公婆尽了主要赡养义务的丧偶儿媳、对岳父母尽了主要赡养义务的丧偶女婿。这是我国继承法中的特色规定。一方面，其契合了我国社会在孝道理念的影响下广泛存在的儿媳、女婿对公婆、岳父母进行赡养的传统；另一方面，其也有利于弘扬家庭的养老职能，鼓励丧偶者继续对配偶的父母进行赡养，体现权利义务相一致的原则。需要注意的是，尽了主要赡养义务，不是一般意义上的照料、帮助，必须是在生活上经常照料、在经济上长期供养，否则，丧偶儿媳、丧偶女婿不能成为法定继承人。

二、法定继承人的顺序

法定继承人的顺序是法律直接规定的继承人继承遗产时的先后次序，又称法定继承人的顺位。[②] 继承开始时，法定继承人并不是同时参加继承的，只有在没有前位顺序继承人，或者前位顺序继承人都放弃、丧失继承权的情况下，才由后位顺序继承人继承。法定继承人顺序的确定，一般考虑婚姻关系、血缘远近关系，并结合扶养或共同生活关系、传统和习俗等因素确定。

《民法典》继承编规定的继承顺序是：第一顺序继承人为配偶、子女、父母，第二顺序继承人为兄弟姐妹、祖父母、外祖父母。继承开始后，由第一顺序继承人继承，第二顺序继承人不继承。没有第一顺序继承人继承的，由第二顺序继承人继承。丧偶儿媳对公婆、丧偶女婿对岳父母尽了主要赡养义务的，作为第一顺序继承人。同一顺序的法定继承人的地位相互平等。

在民法典编纂过程中，围绕《继承法》确认的法定继承人顺序是否需要修改的问题，产生了大量的学术争议。首先，就配偶的继承顺序，有观点提出，应当将配偶设为无固定顺序的法定继承人，使之与第一或第二顺序的法定继承人共同继承遗产[③]，并为其设置特定的法定应继份，如与第一顺序继承人共同继承时均分，与第二顺序继承人共同继承时取遗产的二分之一。[④] 这样做的好处在于：一方面，保障了配偶基于婚姻关系而享有的

---

① 参见张俊浩主编：《民法学原理》，修订3版，974页，北京，中国政法大学出版社，2000。

② 参见郭明瑞、房绍坤、关涛：《继承法研究》，70页，北京，中国人民大学出版社，2003。

③ 参见杨立新：《家事法》，482页，北京，法律出版社，2013。

④ 参见陈苇主编：《外国继承法比较与中国民法典继承编制度研究》，424页，北京，北京大学出版社，2011。

特殊继承人地位，使之始终能够获得较为合理的遗产份额；另一方面，确保在没有父母、子女等其他第一顺序继承人的前提下，遗产不至于全部由配偶获得，从而保障了第二顺序继承人基于血亲关系而享有的正当继承权益。其次，就父母的继承顺序，有观点提出应当将父母列为第二顺序继承人，理由是遗产流转的主要需求是向下流转，应当尽量将遗产保留在直系晚辈血亲中，父母为第一顺序继承人，则当父母死亡时，其所继承的遗产将向被继承人的旁系血亲流转，这并不符合遗产流转的规律。[①] 最后，有观点提出应当扩大法定继承人的范围，孙子女、外孙子女应当被列为第一顺序继承人而非通过代位继承参与继承，同时应当将四等亲以内的其他亲属列为额外一个顺序的法定继承人。[②] 但从最后的立法结果来看，上述建议未被立法者采纳，《民法典》延续了《继承法》所确定的法定继承人顺序规则。

第三节　代位继承和转继承

一、代位继承

代位继承是指继承人先于被继承人死亡时，由继承人的直系卑血亲代替先亡的直系尊血亲继承被继承人遗产的一种法定继承制度。先于被继承人死亡的继承人被称为被代位继承人或本位继承人，代替被代位继承人取得遗产的直系卑血亲被称为代位继承人。

代位继承制度起源较早，其产生立足于人类社会共通的经济和情感基础。在继承人先于被继承人死亡时，一方面，对被继承人而言，继承人的直系卑血亲往往将代替继承人在其心中的情感地位；另一方面，对年幼的直系卑血亲而言，父母的早亡也往往会带来抚育和照顾的额外需求。因此，通过代位继承制度，使继承人的直系卑血亲代替原继承人的继承地位、获得相应的遗产份额，是各国社会的通行做法。

代位继承的适用须具备四个要件：（1）被代位继承人须先于被继承人死亡。（2）被代位继承人仅限于被继承人的继承人，且没有丧失继承权。（3）代位继承人须为被代位继承人的直系卑血亲，不受辈数的限制。这里的直系卑血亲包括拟制血亲，如被代位继承人的养子女、已形成抚养关系的继子女等。（4）代位继承仅发生于法定继承之中。

代位继承的法律效力主要体现在：（1）代位继承人替代被代位继承人的继承地位，与同一顺序的其他继承人共同继承，按均等原则分配被继承人的遗产。无论代位继承人为一人或多人，均只能取得被代位继承人的应继份。（2）同一顺序再无其他继承人继承的，由代位继承人独占继承，取得被继承人的全部财产。

在《民法典》颁布以前，《继承法》规定的代位继承制度中，被代位继承人仅限于被继承人的子女。也就是说，子女在被继承人之前死亡的，由孙子女、外孙子女（或更晚辈的直系卑血亲）代位继承，作为第一顺序继承人参与法定继承。这种情形也是代位继

①② 参见杨立新：《民法典继承编草案修改要点》，载《中国法律评论》，2019（1）。

承制度发展中的典型状态。但在《民法典》继承编中，立法者增加了一种代位继承类型，即被继承人的兄弟姐妹先于被继承人死亡时，由兄弟姐妹的子女（但不包括其他直系卑血亲）代位继承。由于兄弟姐妹属于第二顺序继承人，因此这一继承关系发生的前提是不存在第一顺序的继承人，且作为第二顺序继承人的兄弟姐妹已死亡。这一规则主要解决的问题是，使被继承人在没有其他更亲近亲属的情形下，由侄子（女）、外甥（女）成为其法定继承人以继承其遗产。因此，这一代位继承规则，有变相扩大法定继承人范围的作用。

二、转继承

转继承是指继承人在继承开始后、遗产分割前死亡，其所应继承的遗产份额转由其继承人继承的一种继承制度。该死亡继承人被称为被转继承人，其继承人被称为转继承人。

适用转继承应满足以下要件：（1）继承人须是在继承开始后、遗产分割前死亡；（2）被转继承人未放弃或丧失继承权；（3）须由转继承人继承被转继承人应继承的遗产份额。转继承发生的效力是：被转继承人有遗嘱的，按遗嘱继承；无合法有效的遗嘱的，适用法定继承。

转继承现象在社会实践中时常发生，规定转继承制度，有利于保障转继承人的利益，也有利于继承关系按照法定的顺位和合理的秩序进行，减少被转继承人死亡所造成的遗产分割纠纷。学理上一直承认转继承制度，但《继承法》对其未作明文规定。《民法典》第 1152 条规定了转继承制度。

三、代位继承与转继承的区别

代位继承与转继承，都是由原享有继承权之继承人的继承人取得被继承人的遗产，原享有继承权之继承人均在遗产分割前死亡，故两者极易混淆。两者的区别主要有以下五个方面。

（1）性质不同。转继承实际上是同一部分遗产发生两次连续的继承，因此，又称“二次继承”“再继承”；代位继承实则一次继承，只不过是继承人的直系卑血亲代替继承人的地位继承被继承人的遗产。

（2）发生根据不同。转继承的发生基于继承人后于被继承人、在遗产分割前死亡的事实，而代位继承的发生乃基于继承人先于被继承人死亡的事实。

（3）继承人范围不同。代位继承人仅限于被代位继承人的直系卑血亲；而转继承人可以是被转继承人的直系卑血亲，还可以是被转继承人的其他法定继承人。

（4）适用范围不同。代位继承仅适用于法定继承，是法定继承的特殊样态；而转继承既可适用于法定继承，也可适用于遗嘱继承。

（5）法律效力不同。代位继承人有权继承被代位继承人应继承的份额，而转继承人只是代替被转继承人实际接受其有权继承的遗产。

第四节 法定应继份

一、法定应继份及其确定

法定应继份是指在法定继承中，当法定继承人为两人及以上时，各继承人应当继承的遗产份额。法定应继份的特点在于：（1）其是由法律明确规定的，如无特殊原因，对遗产即应依此份额比例来分配；（2）其是财产权利义务的统一体，如无特别约定，继承人按此比例分配财产权利，也按此比例承担财产义务；（3）其可以经由全体继承人协议改变，这是民法尊重当事人意思自治的表现。

《民法典》第1130条对法定应继份的确定作了明文规定，规则突出反映了继承编的特色，即强调了对需要被扶养的继承人的照顾，以及对继承人履行扶养义务程度的考量。具体而言：

（1）同一顺序继承人继承遗产的份额，一般应当均等。

（2）特殊情况下继承人的继承份额可以不均等。在下列情况下，同一顺序的法定继承人的应继承份额可以不均等：

1）对生活有特殊困难的缺乏劳动能力的继承人，分配遗产时，应当予以照顾。其目的是保障生活有特殊困难又缺乏劳动能力的继承人生活上的基本需要。如果被继承人的遗产较多，继承人平均分配遗产也足以保障生活有特殊困难并且无劳动能力的继承人的生活需要，则没有必要再予以照顾，各继承人的应继承份额仍应均等。

2）根据继承人尽扶养义务的情况确定其继承遗产的份额。对向被继承人尽了主要扶养义务或者与被继承人共同生活的继承人，分配遗产时，可以多分；对有扶养能力和有扶养条件的继承人，不尽扶养义务的，分配遗产时，应当不分或者少分。这里需要注意的是，对于尽主要扶养义务的继承人“可以”多分遗产，不是强制性的；而对有能力却不尽扶养义务的继承人，“应当”不分或者少分遗产，具有强制性。这一点体现了我国继承法对扶养因素在遗产分配中的重视，以及对权利义务一致性原则的贯彻。

3）继承人协商同意的，也可以不均等。继承人之间可以本着互谅互让、团结和睦的精神，自愿协商遗产的继承份额。继承人协商一致，同意根据相互谦让、经济基础、履行扶养义务状况等原因不均分遗产的，应当尊重当事人的意愿。

二、法定继承人以外的人酌情分配遗产问题

在法定继承中，除依法参加继承的法定继承人外，具备法定条件的其他人也有权取得一定的遗产。《民法典》第1131条规定：“对继承人以外的依靠被继承人扶养的人，或者继承人以外的对被继承人扶养较多的人，可以分给适当的遗产。”这一规定的立法精神与前述法定应继份的酌定规则一致，均旨在强调继承法中家庭扶养因素的重要性。

酌情分配遗产的权利主体是参加继承的继承人以外的人，包括：(1) 继承人以外的依靠被继承人扶养的缺乏劳动能力又无生活来源的人。这一部分主体将可能因为被继承人的去世而丧失生存基础，因此从社会扶助的角度考虑，可以酌情分配部分遗产。(2) 继承人以外的对被继承人扶养较多的人。这有利于鼓励社会成员间的互帮互助，提高对被继承人的扶养保障。对被继承人的扶养，包括经济上的扶助、劳务上的扶助，也包括精神上的慰藉。是否扶养较多，应从扶养的质和量上进行综合比较后确定。

关于酌情分配遗产的义务主体，通说认为，应是参加遗产继承的继承人。被继承人死亡后遗产在分割之前即转归继承人所有，有多个继承人的，归他们共有，因此，应由参加继承的继承人分给可酌情分得遗产的人适当的遗产。可以分得适当遗产的人，在其依法取得被继承人遗产的权利受到侵犯时，有权以独立的诉讼主体资格向人民法院提起诉讼。其权利受保护的诉讼时效期间为 3 年，但本人在遗产分割时明知而未提出请求的，法院一般不予受理。

问题与思考

1. 试述法定继承的适用范围。
2. 试述法定继承人的范围。
3. 试比较代位继承与转继承。

第七十章

遗嘱继承、遗赠和遗赠扶养协议

本章概要

遗嘱继承是继承人按照被继承人所立的合法有效遗嘱继承被继承人的遗产的一种继承方式。遗嘱是遗嘱人生前在法律允许的范围内，按照法律规定的方式处分自己的财产或者其他事务，并于遗嘱人死后发生效力的单方民事法律行为。遗嘱的形式有公证遗嘱、自书遗嘱、代书遗嘱、录音录像遗嘱、口头遗嘱。遗嘱的有效要件是：遗嘱人在立遗嘱时具有完全民事行为能力；遗嘱所处分的财产为遗嘱人的个人合法财产；遗嘱是遗嘱人的真实意思表示；遗嘱的内容合法。遗嘱人可以依法变更、撤回遗嘱。遗赠是遗嘱人以遗嘱的方式将其个人财产的一部或全部于其死后赠给法定继承人以外的人的单方要式民事法律行为。遗赠扶养协议是由遗赠人与扶养人签订的，由遗赠人设立遗嘱，将自己的合法财产指定在其死后转移给扶养人所有，而由扶养人承担遗赠人生养死葬义务的协议。遗嘱信托是通过遗嘱方式设立的信托，遗嘱人将遗产委托于受托人管理和处分，以使遗嘱指定的受益人获得遗产利益。

第一节　遗嘱继承和遗嘱自由

一、遗嘱继承的概念和特征

遗嘱继承，与法定继承相对而称，是指继承人依照被继承人生前设立的合法有效的遗嘱继承被继承人的遗产的一种继承制度。在遗嘱继承中，继承人的范围、继承顺序和继承份额均由被继承人生前做成的遗嘱来确定，因此，遗嘱继承又称“指定继承”。设立遗嘱的被继承人称遗嘱人，由遗嘱指定的继承人为遗嘱继承人。

遗嘱制度的历史悠久，有学者认为可以追溯到《汉穆拉比法典》，但通说一般认为，遗嘱继承源于罗马法，在《十二铜表法》中即有体现。在罗马共和国末期，已经出现了秘密的文字遗嘱。到公元6世纪的《查士丁尼法典》中，遗嘱继承制度已经成型，并一直为西方社会所沿用，直到现代。而在我国古代，虽然社会实践中有“遗命”“遗言”传统，但继承关系主要依附于封建宗法关系，采用宗祧继承制度，因此，遗嘱继承制度的存在空间较小。直至《唐律》中才出现了遗嘱继承的雏形制度。至清末立法改革时，我国从西方法制中正式引入了遗嘱继承制度。而就社会现实而言，即使在1985年《继承法》颁布之后，在我国广大农村地区，遗嘱继承制度的实施仍未得到普及。

作为一种继承形态，遗嘱继承具有以下法律特征：（1）被继承人生前立有遗嘱和遗嘱人死亡是遗嘱继承的事实构成。二者缺一不可，否则不能发生遗嘱继承。（2）遗嘱继承直接体现了被继承人的意思。被继承人可以在遗嘱中确定继承人的范围、顺序和继承份额。继承人按照遗嘱继承也就是按照被继承人的意思继承。（3）遗嘱继承人须为法定继承人，但遗嘱继承人不受法定继承顺序和应继份额的限制。（4）遗嘱继承在法律效力上优先于法定继承。遗嘱继承是依遗嘱指定的继承人及其继承份额来转移遗产，遗嘱的内容直接体现了被继承人的意志以及其生前对其财产的处分。只要遗嘱合法有效，便适用遗嘱继承。只有在无遗嘱继承时，才适用法定继承。

实行遗嘱继承有其重大的社会意义，具体表现在：（1）有利于实现对自然人财产权的全面保护，使自然人死后的财产归属得到落实和法律保障；（2）有利于实现自然人的自由意志，自然人可以通过遗嘱自由实现其对财产归属的安排；（3）有利于家庭内部的团结和稳定，继承人可以以遗嘱为依据确定遗产分配方案，减少纠纷发生的可能。

二、遗嘱自由及其限制

随着私有财产的渐趋发达，遗嘱继承制度日益被社会重视。在商品经济较为发达的社会，私有财产的丰富、意思自治原则的肯认，导致私有财产自由处分的要求较为普遍，其题中之义乃是遗嘱自由。所谓遗嘱自由，是指遗嘱人以遗嘱形式处分自己身后财产的自由，其内容包括设立遗嘱自由、撤回或变更遗嘱自由、遗嘱内容自由、遗嘱方式自由，等等。[①] 遗嘱自由是私法自治在继承法中的体现，其最大的法律意义在于彻底保护私人财产权利。在肯定遗嘱自由的基础上，自然人才完整享有了对其财产权利的传承利益。这有利于鼓励民事主体创造社会财富，也有利于遗产分配中的定分止争。

遗嘱自由固然需要奉行，但如果遗嘱人将所有财产随意处分，而置自己的配偶、子女等近亲属于不顾，亦可能有悖道理伦常。为此，许多立法例都对遗嘱自由作了限制。在我国，《民法典》对继承自由的限制主要有两种：（1）遗嘱不得违背社会公德。遗嘱处分不得违背社会公德，或曰不得违背公序良俗。公序良俗是《民法典》总则编确立的基

① 参见江平主编：《民法学》，814页，北京，中国政法大学出版社，2007。

本原则之一，对继承法律关系也有统摄作用。在轰动一时的泸州遗赠案[①]中，法院驳回受遗赠人的诉讼请求的直接法律依据就是该遗赠违背社会公德，从而对遗嘱自由作了限制。(2) 必留份制度的建立。《民法典》第 1141 条规定：遗嘱应当为缺乏劳动能力又没有生活来源的继承人保留必要的遗产份额。此即必留份制度。该制度的积极作用在于：在社会保障体系不完善的历史条件下，保护缺乏劳动能力又没有生活来源的继承人的权益，以求法律的公正和社会财富分配的公平，并防止遗嘱人通过立遗嘱的方式将应当由家庭承担的义务推向社会。

但是，与他国的特留份制度相比较，我国的必留份制度在限制遗嘱自由方面存在一定的争议。[②] 所谓特留份制度，是指继承人仅依特定的身份即可在遗产中保留特定的份额，该份额不在被继承人自由处分的范围之内。必留份制度相较于特留份制度的差异，主要表现在：(1) 主体差异。必留份的主体是法定继承人，特留份的主体是特定身份的法定继承人。(2) 适用条件差异。必留份制度要求继承人缺乏劳动能力又没有生活来源，特留份制度则无条件适用。(3) 份额差异。必留份的份额是保障继承人基本生活的必要份额，特留份的份额则是法定的具体比例的财产份额。

三、遗嘱能力

遗嘱能力，是指自然人能够实施订立遗嘱的行为，进而处分其个人财产的资格。订立遗嘱的行为属于民事法律行为，是遗嘱订立人实现其遗嘱自由的途径。由此，遗嘱订立人也需要具备从事相应行为的能力，以确保遗嘱内容是订立人真实自由意志的体现。关于遗嘱能力年龄与民事行为能力年龄的关系，立法例上存在分歧：在一些国家，对遗嘱能力的年龄要求低于对民事行为能力的年龄要求；但在我国，《民法典》继承编未单独规定遗嘱能力年龄的问题，因此应认为我国的遗嘱能力年龄遵循《民法典》总则编关于民事行为能力年龄的规定，即与对民事行为能力的年龄要求一致。

关于是否具有遗嘱能力以当事人是否能够完全认知自身行为、具有与行为性质相匹配的智力和精神状态为判断标准。因此，学理上认为，盲、聋、哑等生理残疾，若不影响当事人的智力和精神状态，应不影响当事人的遗嘱能力。精神病人的遗嘱能力，应视其精神耗弱的程度，以及即时的清醒程度，予以确定。[③]《民法典》第 1143 条第 1 款规定，无民事行为能力人和限制民事行为能力人所立遗嘱无效。在解释上，限制民事行为

---

① 该案中，原告张某与被告之夫黄某（已因病死亡的遗赠人）存在非法同居关系。被告不能生育，且夫妻感情多年不和，长期分居。原告在遗赠人病逝前一直照顾其生活。遗赠人在死亡之前立下一遗嘱，将其个人财产遗赠给原告，并将遗嘱进行了公证。后原告持遗嘱向占有遗产的被告请求给付，遭被告拒绝。原告由此诉请法院判令被告按遗嘱执行。参见《南方周末》，2001-11-01，10 版。该案中争议的焦点在于该遗赠是否有效。肯定者认为，该案中基于遗嘱行为本身并不与社会利益或社会公德发生冲突，行为的内容也未直接违反法律的规定，是合法的。参见沈幼伦、孙霞：《论遗嘱自由与尊重社会公德——兼谈某“第三者”遗赠纠纷案》，载《法学论坛》，2002 (3)；胡吕银：《法律行为内容的限制与公序良俗的适用》，载《法学论坛》，2002 (3)。否定者赞同法院的立场，认为遗赠违背社会公德而无效 [赵兴军、时小云：《违反公序良俗的民事行为无效》，载《法律适用》，2002 (3)]。

② 参见张玉敏：《继承法律制度研究》，16 页，北京，法律出版社，1999。

③ 参见刘耀东：《继承法修改中的疑难问题研究》，146 页，北京，法律出版社，2014。

能力人所立遗嘱无效的规定，应属继承编中的特殊安排。

对遗嘱能力的判断应当以当事人订立遗嘱的时间点为准，当事人事后丧失遗嘱能力的，不影响遗嘱的效力。如果当事人因为醉酒、吸毒等原因暂时性丧失神志，应当认为其暂时丧失遗嘱能力，其当时所订立的遗嘱一般无效，但当事人在清醒后追认的除外。

第二节　遗　嘱

一、遗嘱的概念和特征

遗嘱是遗嘱人生前在法律允许的范围内，按照法律规定的方式处分其个人财产或者处理其他事务，并在其死亡后发生效力的单方民事法律行为。遗嘱是自然人就其死亡后如何处分其个人财产的意思表示的载体。对遗嘱一词往往在两种意义上使用：一是指遗嘱人的单方民事法律行为，二是指遗嘱人所立遗嘱的内容。

遗嘱作为一种民事法律行为具有如下特征：

（1）遗嘱是单方民事法律行为，它不以相对人承诺的意思表示为成立要件，也不得代理或辅之以他人意思。也正因为如此，如无特别原因，遗嘱人得单方撤回、变更其所订立的遗嘱，不受其他民事主体的约束。

（2）遗嘱是死因民事法律行为，只在遗嘱人死亡后才生效力。遗嘱的有效性取决于遗嘱人的遗嘱能力，但其内容的生效以遗嘱人死亡为前提。

（3）遗嘱是要式民事法律行为，非以法律规定的方式作成，不生效力。遗嘱生效意味着遗嘱人已死亡，一旦纠纷发生，遗嘱人的真实意思将难以取证。因此，法律对遗嘱的形式作了特别规定，以减少纠纷发生的可能。

（4）遗嘱是一种与身份法相联系的财产行为，与遗嘱人的身份、血缘、家庭等相关联。据此，遗嘱只能由遗嘱人亲自订立，不能适用代理制度。

二、遗嘱的有效要件

遗嘱的内容主要涉及遗嘱人对其死后财产的处分，直接关系到继承人及有关利害关系人的利益，关系到遗产的归属及社会交易的安全，因此，遗嘱必须具备一定的要件，方能有效成立。

（1）主体要件。遗嘱人在遗嘱作成时须有遗嘱能力，即遗嘱人设立遗嘱的行为能力。遗嘱能力和民事行为能力未必具有一致性。如前所述，根据《民法典》的规定，完全民事行为能力人才有遗嘱能力，无民事行为能力人和限制民事行为能力人并无遗嘱能力。对遗嘱能力的判断应以设立遗嘱时为准。

（2）客体要件。遗嘱所处分的财产须是遗嘱人的个人合法财产，且须是遗嘱人死亡时所遗留的财产。

（3）内容要件。遗嘱必须是遗嘱人的真实意思表示；遗嘱不得取消缺乏劳动能力又没有生活来源的继承人的继承权；遗嘱须为胎儿保留必要的继承份额；遗嘱内容不得违反社会公德和公共利益。根据《民法典》第 1143 条第 2、3、4 款的规定，受欺诈、胁迫所立的遗嘱无效；伪造的遗嘱无效；遗嘱被篡改的，篡改的内容无效。

上述三项为遗嘱有效成立的实质要件。

三、遗嘱的形式

遗嘱是遗嘱人以死亡后发生效力为目的的意思表示，是要式民事法律行为，非依法定形式不得成立。[①]

法律之所以对遗嘱的形式作明确规定，主要是基于对以下功能的考虑：

（1）证据功能。遗嘱是被继承人在生前作出的意思表示，但遗嘱发生效力是在被继承人死亡以后，因此，如果在遗嘱继承过程中发生相应的争议，由于被继承人已去世，当事人很难探究被继承人的真实意思并予以举证。故法律对遗嘱课以特定的形式要求，以保障被继承人意思表示的明确和可辨认。这可以使遗嘱本身成为继承争议中的重要证据，从而达到减少纠纷、便于纠纷解决的目的。

（2）引导功能。遗嘱对民事主体的财产关系有重大影响，且其内容可能纷繁复杂，而遗嘱人的认知、专业知识水平也可能千差万别。在这些前提下，法律通过明确遗嘱的形式，可以使遗嘱在结构、语言、证明要求等方面统一。这一方面有助于遗嘱的内容更加规范，减少遗嘱因形式不合格而无效的可能；另一方面也有助于遗嘱执行人、司法机关对遗嘱内容进行认定，从而提高相关事务的办理效率。

（3）告诫功能。要式民事法律行为的一个重要功能在于，通过对民事法律行为的形式要求，明确民事法律行为的重要性和严肃性，提高当事人的注意力。遗嘱是民事主体对其死后财产分配的重大处分行为，具有高度严肃性，且社会观念中也有出于尊重死者意愿而形成的仪式性要求。因此，通过特定的形式要求，达到加深遗嘱印象、告诫当事人的目的，也是法律对遗嘱形式加以明确规定的考量因素之一。

（4）保护功能。法律对遗嘱形式予以明确规定，也有保护被继承人的利益、确保其真实意思得到表达的作用。例如，对遗嘱签章、遗嘱公证、遗嘱见证人等方面的规定，可以较为有效地保障被继承人的真实意思表示，尽量排除他人对被继承人之意思的欺诈、胁迫、篡改等行为，以实现遗嘱意思真实的立法目的。

《民法典》继承编规定的遗嘱形式有以下几种。

1. 自书遗嘱

自书遗嘱，又称亲笔遗嘱，是由遗嘱人亲笔书写作成的遗嘱。自书遗嘱是最古老的遗嘱形式之一。在遗嘱人有书写能力的前提下，其即可采用自书遗嘱的遗嘱形式。自书遗嘱的形式要求包括：（1）其全文须由遗嘱人亲自书写，书写材料不限，但如果采用打印形式则不属于自书遗嘱，而应符合打印遗嘱的形式要求；（2）自书遗嘱应当注明立遗

---

① 我国《继承法》实施后，未能符合法定形式的遗嘱，即为无效。《继承法》实施前订立的，形式上稍有欠缺的遗嘱，如内容合法，又有充分证据证明确为遗嘱人真实意思表示的，可以认定遗嘱有效。

嘱时间，精确到年、月、日，以备与其他内容相抵触的遗嘱进行比对，确定何者效力优先；（3）自书遗嘱应当由本人签名；（4）自书遗嘱如需要涂改、增删，应当在涂改、增删处注明涂改、增删的字数，并在该处另行进行签名和标注时间。自书遗嘱在形式上不需要见证人。自然人在遗书中涉及死后个人财产处分的内容，确为死者真实意思的表示，有本人签名并注明了年、月、日，又无相反证据的，可按自书遗嘱对待。

2. 代书遗嘱

代书遗嘱是遗嘱人委托他人代为书写作成的遗嘱。代书遗嘱是针对遗嘱人没有书写能力或丧失书写能力的情形设置的遗嘱形式。这一遗嘱形式在目前符合我国的国情，因而《民法典》予以保留。代书遗嘱的形式要求包括：（1）必须有两个以上的见证人在场见证；（2）代书人需要为上述见证人之一；（3）需由代书人、见证人、遗嘱人分别签字，并注明年、月、日。

3. 打印遗嘱

打印遗嘱是遗嘱人通过打印的方式作成的遗嘱。在《继承法》的规定中，遗嘱形式并不包括打印遗嘱。这在一定程度上是考虑到打印遗嘱无法核实字迹，且容易遭到篡改和伪造。但是随着社会生活的发展变化，当前以打印形式作成文件的情境已越来越多，考虑当事人的便利，有必要承认打印遗嘱的效力。《民法典》第 1136 条规定了打印遗嘱的形式要求，包括：（1）应当有两个以上见证人在场；（2）遗嘱人、见证人应当在遗嘱的每一页签名，并注明年、月、日。

4. 录音录像遗嘱

录音录像遗嘱是遗嘱人通过录音、录像形式，以记录声音、图像的方式作成的遗嘱。《继承法》规定了录音遗嘱这一遗嘱形式，其后学者指出，既记录声音又记录图像的录像遗嘱比起仅记录声音的录音遗嘱更为可靠，应当得到承认。[①] 因此《民法典》在第 1137 条增加了录像遗嘱形式，并统一规定了录音录像遗嘱的形式要求。录音录像遗嘱较易被他人剪辑、伪造，因此，其作成也必须有两个以上的见证人在场；遗嘱人和见证人应当在录音录像中记录其姓名或肖像，以及年、月、日。

5. 口头遗嘱

口头遗嘱是由遗嘱人口头表达并没有任何物质载体加以记载的遗嘱。口头遗嘱没有特定的形式载体，证明力较低，且容易遭到篡改、伪造，因此不是一种理想的遗嘱形式；但是，如果遗嘱人面临生命垂危等紧急状态，没有条件采用其他形式的遗嘱，那么显然也有必要在特定条件下承认口头遗嘱的效力。据此，口头遗嘱形式的采用有严格的法律限制，具体而言：（1）遗嘱人只有在危急情况下，才可以立口头遗嘱。这里的危急情况主要指生命垂危，不能以其他法定形式订立遗嘱的情况。（2）口头遗嘱必须有两个以上见证人在场见证。（3）口头遗嘱的效力受限，即在危急情况解除后，遗嘱人如果能够用书面形式或录音录像形式设立遗嘱的，所立的口头遗嘱无效。

---

① 参见江平主编：《民法学》，816 页，北京，中国政法大学出版社，2007。

6. 公证遗嘱

公证遗嘱是由遗嘱人亲自申请、经公证机构证明的遗嘱。公证遗嘱需要由当事人通过较为规范的申请程序，并在公证员的见证下订立遗嘱，因此其形式较为严格，证据效力也比较高。关于公证遗嘱的效力，《继承法》规定，如遗嘱人以不同形式立有数份内容相抵触的遗嘱，其中有公证遗嘱的，以公证遗嘱为有效遗嘱。也就是说，《继承法》认为公证遗嘱的效力高于其他形式遗嘱的效力。但是，在《民法典》中，上述规定已经被取消，即自《民法典》生效后，公证遗嘱的效力与其他形式遗嘱的效力持平。按照《民法典》第 1142 条第 3 款的规定，数份遗嘱内容相抵触的，以最后所立遗嘱为准。

关于公证遗嘱的效力是否高于其他形式遗嘱的效力，在《民法典》编纂过程中存在争议。支持《继承法》方案、认为公证遗嘱效力优先的观点认为①：首先，公证遗嘱中公证员会严格遵循程序，确保遗嘱人有相应的遗嘱能力，且内容为其真实的意思表示；其次，公证遗嘱有国家公证机构背书，更加具有公信力；再次，公证遗嘱中，公证员会与遗嘱人进行交流，有利于排除遗嘱中的争议内容，遏制遗嘱内容中的不良动机；最后，公证遗嘱有利于司法适用，减少诉讼成本。与此同时，认为公证遗嘱的效力与其他形式遗嘱的效力持平的观点则指出：首先，公证遗嘱的公信力来自公证机构本身，而非对遗嘱内容的审查。实践中，公证机构不可能对遗嘱内容进行实质审查，因此没有必要赋予公证遗嘱更高的效力。其次，从效率角度出发，公证遗嘱不仅程序复杂，还需缴纳相应的费用，赋予其更高效力意味着遗嘱人若要变更遗嘱，则需额外付出大量成本，造成不便。最后，赋予公证遗嘱更高效力，也未必有利于遗嘱人的真实意思表示，其将阻碍遗嘱人在生命垂危等紧急状态下变更或撤回遗嘱的意图实现，从而造成对当事人自由的不正当限制。②《民法典》继承编采用了上述的后一种观点。

上述遗嘱形式中，代书遗嘱、打印遗嘱、录音录像遗嘱、口头遗嘱，均涉及遗嘱见证人的选任问题。民事主体是否有充当遗嘱见证人的资格，主要取决于两点：第一，见证人需要具备见证遗嘱订立真实性的能力，如果缺乏这种能力，则显然不是适格的见证人。第二，见证人需要自身与遗嘱内容没有利害关系。这是为了保障见证人的中立性，防止见证人事后为自身利益篡改、伪造遗嘱。

就见证能力而言，见证人应当具备如下条件：(1) 见证人需要具备完全民事行为能力，因为法律推定只有完全民事行为能力人才能正确认知遗嘱这一民事法律行为的意义和后果。(2) 见证人在完成遗嘱见证任务时应当处于神志清醒状态。见证人如果由于醉酒、吸毒等原因处于间歇性失智状态，则应不具备见证能力。(3) 见证人需要具备见证特定形式遗嘱的相关能力，例如：盲人由于视力障碍，往往不具备见证能力；对于代书、打印遗嘱，见证人应当具备文字阅读能力；聋哑人对于录音录像遗嘱往往不具备见证能力；等等。

就利害关系而言，见证人首先不应当是遗嘱中涉及的继承人、受遗赠人，因为其显然不具有利益中立性；其次不应当是与继承人、受遗赠人有密切利益关系的人，例如继

---

① 参见陈苇主编：《中国继承法修改热点难点问题研究》，261 页，北京，群众出版社，2013。

② 参见陈法：《论我国公证遗嘱适用的效力位阶》，载《现代法学》，2012 (5)。

承人、受遗赠人的近亲属、债权人、共同经营的合伙人等，这些主体有较强的动机为继承人、受遗赠人谋取利益。

《民法典》第1140条规定下列人员不能充作遗嘱见证人：（1）无民事行为能力人、限制民事行为能力人以及其他不具有见证能力的人；（2）继承人、受遗赠人；（3）与继承人、受遗赠人有利害关系的人。

四、附义务的遗嘱

所谓附义务的遗嘱，是指遗嘱继承人或受遗赠人尚需履行特定义务的遗嘱。这种特定义务既可以是作为的义务，也可以是不作为的义务，但不得违反法律的强制性规范以及公序良俗原则。在附义务遗嘱中，遗嘱继承人或者受遗赠人在继承遗嘱人的财产时需要履行遗嘱人对其附加的特定义务，否则其接受附义务部分遗产的权利可能被法院取消。

遗嘱继承人或者受遗赠人履行遗嘱所附义务的前提为接受继承或遗赠。遗嘱是单方民事法律行为，遗嘱人在遗嘱中为遗嘱继承人或受遗赠人附加义务时，并不需要与遗嘱继承人或者受遗赠人达成合意。由于遗嘱所附义务附随于遗嘱继承权或者受遗赠权，所以在遗嘱生效后，遗嘱继承人或受遗赠人可以通过接受或者放弃继承或受遗赠的方式选择是否履行遗嘱所附义务。遗嘱继承人或受遗赠人如放弃继承或者受遗赠，则无须履行该义务。

遗嘱继承人或者受遗赠人不履行遗嘱所附义务的法律后果为，经利害关系人或有关组织请求，人民法院可以取消其接受附义务部分遗产的权利。利害关系人或者有关组织可以为法定继承人、遗嘱执行人、因遗嘱所附义务的履行而受益的自然人和组织等。①

五、共同遗嘱

所谓共同遗嘱，是指两个或两个以上的遗嘱人共同订立的同一份遗嘱。共同遗嘱的特征在于：（1）共同遗嘱是一项多方民事法律行为，包含多个遗嘱人共同的意思表示，因此意思表示独立但载体同一（如书写在同一页纸上）的遗嘱并不属于共同遗嘱；（2）共同遗嘱完全生效的时间是遗嘱人均已死亡时，单个遗嘱人的死亡尚不能使整个遗嘱完全生效；（3）共同遗嘱的内容具有相关性和相互制约性，多个遗嘱人的遗嘱内容以对方遗嘱内容的生效为条件，若去世一方的遗嘱内容已执行，则在世一方不得变更或撤回其遗嘱内容。

共同遗嘱一般由夫妻双方共同订立，其类型主要包括以下几种：（1）夫妻双方相互指定对方作为自己的遗产继承人；（2）夫妻双方共同指定某第三人作为遗产继承人或受

---

① 参见黄薇主编：《中华人民共和国民法典解读·婚姻家庭编·继承编》，420～421页，北京，中国法制出版社，2020。

遗赠人；(3) 夫妻双方相互指定对方作为遗产继承人，但约定后死亡一方需将遗产遗留给特定的第三人。(4) 夫妻双方以对方的遗嘱内容为条件，订立自身的遗嘱内容，例如约定丈夫死亡时将遗产遗留给大儿子，妻子死亡时将遗产遗留给小儿子。

共同遗嘱在社会实践中并不罕见。《民法典》继承编未直接规定共同遗嘱制度，系基于宜粗不宜细的立法传统考量。但从解释论角度出发，共同遗嘱的效力应当得到肯定，原因如下：首先，共同遗嘱系当事人意思自治的表现，从法无禁止即自由的原则考虑，没有必要否定共同遗嘱的效力。其次，共同遗嘱与我国的社会传统相契合。根据我国的社会传统，父母一方死亡时，子女往往并不急于分割父母一方的遗产，共同遗嘱可以有效回应这一需求。最后，共同遗嘱也与我国的家庭财产制相契合。我国实行夫妻共同财产制，夫妻一方死亡时，需要首先分割夫妻共同财产，才能完成继承程序，采共同遗嘱则可以避免这一程序冗余。

但是，完全承认共同遗嘱的效力也可能带来一定的争议，主要表现在：若去世一方的遗嘱的内容已执行，则在世一方完全不得变更或撤回其遗嘱内容。这可能过分限制在世一方的财产处分自由。据此，有学者提出，以是否存在财产的“关联性处分”作为判断共同遗嘱效力的标准。[①] 也就是说，如果一方系因对方设立特定内容的遗嘱，才相应地作出自己的终意处分，那么相应的遗嘱内容应当具有约束力。这一观点有一定的道理。

第三节 遗嘱的变更、撤回和执行

一、遗嘱的变更和撤回

遗嘱的成立时间和生效时间不一致，其间世态多有变化，遗嘱人的意思可能发生变动，如强迫使其受最初意思表示约束，有悖于遗嘱继承制度的本旨，于是就有了遗嘱的变更和撤回。

所谓遗嘱的变更，是指遗嘱人在遗嘱作成之后、生效之前依法变动、更改原立遗嘱的部分内容的单方民事法律行为。所谓遗嘱的撤回，是指遗嘱人依法取消原立遗嘱全部内容的单方民事法律行为。遗嘱的变更和撤回都阻却遗嘱人的原立遗嘱发生效力。遗嘱的变更和撤回是被继承人遗嘱自由的表现，并且，遗嘱是单方民事法律行为，因此遗嘱的变更和撤回只需要被继承人单方的意思表示即可完成，遗嘱人得在生存期间内随时对遗嘱进行变更和撤回。

遗嘱的变更和撤回可以采用两种方式。

1. 明示方式

这是指遗嘱人以明文的、直接的方式表示变更或撤回原立遗嘱。此时，遗嘱人必须依照遗嘱的方式作成，不具备遗嘱法定方式的变更、撤回的意思表示不能发生变更、撤

---

① 参见王葆莳：《共同遗嘱中“关联性处分”的法律效力》，载《法商研究》，2015 (6)。

回的效力。

明示的遗嘱变更或撤回方式包括：（1）遗嘱人另立新遗嘱，并在新的遗嘱中明确声明撤回或变更原遗嘱。新遗嘱应当符合法律规定的遗嘱形式，并且根据《民法典》的规定，未公证的新遗嘱也可以撤回或变更原来的公证遗嘱。（2）遗嘱人以涂改、增删等方式在原遗嘱上对遗嘱进行变更或撤回。采用这种方式变更或撤回自书遗嘱的，遗嘱人应当在涂改、增删处注明涂改、增删的字数，并在该处另行进行签名和标注时间。对代书遗嘱、打印遗嘱的涂改、增删，除满足上述要求外，还需要代书人、见证人在涂改、增删处另行进行签名和标注时间。

2. 推定方式

这是指遗嘱人虽未明确表示其变更、撤回遗嘱的意思，但以其合法的可推知其变更、撤回意思的行为，变更、撤回原立遗嘱。

推定的遗嘱变更或撤回方式包括：

（1）遗嘱人所立前后若干遗嘱的内容相抵触。前后遗嘱内容相抵触的，以最后所立遗嘱的内容为准。因此，前后遗嘱的内容全部抵触的，视为遗嘱的撤回；部分抵触的，视为遗嘱的变更。

（2）遗嘱人作成遗嘱后的行为与遗嘱相抵触。该行为本身昭示了遗嘱人变更、撤回原立遗嘱的意思表示，从实际上否定了原立遗嘱，使遗嘱的变更或撤回成为一种既定的事实。因此，如若遗嘱人生前亲自实施的行为与遗嘱的意思表示相反，而使遗嘱处分的财产在继承开始前部分灭失或全部灭失，所有权部分转移或全部转移的视为遗嘱被变更或被撤回。例如，遗嘱人在遗嘱中将某一财产分配给甲，但在生前又将该财产赠与乙，那么遗嘱中关于该财产的部分即属已被撤回。并且，遗嘱人基于何种动机作出与遗嘱相抵触的行为，在所不问。如当事人忘记自己已经订立遗嘱，而对财产作与遗嘱相抵触的处分的，仍构成对遗嘱的变更或撤回。

二、遗嘱的执行

遗嘱的执行，是指遗嘱人死亡后，由遗嘱继承人或遗嘱指定的其他人真实地、全面地实现遗嘱内容的行为。执行遗嘱的人为遗嘱执行人。继承开始后，遗嘱执行人为遗产管理人。遗嘱执行的根据是遗嘱人生前所作成的合法有效的遗嘱和遗嘱人死亡的事实。只有在遗嘱人死亡后遗嘱执行才能开始：通过遗产管理人清理遗产、编制遗产清册，保管、分割遗产，清偿被继承人债务等，实现遗嘱的内容。

遗嘱执行是较为复杂和重大的民事法律行为，因此，遗嘱执行人应当具有完全民事行为能力。遗嘱人可以在遗嘱中指定遗嘱执行人，被指定的遗嘱执行人可以是法定继承人，也可以是法定继承人以外的其他人。遗嘱人未指定遗嘱执行人，或指定的遗嘱执行人不能、不愿执行遗嘱时，应当由继承人推选一人担任遗嘱执行人，或由继承人共同担任遗嘱执行人。遗嘱执行人即遗产管理人，关于其职责可参见后文关于遗产管理人职责的介绍。

第四节　遗　赠

一、遗赠的概念

遗赠是指遗嘱人以遗嘱的方式将其个人财产的一部或全部于其死后赠给法定继承人以外的人（包括自然人、法人、非法人组织、国家等）的单方要式民事法律行为。这里的遗嘱人又称遗赠人；按遗嘱无偿取得遗赠财产的人，称受遗赠人。

遗赠和遗嘱继承都是通过遗嘱行使财产处分权的方式，都是在遗嘱人死亡时使遗产所有权转移的民事法律行为，但两者存有以下很大的区别：

（1）遗嘱继承人和受遗赠人的范围不同。遗嘱继承人仅限于法定继承人，而受遗赠人是法定继承人以外的任何人，包括自然人、法人、非法人组织以及国家。

（2）遗嘱继承权和受遗赠权的客体范围不同。遗嘱继承权的客体是遗产，既包括积极财产（财产权利），又包括消极财产（财产义务），而受遗赠权的客体只能是遗产中的积极财产即财产权利。

（3）接受遗产的方式不同。依据遗嘱，遗嘱继承人具有继承人身份，可以直接参与遗嘱所规定的遗产分配，并取得指定给自己的份额；而受遗赠人作为继承人以外的人，不能直接参与遗产分配，而只能从继承人或遗嘱执行人那里取得受遗赠的财产。

（4）继承开始后权利人未作明示的法律后果不同。遗嘱继承人在继承开始后遗产分割前未表示放弃的，即视为接受；而受遗赠人的受遗赠权有除斥期间的限制，受遗赠人自知道遗赠后 60 日内未作出接受遗赠表示的，视为放弃受遗赠。

遗赠和赠与都是财产所有人自愿、无偿地赠给他人财产的民事法律行为，但两者的差异也甚明显：

（1）发生法律效力的时间不同。遗赠必须在遗嘱人死亡以后才生效力，而于赠与只能在赠与人生前发生效力。

（2）民事法律行为的性质不同。遗赠是单方民事法律行为，无须相对人承诺的意思表示即告成立；而赠与是双方民事法律行为，以双方的合意为基础。

（3）处分财产的性质不同。遗赠处分的是遗赠人死后遗留的财产即遗产，而赠与处分的是赠与人的生前财产。

（4）处分财产的范围不同。遗赠不得剥夺无独立生活能力又无生活来源的继承人的遗产份额，同时也不得侵害其他继承人的利益；而于赠与无上述限制。

（5）效力不同。在遗嘱生效以前，遗嘱人可以随时变更、撤回其遗嘱；而一般情况下，赠与人不得任意撤销赠与。

二、遗赠的法律效力

1. 遗赠发生法律效力的时间标准

遗赠是一种死后民事法律行为，因而遗赠发生法律效力（生效）的时间标准一般是遗赠人死亡之时。遗赠附有停止条件，且该条件在遗赠人死亡后成就的，于条件成就时发生效力；倘若该条件在遗嘱人死亡前成就，遗赠仍应当在遗赠人死亡时发生效力。

2. 遗赠无效

由于遗赠是采取遗嘱的方式进行的，因而，如果设立遗赠的遗嘱违反了法定的遗嘱的实质要件和形式要件，那么，该遗赠当然全部或部分无效。

3. 遗赠不生效

遗赠不生效的原因主要有：（1）受遗赠人先于遗赠人死亡；（2）受遗赠人丧失受遗赠权；（3）由于种种原因遗赠物已不属于遗产的范围；（4）于附有解除条件的遗赠，在遗赠人死亡以前条件已经成就；（5）于附有停止条件的遗赠，在条件成就以前受遗赠人已经死亡。

第五节　遗赠扶养协议

一、遗赠扶养协议的概念

所谓遗赠扶养协议，是指遗赠人与扶养人签订的，由遗赠人设立遗嘱，将自己的合法财产指定在其死亡后转移给扶养人所有，而由扶养人承担遗赠人生养死葬义务的协议。遗赠扶养协议是一种双务、有偿、要式、双方的民事法律行为，其优于遗嘱继承、法定继承而适用。

遗赠扶养协议是在我国农村地区的“五保”制度的基础上发展起来的。对于农村没有亲属供养、需要社会保障救济的住户，我国实施保吃、保穿、保住、保医、保葬制度。由此，《继承法》规定了遗赠扶养协议，以此为孤寡老人由集体组织生养死葬提供法律依据。当然，遗赠扶养协议的扶养人并不局限于集体组织，自然人、法人、非法人组织均可作为遗赠扶养协议的扶养人。遗赠扶养协议是我国立法总结我国人民群众的实践经验而创造出来的一种遗产处理方法，它将我国劳动人民的淳风美德予以规范化，有利于弘扬我国养老、敬老、爱老的优良传统，有利于鼓励继承人以外的社会成员参与养老保障，有利于解决孤寡老人的生养死葬问题，有利于解决养老问题引发的潜在的家庭内部矛盾。

二、遗赠扶养协议与遗嘱

遗赠扶养协议和遗赠都是遗赠人以遗嘱的方式将其财产权利于死后转移给法定继承人以外的人的民事法律行为，受遗赠人的受遗赠权都是在遗嘱人死亡后才能实现。但两者作为不同的法律制度，有着以下重要的区别：

（1）遗赠扶养协议是双方民事法律行为，协议的成立需遗赠人与扶养人双方意思表示的一致。而遗赠是单方民事法律行为，其成立无须受遗赠人承诺。

（2）遗赠扶养协议是双方、有偿的民事法律行为，受遗赠人享有受遗赠权以承担扶养遗嘱人的义务为前提。而遗赠是单务、无偿的民事法律行为，受遗赠人只享有遗赠人指定的赠与财产上的权利，而不承担财产上的义务。

（3）遗赠扶养协议是诺成性民事法律行为，协议一经签订即生效力。而遗赠是死因民事法律行为，虽在遗嘱人生前成立，但在遗赠人死亡后才生效力。

（4）遗赠扶养协议中的扶养人必须是具有完全民事行为能力的成年人或集体组织，而遗赠中的受遗赠人不受此限。

（5）遗赠扶养协议中的扶养人无须在遗嘱人死亡后作出接受遗赠的意思表示，即可以直接依协议取得遗产。而遗赠中的受遗赠人必须在法定期限内作出接受遗赠的明确意思表示，否则，视为放弃受遗赠权。

三、遗赠扶养协议的效力

遗赠扶养协议一经签订，就对双方当事人具有了法律约束力：扶养人负有对遗赠人生养死葬的义务，享有在遗赠人死亡后承受其遗赠财产的权利；遗赠人负有将协议中约定的遗赠财产在其死后转移给扶养人的义务，享有接受扶养人生养死葬的权利。扶养人无正当理由不履行协议规定的义务，导致协议解除的，不能享有受遗赠的权利，就其支付的供养费用一般不能要求补偿；遗赠人无正当理由不履行协议，导致协议解除的，则应偿还扶养人已支付的供养费用。

第六节　遗嘱信托

一、遗嘱信托的概念

信托，是一项起源于英美法的制度，指委托人基于对受托人的信任，将其财产委托于受托人，受托人按委托人的意愿，以自己的名义，为受益人的利益或特定目的而管理和处分财产。在信托关系中，存在委托人、受托人、受益人三方主体，其中，委托人、受托人均应为完全民事行为能力人。受托人须履行信义义务，为受益人的最大利益处理信托事务。

遗嘱信托，是指通过遗嘱而设立的信托。我国早在 2001 年颁布的《信托法》中即明确了可以以遗嘱设立信托的规则，但《继承法》中未规定遗嘱信托的相关内容。近些年来，随着社会财富的传承需求增加，遗嘱信托已成为民事主体处理继承问题的一项重要选择。《民法典》也适时回应了社会需求，于第 1133 条增加了关于遗嘱信托的规定。

遗嘱信托具有以下社会功能：（1）遗嘱信托提供了遗嘱继承、遗赠以外的另一种遗产处理方式，有利于更加灵活地解决财产继承问题，扩大当事人的意思自治；（2）遗嘱信托有利于社会财富的传承和增值，可以通过受托人的理财能力弥补继承人的不足，更解决了如何保障未成年继承人财产利益的问题；（3）遗嘱信托具有专业性和法定约束力，履行信义义务的受托人的介入，有利于减少由遗产分割带来的法律纠纷，可以使遗产的处理、清算和分配更加合理化。

二、遗嘱信托的内容和法律适用

自然人在遗嘱中设立信托的，通常应当写明如下内容：(1) 信托的目的；(2) 委托人、受托人的姓名或名称、住所；(3) 受益人或受益人的范围；(4) 信托财产的范围、种类、状况；(5) 受益人取得信托利益的形式和方法；(6) 信托财产的管理方法；(7) 受托人的报酬支付方式；(8) 新的受托人的选任办法；(9) 信托终止事由。一般而言，前五项是必须写明的事项。

于遗嘱信托应当同时适用《信托法》和《民法典》继承编的规定。在这种双重适用的前提下，遗嘱信托的实施具有如下特殊性：第一，就设立条件，为充分保障当事人的遗嘱自由，当前信托行业内基于行业监管而对信托设立设置的条件应当不能对遗嘱信托适用；第二，就信托的成立，《信托法》规定“受托人承诺信托时，信托成立”，但遗嘱属于单方民事法律行为，故无须受托人承诺遗嘱信托即可成立，但受托人拒绝时可由委托人另行选任受托人；第三，就设立形式，《信托法》强调以书面形式设立信托，但《民法典》允许口头遗嘱，这里应当适用《信托法》的规定；第四，就信托的生效，《信托法》规定，对需办理登记的信托财产，登记后信托生效，但《民法典》规定，继承可以直接发生物权变动的效力，故遗嘱信托的生效不应以登记为要件。

第七节　后位继承和补充继承

后位继承，也称次位继承或替代继承，是指在遗嘱规定的某种条件成就或期限届至时，由遗嘱继承人将其所继承的财产转移给另一特定主体。其中，首先继受遗产者为前位继承人，从前位继承人那里继受财产者为后位继承人。后位继承人在遗嘱规定的条件成就或期限届至前，享有的是对遗产的期待权。

对于在遗嘱中设立后位继承是否有效，法律未作明确规定，学理上也存在争议。肯定说认为，从维护当事人意思自治的角度出发，应当承认后位继承的效力，但遗嘱属于单方民事法律行为，后位继承是否会不当限制前位继承人获得的遗产所有权，不无疑问。在《民法典》明确遗嘱信托有效后，考虑到遗嘱信托与后位继承在实际效果上具有一定的相似性，意图设立后位继承的被继承人完全可以通过遗嘱信托，将前位继承人设为信托受托人，从而达到后位继承的实际效果。

补充继承，也称替补继承，是指遗嘱人在遗嘱中预先指定，当继承人放弃继承、丧失继承权或先于遗嘱人死亡时，其继承的遗产利益转归另一人所有的制度。补充继承是遗嘱人关于遗产分配设置的备份方案，有较强的实践需求，且不违背意思自治的基本原理，因此，对其效力应当予以肯定。

后位继承与补充继承均属于遗嘱继承中继承人的更替制度，二者的区别在于：(1) 继承人更替的时间点不同，后位继承的更替发生在遗产分割完成后，而补充继承的更替发生在遗产分割完成以前；（2）更替的原因不同，后位继承的更替原因是遗嘱规定的某种条件成就或期限届至，而补充继承的更替原因是继承人放弃继承、丧失继承权或先于遗嘱人死亡；（3）更替继承人享有利益的优先度不同，后位继承中更替的继承人才最终享有遗产利益，而补充继承中遗产利益本来归属于被更替的继承人。

问题与思考

1. 什么是遗嘱自由？对它有何限制？
2. 试述遗嘱的有效要件。
3. 试述遗嘱的形式。
4. 试述遗赠与遗嘱继承的区别。
5. 试述遗赠扶养协议与遗赠的区别。
6. 试述遗嘱信托。

第七十一章
继承程序

本章概要

继承从被继承人死亡时开始。遗产是自然人死亡时遗留的个人合法财产。继承开始后，应确定遗产管理人，由其承担管理遗产的职责。继承开始后遗产处理前，继承人可以放弃继承。在特殊情形出现时，继承人可能被取消继承资格。继承人在表示接受继承被继承人的遗产时，不仅享有继承被继承人财产的权利，同时也要承担清偿被继承人的债务的义务。遗产无人继承又无人受遗赠的，应当收归国有或集体所有制组织所有。

第一节　继承的开始

继承的开始，是指继承法律关系的发生。能够引起继承法律关系发生的法律事实，就是继承发生的原因。继承从被继承人死亡时开始，因此，继承发生的原因是被继承人死亡，其中既包括被继承人自然死亡，也包括被继承人依照《民法典》总则编的规定被宣告死亡。

一、继承开始的时间

继承开始的时间是确定继承资格和遗产范围的标准，也是继承恢复请求权和最长诉讼时效的起算点，还是遗产所有权转移的时间。因此，确定继承开始的时间至关重要。继承因被继承人死亡而开始，被继承人死亡的时间也就是继承开始的时间。自然死亡的，以死亡的确切时间为继承开始的时间（关于自然死亡时间的确定，详见本书“自然人”章）；被宣告死亡的，以法院判决中确定的死亡时间为继承开始的时间。

相互有继承关系的数人在同一事件中死亡的，根据客观证据确定死亡时间；难以确定死亡时间的，按照下述规则确定死亡顺序：（1）推定没有其他继承人的人先死亡。如果有人没有其他继承人，仅有的继承人在同一事件中死亡的，推定此人先死亡。这样规定就可以使其遗产依法被继承而不会造成无人继承的状况。（2）各自都有其他继承人，辈分不同的，推定长辈先死亡。这是为了尽量避免使财产向上流转，从而导致长辈死亡者的继承人占据更多的遗产份额，造成对后辈死亡者的继承人不公。（3）各自都有其他继承人，辈分相同的，推定同时死亡，彼此不发生继承。这是因为只要相互发生继承，那么推定后死亡者的继承人都会不恰当地占据更多的遗产份额。

二、继承开始的场所

继承开始的场所（地点）是继承人参与继承关系、行使继承权、接受遗产的地点，是确定继承纠纷案件之管辖权的依据，也是确定遗产税收的依据。同时，继承开始场所的确定，也有利于查清被继承人的遗产数额并予以妥善保管，便于继承人参加继承。一般来说，继承开始的场所是被继承人的住所地或主要遗产所在地。

三、继承开始后的通知

通知是继承开始的必要环节。继承开始的通知直接影响利害关系人权利的行使与放弃。对于继承人而言，继承开始的通知意味着继承人是否享有继承权、能否作出接受与放弃的意思表示；对于遗产管理人而言，继承开始的通知意味着遗产管理人开始履行职责、执行遗嘱；对于受遗赠人而言，继承开始的通知是受遗赠人据以在法定期限内作出是否接受遗赠的意思表示的前提；对于遗赠扶养协议中的扶养人、债权人等其他利害关系人而言，继承开始的通知意味着扶养人可以根据协议约定取得受遗赠的财产，债权人可以向遗产管理人主张通过遗产实现债权。①

继承开始后，知道被继承人死亡的继承人应当及时通知其他继承人、受遗赠人和遗嘱执行人，且不得在其他继承人或受遗赠人未全部到场的情形下单独对遗产行使权利，否则将构成对其他权利人的继承权或受遗赠权的侵害。继承人中无人知道被继承人死亡或者知道后而不能通知的，由被继承人生前所在单位或者住所地的居民委员会、村民委员会负责通知。随着现代信息技术的发展，通知方式灵活多样，通知的方式可以是口头通知、书面通知、登报公告等，也可以是电话通知、短信通知或者借助其他互联网即时通信工具发出通知。②

第二节　遗产的界定

一、遗产的概念和范围

遗产是继承权的标的，是继承法律关系的客体。《民法典》继承编规定，遗产是自然

---

① 参见黄薇主编：《中华人民共和国民法典解读·婚姻家庭编·继承编》，437～438 页，北京，中国法制出版社，2020。

② 参见上书，439 页。

人死亡时遗留的个人合法财产，但依照法律规定或根据其性质不得继承的遗产除外。

在《继承法》中，立法者采用概括式和列举式相结合的方法明确规定了遗产的范围。但随着我国社会和经济的迅速发展，以列举方式确定遗产范围的立法模式已经跟不上时代潮流，且其延展性也有不足。因此，在《民法典》编纂过程中，立法者修改了《继承法》的立法模式，转而采用单纯的概括式立法。根据《民法典》的规定，遗产只需满足下述条件：（1）来源上为合法财产；（2）内容上具有财产性；（3）时间上属于被继承人死亡之时；（4）在法律上或性质上不具有不可继承性。根据《民法典》第1122条第2款的规定，依照法律规定或者根据其性质不得继承的遗产，不得继承。根据其性质不得继承的遗产，主要是与被继承人之人身有关的专属性权利，如被继承人所签订的劳动合同约定的权利义务，被继承人所签订的演出合同约定的权利义务。①

实践中遗产的类型主要有以下几种：

（1）自然人的私人财产所有权，主要包括自然人的合法收入、储蓄，自然人的房屋、生活用品，自然人的林木、牲畜、家禽，自然人的文物、图书资料，法律允许自然人所有的生产资料。

（2）知识产权中的财产权利。知识产权作为一种特殊的民事权利，既有人身权利的内容，又有财产权利的内容。其中的人身权利，与其主体的人身不可分离，不可移转、让与，随自然人的死亡而消灭；其中的财产权利，可以转移，也可以继承。知识产权中的财产权利，主要包括著作权、专利权、商标专用权、发现权、发明权以及其他科技成果权中的财产权利。

（3）自然人的债权、债务。债是按照合同的约定或依照法律的规定，在当事人间产生的特定的民事权利和义务关系。其性质属于财产关系。凡履行标的物为财物的债权、债务，允许转移和继承。

（4）自然人的其他合法财产，主要有有价证券、某些他物权（如抵押权、留置权、典权等）、股权和合伙权益、数据和虚拟财产等。

应当注意的是，遗产不仅包括积极财产（权利），也包括消极财产（义务）。② 理由是：第一，《民法典》第1161条表明我国已经承认继承人对消极财产的继承；第二，从法理来讲，如果遗产不包括消极遗产，则继承人继承积极财产后，这些财产已由继承人享有所有权，所有权人无义务用自己的财产清偿他人的个人债务，被继承人生前的债权人的权利就会落空。反之，如果遗产包括消极财产，则可避免上述弊端。③

二、不构成遗产的权利和义务

下列权利、义务不构成遗产：

（1）与被继承人之人身密不可分的人身权利。它不具有可转让性，不能构成遗产。

① 参见黄薇主编：《中华人民共和国民法典解读·婚姻家庭编·继承编》，437页，北京，中国法制出版社，2020。

② 参见史尚宽：《继承法论》，1页，北京，中国政法大学出版社，2000。

③ 参见张俊浩主编：《民法学原理》，修订3版，955页，北京，中国政法大学出版社，2000。

此类权利如姓名权、名誉权、肖像权等。

(2) 与被继承人的人身密切相关的债权、债务。如出版、演出合同中作者、表演者完成创作、表演的债务；房屋租赁合同中的承租权；指定了第三人为受益人的人身保险合同中的受益权等等，与特定人的人身不可分离，不能转让和继承。

(3) 复员、转业军人享有的资助金、复员费、医疗费；自然人的离退休金和养老金；因工伤残抚恤费和革命残废军人抚恤费。这些都具有人身专属性，不能由他人继受。

(4) 土地承包经营权。自然人依承包合同而对国家所有或集体所有的土地、山岭、草原、荒地、滩涂、水面等的土地承包经营权，以承包经营户为权利主体，不能作为自然人的遗产予以继承。但其个人承包应得的个人收益，可依法继承。

(5) 宅基地使用权。宅基地使用权的权利主体为农户，户内无成员时，宅基地使用权消灭，因此其不能作为遗产继承。

三、确定遗产范围的几个问题

1. 遗产与夫妻或家庭共有财产

遗产是自然人死亡时遗留下来的个人合法财产，因而夫妻或家庭共有财产并不都是其遗产。在夫妻或家庭共有财产中，只有属于被继承人的财产部分，才属于遗产。《民法典》第 1153 条第 1 款规定，夫妻在婚姻关系存续期间所得的共同所有的财产，除有约定的以外，如果分割遗产，应当先将共同所有的财产的一半分出为配偶所有，其余的为被继承人的遗产。

2. 遗产与承包经营的财产

被继承人生前承包经营的财产，如土地、林地、企业等财产，并非被继承人的财产，因而不属于遗产，不能被继承。但是，承包经营应得的个人收益，属于自然人个人的合法收入，属于遗产，可以继承。承包人死亡时尚未取得承包收益的，可把死者生前对承包所投入的资金和所付出的劳动及其增值和孳息，由发包单位或者接续承包合同的人合理折价、补偿，其价额作为遗产。

3. 遗产与基于特定身份所享有的财产权利或财产

因工伤残者和革命残废军人生前所享有的领取抚恤费的权利，不属于遗产，不能由他人继承，但他们生前已领取尚余存的抚恤费，由于是归其个人所有的，故可作为遗产由他们的继承人继承。复员、转业军人由部队领回的资助金、复员费、转业费、医疗费，归复员、转业军人所有，一般不作为家庭共有财产处理；当复员、转业军人死亡时，应作为遗产转移给他们的继承人。但如果上述费用已经全部用于家庭的共同生活，则按家庭共有财产对待。

4. 遗产与抚恤金、保险金

职工因公死亡、革命军人牺牲或病故、自然人因交通事故或其他事故死亡时，有关单位按照有关规定给予死者家属的抚恤金和其他生活补助费，不同于上述的抚恤费，它并不是对死者的经济补偿，故不是死者的遗产，而是对死者特定家属所给予的精神安慰和物质帮助，应当由受抚恤的对象本人直接享受。

死者生前参加人身保险的，当保险事故发生，造成投保人死亡时，如果保险合同的投保人已指定了受益人的，保险公司依照规定给付的保险金归受益人所有，该保险金不属于死者的遗产。但是，遇有下列情形之一的，保险金应作为死者的遗产：（1）没有指定受益人；（2）受益人先于被保险人死亡，没有其他受益人；（3）受益人依法丧失受益权或者放弃受益权，没有其他受益人。

5. 股权和合伙权益作为遗产

股权和合伙权益有确定的财产属性，应当可以作为财产继承；但其同时又具有人身属性，且对其人身属性与财产属性无法进行明确的分割。据此，对于股权和合伙权益是否能够继承的问题，应当首先尊重公司章程或合伙协议。如果公司章程或合伙协议明确约定了股权或合伙权益是否可以继承的问题，则依约定行事，自无疑问；如果其未明确约定是否可以继承，则应在保障继承人合法权益的基础上，根据当事人的意思、企业内部治理结构、法律强制性规定等因素，确定是使继承人取得股东（合伙人）地位，还是将财产利益进行变价由继承人继受。

6. 数据和虚拟财产的继承问题

数据和虚拟财产的继承问题是信息化时代社会面临的新型法律问题。《民法典》第127条明确了数据和网络虚拟财产的受保护性，但其是否能够当然作为遗产进行继承，尚需结合具体的适用情境予以确定。根据《民法典》继承编关于遗产界定的基本要求，数据和虚拟财产如果满足合法性和财产性的要求，同时不具有人身依附性，则应当可以被作为遗产予以继承。

7. 政策性住房的继承问题

对于经济适用房、限价商品房、共有产权房等政策性住房，由于其本身包含了政策性福利，因此在继承时应当结合考察政策目的来确定继承方案。例如，对于被继承人实际只应享有部分财产利益的住房，应只允许继承人继承该部分财产利益；对于继承人不享有政策福利资格的住房，应当不允许继承人进行继承，或要求继承人补齐市场差价。

第三节　继承权（受遗赠权）的接受、放弃和丧失

一、继承权（受遗赠权）的接受、放弃

继承权的接受是指继承人在继承开始后、遗产处理前，作出接受自己的继承地位和应继份额的意思表示。继承权的放弃是指继承人在继承开始后、遗产处理前，作出放弃自己的继承地位和应继份额的意思表示。

《民法典》第1124条第1款规定：继承开始后，继承人放弃继承的，应当在遗产处理前，以书面形式作出放弃继承的表示；没有表示的，视为接受继承。由此，继承权的放弃必须采取明示方式，即在继承开始后、遗产分割前，明确表示放弃继承权。而继承

权的接受可以采取默示形式，只要在继承开始后、遗产分割前未明确表示放弃继承权，即视为接受。

应当注意的是，继承人不得因放弃继承权而不履行由其个人承受的法定义务，否则，其放弃继承权的行为无效。此类义务主要包括：清偿被继承人生前因继承人不负赡养、扶养义务，为生活之需所负债务的义务；支付被继承人丧葬费用的义务；扶养或抚养其他继承人的义务；其他如继承人依法应当缴纳税金、罚款、罚金、其他合法的费用等的义务。

受遗赠权的接受、放弃与继承权的接受、放弃不同。《民法典》第 1124 条第 2 款规定：受遗赠人应当在知道受遗赠后 60 日内，作出接受或者放弃受遗赠的表示；到期没有表示的，视为放弃受遗赠。可见，受遗赠权的接受必须采取明示方式；受遗赠权的放弃既可以采取明示方式，也可以采取默示方式。

二、继承权（受遗赠权）的丧失

继承权的丧失是指依照法律规定在发生法定事由时取消继承人继承被继承人遗产的资格，又称继承权的剥夺。继承权丧失制度的社会功能体现在：（1）维护社会的道德人伦和家庭秩序，威慑和制裁因继承关系破坏家庭伦理秩序、突破社会道德底线的行为；（2）维持良好的遗产继承秩序，防止部分继承人为牟取不正当利益阻碍正常继承秩序的行为；（3）维护遗嘱人的遗嘱自由，防止继承人采用欺诈、胁迫等手段妨碍遗嘱人按照自身真实意思订立遗嘱。

《民法典》继承编规定了导致继承权丧失的五种事由：（1）故意杀害被继承人。这里的“故意杀害”，不论是否以谋夺财产为目的，不论是否既遂，也不论行为人是否被追究刑事责任，但正当防卫行为除外。（2）为争夺遗产而杀害其他继承人。这里的动机被限定为争夺遗产。（3）遗弃被继承人，或者虐待被继承人情节严重。（4）伪造、篡改或者销毁被继承人所立合法遗嘱，情节严重。（5）以欺诈、胁迫手段迫使或者妨碍被继承人设立、变更或者撤回遗嘱，情节严重。

上述五种事由中，第三至五种属于非当然的继承权丧失事由。一方面，这些行为需要达到情节严重的程度才导致继承权丧失；另一方面，如果继承人确有悔改表现，且被继承人表示宽恕或事后仍在遗嘱中将其列为继承人的，则继承人的继承权不丧失。

对于受遗赠人而言，有上述第一项行为的，丧失受遗赠权。

继承人的继承权丧失后，其法律效力追溯到继承开始时，视为继承人自始没有继承权；继承人已不当占有遗产的，应当予以返回。在遗嘱继承中，原应由该继承人继受的遗产，适用法定继承，由其他法定继承人继承。关于丧失继承权的继承人的直系卑血亲是否可以代位继承的问题，学理上存在争议。否定说认为，代位继承权来源于继承本权，本权既不存在，自没有代位继承的可能；肯定说则认为，继承人自身的过错后果不应及于子女，取消后者的代位继承权也不利于继承人之间的利益平衡。[①]《民法典》继承编未

---

① 参见刘耀东：《继承法修改中的疑难问题研究》，74 页，北京，法律出版社，2014。

明确规定这一问题，且代位继承规则明确其适用条件是继承人死亡，而不包括丧失继承权，因此解释上应认为此时不存在代位继承。

第四节　遗产管理、分割和债务清偿

一、遗产管理

继承开始后，遗产所有权转移至遗产管理人，再由遗产管理人转移（分割）至继承人或受遗赠人。但在遗产分割前，遗产的归属尚未具体确定，很容易造成：遗产因无人管理和保护而被在继承地点的继承人私分、转移，或者遗产中的贵重物品被隐匿；遗产的一部或全部被盗窃、损坏；遗产因无人保管而全部或部分丧失；等等。为保护继承人、受遗赠人和被继承人的债权人的利益，《民法典》于第1151条规定："存有遗产的人，应当妥善保管遗产，任何组织或者个人不得侵吞或者争抢。"至于因遗产保管而花费的费用，应从遗产的现金中支付，或由继承人、受遗赠人分担。

遗产的处理不仅涉及继承人之间的利益分配，还涉及被继承人生前的债权人的利益。随着我国经济的快速发展，人民群众的财富不断增加，建立遗产管理人制度显得越来越有必要。[①] 为此，《民法典》第1145～1149条对遗产管理人作出了规定。遗产管理人是在继承开始后、遗产分割前，负责处理涉及遗产有关事务的人。《民法典》第1145、1146条规定了遗产管理人的选任问题，规则包括：（1）遗嘱执行人为遗产管理人；（2）没有遗嘱执行人的，由继承人推选遗产管理人；（3）继承人未推选的，由继承人共同担任遗产管理人；（4）没有适格继承人的，由被继承人生前住所地的民政部门或居民/村民委员会担任遗产管理人；（5）对遗产管理人的确定有争议的，利害关系人可以要求人民法院指定遗产管理人。

遗产管理人的职责包括：（1）清理遗产并制作遗产清单；（2）向继承人报告遗产情况；（3）采取必要措施防止遗产毁损、灭失；（4）处理被继承人的债权债务；（5）按照遗嘱或者依照法律规定分割遗产；（6）实施与管理遗产有关的其他必要行为，例如收取遗产在此期间产生的收益，进行起诉和应诉活动等。遗产管理人应当尽到善良管理人的注意义务，如果在遗产管理期间，因其自身的故意或重大过失造成继承人、受遗赠人、债权人损失的，则其应当承担损害赔偿责任。

遗产管理人有报酬请求权，请求依据是法律规定、遗嘱指定、当事人之间的约定等。遗产管理人可以获得报酬，也可以不收取报酬。遗产管理人报酬的多少可以由当事人约定，如果是人民法院指定遗产管理人的，人民法院可以酌情确定遗产管理人的报酬。

---

① 参见黄薇主编：《中华人民共和国民法典解读·婚姻家庭编·继承编》，422～423页，北京，中国法制出版社，2020。

二、遗产分割

继承开始后，遗产在形式上属于遗产管理人所有，在解释上属于共同继承人或继承人与其他遗产取得权人的共同财产。共同继承人或者继承人与其他遗产取得权人按照各自应得遗产的份额分配遗产的法律行为，称为遗产的分割。

（一）遗产分割的原则

1. 遗嘱分割自由

遗产共有是一种暂时性的共有关系，以遗产分割为终局目的和结果，因此，继承人可以自由协商遗产的分割时间，任何继承人都可以随时行使遗产分割请求权，要求分割遗产。《民法典》于第 1132 条即规定：继承人应当本着互谅互让、和睦团结的精神，协商处理继承问题。遗产分割的时间、办法和份额，由继承人协商确定。

2. 有利于生产和生活

《民法典》于第 1156 条第 1 款规定，“遗产分割应当有利于生产和生活需要……”。在分割遗产时，应当考虑遗产的性质和继承人的各自特点。对生产资料的分割，要从有利于生产的目的出发，考虑到生产的需要和财产的用途，将生产资料尽可能分配给有生产经营能力的继承人；对生活资料的分割，要考虑到继承人的实际需要，首先分配给有此特殊需要的继承人。取得生产资料或生活资料的继承人所得遗产的价值超出其应继承的遗产份额的，该继承人应给其他继承人以合理补偿。

3. 为胎儿保留应继份额

《民法典》第 16 条规定，涉及遗产继承、接受赠与等胎儿利益保护的，胎儿视为具有民事权利能力；但是胎儿娩出时为死体的，其民事权利能力自始不存在。这就意味着胎儿可以享有继承权。因此，只要受孕在身，作为具有民事权利能力的一分子，胎儿就能够依法获得遗产。[①] 因此，遗产分割时应当为胎儿保留一定的遗产份额，该应继份额由其母亲代管。应当保留而没有保留的，应从继承人所继承的遗产中扣回。胎儿娩出时是死体的，对保留的份额按照法定继承办理；胎儿出生后死亡的，由婴儿的法定继承人继承。

4. 不损害遗产的效用

根据《民法典》第 1156 条的规定，遗产分割应当不损害遗产的效用，对于不可分物或不易分割的遗产，可以采取折价、作价补偿、共有等办法进行处理。

（二）遗产分割的方式

（1）实物分割。当遗产为可分物时，按各继承人应得的遗产份额，对遗产作实际分割，使各继承人取得其应得部分。

---

① 参见黄薇主编：《中华人民共和国民法典解读·婚姻家庭编·继承编》，451 页，北京，中国法制出版社，2020。

（2）折价分割，适当补偿。当遗产为不可分物或不宜分割时，可由最需要该遗产的继承人取得，当该遗产的价值超出其应得遗产份额的，对多得部分由该继承人作价补偿其他继承人。

（3）共有。当遗产既不宜实物分割又无法作价补偿时，由数个继承人共同继承，对该遗产共同享有所有权。

（4）变价分割。对遗产不宜进行实物分割或折价、作价，各继承人也不愿共同继承的，可变卖遗产，由各继承人按其各自应得份额分割价款。

三、遗产归扣

关于遗产归扣制度《民法典》继承编未作规定，但学理上多有讨论。所谓遗产的归扣，是指共同继承人中如果有继承人在继承开始前已经从被继承人那里获得了特种赠与，则在遗产继承中应当将特种赠与计入该继承人的应继份，从而在遗产分割中首先扣除。这里的"特种赠与"，主要包括婚嫁立业资金、分居费用、教育费用等。

遗产归扣的意义在于保障继承人的平等继承权利。继承人在被继承人生前因特种原因获得赠与的，实际上已经从被继承人那里取得了一定的财产利益，其在继承中再与其他继承人取得平等的应继份，即可能对其他继承人不公。但遗产归扣值得诟病之处在于，其有妨碍被继承人的财产处分自由的嫌疑，因为即使是基于特种原因，被继承人生前对特定继承人的赠与仍属于合法、独立的民事法律行为，与继承并无关联关系。

在我国，民间长期存在父母生前将重要财产在主要继承人之间分配，进而使该继承人在继承时不分或少分遗产的现象。这构成遗产归扣的制度需求基础。但从《民法典》继承编未规定遗产归扣的结果来看，立法者应当没有认可遗产归扣对被继承人之财产处分自由的限制；且遗嘱继承的普及，在一定程度上也可以回应上述的制度需求。

四、被继承人债务的清偿

《民法典》继承编采取概括继承原则，继承人继承被继承人遗留的财产，在取得财产权利的同时，也承受了财产义务，即清偿被继承人的债务。所谓被继承人的债务，是指被继承人生前以个人名义欠下的，完全用于被继承人个人需要或其他依法应当由其本人承担清偿责任的债务。在确定被继承人的债务时应当将被继承人个人债务和家庭共同债务区别开来，将被继承人的债务与继承开始后因殡葬被继承人所生的债务区别开来。

清偿被继承人的债务时，遵循以下清偿顺序：（1）合理的丧葬费用、遗产管理费用、遗嘱执行费用；（2）为缺乏劳动能力又没有生活来源的继承人保留的必要份额；（3）被继承人生前欠缴的税款；（4）被继承人生前所负债务。

在清偿债务时，应当注意以下问题：

（1）对被继承人债务的清偿，以继承人接受继承为条件。放弃继承的，继承人不负清偿责任。但继承人放弃继承权，致其不能履行法定义务的，放弃继承权的行为无效。

（2）清偿被继承人的债务以其遗产的实际价值为限。这就是限定继承原则，意指继承人以其继承遗产的实际价值为限对被继承人的债务承担有限清偿责任。这是对概括继承原则的改造和发展，在保护被继承人的债权人的利益的同时，也维护了继承人的利益。但是，继承人对于超出遗产实际价值部分的债务自愿清偿的，仍是有效的债务清偿。

（3）清偿被继承人的债务，不能影响缺乏劳动能力又没有生活来源的继承人的基本生活需要。因此，即使遗产的实际价值不足以清偿债务，也应当为这些继承人保留适当遗产，以满足其基本生活需要。

（4）执行遗赠不得妨碍清偿遗赠人的债务。执行遗赠应于清偿债务后执行，清偿债务后，无遗产可执行遗赠的，则不能执行遗赠。

（5）遗产已被分割而未清偿债务时，如有法定继承又有遗嘱继承和遗赠的，首先由法定继承人用其所得遗产清偿债务；不足清偿时，剩余的债务由遗嘱继承人和受遗赠人按比例用所得遗产偿还。如果只有遗嘱继承和遗赠，则由遗嘱继承人和受遗赠人按比例用所得遗产偿还。

第五节　无人继承又无人受遗赠的遗产

一、无人继承又无人受遗赠的遗产的界定

无人继承又无人受遗赠的遗产，是指在继承开始后，没有人依法继承或接受遗赠的被继承人的遗产。

一般认为，有下列情况之一的，即可确定该财产为无人继承又无人受遗赠的遗产：（1）被继承人无法定继承人又未立遗嘱指定继承人、受遗赠人，或所立遗嘱或遗赠无效；（2）所有的继承人和受遗赠人都放弃或拒绝继承或受遗赠；（3）所有继承人都被剥夺继承权；（4）有无继承人或受遗赠人情况不明，经公告期满后仍无人出面主张继承权或受遗赠权。但必须指出的是，当第一顺序的继承人全部放弃或丧失继承权时，若有第二顺序的继承人存在，不属于无人继承；当遗嘱继承人、受遗赠人全部放弃或丧失继承权、受遗赠权时，若有后位继承人、受遗赠人存在，也不属于无人继承又无人受遗赠。

二、无人继承又无人受遗赠的遗产的处理

无人继承又无人受遗赠的遗产归国家所有，用于公益事业；死者生前是集体所有制组织成员的，该类遗产归所在集体所有制组织所有。国家和集体所有制组织接受了这些财产后，对死者所欠的税款和债务应依法负责缴纳、清偿。

遗产因无人继承又无人受遗赠被收归国有或集体所有制组织所有时，对于继承人以外的依靠被继承人扶养的缺乏劳动能力又没有生活来源的人，或者继承人以外的对被继承人扶养较多的人，可以分给他们适当的遗产。

问题与思考

1. 如何确定继承开始的时间？
2. 试述遗产的范围。
3. 如何放弃继承？
4. 如何清偿被继承人的债务？
5. 对无人继承又无人受遗赠的财产如何处理？

PART SEVEN

7

| 第七编 |

侵权责任

第七十二章
侵权责任法的一般规定与基本原理

本章概要

本章对应《民法典》侵权责任编第一章，主要讲述我国侵权责任法的一般问题，包括侵权责任法的概念与保护范围、侵权责任与违约责任的关系、侵权责任法的功能、侵权行为的概念、侵权责任的归责原则与构成要件、数人共同的侵权责任承担，以及减轻与不承担侵权责任的抗辩事由。

第一节　侵权责任法基本问题

一、侵权责任法调整因侵权产生的民事关系

近代以来法律主要依据其所调整的社会关系之不同而划分为若干“部门”，民法为此等“部门”之一，调整平等主体之间的人身关系和财产关系。在我国，民法确认的平等主体包括自然人、法人和非法人组织（《民法典》第 2 条）。作为《民法典》一编的侵权责任编当然也调整平等主体之间的人身关系和财产关系。在学理上，通常会用“侵权责任法的调整对象”或者“侵权责任法保护的民事权益范围”来表达这一问题。

民法所调整的人身关系和财产关系具有多样性，《民法典》各编调整的人身关系和财产关系在种类、性质等方面不尽相同：有的仅调整人身关系，有的仅调整财产关系；有的调整基于当事人自愿之民事法律行为产生的人身关系和财产关系，有的调整基于法律的直接规定产生的人身关系和财产关系。

《民法典》第 1164 条规定：“本编调整因侵害民事权益产生的民事关系。”我国侵权责任法是指以《民法典》侵权责任编为核心，包括散见于单行民事法律中的各种侵权责任法律规范的总和。在侵权责任法调整的民事关系中，被侵权人享有的权利和侵权人应当承担的义务与责任，不是由当事人事先约定的，而是在发生侵害事实的情况下由法律直接加以规定的。因此，因侵权发生的债被称为法定之债。在这种债的关系中，被侵权

人依据法律（主要是侵权责任法）的规定请求侵权人承担侵权责任。侵权责任的承担方式可以是人身性质的，如赔礼道歉、消除影响、恢复名誉；也可以是财产性质的，如赔偿损失、恢复原状。

二、侵权责任法的保护范围

（一）绝对民事权利

以其效力及范围为标准，权利可被分为绝对权和相对权。绝对权，是指可向一般人请求不作为的权利，如人格权、身份权、物权等。有此权利者，得请求一般人不得侵害其权利，故该权利又称对世权。

对于侵权责任法的调整范围，也可以从侵权责任法保护的民事权益范围进行界定。是否所有的民事权益受到侵害都适用侵权责任法，或者说侵权责任法到底保护哪些民事权益？这是一个民法内部的体系协调问题。大陆法系国家的民法理论基本上认为：基于合同约定产生的民事权益原则上不受侵权责任法的保护而受合同法的保护。基于合同约定产生的权利义务属于“意定之债”，不是侵权责任法保护的民事权益。法国民法理论及其实践提供“责任非竞合”规则来排除侵权责任法对违约责任之适用，即使违约方的行为既造成违约损失也造成受害人一方固有利益的损失，受害人一方也只能依合同法请求救济。于德国法，单纯违约造成的损害当由合同法救济；只有在违约行为同时造成对受害人固有权利（如生命、健康等）的损害时，受害人一方方可选择损害赔偿请求权或者违约责任请求权，于二者只能择一行使。

大陆法系民法大致有这样一个共识：侵权责任法主要保护具有“绝对”性质的民事权益。侵害具有绝对性质的民事权益造成损害的，由侵权责任法加以救济；相反，因违约造成的债权利益损失，则由合同法予以救济。[①] 在我国，原《侵权责任法》第2条第2款对其所保护的民事权益进行了列举：本法所称民事权益，包括生命权、健康权、姓名权、名誉权、荣誉权、肖像权、隐私权、婚姻自主权、监护权、所有权、用益物权、担保物权、著作权、专利权、商标专用权、发现权、股权、继承权等人身、财产权益。这里仅仅列举了侵权责任法保护的民事权利而没有列举侵权责任法保护的“合法权益”，而列举的民事权利均属于绝对性质的民事权利，而不是当事人之间因合同等约定而产生的相对权利——债权。《民法典》虽然没有对侵权责任法保护的具体民事权益进行列举，但是在立法上似乎遵循了原《侵权责任法》第2条第2款的思路，没有另起炉灶作出新的制度安排。

（二）其他合法民事权益

我国民法不仅保护民事主体的人身权利和财产权利，也保护民事主体的“其他合法权益”。在《民法典》第3条中，将“人身权利、财产权利”与“其他合法权益”并列加以规定，表明二者并不相互包容，而是分别有所指向的。《民法典》总则编第五章“民事

---

① 参见张新宝：《侵权责任一般条款的理解与适用》，载《法律适用》，2012（10）。

权利”规定了各种民事权利，也规定了一些“合法权益”。这些民事权利中的绝对权部分，当然受侵权责任法保护。而个人信息（《民法典》第111条）、数据和网络虚拟财产（《民法典》第127条）虽然没有被明确规定为民事权利，也应当被认为是侵权责任法所保护的“其他合法权益”。

在民法理论上和比较法实践中，某些合理的信赖利益受侵权责任法保护。第三人恶意侵害债权应当承担侵权责任，死者的某些人格利益受到保护，这些都可以被看作是侵权责任法对“其他合法权益”的保护。在我国，对“其他合法权益”的确认主要依赖：(1) 民法或者其他法律的规定；(2) 最高人民法院的司法解释等规范性文件的规定；(3) 基于诚实信用原则（《民法典》第7条）和习惯（《民法典》第10条）等，由最高人民法院的指导性案例个别确认。

（三）侵权责任与违约责任的关系

《民法典》第186条规定：因当事人一方的违约行为，损害对方人身权益、财产权益的，受损害方有权选择请求其承担违约责任或者侵权责任。这条规定是处理侵权责任与违约责任之“责任竞合”的主要规则。

侵权责任与违约责任竞合，是指行为人的同一行为既违反侵权责任法的有关规定，符合侵权责任之构成要件，又违反合同法的有关规定或当事人的约定，符合违约责任的构成要件，因此而产生的侵权责任与违约责任并存且相互冲突的现象。侵权责任与违约责任是最基本的两类民事责任。在民事法律领域，责任竞合主要发生于侵权责任与违约责任之间。

违约责任又称违反合同的责任或合同责任，是指在合同成立并生效的情况下，合同当事人不履行或不适当履行合同债务（当事人的义务）时依法产生的法律责任，而侵权责任是侵权人的行为侵害他人法定民事权益而依法应承担的民事责任，或其他赔偿义务人依法律直接规定应当承担的包括损害赔偿等责任方式在内的民事责任。违约责任与侵权责任均为民事责任，这是二者之间最基本的同一性。

违约责任与侵权责任的根本区别还在于责任基础不同：违约责任的责任基础是违反当事人之间的约定义务，侵权责任的责任基础是行为人违反法律直接规定的法定义务（侵害他人之法定民事权益）。前者在责任之构成与法律（合同法）规定之间，存在当事人基于意思自治的合意过程；后者在责任之构成与法律（侵权责任法）规定之间，不存在当事人基于意思自治的合意过程。

三、侵权责任法的功能

（一）填补损害

侵权责任最主要的功能是填补被侵权人一方遭受的损失，通过赔偿损失、恢复原状等责任方式使被侵权人一方遭受损害的财产或人身尽可能恢复到受害前的状况。填补损害的责任方式因受损害权益的性质不同而有所不同：对于受到损害的法定财产权，采用返还财产、恢复原状或者赔偿损失的侵权责任方式，使受到损害的法定财产权尽可能恢复到受害前的状况；对于受到侵害的人身权，主要采取消除影响、恢复名誉、赔礼道歉以及损害赔偿（包括精神损害赔偿、死亡赔偿、伤害赔偿、残疾赔偿、医疗康复费用等的赔偿），使被侵权人尽可能恢复到受害前的身体或者精神状况，使死者的近亲属得到精神上的慰藉，使受到损害的名誉和人格尊严重新得到社会的正确认可。

（二）预防损害

我国侵权责任立法适应国际发展潮流，规定了预防损害发生和防止损害扩大的侵权责任承担方式，包括停止侵害、排除妨碍、消除危险。这些侵权责任承担方式具有十分重要的预防功能，有利于预防和减少损害的发生，发挥侵权责任法的积极规范和调整功能。

（三）教育与惩戒作用

《民法典》第 179 条第 2 款规定：法律规定惩罚性赔偿的，依照其规定。《民法典》第 1185 条、第 1207 条和第 1232 条规定了惩罚性赔偿，一些单行法律中也有惩罚性赔偿的规定。侵权责任在惩戒侵权人的同时，也必然警戒和教育社会其他成员。其他自然人、法人和非法人组织吸取侵权人的“前车之鉴”，为避免自己也陷入上述不利后果的境地，会自觉地严格约束自己的行为，遇事遇人施以“理性人”应有的注意。

（四）分散损失与平衡社会利益

侵权责任法通过设立诸如直接侵权人的责任、雇主责任（替代责任）、共同侵权责任、第三人的过错责任、侵权人与被侵权人的共同过错责任、双方均没有过错的损害后果分担和受益人的损失负担，将被侵权人受到的损失全部或者部分转移给侵权人或者其他相关的主体，损失不由被侵权人承担或者不由被侵权人全部承担，而是由侵权人或者其他主体全部承担或者部分承担，从而实现侵权责任分散损失、平衡社会利益的功能。

四、侵权行为：自己的侵害行为与准侵权行为

（一）行为人自己的侵害行为

自己的侵害行为是指行为人自己实施的侵害他人民事权益的行为。在这一领域，法律一般强调行为人自己责任和过错责任。

从广义上实施侵害行为的主体来看，侵害行为包括两种：（1）行为人自己实施的侵害行为。（2）由他人对其造成的损害负有赔偿等义务的人实施的“行为”（在实施者为有完全民事行为能力者时可以称之为行为，而在无民事行为能力人致人损害的情况下，则不是严格意义上的行为，因为实施者没有民事行为能力，可称之为举动）。这主要是指雇员在执行雇佣工作的过程中或者为了雇主的利益实施的行为以及被监护人致人损害的情况。动物致人损害不是人的侵害行为，物件的内在危险之实现造成损害（如建筑物倒塌

造成人身伤害）也不是人的侵害行为。

在侵权责任法理论中，一般侵权责任构成要件中的“侵害行为”，仅指行为人（某人既是行为实施者也是责任承担者的情况）所实施的侵害行为（构成狭义侵权行为），而不包括雇员、被监护人等实施的侵害行为，以及动物、物件致害等情况（构成准侵权行为）

（二）准侵权行为

在准侵权行为领域，某些民事主体要对“他人的侵害行为”承担侵权责任。这些民事主体承担侵权责任，首先，不以自己的行为为限；其次，不以过错责任为限。对他人行为承担责任的情况通常包括：(1) 雇主对雇员在执行雇佣工作过程中实施的侵害行为给第三人造成的损害承担侵权责任；(2) 监护人对被监护人给第三人造成的损害承担侵权责任；(3) 法律规定的其他情况，如国家机关对其工作人员违法执行职务造成的损害承担侵权责任。这些侵权责任不属于“一般侵权责任”，而是法律有特别规定、不适用《民法典》第 1165 条第 1 款的侵权责任。

第二节　侵权责任的归责原则与构成要件

一、侵权责任与归责原则概述

（一）侵权责任

法律责任包括刑事法律责任、行政法律责任和民事法律责任。所谓侵权责任，是法律责任之一种，是民事法律责任之一种，是指侵权人依法应当承担的人身性质或者财产性质的不利法律后果。

《民法典》总则编对民事责任的承担方式集中进行了规定，包括：(1) 停止侵害；(2) 排除妨碍；(3) 消除危险；(4) 返还财产；(5) 恢复原状；(6) 修理、重作、更换；(7) 继续履行；(8) 赔偿损失；(9) 支付违约金；(10) 消除影响、恢复名誉；(11) 赔礼道歉。法律规定惩罚性赔偿的，依照其规定。

上述民事责任承担方式中，有些属于人身性质的，如消除影响、恢复名誉和赔礼道歉，而大多数属于财产性质的；有些是专属于侵权责任的，有些是专属于违约责任的，还有一些同时适用于违约责任和侵权责任。在适用于侵权责任的方式中，有些是预防性的，如停止侵害、排除妨碍和消除危险，有些则属于填补损失性质的，如恢复原状、赔偿损失、消除影响、恢复名誉、赔礼道歉。停止侵害、排除妨碍、消除危险和返还财产（原物），也是物权法规定的物权（物上）请求权的内容。

各种侵权责任的承担方式，依案件的具体情况可以单独适用，也可以合并适用。

此外，法律规定了惩罚性赔偿的，侵权人应依照其规定承担惩罚性赔偿责任。《民法典》的以下条文规定了惩罚性赔偿。第 1185 条规定：故意侵害他人知识产权，情节严重的，被侵权人有权请求相应的惩罚性赔偿。第 1207 规定：明知产品存在缺陷仍然生产、销售，或者没有依照前条规定采取补救措施，造成他人死亡或者健康严重损害的，被侵权人有权请求相应的惩罚性赔偿。第 1232 规定：侵权人违反法律规定污染环境、破坏生态造成严重后果的，被侵权人有权请求相应的惩罚性赔偿。在单行法中也有关于惩罚性赔偿的规定。如《食品安全法》（2021 年修正）第 148 条第 2 款规定："生产不符合食品安全标准的食品或者经营明知是不符合食品安全标准的食品，消费者除要求赔偿损失外，还可以向生产者或者经营者要求支付价款十倍或者损失三倍的赔偿金；增加赔偿的金额不足一千元的，为一千元……"此外，《消费者权益保护法》第 55 条、《劳动合同法》第 82 条也都有关于惩罚性赔偿的规定。

赔偿损失和恢复原状为填补损失性质的两种基本的侵权责任承担方式。传统上，大陆法系强调恢复原状的侵权责任承担方式之适用，而英美法系侵权责任法更推崇赔偿损失的侵权责任承担方式。我国法律没有对哪一种优先适用作出规定。但是，在市场经济条件下，赔偿损失的侵权责任承担方式有更广泛的适用性，似应当作为首选的侵权责任承担方式以救济被侵权人，填补其遭受的损失。

（二）归责原则

侵权责任的归责原则，是指责任的基础或者依据：凭什么要求行为人承担侵权责任？一般认为，我国侵权责任法规定过错责任原则为最主要、最基本的归责原则：原则上将行为人承担侵权责任的基础和依据建立在其实施侵害行为时的主观过错之上。由于有过错，故而要对过错心理驱动下的行为造成的损害承担责任。

作为例外或者补充，我国侵权责任法还将"无过错"作为第二个归责原则：在五种特别情形，不考虑行为人有无过错，只要其行为造成了他人民事权益受损害，法律规定应当承担侵权责任的，也应承担侵权责任。这是我国侵权责任法规定的侵权责任二元归责原则体系。一般情况下是有过错才可能承担责任，特别情况系不考虑行为人有无过错，只要行为造成损害行为人就要承担责任。

远古法律实行"结果责任"或说"客观责任"：只要行为人的行为导致了损害结果之发生，不管其主观上有无过错，行为人均应承担法律责任。这对于行为人可能是苛求的：尽管他不追求不放任损害结果的发生，不管自己如何小心谨慎也不能避免损害结果的发生，却要对意志以外的损害结果承担责任。这样的法律责任制度必定束缚人的行为自由和创造力，使其不敢为任何可能致害的行为。

公元前 275 年，古罗马帝国的《阿奎利亚法》首次规定了过错责任：行为人只对自己有过错的行为造成的损害承担责任。这是过错责任的肇端。两千多年来，虽然经历了否认过错责任强调结果责任的中世纪法治，但是人类社会最终确立过错责任原则为侵权责任构成的基本原则，将承担侵权责任的伦理和道义正当性建立在行为人的过错之上。

过错责任原则的基本含义是：行为人仅对自己有过错的行为承担侵权责任，不对他人的行为造成的损害承担责任，不对自己没有过错的行为造成的损害承担责任。

二、侵权责任的构成要件

《民法典》第 1165 条第 1 款规定：行为人因过错侵害他人民事权益造成损害的，应当承担侵权责任。这是关于过错侵权责任一般条款的“完全条款”，是因为它不仅是关于过错侵权责任一般条款的规定，而且全面、准确列举规定了过错侵权责任的四个构成要件：(1) 过错；(2) 侵害行为；(3) 损害；(4) 因果关系。

对《民法典》第1165条第1款进行文义解释可以得出如下结论：(1) 这是行为人过错侵权责任的一般条款，仅规范行为人的自己责任，不规范基于特定法律关系（如监护、雇佣）而产生的对他人致害的责任。于后者，由侵权责任编第三章“责任主体的特殊规定”加以调整。(2) 确定了过错侵权责任的四个构成要件。条文中的“过错”表达的是过错责任和过错这一构成要件。(3) 条文中的“侵害”表达的是侵害行为这一构成要件，同时对该行为作出了价值上的法定判断。一个“侵害”性质的行为，当然是为法律所否定的行为，是具有不法性的行为。《民法典》第1165条第1款中的“侵害（行为）”与第1166条规定的“行为造成损害”中的行为在价值判断上有所区分：法律没有对第1166条规定的“行为”作出价值判断。(4) 从构成要件的角度看，条文中的“因……造成他人民事权益损害”表达了两个要件：一是损害要件，即他人的民事权益受到损害；二是因果关系要件，即有过错的侵害行为与损害之间应当具有因果关系。“造成”二字是因果关系这一构成要件的立法表达，强调的是“侵害（行为）”与“他人民事权益损害”之间的因果关系。至于“因过错侵害”中的“因”，强调的是过错与侵害（行为）之间的内在关系，并非指向作为过错侵权责任构成要件的（侵害行为与损害之间的）因果关系。

由此可见：规定行为人过错责任的《民法典》第1165条第1款采用了法国侵权责任法的一般条款立法模式，同时吸收了德国侵权责任法关于过错责任的“四要件”说。这也是我国民法学界长期以来的主流观点。需要指出的是，法国侵权责任法的“三要件说”与德国侵权责任法的“四要件说”不存在本质区别，不同的是，德国的“四要件说”将过错（内心）与行为不法性（外在）作为两个相对独立的构成要件，而法国的“三要件说”是将过错与行为作为一个整体进行考虑，认为内心的过错（故意或者过失）只有外化为行为的不法才有法律上的意义。按照这两种貌似很对立的理论来检视绝大多数侵权责任案件，得出的结论基本上是一致的。

三、过错责任原则与过错责任的构成要件

（一）过错责任概述

1. 过错的概念与分类

过错是指行为人在实施侵害他人民事权益行为时的主观不良心态，包括故意和过失，有些国家的民法典直接将过错表述为“故意或过失”。所谓故意，是指追求损害结果发生或者明知损害结果发生概率很大而放任自己的行为引发损害结果的一种不良心态。前者谓之直接故意，后者谓之间接故意。故意在法律评价上也可以被区分为一般故意和恶意。所谓过失，是指疏忽大意或者轻信的不良心态，或者应该预见自己的行为可能导致损害发生而没有预见，或者虽然预见到了损害可能发生，但是过分轻信某些主、客观条件，

误认为损害结果不会发生或者可以避免。按照其程度，过失可以被分为轻微过失、一般过失和重大过失。

2. 过错的判断标准

过错的判断标准，通常是指过失的判断标准，不包括故意。关于过失的判断标准，有主观说、客观说和折中说三种理论。主流的观点为客观说或者适当考虑主观方面但是以客观方面作为主要判断标准的折中说：（1）如果存在法定的注意义务，行为人没有履行该注意义务或者没有达到该注意义务所要求的注意程度，则行为人是有过失的；（2）如果一个理性人（reasonable man）在案件的具体情形下能够达到一定的注意程度，而行为人没有达到该注意程度，则行为人有过失。

（二）过错作为填补损失的侵权责任承担方式之构成要件

过错是构成一般侵权责任的要件。在法律没有特别规定的情况下，行为人有一般过失就满足了侵权责任的主观构成要件的要求，而不要求故意或者重大过失。轻微过失通常不能满足侵权责任主观构成要件的要求，但是法律有特别规定的不在此限。

过错是侵权责任的构成要件。这里的"侵权责任"主要是指填补损失的侵权责任承担方式，也就是恢复原状、赔偿损失、赔礼道歉、消除影响、恢复名誉等承担责任方式的构成要件。对于预防损害的承担责任方式而言，是不需要过错，甚至不要求损害、因果关系作为责任构成要件的。对此，《民法典》第1167条作出了专门规定。

过错侵权责任也称为一般侵权责任，其构成需要四个要件：（1）侵害行为的实施者即行为人有过错（故意或者过失）；（2）行为人实施了侵害行为，可以是积极的侵害行为，也可以是消极的不作为行为；（3）民事权利或者合法权益受到侵害的受害人遭受人身、精神、财产方面的损害；（4）侵害行为与损害之间存在因果关系。

（三）过错推定

1. 过错推定概述

《民法典》第1165条第2款规定：依照法律规定推定行为人有过错，其不能证明自己没有过错的，应当承担侵权责任。在适用过错责任归责原则的案件中，依照法律规定推定行为人有过错，行为人不能证明自己没有过错的，行为人应当承担侵权责任。过错推定发生在适用过错责任作为归责原则的案件中，也就是说过错推定的案件中，行为人承担侵权责任也是以其过错作为构成要件的。只有在行为人有过错的情况下才可能构成侵权责任，没有过错就不可能构成侵权责任。

过错推定的适用范围，由法律加以规定而不是由法官依审判职权裁量决定，更不是由当事人的选择确定。我国侵权责任法规定的适用过错推定的案件包括：（1）在无民事行为能力人受到人身损害的案件中，幼儿园、学校或者其他教育机构被推定有错（《民法典》第1199条）。（2）动物园饲养的动物致人损害的，推定动物园有过错未尽到管理职责（《民法典》第1248条）。（3）在建筑物和物件致人损害的案件中，推定所有人、管理人等有过错（《民法典》侵权责任编第十章的关联规定）。此外，对于法律是否规定了医疗损害责任的过错推定（《民法典》第1222条），解释上存在争议。[①]

法律在规定“过错推定”时常常采用如下方法：(1) 直接规定过错推定，规定行为人不能证明自己没有过错的，应当承担侵权责任（《民法典》第1165条第2款）。(2) 规定“但是，能够证明尽到××××职责的，不承担侵权责任”（《民法典》第1199条、第1248条）。(3) 规定“不能证明自己没有过错的，应当承担侵权责任”（《民法典》第1253条、第1255条等）。

法律推定行为人有过错，就免去了被侵权人（原告一方）对行为人的过错进行举证和证明的责任。在过错推定的情况下，行为人（被告一方）如果能够证明举证和证明自己没有过错则无须承担侵权责任；如果不能证明自己没有过错，则应当在同时具备侵权责任构成的其他要件（侵害行为、损害、因果关系）的情况下，承担侵权责任。

行为人证明自己没有过错所应达到的证明程度是：(1) 没有致害的故意；(2) 不存在疏忽或者轻信的过失，即达到了法定的注意程度或者一个理性人在相同条件下应当对被侵权人的人身和财产安全的注意程度。

2. 过错推定对被侵权人倾斜保护的价值取向

一般情况下，按照“谁主张谁举证”的原理，被侵权人主张行为人（被告一方）承担侵权责任，就负有对侵权责任所有构成要件（包括行为人的过错）的举证责任。在过错推定的情况下，法律推定行为人有过错，免去了被侵权人（原告一方）的举证负担，从而有利于其进行诉讼。过错推定将证明没有过错的举证责任分配给行为人（被告一方），加重其举证负担，不利于其进行诉讼。过错推定从诉讼程序上的举证责任到实体责任的判断都有利于被侵权人，从而在过错责任领域通过举证责任分配倒置这样一种技术安排实现对被侵权人倾斜保护的价值取向。

四、无过错责任原则与无过错责任的构成要件

（一）无过错责任概述

《民法典》第1166条规定：“行为人造成他人民事权益损害，不论行为人有无过错，法律规定应当承担侵权责任的，依其规定。”无过错责任是指不以行为人有过错为构成要件的侵权责任。无过错责任的适用范围（无过错责任的类型）由法律明确规定。

所谓无过错责任，是指在确定行为人承担侵权责任时，不考虑其主观上有无过错，只要其行为损害了他人的民事权益，法律规定应当承担侵权责任的，就依据法律的规定承担侵权责任。这里的“无过错”不是实际上没有过错，是指在责任的构成上不以过错为要件，承担责任的依据或者基础不是过错，而是法律的直接规定。《民法典》第1166条两次使用“行为人”概念，解释上认为其含义是一样的，内涵和外延均相同，属于同

---

① 相关讨论可参见张新宝：《侵权责任编起草的主要问题探讨》，载《中国法律评论》，2019 (1)；陈杭平：《论医疗过错推定及其诉讼展开》，载《清华法学》，2020 (5)；纪格非：《医疗侵权案件过错之证明》，载《国家检察官学院学报》，2019 (5)；等等。

语反复。

我国侵权责任法将过错责任原则规定为承担侵权责任的基本归责原则，将无过错责任原则规定为补充的或者说例外的承担侵权责任的归责原则。前者是普遍适用的归责原则，后者是例外的或者说其适用需要法律特别加以规定的归责原则。

在无过错责任案件中，被侵权人一方无须对行为人的过错加以举证和证明，这就减轻了原告一方的举证责任，使其诉讼请求（被告承担侵权责任）更容易实现。在这样的案件中，被告不得通过证明自己无过错、没有故意或者过失来主张不承担侵权责任，使其免于承担侵权责任更加困难。由于不要求行为人的过错，责任构成变得相对容易，逃脱责任变得相对困难。这样的立法实际上在利益平衡上作出了向被侵权人一方的倾斜。这是无过错责任原则的价值之所在。

（二）无过错责任原则的归责基础

过错责任以过错（故意或者过失）作为行为人承担侵权责任的道义和伦理基础，从而使其承担侵权责任具有正义性，符合公平原则的要求。依无过错责任对行为人进行归责时，不以过错为基础，过错不是责任的构成要件。但是“无过错”只是不考虑过错，即使实际上行为人“无过错”也只是一种状态描述，不可能成为归责（强制行为人承担侵权责任）的道义和伦理基础。如果将“无过错”状态作为归责的基础，既不符合法律逻辑的要求，也缺乏侵权责任在道义和伦理上的争议性。因此，无过错责任原则的归责基础不是行为人的“无过错”状态，而应该是在这种状态背后的其他因素。

高度危险是承担无过错责任的基础。危险普遍存在，人们的任何行为都包含着潜在的对他人的人身和财产的危险。这样的危险，是可控的，在行为人履行一个理性人的注意义务的情况下是可以避免的。但是，如果某人的行为对他人的人身和财产包含着潜在的高度危险，对这样的危险，即使行为人尽到一个理性人的注意义务，也不可避免，而该行为又是社会生活所不可或缺的，则法律需要采取过错责任之外的对策。

从近现代无过错责任的产生和比较法的角度看，超出常态的高度危险为承担无过错责任的基础。高空、高压等高度危险作业及高速运输工具致人损害，工业产品因缺陷致人损害，饲养动物致人损害以及污染环境致人损害的，相关主体往往承担无过错责任。这些类型的“作业”对他人造成损害的危险性远远大于其他类型的人类生产活动的危险性。任何人“保有”高度危险，包括制造了某项高度危险或者将某项高度危险带入人类社会，就要对该项高度危险造成的损害承担无过错责任。“保有”的判断标准是对该高度危险的控制力：有控制力者为保有者。是否所有者并不重要，是否合法占有者也不重要。

（三）无过错责任的适用范围

作为侵权责任的归责原则，无过错责任的适用范围由法律加以规定。凡是法律没有规定适用无过错责任原则的侵权案件，均不适用无过错责任原则；只有法律规定适用无过错责任原则的侵权案件，才适用无过错责任原则。因此，无过错责任原则的适用范围，是立法确定的事项，不是行政法规确定的事项，也不是司法解释所确定的事项，更不是在具体案件审判中法官的裁量事项或者当事人任意选择的事项。我国侵权责任法和相关法律对无过错责任原则的适用范围作出了明确规定。以下五类侵权案件或者准侵权案件中适用无过错责任原则：（1）产品责任案件；（2）机动车交通事故责任中，机动车一方对行人、非机动车造成损害的案件；（3）环境污染和生态破坏责任案件；（4）高度危险责任案件；（5）饲养动物损害责任案件（动物园除外）。

此外，法律对两类特殊责任主体就他人造成的损害承担无过错责任作出了规定：（1）监护人对无民事行为能力、限制民事行为能力的被监护人造成的他人损害，承担无过错责任（《民法典》第 1188 条第 1 款）；（2）雇主（用人单位、接受劳务的个人）对雇员（工作人员、提供劳务的个人）在执行雇佣事务（工作任务、提供劳务）时造成的他人损害，承担无过错责任（《民法典》第 1191 条第 1 款、第 1192 条第 1 款）

（四）适用无过错责任原则的侵权责任之构成要件

1. 责任构成的三要件

在适用无过错责任归责原则确定行为人侵权责任的案件中，侵权责任的构成要件只有三个：行为人的（致害）行为、被侵权人遭受的损害以及二者之间的因果关系。过错不是侵权责任的构成要件，行为人承担侵权责任的道义和伦理上的正当性，不是建立在其有可归责的不良心理状态之上，而是由法律直接加以规定。

2. 法律不对行为进行概括的否定性评价

在过错侵权中，法律将“侵害（行为）”作为侵权责任的构成要件之一。具有侵害性的行为，无疑是在法律上被否定的行为（unlawfulness），是不法行为。而对于适用无过错责任归责原则的案件，法律在规定构成要件时没有强调行为人的行为具有“侵害”性，只是规定其行为造成了损害（《民法典》第 1165 条）或者其行为损害了他人的民事权益（《民法典》第 1166 条）。也就是说，在适用无过错责任归责原则案件中，行为人的行为并不当然获得法律上的否定评价。比如，高度危险作业，即使造成损害、应当承担侵权责任，相关行为也是合法的，是社会所需要的。因此，即使是行为人因为无过错责任归责原则的适用而承担侵权责任，也不意味相关个人或者组织必然承担行政法律责任或者其他法律责任。

第三节　数人共同的侵权责任承担

一、数人共同的侵权责任概述

1. 数人共同的侵权责任的概念

在侵权责任法领域，单个的责任主体对某一损害后果单独承担侵权责任为常态，而数个独立的主体对同一损害后果承担共同的侵权责任则为例外，需要由法律加以特别规定。这种由数个主体对同一损害后果承担侵权责任的责任承担形式，为数人共同的侵权责任。这是对数人共同的侵权责任的广义理解。狭义的共同侵权责任，仅指连带的侵权责任。本章从广义的角度讨论数人共同的侵权责任。

数人共同的侵权责任具有以下法律特征：(1) 承担侵权责任的主体为二人或者二人以上，即责任主体为复数，可以是数个自然人，也可以是数个法人（或非法人组织），或者数个自然人和法人（或非法人组织）的集合。这些人均为独立承担民事责任的主体，而不存在雇主与雇员的关系、监护人与被监护人的关系或者其他替代责任关系。(2) 数人对同一损害后果承担侵权责任，而不是数人对不同的损害后果承担责任。也就是说，被侵权人一方对该数人享有一个统一的损害赔偿（或其他民事责任方式）的请求权，数人承担共同侵权责任是为了满足该统一的请求权。(3) 数人承担共同的侵权责任的方式，即数个责任主体与被侵权人一方的请求权之间的联系，具有多样性。数人承担何种共同的侵权责任，由法律加以规定。

2. 数人共同的侵权责任的种类

依据我国民事法律和司法解释的规定，对于数人对同一损害后果承担共同的责任可以作以下分类：(1) 数人对同一损害后果承担连带的侵权责任；(2) 数人对同一损害后果承担按份的侵权责任；(3) 在数个责任主体中，部分责任主体承担全部侵权责任，部分责任主体承担部分补充的侵权责任。

二、数人承担连带的侵权责任

(一) 连带的侵权责任的概念

《民法典》第 178 条第 1 款规定："二人以上依法承担连带责任的，权利人有权请求部分或者全部连带责任人承担责任。"数人承担连带的侵权责任，是指数个责任主体作为一个整体对损害共同承担责任；其中任何一个责任主体对全部损害都要承担侵权责任；责任主体之一人（或者部分人）对全部损害承担了侵权责任之后，他（或他们）有权向未承担责任的其他责任主体追偿，请求偿付其应当承担的赔偿份额。而从被侵权人一方的请求权角度来看，他既可以向全部责任主体主张权利，请求他们承担对全部损害的赔偿责任，也可以向部分责任主体主张权利，请求他（或他们）承担全部赔偿责任。一旦责任主体中的一人（或者部分人）赔偿了全部损害，也就履行了全部赔偿义务，被侵权人一方不得再对其他责任主体提出请求；反之，如果被侵权人一方的请求没有得到实现或者没有完全得到实现，则他可以向其他责任主体请求赔偿全部损害或者剩余的部分损害。

连带的侵权责任主要适用于赔偿损失的责任承担方式。但理论上，其适用于恢复原状的责任承担方式也是成立的。

(二) 数个责任主体承担连带的侵权责任后的内部追偿

《民法典》第 178 条第 2 款规定："连带责任人的责任份额根据各自责任大小确定；

难以确定责任大小的，平均承担责任。实际承担责任超过自己责任份额的连带责任人，有权向其他连带责任人追偿。”在一个或者数个责任主体清偿了全部赔偿债务后，支付了赔偿金的责任主体有权请求其他共同责任主体支付一定的金额，以补偿其承担全部赔偿责任而受到的损失。这就是数个责任主体承担连带的侵权责任后的内部追偿。

数个责任主体承担连带的侵权责任后的内部追偿应当遵循以下原则：（1）比较过错原则，即对数个共同责任主体在实施共同侵权行为时的过错进行比较，过错较大的最终分担较大份额的赔偿金额；过错较小的最终分担较小份额的赔偿金额；过错不相上下、难以比较大小的，原则上平均分担。（2）比较原因力原则，即对数个共同责任主体在实施共同侵权行为时各自所起的作用进行比较，所起作用重要的最终分担较大的赔偿额；所起作用较小的最终分担较少的赔偿额；如果每个侵权人的作用不相上下，原则上平均分担。（3）平衡考虑原则。该原则也被称为公平考虑原则或者司法政策考虑原则，是指在共同责任主体之间最终分担赔偿份额时适当考虑各侵权人的经济状况和其他相关因素。

（三）连带的侵权责任之适用范围

《民法典》第 178 条第 3 款规定：“连带责任，由法律规定或者当事人约定。”依据我国法律规定，连带的侵权责任适用于以下五种情形：（1）实施共同侵权行为的数个侵害行为人；（2）帮助、教唆他人实施侵权行为的人；（3）实施共同危险行为的数个危险行为人；（4）原因竞合情况下的多数侵权人；（5）法律直接规定数个责任主体承担连带的侵权责任的情况。

三、数人承担按份的侵权责任

（一）数人承担按份的侵权责任的概念

《民法典》第 177 条规定：“二人以上依法承担按份责任，能够确定责任大小的，各自承担相应的责任；难以确定责任大小的，平均承担责任。”按份责任是与连带责任相对的一种数人共同的侵权责任。数人承担按份的侵权责任，是指在数个责任主体承担共同侵权责任之情形，每一个责任主体只对其应当承担的责任份额负清偿义务，不与其他责任主体发生连带关系的侵权责任，即不存在追偿问题。任何一个责任主体在承担了自己份额的赔偿责任后，即从损害赔偿等侵权责任关系中解脱出来。从被侵权人一方来看，于数人承担按份的侵权责任之情形，他只能分别向各责任主体主张不同份额的损害赔偿，这些主张的总和等于其全部损害。但是，这样的分别主张原则上应当在一个诉讼中提出，各责任主体应当作为同一案件的共同被告。

（二）数人承担按份的侵权责任之份额确定

数人承担按份的侵权责任，其责任份额由两个因素决定：（1）各责任主体的过错大小，过错较大的承担较大份额的责任，过错较小的承担较小份额的责任；（2）各责任主体的侵害行为原因力的大小，其行为原因力较大的承担较大份额的责任，其原因力较小的承担较小份额的责任。

在无法对过错大小和侵害行为原因力大小进行比较（法律规定的难以确定责任大小）的情况下，数个侵权人平均承担赔偿责任。

四、数人中部分承担全部侵权责任、部分承担补充的侵权责任

（一）补充的侵权责任的概念

补充的侵权责任，简称补充责任或补充赔偿责任，是指在一个侵权行为造成的损害事实产生了两个相重合的赔偿请求权的情况下，法律规定权利人必须按照先后顺序行使赔偿请求权。只有排在前位的赔偿义务人的赔偿不足以弥补损害时，权利人才能请求排在后位的赔偿义务人赔偿。在这样的案件中，后位赔偿义务人承担的侵权责任为补充的侵权责任。

（二）补充的侵权责任的适用范围

《民法典》第 1198 条第 2 款和第 1201 条规定了补充责任，安全保障义务人在承担补充责任之后取得追偿权。依据我国法律规定，监护人责任实际上也是补充责任（《民法典》第 1188 条第 2 款）。

（三）全部补充责任与相应补充责任

侵权责任法规定了两种补充责任，即全部补充责任与相应补充责任。监护人承担的是全部补充责任，安全保障义务人和教育机构等承担的是相应补充责任。于前者，“缺多少补多少”，补充责任之承担将使被侵权人的全部损害得到赔偿。于后者，承担补充责任者只是承担与其过错大小相适应的补充责任，同时还可能考虑盈利状况等因素。

第四节　减轻与不承担侵权责任的抗辩事由

一、责任抗辩概述

责任抗辩有广义和狭义之分。广义的责任抗辩，是指在侵权案件中，行为人一方针对受害人一方的指控和请求提出的一切有关不承担或者减轻其侵权责任的主张。而狭义的责任抗辩，仅指行为人一方针对受害人一方的指控和请求，提出因具备特定的抗辩事由而不承担或者减轻其侵权责任的主张。一般来说，某一侵权责任案件中的任何一个责任构成要件不具备，均属于“免责事由”或者说“不承担责任的情形”，行为人一方因此而不承担侵权责任。这是广义的责任抗辩所包含的内容。但责任抗辩的一般原理主要关注的不是某一侵权责任的构成要件之具备与否的问题，而是狭义的责任抗辩，即由法

律专门规定的影响（不承担或者减轻）行为人一方侵权责任的特定的抗辩事由。原《侵权责任法》第三章规定了“不承担责任和减轻责任的情形”，《民法典》总则编第八章“民事责任”对于不可抗力（第 180 条）、正当防卫（第 181 条）、紧急避险（第 182 条）等不承担侵权责任的抗辩事由作出了规定，侵权责任编对被侵权人过错（第 1173 条）、受害人故意（第 1174 条）、第三人原因造成损害（第 1175 条）、受害人自甘风险（第 1176 条）和自助（第 1177 条）等不承担侵权责任或者减轻侵权责任的抗辩事由作出了规定。

侵权责任法中的抗辩事由亦称不承担责任或或者减轻责任的事由，是指法律规定的可以减轻或不承担侵权责任的特定事由。它具有对抗性、客观性、法定性和适用范围的特定性等特征。所谓“对抗性”，是指其专门针对受害人一方的请求，具有部分或全部抵消受害人一方请求的功能。所谓客观性，是指抗辩事由均为客观存在的事实，而不是当事人的主观臆想，这样的事实应由行为人一方加以举证和证明。所谓法定性和适用范围的特定性，是指哪些客观事实能够成为抗辩事由应由法律作出规定，而不是由法官自由裁量或由当事人自行决定；不同种类的抗辩事由适用于哪些类型的侵权案件，也由法律明确规定。

二、抗辩事由的分类

1. 正当理由的抗辩事由和外来原因的抗辩事由

正当理由的抗辩事由是指虽然损害是行为人的行为所致，但其行为具有合法性，因此，行为人可依法不承担责任，如正当防卫、紧急避险等。外来原因的抗辩事由是指损害不是行为人的行为所致，而是外在于其行为的独立原因造成的，因此，行为人的行为与损害结果之间不具有因果关系，行为人不应承担相应的侵权责任，如不可抗力。

2. 一般抗辩事由与特殊抗辩事由

一般抗辩事由是指由法律作出一般性规定，普遍适用于各种侵权案件的侵权责任之不承担或者减轻的特定事由。它包括如下几类：（1）基于行为人的行为之正当性的抗辩事由，主要有正当防卫、紧急避险、依法执行职务等；（2）基于客观事件的抗辩事由，主要指不可抗力；（3）基于受害人或者第三人过错的抗辩事由。特殊抗辩事由，是指具体适用于某一特殊类别侵权案件的侵权责任之不承担或者减轻的特定事由。关于这类特殊抗辩事由不是由侵权责任法在“一般规定”中作出规定，而是由规定某类侵权责任的法律条款作出具体规定。

3. 绝对免责的抗辩事由和相对免责的抗辩事由

绝对免责的抗辩事由，是指只要存在该特定的抗辩事由，就当然、绝对地免除行为人的民事责任，而无须考虑其他因素，尤其是不考虑行为人的主观方面和受害人是否同意。相对免责的抗辩事由，又称附条件的抗辩事由，是指当存在该特定抗辩事由时，得酌情考虑减轻或者免除行为人的侵权责任，但是，是否减轻或者免除其侵权责任还要考虑其他相关因素，尤其是行为人的主观方面、行为的方式和场合等。

三、正当理由的抗辩事由

（一）正当理由的抗辩事由概述

虽然行为人的行为在客观上造成他人损害，但该行为具有法律上的正当性和合法性，因而行为人可以以这种正当性和合法性作为抗辩事由，主张不承担民事责任。这就是正当理由的抗辩事由。

正当理由的抗辩事由具有以下特征：第一，行为人实施了某种行为（或存在某些“准行为”），而且这种行为在客观上致人损害，行为与损害之间存在因果关系。第二，行为人实施该行为，是法律（主要是民事法律）所鼓励、允许的，至少是不为其所禁止的，因而该行为具有合法性。第三，法律对各种正当理由的抗辩事由一般有明确的规定。

（二）正当理由的抗辩事由之分类

在比较法研究中，大陆法系学者一般将正当理由的抗辩事由划分为：（1）正当防卫；（2）紧急避险；（3）自助；（4）法定权力或者其他合法权力，也有人称之为依法行使职务；（5）受害人同意。在美国侵权责任法中，有学者将正当理由的抗辩事由分为七类，包括：（1）受害人同意；（2）正当防卫；（3）防卫他人；（4）拘捕与防范犯罪；（5）对财产的防卫；（6）从动产和不动产上获取权益；（7）执行军事命令与纪律。

各国民法或侵权责任法所规定的正当理由的抗辩事由之范围并不完全相同，自卫（正当防卫）和紧急避险被普遍确认为抗辩的正当理由，而自助不被普遍承认为一种抗辩事由。在我国，《民法典》明确规定正当防卫（第181条）、紧急避险（第182条）、受害人自甘风险（第1176条）和自助（第1177条）为正当理由的抗辩事由。

四、外来原因的抗辩事由

（一）不可抗力

《民法典》第180条规定：“因不可抗力不能履行民事义务的，不承担民事责任。法律另有规定的，依照其规定。”“不可抗力是不能预见、不能避免且不能克服的客观情况。”不可抗力是不承担民事责任（包括不承担侵权责任）的抗辩事由，但是法律另有规定的，依照其规定。

学理上，关于不可抗力有三种学说：（1）主观说。该说主张将行为人的预见能力和抗御能力作为判断标准，行为人如果已尽了最大注意仍然不能防止损害后果的发生，则认定为不可抗力。（2）客观说。该说主张以事件的性质及外部特征为标准，凡属于一般人无法抗御的重大外来力量为不可抗力。（3）折中说。该说兼采主、客观标准，既承认不可抗力是一种客观的外部因素，也强调当事人以最大的注意预见，以最大的努力避免和克服不可抗力。我国法律对不可抗力的界定采取了折中说的理论。

在侵权责任法领域，“因不可抗力不能履行民事义务”应当被理解为负有注意义务的人不能履行注意义务，不可抗力造成他人损害。不可抗力是减轻或者不承担违约责任或侵权责任的一般性抗辩事由。

不可抗力作为侵权责任抗辩事由的效果，是指被告一方以不可抗力作为抗辩事由所达到的不承担或减轻其侵权责任的后果。由于不可抗力对于不同类别的侵权责任的抗辩效果不同，而且不可抗力对损害发生和扩大的原因力不同，因而有必要进行更为具体的说明。

1. 不可抗力对过错责任的抗辩效果

在以过错责任为归责原则的侵权案件中，以不可抗力作为抗辩，因为不可抗力对损害发生或扩大的原因力不同，其所达到的抗辩效果也不相同。

如果不可抗力是损害发生和扩大的唯一原因，则当事人不承担民事责任，不可抗力成为免责的抗辩事由。如果不可抗力是损害发生和扩大的部分原因，则主张不可抗力这一抗辩事由只能部分减轻侵权人的侵权责任，而剩余的部分责任应按相关当事人的过错进行分担。在不可抗力和行为人的过错共同构成损害发生的原因的情况下，应本着“部分原因应当引起部分责任”的规则，令行为人按其行为的过错程度及原因力大小来承担部分责任。

2. 不可抗力对无过错责任的抗辩效果

在以无过错责任为归责原则的侵权案件中，对被告的责任要求更为严格，以不可抗力作为抗辩的效果也就不同于在上述以过错责任为归责原则的案件中。《民法典》第 180 条第 1 款所称“法律另有规定的，依照其规定”，即在此体现。

（1）不得以不可抗力作为抗辩。于《民法典》侵权责任编第八章规定的情形，原则上不能以不可抗力作为抗辩，只有在法律有特别规定的情形（如《铁路法》第 18 条、第 58 条）才能以不可抗力作为抗辩。

（2）限制不可抗力的范围。虽然允许被告将不可抗力作为抗辩事由主张不承担责任或减轻责任，但对不可抗力的范围严加限制。

（3）规定当事人的特别义务。虽然允许被告将不可抗力作为抗辩事由主张不承担责任或减轻责任，但要求其履行特别义务，尤其是在避免和减少损失方面作出特别努力。

（4）唯一原因与部分原因。实践中，不可抗力可能是损害发生的唯一原因，也可能是损害发生的部分原因：于前一种情形，如果符合法律规定的其他条件，自然应免除被告的侵权责任。于后一种情形，其构成比较复杂：在不可抗力构成损害发生和扩大的部分原因时，一般应根据其原因力之大小，适当减轻被告的侵权责任。在具体案件中，如果法律规定被告可以以第三人过错或被侵权人的过错进行抗辩，被告还可提出相应抗辩事由，以减轻剩余部分的侵权责任。但是，无论何种情形下，被告都不得把自己没有过错作为抗辩事由。

（二）被侵权人过错和受害人故意

1. 被侵权人过错作为抗辩事由

《民法典》第 1173 条规定：“被侵权人对同一损害的发生或者扩大有过错的，可以减轻侵权人的责任。”该条是关于被侵权人“与有过失”可以减轻侵权人责任的规定。

被侵权人对同一损害的发生或者扩大有过失的，可以减轻侵权人的责任。这是各国侵权责任法均确认的一项抗辩事由。在大陆法系，被侵权人对同一损害之发生或扩大有过失的，可以减轻侵权人的责任，谓之受害人（被侵权人）“与有过失”或者“过失相抵”的抗辩。在英美法系，相似的制度是“比较过失”。《民法典》第1173条所称“责任”，从字面解释是指任何方式的侵权责任，实际上多指赔偿损失的责任承担方式，也不排除恢复原状的责任承担方式。

与原《侵权责任法》相比较，《民法典》第1173条的措辞发生了些微变化，“也有”为“有”所取代，暗含的侵权人有过错被取消。这样的变化，使我们更有理由认为，“与有过失”的抗辩不仅适用于适用过错责任的案件，在法律没有特别规定的情况下也一般地适用于适用无过错责任的案件。

在被侵权人存在过失，其基于过失的作为或者不作为构成同一损害发生或者扩大的部分原因时，对侵权人的过错与被侵权人的过错（过失）进行比较，主要是就各自过错行为对损害的发生或者扩大所起的作用进行比较。在一些情况下，我们也考虑过错的种类和程度，通过对过错的种类和程度的比较来确定减轻或者不减轻侵权人的责任以及减轻侵权人责任的具体数量。

侵权人因故意或者重大过失导致同一损害发生，被侵权人只有一般过失的，不减轻侵权人的责任。侵权人因一般过失导致同一损害发生，被侵权人有一般过失的，应适当减轻侵权人的责任。侵权人因一般过失导致同一损害发生，被侵权人有重大过失的，应当较大幅度减轻侵权人的责任。侵权人因一般过失导致同一损害发生，但是同一损害之扩大完全是被侵权人的过失行为造成的，则对于扩大部分的损失侵权人不承担责任。

在无过错责任案件中，适用被侵权人“与有过失”减轻侵权人的侵权责任，一般采取比较谨慎的态度，避免因为“过失相抵”而损害无过错责任原则所追求的倾斜保护被侵权人的价值。因此，只有在被侵权人有重大过失的情况下才适用“与有过失”的抗辩，减轻行为人的部分侵权责任，或者说抵消被侵权人应得的部分损害赔偿请求。

2. 受害人故意作为抗辩事由

《民法典》第1174条规定：“损害是因受害人故意造成的，行为人不承担责任。”受害人故意，是指受害人追求损害结果的发生，或者明知损害结果会发生而以自己的行为放任损害结果的发生。在机动车交通事故案件中，撞车自杀者为故意，“碰瓷”者虽然不追求自己死亡但是明知发生死亡或者伤残的概率极大，仍然铤而走险，碰撞机动车以骗取赔偿，也属于故意。《道路交通安全法》第76条第2款规定：“交通事故的损失是由非机动车驾驶人、行人故意碰撞机动车造成的，机动车一方不承担赔偿责任。”受害人故意作为免除行为人侵权责任或者说认定行为人不承担侵权责任的抗辩事由，适用于一切侵权责任案件，包括适用过错责任及过错推定的案件、适用无过错责任的案件。

《民法典》第1174条对相关当事人的称呼不同于第1173条，没有使用“侵权人”“被侵权人”的概念，而是使用“行为人”“受害人”的概念。这表明，立法者不认为此等情况下的“行为人”是侵权人、“受害人”是被侵权人，进而可以推论的是：受害人故意造成损害（也不要求是否为同一损害）的，行为人的侵权责任并不构成。比如，在“碰瓷”的案件中，受害人直接追求或者高度放任（间接故意）损害的发生，果真发生了死亡或者伤残后果的，因行为人的行为不过是被“受害人”利用了，当然不构成侵权责任。“受害人”是对其遭受损害的一种客观描述——依常识其在人身、财产方面遭受了损失，没有附加法律价值上的评判，更不涉及他人的责任问题。

受害人故意导致全部损害发生的，行为人对该全部损害不承担责任。行为人的行为导致全部损害发生的，行为人是侵权人，对该全部损害承担责任；对于该损害之发生，被侵权人（受害人）有过失的，应当依据《民法典》第 1173 条的规定减轻侵权人的责任；受害人故意造成损害扩大的，应自己承担扩大部分的损害后果，侵权人（行为人）对扩大部分的损害不承担责任。

此外，在有些案件中受害人故意不仅导致自己遭受损害，而且导致行为人或者第三人的损害。在这样的案件中，受害人不仅要承受自己的损害后果，而且要对行为人和第三人遭受的损害依法承担侵权责任。在对机动车故意“碰瓷”的案件中，实施“碰瓷”行为的受害人不仅要承受自己的人身、财产损失，而且要对机动车一方的损失（如车辆的修理费用等）承担赔偿责任。

受害人故意造成损害的，其本人或者相关人员请求保险公司支付责任保险金的，往往不被支持。于此等情形，有时可能构成保险诈骗犯罪。依据《道路交通安全法》（2021年修正）、《保险法》等制定的《机动车交通事故责任强制保险条例》第 21 条第 2 款规定，因受害人故意造成的交通事故损失绝对不予赔付。

（三）第三人原因造成损害

1. 第三人原因造成损害作为抗辩事由概述

《民法典》第 1175 条规定：损害是因第三人造成的，第三人应当承担侵权责任。这是关于第三人原因造成损害之抗辩事由的规定。在第三人原因造成损害的情况下，行为人不承担侵权责任。

第三人原因与侵权人的加害行为的联系状况以及二者与损害结果之间的联系形态有四种：（1）损害完全是第三人原因造成的；（2）第三人的行为与侵权人的行为，构成共同侵权，导致损害的发生；（3）侵权人和第三人分别实施侵权行为，造成同一损害，每个人的侵权行为，都足以造成全部损害；（4）侵权人和第三人分别实施侵权行为，造成同一损害，或者能够确定责任大小，或者难以确定责任大小。

只有在第一种情形下，即损害完全是第三人原因造成的，第三人承担全部侵权责任，行为人不承担侵权责任。在第二种、第三种和第四种情形下，侵权人与第三人一起承担连带责任或者按份责任。

在行为人和受害人之外的第三人的行为或者客观事件加入因果关系的进行进程，导致正在进行的因果关系中断，已有的原因（行为人的行为）不再是损害发生的原因，新加入的第三人的行为或者客观事件代替原来的原因，继续因果关系之进行和完成，成为导致结果发生的原因，或者，新加入的第三人的行为或者客观事件不代替已有的原因，而是与已有的原因一起共同发生作用，继续因果关系的进行和完成。就原因而言，于前者，原来的原因不再是损害发生的原因；于后者，原来的原因不再是损害发生的唯一原因，而是损害发生的原因之可分部分或者不可分部分。就责任而言，于前者，原来的原因行为实施者（或者准侵权行为人）无须承担侵权责任；于后者，原来的原因行为实施者（或者准侵权行为人）可能需要与新加入的第三人（实施了侵权行为或者准侵权行为）对同一损害承担某种共同的责任，如连带责任、按份责任或者补充责任。

《民法典》第1175条规定，损害是因第三人原因造成的，第三人应当承担责任。对于作为被告的侵权人（行为人）来说，这是一项外来原因的抗辩。其是否能够完全免于承担责任，取决于第三人的行为介入正在进行的因果关系导致的因果关系进行与完成所发生的变化。这条规定中，"因""造成"等文字，界定了第三人的行为（准侵权行为）作为损害发生或者扩大的原因这一基本要素。

2. 第三人造成损害抗辩事由的适用

（1）"第三人原因"的范围。

法律仅仅规定：损害是因第三人造成的，第三人应当承担侵权责任。没有规定造成损害的"第三人原因"是只包括第三人的积极行为，还是既包括其积极行为也包括其消极不作为行为。依文义解释，本书倾向于认为，《民法典》第1175条规定的"第三人原因"既包括其造成损害的积极行为也包括其造成损害的消极行为。

同样，法律没有区分第三人实施的侵权行为和应当承担侵权责任的准侵权行为。依文义解释，本书倾向于认为，"第三人原因"既包括第三人自己实施的侵权行为，也包括第三人应当承担侵权责任的准侵权行为。

（2）因果关系中断与原因加入。

完全是第三人原因造成被侵权人损害，第三人的介入导致正在进行的因果关系中断，第三人的侵权行为或准侵权行为完全代替行为人的行为发挥致害的原因作用的，第三人应当对由此产生的损害承担全部责任，在先的行为人不承担责任。如果其被被侵权人起诉，请求承担侵权责任，该在先的行为人可以依据《民法典》第1175条主张完全免责。

在先行为人的行为已经造成被侵权人损害，第三人的介入导致正在进行的因果关系进程发生变化，加入的第三人原因扩大了损害或者导致新的损害的，在先的行为人应当对已经造成的损害承担侵权责任，第三人则应当对扩大的损害或者新的损害承担侵权责任。

第三人介入的侵权行为或者准侵权行为与在先行为人的侵权行为或者准侵权行为共同发生作用，导致损害的发生或者扩大的，是否可以适用《民法典》第1175条，抑或应该适用《民法典》第1168条或者第1171条的规定来处理他们对被侵权人应当承担的责任？法律没有作出明确规定。本书倾向于认为，在不对被侵权人之请求权的实现产生不利影响的情况下，在先的侵权行为人可以进行选择：他可以选择适用《民法典》第1175条来主张第三人承担相应的责任，也可以选择主张第三人与其承担按份责任或者连带责任。

问题与思考

1. 如何理解过错侵权的责任构成要件？
2. 如何理解民法关于不承担责任和减轻责任的规定？
3. 如何理解我国民法上连带的侵权责任？

第七十三章
损害赔偿

本章概要

本章主要对应于《民法典》侵权责任编第二章，主要讲述损害赔偿的侵权责任承担方式，包括侵权责任承担方式的概念与种类，赔偿损失的概念、适用范围与原则，惩罚性赔偿，影响赔偿数额的规则，其他侵权责任承担方式，人身损害赔偿、精神损害赔偿以及财产损失赔偿。

第一节　侵权责任承担方式与损害赔偿概述

一、侵权责任承担方式概述

（一）侵权责任承担方式的概念

侵权责任承担方式，是指侵权人依法应当对被侵权人受到的损害承担的不利法律后果的形式和类别。一个国家的侵权责任法规定哪些侵权的民事责任承担方式，取决于该国的民事立法政策和法律文化传统等因素。

（二）恢复原状与赔偿损失：两种主要的侵权责任承担方式

《民法典》第179条规定，承担民事责任的方式主要有：(1) 停止侵害；(2) 排除妨碍；(3) 消除危险；(4) 返还财产；(5) 恢复原状；(6) 修理、重作、更换；(7) 继续履行；(8) 赔偿损失；(9) 支付违约金；(10) 消除影响、恢复名誉；(11) 赔礼道歉。法律规定惩罚性赔偿的，依照其规定。该条规定的承担民事责任的方式，可以单独适用，也可以合并适用。

在上述规定列举的民事责任承担方式中，有些责任承担方式既适用于违约责任也适用于侵权责任，有些则专属于违约责任或者侵权责任。在西方国家的侵权责任法中，侵权责任承担方式主要有两种：英美法系侵权责任法确定的侵权责任承担方式主要是赔偿，被侵权人无论受到什么类型的损害，法律一般都采用赔偿的方式对其予以救济。大陆法系侵权责任法确定的侵权责任承担方式主要是恢复原状①和适当条件下的损害赔偿。在我国，《民法典》侵权责任编第二章的标题为“损害赔偿”，强调了赔偿损失的侵权责任承担方式的特殊重要意义和作用。

二、赔偿损失的基本问题

（一）赔偿损失的概念

赔偿损失的侵权责任承担方式，是指侵权人通过支付一定数额的金钱的方式承担对被侵权人的损害予以救济的侵权责任。狭义的赔偿损失，是指对被侵权人所受损害的金钱赔偿。在一些立法例和文献中，“赔偿”或“损害赔偿”在广义上被使用。其含义不仅包括金钱赔偿，也包括其他填补损害类型的侵权责任承担方式。② 在这样的情况下，“赔偿”或“损害赔偿”实际上与侵权责任的承担方式内涵相同。本书在狭义上使用“赔偿”和“赔偿损失”的概念。本书所说的赔偿或赔偿损失，仅指金钱赔偿，它是侵权责任承担方式之一种。

（二）赔偿损失的适用范围与原则

赔偿损失的适用范围包括：（1）直接和间接财产损失之赔偿。这里的财产损失既包括侵害物权性质的财产权、知识产权等导致的财产损失，也包括侵害财产利益导致的财产损失。（2）人身损害案件中对各种相关财产损失的赔偿。（3）对死亡与残疾损害后果的赔偿。（4）法律、司法解释等规定的各种精神损害赔偿。

在财产损失领域，直接损失是指被侵权人已有财产的减少，间接损失是指被侵权人可得利益的丧失。而对人身损害、精神损害的赔偿，一般不区分直接财产损失与间接财产损失。

依现行法律和司法解释的规定，对被侵权人的直接财产损失，采用完全赔偿的原则③；对被侵权人的间接财产损失，采用合理赔偿原则，即间接损失必须是合理的，而不是无限扩大的；对于精神损害赔偿，采用法定项目与法官酌定数额（自由裁量）相结合的原则；对于人身损害赔偿，尤其是死亡赔偿与残疾赔偿，采用法定主义的赔偿原则。

（三）关于惩罚性赔偿

《民法典》第179条第2款规定：法律规定惩罚性赔偿的，依照其规定。惩罚性赔偿（punitive damages）是指损害赔偿中，超过被侵权人或者合同的守约一方遭受的实际损失范围的额外赔偿，即在赔偿了实际损失之后，再加罚一定数额或者一定倍数的赔偿金。

---

① 大陆法系民法强调恢复原状的民事责任承担方式，但是如果恢复原状不可能、不合理、不经济，则不采用恢复原状的民事责任承担方式，而采用损害赔偿等民事责任承担方式。参见《意大利民法典》第2058条、《德国民法典》第251条、《葡萄牙民法典》第566条第1款、《奥地利民法典》第1323条第1款。

② 参见《埃塞俄比亚民法典》第2118条以下“其他形式的赔偿”。

③ 参见程啸：《侵权责任法》，3版，30～31页，北京，法律出版社，2021。

惩罚性赔偿是超过实际损害的范围，判决侵权人对被侵权人进行额外的金钱赔偿，以示对侵权人的惩罚。广义的惩罚性赔偿包括精神损害赔偿，狭义的惩罚性赔偿只是法律对特定情况下的侵权行为（或准侵权行为）规定的具有惩罚性的金钱赔偿。这里讨论的是狭义的惩罚性赔偿。

在理论上看，惩罚性赔偿可以在侵权责任承担方式中得到有限制的适用，其限制条件包括：其一，侵权人有故意；其二，侵害的客体是他人的生命、健康、身体、人身自由权或者具有感情意义的财产。因此，在适用无过错责任的案件中，一般不得判决侵权人支付惩罚性赔偿，除非被侵权人在诉讼中能够证明侵权人的过错为故意或重大过失等。此外，惩罚性赔偿的最高额应有一定限度。

惩罚性赔偿的制度意义在于惩罚责任人（侵权人或者违约方）而不在于救济被侵权人的损失。被侵权人的损失在对其实际损失的赔偿部分即已获得救济。侵权责任法规定惩罚性赔偿，有利于特别警示和一般警示人们尊重他人的民事权益不为侵权行为，从而实现社会的和谐稳定。

合同法上，不少违约责任包含惩罚性因素，如定金规则（两倍返还或者没收定金）就包含着对违约方的惩罚，约定的违约金往往也包含一定的惩罚性。

侵权责任法上的惩罚性赔偿对侵权人具有鲜明的惩罚性。这种平等主体之间的惩罚不大为德国侵权责任法理论接受，却为英美法，特别是美国侵权责任法所推崇。

在我国，依据《民法典》第 179 条第 2 款和相关条文的规定，适用惩罚性赔偿需要具备以下条件：（1）法律对特定种类的侵权责任案件适用惩罚性赔偿作出了特别规定（如《民法典》第 1185 条①、第 1207 条②、第 1232 条③）；（2）一般要求侵权人有故意或者重大过失；（3）一般要求侵权行为情节严重或者损害后果严重。

（四）影响赔偿数额的若干规则

1. 损益相抵

损益相抵，是指被侵权人在遭受损失的同时也得到利益的，应将其所得到的利益从应得的赔偿金额中扣除的一项规则。被侵权人得到的“利益”仅限于经济利益或者可以用金钱计算的财产性质的利益，不包括感情、精神利益。对于被侵权人得到的细微经济利益，一般无须采用损益相抵的方式进行处理。

2. 过失相抵

《民法典》第 1173 条规定，被侵权人对同一损害的发生或者扩大有过错的，可以减轻侵权人的责任。第 1174 条规定，损害是因受害人故意造成的，行为人不承担责任。过失相抵也称“与有过失”或“比较过失”，是指被侵权人（受害人）对损害之发生有过错

---

① 《民法典》第 1185 条规定：故意侵害他人知识产权，情节严重的，被侵权人有权请求相应的惩罚性赔偿。

② 《民法典》第 1207 条规定：明知产品存在缺陷仍然生产、销售，或者没有依据前条规定采取有效补救措施，造成他人死亡或者健康严重损害的，被侵权人有权请求相应的惩罚性赔偿。

③ 《民法典》第 1232 条规定：侵权人违反法律规定故意污染环境、破坏生态造成严重后果的，被侵权人有权请求相应的惩罚性赔偿。

（故意）的，应当依据其过错的大小或种类减轻直至免除侵权人（行为人）的责任。在侵权责任法中规定过失相抵的规则，实际上是贯彻了过错责任原则：行为人对自己有过错的行为导致的损害承担责任；受害人（被侵权人）也对自己的过错导致的损害或者损害之扩大承担相应后果。

3. 衡平规则

民事法律的基本原则，如公平原则、诚实信用原则、禁止权利滥用原则、公序良俗原则等，应当贯彻于民事法律的始终，也应当贯彻于对侵权纠纷案件的审判。司法政策是司法机关，尤其是最高人民法院，在司法过程中所掌握的政策。对侵权纠纷案件进行裁判，判决侵权人承担赔偿责任，首先要考虑的是具体种类的侵权责任之构成要件和抗辩事由。在考虑这些要素之后，还要考虑民事法律基本原则和司法政策。

三、其他侵权责任承担方式

（一）停止侵害

《民法典》第1167条对停止侵害作出了规定，侵权行为危及他人人身、财产安全的，被侵权人可以请求侵权人承担停止侵害的侵权责任。停止侵害，是指依被侵权人请求，判令侵权人停止正在实施的侵权行为的一种侵权责任承担方式。停止侵害的侵权责任承担方式具有避免损害发生或进一步扩大的积极功能，因此晚近的一些民法典都十分重视停止侵害的侵权责任承担方式的适用。

停止侵害的侵权责任承担方式与物上请求权和其他绝对权利上的请求权存在部分竞合。如果侵权行为针对的是物权性质的权利或者人格权、知识产权等类别的权利，对于停止侵害既可以认为是侵权责任承担方式之一种的适用，也可以认为是物上请求权或者其他绝对权利上的请求权的行使。无论是被理解为侵权责任承担方式的适用，还是被理解为绝对权利上的请求权的行使，其适用条件和效果都是一致的。

停止侵害适用于各种正在进行的侵权行为，不适用于已经终止和尚未实施的侵权行为。停止侵害的侵权责任承担方式可以单独适用，也可以与其他侵权责任承担方式合并适用。如果侵权行为尚未造成任何实际损害后果，人民法院依被侵权人的请求可以单独适用停止侵害的侵权责任承担方式；如果侵权行为已经造成被侵权人的财产损失或人身损害、精神损害等，依被侵权人的请求，人民法院可以将停止侵害的侵权责任承担方式与赔偿损失等侵权责任承担方式合并适用。

（二）排除妨碍

《民法典》第1167条对排除妨碍作出了规定。侵权行为危及他人人身、财产安全的，被侵权人可以请求侵权人承担排除妨碍的侵权责任。“排除妨碍”，也称“排除妨害”，是指依被侵权人的请求，人民法院判令侵权人以一定的积极行为除去妨碍，使被侵权人正常行使合法权益的侵权承担责任方式。

排除妨碍通常适用于侵害所有权或者他物权的情况，也适用于侵害知识产权的情况。

施工占有他人所有或者合法使用的土地、擅自截堵自然流水、堵塞历史上已经自然形成的通道等，均可能构成对他人权利之妨碍。在相关案件中人民法院可以适用排除妨碍的侵权责任承担方式。排除妨碍的适用不以侵权人有过错为要件。排除妨碍所发生的费用及侵权人一方因此受到的财产损失，应由侵权人一方承担。此外，同停止侵害一样，排除妨碍的侵权责任承担方式可能与绝对权上的请求权相竞合。于此情形，无论是将其理解为侵权责任承担方式的适用，还是将其理解为绝对权上的请求权的行使，其适用条件和效果都是一样的。排除妨碍可以单独适用，也可以与其他侵权责任承担方式合并适用。

（三）消除危险

《民法典》第 1167 条对消除危险作出了规定。侵权行为危及他人人身、财产安全的，被侵权人可以请求侵权人承担消除危险的侵权责任。消除危险，是指依人身或财产受到现实威胁的被侵权人之请求，法院判令造成此等威胁或对此等威胁负有排除义务的侵权人消除危险状况，保障被侵权人的人身、财产安全的侵权责任承担方式。侵权人的侵权行为或其行为造成的某种后果或其保有（所有或以其他方式对物件具有直接支配力）的物件构成对他人人身或者财产的现实威胁，为侵权责任法上的“危险”。

多数侵权责任之构成以造成被侵权人实际损害为要件，但是法律规定被侵权人在受到人身或财产之现实威胁时也可以请求消除危险。因此，消除危险的侵权责任承担方式具有预防损害发生的积极功能。消除危险所发生的费用及侵权人一方受到的损失，应由侵权人一方承担。

消除危险的侵权责任承担方式通常适用于排污污染环境，对他人权利或合法利益造成威胁的情况，危旧建筑物、土地工作物、道路、桥梁、路旁枯朽的树木对他人的正常通行构成威胁的情况，以及高度危险作业对他人的人身、财产安全构成严重威胁的情况。承担消除危险的责任，不以侵权人有过错为要件。同停止侵害、排除妨碍一样，消除危险的侵权责任承担方式可能与绝对权上的请求权相竞合。于此情形，无论是将其理解为侵权责任承担方式的适用，还是将其理解为绝对权上的请求权的行使，其适用条件和效果都是一样的。

消除危险所发生的费用及侵权人一方受到的损失，应由侵权人一方承担。

消除危险可以单独适用，也可以与其他侵权责任承担方式合并适用。

（四）返还财产

返还财产是指人民法院依被侵权人的请求，判令非法侵占他人财产的侵权人将侵占的财产返还给被侵权人的一种侵权责任承担方式。作为侵权责任承担方式的返还财产与物权请求权存在竞合的情况。由物权的绝对性、对世性派生出来的物权请求权包括权利人得请求无权占有人无条件返还占有物（善意取得除外）。这种物权请求权所包含的返还请求权，不以占有人的过错为要件。从比较法的角度看，物权请求权的时效期限也与侵权责任法中的返还财产的时效期限有所不同，但我国法律无明确规定。物权请求权所包含的返还限于原物返还，侵权责任承担方式中的返还不限于原物返还。

返还财产的侵权责任承担方式，其适用的前提是被侵占的财产尚存在并具有返还的价值。如果被侵占的财产已经不存在或者返还不具有经济上的合理性，则不适用返还财产的侵权责任承担方式，而代之以赔偿损失等侵权责任承担方式。

返还财产，适用于侵占他人财产的侵权行为，而不适用于合法占有。在侵占他人财产的侵权人承担返还财产侵权责任的案件中，尽管通过返还财产可使被侵权人的损害减少，但是如果侵权人对非法占有的他人财产造成一定损害，财产的价值因此而贬损的，则侵权人除了应当返还财产，还应按该财产的实际价值贬损程度承担相应的赔偿责任。

（五）恢复原状

恢复原状，是指人民法院依被侵权人的请求，判令毁损他人财产的侵权人通过修理（包括自行修理或委托他人修理）等手段，使受到损坏的他人财产恢复到受损坏前状况的一种侵权责任承担方式。

恢复原状的侵权责任承担方式，适用于财产受到损害的情况。恢复原状作为承担侵权责任的方式之一，其适用需要符合以下条件：（1）恢复原状有事实上之可能；（2）恢复原状有价值上之必要，即被侵权人认为恢复原状是必要的而且具有经济上的合理性。如果通过修理的方式恢复原状使财产的价值显著超过其受损坏前的价值，则可以判决被侵权人予以适当补偿（损益相抵规则的适用）；如果修理以后不能完全达到受损前的状况，则侵权人应对该物的价值贬损部分予以赔偿。如果侵占的财产已经不存在或者进行修复已经没有经济上的合理性，则不应适用恢复原状的侵权责任承担方式。因恢复原状所发生的费用，应由侵权人承担。

恢复原状的适用往往需要侵权人与被侵权人之间合作，如果双方难以合作，则无法实现恢复原状。相关法律没有明确规定恢复原状与赔偿损失哪一种责任承担方式优先适用，我们趋向于以赔偿损失为优先适用的侵权责任承担方式。

（六）消除影响、恢复名誉

消除影响、恢复名誉，是指依被侵权人的请求，人民法院责令侵权人在一定范围内采取适当方式消除对被侵权人之名誉的不利影响，以使其名誉（尤其是名誉的客观方面即社会评价方面）得到恢复的一种侵权责任承担方式。

消除影响、恢复名誉的侵权责任承担方式主要适用于人格权受到侵害的情况，尤其适用于侵害自然人的名誉权、姓名权、肖像权、人身自由的情况。消除影响、恢复名誉的侵权责任承担方式一般不适用于侵害隐私权的情况，因为消除影响、恢复名誉是公开进行的，而这种公开消除影响和恢复名誉可能进一步披露被侵权人的隐私，造成进一步的损害。但是被侵权人要求公开消除影响、恢复名誉的，不受此限制。恢复名誉、消除影响的范围一般应当与侵权所造成的不良影响的范围相一致。此外，侵害法人和非法人组织的名誉、商誉，诽谤其财产和服务及侵害其他权益的，也可适用消除影响、恢复名誉的侵权责任承担方式。依具体情况，消除影响、恢复名誉可以与赔礼道歉、停止侵害、赔偿损失（包括精神损害赔偿）等侵权责任承担方式合并适用。

（七）赔礼道歉

赔礼道歉是指侵权人通过口头或者书面方式向被侵权人进行道歉，以取得其谅解的一种侵权责任承担方式。赔礼道歉的内容须事先经人民法院审查，可以采取书面形式，也可以采取口头形式。公开在媒体上发表道歉声明（谢罪广告），是最典型的书面赔礼道歉形式。

赔礼道歉不以公开形式为要件，依法律判决之要求，侵权人可以公开进行，也可以向被侵权人不公开进行。这是赔礼道歉与消除影响、恢复名誉的重要区别。如果赔礼道歉以公开方式进行，这种责任承担的方式也就具有某种消除影响、恢复名誉的性质。

当事人可以就赔礼道歉的内容和方式进行协商，如果当事人达成的协议不违反法律规定，人民法院应当予以认可。败诉的侵权人拒绝向被侵权人赔礼道歉或拒绝采用适当方式为被侵权人消除影响、恢复名誉的，人民法院可以采用公告、快报等方式，将判决书的主要内容和有关情况公布于众，以达到消除影响、恢复名誉、赔礼道歉的实际效果；相关费用由败诉方（被执行人）承担。依具体情况，赔礼道歉可以与消除影响、恢复名誉/停止侵害、赔偿损失（包括精神损害赔偿）等侵权责任承担方式合并适用。

第二节　人身损害赔偿

一、人身损害赔偿概述

（一）人身损害赔偿的概念

侵害他人的生命权、健康权，造成被侵权人死亡、伤残等多种损害后果，同时也可能导致被侵权人、被侵权人近亲属的精神损害，造成被侵权人或其近亲属的财产损失。法律以赔偿损失的侵权责任承担方式救济生命权、身体权、健康权受到侵害的被侵权人或其近亲属，谓之“人身损害赔偿”。人身损害赔偿是赔偿损失的侵权责任承担方式在人身损害案件中的具体运用，是损害赔偿制度（《民法典》侵权责任编第二章）的主要组成部分之一，《民法典》第 1179 条～第 1181 条对此作出了专门规定。

（二）人身损害赔偿的功能

人身损害赔偿是法律对被侵权人的生命权、身体权、健康权受到侵害后产生的一系列损害后果采取的以金钱赔偿为内容的一种法律救济措施。对人身损害，法律主要采取金钱赔偿的方式进行救济，是因为人死亡后无法复生、残疾后难以真正恢复原状。在人身损害赔偿中，既包括了对被侵权人的赔偿，也包括了对被侵权人近亲属的赔偿；既包括了对财产损失的赔偿，也包括了“纯粹的”死亡赔偿与残疾赔偿；既包括了对已经发生的损失的赔偿，也包括了对未来将要发生的损失的赔偿。这就决定了人身损害赔偿在救济功能上的多样性：它既具有保护与救济生命权、身体权、健康权的功能，也具有填补实际经济损失和保护被侵权人及其近亲属之精神利益的功能，还具有保障被侵权人近亲属之基本生活来源的功能。

（三）人身损害赔偿的主要规定及赔偿项目

《民法典》第1179条～第1181条对人身损害赔偿作出了规定，确立了我国人身损害赔偿制度的体系。依据这些条文的规定，我国人身损害赔偿制度的赔偿项目主要有：（1）各种合理费用（包括医疗费、护理费、交通费、营养费、住院伙食补助费等）；（2）残疾赔偿金和残疾生活辅助用具费；（3）死亡赔偿金和丧葬费。此外，依据《民法典》第1183条，在人身损害案件中被侵权人或者其近亲属有权请求精神损害赔偿。

《人身损害赔偿司法解释》（2020修正）对人身损害赔偿案件的受理、诉讼事实的证明、各人身损害赔偿项目的数额计算及给付方式等事项作出了进一步规定。《民法典》颁布、施行后，该司法解释中的个别语词得到了相应修改，是我们正确理解、适用《民法典》有关规定的重要依据。

二、死亡赔偿金、丧葬费、残疾赔偿金和残疾生活辅助器具费

（一）死亡赔偿金

死亡赔偿金是指被侵权人因侵权人的侵权行为而死亡，侵权人应当支付给被侵权人近亲属的金钱赔偿。死亡赔偿金的意义在于维持近亲属与被侵权人死亡前大致相当的物质生活水平。死亡赔偿，是财产性质的损害赔偿而非精神损害赔偿；是对近亲属自身利益受损进行的救济，而不是对生命本身的赔偿，所以不存在“同命同价”或者“同命不同价”的问题；是近亲属自身依法享有的损害赔偿请求权，而不是从死者处继承来的损害赔偿请求权（《民法典》第1181条第1款）。[①]

死亡赔偿金的计算，主要考虑死者的年龄、当地居民人均可支配收入或者人均纯收入、被侵权人死亡前的收入等因素。《人身损害赔偿司法解释》（2022年修正）第15条规定：死亡赔偿金按照受诉法院所在地上一年度城镇居民人均可支配收入标准，按20年计算。但60周岁以上的，年龄每增加1岁减少1年；75周岁以上的，按5年计算。第16条规定，被扶养人生活费计入残疾赔偿金或者死亡赔偿金。《民法典》第1180条规定：因同一侵权行为造成多人死亡的，可以以相同数额确定死亡赔偿金。

（二）丧葬费

丧葬费是指被侵权人死亡情形下，为火化、安葬等支出的必要费用。依据《人身损害赔偿司法解释》（2022年修正）第14条的规定，丧葬费一般按照受诉法院所在地上一

---

① 有关死亡赔偿金的性质、数额确定等问题的进一步讨论，可参见张新宝：《侵权死亡赔偿研究》，载《法学研究》，2008（2）；张新宝：《〈侵权责任法〉死亡赔偿制度解读》，载《中国法学》，2010（3）；张新宝、岳业鹏：《大规模侵权损害赔偿金：基本原理与制度构建》，载《法律科学（西北政法大学学报）》，2012（1）；杨立新：《民法典对侵权损害赔偿责任规则的改进与适用方法》，载《法治研究》，2020（4）。

年度职工月平均工资标准，以 6 个月总额计算。这是一个动态的计算标准，如果受诉法院所在地上一年度职工月平均工资逐年提高，丧葬费也将水涨船高。

（三）残疾赔偿金

残疾赔偿，是指被侵权人的身体、健康受到侵害，出现伤残的损害后果，尤其是出现残疾的损害后果时，侵权人向其支付的各相关项目的赔偿。这些项目主要包括残疾赔偿金、被侵权人精神损害赔偿、残疾生活辅助器具费、医疗费和其他相关费用。此处主要讨论残疾赔偿金和残疾生活辅助器具费。

残疾赔偿金，是指侵权人因对被侵权人的健康（身体）实施侵害导致其残疾，而应对残疾这一单纯的损害后果进行的金钱赔偿。关于残疾赔偿金的性质，学说上有三种不同观点，即“所得丧失说”“劳动力丧失说”“生活来源丧失说”。最高人民法院的司法解释对残疾赔偿金主要采取“劳动能力丧失说”。“劳动能力丧失说”是根据残疾等级抽象评定劳动力丧失程度，并以此评价被侵权人利益损失的学说。《人身损害赔偿司法解释》（2022 年修正）第 12 条规定：残疾赔偿金根据受害人丧失劳动能力程度或者伤残等级，按照受诉法院所在地上一年度城镇居民人均可支配收入标准，自定残之日起按 20 年计算。但 60 周岁以上的，年龄每增加 1 岁减少 1 年；75 周岁以上的，按 5 年计算。受害人因伤致残但实际收入没有减少，或者伤残等级较低但造成职业妨害，严重影响其劳动就业的，可以对残疾赔偿金作相应调整。

（四）残疾生活辅助器具费

残疾生活辅助器具费，是指因伤致残的被侵权人在因侵权行为造成身体器官、肢体等功能全部或部分丧失后而购买、配置生活自助用具而支出的相关费用。残疾生活辅助器具主要包括：（1）肢残者用的支辅器、假肢及其零部件、义眼、假鼻、内脏托带、矫形器、矫形鞋、非机动助行器、代步工具（不包括汽车、摩托车）、生活自助具、特殊卫生用品；（2）视力残疾者使用的盲杖、导盲镜、助视器、盲人阅读器；（3）语言、听力残疾者使用的语言训练器、助听器；（4）智力残疾者使用的行为训练器、生活能力训练用品。《人身损害赔偿司法解释》（2022 年修正）第 13 条规定：残疾辅助器具费按照普通适用器具的合理费用标准计算；伤情有特殊需要的，可以参照辅助器具配制机构的意见确定相应的合理费用标准。辅助器具的更换周期和赔偿期限参照配制机构的意见确定。

三、人身损害赔偿中的相关财产损失赔偿

（一）医疗费

医疗费是指为医治受伤的被侵权人所花费的诊疗费、医药费、住院费等费用，包括抢救医疗费用和相关的一般治疗的医疗费用、即时医疗费用和后续医疗费用、被侵权人死亡前发生的医疗费用。

（二）护理费

护理费是指被侵权人受到人身伤害在医疗、康复期间使用护理人员发生的费用，以及因残疾而使用护理人员照护，日常发生的费用。相关司法解释规定：（1）护理费根据护理人员的收入状况和护理人数、护理期限确定。（2）护理人员有收入的，参照误工费的规定计算；护理人员没有收入或者雇佣护工的，参照当地护工从事同等级别护理的劳务报酬标准计算。护理人员原则上为一人，但医疗机构或者鉴定机构有明确意见的，可以参照确定护理人员人数。（3）护理期限应计算至被侵权人恢复生活自理能力时止。被侵权人因残疾不能恢复生活自理能力的，可以根据其年龄、健康状况等因素确定合理的护理期限，但最长不超过20年。（4）受害人定残后的护理，应当根据其护理依赖程度并结合配制残疾辅助器具的情况确定护理级别。

（三）交通费

交通费是指处理人身损害相关事项发生的交通费用。相关司法解释规定：交通费根据被侵权人及其必要的陪护人员因就医或者转院治疗实际发生的费用计算。交通费应当以正式票据为凭；有关凭据应当与就医地点、时间、人数、次数相符合。在目前使用自有乘用车的情况下，使用自有乘用车发生的费用如燃油费、过路费等，似乎也应当被计入可以获得赔偿的交通费。

（四）营养费

营养费是指为了促进被侵权人身体康复、技能和体能恢复而购买必要营养食品所发生的费用。有关司法解释规定，营养费根据被侵权人伤残情况参照医疗机构的意见确定。本书认为，购买没有明确疗效或缺乏科学依据的“保健品”，其费用一般不能被计入可以获得赔偿的营养费。

（五）住院伙食补助费

住院伙食补助费是指被侵权人在住院期间出于治疗和康复需要，提高、改善膳食标准而额外增加的伙食费用。此等费用之支出，以治疗和康复之必要为限。

（六）误工减少的收入

误工减少的收入，是指被侵权人受到人身损害导致不能正常工作而减少的工资收入或其他类型的合理收入。法律规定，侵权人应当赔偿被侵权人因误工减少的收入损失。误工减少收入的计算方法是：（1）误工费（误工收入）根据被侵权人的误工时间和收入状况确定。（2）误工时间根据被侵权人接受治疗的医疗机构出具的证明确定。被侵权人因伤致残持续误工的，误工时间可以计算至定残日前一天。（3）被侵权人有固定收入的，误工费按照实际减少的收入计算。被侵权人无固定收入的，按照其最近三年的平均收入计算；被侵权人不能举证证明其最近三年的平均收入状况的，可以参照受诉法院所在地相同或者相近行业上一年度职工的平均工资计算。

第三节　精神损害赔偿

一、精神损害赔偿概述

（一）精神损害的概念和分类

精神损害是指自然人因人身权益遭受侵害而产生的精神痛苦、肉体疼痛或其他精神严重反常情况。在我国目前法律规定框架下，死亡、残疾属于人身损害，不属于精神损害。但是死亡事实可能导致近亲属精神损害，残疾后果可能导致被侵权人精神损害。

精神损害从受害的主体上划分，可以分为被侵权人的精神损害与其近亲属的精神损害，我国法律对二者都予以救济；从程度上可以划分为轻微精神损害、一般精神损害与严重精神损害，我国法律仅对严重精神损害予以救济。

《民法典》第 1183 条对精神损害赔偿作出了规定。《民事侵权精神损害赔偿解释》对精神损害赔偿规则的理解和适用作出了进一步规定。该解释于《民法典》颁布后得到了相应修改，原解释第 4 条被吸收为《民法典》第 1183 条第 2 款，部分条文被删去、修改。在本节内容的学习中，应当体会司法解释在广义的侵权责任法规则创设方面发挥的作用。

（二）精神损害赔偿的适用范围

仅自然人的人身权益受到侵害或者其具有人身意义的特定物受到侵害的，作为被侵权人的自然人有权提出精神损害赔偿的请求。其他民事主体，包括法人和非法人组织，不得提出精神损害赔偿请求。

依据相关法律和司法解释的规定及其精神，有以下情况之一的，近亲属享有精神损害赔偿请求权：(1) 相关被侵权人死亡（不同于死亡赔偿金）；(2) 死者的名誉、隐私、姓名、肖像、遗体、遗骨等受到侵害。

侵害债权、物权或者不履行财产性给付义务的合同之违约责任，不适用精神损害赔偿。债权和物权，本质上属于财产权，不属于人身权益，对其侵害造成的是财产性质的损害，应当以赔偿财产损失等方式予以救济，而不能以精神损害赔偿予以救济。但是，侵权人实施侵害债权或者物权的行为同时造成被侵权人的人身权益受到损害的，被侵权的自然人得主张精神损害赔偿。不履行财产性给付义务的违约行为给合同的对方当事人造成财产损失的，应当依据合同法的有关规定承担违约责任。但是违约行为同时给对方（自然人）造成人身权益方面的损害的，对方（被侵害的自然人）得对因人身权益被侵害产生的精神损害请求精神损害赔偿。

在以“精神愉悦”等为主要给付内容的合同中，一方当事人不履行或者不适当履行其主给付义务，没有满足对方当事人“精神愉悦”需求，甚至使对方当事人产生精神不快或痛苦的，违约一方应当承担违约责任包括精神损害赔偿责任。此等“精神损害赔偿”

不属于侵害自然人的人身权益造成精神损害的损害赔偿，仍然属于违约的损害赔偿。在旅游合同等服务类合同中，常出现此等违约以及责任承担的问题。

二、精神损害赔偿的特别构成要件

1. 故意或者重大过失

侵权人承担精神损害赔偿责任，须有主观上的故意或者重大过失。侵权人只有在故意或者重大过失情况下实施侵害自然人人身权益或者侵害自然人具有人身意义的特定物造成严重精神损害的，才承担精神损害赔偿的责任。

2. 严重精神损害后果

被侵权的自然人遭受了“严重精神损害”，侵权人才承担精神损害赔偿责任。如果被侵权的自然人只是遭受了一般程度的精神损害甚或轻微的精神损害，则侵权人不承担精神损害赔偿责任。

3. 精神损害赔偿对无过错责任案件的适用

一般而言，无过错责任案件中责任之构成并不以行为人的过错为要件（《民法典》第1166条），故无须查明行为人是故意还是过失造成被侵权人的损害。而精神损害赔偿以侵权人的故意或者重大过失为主观上的构成要件，因此，如果被侵权的自然人在无过错责任案件中主张精神损害赔偿，则需要对行为人（侵权人）的故意或者重大过失进行举证和证明。

三、侵害自然人的人身权益造成严重精神损害的损害赔偿

侵害自然人的人身权益造成严重精神损害的，被侵权人可以请求精神损害赔偿。正确理解和适用该规定需要把握：（1）仅自然人可以请求精神损害赔偿，法人和非法人组织不能请求精神损害赔偿；（2）自然人的人身权益受到侵害；（3）受到侵害的自然人之精神损害达到严重程度。

关于（1）和（3）所要求的，已经在上文予以讨论。自然人的人身权益，是指其各项人身权和法律保护的人身利益，被具体规定在《民法典》第109条～第112条以及第990条～第1039条。特别需要注意《民法典》第990条第2款的规定：除前款规定的人格权外，自然人享有基于人身自由、人格尊严产生的其他人格权益。

四、侵害自然人的具有人身意义的特定物造成严重精神损害的损害赔偿

于此需要把握：（1）仅自然人可以请求精神损害赔偿，法人和非法人组织不能请求精神损害赔偿；（2）自然人的具有人身意义的特定物受到侵害，造成精神损害；（3）受到侵害的自然人之精神损害达到严重程度。

关于（1）和（3）所要求的，已经在上文予以讨论。具有人身意义的特定物是特定

物而非种类物。这种特定物具有人身意义，承载其所有人或者合法占有人的某种特殊记忆和情感，如老照片、家谱以及记载特定事件的影视物品、文件等。对于此等具有人格意义的特定物，仅仅以物权法的保护方式以及侵害财产的损害赔偿保护方式，不足以保护其所有人或者合法占有人的精神情感利益，故法律设专门规定，予以精神损害赔偿的救济。

侵害自然人的具有人身意义的特定物，是指对该有人身意义的特定物造成毁损、灭失，使其部分或者完全失去表彰特定"人身意义"的功能。对于此等特定物的毁损、灭失损害，可能承担两种不同性质的损害赔偿责任：基于精神损害的精神损害赔偿责任和基于物质损害（以下简称"物损"）的财产损失赔偿责任。

五、精神损害赔偿数额的确定

1. 决定精神损害赔偿数额的考虑因素

最高人民法院在司法解释中多次就确定精神损害数额的因素作出了规定，这些因素包括：（1）侵权人的过错程度，但是法律另有规定的除外；（2）侵害的目的、方式、场合等具体情节；（3）侵权行为所造成的后果；（4）侵权人的获利情况；（5）侵权人承担责任的经济能力；（6）受理诉讼法院所在地的平均生活水平。此外，法律对精神损害赔偿数额有明确规定的，适用其规定。①

2. 精神损害赔偿具体数额的确定

最高人民法院的有关司法解释尽管对于确定精神损害赔偿数额时必须考虑的各种情况作出了规定，但是对于具体赔偿数额或者说赔偿的上限、下限等没有作出规定。确定精神损害赔偿的具体数额时，首先应当考虑的是我国民法设立此项赔偿制度的目的。我国民法设立的这一制度，既具有与西方国家民法相应制度相同的意义（补偿性与惩罚性），又有自己的特殊性：我国民法规定了对精神损害进行救济的其他侵权责任承担方式（如赔礼道歉、消除影响、恢复名誉等），因此，赔偿精神损害与否并不是用以宣示争讼双方胜败的必要或者唯一手段。考虑到这一点，极低数额的精神赔偿（如有的案件中判决1元人民币的赔偿），在我国民法理论上和实践中都是不可取的。

既然精神损害赔偿的目的是补偿（填补）与惩罚（教育），那么赔偿的数额就应当与赔偿目的的要求相一致。过低的赔偿数额既无法补偿被侵权人所受到的损害，也难以惩戒、教育侵权人，使其规范自己的行为、保持应有的注意，以后不再为侵权行为，更无法警戒社会的其他成员。因此，在目前条件下，数百元至数万元或十多万元的精神损害赔偿请求，都是可以获得支持的；超过这一幅度，则需要极其特殊的理由。② 某些案件中法院判决了很高的赔偿额，除了考虑精神损害赔偿，还考虑了侵权人的获利情况和对不当获利的剥夺与返还。赔偿法的谚语是，任何人都不得从不法行为中得到利益。

---

① 参见《民事侵权精神损害赔偿解释》（2020年修正）第5条。

② 参见张新宝、郭明龙：《论侵权死亡的精神损害赔偿》，载《法学杂志》，2009（1）。

第四节　财产损失赔偿

一、财产损失赔偿概述

（一）财产损失的概念与适用范围

“财产”是指财产权益，包括物权、知识产权、继承权、股权和其他投资性权利，以及数据和网络虚拟财产等。侵权责任法保护财产权益的核心部分是动产和不动产权益。关于对其他财产权益的保护，除《民法典》的规定外，通常还有特别法的规定。财产损失，是指权利人已有财产权益的减少以及可得财产权益的丧失。对财产损失可以依不同的标准进行分类，常见的分类有直接损失与间接损失、既有利益的损失与可得利益的损失、积极财产损失和消极财产损失等。

（二）财产损失的损害赔偿原则

1. 完全赔偿（赔偿实际损失）的原则

完全赔偿原则也可以被称为赔偿实际损失的原则，其基本含义是：侵权人对于自己的侵权行为或者准侵权行为给被侵权人一方造成的实际损失或者说全部财产损失承担赔偿责任。这一赔偿原则主要适用于“物损”的情况，即在被侵权人的有体物财产遭受损害的情况。

2. 适当赔偿的原则

适当赔偿原则是完全赔偿原则的例外，其含义是：综合考虑案件的各种情况，对被侵权人的财产损失予以“适当”的赔偿而非完全的赔偿。“适当”赔偿并非“少许”“些许”赔偿，民法或者说侵权责任法上的“适当”往往具有两层含义：一是从法律的价值观、利益平衡角度来看是合适的和妥当的；二是与某些特定的情况相适应或者说相当，如与侵权人的过错大小相适应，或者说与案件双方经济状况的比较结果相当。适当赔偿的结果往往是少于完全赔偿的数额。

适当赔偿的原则适用于以下财产损失赔偿案件：（1）赔偿间接财产损失或者可得利益损失的案件；（2）赔偿“纯粹经济损失”的案件；（3）难以准确确定财产损失数额的案件。而在“物损”为损害后果的侵权责任案件中，对“物损”部分的赔偿，一般不适用适当赔偿的原则。[①] 此外，法律对赔偿的最高限额和最低限额作出规定的，也可以被认为是适当赔偿原则的适用。

3. 损益相抵原则

“损”即被侵权人遭受的财产损失，“益”是指被侵权人在遭受侵害的同时获得了财

---

① 在个别案件中，侵权行为的危害性与损害后果的严重性不成比例，如北京的“天价葡萄案”，需要考虑公平原则来限制侵权人的赔偿责任，适用适当赔偿的原则。

产上的收益，包括财产的积极增加和消极增加，如给付义务的减轻或免除。被侵权人因遭受侵害而发生财产增加的，应当在损害赔偿中减去增加的部分。这是所谓“损益相抵”的要求。有些国家的侵权责任法规定了损益相抵原则①，有一些没有规定。

4. 法定赔偿范围与法定计算标准相结合的原则

法律或者法规对某些案件中的全部或者部分财产损失的损害赔偿计算标准作出了明确的规定，适用这样的规定确定财产损失的赔偿，谓之适用法定赔偿原则的赔偿。法定赔偿原则可以是对赔偿范围的法定化，也可以是对赔偿数额计算标准的法定化。有法定赔偿标准的，优先适用。

二、按照损失发生时的市场价格计算

（一）按照损失发生时的市场价格计算概述

侵害他人财产的，财产损失应当按照损失发生时的市场价格计算。这一规定是财产损失的赔偿数额计算的主要标准，它包含了市场价格要素和时间要素两个方面的规定性。

市场是各种有交换价值的产品和服务进行交易的场所，经济学上也认为其是为各种资源进行配置的场所。一个产品或者服务的市场价格实际上是市场主体对其价值的认可。在市场经济条件下，绝大多数产品和服务都是具有相对明确的市场价格的，因此，对于财产损失的赔偿数额以损失发生时的市场价格计算最能够客观反映市场经济规律对法律（赔偿制度）的要求，相对而言也最具有客观性、公正性。需要指出的是：（1）市场价格标准多适用于“物损”的赔偿数额之确定。（2）在某一物同时存在多个交易市场的情况下，应当综合考虑相关因素作出判断。如被侵权人从旧货市场（第一市场）以 500 元“淘”来一件古玩，在藏友之间（第二市场）可以获得 5 000 元的交易价格，在拍卖会（第三市场）可以获得 10 000 元的售价。如果该件古玩在被送往拍卖公司的途中被侵权人撞倒，发生完全的“物损”，应当按照哪一个市场的价格确定赔偿数额呢？第一、第二和第三市场的“市场价格”相差巨大，需要综合考虑各种情况作出判断。

（二）关于市场价格的时间标准

市场价格永远处在变动之中，对于某些价格波动大的物品而言，以什么时间作为赔偿标准对被侵权人的影响甚巨。例如，甲在 1 月 1 日盗走乙的 10 两黄金，此时黄金价格为每克 270 元。1 月 20 日甲将黄金以每克 290 元的价格卖出。3 月 1 日乙起诉甲时黄金价格为每克 280 元。6 月 1 日法院作出判决时黄金价格为每克 320 元。② 究竟该以什么时间的价格来确定被侵权人的损失呢？从现实生活来看，可能发生的情形很多：假如黄金不曾被盗，被侵权人乙一直持有黄金，其损失如何？被侵权人乙中途卖出黄金，其损失

---

① 参见［德］克雷斯蒂安·冯·巴尔：《欧洲比较侵权行为法》（下卷），张新宝译，515～524 页，北京，法律出版社，2004。

② 参见王利明主编：《中华人民共和国侵权责任法释义》，91 页，北京，中国法制出版社，2010。

如何？被侵权人乙卖出又买入，其损失如何？其中涉及市场风险与操作风险，涉及对未发生事件的假定，最终被侵权人的损失是一件无法完全客观确定的事情。然而，法律的任务不在于提供绝对真理，而在于提供适当的纠纷解决方式，所以要考虑现实中各种情形确定比较合理的时间点来衡量被侵权人的损失。

计算财产损失的时间标准是“损失发生时”，而不是其他任何时间。法律不将财产损失的计算时间标准确定为“侵权行为实施时”“被侵权人知道或者应当知道损害发生时”“被侵权人提起诉讼时”“一审辩论结束前”，突出了侵权责任法填补损害（而主要不是制裁侵权行为）的立法旨趣，同时有利于排除当事人乃至审判人员对案件客观事实确定的人为影响。①

（三）关于市场价格的地点标准

法律仅对财产损失计算的市场标准和时间标准作出了规定，没有对地点标准即“依哪一个地方的市场价格”作出明确规定。可供选择的地点有：（1）侵权行为实施地；（2）财产损失发生地；（3）受诉法院所在地。考虑到法律明确将损害发生的时间确定为财产损失计算的时间标准，排除了侵权行为实施的时间，似可推断排除侵权行为实施地作为财产损失计算的地点，也应符合立法者的意图。本书认为，财产损失发生时和发生地的市场价格应为计算财产损失的基本标准。②

三、按照其他合理方式计算

侵害他人财产，财产损失可以按照其他合理方式计算。法律规定的“其他合理方式”，是指市场价格标准之外的计算方式。对此，比较法上也有类似的经验。《荷兰民法典》第 6：97 条规定：“法官以与损害之性质最相适应的方式对损害进行估价。于不能精确确定损害范围之情形，对其进行估定。”③ 采用“其他合理方式”需要考虑的因素包括：（1）该受损害物的形成（成本）价值；（2）合理的增值或者减值；（3）基于衡平价值观的综合判断。

正确理解和适用法律规定的以“其他合理方式计算”财产损失，需要把握以下几个方面：（1）与以“市场价格计算”标准一样，以“其他合理方式计算”标准也只适用于侵权人的侵权行为或准侵权行为侵害被侵权人的财产权益造成财产损失的案件，而不适用于侵害被侵权人的人身权益造成财产损失的案件；（2）以“市场价格计算”标准主要适用于“物损”并有可供参考的市场价格因素的财产损失案件，以“其他方式计算”标准主要适用于非“物损”（如纯粹经济损失）的财产损失案件，以及缺乏可供参考的市场价格因素的“物损”案件；（3）法律没有明确规定以“市场价格计算”标准与以“其他

---

① 我国台湾地区学者对时间标准持不同观点。参见高圣平主编：《中华人民共和国侵权责任法立法争点、立法例及经典案例》，247 页，北京，北京大学出版社，2010。

② 相同观点，参见王利明、周友军、高圣平：《中国侵权责任法教程》，336 页，北京，人民法院出版社，2010。

③ 转引自张新宝主编：《侵权法评论》，192 页，北京，人民法院出版社，2004。

方式计算”标准为并列关系还是具有先后顺序，我们倾向于认为，在有条件适用以“市场价格计算”标准时应当优先适用，以避免法官过多的任意裁量带来的法律适用不统一的不良后果，背离法律规定的“合理”要求。[①]

问题与思考

1. 如何理解我国法律规定的人身损害赔偿？
2. 如何理解我国法律规定的财产损失赔偿？
3. 如何理解我国法律规定的精神损害赔偿？

① 杨立新教授强调了“坚持客观标准”。参见杨立新：《〈中华人民共和国侵权责任法〉精解》，85页，北京，知识产权出版社，2010。

第七十四章
关于责任主体的特殊规定

本章概要

本章主要对应于《民法典》侵权责任编第三章，主要讲述特殊责任主体承担的侵权责任，包括监护人责任、用人者责任、互联网上的侵权责任、违反安全保障义务的侵权责任，以及幼儿园、学校等教育机构的侵权责任。

第一节 监护人责任

一、监护人责任概述

（一）监护人责任的概念和特征

《民法典》第 1188 条第 1 款规定：无民事行为能力人、限制民事行为能力人造成他人损害的，由监护人承担侵权责任。监护人尽到监护责任的，可以减轻其侵权责任。该条法律规定确立了我国的监护人责任。监护人责任，是指监护人对于其所监护的无民事行为能力人或者限制民事行为能力人造成的他人损害所应承担的侵权责任。

我国民法上的监护人责任具有如下特征：

（1）对他人造成损害的行为（举动）承担责任。监护人责任属于典型的替代责任，即监护人替他人（被监护人）承担赔偿责任。在此，存在着行为主体与责任主体的分离：实际造成损害的是被监护的无民事行为能力人或者限制民事行为能力人，承担责任的则是监护人。

（2）无过错责任。我国监护人责任的归责原则是无过错责任，监护人承担责任不以其存在过失为必要。根据《民法典》第 1188 条第 1 款，即使监护人尽到了监护职责，也只能减轻而不能免除其侵权责任。

（3）补充责任。《民法典》第 1188 条第 2 款规定：有财产的无民事行为能力人、限制民事行为能力人造成他人损害的，从本人财产中支付赔偿费用；不足部分，由监护人赔偿。该规定确立了监护人的补充责任。这里的补充责任，是指先以致人损害的被监护人的财产支付赔偿费用，不足部分全部由监护人承担。如果被监护人的财产足以支付赔偿费用，监护人实际上不承担责任。这种补充责任是“缺多少补多少”的完全补充责任，不同于“相应的补充责任”。

（二）监护人责任的归责原则

我国法律规定，监护人对于被监护人造成他人损害承担无过错责任。监护人承担责任，主要理由在于其与被监护人之间存在最密切的联系，最有可能通过日常的教育和具体情形的作为来减少或避免此等损害的发生。至于不能通过监督、教育加以避免的损害，由监护人承担责任也有其道理。从与未成年人的关系来讲，父母从子女身上得到了伦理感情、社会经济等多方面的利益，让父母承担未成年人不法致人损害的风险应当是比较合适的。正是基于利益、风险保持一致的考虑，对被监护人的不法加害行为承担责任的主体通常应是父母。在没有父母的情况下，如果由被监护人的近亲属担任监护人，考虑到同一家族众亲属间的血缘关系、情感纽带和经济扶助，让监护人就被监护人的不法加害行为承担责任也是合适的。

二、监护人责任的构成要件

（一）监护人责任的构成要件概述

监护人责任是一种典型的替代责任，监护人就被监护人的不法致害行为（举动）承担无过错责任。因此，监护人责任的构成要件有二：一是监护人与被监护人之间存在监护关系，二是被监护人的不法致害“行为”符合侵权责任的构成要件。考察监护人是否承担责任的核心问题是考察被监护人的“行为”是否符合侵权责任的构成要件：如果将被监护人替代为一个完全民事行为能力人，其所实施的侵害行为造成他人损害时应当依法承担侵权责任，则监护人应当对此等不法侵害“行为”造成的损害承担侵权责任。

（二）被监护人的“行为”构成侵权责任

行为是指人的有意识的活动，无意识的活动通常不被当作行为，而仅仅是举动。就被监护人而言，因为其责任能力的缺乏①，可以认为其根本没有从事不法加害“行为”的能力。此处只是出于表述方便而将被监护人不法致害的举动称为“行为”。另外，被监护人的“行为”通常是人的举动，可能符合一般侵权责任的构成要件；特殊情况下也可以是由被监护人管领之物造成损害，可能符合特殊侵权责任的构成要件。无论如何，只有被监护人的“行为”也符合责任的构成要件之要求，监护人才需要承担责任。监护人责

① 我国现行法并未规定责任能力制度，通说认为无民事行为能力人、限制民事行为能力人没有责任能力。参见王利明、周友军、高圣平：《中国侵权责任法教程》，477 页，北京，人民法院出版社，2010。

任的独特之处主要在于被监护人的“行为”致害。以下重点考察被监护人的“行为”符合责任的构成要件之要求。

1. 损害

损害是赔偿责任的前提条件。如果没有损害，则不必考虑损害赔偿责任，监护人自然不承担责任。①

2. 被监护人实施了不法“行为”

不法侵害“行为”，是指被监护人没有正当理由而侵害了他人的合法权益。此处的不法，包括结果不法与行为不法两个层面。从结果不法的角度看，被监护人的“行为”不存在正当理由，如正当防卫、紧急避险之类。从行为不法的角度看，被监护人的“行为”不符合理性人的注意义务标准，即没有达到社会大众对普通社会成员的合理期待。需要注意的是：第一，这里不考虑被监护人的特殊情况。未成年人的行为虽然没有达到理性人的标准但是达到了同龄人的注意义务标准的，监护人也要对被监护人的不法致害承担责任。监护人承担责任的原理就在通过监护人弥补被监护人的不足来满足社会大众对理性人标准的安全的期待。第二，如果被监护人的“行为”达到了理性人标准，监护人就不承担赔偿责任。在被监护人致人损害的情形，如果行为人是正常的成年人，该成年人不承担责任的话，那么未成年人的“行为”在客观上就不构成侵权行为，从而监护人也不承担责任。② 监护人需要保障的仅仅是被监护人像理性人那样行为，而不能保障受害人在任何情况下都得到赔偿。

为说明以上关系，列表 74－1 如下：

表 74－1　被监护人的“行为”与监护人的责任的关系

被监护人的“行为”	低于同龄人标准	符合同龄人标准但低于理性人标准	符合理性人标准
监护人的责任	监护人承担责任	监护人承担责任	监护人不承担责任

3. “行为”与损害之间存在因果关系

监护人责任中的因果关系并无特殊之处，适用通行的规则与理论，即要求被监护人的不法侵害“行为”与受害人受到的损害之间存在因果关系。

三、监护人责任的承担

（一）监护人责任的承担概述

《民法典》第 1188 条第 1 款确立了监护人的无过错责任，其第 2 款紧接着规定：有财产的无民事行为能力人、限制民事行为能力人造成他人损害的，从本人财产中支付赔

① 《民法典》第 1188 条所规定的监护人责任是一种财产性质的赔偿责任，停止侵害、消除危险等侵权责任承担方式不在考虑之列。

② 参见［德］克雷斯蒂安·冯·巴尔：《欧洲比较侵权行为法》（上册），张新宝译，201 页以下，北京，法律出版社，2001。

偿费用。不足部分，由监护人赔偿。可见，即使法律规定确定了监护人责任，最终的责任也未必由监护人承担。

（二）有财产的被监护人：责任承担规则

《民法典》规定监护人的责任是一种补充责任。被监护人是否承担责任，不取决于其有无相应的责任能力，也不取决于相关的注意义务标准，而仅仅与财产相关。对于被监护人来说，其是否承担责任以及承担的责任大小取决于其有无财产以及财产多少。由此可见，我国对被监护人责任作出了相当独特的规定。[①]

（三）无财产的被监护人：责任承担规则

根据《民法典》第1188条第2款，如果被监护人有财产，监护人承担补充责任，乃至不承担责任；相反，如果被监护人无财产，则被监护人不承担任何责任，所有的责任都由监护人承担。从社会现实来看，被监护人很少拥有财产，拥有相当数额的财产足以承担侵权责任的更少，多数情况下还是由监护人来承担责任。

（四）监护人责任的减轻与监护人的相应责任

1. 监护人责任的减轻

《民法典》第1188条第1款第二句规定：监护人尽到监护职责的，可以减轻其侵权责任。该规定将公平理念引入无过错责任中，缓解了监护人责任的严苛性。法律授权法院在监护人没有过失时适当减轻监护人的责任，可以更好地平衡监护人与被侵权人的利益，便于监护人息讼服判，也有利于纠纷的解决。

“监护职责”是指监护人的监护职责、监护义务。该项监护义务包括宽泛的教育培养义务以及各种具体的指导监督义务，需要结合案例情形判断。

2. 教唆、帮助情形下监护人的“相应责任”

《民法典》第1169条第2款规定：教唆、帮助无民事行为能力人、限制民事行为能力人实施侵权行为的，应当承担侵权责任；该无民事行为能力人、限制民事行为能力人的监护人未尽到监护职责的，应当承担相应的责任。这里的“未尽到监护职责”不是指被监护人偶尔的过失行为，而是指监护人在日常监护中未达到一个合格监护人应达到的注意义务，如未成年人夜不归宿不予追究，从事流氓地痞行为不予矫正管教等。这里的“相应的责任”是与监护人的不履行监护职责的过错相适应，以及与被监护人的“行为”对致害所起作用相适应。监护人的“相应责任”不与教唆、帮助者的责任相连带，也不减轻或免除教唆或帮助者的责任。监护人承担的“相应责任”份额可以与教唆、帮助者承担全部责任中的相应份额构成“不真正连带”关系。

---

① 关注财产绝不是中国法律的独创之举。尽管不像我国的规定那么突出，俄罗斯、蒙古国、越南也都明确规定：在未成年人的财产不足以赔偿时，父母承担补充责任。其中，越南的措辞与中国的几乎完全一样：“监护人以被监护人的财产赔偿损害；同时以自己的财产补足。”这种注重实际、强调政策的做法也许是受苏联社会主义法制影响的结果。

第二节　用人者责任

一、用人者责任概述

（一）用人者责任的概念

用人者责任，又称使用人责任、雇用人责任，即传统民法上所说的雇主责任[①]，是指用人者（用人单位、个人劳务使用人）对被使用人（工作人员、个人劳务提供人）在从事职务/劳务活动时造成他人损害承担侵权责任。

《民法典》侵权责任编在第三章“责任主体的特殊规定”中用两个条文建构了我国的用人者责任制度。《民法典》第1191条规定：“用人单位的工作人员因执行工作任务造成他人损害的，由用人单位承担侵权责任……”“劳务派遣期间，被派遣的工作人员因执行工作任务造成他人损害的，由接受劳务派遣的用工单位承担侵权责任；劳务派遣单位有过错的，承担相应的责任。”第1192条规定：“个人之间形成劳务关系，提供劳务一方因劳务造成他人损害的，由接受劳务一方承担侵权责任……提供劳务一方因劳务受到损害的，根据双方各自的过错承担相应的责任。”“提供劳务期间，因第三人的行为造成提供劳务一方损害的，提供劳务一方有权请求第三人承担侵权责任，也有权请求接受劳务一方给予补偿。接受劳务一方补偿后，可以向第三人追偿。”从这些规定可以看出，我国法律区分用人者是用人单位还是个人劳务使用人而分别规定用人者责任，同时对劳务派遣中的用人者责任作出了特殊的规定。

在用人者责任中，用人者与被使用人是一对核心的概念。用人者，是指任用被使用人，通过对其活动进行委派、指示来实现自己特定目的的人。根据《民法典》的规定，用人者可被分为用人单位与个人劳务使用人两类，其中的用人单位涵盖企业、个体经济组织、民办非企业单位等组织以及国家机关、事业单位、社会团体。[②] 个人劳务使用人则仅限于个人劳务关系中使用人一方。被使用人与用人者相对应，是指接受用人者的指示，根据用人者的意思提供劳动或劳务的人。根据《民法典》的规定，被使用人包括工作人员和个人劳务提供人两类。

（二）用人者责任的特征

（1）用人者责任原则上是一种替代责任（vicarious liability），是用人者对被使用人的侵权行为造成他人损害承担责任，即替代行为人承担侵权责任。

（2）适用无过错责任归责原则。对用人者责任，适用无过错责任归责原则是世界立

---

① 雇主责任是一个含糊、笼统的说法，通常并不需要技术意义上的雇主—雇员关系，事实上是用包括多数情形的雇主责任来指代全部的用人者责任。参见〔德〕克雷斯蒂安·冯·巴尔：《欧洲比较侵权行为法》（上册），张新宝译，233页，北京，法律出版社，2001。

② 参见《劳动合同法》第2条。

法的趋势，我国法律规定用人者责任是一种无过错责任。

（3）用人者责任以用人者与直接侵权行为人存在特定关系为前提，即用人者与被使用人的关系。替代责任人（用人者）处于特定的地位，这种特定的地位主要指支配性的地位（选任、指示、监督、管理等）。判断侵权行为人是被使用人还是独立的民事主体，取决于用人者能否对侵权行为人的活动作指示、控制、监督、管理等。

（4）用人者责任是用人者对被使用人在执行职务提供劳务活动中的致害行为承担责任，要求侵权行为人处于特定的状态，包括从事雇佣活动、执行职务等，即被使用人应该在从事用人者交代的任务或者履行自己职务的过程中致人损害。

二、用人者责任的构成要件

（一）用人者责任的构成要件概述

用人者责任作为典型的无过错责任，其构成并不需要考虑用人者的过错，但要求被使用人方面必须满足侵权责任的构成要件要求：如果是特殊侵权责任，需要满足特殊侵权责任的构成要件；如果是一般侵权行为，则需要满足一般侵权责任的构成要件。概括起来，用人者责任的构成要件有三：（1）用人者与被使用人之间存在广义上的雇佣关系，即支配与被支配、使用与被使用关系。（2）给他人造成损害的行为必须是被使用人为完成工作任务而进行的行为。（3）被使用人的行为必须是侵权行为。只有在被使用人的行为符合侵权责任的构成要件时，用人者才承担用人者责任。

（二）被使用人的行为符合侵权责任的构成要件

被使用人的行为既有可能构成一般侵权责任，也有可能构成特殊侵权责任。就一般侵权责任而言，被使用人的行为符合侵权责任要求具备：（1）损害；（2）侵害行为；（3）行为与损害之间的因果关系；（4）过错。对以上四个要件的判断适用侵权责任法的一般规则和理论，并无特殊之处。特别之处在于：被使用人实施的侵害行为属于“完成工作任务”的行为。以下对此进行专门讨论。

（三）被使用人实施的侵权行为属于“完成工作任务”的行为

1. “完成工作任务”的概念和特征

用人者对被使用人的行为承担责任的主要依据在于享有其利益者承受损害的报偿理论，如此用人者承担责任的前提自然是存在享有利益的可能性，即被使用人是为了用人者的利益而行为。该种行为通常被称作“完成工作任务”的行为，也称作执行职务行为或者执行雇佣事务的行为。

“完成工作任务”的行为具有如下特征：

（1）以存在用人者与被使用人之间的广义上的雇佣即支配与被支配、使用与被使用关系为前提。只有确定了用人者和被使用人的身份，才有可能把被使用人的行为界定为“完成工作任务”的行为。

（2）用人者支配被使用人的活动的可能性。“完成工作任务”的行为可能是受用人者直接委派或者命令，也可能是被使用人出于维护用人者利益的目的而自主决定，但必须存在用人者对被使用人支配的可能性。如果不存在这种支配的可能性，直接侵权行为人就应当被界定为独立承担人而不是被使用人，则用人者不承担责任。

（3）被使用人的活动与用人者的利益具有相关性。如果被使用人从事的是完全与用人者的利益无关的行为，则该项行为的风险就应当由被使用人承担。

2. 对“完成工作任务”的判断

如何认定“完成工作任务”属于理论上和实践中的疑难问题。雇员的行为是否为完成工作任务，应当从行为人的主观意思和行为的客观性质两个方面加以判断。一般说来，雇员主观上认为是完成工作任务的行为，而且在客观上不悖于情理，就可认定该行为是完成工作任务的行为。“完成工作任务”通常包括：（1）雇员依据雇主的指示在自己职权范围内的行为；（2）为了完成职权范围内的事务所为的辅助行为；（3）为了雇主之利益的合理行为（也可能是超越职权的行为），此等行为应当具有客观上的合理性。将第三种行为纳入雇员完成工作任务的行为，主要是为了保护被侵权人的利益，使其较为容易得到补偿。①

“完成工作任务”是一个弹性概念，具体判断时需要结合个案进行认定，重点考虑的因素有时间要素、地点要素、控制力要素和利益要素。在具体案件中，应综合考虑以上四个因素，然后作出判断。

三、用人者责任的承担

1. 用人者责任的承担概述

用人者责任的承担需要考虑具体承担责任的用人者，还需要考虑与用人者责任相关的责任，比如被使用人自己的责任以及用人者责任与被使用人责任的关系。

在确定用人者的身份时，需要考察用人者与被使用人之间的使用关系，这种使用关系通常是基于劳动合同、雇佣合同等，但是不以签订书面合同为限，其成立也不以合同有效为前提。关键还是要综合指令、控制力、利益归属等多种因素来判断用人者与被使用人之间的关系，由此来决定是否由用人者承担责任。

2. 被使用人故意或者重大过失情况下用人者责任的承担

《民法典》规定用人单位等享有求偿权。这样，一方面，能弥补用人单位的损失；另一方面，能督促工作人员在工作中谨慎工作，尽量减少损害的发生。

用人单位向有故意或者重大过失的工作人员追偿的，应根据具体情形确定追偿的数额。因为在雇佣关系中，工作人员相对于用人单位来说在经济上处于弱势地位，工作人员的收入是用人单位开出的工资，其从事雇佣活动是为了谋生，而用人单位使用工作人员为其工作是为了追求经济利益，由此而产生的经营风险应由其承担，并且在多数时候，工作人员从事雇佣活动致人损害的行为包含了用人单位和工作人员的混合过错，因此在确定赔偿数

---

① 参见张新宝：《中国侵权行为法》，2版，161页，北京，中国社会科学出版社，1998。

额时，应比较双方过错的程度，根据用人单位和工作人员的受益情况及经济状况来确定。

四、与劳务派遣相关的责任承担

（一）劳务派遣概述

劳务派遣，是指由劳务派遣机构与被派遣劳动者签订劳动合同，由劳动者向接受劳务派遣的实际用工单位给付劳动的特殊劳动关系。劳务派遣关系存在劳务派遣单位、劳动者、接受派遣单位三方，体现了雇佣单位与用工单位的分离，是现代社会一种新的用工手段。针对劳务派遣中的用人者责任，《民法典》第1191条第2款特别规定："劳务派遣期间，被派遣的工作人员因执行工作任务造成他人损害的，由接受劳务派遣的用工单位承担侵权责任；劳务派遣单位有过错的，承担相应的责任。"

（二）劳务派遣情形的侵权责任承担

1. 接受方的责任

根据《民法典》第1191条第2款，劳务派遣的接受方被视为主要的用人者，对被派遣劳动者的侵权行为承担无过错责任。在劳务派遣关系中，接受派遣的用工单位对被派遣劳动者进行实际的管理、支配，同时又利用被派遣劳动者的行为扩大规模、增加利润，故应当被认定为用人单位。

2. 派遣方的责任

在劳务派遣关系中，劳务派遣单位虽然也从被派遣劳动者身上获取了利润，从而对被派遣劳动者的行为具有利益相关性，但这种利益链条是通过用工单位对被派遣劳动者的使用而实现的，相对而言关系稍远，而且劳务派遣单位没有对被派遣劳动者进行现场支配、指令的可能性，所以劳务派遣单位通常不被认定为用人者。但是，劳务派遣单位如果有过错，则应当承担相应的责任。

3. 被派遣劳动者个人的责任

在劳务派遣责任中，被派遣劳动者个人的责任可以按照《民法典》第1191条的规定处理，即接受劳务派遣的用人单位承担侵权责任后，可以向有故意或者重大过失的被派遣劳动者追偿。

五、个人劳务关系下的用人者责任

《民法典》第1192条第1款规定：个人之间形成劳务关系，提供劳务一方因劳务造成他人损害的，由接受劳务一方承担侵权责任……提供劳务一方因劳务受到损害的，根据双方各自的过错承担相应的责任。所谓"个人之间形成劳务关系"即个人雇用保姆、司机等形成私人雇佣关系，而不是个人与家政公司等订立承揽合同关系。该条规定的"提供劳务一方因劳务造成他人损害的，由接受劳务一方承担侵权责任"，与第1191条第

1 款确立的用人者（雇主）责任（替代责任）规则是一致的，即作为用人者的“接受劳务一方”对作为被使用人的“提供劳务一方”（雇员）因“劳务”（“执行工作任务”）时造成对他人的损害承担侵权责任，而“提供劳务一方”不承担侵权责任。

该条的第二层含义是，提供劳务一方因劳务而自身受到损害的，按照比较过错的规则分担责任。

《民法典》第 1192 条第 2 款是新增加的规定：“提供劳务期间，因第三人的行为造成提供劳务一方损害的，提供劳务一方有权请求第三人承担侵权责任，也有权请求接受劳务一方给予补偿。接受劳务一方补偿后，可以向第三人追偿。”这一规定给予提供劳务一方可选择的请求权：有权请求第三人承担侵权责任，也有权请求接受劳务一方给予补偿。但是对于这两个请求权只能择一行使而不能同时行使，也不能先后依次行使。接受劳务一方补偿后，可以向第三人追偿。

第三节　互联网上的侵权责任

一、互联网上的侵权责任概述

（一）互联网上侵权的概念

互联网上侵权，是指发生在互联网的各种侵害他人民事权益的行为。它不是指侵害某种特定权利（利益）的具体侵权行为，也不属于在构成要件方面具有某种特殊性的侵权行为，而是指一切发生于互联网空间的侵权行为。[①]

原《侵权责任法》第 36 条对互联网上的侵权责任作出了规定，2014 年颁布并施行的《最高人民法院关于审理利用信息网络侵害人身权益民事纠纷案件适用法律若干问题的规定》对此作出了进一步规定。《民法典》在原《侵权责任法》第 36 条的基础上，吸收了司法解释和审判实践的有益经验，形成了由第 1194 条～第 1197 条构成的互联网上侵权责任规则体系。原司法解释也得到了相应修改，以推动《民法典》相关规则的贯彻适用。

（二）互联网上的侵权责任的种类

互联网上的侵权责任，依其责任主体和责任性质方面可以分为两大种类。

1. 直接侵权：自己责任

所谓直接侵权，是指网络用户和网络服务提供者自己的侵害行为本身构成侵权责任法上的侵权责任。对于直接侵权行为，行为人应承担自己责任。《民法典》第 1194 条规定：网络用户、网络服务提供者利用网络侵害他人民事权益的，应当承担侵权责任。法

---

① 《最高人民法院关于审理利用信息网络侵害人身权益民事纠纷案件适用法律若干问题的规定》（2020 年修正）第 1 条规定：本规定所称的利用信息网络侵害人身权益民事纠纷案件，是指利用信息网络侵害他人姓名权、名称权、名誉权、荣誉权、肖像权、隐私权等人身权益引起的纠纷案件。

律另有规定的，依照其规定。

2. 间接侵权：对第三人侵权的责任

所谓间接侵权，是指网络服务提供者的行为本身不构成侵害他人合法权益，但是其对于直接侵权行为人的侵权行为起到了帮助的作用。在这种间接侵权行为中，网络用户是真正的侵权行为人，实施了直接侵权行为；网络服务提供者只是因为客观上对直接侵权行为起到了帮助作用而承担侵权责任法上的侵权责任，是对第三人侵权的责任。《民法典》第 1195～1197 条规定了网络服务提供者的间接侵权责任。

（三）互联网上侵权的特征

1. 互联网上侵权的场所：互联网空间

互联网上侵权的主要特征是侵害行为发生在互联网空间。任何一个掌握网络基本操作知识的人，只要登录互联网就可能实施侵权行为，这导致网络上的侵权行为日渐普及和多样化。

2. 互联网上侵权的责任承担者：网络用户和网络服务提供者

在网络环境下发生侵权行为的，自己责任原则仍然适用，即直接实施侵害行为的网络用户和网络服务提供者要对自己实施的侵害行为造成他人损害承担责任。此外，对于网络用户实施的侵害行为，网络服务提供者如果没有履行相应的注意义务，也可能依侵权责任法的规定承担相应的连带侵权责任。

3. 互联网上侵权的侵害对象：非物质形态的民事权益

网络空间的虚拟性决定了互联网上所侵害的权益的特殊性。互联网上的侵权行为所针对的往往都是被侵权人的非物质形态的权益，比如，互联网上侵权的大量纠纷案件涉及对知识产权，尤其是著作权的侵害，但是一般不会涉及对所有权或者其他物权的侵害。

4. 互联网上侵权的损害后果：传播范围的不确定性及损害后果的无限扩展性

互联网上的侵权行为所针对的多为被侵权人的非物质形态的权益，导致侵权后果往往是被侵权人的精神损害，其损害结果难以计量。并且，网络传播的特殊性导致侵害后果也具有不确定性，如对于传播的范围、人数等均无法通过量化的手段加以确定。在此类纠纷案件中，也产生《民法典》第 1182 条所规定的财产损失赔偿责任。由于网络传播没有时间和空间的限制，所以互联网上侵权后果的影响范围也是传统的侵权方式所不可比拟的，造成侵权的内容可以借助高速运转的网络迅速扩展。

二、互联网上的侵权责任：自己责任

（一）互联网上自己侵权责任概述

互联网上自己侵权责任，是指网络用户和网络服务提供者因为自己的侵害行为侵害了他人的民事权益造成损害而应当承担的侵权责任。《民法典》第 1194 条对互联网上自己侵权责任作出了规定："网络用户、网络服务提供者利用网络侵害他人民事权益的，应当承担侵权责任。法律另有规定的，依照其规定。”互联网上的侵权行为只是侵权行为的场所出现在互联网空间，而并非一类特殊的侵权行为，因此，在互联网空间实施了侵权行为的网络用户和网络服务提供者自然要对自己的行为承担民事责任。

（二）互联网上自己侵权责任的构成要件

1. 网络用户、网络服务提供者实施了利用网络侵害他人民事权益的行为

网络用户、网络服务提供者利用网络侵害他人民事权益的行为，主要是侵害他人的人格权和知识产权的行为，最为常见的是侵害他人名誉权、荣誉权、隐私权、个人信息、姓名权、肖像权、著作权等。

2. 网络用户、网络服务提供者的侵害行为给他人造成了损害

网络用户、网络服务提供者的侵害行为给他人造成的损害应当是现实的已经存在的不利后果，如受害人的隐私被泄露、名誉被贬损等引起的精神损害和侵害人身权益等导致的财产损失。

3. 因果关系

网络用户、网络服务提供者的侵害行为与受害人的损害之间存在因果关系。

4. 网络用户、网络服务提供者具有过错

互联网上自己侵权责任适用过错责任原则，此处的过错包括故意和过失两种心理状态。其中，网络用户实施侵害行为以故意为之者居多，而网络服务提供者的侵害行为多为对自己所发布信息审查不严的过失行为。

（三）互联网上自己侵权责任的承担

1. 责任方式

互联网上自己侵权责任的承担方式主要有赔偿损失（包括精神损害赔偿）、停止侵害、赔礼道歉、消除影响、恢复名誉等。根据所侵害的权利种类的不同，侵权人可能以其中的一种或几种方式承担责任。

2. 抗辩事由

与对传统的侵权责任抗辩一样，对于互联网上自己侵权责任，行为人也可以提出多种抗辩事由，以证明原告的诉讼请求不成立或者不完全成立。这些抗辩事由并非通用于所有的互联网上自己侵权责任，而是取决于侵害的权利种类，如：对互联网上的隐私侵权，行为人可以提出表达自由、知情权、公众人物等规则予以抗辩；对互联网上的名誉侵权，行为人可以援引特定范围传播规则、权威信息来源规则等予以抗辩。

三、网络服务提供者对网络用户侵害他人权益的责任：通知规则

（一）通知规则下的侵权责任概述

《民法典》第 1195 条规定了通知规则。通知规则下的侵权责任，是指受害人（权利

人）在获知网络用户实施的侵害行为之后，有权通知网络服务提供者采取必要的措施防止损害后果的进一步扩大；网络服务提供者在接到受害人的通知后仍未采取必要措施的，如果该网络用户因其行为被最终确认构成侵权责任，则未采取必要措施的网络服务提供者应当对接到通知之后的损害扩大部分承担侵权责任。

（二）通知规则下网络服务提供者的侵权责任构成要件

1. 网络用户的行为构成侵权

通知规则下，网络服务提供者承担侵权责任的前提条件是网络用户被最终确认构成侵权责任。如前所述，网络用户构成侵权责任需要满足侵害行为、损害、因果关系和过错这四项构成要件。

2. 合格的通知

法律规定，通知应当包括构成侵权责任的初步证据及权利人的真实身份信息。合格的通知至少应该包括以下内容：（1）提供被侵权人的姓名（名称）、联系方式和地址等个人信息，以便网络服务提供者确认权利人的身份及与其联系。（2）告知要求采取删除、屏蔽、断开链接等必要措施的侵权信息的网络地址，以便网络服务提供者及时采取措施。（3）要求采取删除、屏蔽、断开链接等必要措施的理由。

关于通知的形式，《信息网络传播权保护条例》（2013 年修订）第 14 条规定通知应当采书面形式，《民法典》未予规定。从文义看，通知的形式不限于书面形式，口头通知（比如电话形式）也是有效的通知。[①] 被侵权人应当在诉讼中证明自己已经以合理的形式将侵权事实及自己的主张通知了网络服务提供者。最高人民法院的司法解释认可了具有以上三项内容的通知且为书面形式时为有效的通知。

3. 未及时采取必要的措施

通知规则要求网络服务提供者在接到被侵权人的通知后应采取删除、屏蔽、断开链接等必要的措施，阻止公众访问侵权信息。而网络服务提供者对于权利人的通知置若罔闻，未采取必要措施的，是一种消极的不作为。对于这种不作为，一旦认定直接侵权行为人的侵权责任成立，网络服务提供者也要承担侵权责任。

所谓“必要的措施”，是指足以防止侵权行为继续和侵害后果扩大的措施。《民法典》第 1195 条列举了删除、屏蔽、断开链接这三种措施，实践中网络服务提供者可根据各自所提供的网络服务的类型不同以及实际情况选择使用各种可行的技术手段。

所谓“及时”，是指在接到被侵权人的通知后，在现有的技术水平下可以采取相应措施的合理时间。

4. 法院认定侵权成立

对于网络用户的行为是否构成侵权，法院应当依据案件的具体情况以及相关的法律规定作出判断。如果法院认定网络用户的行为符合侵权行为的构成要件，且网络服务提

---

① 参见张新宝、任鸿雁：《互联网上的侵权责任：〈侵权责任法〉第 36 条解读》，载《中国人民大学学报》，2010（4）。

供者被确认“接到通知后未及时采取必要措施的”，则网络服务提供者与网络用户一起对接到通知之后扩大部分的损害承担连带责任。

（三）通知规则下的责任承担

1. 通知前的损害

对于通知之前被侵权人的损害部分，由实施直接侵权行为的网络用户单独承担责任，网络服务提供者无须对此承担任何责任。

2. 通知后的损害

对于通知之后的损害，网络服务提供者如果未采取必要的措施防止侵权信息的继续扩散，则应当对于因未采取必要措施而给被侵权人造成的扩大部分的损失承担连带责任。

所谓“扩大部分的损失”，是指网络服务提供者在接到被侵权人的通知后未采取必要措施而导致侵权后果进一步扩大的部分。当然，采取必要措施要在网络服务提供者客观上及技术上可行的范围内。如果网络服务提供者虽然采取了必要的措施，但仍然未能阻止损害结果的进一步扩大，则网络服务提供者不对此承担侵权责任。

3. 责任承担

通知规则下的责任承担方式主要有赔偿损失（包括精神损害赔偿）、停止侵害、赔礼道歉、消除影响、恢复名誉等。根据所侵害的权利种类的不同，网络服务提供者可能以其中的一种或几种方式承担责任。

4. 错误通知的后果

通知人的错误通知导致网络服务提供者采取删除、屏蔽、断开链接等措施的，被采取措施的网络用户有权请求通知人承担侵权责任，有权请求网络服务提供者在技术条件许可的情况下采取相应的恢复措施。《民法典》第 1195 条第 3 款规定：权利人因错误通知造成网络用户或者网络服务提供者损害的，应当承担侵权责任。法律另有规定的，依照其规定。

（四）关于通知转送义务与网络用户声明

《民法典》第 1196 条规定：网络用户接到转送的通知后，可以向网络服务提供者提交不存在侵权行为的声明。声明应当包括不存在侵权行为的初步证据及网络用户的真实身份信息。网络服务提供者接到声明后，应当将该声明转送发出通知的权利人，并告知其可以向有关部门投诉或者向人民法院提起诉讼。网络服务提供者在转送声明到达权利人后的合理期限内，未收到权利人已经投诉或者提起诉讼通知的，应当及时终止所采取的措施。

依据该条规定，网络服务提供者接到通知后应及时将该通知转送相关网络用户。收到转送通知的网络用户可以向网络服务提供者提交不存在侵权的声明，该声明应当包括不存在侵权行为的初步证据。具体而言，“不存在侵权行为的初步证据”包括：（1）通知所指的侵权事实不存在或者不真实；（2）尽管存在相关事实，但是不构成侵权；或者（3）具有不承担侵权责任的抗辩事由。

网络服务提供者在收到此等声明后，应该将该声明转送发出通知的权利人，并告知其可以向有关部门投诉或者向人民法院起诉。此时，网络服务提供者承担两项义务：一是转送义务，二是告知义务。网络服务提供者只需要在程序上完成这两项义务，不负有实体意义上的给付义务。

在网络服务提供者履行上述两项义务后，权利人接到转送来的声明后会有两种选择：(1) 认可声明的内容和主张，明确表示不再要求采取删除、屏蔽、断开链接等措施，或者默认不作出进一步的要求。(2) 不认可声明的内容和主张，向用有关部门投诉或者向人民法院起诉。这里的“有关部门”指国家网络信息管理部门，如国家互联网信息办公室。

权利人接到声明并明确表示不再要求采取删除、屏蔽、断开链接等措施的，网络服务提供者应当终止已经采取的措施。网络服务提供者在转送声明到达权利人后的合理期限内没有收到权利人已经投诉或者起诉的通知的，应当及时终止已经采取的相关措施，恢复网络信息、消除屏蔽、恢复链接。这里的“合理期限”应当依据具体情况确定。

网络服务提供者在转送声明到达权利人后的合理期限内收到权利人已经投诉或者起诉的通知的，应当按照投诉程序或者民事诉讼法的有关规定，接受行政调查或者参加民事诉讼，执行有关的决定和裁判。

四、网络服务提供者对网络用户侵害他人权益的责任：知道规则

（一）知道规则下的侵权责任概述

知道规则下的侵权责任，是指网络服务提供者在知道网络用户利用其服务实施侵权行为的情况下，没有主动采取必要的措施制止侵权行为或者防止损害结果的发生，则要与该网络用户承担连带责任。《民法典》第 1197 条规定：“网络服务提供者知道或者应当知道网络用户利用其网络服务侵害他人民事权益，未采取必要措施的，与该网络用户承担连带责任。”

（二）知道规则下的侵权责任构成要件

1. 网络用户的行为构成侵权

与通知规则下的侵权责任相同，知道规则下网络服务提供者承担侵权责任也要求网络用户构成侵权。

2. 网络服务提供者知道侵权事实

从解释学角度讲，“知道”包括“明知”和“应知”两种主观状态。《最高人民法院关于审理利用信息网络侵害人身权益民事纠纷案件适用法律若干问题的规定》(2020 年修正) 第 6 条规定，应综合考虑以下因素，认定网络服务提供者是否构成“知道或者应当知道”：(1) 网络服务提供者是否以人工或者自动方式对侵权网络信息以推荐、排名、选择、编辑、整理、修改等方式作出处理；(2) 网络服务提供者应当具备的管理信息的

能力，以及所提供服务的性质、方式以及其引发侵权的可能性大小；（3）该网络信息侵害人身权益的类型及明显程度；（4）该网络信息的社会影响程度或者一定时间内的浏览量；（5）网络服务提供者采取预防侵权措施的技术可能性以及其是否采取了相应的合理措施；（6）网络服务提供者是否针对同一网络用户的重复侵权行为或者同一侵权信息采取了相应的合理措施；（7）与本案相关的其他因素。

3. 未采取必要措施

网络服务提供者在认识到网络用户利用其网络服务侵害他人的民事权益时，负有及时采取必要措施来制止侵权行为的义务。未采取必要的措施，实际上就是放任了损害结果的发生。

（三）知道规则下的责任承担

知道规则下的责任承担方式主要有赔偿损失（包括精神损害赔偿）、停止侵害、赔礼道歉、消除影响、恢复名誉等。根据所侵害的权利种类的不同，网络服务提供者可能以其中的一种或几种方式承担责任。

第四节　违反安全保障义务的侵权责任

一、违反安全保障义务的侵权责任概述

（一）安全保障义务的概念和性质

安全保障义务是指宾馆、商场、银行、车站、机场、体育场馆、娱乐场所等经营场所的经营者、公共场所的管理者、群众性活动的组织者，对于进入此等场所的消费者、群众性活动参与者（被组织者）所承担的保障其人身安全、财产安全的义务。负有安全保障义务的主体如果没有尽到安全保障义务，造成他人损害的，应当承担相应的侵权责任。

安全保障义务原则上属于法定的作为义务。

1. 作为义务

安全保障义务是一项作为义务，即安全保障义务人必须为积极的作为，保障公众的人身安全和财产安全。该义务的内容主要体现在相关场所的两个方面：（1）硬件方面，包括设施和人员配备。公共场所使用的建筑物及配套设施、设备应当安全可靠。有国家强制标准的，应当符合国家强制标准；没有国家强制标准的，应当符合行业标准；没有行业标准的，也应当达到从事该行业所需要的安全标准。同时，在日常管理中应当保证各种设施设备处于良好的运行状态。公共场所，尤其是一些经营场所，应当配备具有相关行业安全保障知识和能力的专业人员。公共场所的管理者和群众活动的组织者还应当采取有效措施防范或制止第三人对活动参与人实施侵害。（2）软件方面，包括管理和告知义务。公共场所的管理人员和群众性活动的组织者应当对进入场所内的公众进行相应

事项的告知，特别是对于一些具有危险性的活动，要将注意事项逐项提前告知。关于软件方面的管理和告知义务没有一个统一的标准，而是与承担安全保障义务的场所的性质、主体的能力、管理者所能控制的范围等因素相关。

消极的不作为往往构成相关主体对安全保障义务的违反。安全保障义务人不采用符合安全规范要求的设施或设备，不采取适当的安全措施，不设置必要的警示或不进行必要的劝告、说明，不配备适当的保安或救生员等，均属于违反安全保障义务的行为。①

2. 法定义务

安全保障义务原则上属于法定义务。从我国立法实践来看，大量法律、法规规定了各种情况下的安全保障义务，因此，将我国安全保障义务原则上确定为法定义务比较妥当，符合我国法律、法规所建立起来的义务体系的模式。违反安全保障义务造成损害的，承担的是侵权责任而非违约责任。

（二）安全保障义务的主体

根据《民法典》第1198条的规定，负有安全保障义务的主体包括三类民事主体：(1) 宾馆、商场、银行、车站、机场、体育场馆、娱乐场所等经营场所的经营者；(2) 公共场所的经营者、管理者；(3) 群众性活动的组织者。

（三）违反安全保障义务侵权责任的种类

1. 安全保障义务人对自己过错的侵权责任

根据《民法典》第1198条第1款的规定，安全保障义务人未尽到安全保障义务，造成他人损害的，应当承担侵权责任。也就是说，损害的结果是安全保障义务人未能合理防控现实危险或者潜在危险造成的，没有任何第三人行为的介入。在此等情形下，安全保障义务人因为未尽到安全保障义务而对自己的过错承担直接责任。

2. 安全保障义务人对第三人造成损害的补充责任

根据《民法典》第1198条第2款，第三人的行为造成他人损害的，由第三人承担侵权责任；经营者、管理人或者组织者未尽到安全保障义务的，承担相应的补充责任。补充责任的含义是：第三人侵权导致损害结果发生的，由实施侵权行为的第三人承担责任；安全保障义务人有过错的，应当在其能够防止或者制止损害的范围内承担相应的补充赔偿责任。②

依据《民法典》第1198条第2款的规定，安全保障义务人履行赔偿义务后，取得对实施直接加害行为的第三人的追偿权。安全保障义务人可以根据追偿权，在其支付给被侵权人一方的赔偿数额范围内，请求实施直接加害行为的第三人偿付。

---

① 参见张新宝、唐青林：《经营者对服务场所的安全保障义务》，载《法学研究》，2003 (3)。

② 参见张新宝：《侵权责任法》，188页，北京，中国人民大学出版社，2006。

二、安全保障义务人对自己过错的侵权责任

（一）安全保障义务人对自己过错的侵权责任概述

安全保障义务人对自己过错的侵权责任，是指安全保障义务人在自己承担安全保障义务的场所或组织的活动中，没有尽到安全保障义务，造成他人人身损害或者财产损失的，应当承担侵权责任。安全保障义务人对自己过错的侵权责任具有如下特征：(1) 它是安全保障义务人对自己违反义务造成损害的责任，而不是对他人的侵害行为造成损害的责任；(2) 它是一般过错责任，而不是无过错责任，也不适用过错推定；(3) 安全保障义务人的行为往往表现为消极的不作为。

（二）安全保障义务人对自己过错的侵权责任的构成要件

1. 安全保障义务人的过错

安全保障义务人的过错，是指安全保障义务人未能尽到安全保障义务，比如，其所提供的保障安全的硬件或软件设施达不到强制的或者合理的标准，对于损害结果的发生具有过失。此处的过失表现为一种不注意的心理状态，是应当注意而没有注意。

判断安全保障义务人是否适当、全面地履行了安全保障义务的一般标准是：其是否达到了法律、法规、规章或者操作规定等所要求达到的注意程度；是否达到了同类管理者、组织者所应当达到的通常注意程度；是否达到了一个诚信善良的管理者、组织者应当达到的注意程度。在判断时，既要把握一般标准，又要根据个案案情进行分析。

2. 安全保障义务人的不作为

在违反安全保障义务的侵权责任构成要件中，安全保障义务人对于损害的发生表现出消极的不作为，即违反了法定的作为义务。通常情况下，对作为义务的考察可以结合安全保障义务的内容来认定，以确定安全保障义务人是否履行了作为义务。根据不同案件的具体情况，作为义务的内容具有多样性。

3. 受害人的损害

受害人的损害包括人身损害和财产损害。人身损害是指受保护的生命权、健康权受到损害的事实，也包括在此过程中受害人受到精神损害的事实。财产损害主要表现为直接的财产损失，即安全保障义务人违反安全保障义务而造成的受害人的财产或者财产利益受到损害的事实。

4. 安全保障义务人的不作为与受害人的损害之间的因果关系

在安全保障义务人对自己过错的侵权责任的构成要件中，安全保障义务人的不作为与受害人的损害之间的因果关系是一个较为复杂的问题。关于这一构成要件的认定，应当较多地考虑“近因关系”理论和“法律上的原因理论”。对于二者间之因果关系的理解，应当从“如果安全保障义务人尽到了安全保障义务，则损害结果可以避免或者减轻”

的角度予以理解，即如果安全保障义务人履行了法定的安全保障义务，损害结果就不会发生或者可减轻，则认为存在因果关系，否则，不认为存在因果关系。至于受害人的举证责任，也不是要求其证明不作为与损害结果之间的因果关系，而是要求证明：（1）安全保障义务人负有法定的安全保障义务；（2）如果安全保障义务人履行了该作为义务，则极有可能避免损害的发生。

（三）安全保障义务人对自己过错的侵权责任之承担

1. 完全赔偿责任

通常情况下，安全保障义务人对自己的过错承担完全的赔偿责任。也就是说，对于在自己承担安全保障义务的场所内自己的过错而造成的损害，安全保障义务人应当承担完全的赔偿责任。

2. 对受害人过错等因素的考虑

与其他侵权案件一样，安全保障义务人因为违反安全保障义务而对自己的过错承担侵权责任时，也应当考虑受害人过错等因素。如果在这类案件中，受害人自身亦存在过错，则可以减轻或者免除安全保障义务人的赔偿责任。在“男子冰面遛狗溺亡索赔案”中，法院判决被告不承担侵权责任。[①]

三、安全保障义务人对第三人造成损害的侵权责任

（一）第三人造成损害概述

所谓第三人造成损害，是指受害人遭受的损害是第三人的侵害行为直接造成的。对于此等损害本应由实施该直接侵害行为的第三人承担侵权责任，但是，安全保障义务人未尽到安全保障义务的，因此应当承担相应的补充责任。这里的“第三人”，仅指法律上完全独立于安全保障义务人的自然人、法人或非法人组织，不包括安全保障义务人的雇员、被监护人。在承担补偿责任后，安全保障义务人有权向直接实施侵害行为造成损害的第三人追偿。

（二）安全保障义务人对第三人的直接侵害行为造成损害承担责任的要件

1. 损害是第三人的直接侵害行为造成的

在安全保障义务人因第三人在自己负有安全保障义务的场所内（或者组织的活动中）实施侵害行为而承担补充责任的情形下，损害是第三人的直接侵害行为造成的，而非安全保障义务人的过失行为造成的。第三人的直接侵害行为是损害发生的直接的事实上的原因。

---

① 参见张新宝：《公共场所管理者的安全保障义务与侵权责任：男子冰面遛狗溺亡索赔案简评》，载《法制日报》，2020-04-15，法学院版。

2. 安全保障义务人有过失

在第三人造成损害的情况下，对安全保障义务人仍适用过错责任归责原则。在这种情况下，既不构成共同侵权，也不适用原因力理论。安全保障义务人之所以对第三人的行为造成的损害承担补充的侵权责任，是由于其对损害的发生具有过失。其过失在于：有义务防止或者制止损害的发生，而没有防止或者制止损害的发生。当然，其防止或制止损害发生的义务应当在其能够防止或者制止损害的范围内。

3. 受害人遭受人身损害或财产损失

受害人在安全保障义务人经营、管理的场所内或者组织的活动中遭受了人身损害或者财产损失，才可以要求安全保障义务人承担补充责任。

4. 因果关系

（1）第三人的直接侵害行为足以导致损害的发生。

第三人实施的侵害行为是造成损害结果的直接的事实上的原因，其行为足以导致损害的发生。也就是说，不论是否存在安全保障义务人违反安全保障义务的行为，该第三人的直接侵害行为都将导致损害的发生。

（2）安全保障义务人的不作为在因果关系上的意义。

在第三人的行为造成损害的情况下，安全保障义务人违反安全保障义务的行为仅仅是损害发生的间接原因。第三人的直接侵害行为是造成损害的全部或者主要的原因，而安全保障义务人的不作为只是未能防止或制止损害结果的发生。应该说，该不作为是导致最终的损害结果的一个必要条件，而并非原因。

（三）第三人造成损害情况下的责任承担

1. 第三人的全部赔偿责任

根据自己责任原则，在第三人的行为造成损害的情况下，实施侵害行为的该第三人对自己的行为应当承担侵权责任，并且是对损害后果承担全部的赔偿责任。

2. 安全保障义务人的“相应的补充责任”与追偿权

在第三人直接为侵害行为造成他人损害的情况下，安全保障义务人未尽到安全保障义务的，应当承担相应的补充责任。

所谓相应的补充责任，是指安全保障义务人承担责任的大小取决于直接责任人承担责任的大小。由实施侵权行为的第三人或其他负有责任的人（如加害人的雇主、监护人）承担责任的，安全保障义务人不承担责任；只有在直接侵权行为人无法确定时，才由安全保障义务人承担相应的补充责任；如果虽能够确定直接侵权行为人，但是其财力不足以承担全部责任时，则先由直接侵权行为人尽力承担责任，由负有安全保障义务的人就剩余部分承担相应的补充责任。所谓“相应”，是指与其过错大小和程度相当。“相应的补充责任”并不意味着“全部补充”。

《民法典》第1198条第2款规定，经营者、管理者或者组织者在承担补充责任后，可以向造成损害的第三人追偿。

第五节 幼儿园、学校等教育机构的侵权责任

一、幼儿园、学校等教育机构的侵权责任概述

（一）概念

幼儿园、学校等教育机构的侵权责任，是指幼儿园、学校等教育机构对无民事行为能力人或者限制民事行为能力人在幼儿园、学校等教育机构学习、生活期间受到的人身损害承担的侵权责任。幼儿园、学校等教育机构的侵权责任成为我国侵权责任法上的重要问题，与校园伤害事故频发密切相关。

（二）特征

理解幼儿园、学校等教育机构的侵权责任，需要把握以下几个方面的特征：

（1）幼儿园、学校等教育机构承担的是侵权责任。侵权责任法规范的仅是幼儿园、学校等教育机构承担侵权责任的情形，不包括其承担违约责任等其他民事责任的情形。

（2）幼儿园、学校等教育机构承担的侵权责任是对人身损害的赔偿责任。幼儿、学生在幼儿园、学校等教育机构学习、生活期间可能遭受人身损害，也可能遭受财产损害，侵权责任法仅仅针对人身损害作出了规定。

（3）幼儿园、学校等教育机构的侵权责任是对幼儿、学生等遭受的人身损害承担责任，而不包括幼儿、学生等致人损害时的赔偿责任。在幼儿园、学校等教育机构的侵权责任中，幼儿、学生属于受害主体而不是加害主体。

（4）幼儿园、学校等教育机构承担侵权责任，被侵权人为无民事行为能力或者限制民事行为能力人。《民法典》第1199～1201条规定的幼儿园、学校等教育机构承担侵权责任，被侵权人为无民事行为能力人（第1199条）或者限制民事行为能力人（1200条），第1201条是关于第三人的侵害行为造成无民事行为能力人、限制民事行为能力人人身损害情形下责任之规定。如果受害人（被侵权人）为完全民事行为能力人，则不适用这三条规定，而适用《民法典》第1165条第1款等条文的规定。

（三）幼儿园、学校等教育机构的侵权责任的类型

法律没有对幼儿园、学校等教育机构承担侵权责任采用统一的规则，而是区分情形规定了一组构成要件和责任形态不同的侵权责任。幼儿园、学校等教育机构的侵权责任可以分为以下类型。

1. 对自己过错的侵权责任与对第三人造成损害的侵权责任

《民法典》第1199条、第1200条规定了幼儿园、学校等教育机构对自己过错的侵权责任，第1121条规定了幼儿园、学校等教育机构对第三人造成损害的侵权责任以及第三人的侵权责任。

2. 被侵权人为无民事行为能力人时的责任与被侵权人为限制民事行为能力人时的责任

《民法典》第 1199 条规定了幼儿园、学校等教育机构在被侵权人为无民事行为能力人时的责任，第 1200 条规定了学校等教育机构在被侵权人为限制民事行为能力人时的责任。这两类责任的区别在于被侵权人的民事行为能力不同，从而归责原则或者举证责任不同。关于在被侵权人为无民事行为能力人时幼儿园、学校等教育机构的责任之承担，法律规定了过错推定责任，实行举证责任倒置。关于在被侵权人为限制民事行为能力人时学校等教育机构的责任之承担，考虑到被侵权人通常具备一定的识别能力和表达能力，法律并不实行举证责任倒置，而规定一般的过错责任。

二、幼儿园、学校等教育机构对自己不作为过错的责任

（一）幼儿园、学校等教育机构对自己不作为过错的责任概述

《民法典》第 1199 条、第 1200 条规定了幼儿园、学校等教育机构对自己过错的侵权责任。这种侵权责任，依被侵权人是无民事行为能力人还是限制民事行为能力人而被区分为过错推定责任与一般过错责任，其责任的依据都在于教育机构的过错。幼儿园、学校等教育机构对自己过错承担侵权责任，是因为没有尽到教育、管理职责和保护义务。

（二）幼儿园、学校等教育机构对自己过错责任的构成要件

幼儿园、学校等教育机构对自己过错责任的构成要件，因为过错责任与过错推定责任的区分而不同，但其核心要件是相同的。

1. 幼儿、学生在幼儿园、学校等教育机构学习、生活期间受到人身损害

在幼儿园、学校等教育机构的侵权责任中，只有幼儿、学生受到人身伤害，幼儿园、学校等教育机构才需要承担侵权责任。如果是财产损害，则不属于此处的幼儿园、学校等教育机构的侵权责任。而且幼儿、学生所受的人身损害必须发生在学习、生活期间，即“在园、在校期间”。所谓“在园、在校期间”，是指幼儿、学生在幼儿园、学校等教育机构学习期间以及在与教育、教学活动有关的其他活动时间内。学生在园、在校伤亡事故既包括学生（幼儿）在教育机构学习期间发生的伤亡事故，也包括在教育机构外参与教育机构组织的外出春游、秋游、爬山、游泳、参观活动时发生的摔伤、溺水等事故。

2. 幼儿园、学校等教育机构没有尽到教育、管理职责，没有尽到保护义务，存在不作为的消极侵害行为或者作为的积极侵害行为

这既包括了对主观要件（过错）的要求，也包括了对客观要件（不作为或作为）的要求。幼儿园、学校等教育机构的教育、管理职责范围很广，幼儿园、学校等教育机构没有尽到职责和保护义务的表现形态很多，需要根据法律法规的规定以及司法实践来确定。

依据法律规定，如果受害人为无民事行为能力人，推定幼儿园、学校等教育机构有

过错；但是，其能够证明尽到教育、管理职责的，不承担侵权责任。如果受害人为限制民事行为能力人，则按照过错责任原则的要求，由受害人一方承担举证责任，证明学校等教育机构有过错。

3. 幼儿园、学校等教育机构的过错行为与损害之间存在因果关系

因果关系是构成侵权责任的必然要件。如果幼儿、学生受到人身损害与幼儿园、学校等教育机构的过错行为之间不存在因果关系，自然不存在赔偿责任。比如幼儿、学生因为自身的特殊体质遭受损害，与幼儿园、学校等教育机构的管理活动没有关系，则幼儿园、学校等教育机构就不承担赔偿责任。

（三）幼儿园、学校等教育机构的责任承担

1. 完全赔偿规则

《民法典》第 1199 条和第 1200 条确立了幼儿园、学校等教育机构对幼儿、学生受到人身损害的完全赔偿责任。如果损害单纯是幼儿园、学校等教育机构的过错行为造成的，则幼儿园、学校等教育机构就应当对幼儿、学生的损害承担完全的赔偿责任。

2. 被侵权人或者其监护人的过错对责任承担的影响

在幼儿园、学校等教育机构承担侵权责任的案件中，同样适用过错相抵规则。如果被侵权人或者被侵权人的监护人存在过失，例如，明知自身的特殊体质不适合从事某种体育活动却不告知学校，或者学校对学生的活动进行了特别指导和提示，学生置之不理，就可以根据双方的过错程度来减轻学校的责任。在此，被侵权人的监护人的过错视同被侵权人自身的过错，可以减轻幼儿园、学校等教育机构的赔偿责任。

三、幼儿园、学校等教育机构对第三人造成损害的侵权责任

（一）幼儿园、学校等教育机构对第三人造成损害的侵权责任概述

《民法典》第 1201 条规定了幼儿园、学校等教育机构对于第三人造成在园幼儿、在校学生人身损害的责任。幼儿园、学校等教育机构对于第三人造成的损害承担的侵权责任，属于普通的过错责任，并不实行举证责任倒置。在此，并不区分受到侵害的是无民事行为能力人还是限制民事行为能力人。

（二）幼儿园、学校等教育机构对第三人造成损害承担责任的构成要件

1. 第三人侵害在园幼儿、在校学生造成幼儿、学生的人身损害

除了要求幼儿、学生受到人身损害，损害发生在“在园、在校期间”，还要求损害原因为第三人的侵害行为。这里不要求第三人构成侵权责任，例如，精神病人闯入幼儿园、学校等教育机构伤害在园幼儿、在校学生，精神病人并不承担侵权责任，而是由其监护人承担责任，幼儿园、学校等教育机构对在园幼儿、在校学生受害承担补充赔偿责任。

2. 幼儿园、学校等教育机构未尽到教育管理职责、保护义务

幼儿园、学校等教育机构有采取安全保障措施防止机构外人员伤害在园幼儿、在校学生的义务，如配备必要的学校保安，发现危险及时报警，帮助在园幼儿、在校学生逃生，教育在园幼儿、在校学生采取自救措施等。

3. 幼儿园、学校等教育机构的过错与在园幼儿、校学生受到人身损害之间存在因果关系

这里的因果关系有两个方面的要求：一是幼儿园、学校等教育机构的过错导致没能避免第三人的侵害行为之发生，二是第三人的侵害行为造成了在园幼儿、在校学生等的人身损害。

（三）幼儿园、学校等教育机构的责任承担

1. 实施侵害行为的第三人承担侵权责任

第三人的侵害行为致在园幼儿、在校学生等遭受人身损害的，通常由该第三人自己承担赔偿责任。这里贯彻的是自己责任原则。

2. 幼儿园、学校等教育机构的补充责任

在第三人的侵害行为造成在园幼儿、在校学生人身损害时，幼儿园、学校等教育机构如果也有过错，它们承担的是补充赔偿责任；如果实施侵害行为的第三人有赔偿能力，则由他自己承担全部赔偿责任；如果出现找不到实施侵害行为的第三人或者实施侵害行为的第三人没有赔偿能力的情形，则由幼儿园、学校等教育机构承担补充责任。①

3. 幼儿园、学校等教育机构的追偿权

《民法典》第 1201 条第二句规定："幼儿园、学校或者其他教育机构承担补充责任后，可以向第三人追偿。"这一规定与第 1198 条第 2 款②规定的追偿权大致相同，体现了立法上的衡平考虑。

问题与思考

1. 监护人承担责任是否要求被监护人存在过错？
2. 如何判定被使用人的侵权行为是在"完成工作任务"时发生的？
3. 如何理解通知规则与知道规则在适用上的关系？
4. 如何理解安全保障义务人"相应的补偿责任"？
5. 如何理解教育机构对自己过错的责任？

---

① 参见张新宝：《我国侵权责任法中的补充责任》，载《法学杂志》，2010（6）。

② 《民法典》第 1198 条第 2 款规定：因第三人的行为造成他人损害的，由第三人承担侵权责任；经营者、管理者或者组织者未尽到安全保障义务的，承担相应的补充责任。经营者、管理者或者组织者承担补充责任后，可以向第三人追偿。

第七十五章 过错侵权责任

本章概要

本章主要对应于《民法典》侵权责任编第六章和第十章，主要讲述两种较为特殊的过错责任，即医疗损害责任、建筑物和物件损害责任。其中，医疗损害责任原则上属于一般过错责任，而建筑物和物件损害责任则大多属于过错推定责任。

第一节　医疗损害责任

一、医疗损害责任概述

（一）医疗损害责任的概念

医疗损害，是指患者在诊疗活动中因医疗机构或者医务人员的过错而遭受的损害。医疗损害既包括对患者生命、健康的损害（死亡、健康受到伤害），也包括对患者及其家属的财产的损害，还应包括精神损害。对于患者的重大精神损害或者行为人的故意、严重过失所引起的精神损害，应当列入损害后果，并给予民法上的救济。这样，既有利于保护受害人，也有利于促进医疗机构及医务人员谨慎行医。在医患关系中，单纯的财产权益纠纷比如过度医疗产生的费用、医药费用的计算等问题，属于诊疗合同调整范围，不属于医疗损害以及相关的赔偿责任。

《民法典》侵权责任编第六章是关于医疗损害责任的规定。《最高人民法院关于审理医疗损害责任纠纷案件适用法律若干问题的解释》在《民法典》颁布、施行后得到了相应的修改，对正确理解、适用《民法典》有关规定有重要意义。

（二）医疗损害责任的特征

1. 过错责任

法律规定，患者在诊疗活动中受到损害，医疗机构或者医务人员有过错的，由医疗机构承担赔偿责任。可见，在我国医疗损害责任是过错责任而非无过错责任。从《民法典》侵权责权编第一章的整体来看，除《民法典》第1222条规定了“推定”外，医疗损害责任作为过错责任原则上属于一般过错责任，即该责任之构成以医疗机构或者医务人员有过错为要件，这一过错需要被侵权人进行举证和证明。《民法典》第1222条规定的“过错”一般应被理解为过失而不包括故意。从主体上看，医疗损害责任的过错包括两种：医疗机构的过错和医务人员的过错。只要具备其中一种过错，就认为医疗机构有过错。法律对医疗机构或者医务人员的具体过错形态进行了规定，包括：（1）违反告知同意义务的过错；（2）未尽到与当时的医疗水平相当的诊疗义务的过错；（3）违反有关规定以及病历处置方面的过错。

2. 医疗机构承担责任

医疗机构，是指取得了医疗机构执业许可证，从事疾病诊断、治疗活动的医院、卫生院、疗养院、门诊部、诊所、卫生所（室）以及急救站等。在我国，多数医疗机构为非营利性质的事业单位法人，少数为营利性质的。

虽然在医疗损害责任中，实施侵权行为的主体可以是医疗机构及其医务人员，但医疗损害责任的承担主体通常被限定为医疗机构，一般不包括医务人员。日常生活中，医疗损害案件的直接侵权行为人往往是医务人员，然而，医疗机构与医务人员之间通常存在劳动合同关系，同时，医疗机构在具体的医疗损害案件当中处于特定的带有支配性质的地位，因此，医疗损害的责任承担形式就表现为医疗机构对于医务人员所造成的损害承担替代责任。替代责任的特征具体表现为侵权行为人与责任人的分离，而在这种情形下，医疗机构不得以“无选任不当之过错”或“已尽监督职责”为由推卸医疗损害的赔偿责任。关于医疗机构对其医务人员的不当诊疗行为造成患者一方损害所承担的侵权责任，可以用雇主责任或者“代表人责任”来说明。①

二、违反告知同意义务的责任

（一）告知同意义务的概念与意义

告知同意义务（informed consent）也称为说明同意义务，是指医务人员向患者或者患者近亲属说明病情和可能采取的医疗措施并在取得患者或其近亲属同意的情况下实施此等医疗措施的义务。这一义务包含两个方面的内容：一是告知（说明），即向患者或者其近亲属告知病情和可能采取的医疗措施；二是“同意”，即在告知的前提下，取得患者或其近亲属同意后方能采取相关的医疗措施。

医务人员履行告知同意义务，一般是向患者说明病情和可能采取的医疗措施，取得患者对采取相关医疗措施的明确同意。如果患者为无民事行为能力人或者限制民事行为能力人以及暂时丧失意识者，则医务人员应向其近亲属说明病情和可能采取的医疗措施，取得患者近亲属对于采取相关医疗措施的明确同意。

---

① 参见杨立新：《医疗损害责任一般条款的理解与适用》，载《法商研究》，2012（5）。

法律规定医务人员在诊疗活动中履行告知同意义务，既是为了满足患者知情权的要求，同时也是为了满足保护患者生命、身体和健康权的要求。患者有权了解与自己疾病及治疗有关的信息，有权对涉及自己生命、健康的重大事项，特别是医疗措施的选择等作出决定。告知（说明）的内容主要是诊疗过程中可能具有造成严重后果的风险，可能产生副作用、后遗症、并发症等的诊疗行为。因该行为可能影响身体机能，甚至危及生命，故需要患者在了解病情、知晓风险的基础之上作出是否接受该诊疗行为的决定。

（二）告知同意义务的具体内容

依《民法典》第1219条第1款的规定，（1）医务人员在诊疗活动中应当向患者说明病情和医疗措施，如果此等医疗措施为通常采用的医疗措施，为医疗实践普遍采用的而且没有风险和副作用，则原则上不必取得患者的明示同意；（2）需要实施手术、特殊检查、特殊治疗的，医务人员应当及时向患者具体说明医疗风险、替代医疗方案等情况，并取得其书面同意；（3）不能或者不宜向患者说明的，应当向患者的近亲属说明，并取得其明确同意。依据该条规定，“同意”的形式不拘泥于书面形式，但是其意思表示的内容应是明确的。

（三）未尽到告知同意义务造成患者损害的责任

未尽到告知同意义务包括以下几种情况：（1）未针对病情和医疗措施向患者作出任何说明；（2）尽管作出了说明，但是说明的内容不准确、不正确或者不充分，使患者无法作出适当的选择、失去选择的机会或者只能基于有限的信息作出选择；（3）在需要取得患者同意的情况下，没有取得患者的同意就采取了具有较高风险可能出现后遗症、并发症的医疗措施。

医疗机构承担未尽到告知同意义务的赔偿责任，要求造成了患者损害，而且未尽到告知同意义务的作为行为或者不作为行为与患者遭受的损害之间存在因果关系。《民法典》第1221条中的“造成”二字，包含了对因果关系的要求。如果患者遭受的损害与不履行或者不适当履行告知同意义务没有因果关系，则医疗机构不依据该条承担赔偿责任。

（四）紧急情形下不适用告知同意义务

依据法律规定，因抢救生命垂危的患者等紧急情况，不能取得患者或者其近亲属意见的，经医疗机构负责人或者授权的负责人批准，可以立即实施相应的医疗措施。

三、未尽到与当时的医疗水平相应的诊疗义务造成损害的责任

（一）“与当时的医疗水平相应的诊疗义务”

法律将“当时”对医疗水平进行了界定，但是没有用“当地”对医疗水平进行限定。这主要是考虑到：（1）医务人员（医师、护士等）的执业准入有国家的统一标准，并不因为不同的地域或者不同的人员而设置不同的标准。（2）我国对医疗机构实行分级管理

制度，不同类型和级别的医疗机构有权诊治的疾病是不一样的，比如只有较高级别（如三级甲等医院）才能实施某些高难度的复杂外科手术。

法律将“当时的医疗水平”作为判断医务人员和医疗机构过错的标准：达到与当时医疗水平相应的诊疗义务就被认为是没有过错的；反之，则被认为是有过错的。这里的过错标准大致类似于英美法上的“理性人”（reasonable man）判断标准。具体而言，应当综合考虑以下几个方面确定“当时的医疗水平”所要求达到的注意义务的要求：（1）应当达到法律、行政法规、部门规章、行业规范和惯例所确定的义务之要求。（2）应当达到同行医务人员“平均”的或者“一般”的医疗水平之注意程度，同行其他医务人员能想到做到的，涉案的医务人员也应想到做到。（3）社会预期或者期待的医疗水平与同行医务人员“平均”的或者“一般”的医疗水平原则上是一致的。在不一致时，应当考察社会预期或者期待的医疗水平的合理性作出判断。如果此等预期或者期待是合理的，应当以此作为判断标准；如果不合理，则仍然以同行医务人员“平均”的或者“一般”的医疗水平作为判断标准。确定“当时的医疗水平”应当坚持以法律法规为基础，尊重同行医务人员“平均”的或者“一般”的医疗水平，参考社会的合理预期或者期待。

（二）医务人员注意义务的具体内容与过错判断

1. 医务人员注意义务的具体内容

有人认为，医务人员注意义务的内容包括两个方面：一是对医务人员注意义务的内容作出抽象的概括，二是明确医务人员在每一项具体医疗行为中的注意义务。其中，医务人员具体的注意义务可被分为一般注意义务和特殊注意义务。特殊注意义务包括医疗过程中的说明义务、转医义务、问诊义务等。在医疗过失的判断标准上，医疗水准问题占据重要地位，除此之外，还需结合医疗行为的专门性、地域性、紧急性等因素作出判断。

结合相关法律法规、部门规章考虑，医务人员的注意义务具体还包括：第一，取得医师执业证书，按照注册的执业类别、执业范围执业；第二，遵守卫生法律法规、规章和技术操作规范；第三，对患者进行正确诊断的义务；第四，依据诊断结论加以适当治疗的义务；第五，对危急病人应采取紧急救助措施，不得拒绝治疗；第六，应当使用经批准使用的药品、消毒药剂和医疗器械；第七，转诊或转院的义务；等等。

2. 过错判断

相关司法解释规定，对医疗机构及其医务人员的过错，应当依据法律、行政法规、规章以及其他有关诊疗规范进行认定，可以综合考虑患者病情的紧急程度、患者个体差异、当地的医疗水平、医疗机构与医务人员资质等因素。

有学者认为：医疗过失的判断标准包括客观标准和主观标准。客观标准是指医务人员通常的正当的技术水平及注意义务（美国称之为“医师成员的平均、通常具备的技术”，日本则称之为“最善之注意义务或完全之注意义务”），运用客观标准需考虑的因素包括医疗时的医疗水平（医疗水平不同于医学水平）、专科医务人员的技术水平、地区差异、紧急性、医疗尝试等。而主观标准是指案件的实际情况、医疗机构及其医务人员的特殊情况；运用主观标准需考虑的因素包括“最佳判断”法则、造成患者合理信赖的宣传、医师的裁量权、“派别性”理论等。

在我国医疗损害责任案件中，判断医务人员的过错，应当从以下两个方面考虑：(1) 如果没有达到法律、行政法规、部门规章、行业规范和惯例所确定的义务之要求，则被认为有过错。(2) 如果没有达到同行医务人员“平均”的或者“一般”的医疗水平之注意程度，则被认为有过错。

（三）医疗机构承担责任的要件

依据《民法典》第 1221 条，医疗机构对患者的损害承担赔偿责任的要件包括：(1) 医务人员有过错。(2) 医务人员实施了有过错的诊疗行为。(3) 患者遭受损害，主要是人身损害以及相关的财产损失。(4) 医务人员有过错的诊疗行为与患者遭受的损害之间存在因果关系。患者应当对上述四个方面举证和证明。

四、几种“推定的过错”责任

（一）几种“推定的过错”责任概述

《民法典》第 1222 条规定，患者在诊疗活动中受到损害，有下列情形之一的，推定医疗机构有过错：(1) 违反法律、行政法规、规章以及其他有关诊疗规范的规定；(2) 隐匿或者拒绝提供与纠纷有关的病历资料；(3) 遗失、伪造、篡改或者违法销毁病历资料。该条规定的三种情形可以被归入两个类型：(1) 违法，包括违反法律、行政法规、规章以及其他有关诊疗规范的规定，还包括违法销毁病历资料。(2) 与病历相关，包括隐匿或者拒绝提供与纠纷有关的病历资料，伪造篡改或者违法销毁病历资料。

现代侵权责任法理论认为，行为违法可以直接认定行为人有过错，因为行为人知道或者应当知道广义的法及其相关的义务要求。在知道或者应当知道自己的法定义务而不履行此等义务时，行为人当然有过错。比如，根据《医疗机构病历管理规定》第 14 条和第 29 条的规定，医疗机构应当在规定的期限内保存病历，保持病历的完整性、准确性和真实性，在必要时及时提供病历。医疗机构如果未能履行严格管理病历的法定义务，当然应当被认为有过错。

（二）对《民法典》第 1222 条中“推定”过错的理解

对于该条中的“推定”过错，学术界一般不认为是《民法典》第 1165 条第 2 款（原《侵权责任法》第 6 条第 2 款）所规定的过错推定[①]，而倾向于认为是判断（认定）过错的法定事项或标准：在出现该条规定的三种情况之一时，即可认定医疗机构有过错，而不必再采用其他方式或途径证明其过错。同时，这种“推定”或认定是不可反证的：医

---

① 此类观点可参见张新宝：《侵权责任编起草的主要问题探讨》，载《中国法律评论》，2019 (1)；杨立新：《侵权责任法》，314 页，北京，北京大学出版社，2014；张海燕：《论不可反驳的法律推定》，载《法学论坛》，2013 (9)；等等。

疗机构不得以其他方式或途径来证明自己一方尽管违反了法律、行政法规或规章（或者尽管在病历处置上不当），也没有过错。如果一定要认为该条规定的“推定医疗机构有过错”也是一种过错推定，那么这样的推定就是一种不可反证的推定。

（三）医疗机构承担责任的要件

依据《民法典》第1222条，医疗机构对患者的损害承担赔偿责任的要件包括：（1）患者遭受损害，主要是人身损害以及相关的财产损失。（2）医疗机构存在“推定的过错”。（3）医务人员实施了相关的诊疗行为。（4）医务人员相关的诊疗行为与患者遭受的损害之间存在因果关系。患者应当对上述四个方面举证和证明。

需要指出的是，如果仅存在医疗机构“推定的过错”，缺乏其他任何一个构成要件，则医疗机构不承担责任。

五、医疗损害责任特别抗辩事由

（一）医疗损害责任特别抗辩事由概述

《民法典》第1224条规定，患者在诊疗活动中受到损害，有下列情形之一的，医疗机构不承担赔偿责任：（1）患者或者其近亲属不配合医疗机构进行符合诊疗规范的诊疗；（2）医务人员在抢救生命垂危的患者等紧急情况下已经尽到合理诊疗义务；（3）限于当时的医疗水平难以诊疗。

《民法典》第180～182条规定了不承担民事责任的一般抗辩事由，第1173～1177条规定了不承担或者减轻侵权责任的抗辩事由。这些规定，根据具体情况，有可能适用于医疗损害赔偿案件，医疗机构因而不承担赔偿责任或者被减轻赔偿责任。《民法典》第1224条对医疗机构不承担侵权责任的三种情况作出了规定，同时规定在患者（及其近亲属）与医疗机构均有过错的情况下，医疗机构应当承担相应的赔偿责任。

（二）特别抗辩事由的种类

1. 患者或者近亲属不配合诊疗

医患之间在治疗过程中应当相互配合，以期达到理想的治疗效果。如果患者及其近亲属不配合医疗机构符合规范的诊疗活动导致损害的发生，那么就可以推定其主观上存在过错，患者就要对自己的行为承担责任，医疗机构可以不承担责任。《民法典》第1224条的这一规定与《民法典》第1173条和第1174条的精神完全一致。

2. 紧急情况下医务人员尽到合理诊疗义务

对患者进行紧急救治是医疗机构及医务人员的基本职责。虽然在诊疗过程中，患者的身体有可能受到不同程度的损害，但如果同时满足以下两个要件，医疗机构对于对患者所造成的损害不承担责任。

（1）医务人员处在抢救生命垂危的患者这样的紧急情况下。

这里的“紧急情况”应该包含时间上的紧急性和决断上的紧急性两层含义：一方面，

医务人员的诊疗时间非常短暂，难以在技术上作出全面、细致的考量；另一方面，患者常常情况危急如生命垂危，必须迅速作出决断。这种状态必须实际存在，否则，基于假象的危险造成损害后果的，医疗机构仍要承担责任。

（2）医疗机构能够证明其在医疗活动中已经尽到了合理的诊疗义务。

虽然在紧急的情况下医务人员对患者的病情无法作出详细的检查和诊断，对其注意程度的要求理应低于一般的医疗情形下，但是医务人员依然应当作出与紧急情况相匹配的合理的诊疗。同时，诊疗合理的举证责任应当由医疗机构承担，如果不能证明，医疗机构仍然难以被免除赔偿责任。

3. 当时医疗水平限制

医疗机构及医务人员在对患者进行诊疗时并不负担保证治愈的义务。况且，在医学领域，限于人类的认识水平，并非所有的疾病在当下都可以获得有效的治疗。对于相对复杂的疾病，如果医疗机构及医务人员已经尽到了与当时医疗水平相应的诊疗义务，即使由于当时的医疗水平有限给患者造成了新的损害，医疗机构也并不承担责任。

（三）医疗机构的比较过错责任

《民法典》第1224条第1款虽然规定了医疗机构对于诊疗活动中造成的损害不承担责任的情形，但是这种不承担责任的抗辩事由是建立在医疗机构没有过错的基础上的。如果患者或者其近亲属不配合医疗机构进行符合诊疗规范的诊疗，医疗机构或者医务人员同时也有过错的，则医疗机构应当在比较过错的基础上承担相应的赔偿责任。

这里的“比较过错”，是将患者一方的过错与医疗机构、医务人员的过错进行比较。如果患者一方的过错大，对损害发生所起的作用大，则医疗机构应当承担的“相应的赔偿责任”在损害后果中所占份额或比例就比较小；相反，则比较大。

六、医疗产品责任

（一）医疗产品责任概述

《民法典》第1223条规定：因药品、消毒药剂、医疗器械的缺陷，或者输入不合格的血液造成患者损害的，患者可以向药品上市许可持有人、生产者、血液提供机构请求赔偿，也可以向医疗机构请求赔偿。患者向医疗机构请求赔偿的，医疗机构赔偿后，有权向负有责任的药品上市许可持有人、生产者、血液提供机构追偿。

医疗产品属于产品，医疗产品责任不属于医疗损害责任而属于产品责任，是无过错责任。《民法典》在“医疗损害责任”一章中设条文规定医疗产品责任，是出于立法技术之便利。医疗产品缺陷，是指医疗产品具有危及患者或他人人身、财产安全的不合理的危险。由于药品等医疗产品具有国家标准，所以有缺陷的医疗产品一般都不符合国家有关强制性标准的要求。

（二）医疗产品责任的构成要件

医疗产品责任和输入不合格血液造成患者损害的责任，大致属于产品责任的范畴。

医疗产品的生产者（含药品上市许可持有人）、不合格血液的提供者对缺陷医疗产品或不合格血液造成的患者人身损害和财产损失承担无过错责任，医疗机构（如果既不是医疗产品的生产者，也不是不合格血液的提供者）大致承担如同一般产品销售者的责任。

缺陷医疗产品的生产者（含药品上市许可持有人）和不合格血液提供者对遭受损害的患者承担赔偿责任，其责任之构成应当符合以下要件：（1）医疗产品存在缺陷或者血液不合格；（2）患者遭受了人身损害或者财产损失；（3）使用有缺陷的医疗产品或者输入不合格血液是造成患者损害的原因。此等侵权责任之构成，不要求缺陷产品的生产者（含药品上市许可持有人）或者不合格血液的提供者有过错。

（三）药品缺陷致人损害的责任主体：药品上市许可持有人与药品生产者

1. 药品上市许可持有人制度概述

依据《药品管理法》的有关规定，药品上市许可持有人依法对药品研制、生产、经营、使用全过程中药品的安全性、有效性和质量可控性负责。药品上市许可持有人是指取得药品注册证书的企业或者药品研制机构等。药品上市许可持有人应当依照《药品管理法》的规定，对药品的非临床研究、临床试验、生产经营、上市后研究、不良反应监测及报告与处理等承担责任。药品上市许可持有人的法定代表人、主要负责人对药品质量全面负责。

药品上市许可持有人可以自行生产药品，也可以委托药品生产企业生产。药品上市许可持有人应当对受托药品生产企业、药品经营企业的质量管理体系进行定期审核，监督其持续具备质量保证和控制能力。血液制品、麻醉药品、精神药品、医疗用毒性药品、药品类易制毒化学品不得委托生产；但是，国务院药品监督管理部门另有规定的除外。

2. 药品上市许可持有人的无过错责任

如果药品上市许可持有人同时也是缺陷药品的生产者，其应当承担《民法典》第1223条规定的无过错责任当无争议。如果药品上市许可持有人不是缺陷药品的生产者，该缺陷药品是由其委托药品生产企业生产的，那么责任主体如何确定呢？本书认为，虽然《民法典》第1223条没有作出直接规定，但是从药品上市许可持有人与生产者的密切关系，从《药品管理法》实质要求药品上市许可持有人对药品质量“负总责”的立法精神来看，确定二者作为连带责任人承担缺陷药品的损害赔偿责任较为合适。

需要注意的是，虽然医疗产品（药品）责任、使用不合格血液责任是无过错责任，但是医疗产品（药品）的使用、血液的使用都需要经过医疗机构、医务人员的诊疗行为方可达成，因此，要特别注意产品责任与医疗损害责任在这些情形下的划分。医疗机构、医务人员过错使用本不应当使用的医疗产品（药品）造成损害，而该医疗产品（药品）并不存在缺陷的，不构成产品责任，而仅仅构成医疗损害责任。

（四）患者的请求权与责任主体之间的追偿

遭受损害的患者可以向药品上市许可持有人、生产者、血液提供机构请求赔偿，也可以向医疗机构请求赔偿。

如果医疗机构是缺陷药品、器材等的生产者，则医疗机构应对其所造成的损害负无过错的赔偿责任；如果医疗机构不是缺陷药品、器材等的生产者或者药品的上市许可持有人，则医疗机构应对其所造成的损害负过错的赔偿责任，即只有在有过错（如未按规定严把进货关，在保存药品过程中有过错等）的情况下才负最终的赔偿责任，否则不承担最终的责任，而由缺陷医疗产品的上市许可持有人、生产者承担责任；由于受害的患者很难明确指出缺陷药品、器材的生产者，因而其得直接向医疗机构主张缺陷医疗产品或者不合格血液致害责任，医疗机构不得推诿，但可于无过错之情形向生产者等追偿。患者向医疗机构请求赔偿的，医疗机构赔偿后，有权向负有责任的药品上市许可持有人、生产者、血液提供机构追偿。如医疗机构不能指明具体生产者，则应作为生产者承担医疗产品责任。

第二节 建筑物和物件损害责任

一、在建建筑物等倒塌、塌陷造成他人损害的责任

（一）在建建筑物等倒塌、塌陷造成他人损害概述

《民法典》第1252条第1款规定：建筑物、构筑物或者其他设施倒塌、塌陷造成他人损害的，由建设单位与施工单位承担连带责任，但是建设单位与施工单位能够证明不存在质量缺陷的除外。建设单位、施工单位赔偿后，有其他责任人的，有权向其他责任人追偿。

“建筑物”主要是指房屋，是人工建造的固定在地面，用于居住、生产、储存等的相对封闭空间，如住宅、办公楼、车间、仓库等。“构筑物”是指桥梁、码头、堤坝、隧道、井架、电线杆、路灯、水塔、围坊、纪念碑、雕塑等；“其他设施”指建筑脚手架、起重塔吊、缆车、索道、电线、路标、广告牌、标语牌等。服务于高空、高压、易燃、剧毒、放射性和高速运输工具作业的某些设施（如高压输电线、高速公路上的设施）不宜被纳入此类“建筑物”“构筑物”“其他设施”，因为它们属于高度危险作业的设施，其造成损害时，应当适用不同的法律条文（如《民法典》第1240条等）。发生损害的原因是在建的建筑物、构筑物或者其他设施倒塌。“损害”包括人身损害、财产损失。“他人”是指建设单位、施工单位之外的其他人。建设单位、施工单位及其工作人员因建筑物等倒塌受到人身损害和财产损失的，不适用《民法典》第1252条。

（二）在建建筑物等倒塌造成他人损害责任的构成要件

构成在建建筑物等倒塌、塌陷造成他人损害的侵权责任，需要具备以下要件：(1)有质量缺陷的建筑物等倒塌、塌陷。这一“质量缺陷”包含了导致发生倒塌、塌陷的危险。(2)“他人”受到损害，包括人身损害、财产损失。(3)因果关系。这里有两层因果关系。其一，质量缺陷导致建筑物等倒塌、塌陷，质量缺陷是建筑物等倒塌、塌陷的原

因；其二，建筑物等倒塌、塌陷导致他人损害，建筑物等倒塌是被侵权人的损害发生的原因。(4) 建设单位、施工单位对于建筑物等存在质量缺陷存在过错。

（三）建设单位与施工单位承担连带责任

1. 责任主体：建设单位与施工单位

《民法典》第 1252 条规定的侵权责任不是行为责任即建设单位或者施工单位并不是因为实施了某种过错行为造成损害而承担责任，而是其所“保有”的在建建筑物等倒塌、塌陷造成他人损害而承担责任，是建筑物等物的内在危险爆发造成损害的责任。法律之所以规定建设单位与施工单位承担此等侵权责任，是因为其对造成他人损害的在建建筑物等有控制力。

2. 过错推定责任

《民法典》第 1252 条第 1 款规定了过错推定责任：一方面，规定建设单位与施工单位对此等损害承担连带责任；另一方面，规定“……建设单位与施工单位能够证明不存在质量缺陷的除外”。其含义是：法律推定建设单位与施工单位有过错，被侵权人无须对其过错举证和证明。但是给予建设单位与施工单位证明自己没有过错的机会。如果能够证明自己没有过错，则不用承担侵权责任；反之，则需要承担侵权责任。证明没有过错的方法和路径是证明在建的建筑物等“不存在质量缺陷”。关于是否存在质量缺陷，应当依据有关建筑质量的法律法规和部门规章、行业标准进行判断。

这里需要指出的是，建设单位或者施工单位某一方，不能单方面证明自己没有过错而主张不承担责任，还需要证明在建的建筑物等不存在质量缺陷才能被免除侵权责任。

3. 连带责任

《民法典》第 1252 条第 1 款规定了建设单位与施工单位的连带责任。其对外（向被侵权人承担赔偿责任）和内部分担、清偿等，按照连带责任的规则（《民法典》第 178 条）处理。作出此等规定，加重了其责任负担。规定连带责任的正当性在于：(1) 建设单位与施工单位对于在建建筑物等的质量管控具有密切合作关系；(2) 被侵权人往往是在相关信息、知识等方面处于劣势地位的自然人，规定建设单位与施工单位承担连带责任有利于被侵权人实现其损害赔偿请求权。

4. 建设单位与施工单位承担连带责任后的追偿权

《民法典》第 1252 条第 1 款进一步规定，建设单位、施工单位赔偿后，有其他责任人的，有权向其他责任人追偿。这里的“其他责任人”从文义来看，可以包括：(1) 其行为导致没有质量缺陷的在建建筑物等倒塌、塌陷的第三人；(2) 其行为导致本身有质量缺陷的在建建筑物等倒塌、塌陷的第三人；(3) 对在建建筑物等产生质量缺陷有过错的人，如建筑物的设计人、施工监理人等。

本书认为，上述 (1) 所述其行为导致没有质量缺陷的在建建筑物等倒塌、塌陷的第三人，不属于《民法典》第 1252 条所规定的“其他责任人”，因为建设单位与施工单位能够证明在建建筑物等不存在质量缺陷就无须承担责任了，也就不发生追偿问题。遇到此等情形，被侵权人应当依据《民法典》第 1175 条的规定，直接请求其行为导致没有缺陷的在建建筑物等倒塌、塌陷造成损害的第三人承担侵权责任。

上述（2）和（3）属于《民法典》第1252条规定的可以追偿的“其他责任人”。是全额追偿还是部分追偿，取决于“其他责任人”的过错大小以及其有过错的行为对损害发生的原因力大小。

二、已经交付的建筑物等倒塌造成他人损害的责任

（一）概述

《民法典》第1252条第2款规定：因所有人、管理人、使用人或者第三人的原因，建筑物、构筑物或者其他设施倒塌、塌陷造成他人损害的，由所有人、管理人、使用人或者第三人承担侵权责任。该款是关于已经竣工交付给所有人（业主）使用的建筑物等倒塌、塌陷造成他人损害的侵权责任之规定。依据所有权原理，所有人对其所有的物（包括建筑物、构筑物和其他设施）享有占有、使用、收益和处分的权利，同时也承担其所有物造成他人损害的赔偿责任。故而，已经交付的建筑物等倒塌、塌陷造成他人损害的，如果倒塌是所有人的原因引起的，应当由所有人承担侵权责任。

基于国有和集体所有等特殊法律制度的规定，一些建筑物等的所有与管理、使用相分离。在此等情况下，管理人、使用人享有如同所有人的部分权利，同时也承担相应的义务和责任。在已经交付的建筑物等发生倒塌、塌陷导致他人损害时，管理人、使用人如同所有人一样承担侵权责任。

第三人原因导致已经交付的建筑物等倒塌、塌陷造成他人损害，第三人依据过错责任原则承担侵权责任。第三人既包括对已经交付的建筑物等存在缺陷有过错的原施工单位、设计单位，也包括其过错行为直接导致已经交付的建筑物等倒塌、塌陷的第三人。

（二）过错责任与责任构成要件

1. 过错责任

《民法典》第1252条第2款规定的“因所有人、管理人、使用人或者第三人的原因，建筑物、构筑物或者其他设施倒塌、塌陷造成他人损害”，包含了此等侵权责任的主体（所有人、管理人、使用人或者第三人）、归责原则和构成要件。

该款没有规定无过错责任和过错推定，应当将该款规定的侵权责任理解为一般过错责任，即所有人、管理人、使用人或者第三人在有过错的情况下才承担责任，没有过错就不承担责任。其过错应当由被侵权人举证证明。

2. 责任构成要件

对于所有人、管理人、使用人而言，其责任的构成要件包括：（1）其所有的、管理的或者使用的建筑物等发生倒塌、塌陷；（2）他人受到损害，包括人身损害、财产损失；（3）此等损害与建筑物等的倒塌、塌陷之间存在因果关系；（4）所有人、管理人、使用人存在管理、养护、维修等方面的过失，使建筑物等具有发生倒塌、塌陷事故的危险。

对于“第三人”而言，其责任的构成在原因、结果以及因果关系三方面与上述责任

的构成相同，但是过错要件的内容有所不同：后者的过错是对建筑物等的质量缺陷存在过错；前者的过错是对建筑物等直接实施了有过错的行为导致其倒塌，如驾驶机动车撞击建筑物使其倒塌。

三、建筑物等脱落、坠落造成他人损害的责任

（一）概述

《民法典》第1253条规定：建筑物、构筑物或者其他设施及其搁置物、悬挂物发生脱落、坠落造成他人损害，所有人、管理人或者使用人不能证明自己没有过错的，应当承担侵权责任。所有人、管理人或者使用人赔偿后，有其他责任人的，有权向其他责任人追偿。

搁置物、悬挂物并非建筑物的组成部分或者从物，仅仅是搁置、悬挂在建筑物上的物件而已。[①] 放置在窗台上的花盆是搁置物，安装在建筑物过道的吊灯是悬挂物。龙门吊车的吊斗、吊钩是龙门吊车的组成部分，不是悬挂物。因为搁置物、悬挂物与建筑物存在物理联系，可能发生坠落风险，故而与建筑物放在一起进行规范。

《民法典》第1253条规定的致害原因是脱落和坠落而不是倒塌。“脱落”是指部分与整体相分离并掉落，如玻璃窗的玻璃从窗子框架脱落，建筑物的墙皮包括外墙砖等脱落。坠落一般指从高处向低处掉落，如搁置的花盆从窗台坠落。

《民法典》第1253条规定的侵权责任不是行为责任，而是相关主体所“保有”的建筑物等发生脱落、坠落造成他人损害的侵权责任，是建筑物等物的内在危险之爆发造成损害的责任。

（二）所有人、管理人或者使用人的过错推定责任

1. 责任主体

责任主体包括所有人、管理人或者使用人。管理人是与所有人相并列的责任主体。所有人可以与管理人约定此类责任的承担问题，但其约定一般不能对抗第三人。使用人是在所有人、管理人之外因为租赁、借用或者其他情形而使用建筑物等设施的人。原则上使用人不对建筑物或其他设施发生脱落、坠落造成他人损害承担赔偿责任，此类责任应由所有人或者管理人承担。使用人对于其在建筑物上的搁置物、悬挂物（由所有人设置者除外）发生倒塌、脱落、坠落造成的损失负赔偿责任，但有两个例外情况：一是国有或集体房屋的承租这类租赁关系带有很大的福利性，不是不动产市场关系的反映，所有人也很难像一个以营利为目的的房东那样对房屋进行严格的管理，因此，其承租人可能搭建小厨房一类的“其他设施”。于此情形，承租人应对其建造的或改建的部分（“其他设施”）造成他人损害承担赔偿责任。二是旅店不得以房客占有某间客房（甚或房客有过错）为由，拒绝承担客房的搁置物、悬挂物（如花盆等）造成他人损害的赔偿责任。

---

① 参见张新宝、吴婷芳：《物件致人损害责任的再法典化思考》，载《现代法学》，2017（2）。

2. 过错推定

所有人、管理人或者使用人不能证明自己没有过错的，应当承担侵权责任。法律规定了过错推定：推定所有人、管理人或者使用人有过错，被侵权人无须证明其存在过错。所有人、管理人或者使用人能够证明自己没有过错的，不承担侵权责任；不能证明自己没有过错的，应当承担侵权责任。“证明自己没有过错”，通常是证明其尽到了法律、法规等要求的注意义务，同时在所有、管理、维护、使用等方面尽到了作为一个“理性人”的所有人、管理人或者使用人应当达到的注意程度。

3. 责任构成要件

构成《民法典》第1253条规定的侵权责任，需要具备以下要件：（1）建筑物、构筑物或者其他设施及其搁置物、悬挂物发生脱落、坠落。（2）他人受到损害，包括人身损害或财产损失。“他人”不包括应当承担侵权责任的所有人、管理人或者使用人及其员工等。（3）他人受到的损害与脱落、坠落之间存在因果关系。

4. 所有人、管理人或者使用人的追偿权

所有人、管理人或者使用人赔偿后，有其他责任人的，有权向其他责任人追偿。其他责任人通常是指两种人：一是其行为造成建筑物、构筑物或者其他设施及其搁置物、悬挂物发生脱落、坠落，造成损害的人；二是对建筑物、构筑物或者其他设施及其搁置物、悬挂物发生脱落、坠落的隐患有过错的人，如施工单位、设计单位以及维修单位等。所有人、管理人或者使用人是全额追偿还是部分追偿，取决于其他责任人的过错以及与建筑物、构筑物或者其他设施及其搁置物、悬挂物发生脱落、坠落，造成损害的原因力大小。

四、从建筑物抛掷、坠落物品造成他人损害的责任

（一）概述

《民法典》第1254条规定：“禁止从建筑物中抛掷物品。从建筑物中抛掷物品或者从建筑物上坠落的物品造成他人损害的，由侵权人依法承担侵权责任；经调查难以确定具体侵权人的，除能够证明自己不是侵权人的外，由可能加害的建筑物使用人予以补偿。可能加害的建筑物使用人补偿后，有权向侵权人追偿。”“物业服务企业等建筑物管理人应当采取必要的安全保障措施防止前款规定情形的发生；未采取必要的安全保障措施的，应当依法承担未履行安全保障义务的侵权责任。”“发生本条第一款规定的情形的，公安等机关应当依法及时调查，查清责任人。”

《民法典》第1254条第1款是关于建筑物抛/坠物造成他人损害的侵权责任和补偿的规定，第2款是关于物业服务企业等未尽到安全保障义务之侵权责任的规定，第3款强调公安机关等有关机关有义务及时调查、查清责任人。为了实现对受害人的救助不落空，《民法典》采取了更加务实，也更加符合我国经济发展阶段的调整方法，来实现法律关系的平衡和社会秩序的稳定。可以说，《民法典》第1254条的制度设计是从中国国情出发

充分考虑我国社会体制、文化传统和习俗，立足于解决我国当前阶段的具体问题，能够真正实现社会和谐与良法善治的结合。[①]

（二）禁止从建筑物抛掷（坠落）物品

《民法典》第 1254 条开宗明义即规定“禁止从建筑物中抛掷物品”。结合全部条文内容看，这一规定除了禁止从建筑物向建筑物的外部空间抛掷物品，还有防范建筑物上或者建筑物内的物品坠落的立法旨意。这是一条禁止性规定而非授权或者许可性规定；这是一条行为规范而非裁判规则。其基本意义在于通过设定禁止事项为人们的民事活动提供行为规范，告诫人们不得为从建筑物抛掷/坠落物品的行为。从更广阔的视野看，这一规定也是贯彻《民法典》第 1 条规定的“弘扬社会主义核心价值观”，建设“诚信、友善”的人际关系，尤其是邻里关系所要求的。

（三）侵权人依法承担侵权责任

依据《民法典》第 1254 条，在发生建筑物抛/坠物造成他人损害的案件中，应当由侵权人依法承担侵权责任。此处的“侵权人”包括：（1）实施抛物行为的人（或者其监护人、用人单位、个人雇主等）；（2）致害物品的所有人、管理人、使用人（或者其监护人、用人单位、个人雇主等）。此处的“依法”是指依据《民法典》有关条文和其他法律的规定。《民法典》的有关条文包括第 1253 条、第 1165 条、第 1188 条、第 1191 条、第 1192 条等。

在损害发生时侵权人明确的，被侵权人应当请求侵权人承担侵权责任。在诉讼进行中查明了具体侵权人的，被侵权人应当变更诉讼请求，直接请求侵权人承担侵权责任。

（四）由可能加害的建筑物使用人给予补偿

经调查难以确定具体侵权人的，除能够证明自己不是侵权人的外，由可能加害的建筑物使用人给予补偿。这里的“经调查难以确定具体侵权人”，是指通过被侵权人举证、法院依职权进行调查以及“有关机关……依法及时调查”，仍然不能确定具体侵权人的情况。

承担“补偿”的是建筑物的使用人，而不是建筑物的所有人。法律之所以规定由建筑物的使用人承担，是因为使用人在案发时实际使用、控制建筑物，最有可能是抛物行为的实施者或者对防范物品坠落负有义务的人。

“证明自己不是侵权人”包括两层含义：其一，举证责任被分配给被告。在上述“经调查难以确定具体侵权人”的情况下，被告承担证明自己不是侵权人的举证责任。其二，被告对一个“不存在的事实”进行举证，是防范“有罪推定”前提下的辩护。此等被告可以提供自己没有“作案时间”、没有能力实施此等抛物行为、没有也不可能拥有致害物品、在力学上其所在位置的抛/坠物不可能造成本案中的损害等来证明“自己不是侵权

---

① 参见张新宝、张馨天：《从〈侵权责任法〉第 87 条到〈民法典〉第 1254 条：“高空抛（坠）物”致人损害责任规则的进步》，载《比较法研究》，2020（6）。

人”。如果能够证明自己不是侵权人，则被告不承担侵权责任，也不承担“补偿”的后果；不能证明自己不是侵权人，则被告要承担“补偿”的后果。

“补偿”有以下几层含义：(1) 补偿是被告真金白银地拿出金钱支付给被侵权人（受害人）。于此等被告而言，其在经济上承担了不利的后果。(2) 在性质上，“补偿”不同于“赔偿”。承担补偿后果，不意味着此等被告实施了侵权行为或者应当对侵权损害后果承担法律上的赔偿责任。质言之，承担补偿后果不意味着司法裁判对此等被告的行为作出了否定判断。

补偿的数额，视具体情况确定。总体上补偿的数额要少于赔偿数额，同时，有数名被告对损害承担补偿后果的，应当适当考虑致害的可能性、被告自身的负担能力等情况确定各自的补偿数额。

可能加害的建筑物使用人补偿后，有权向侵权人追偿。行使这一追偿权的前提是在案件审理结束且判决得到执行后，查明了真正的侵权人。在此情况下，“可能加害的建筑物使用人”已经支付的补偿失去了支付的原因，因此需要通过向侵权人追偿来填补“可能加害的建筑物使用人”的财产损失。

（五）物业服务企业的责任

1. 物业服务企业的安全保障义务

《民法典》第 1254 条第 2 款规定了建筑物的物业服务企业等主体有采取安全保障措施来防止该条规定的损害发生的义务，未尽到此等安全保障义务者应当承担侵权责任。

建筑物的物业服务企业等主体采取安全保障措施的义务由物业管理法规、物业管理公约、物业服务合同等确定。此等义务，有些是保护物业业主的利益的，有些是保护不特定第三人的人身和财产安全的，比如，《物业管理条例》第 45 条、第 46 条和第 55 条等即对物业服务企业的安全保障义务作出了具体的规定。此外，随着监控技术的发展与普遍应用，物业服务企业一般有义务安装必要的监控设施，记录和保存有关影视资料，以备查清责任人。

2. 未尽到安全保障义务的侵权责任

物业服务企业等未采取必要的安全保障措施的，应当依法承担未履行安全保障义务的侵权责任。物业服务企业等承担的此等法律责任是侵权责任而不是违反合同的违约责任，也就是说，此等责任是由法律直接加以规定的，不取决于物业服务合同等是否有约定。[①]

物业服务企业等承担此等侵权责任的要件是：(1) 未履行安全保障义务，具有消极不作为或者不适当作为的行为。(2) 被侵权人遭受了损害，包括人身损害、财产损失。(3) 未履行安全保障义务与损害发生之间存在因果关系，具体表现为：如果适当履行安全保障义务，就能够防止损害的发生或者减少损害的发生。(4) 过错。凡是违反安全保

---

① 参见张新宝、张馨天：《从〈侵权责任法〉第 87 条到〈民法典〉第 1254 条：“高空抛（坠）物”致人损害责任规则的进步》，载《比较法研究》，2020 (6)。

障义务产生的侵权责任都是过错责任。

（六）公安机关等有关机关的调查职责

《民法典》第1254条第3款是一个提示性条款，提示有关机关应当依法及时调查以查清责任人。关于这里的“有关机关”一般认为是负有调查刑事案件和社会治安案件职责的国家机关。负有此等职责的国家机关是公安机关。[①]《民法典》第1254条没有民法上的直接功能和意义，不是民法的典型规范。但是提示有关机关应当依法及时调查以查清责任人，有利于相关案件的审理，保护被侵权人的合法权益，减少乃至避免“可能加害的建筑物使用人补偿”的适用。

五、堆放物倒塌、滚落或者滑落造成他人损害的责任

（一）概述

《民法典》第1255条规定：堆放物倒塌、滚落或者滑落造成他人损害，堆放人不能证明自己没有过错的，应当承担侵权责任。

堆放物是人工堆积存放之物。日常生活中，常见的堆放物包括堆放的货物、堆放的农副产品、堆放的建筑材料，堆放的原木、矿石等。堆放物为固体物，是人工堆积之物。堆放是为了临时或者较长时间的存放用途。但是，人工建筑物、构造物等不是堆放物，其发生倒塌，造成他人损害的，按照《民法典》第1252条和第1253条等确定侵权责任。

关于堆放物倒塌、滚落或者滑落造成他人损害的侵权责任是我国法律独有的规定，其立法的理论依据与建筑物等造成他人损害责任的理论依据相似。堆放物倒塌、滚落或者滑落造成他人损害的侵权责任属于对物造成损害的责任，是“准侵权行为”责任，而不是行为人对自己的侵权行为承担责任。

（二）堆放人的责任

1. 过错推定责任

堆放物倒塌、滚落或者滑落造成他人损害的，由堆放人承担侵权责任。堆放人是指以自己的行为或者以其工作人员（雇员）等的行为设置了堆放物的人。堆放人承担的是过错推定的侵权责任，被侵权人无须对其过错举证证明。堆放人通常以以下方式和路径证明自己没有过错：（1）设置堆放物不违反法律、行政法规、部门规章等的禁止性规定，是其有权实施的行为；（2）对堆放物的选址没有过错；（3）在堆放的规模、结构、方式等方面没有过错；（4）在堆放物的管理、维护、警示等方面没有过错。

2. 侵权责任的构成要件

构成此等侵权责任，需要具备以下要件：（1）堆放物倒塌、滚落或者滑落。（2）被侵权人受到损害，包括人身损害、财产损失。（3）被侵权人受到损害与堆放物倒塌、滚

---

① 参见张新宝：《侵权责任编：在承继中完善和创新》，载《中国法学》，2020（4）。

落或者滑落之间存在因果关系。(4)堆放人有过错。在过错推定的情况下，堆放人不能证明自己没有过错即被认定为有过错。其被认定的过错是承担此等侵权责任的构成要件之一。

六、妨碍通行物品造成他人损害的责任

(一)行为人责任

《民法典》第 1256 条规定：在公共道路上堆放、倾倒、遗撒妨碍通行的物品造成他人损害的，由行为人承担侵权责任。公共道路管理人不能证明已经尽到清理、防护、警示等义务的，应当承担相应的责任。

在公共道路上堆放、倾倒、遗撒妨碍通行的物品造成他人损害的，由行为人承担侵权责任。"公共道路"是指国家或者集体所有，开放供公众使用的道路。属于民事主体私有的专用道路，以及国有、集体所有的专用道路，不属于公共道路。只有在公共道路上发生堆放、倾倒、遗撒妨碍通行的物品造成他人损害的，才适用《民法典》第 1256 条的规定。行为人是指在公共道路上堆放、倾倒、遗撒妨碍通行的物品的人。尽管法律规定由行为人承担侵权责任，但是《民法典》第 1256 条规定的侵权责任并非行为责任而是物件造成损害的责任——法律规定行为人承担侵权责任，不是因为其在公共道路上堆放、倾倒、遗撒物品，而是因为此等物品妨碍了通行。"他人"是指《民法典》第 1256 条规定的行为人、管理人(及其工作人员)之外的任何使用公共道路的第三人。常见的损害主要是交通事故损害。

《民法典》第 1256 条没有对行为人承担侵权责任的归责原则作出规定，本书认为，对这种侵权责任仍然适用过错责任归责原则，即行为人有过错才承担侵权责任，没有过错则不承担侵权责任。基于"违法即有过错"的侵权责任法原理，堆放、倾倒属于故意违法设置道路障碍物，而遗撒是过失违法制造了道路障碍物。在公共道路上堆放、倾倒、遗撒妨碍通行的物品，属于违反法律、行政法规之规定的行为，由行为违法判定行为人有过错。而对于此等在公共道路上堆放、倾倒、遗撒妨碍通行物品极大可能造成损害是行为人知道或者应当知道的。对于知道或者应当知道可能发生的损害，行为人或者漠不关心或者疏忽大意或者轻信不会发生损害，都表明其存在过错。

行为人承担的此等侵权责任主要是损害赔偿责任，其成立需要符合以下构成要件：(1)公共道路上存在妨碍通行的物品，此等物品具有妨碍通行造成损害的内在危险。(2)他人受到损害，包括人身损害、财产损失。(3)他人受到损害与公共道路上存在妨碍通行的物品存在因果关系。(4)侵权人(行为人)有过错(基于行为违法认定)。

(二)管理人责任

公共道路的管理人是指实际管理、营运、养护公共道路的民事主体，比如高速公路的营运人，城市道路的管理、养护人。在无法确定具体管理人时，公共道路的所有人应当被认为是管理人。

管理人承担过错推定的侵权责任。法律推定其有过错，被侵权人无须证明管理人的过错，但是法律给予其证明自己没有过错的机会。法律规定了管理人证明自己没有过错的方式与路径：应当从尽到清理、防护、警示等义务方面证明自己没有过错。只有在这些方面都证明没有过错，才认为其没有过错，进而不承担侵权责任。反之，在上述任何一个方面不能证明自己没有过错，就认为其有过错，进而应当承担相应的侵权责任。

管理人承担的此等侵权责任主要是损害赔偿责任，其成立需要符合以下构成要件：在（1）公共道路上堆放、倾倒、遗撒妨碍通行的物品，这些物品具有造成他人损害的内在危险；（2）他人受到损害，包括人身损害、财产损失；（3）他人受到的损害与此等物品的内在危险存在因果关系；（4）管理人有过错，不能证明已经尽到清理、防护、警示等义务。

（三）管理人责任与行为人责任的关系

管理人承担相应的侵权责任不排斥、不取代行为人的侵权责任，二者之间构成不真正连带关系。比如在一个案件中，造成的全部损害是100万元，行为人当然要对100万元承担全部赔偿责任。同时，管理人有过错，也被认定应当承担30万元的赔偿责任。此时，被侵权人可以向行为人主张100万元的损害赔偿。如果被侵权人选择如此主张，则其不能向管理人主张任何损害赔偿，行为人承担侵权责任后也不得向管理人追偿。如果被侵权人向管理人主张30万元的损害赔偿，则其只能就剩余的70万元向行为人主张损害赔偿。行为人与管理人各自承担相应数额的损害赔偿责任之后，不产生单向或者双向的追偿权。

七、林木折断等造成他人损害的责任

（一）概述

《民法典》第1257条规定：因林木折断、倾倒或者果实坠落等造成他人损害，林木的所有人或者管理人不能证明自己没有过错的，应当承担侵权责任。

“林木”是指固定种植于土地的树木和竹子。林木折断、倾倒，导致他人受到损害的案件时有发生，很常见的是风雨交加导致大树倾倒，砸坏路边停放的机动车；脱落的干枯树枝砸伤路人。果树的果实脱落造成行人损害的情况也偶有发生。《民法典》第1257条规定了林木折断、倾倒或者果实坠落三种情形造成他人损害的侵权责任。这三种情形均属于物致人损害的责任，不是行为责任。该条规定由林木的所有人、管理人承担相关的侵权责任。

（二）所有人或者管理人的责任

1. 归责原则：过错推定

依据《民法典》第1257条，造成损害的折断、倾倒林木或者其坠落果实的所有人或者管理人承担过错推定的侵权责任，被侵权人无须对所有人或者管理人的过错进行举证证明。在推定过错的同时，法律给予所有人或者管理人证明自己没有过错的机会。证明自己没有过错就是证明自己尽到了合理的注意义务，其证明方式和路径通常是：(1) 在特定的地点种植林木没有过错，不违反禁止性规定；(2) 尽到了养护、管理职责，如及时清除干枯树枝、枯朽或者病害的危险树干，及时采摘成熟果实；(3) 遇到不可抗力或者恶劣气象、地质灾害后作出了及时和适当的处理；(4) 在第三人原因造成某种危险的情形下进行了及时处理和警示。需要指出的是，在不同区域、不同性质的场所，所有人或者管理人应当达到的注意程度是不一样的。一般来说，对公共场所的林木等的养护、管理要求更高一些；对私人场所或者不对外开放的场所的林木等的养护、管理要求会低一些；对山林等的养护、管理要求会更低。受害人无视法规规定和相应的警示，进入禁止进入的林区而受到损害的，林木的所有人或者管理人没有过错，不承担侵权责任。

2. 侵权责任的构成要件

折断、倾倒的林木以及坠落果实的林木所有人承担《民法典》第1257条规定的侵权责任（主要是损害赔偿责任），需要符合以下构成要件：(1) 林木折断、倾倒或者其果实坠落。(2) 被侵权人受到损害，包括人身损害、财产损失。(3) 林木折断、倾倒或者其果实坠落是损害发生的原因，二者之间存在因果关系。(4) 所有人或者管理人有过错。法律推定所有人或者管理人有过错，所有人或者管理人不能证明自己没有过错。

八、 施工人责任和地下设施管理人责任

（一）施工人责任

《民法典》第1258条第1款规定："在公共场所或者道路上挖掘、修缮安装地下设施等造成他人损害，施工人不能证明已经设置明显标志和采取安全措施的，应当承担侵权责任。"

"施工人"是指在公共场所或者道路上从事挖掘、修缮安装地下设施等施工活动的民事主体。在实践中有一些地面工程的所有者（或管理者）并不直接进行施工，而是通过承包（承揽）合同等方式发包给他人进行施工；有的工程还存在分包、转包等情形。当施工人也是工程的所有人或者管理人时，比较容易确定责任主体。直接进行施工的不是工程的所有人（或管理人）的，有时会出现认定责任主体困难的问题。对此，提出以下认定规则：(1) 当直接进行施工的为独立的承包建筑商时，该独立的承包建筑商即为施工人，应被认定为责任主体。(2) 当某项地面工程是以某一特定主体的名义进行施工时，认定以其名义施工的特定主体为施工人，而不问真正的直接施工人是谁，也不问是否存在转包、分包等情形。(3) 工程的所有人、管理人雇用零散人员进行施工的或者被侵权人无法判断施工人的，应推定工程的所有人、管理人为施工人，但工程的所有人、管理人可以提出反证。(4) 工程的所有人、管理人作为发包人在指示或选任上有过失的，应当承担相应的赔偿责任。

在公共场所、道旁或者通道上挖掘、修缮安装地下设施，一般称作地面施工。它不包括高空作业（如架设高压输电线路），也不包括纯粹的地下施工（如地下采掘、隧道施

工等)。《民法典》第1258条第1款强调了地面施工的场所，但并非在一切场所进行地面施工产生的损害都适用该条之规定；只是在公共场所、道旁或者通道上从事挖掘、修缮安装地下设施等施工造成他人损害才适用该条第1款确定施工人的侵权责任。

施工人的安全保障义务包括：设置明显标志和采取安全措施。施工人不设置明显标志或者不采取安全措施，或者其所设置的标志不够明显或其所采取的措施不够安全，就违反了其安全保障义务。

关于《民法典》第1258条第1款规定的侵权责任到底是行为责任还是物件损害责任，在理论上是有争议的。从立法安排来看，将其规定在“建筑物和物件损害责任”一章，表明立法者倾向于认为此等侵权责任属于物件损害责任。但是，在此等案件中，造成损害的往往不是某个特定的处于稳定状态的物而是施工人的具体行为，这种行为在性质上与“高度危险作业”行为有相似之处，不同的是危险性低一些。关于造成损害的原因很难认为是物件的内在危险，而更容易解释为施工人的不当行为，所以，学理上可以将此等侵权责任理解为施工人的行为责任。

一般认为，《民法典》第1258条第1款规定的侵权责任适用过错责任归责原则，施工人有过错的承担侵权责任，没有过错的不承担侵权责任。由于法律设定了施工人的安全保障义务，施工人违反安全保障义务即被认定有过错，故施工人应当承担侵权责任。

施工人承担的此等侵权责任主要是损害赔偿责任，需要符合以下要件：(1) 施工行为，即在公共场所或者道路上挖掘、修缮安装地下设施等行为。(2) 被侵权人受到损害，包括人身损害、财产损失，但是不包括施工人及其工作人员、雇员等受到的损害。(3) 施工行为与被侵权人受到损害之间存在因果关系。(4) 施工人有过错，没有“设置明显标志和采取安全措施”。

（二）地下设施管理人责任

《民法典》第1258条第2款规定：窨井等地下设施造成他人损害，管理人不能证明尽到管理职责的，应当承担侵权责任。

地下设施是指窨井、水井、地下通道等处于地面之下的人力修建的构造物。窨井是最常见的地下设施，是指下水道或者其他管线工程中用于检修和疏通而建造的井状构造物。地下设施原本包含在建筑物、构筑物或者其他设施的范围之内，地下设施造成他人损害责任完全属于建筑物等造成他人损害责任的范畴。只是我国相关立法强调物件造成他人损害的不同方式，才将地上物脱落、坠落，建筑物倒塌与地下设施致人跌落、碰伤的责任分别规定，其责任依据和构造原理相同。窨井等地下设施造成他人损害的侵权责任是物件损害责任，不是行为责任。

窨井等地下设施造成他人损害，应当由相应的管理人承担责任。管理人是指对地下设施负有管理职责的单位或者个人。管理人与所有人可能是同一人。如果管理人与所有人为不同的主体，则侵权责任由管理人承担。如果不存在明确的管理人或者无法确认管理人的，所有人被认为是管理人，由其承担侵权责任。《民法典》第1258条第2款规定管理人承担过错推定的责任：管理人不能证明尽到管理职责的，应当承担侵权责任。依据这一规定，被侵权人无须对管理人的过错进行举证证明。法律推定管理人有过错，但是给予其证明自己没有过错的机会。管理人证明自己没有过错的方法和路径是证明尽到了管理职责，包括达到了法律法规、规章和行业规定等的管理要求，尽到了一个理性管理人的注意义务。

管理人承担此等侵权责任，需要具备以下要件：(1) 窨井等地下设施存在造成他人损害的内在危险。(2) 他人受到损害，包括人身损害、财产损失。他人是指管理人（及其工作人员、雇员等）之外的任何第三人。(3) 此等损害与窨井等地下设施存在的内在危险之间有因果关系。(4) 管理人有过错。法律推定其有过错，管理人不能证明尽到了管理职责。

问题与思考

1. 如何理解医疗损害责任中的告知同意义务?
2. 如何理解医务人员的注意义务及过错判断标准?
3. 如何理解从建筑物抛掷、坠落物品造成他人损害的责任?

第七十六章
无过错责任

本章概要

本章主要对应《民法典》侵权责任编第四章、第五章、第七章、第八章和第九章，主要讲述以无过错责任为归责原则的特殊侵权行为，包括产品责任、机动车交通事故责任、环境污染和生态破坏责任、饲养动物损害责任以及高度危险责任。

第一节　产品责任

一、产品责任概述

产品是动产，不包括不动产本身，但是添附于不动产的动产（如建筑物的空调系统）属于产品。产品包括电力。产品是否包括初级农产品是一个有争议的问题，我国法律没有作出明确规定，在理解上主要是是否符合“经过加工、制作”的要求；人体器官、人类血浆不是产品，但是经过加工、制作的血液制品（如胰岛素、血清制剂等）属于产品。

《民法典》没有对产品缺陷概念进行定义，但是《产品质量法》第46条有明确规定：本法所称缺陷，是指产品存在危及人身、他人财产安全的不合理的危险；产品有保障人体健康和人身、财产安全的国家标准、行业标准的，是指不符合该标准。

《产品质量法》和《民法典》均未直接对缺陷进行分类，而是分别规定生产者和销售者的产品质量责任和义务。在这些规定中，分别涉及缺陷的不同类别。在理论上，我们可以将缺陷分为设计缺陷、制造缺陷和营销缺陷。《民法典》（第1206条）接受新的理论观点，还规定了“跟踪缺陷”。

二、产品责任的构成要件与特殊抗辩事由

（一）产品责任原则上适用无过错责任原则

我国有关产品责任的立法采取了产品责任的二元归责原则，即既适用无过错责任原

则，也适用过错责任原则，但以无过错责任原则为主导。不同的责任主体承担不同种类的赔偿责任，适用不同的归责原则。

无过错责任原则适用于下列情形：(1) 生产者和销售者的直接责任（表面责任）。无论是缺陷产品的生产者还是其销售者，对直接责任（表面责任）之承担均适用无过错责任原则。换言之，只要因使用、消费缺陷产品而受到损害者向该产品的生产者、销售者主张赔偿，生产者与销售者不得以无过错主张免责，受害人也无须证明生产者、销售者的过错。即使是无过错的销售者，也应首先承担直接责任。(2) 生产者的最终责任（实质责任）。无过错的销售者向受害人承担直接责任（表面责任）之后，得向生产者追偿，由生产者承担最终责任。销售者只需证明缺陷、损害以及二者之间的因果关系，而无须证明生产者的过错。因此，生产者的最终责任属于无过错责任。如果受害人直接向生产者主张赔偿，于大多数情形生产者在承担直接责任的同时亦即承担了最终责任，这时适用的也是无过错责任原则。

过错责任原则适用于下列情形：(1) 销售者的最终责任。由于销售者的过错产品存在缺陷的，销售者应承担最终责任。于此情形，销售者如果承担了直接责任，则不得再向生产者追偿；生产者如果承担了直接责任，则可通过证明缺陷是销售者的过错所致，而向销售者追偿。但是，销售者不能指明缺陷产品的生产者，也不能指明缺陷产品的供货者的，销售者即被视为生产者，其对最终责任之承担由适用过错责任原则转化为适用无过错责任原则。(2) 运输者、仓储者及中间供货人的最终责任。运输者、仓储者以及介于生产者与销售者之间的中间供货人不是直接责任的承担者，但如果产品的缺陷是其过错所致，则生产者或销售者在承担了无过错的直接责任之后，可向有过错的运输者、仓储者或中间供货人追偿。运输者、仓储者及中间供货人对这种最终责任之承担所适用的归责原则是过错责任原则。在具体诉讼中，可以另案处理，也可以将他们列为第三人一并处理。

（二）产品责任的构成要件

1. 生产或者销售的产品有缺陷

法律规定，产品责任原则上由产品的生产者承担。也有的规定由销售者承担责任。无论是生产者承担产品责任还是销售者承担产品责任，该责任都不属于行为责任而属于物件损害责任。生产者或者销售者并不是因为生产或者销售了产品而承担该产品引起的损害赔偿责任，而是由于该产品属于缺陷产品、存在不合理的危险，不合理的危险爆发导致了损害发生。产品的生产者将此等危险带入了消费领域，故应当承担相关的危险责任。

2. 损害

(1) 人身损害与“他人财产”损害。

《民法典》没有对产品责任中的损害作出规定。《产品质量法》第 41 条第 1 款规定：因产品存在缺陷造成人身、缺陷产品以外的其他财产（以下简称他人财产）损害的，生产者应当承担赔偿责任。该条规定将被侵权人遭受的人身损害以及缺陷产品之外的财产损失作为产品责任可救济的损害，缺陷产品的生产者应当承担赔偿责任。法律将缺陷产品本身的损害排除在产品责任的救济范围之外，是考虑到被侵权人可以依据买卖合同的品质担保条款等获得救济，同时也可以避免将违约责任与侵权责任混淆。

（2）精神损害。

《产品质量法》第 44 条第 2 款第二句规定：受害人因此遭受其他重大损失的，侵害人应当赔偿损失。结合《民法典》的有关规定，此处的“其他重大损失”可以被理解为严重精神损害。

3. 产品缺陷与损害之间的因果关系

产品责任中的因果关系是指产品之缺陷作为物的内在危险之实现，与受害人遭受的损害之间的相互关系。因果关系是产品责任的构成要件之一。

（三）不承担责任的特别抗辩事由

《产品质量法》第 41 条第 2 款规定，生产者能够证明有下列情形之一的，不承担赔偿责任：（1）未将产品投入流通的；（2）产品投入流通时，引起损害的缺陷尚不存在的；（3）将产品投入流通时的科学技术水平尚不能发现缺陷的存在的。

三、责任主体与责任方式

（一）生产者责任

依据《民法典》第 1202 条，因缺陷产品造成他人损害的，该缺陷产品的生产者应当承担侵权责任。法律没有对生产者进行界定。学理上认为，生产者是指以制造、加工产品为业者；或者将自己作为产品的生产者在产品上标示其姓名、商号、商标及其他表示者，或被误认为产品的生产者而为姓名等的标示者；或者根据产品的制造、加工或有关贩卖形态的其他事项可以被认为是产品的实质的生产者的自然人或者法人、非法人组织。产品的进口商，被视为产品的生产者。原则上，产品的生产者包括产品之生产者、原料之生产者、零配件之生产者，以及任何将其姓名、商标或者其他区别性标志标示于产品以表明自己是生产者的人。

（二）销售者责任

依据《民法典》第 1203 条，被侵权人可以请求缺陷产品的销售者承担侵权责任。产品的销售者包括：（1）产品的批发商；（2）产品的零售商；（3）以保留所有权等方式销售产品者；（4）以融资租赁等方式销售产品者；（5）以易货贸易等方式销售产品者；（6）以任何其他方式将产品有对价转让给他人者。在互联网上从事上述经营活动的，属于销售者。

《产品质量法》第 42 条规定：由于销售者的过错产品存在缺陷，造成人身、他人财产损害的，销售者应当承担赔偿责任。销售者不能指明缺陷产品的生产者也不能指明缺陷产品的供货者的，销售者应当承担赔偿责任。

被侵权人有权选择缺陷产品的销售者请求其承担赔偿责任。被侵权人一旦选择缺陷产品的销售者请求其承担赔偿责任，不得再请求生产者承担相关责任。销售者即使对缺陷的产生没有过错，也要承担本该由生产者承担的无过错责任，然后向生产者追偿。

（三）被侵权人的选择权与侵权人之间的追偿权

《民法典》第1203条第2款规定的追偿权确立规则是：（1）无论被侵权人是向缺陷产品的生产者还是向其销售者请求承担赔偿责任，只要产品责任成立，被请求的缺陷产品生产者或者销售者都应当承担责任，不得推诿。（2）如果承担的赔偿责任本来就是该自己承担的，则不发生追偿的问题。（3）如果承担了本该由另一方（缺陷产品的生产者或者销售者）承担的责任，则产生相应的追偿。

缺陷产品的生产者与销售者不承担对被侵权人的连带责任，也不承担对被侵权人的按份赔偿责任，更不承担“不真正连带”赔偿责任。缺陷产品生产者的责任是独立的责任，其销售者的责任也是独立的责任。这两种责任既不连带也不相互补充，实际上是相互对立的：如果生产者应当承担赔偿责任，则销售者不应该承担赔偿责任；如果销售者应当承担赔偿责任，则生产者不应当承担赔偿责任。

法律规定追偿权，是因为一方代替另一方承担了赔偿责任，不是因为责任的分担或者超出份额的追偿。法律规定这种代负责任的主要意义在于方便被侵权人诉讼和及时获得赔偿。而承担了代负责任的一方，有可能因为被追偿的一方支付困难而陷入追偿不能的风险。

（四）第三人有过错时的责任承担方式

1. 运输者、仓储者等第三人不直接承担赔偿责任

《民法典》第1204条对涉及第三人过错的责任承担问题作出了规定。当产品缺陷不是在生产环节造成的，也不是在销售环节造成的，而是在运输、仓储等物流环节由运输者、仓储者等第三人的过错造成的时，被侵权人不得直接向有过错的第三人请求赔偿，而只能向缺陷产品的生产者或者销售者请求赔偿。

2. 产品的生产者、销售者赔偿后，有权向有过错的第三人追偿

虽然运输者、仓储者等第三人无须向被侵权人承担赔偿责任，但是产品的生产者、销售者向被侵权人赔偿后有权向第三人追偿。此等追偿权的行使需要符合以下要求：（1）生产者或者销售者进行了赔偿，承担了相关的损害赔偿责任；（2）产品的缺陷是在运输、仓储等物流环节造成的；（3）被追偿的第三人对于在物流环节造成产品缺陷有过错。生产者或者销售者与运输者、仓储者等第三人对于此等责任的追偿事先有约定的，依其约定；没有约定的，一般追偿范围以生产者或销售者向被侵权人赔偿的金额为限，并可以考虑将生产者或销售者为解决相关纠纷而支出的必要费用纳入追偿范围。

四、赔偿损失和其他责任承担方式

（一）赔偿损失

《产品质量法》第44条规定：因产品存在缺陷造成受害人人身伤害的，侵害人应当赔偿医疗费、治疗期间的护理费、因误工减少的收入等费用；造成残疾的，还应当支付残疾者生活自助具费、生活补助费、残疾赔偿金以及由其扶养的人所必需的生活费等费用；造成受害人死亡的，并应当支付丧葬费、死亡赔偿金以及由死者生前扶养的人所必需的生活费等费用。因产品存在缺陷造成受害人财产损失的，侵害人应当恢复原状或者折价赔偿。受害人因此遭受其他重大损失的，侵害人应当赔偿损失。

（二）其他责任承担方式的适用

1. 停止侵害、排除妨碍、消除危险

《民法典》第1205条规定了停止侵害、排除妨碍、消除危险等侵权责任承担方式在产品责任案件中的适用。缺陷产品存在危及他人人身、财产安全的，被侵权人有权请求该缺陷产品的生产者、销售者承担停止侵害、排除妨碍、消除危险等侵权责任。依据《民法典》第1167条的规定，承担此等侵权责任无须已经造成人身损害或者财产损失，也不要求缺陷产品的生产者、销售者有过错。

2. 停止销售、警示、召回

《民法典》第1206条规定了产品跟踪义务以及停止销售、警示、召回等补救措施。产品投入流通后，生产者有义务跟踪产品的适用情况，特别是及时发现产品可能存在的安全隐患。发现存在缺陷的，应当依据该条的规定和相关的法律、法规规定及时采取补救措施。补救措施包括：（1）停止销售。停止销售是指在所有销售渠道和环节停止销售缺陷产品。商业实践中，将某种缺陷产品"下架"处理即为典型的停止销售。停止销售是《民法典》规定的补救措施。（2）警示。警示是指缺陷产品的生产者、销售者对该缺陷产品的不合理危险进行警示，告知用户和其他可能的使用者、接触者等，避免发生相关的人身损害和财产损失。警示通常适用于不需要停止销售也不需要召回的缺陷产品，此等产品存在的缺陷往往是警示缺陷。（3）召回。召回是指缺陷产品的生产者、销售者公开要求产品的购买人、使用人等送回有缺陷（安全隐患）的产品，以进行修理、更换或者退货以消除产品缺陷的一项补救措施。召回具有双重法律性质：一方面，召回是侵权责任法（产品责任）等法律规定的一项侵权责任；另一方面，召回也是合同法（特别是买卖合同法）规定的一项标的物品质担保义务和责任。[①] 在买卖合同中，出卖人负有担保出卖的标的物不存在隐蔽瑕疵的义务。发现此等隐蔽瑕疵（一些情况下也属于缺陷）的，出卖人有义务更换、修理；严重者可能导致买受人解除合同。

缺陷产品的生产者、销售者应当负担被侵权人因此支出的必要费用。如果被侵权人也是买卖合同的一方当事人，在买卖合同中对召回费用有约定的，依其约定确定召回费用的数额；没有约定或者被侵权人不是买卖合同的一方当事人的，召回费用的数额以实际发生的为准；法律法规对此等费用的计算有规定的，依照其规定确定召回费用的数额。

（三）惩罚性赔偿责任

《民法典》第1207条规定：明知产品存在缺陷仍然生产、销售，或者没有依据前条

---

① 参见张新宝、任鸿雁：《我国产品责任制度：完成与创新》，载《北方法学》，2012（3）。

规定采取有效补救措施，造成他人死亡或者健康严重损害的，被侵权人有权请求相应的惩罚性赔偿。适用该条确定缺陷产品的生产者、销售者承担惩罚性赔偿责任，应当符合相应的主观条件和客观条件。

1. 主观条件

“明知”是指缺陷产品的生产者、销售者确实、明确知道产品存在缺陷。从过错角度看，侵权人存在故意或者重大过失。“明知”排除一般过失和轻微过失。“明知”需要被侵权人一方证明。

生产者、销售者拒绝采取补救措施与明知为承担惩罚性赔偿的主观条件之一。从法律条文的文义来看，“明知”与“拒绝”的关系是选择关系，即只要具备其中之一就满足主观条件的要求。但是，从认知逻辑来看，拒绝采取补救措施，一般也就被推定已经明知存在缺陷了。

2. 客观条件

适用惩罚性赔偿需要符合的客观条件是造成他人死亡或者健康严重损害的后果。这里的“健康严重损害”是指残疾、完全丧失或者大部分丧失劳动能力以及永久病痛等情况。《民法典》第 1207 条没有对惩罚性赔偿的倍数或者其他计算标准作出规定，这有赖于未来的相关司法解释作出具体规定，以便人民法院准确适用该条规定。

第二节 机动车交通事故责任

一、机动车交通事故责任概述

（一）机动车交通事故责任的概念和分类

《道路交通安全法》（2021 年修正）第 119 条第 5 项规定，“交通事故”是指车辆在道路上因过错或者意外造成的人身伤亡或者财产损失的事件。依据《道路交通安全法》（2021 年修正）的规定，车辆包括机动车和非机动车。机动车是指以动力装置驱动或者牵引，上道路行驶的供人员乘用或者用于运送物品以及进行工程专项作业的轮式车辆。机动车交通事故是机动车之间、机动车与非机动车之间以及机动车与行人之间在道路上发生的交通事故。机动车交通事故责任是指对于机动车交通事故所应依法承担的侵权责任，主要内容包括责任主体的确定、赔偿范围的划定等。

《道路交通安全法》（2021 年修正）第 76 条主要是从侵权人和被侵权人的组合情况对交通事故进行分类，分为机动车一方致非机动车、行人损害的交通事故和机动车之间的交通事故。于机动车一方致非机动车、行人损害的交通事故，侵权人一方通常为机动车的使用人，有些案件中也涉及机动车的所有人、管理人等；被侵权人为非机动车、行人。依据《道路交通安全法》（2021 年修正）的规定，非机动车是指以人力或者畜力驱动、上道路行驶的交通工具，以及虽有动力装置驱动但设计最高时速、空车质量、外形尺寸符合有关国家标准的残疾人机动轮椅车、电动自行车等交通工具。在道路交通管理实践中，自行车、三轮车、电动自行车、残疾人机动轮椅车和畜力车等被归入非机动车。实践中还存在非机动车、行人违反交通规则导致机动车、其他非机动车或者行人损害的交通事故。对于此等事故，法律没有作出特别规定，应当适用过错侵权责任的一般条款（《民法典》第1165条）来确定相关主体的侵权责任。

《民法典》侵权责任编第五章是关于机动车交通事故责任的规定。此外，《道路交通安全法》（2021年修正）、《机动车交通事故责任强制保险条例》（2019年修正）以及《交通事故损害赔偿司法解释》（2020年修正）等法律、法规、司法解释对机动车交通事故损害赔偿责任作出了进一步规定。这些规定与《民法典》侵权责任编第五章共同构成了我国侵权法上的机动车交通事故责任规则体系。

（二）交通事故责任的归责原则

1. 机动车一方的无过错责任

机动车与非机动车、行人之间的交通事故责任适用无过错责任归责原则。在机动车与非机动车、行人之间发生交通事故时，非机动车驾驶人、行人没有过错的，由机动车一方承担责任；在非机动车驾驶人、行人存在过失或者故意时，可以适当减轻或者免除机动车一方的责任。

2. 机动车之间的过错责任

对机动车之间的交通事故责任适用过错责任归责原则。双方都有过错时，适用过错相抵规则，双方按照过错比例分担责任。

二、机动车一方致非机动车、行人损害的责任

（一）机动车一方致非机动车、行人损害的责任的构成要件

由于此类交通事故责任中机动车一方承担的是无过错责任，所以，在确定该类侵权责任的构成时，不必考虑机动车驾驶人主观上是否有过错。

1. 机动车一方存在肇事行为

这是指机动车一方违反道路交通安全法规，实施了造成非机动车、行人一方损害的侵害行为。机动车交通事故责任，是机动车的使用人使用机动车造成他人损害的“行为责任”，而不是机动车作为“物”致害的“准侵权行为”或者物件损害责任。

2. 非机动车、行人一方遭受损害

损害是赔偿责任的构成要件，在机动车交通事故责任中也不例外。《道路交通安全法》（2021年修正）第76条将这里的“损害”界定为“人身伤亡”和“财产损失”。

3. 肇事行为与损害之间存在因果关系

非机动车、行人一方的损害是机动车的肇事行为造成的，二者之间存在因果关系。

（二）机动车一方致非机动车、行人损害的责任承担

由于此类交通事故责任中机动车一方对非机动车、行人的损害承担无过错责任，所以机动车一方的责任承担主要根据非机动车、行人的主观状态而异：

（1）非机动车驾驶人、行人没有过错的，由机动车一方承担全部的赔偿责任。

（2）非机动车驾驶人、行人有过错的，根据过错程度适当减轻机动车一方的赔偿责任。需要注意的是，非机动车驾驶人、行人以“故意碰撞机动车”之外的其他故意行为、重大过失造成交通事故的，只能减轻而不能免除机动车一方的赔偿责任。这里仅排除“故意碰撞机动车”一种情况。

（3）机动车一方没有过错的，机动车一方承担不超过10%的赔偿责任。《道路交通安全法》（2021年修正）第76条第2款规定，在非机动车驾驶人、行人故意碰撞机动车造成交通事故的情况下，机动车一方不承担赔偿责任。受害人故意仅限于“非机动车驾驶人、行人故意碰撞机动车造成交通事故”的情况，主要指受害人自杀、自残或“碰瓷”（指故意和机动车相撞以骗取赔偿）的情况。在这些情况下，机动车一方来不及避让，也无法控制风险，因此，机动车一方不具有可责难性，不应当承担赔偿责任。

三、机动车之间的交通事故责任

（一）机动车之间的交通事故责任的构成要件

1. 一方或者双方有过错

机动车之间发生交通事故时适用过错责任归责原则。首先，只有机动车一方或双方存在过错的情况下，才由有过错的一方承担责任；在双方都没有过错的情况下，双方均不承担赔偿责任。其次，当事人各方承担与其过错程度相当的过错责任。

司法实践中，法院对事故责任的认定一般依据公安机关交通管理部门出具的交通事故认定书，法院很少作出与交通事故认定书中的责任划分不一致的责任认定结论。

2. 一方或者双方存在肇事行为

机动车一方或双方实施了违反道路交通安全法规的不法行为，即存在肇事行为。机动车一方应遵守的规则集中体现在《道路交通安全法》（2021年修正）第四章，尤其是其第二节专门关于机动车通行的规定。机动车一方如果违反了机动车通行的有关规定，就被认为存在肇事行为。

3. 造成一方或者双方损害

造成的损害包括人身伤亡或财产损失。根据《交通事故损害赔偿司法解释》（2020年修正）第12条的规定，这里的“财产损失”包括：（1）维修被损坏车辆所支出的费用、车辆所载物品的损失、车辆施救费用；（2）因车辆灭失或者无法修复，为购买交通事故发生时与被损坏车辆价值相当的车辆重置费用；（3）依法从事货物运输、旅客运输等经营性活动的车辆，因无法从事相应经营活动所产生的合理停运损失；（4）非经营性

车辆因无法继续使用所产生的通常替代性交通工具的合理费用。

4. 肇事行为与损害之间存在因果关系

机动车之间的交通事故责任的构成要件之一是肇事行为造成了受害人的损害，二者之间存在因果关系。

（二）机动车之间的交通事故责任的承担

1. 概述

机动车之间的事故责任，由有过错的一方承担。质言之，过错是机动车之间承担事故责任的基础。在适用过错责任时，受害人除了应证明行为人的过错，还应证明行为人实施了侵害行为、受害人遭受了损害以及二者之间的因果关系。行为人除了可以以第三人过错、受害人过错抗辩，还可以不可抗力、正当防卫、紧急避险等抗辩。

2. 按照过错大小分担损害后果

机动车双方都有过错的，按照各自过错的比例分担责任。行为人所应负的责任应与其过错程度相一致。能够确定过错大小或者程度的，各自承担相应的责任；难以确定过错大小或者程度的，平均承担赔偿责任。

四、关于机动车一方侵权责任主体的确定

（一）转让而未过户情况下侵权责任主体之确定

《民法典》第1210条规定："当事人之间已经以买卖或者其他方式转让并交付机动车但是未办理登记，发生交通事故造成损害，属于该机动车一方责任的，由受让人承担赔偿责任。"在附所有权保留特约的分期付款车辆买卖的情形，如果车辆已交付买受人，虽然出卖方仍保留车辆所有权，但并不影响买受人取得车辆的实际支配力和使用、收益，因此，在发生道路交通事故时应由买受人承担赔偿责任。

（二）租赁、借用机动车情况下侵权责任主体之确定

《民法典》第1209条规定：因租赁、借用等情形机动车所有人、管理人与使用人不是同一人时，发生交通事故造成损害，属于该机动车一方责任的，由机动车使用人承担赔偿责任；机动车所有人、管理人对损害的发生有过错的，承担相应的责任。《交通事故损害赔偿司法解释》（2020年修正）将出借人的过错界定为：知道或者应当知道机动车存在缺陷，且该缺陷是交通事故发生原因之一；知道或者应当知道驾驶人无驾驶资格或者未取得相应驾驶资格；知道或者应当知道驾驶人因饮酒、服用国家管制的精神药品或者麻醉药品，或者患有妨碍安全驾驶机动车的疾病等依法不能驾驶机动车；其他应当认定出借人有过错的情形。

（三）机动车被盗窃，以及抢劫或抢夺，以及盗开他人机动车情况下侵权责任主体之确定

《民法典》第1215条第1款规定：盗窃、抢劫或者抢夺的机动车发生交通事故造

成损害的，由盗窃人、抢劫人或者抢夺人承担赔偿责任。盗窃人、抢劫人或者抢夺人与机动车使用人不是同一人，发生交通事故造成损害，属于该机动车一方责任的，由盗窃人、抢劫人或者抢夺人与机动车使用人承担连带责任。除此之外尚需要考虑机动车所有人是否尽到了妥善保管的注意义务，即其对于机动车被盗或被抢有无过错。例如，车主忘记关车门或把钥匙忘在车上，使他人有机可乘。所有人如果有过错，则应当承担相应的责任。

《民法典》第1212条规定："未经允许驾驶他人机动车，发生交通事故造成损害，属于该机动车一方责任的，由机动车使用人承担赔偿责任；机动车所有人、管理人对损害的发生有过错的，承担相应的赔偿责任，但是本章另有规定的除外。"

（四）挂靠营运情况下侵权责任主体之确定

《民法典》第1211条吸收相关司法解释的成果，规定：在机动车挂靠经营情况下，发生交通事故造成损害，属于该机动车一方责任的，由挂靠人和被挂靠人承担连带责任。适用该条法律规定，需要满足以下条件：（1）在当事人之间存在机动车挂靠经营关系，即一方挂靠在另一方名下，以另一方的名义从事机动车道路运输经营活动。（2）挂靠的机动车发生交通事故，造成挂靠人和被挂靠人之外的他人人身伤亡或者财产损失；（3）依据《道路交通安全法》（2021年修正）等法律的规定，机动车一方对该交通事故造成的损害负有损害赔偿责任。在满足上述条件的情况下，法律规定由挂靠人和被挂靠人对此等损害承担连带责任。

（五）套牌车情形下侵权责任主体之确定

实践中，套牌车违法上路行驶的情形屡见不鲜，给道路交通参与人的人身、财产权益造成了极大的危险，带来了极大的危害。套牌主要表现为两种形式：一种是被套牌人不知道被他人套牌，另外一种是被套牌人同意他人套牌。在第一种情况下，被套牌人本身也是受害人。《交通事故损害赔偿司法解释》（2020年修正）第3条明确指出，此种情形下发生交通事故，应当由套牌的行为人即套牌机动车的所有人或管理人承担赔偿责任。在后一种情形下，被套牌人同意他人套牌的行为本身具有违法性，且增加了交通事故发生的可能性和危害程度。从保护受害人的角度，《交通事故损害赔偿司法解释》（2020年修正）第3条规定，被套牌人同意他人套牌，发生交通事故后的损害赔偿责任应当由被套牌人与套牌人连带承担。最高人民法院在有关指导性案例的裁判要点中指出：机动车所有人或者管理人将机动车号牌出借他人套牌使用，或者明知他人套牌使用其机动车号牌不予制止，套牌机动车发生交通事故造成他人损害的，机动车所有人或管理人应当与套牌机动车所有人或者管理人承担连带责任。

（六）转让拼装车、报废车造成损害情形下侵权责任主体之确定

《民法典》第1214条规定：以买卖或者其他方式转让拼装或者已经达到报废标准的机动车，发生交通事故造成损害的，由转让人和受让人承担连带责任。法律规定如此严格的责任承担方式，是因为转让人和受让人违反了国家的禁止性规定，其行为属于违法

行为。依据国务院颁布的《报废机动车回收管理办法》的规定，国家施行机动车强制报废制度，达到报废标准的机动车不得再上路行驶。

五、机动车交通事故责任保险与赔付顺序

我国法律规定了机动车道路交通事故强制责任保险制度（简称“交强险”）。此外，机动车的所有人等还可以从保险公司购买自愿性质的机动车交通事故责任商业第三者责任险。在发生机动车交通事故赔偿责任时，法律规定了赔付顺序。《民法典》第 1213 条规定：机动车发生交通事故造成损害，属于该机动车一方责任的，先由承保机动车强制保险的保险人在强制保险责任限额范围内予以赔偿；不足部分，由承保机动车商业保险的保险人按照保险合同的约定予以赔偿；仍然不足或者没有投保机动车商业保险的，由侵权人赔偿。

第三节 环境污染和生态破坏责任

一、环境污染和生态破坏责任概述

（一）环境污染和生态破坏侵权责任的主要内容

《民法典》侵权责任编第七章是关于环境污染和生态破坏侵权责任的规定，一共 7 个条文（第 1229～1235 条）。第 1229 条是关于环境污染和生态破坏侵权责任的一般规定，这两种侵权行为造成他人损害的，应当依据该条的规定承担无过错责任。第 1230 条规定了侵权人的两种举证责任。第 1231 条规定了两个以上侵权人污染环境、破坏生态造成他人损害的按份责任。第 1232 条规定了故意侵权的惩罚性赔偿责任。第 1233 条规定了第三人过错造成损害的侵权责任承担。第 1234 条和第 1235 条分别是关于生态环境损害之生态修复和损害赔偿的规定。本章将环境污染和生态破坏作为并列侵权行为，侵权人同样承担无过错责任。除了增加“破坏生态”这种侵权行为，《民法典》第 1229～1233 条与原《侵权责任法》第八章第 85～88 条的内容大致相同。《环境侵权司法解释》对环境污染和生态破坏责任作出了进一步规定，并在《民法典》颁布后得到了相应修正，对于正确审理环境侵权责任纠纷案件有重要意义。

（二）环境污染和生态破坏侵权责任的归责原则与构成要件

1. 归责原则

污染环境造成他人损害的，侵权人承担无过错责任。这是国际公认的法律责任原则，也为《民法典》等法律所确认。对此学界没有争议。对破坏生态侵权责任应该同样适用无过错责任归责原则：第一，破坏生态与污染环境都是环境侵权的具体侵权行为方式。

第二，2014 年修订的《环境保护法》增加了破坏生态侵权，并规定应当依照原《侵权责任法》的有关规定承担责任。原《侵权责任法》未对生态破坏侵权设立特殊规则，对此规定应理解为依照环境侵权的特殊规定承担侵权责任。《民法典》将破坏生态与污染环境的侵权行为并列规定，明确了对破坏生态的行为应适用无过错责任原则 。《环境侵权司法解释》（2020 年修正）第 1 条第 1 款规定“因污染环境、破坏生态造成他人损害，不论侵权人有无过错，侵权人应当承担侵权责任”。第三，破坏生态侵权与污染环境侵权的共性要求适用无过错责任归责原则。“二者都是对自然的不合理利用，‘是环境问题的两种表现形式，互为因果’。二者在致害过程和适用特殊规则的内在机理上都高度相似。换言之，污染环境侵权适用无过错责任原则的理由，在破坏生态侵权中都能得到满足。”第四，相较于污染环境，破坏生态的行为“难度”更大，破坏生态一方的“能力要求”也越大，诉讼双方的地位失衡更为明显。因此，在一定程度上讲，对破坏生态侵权行为适用无过错责任归责原则的理由甚至更为充分。对污染环境侵权行为和破坏生态侵权行为一体适用无过错责任原则。①

2. 构成要件

构成环境污染、生态破坏侵权责任需要符合三个要件：（1）侵权人实施了污染环境或者破坏生态的行为；（2）存在损害；（3）污染环境或者破坏生态的行为与损害之间存在因果关系。由于适用无过错责任归责原则，所以该等责任之构成不要求侵权人有过错。“损害”有两层含义：从狭义来讲，“损害”仅指他人的人身损害和财产损失。从广义来讲，损害还包括“环境被污染”“生态被破坏”这一损害状况本身。对这里的“损害”理应作广义理解。

二、环境污染和生态破坏责任的主要制度

（一）行为人举证责任

《民法典》第 1230 条规定：因污染环境、破坏生态发生纠纷，行为人应当就法律规定的不承担责任或者减轻责任的情形及其行为与损害之间不存在因果关系承担举证责任。该条规定了行为人的两项举证责任：一是对不承担责任或者减轻责任的情形承担举证责任，二是对行为与损害之间不存在因果关系承担举证责任。

该条是对因果关系推定的规定：法律推定因果关系存在，但是给行为人一个反证其行为与损害之间不存在因果关系的机会。行为人如果能够证明其行为与损害之间不存在因果关系，则不承担侵权责任；反之，则应当承担侵权责任。《民法典》仅仅于第 1230 条规定了因果关系推定。法律规定因果关系推定，加重了行为人的举证负担，也增大了侵权责任构成的概率。在立法政策上，向被侵权人的利益作出倾斜，侧重于保护被侵权人的利益。

---

① 参见张新宝：《侵权责任编：在承继中完善和创新》，载《中国法学》，2020（4）。

（二）二人以上的侵权责任承担

1. 按份责任

《民法典》第1231条规定：两个以上侵权人污染环境、破坏生态的，承担责任的大小，根据污染物的种类、浓度、排放量，破坏生态的方式、范围、程度，以及行为对损害后果所起的作用等因素确定。依据这一规定，数个侵权人污染环境或破坏生态，其承担责任的大小即责任份额根据污染物的种类、浓度、排放量，破坏生态的方式、范围、程度，以及行为对损害后果所起的作用等因素确定。这是关于按份责任的规定，与《民法典》第1172条规定的精神一致，或者说是第1172条在污染环境、破坏生态侵权责任中的具体运用。

虽然《民法典》第1231条列举了污染物的种类、浓度、排放量，破坏生态的方式、范围、程度以确定不同侵权人的责任份额，但是，最重要的是“行为对损害后果所起的作用”这一因素。如果污染物的种类相同、浓度相同，污染物的不同排放量对损害发生所起的作用不一样，进而确定排放量多的应当承担更大份额的责任，排放量少的则应承担较小份额的责任。依此类推污染物的浓度，破坏生态的方式、范围和程度等，都可以得出符合该条规定的结论。在污染物的浓度、排放量等均不相同的情况下，可以通过换算、折算等方式认定各侵权人的污染行为或破坏行为对损害发生的原因力，进而确定他们各自应当承担的责任比例或者份额。

2. 连带责任

三种不适用按份责任而适用连带责任的情况是：（1）两个以上污染者共同实施污染行为，造成损害，两个以上污染者应当承担连带责任；（2）两个以上污染者分别实施污染行为，造成同一损害，每一个污染者的污染行为，都足以造成全部损害，污染者应当承担连带责任；（3）两个以上污染者分别实施污染行为造成同一损害，部分污染者的污染行为足以造成全部损害，部分污染者的污染行为只造成部分损害，被侵权人可以请求足以造成全部损害的污染者与其他污染者就共同造成的损害部分承担连带责任，并对全部损害承担责任。第一种情况下侵权人承担连带责任的法律依据是“共同实施侵权行为”。第二种情况下侵权人承担连带责任的法律依据是数人的侵权行为“原因聚合”。第三种情况下侵权人承担连带责任的依据是“共同危险行为”。

3. 单向连带责任

第三种情况是较为复杂的“单向连带责任”：污染者的污染行为足以造成全部损害的，对全部损害承担赔偿责任；同时，他又与其他造成部分损害的污染者就共同造成的损害部分承担连带责任。这种连带责任是单向的，仅仅是污染行为足以造成全部损害的污染者对共同造成的损害部分承担连带责任；其他污染者并不对足以造成全部损害的污染者单独造成的损害部分承担连带责任。这一单向连带责任并不仅仅适用于一个侵权行为人造成全部损害的情形，而应当被理解为：只要某部分损害是确定地由数个侵权行为共同造成的，那么对于这部分损害，该数个侵权行为人均须承担连带责任。

（三）惩罚性赔偿

《民法典》第 1232 条规定：侵权人违反法律规定故意污染环境、破坏生态造成严重后果的，被侵权人有权请求相应的惩罚性赔偿。《民法典》设置本条、规定侵权人的惩罚性赔偿责任，贯彻了严格保护生态环境、保护被侵权人合法权益的立法政策，反映了民法基本原则之一“绿色原则”（《民法典》第 9 条）的根本要求。

如果被侵权人请求侵权人承担惩罚性赔偿即超过实际损失的赔偿，则要求侵权人具有主观上故意的构成要件。质言之，侵权人承担的惩罚性赔偿责任不是无过错责任而是过错责任，不仅是过错责任，而且是要求其主观上的过错为故意。与过失相比较，故意具有更严重的反社会秩序性和对他人民事权益的侵害性，故而是承担更严重侵权责任的伦理和法理基础。

依据法律规定，承担惩罚性赔偿责任，需要造成严重后果，即在损害后果方面出现被侵权人一方严重人身损害（如死亡、严重伤残）和数额巨大的财产损失等情形。造成多人严重损害，也可以被认定为“造成严重后果”的情形。

（四）第三人过错情形下的责任承担

《民法典》第 1233 条规定：因第三人的过错污染环境、破坏生态的，被侵权人可以向侵权人请求赔偿，也可以向第三人请求赔偿。侵权人赔偿后，有权向第三人追偿。

“因第三人过错污染环境、破坏生态”是指侵权人（第一人）、被侵权人（第二人）之外的第三人实施了污染环境、破坏生态的行为，且实施该行为是基于过错即故意或者过失。承担该条规定的责任以及侵权人享有相关的追偿权，以第三人有过错为要件。

依据该条规定，对于第三人过错造成的损害部分，被侵权人可以向侵权人请求赔偿，也可以向有过错、造成损害的第三人请求赔偿。但是，对于这部分损害，被侵权人只能选择向其中之一请求赔偿，而不能同时请求二者承担赔偿责任，也不能在选择向其中之一请求承担赔偿责任（无论其请求是否实现）后再向另一主体请求赔偿。这是因为，就这一部分损害，（1）侵权人与第三人之间不构成共同侵权，不适用连带责任规则；（2）侵权人与第三人之间不适用按份责任规则；（3）由于法律规定了单向的追偿权，侵权人与第三人之间的责任关系也不构成“不真正连带”或者说只是片面的“不真正连带”——有过错的第三人如果被选择且承担了赔偿责任，不得向侵权人追偿。

对于完全是第三人的过错造成的损害或者第三人的过错造成的部分损害，如果被侵权人选择请求侵权人承担赔偿责任，则侵权人不得拒绝，不得以“损害是第三人造成的”为由主张不承担责任或者减轻责任。于此等损害赔偿责任，排斥《民法典》第 1175 条的适用。一般而言，侵权人对第三人的过错造成的损害承担赔偿责任后，依据《民法典》第 1175 条的规定有权向第三人追偿。

三、生态环境修复与生态环境损害赔偿

（一）生态环境修复

1. “违反国家规定”造成生态环境损害

《民法典》第1234条规定：违反国家规定造成生态环境损害，生态环境能够修复的，国家规定的机关或者法律规定的组织有权请求侵权人在合理期限内承担修复责任。侵权人在期限内未修复的，国家规定的机关或者法律规定的组织可以自行或者委托他人进行修复，所需费用由侵权人负担。

2. 能够修复的生态环境损害

《民法典》第1234条适用于“能够修复的”情形，即可以通过修复等治理手段救济被污染的环境和被破坏的生态，使其恢复原状或者大致恢复原状。这里的“恢复原状”应当被理解为环境质量达到污染前的标准或者生态功能达到被破坏前的水平。只有对于那些通过修复能够实现此等“恢复原状”的案件，才适用《民法典》第1234条的规定。如果环境污染和生态破坏特别严重，以致生态环境已无法修复，如对千年冻土、丹霞地貌的破坏，则不适用该条的规定。

3. 修复责任的构成要件

《民法典》第1234条强调了“违反国家规定造成生态环境损害”是承担修复责任的前提。只有“违反国家规定”造成生态环境损害，才承担该条规定的修复责任。如果造成生态环境损害没有违反国家规定，则不承担该条规定的修复责任。这与《民法典》第1229条、第1230条规定的责任之构成要件是不一样的。因此，承担该条规定的修复责任之构成要件包括：（1）侵权人实施了污染环境、破坏生态的行为；（2）存在损害（作为公共利益的环境、生态利益受到损害）；（3）污染环境、破坏生态的行为与损害之间存在因果关系；（4）侵权人的行为具有违法性。

4. 有权请求修复生态环境的主体

《民法典》第1234条规定的损害不是民事主体受到的人身损害或者财产损失，因此，自然人、法人或者非法人组织不得依据该条提起损害赔偿或者恢复原状的一般（私益）侵权诉讼。法律规定提起诉讼的主体为“国家规定的机关或者法律规定的组织”。“国家规定的机关”主要是指法律、国家政策和行政法规、部门规章、地方性法规以及司法解释规定的有权提起环境公益诉讼和生态环境损害赔偿诉讼的国家机关。根据有关规定，这里的国家机关包括国家行政机关和国家检察机关两大类型。

5. 修复生态环境请求权的实现

国家规定的机关或者法律规定的组织有权请求侵权人在合理限度内承担修复责任。所谓“合理限度”有两层含义：（1）达到或者基本达到污染前的环境质量或者破坏前的生态功能水平，即基本达到“恢复原状”的效果；（2）技术上可行；（3）经济上具有合理性、成本上划算。之所以规定“合理限度”，是为了防止不计经济、技术上的可行性，

提出过度修复的不合理要求。

在此等案件中，法院可以判决侵权人在期限内修复生态环境。“期限”是指依据具体情况组织设计、施工在通常情况下所需要的时间期限。之所以规定“期限”，一是因为生态环境修复需要一个过程，不可能一蹴而就；二是因为生态环境修复必须遵循自然规律，必须将季节条件等因素纳入考量范围，譬如，在冬天不可能实现植被恢复。

依据《民法典》第 1234 条，侵权人在期限内未修复的，国家规定的机关或者法律规定的组织可以自行或者委托他人进行修复，所需费用由侵权人负担。生态环境损害侵权人或者缺乏设施设备等技术条件，或者缺乏专业人才，或者没有主观意愿，都有可能在期限内不能完成生态环境修复。为及时救济受损的生态环境，作为环境民事公益诉讼起诉人的“法律规定的机关和组织”和作为生态环境损害赔偿诉讼起诉人的国家机关可以自行或者委托他人进行修复。当然，根据“损害担责”原则，修复的费用应由造成生态环境损害的侵权人承担。

（二）生态环境损害赔偿

1. 生态环境损害赔偿概述

《民法典》第 1235 条规定，违反国家规定造成生态环境损害的，国家规定的机关或者法律规定的组织有权请求侵权人赔偿下列损失和费用：（1）生态环境受到损害至修复完成期间服务功能丧失导致的损失；（2）生态环境功能永久性损害造成的损失；（3）生态环境损害调查、鉴定评估等费用；（4）清除污染、修复生态环境费用；（5）防止损害的发生和扩大所支出的合理费用。

该条强调了“违反国家规定造成生态环境损害”是承担损害赔偿责任的前提。只有“违反国家规定”造成生态环境损害，才承担该条规定的损害赔偿责任；如果造成生态环境损害没有违反国家规定，则不承担该条规定的损害赔偿责任。这与《民法典》第 1229 条、第 1230 条规定的责任之构成要件是不一样的。承担该条规定的损害赔偿责任之构成要件包括：（1）侵权人实施了污染环境、破坏生态的行为，侵权人的行为具有违法性；（2）存在损害（作为公共利益的环境功能的暂时或者永久丧失以及相关的费用支出）；（3）污染环境、破坏生态的行为与损害之间存在因果关系。

2. 有权请求生态环境损害赔偿的主体

《民法典》第 1235 条是以赔偿损失的方式救济环境、生态方面受到损害的社会公共利益。依据该条规定，“国家规定的机关或者法律规定的组织有权请求侵权人赔偿”。这里没有使用“法律规定”而是“国家规定”，采取了比较灵活的立场，为未来确定侵权人留下了较大的决策空间。从目前的实践情况看，《民事诉讼法》《环境保护法》《海洋环境保护法》《森林法》《最高人民法院关于审理生态环境损害赔偿案件的若干规定（试行）》（2020 年修正）等法律意义上的国家规定，《生态环境损害赔偿制度改革方案》等国家政策意义上的国家规定，均规定了有关机关或者组织提起损害赔偿的请求权。至于国家机关（包括行政机关和检察机关）与组织的范围，前已述及。其中的行政机关，主要是指省级、市地级人民政府及其指定的相关部门、机构，或者受国务院委托行使全民所有自然资源资产所有权的部门。其他的，此不赘述。

3. 赔偿的损失和费用种类

《民法典》第1235条规定了以下五项可以请求赔偿的损失和费用：（1）生态环境受到损害至修复完成期间服务功能丧失导致的损失；（2）生态环境功能永久性损害造成的损失；（3）进行生态环境损害调查、鉴定评估等产生的费用；（4）清除污染、修复生态环境的费用；（5）防止损害的发生和扩大所支出的合理费用。

第四节　饲养动物损害责任

一、饲养动物损害责任的一般规则

（一）饲养动物造成他人损害的侵权责任概述

1. 饲养的动物

“饲养的动物”是指处于人的饲养、管束之下的动物。动物乃具有生命且可以自主活动之物。一方面，它区别于不可自主活动之植物，因此，它可以自己独立地实施某种加害举动；另一方面，它又区别于作为民事法律关系之主体的人，动物只能成为民事法律关系的客体而非主体，它只能实施某种加害举动而非加害行为。因此，动物造成他人损害的责任既不同于树木等造成他人损害的责任，也不同于无民事行为能力人等造成他人损害的责任。

2. 责任主体：饲养人或者管理人责任

在大多数情形下，动物的饲养人或管理人是比较确定的：在饲养或管理自己所有的动物的情形下，动物的饲养人和管理人均是指动物的所有人，可以通过占有状况以及登记情况来确定。但在动物的占有人与饲养人相分离的场合，对责任主体的确认可能出现分歧：既可能由作为所有人的饲养人承担责任，也可能由作为直接占有人的管理人承担责任。

3. 归责原则

我国法律规定的饲养动物造成他人损害的侵权责任，原则上为无过错责任，以动物园的过错推定责任为例外。除动物园的责任外，其他民事主体承担饲养动物损害责任不以其有故意或者过失为要件。此外，第三人承担侵权责任，以过错为要件（《民法典》第1250条）。

（二）此等侵权责任的构成要件

1. 存在“准侵权行为”：饲养的动物独立实施了某种致害举动

在饲养的动物造成他人损害案件中，饲养人或管理人并没有对他人实施某种积极的行为导致损害，动物自身的“举动”是造成损害的直接原因，但造成损害的后果要由动物的饲养人或管理人承担。因此，饲养人或管理人并不是对自己的行为负责，而是对与其具有一定关系（作为所有人、管理人）的“物”造成的损害负责，是对其所控制、管领的物造成对他人的损害承担责任。责任的承担，来自其所饲养或管理的动物这种“物”的内在危险之实现。饲养的动物本身对他人具有一定的内在危险，在某种特定的条件下这种内在危险得以爆发。这种危险的爆发是通过动物实施某种加害举动实现的。由于动物不具有民法上的意思能力，故其实施的“加害行为”不能被称为行为，而只能被称为举动。此种举动可以是某种积极的作为，也可以是某种消极的“不作为”。

饲养动物实施的加害举动应具有一定的独立性，而非受人的意志支配或驱使。

2. 存在损害

只有被侵权人遭受人身损害或财产损失的情况下才可能构成饲养动物造成他人损害的侵权责任。如果没有损害，也就不存在相应的责任。饲养动物造成他人损害，与其他侵权案件中的损害并无不同，既可以是人身损害，也可以是财产损失，还可以是精神损害。

3. 致害举动与损害之间存在因果关系

饲养的动物造成他人损害案件中的因果关系，是指动物的致害举动与被侵权人所遭受的损害之间存在因果关系。首先，需要证明饲养的动物本身具有危险，某些饲养动物对他人的人身和财产具有内在危险，这种内在危险爆发出来将导致他人损害。如果饲养的动物根本就不具有对他人人身、财产的内在危险，将导致对因果关系的否定。其次，需要证明饲养的动物之内在危险以一定的方式爆发出来（如狗确实咬了被侵权人）。如果不能证明饲养动物的内在危险曾爆发出来，它“实施”了加害“举动”，将导致对因果关系的否定。最后，也是最重要的，需判断饲养动物的举动与损害之间存在因果关系。判断因果关系的一般规则和方法在此均可适用。

（三）关于被侵权人的故意或者重大过失

法律规定，能够证明损害是因被侵权人故意或者重大过失造成的，可以不承担或者减轻责任。动物的饲养人或管理人人对此负举证责任。因此，被侵权人的故意或者重大过失可以成为动物的饲养人或管理人不承担责任或者减轻责任的抗辩事由。被侵权人出于一般过失或者轻微过失造成损害的，不得免除或减轻饲养动物的所有人或管理人的赔偿责任。

被侵权人的故意或者过失，常常表现为盗窃饲养人、管理人的动物，投打动物，投喂或者挑逗动物等行为。被侵权人不听警告或者无视明显的警示，私自进入危险动物饲养区域等，也属于具有重大过失的行为。被侵权人的故意或重大过失作为法定免责条件，在不同的案件中并不完全相同。当被侵权人的故意或重大过失为引起损害的全部原因时，动物的饲养人或管理人可以免责。如果被侵权人的故意或重大过失只是引起损害的部分原因，则不能免除动物的饲养人或管理人的赔偿责任，而应当适用过错相抵规则减轻动物的饲养人或管理人人的责任。需要指出的是，《民法典》总则编第八章“民事责任”关于不承担民事责任的事由，如不可抗力、紧急避险、正当防卫等，对此等侵权责任也是适用的。

二、违反管理规定未对动物采取安全措施情形下饲养动物造成他人损害的责任

（一）对“违反管理规定，未对动物采取安全措施”的理解

《民法典》第1246条规定：违反管理规定，未对动物采取安全措施造成他人损害的，动物饲养人或者管理人应当承担侵权责任；但是，能够证明损害是因被侵权人故意造成的，可以减轻责任。关于饲养动物的管理规定，通常由省、直辖市、自治区以及较大城市的地方立法机关制定。“违反管理规定”是指违反此类地方立法或者地方规章性质的“管理规定”。该条所规范的饲养动物，是指此等管理规定中许可饲养的动物，但是需要进行登记并采取必要的安全措施。“安全措施”是此等管理规定中所要求采取的规范饲养行为，保护他人人身、财产安全，避免饲养的动物造成他人损害事故发生的各种措施。“违反管理规定，未对动物采取安全措施”，是指饲养人、管理人违反了此等管理规定的要求，没有对饲养的动物采取此等管理规定所要求的安全措施。

（二）归责原则与构成要件

1. 无过错责任归责原则

饲养依据管理规定可以饲养的动物，但是饲养人、管理人违反管理规定没有对动物采取安全措施，饲养的动物造成他人损害的，饲养人、管理人承担无过错责任。此等情况下无须考虑其“违反管理规定，未对动物采取安全措施”有无过错，只要符合侵权责任的其他三个构成要件，饲养人或管理人就应当承担侵权责任。

2. 构成要件

构成《民法典》第1246条规定的侵权责任，除了需要符合上述条件，还需要符合以下构成要件：(1) 存在“准侵权行为”，即饲养的动物独立实施了某种致害举动；(2) 被侵权人受到损害；(3)“准侵权行为”与被侵权人受到损害之间存在因果关系。

（三）被侵权人故意：减轻责任的抗辩事由

在被侵权人故意造成损害的情况下，可以减轻动物的饲养人或管理人的责任。需要指出的是：(1) 仅仅是在被侵权人故意造成损害的情况下，方可减轻饲养人或者管理人的侵权责任。被侵权人的过失，包括重大过失，不是减轻责任的抗辩事由。(2) 被侵权人的故意行为与其受到的损害之间存在因果关系，即“损害是因被侵权人的故意造成的”。(3)“能够证明”是对举证责任进行的分配，即由动物的饲养人或管理人举证证明，动物的饲养人或管理人能够证明损害是被侵权人故意造成的，可以主张减轻侵权责任。

三、饲养的烈性犬等危险动物造成他人损害的责任

（一）该等侵权责任的构成要件

《民法典》第1247条规定："禁止饲养的烈性犬等危险动物造成他人损害的，动物饲养人或者管理人应当承担侵权责任。"有关管理规定对禁止饲养的烈性犬等危险动物有专门的规定。违反禁止规定，饲养烈性犬等危险动物造成他人损害的，饲养人、管理人承担无过错责任。此等情况下无须考虑其违反禁止性规定有无过错以及对造成的损害是故意的还是过失的，只要符合侵权责任的其他三个构成要件，饲养人或管理人就应当承担侵权责任。构成本条规定的侵权责任，除了需要符合上述条件，还需要符合以下构成要件：（1）存在"准侵权行为"：饲养的烈性犬等危险动物独立实施了某种致害举动；（2）被侵权人受到损害；（3）"准侵权行为"与被侵权人受到损害之间存在因果关系。

（二）关于抗辩事由

《民法典》第1247条没有对抗辩事由作出规定。通过对《民法典》侵权责任编第九章相关条文以及《民法典》第1173条、第1174条和第1175条等作体系解释，可以得出以下结论：（1）被侵权人过失（包括重大过失）造成损害的，不减轻饲养人、管理人的侵权责任；（2）被侵权人故意造成损害是否减轻饲养人、管理人的侵权责任，不确定；（3）第三人的过错造成他人损害的，被侵权人可以向此等危险动物的饲养人请求赔偿，也可以向第三人请求赔偿。

四、动物园的动物造成他人损害的责任

（一）动物园的动物造成他人损害概述

《民法典》第1248条规定：动物园的动物造成他人损害的，动物园应当承担侵权责任；但是，能够证明尽到管理职责的，不承担侵权责任。

动物园的动物造成他人损害，需要具备以下构成要件。

1. 存在准侵权行为

动物园的动物造成他人损害的侵权责任，首先属于动物造成他人损害的侵权责任，是"物"造成他人损害的责任，而不是人的行为造成他人损害的责任。因此，此等侵权责任也属于"准侵权行为"责任。

2. 存在未尽到管理职责的过错推定

《民法典》第1248条规定的是过错推定责任，即法律推定动物园有过错（受害人无须承担对过错的举证责任），但是动物园能够证明尽到管理职责的，不承担责任。

3. 对"他人"造成了损害

尽管有关管理规定强调确保游人、管理人员和动物的安全，但是《民法典》第1248

条规定的侵权责任仅仅适用于“他人”受到损害的情况。“他人”当然包括游人，但是不限于游人，任何不属于动物园一方的人均属于“他人”。动物园的动物脱逃，造成园外周围不特定的人员人身损害或者财产损失的，也适用该条规定。

4. 存在因果关系

责任之构成，需要动物的“准侵权行为”与他人的损害之间存在因果关系。

（二）动物园的过错推定责任

《民法典》第1248条明确规定，动物园“能够证明尽到管理职责的，不承担侵权责任”。依据该条规定，动物园的动物造成他人损害的，动物园承担过错侵权责任，即动物园只有在有过错的情况下才承担侵权责任，没有过错则不承担侵权责任。动物园承担的过错责任是推定的过错责任，即在其动物造成他人损害的情况下推定动物园有过错，但是给予动物园一个证明自己没有过错的机会。动物园如果能够证明自己没有过错，则不承担侵权责任。动物园证明自己没有过错的方法和路径是证明自己“尽到管理职责”。动物园证明自己尽到管理职责实际上是证明自己没有过错。

五、遗弃、逃逸的动物造成他人损害的责任

（一）遗弃饲养的动物与饲养的动物逃逸概述

1. 饲养过的动物

《民法典》第1249条规定：遗弃、逃逸的动物在遗弃、逃逸期间造成他人损害的，由动物原饲养人或者管理人承担侵权责任。这里的动物，当然是指“饲养过的动物”，即原来由饲养人、管理人饲养、管理的动物，而不是一直处于野生状态的动物。通俗说，造成他人损害的动物是侵权人曾经饲养、管理的动物。

2. 遗弃、逃逸的动物

遗弃动物是原饲养人、管理人有意思的人为行为。遗弃的动物在遗弃期间造成他人损害的，遗弃该动物的原饲养人或者管理人应当承担侵权责任。动物逃逸，非出于其饲养人、管理人的本意，而是动物基于其本能逃离饲养人、管理人管束的“行为”。动物逃逸与饲养人、管理人的内在意思无关，但是可能与其疏忽大意或盲目轻信有关。

（二）此等侵权责任的构成要件

依据《民法典》第1249条，由动物原饲养人或者管理人承担侵权责任，需要符合以下要件：（1）遗弃、逃逸的动物具有造成他人损害的内在危险；（2）他人受到人身损害、财产损失；（3）此等人身损害、财产损失与遗弃、逃逸动物的内在危险之间存在因果关系。由于适用无过错责任归责原则追究原饲养人或者管理人的责任，不考虑其有无过错，因而对于遗弃和逃离的原因不在责任构成要件中予以考虑。

六、第三人过错与责任承担

（一）第三人的过错致使动物造成他人损害概述

《民法典》第 1250 条规定：因第三人的过错致使动物造成他人损害的，被侵权人可以向动物饲养人或者管理人请求赔偿，也可以向第三人请求赔偿。动物饲养人或者管理人赔偿后，有权向第三人追偿。该条规定的“因第三人的过错致使动物造成他人损害”，是指动物的饲养人、管理人以及被侵权人之外的第三人实施了有过错的行为，激发动物的内在危险（野性），造成他人人身损害、财产损失。法律规定“因第三人的过错”，表明第三人所承担的侵权责任为过错责任，即其只有在有过错的情况下才承担侵权责任，没有过错则不承担侵权责任。在实践中，第三人投打、挑逗动物，致使其“发飙”，造成他人损害是常见的第三人的过错的表现形式。

法律规定“因第三人的过错致使动物造成他人损害”，表达了两层因果关系：(1) 第三人有过错的行为是激发动物危险的原因。动物的内在危险之所以爆发出来，是由于第三人的过错行为。(2) 动物的“举动”造成了他人的损害。动物的“举动”是造成他人损害发生的原因。从单纯的条文措辞看，《民法典》第 1250 条规定的第三人责任不涉及多因一果的情况。如果存在多因一果的情况，还应考虑综合适用《民法典》第 1172 条等条文。

（二）被侵权人的损害赔偿选择权

被侵权人对损害赔偿有选择权：被侵权人受到损害后，可以向动物饲养人或者管理人请求赔偿，也可以向第三人请求赔偿。需要注意的是，这两个选择是相互排除的：如果选择了向动物饲养人或者管理人请求赔偿，则不能再选择向第三人请求赔偿；反之，如果选择了向第三人请求赔偿，也不能再选择向动物饲养人或者管理人请求赔偿。动物饲养人或者管理人与第三人不构成共同侵权责任，也不构成按份的侵权责任，因此，不能同时选择二者作为被告请求赔偿。

在此等情况下，法院通常要向作为原告的被侵权人进行“示明”，告知其选择权的内容以及正确的行使方式。

（三）动物饲养人或者管理人赔偿后的追偿权

如果被侵权人选择动物饲养人或者管理人作为被告请求其承担赔偿责任，则动物饲养人或者管理人应当依据《民法典》第 1250 条承担相应的赔偿责任。其在承担赔偿责任之后，可以依据该条第二句的规定，向有过错的第三人追偿。如果损害完全是第三人的过错激发动物野性造成的，则承担了赔偿责任的动物饲养人或者管理人得向该第三人追偿全部赔偿金额；如果损害的一部分是第三人的过错激发动物野性造成的，则承担了该部分赔偿责任的动物饲养人或者管理人得向该第三人追偿相应部分的赔偿金额。追偿权是单向的，仅仅承担了赔偿责任的动物饲养人或者管理人有权向该第三人追偿赔偿金额；

第三人承担赔偿责任的，无权向动物饲养人或者管理人追偿，因为第三人有过错激发动物野性，造成损害的，第三人应当对自己的过错行为引起的损害承担责任。这一过错责任是最终的责任，不发生追偿、分担的问题。

第五节　高度危险责任

一、高度危险责任概述

（一）高度危险责任的概念和特征

高度危险责任，是指因从事高度危险作业致人损害或者保有高度危险物品致人损害而承担的侵权责任。《民法典》侵权责任编第八章是关于高度危险责任的规定，共9个条文（第1236～1244条）。

高度危险责任具有以下特征。

1. 高度危险责任属于危险责任

危险责任是德国法中的专用术语，大致相当于美国法中的严格责任，通常也被称作无过错责任。在我国，高度危险责任通常是指高空、高压、高速运输工具等危险作业活动或者易燃、易爆、剧毒、放射性等危险物品致人损害的责任。在我国，产品责任、环境污染责任，乃至饲养动物致害责任，一般不被列入高度危险责任，所以，不能把我国法上的高度危险责任等同于国外的危险责任，高度危险责任仅仅是危险责任的特定类型。

2. 高度危险责任是合法行为或合法保有高度危险物品致人损害所产生的责任

高度危险责任所规范的高度危险作业是一种合法行为，至少是不为法律所禁止的行为。保有高度危险物品，大多是人类正常生活之必需，但是非法占有高度危险物的保有也产生相应的侵权责任。

3. 高度危险责任是一种无过错责任

高度危险责任自诞生之始就是一种典型的无过错责任，很大程度上也被等同于无过错责任。但在我国侵权责任法上，高度危险责任不等于全部的无过错责任：一方面是因为高度危险责任仅仅是危险责任的一个类型，另一方面是因为无过错责任也不限于危险责任。

4. 高度危险责任是自己责任

在高度危险致人损害情形，责任主体是相关的经营者或者占有人、使用人，这些主体是为自己的经营活动承担责任而不是对其雇员的过错行为承担责任。高度危险责任与替代责任同属无过错责任的范畴，但两者存在根本区别：高度危险责任是自己责任，而监护人责任、用人者责任等替代责任是对他人的行为造成的损害承担责任。

（二）高度危险责任的分类

高度危险责任可以被分为两类：高度危险作业致人损害的责任和高度危险物品致人

损害的责任。这种区分的依据在于危险来源不同：高度危险作业致人损害责任的危险来源是经营者的作业活动，高度危险物品致人损害责任的危险来源在于物品自身的危险性。因为危险来源不同，相关责任主体的确定规则也不同。当然，在危险活动的责任和危险物的责任之间并无绝对的区分。如对于营运民用核设施致人损害的责任，我国《民法典》将之归入高度危险作业致人损害责任，而德国法将之归入危险物致人损害责任。同样，对于石油、天然气、电力的运输，既可以从营运行为角度将其归入高度危险作业，也可以从客体（高度危险物）的角度将其认定为高度危险物品。

（三）特别抗辩事由与责任限制

1. 特别抗辩事由：受害人擅自进入高度危险活动区域或者高度危险物品存放区域

《民法典》第1243条规定：未经许可进入高度危险活动区域或者高度危险物存放区域受到损害，管理人能够证明已经采取足够安全措施并尽到充分警示义务的，可以减轻或者不承担责任。依据该条规定，减轻或者免除管理人的责任，仅仅适用于被侵权人（受害人）未经许可进入高度危险活动区域或者高度危险物存放区域受到损害。在其他区域发生损害的，不适用该条来减轻或者免除管理人的责任。该条实质上是关于被侵权人（受害人）过失相抵或者说比较过错的责任减轻乃至免除条款。因此，在完全排除考虑被侵权人（受害人）的过失减轻责任的无过错责任案件中，该条并不适用。比如，在核设施营运场所发生损害以及民用航空器致人损害的案件中，不宜适用该条来减轻或者免除管理人的责任。但是，如果构成受害人故意的，则免除管理人的侵权责任。

《民法典》第1243条规定的被侵权人（受害人）“未经许可进入”，是指其无权进入而擅自进入高度危险活动区域或者高度危险物品存放区域。任何合法的或者受到明示、默示许可的进入，以及难以判断是否有权进入情况下的进入，都不属于“未经许可进入”。

要减轻或者免除管理人的责任，应要求其已经采取足够安全措施并尽到充分警示义务。与原《侵权责任法》第76条相比较，《民法典》第1243条将“已经采取安全措施”提升为“已经采取足够安全措施”，将“尽到警示义务”提升为“尽到充分警示义务”，从而提高了管理人的注意程度。这显然高于一般注意程度，高于一般安全措施和一般警示义务。《民法典》第1243条的这一修改，体现了对被侵权人更高的保护水准。

足够安全措施，是指依据法律法规等的规定或者行业的操作规则等的要求所能达到的足够安全措施。在采取了此等“足够安全措施”情形下，受害人即使有一般过失也能够避免损害的发生。充分警示义务，是指依据法律法规等的规定或者行业的操作规则等的要求所能达到的充分警示义务。在履行了此等“充分警示义务”情形下，受害人即使有一般过失也能注意到和理解警示。

2. 责任限制

《民法典》第1244条规定：承担高度危险责任，法律规定赔偿限额的，依照其规定，但是行为人有故意或者重大过失的除外。作为一条指引性法律，该条但书之前的部分本身不能单独作为裁判案件的依据，而只是指向对承担高度危险责任之赔偿限额作出规定的法律条文。但是，该条的但书部分可以作为单独裁判案件的依据。如果行为人有故意或者重大过失的，则不论其他法律关于赔偿限额适用条件的规定为何，行为人确定地不受赔偿限额的限制。

二、高度危险作业致人损害责任

（一）民营核设施致人损害责任

1. 民用核设施、核材料、核事故概述

根据《民用核设施安全监督管理条例》第 2 条和《放射性污染防治法》第 62 条的规定，我国民用核设施主要包括四种：（1）核动力厂（核电厂、核热电厂、核供汽供热厂等）；（2）核动力厂以外的其他反应堆（研究堆、实验堆、临界装置等）；（3）核燃料生产、加工、贮存及后处理设施；（4）放射性废物的处理和处置设施等。以上核设施之外的核材料，如教学、医疗、科研、工农业生产应用的核材料，不属于专门的核设施，如果致害，应当归入高度危险物品致人损害责任的范畴。

根据《民用核设施安全监督管理条例》第 24 条第 5 项，核事故是指“核设施内的核燃料、放射性产物、废料或运入运出核设施的核材料所发生的放射性、毒害性、爆炸性或其他危害性事故，或一系列事故”。

2. 营运单位的侵权责任

民用核设施或者运入运出核设施的核材料发生核事故，造成他人损害的，民用核设施的营运单位应当承担侵权责任。对这种侵权责任适用无过错责任归责原则，不考虑营运单位对事故之发生有无过错。甚至在非《民法典》第 1237 条明确列举的不可抗力导致事故发生造成他人损害时，也不能免除营业单位的侵权责任。

《民法典》第 1237 条规范的“高度危险作业”包括两种作业：一是营运核设施，二是运入运出核材料。在这两种高度危险作业中发生核事故，造成损害的，适用该条规定由营运单位承担侵权责任。上述任何一种高度危险作业发生核事故，由其营运单位对相应的损害承担侵权责任。

营运者承担《民法典》第 1237 条规定的侵权责任，要求被侵权人受到损害以及其所受到的损害与上述两种高度危险作业行为之间存在因果关系。法律没有规定因果关系推定，被侵权人对损害和因果关系承担举证责任。

《民法典》第 1237 条规定的责任主体是营运单位。《核安全法》第 93 条规定，核设施营运单位是指在中华人民共和国境内，申请或者持有核设施安全许可证，可以经营和运行核设施的单位。在《国务院关于核事故损害赔偿责任问题的批复》中，责任主体被称作“营运者”，其实质含义与“营运单位”相同，均指“依法取得法人资格，营运核电站、民用研究堆、民用工程实验反应堆的单位或者从事民用核燃料生产、运输和乏燃料贮存、运输、后处理且拥有核设施的单位”。

3. 不承担责任的特别事由

（1）一般抗辩事由的排除适用。

《民法典》第 180 条、第 181 条、第 182 条对不承担民事责任的几种情况作出了规定。《民法典》第 1174 条、第 1175 条、第 1176 条、第 1177 条也规定了不承担侵权责任的若干情况。这些规定原则上不适用于民用核设施或者运入运出核材料发生核事故造成他人损害的侵权责任。

（2）战争、武装冲突、暴乱等情形。

法律并没有一般性地规定不可抗力属于营运民用核设施发生事故造成他人损害责任的免责事由，而是将不承担责任的事由限制在战争、武装冲突、暴乱等情形。依据这一规定，仅在战争、武装冲突、暴乱等极端严重的情形，营运单位才能被免除责任；而一般的自然原因的不可抗力，如洪水、台风、地震、海啸等导致的事故造成他人损害的，不能免除营运单位的侵权责任。

（3）受害人故意。

受害人故意是适用于所有侵权责任的免责事由，具有不言自明的正当性。受害人故意导致核事故发生，造成其遭受损害的，民用核设施的营运单位不承担对该受害人的侵权责任。但是，此等事故造成其他人损害的，民用核设施的营运单位仍然应当承担侵权责任，而且不能因为核事故是第三人的过错造成的而主张免除或者减轻责任。

（二）民用航空事故责任

1. 民用航空器造成他人损害的侵权责任概述

民用航空器致人损害责任的适用范围限于民用航空器。根据《民用航空法》（2021 修正）第 5 条的规定，民用航空器是指除用于执行军事、海关、警察飞行任务外的航空器。经营民用航空器致人损害责任属于民法上的经营活动（高度危险作业）致人损害。公法上的职权活动致人损害不适用侵权责任法。

经营民用航空器致人损害侵权责任的责任主体是经营者。关于经营者的认定，《民用航空法》第 158 条第 2 款规定：前款所称经营人，是指损害发生时使用民用航空器的人。民用航空器的使用权已经直接或者间接地授予他人，本人保留对该民用航空器的航行控制权的，本人仍被视为经营人。第 158 条第 4 款规定：民用航空器登记的所有人应当被视为经营人，并承担经营人的责任；除非在判定其责任的诉讼中，所有人证明经营人是他人，并在法律程序许可的范围内采取适当措施使该人成为诉讼当事人之一。第 158 条第 3 款规定，经营人的受雇人、代理人在受雇、代理过程中使用民用航空器，无论是否在其受雇、代理范围内行事，均视为经营人使用民用航空器。

民用航空器具有高空、高速等高度危险特征，经营民用航空器是一种高度危险的经营行为。经营民用航空器造成他人损害的，适用无过错责任归责原则确定经营者的侵权责任。

民用航空器发生事故可能导致两种人的损害：一是所搭载的乘客；二是第三人，如飞机坠毁对陆地上的行人造成损害。对于乘客遭受的损害，适用的是无过错责任归责原则；同时，对乘客的损害可能引起违约责任与侵权责任的竞合，因为：一方面，乘客与民用航空器所属企业之间有运输合同关系，该企业有将乘客安全运送到目的地的合同义务，一旦发生事故导致乘客遭受损害，该企业必须依合同的规定对乘客承担违约责任；另一方面，该企业的行为侵犯了乘客的人身、财产权利，同样可以按照侵权责任法的规定来要求该企业承担侵权责任。在航空运营事故中，关于对第三人的损害赔偿在《民用航空法》中有专章规定（第十二章）。对第三人的损害赔偿责任，也适用无过错责任归责原则。

2. 此等侵权责任的构成要件

民用航空器经营者对于航空事故造成的他人损害承担无过错责任，需要符合如下要件：(1) 经营民用航空器并发生了事故；(2) 他人受到人身损害或者财产损失；(3) 事故与损害之间存在因果关系。

3. 受害人故意造成损害的，民用航空器经营者不承担责任

能够证明损害是受害人故意造成的，民用航空器经营者不承担责任。这里的证明责任在民用航空器经营者一方。

4. 赔偿责任限额

我国对经营民用航空器致人损害责任实行责任限额制度，《民用航空法》第 129 条规定了国际航空运输的责任限额。国务院于 2006 年批准的《国内航空运输承运人赔偿责任限额规定》更新了国内赔偿限额的标准，将旅客的赔偿限额提高到 40 万元。

（三）从事高空、高压、地下挖掘作业或者经营高速轨道运输工具造成损害的责任

1. 几种高度危险作业概述

高空作业是指距离坠落高度基准面 2 米及以上，在有可能坠落的高处进行的作业，如高空施工、高空维修、高空安装、高空清洗等工业活动与非工业活动。高空作业产生坠落危险。高压作业主要包括以高压制造、储藏、运送电力、液体、煤气、蒸汽等。生活中常见多发的高压作业致人损害责任是高压电流致人损害责任。地下挖掘活动就是在地表向下一定深度进行挖掘的行为，如地下挖井、构筑坑道、开挖隧道、修建地铁等。高速轨道运输工具是指普通列车、动车、高铁、地铁、轻轨列车、磁悬浮列车之类。列车等高速轨道运输工具运营致人损害的，除了适用《民法典》第 1240 条，目前还适用《铁路法》《最高人民法院关于审理铁路运输人身损害赔偿纠纷案件适用法律若干问题的解释》(2021 年修正）等法律法规的规定。

2. 经营者的责任

从事高空、高压、地下挖掘或者经营高速轨道运输工具造成他人损害的，由经营者承担侵权责任。经营者是指对此等作业或营运实际负责和管控的民事主体。在承揽、承包经营关系中，实际经营的承揽人、承包人是经营者，发包人通常不被认为是“经营者”，进而不是承担此等侵权责任的主体。

鉴于从事高空、高压、地下挖掘或者经营高速轨道运输工具所具有的高度危险性，

法律规定其经营者对于由此造成的他人损害承担无过错责任。经营者的责任之构成，不考虑其是否有过错，不以其有过错为要件。

经营者承担此等侵权责任，需要符合以下要件：(1) 从事了高空、高压、地下挖掘活动或者使用了高速轨道运输工具进行营运活动。(2) 他人受到损害，包括人身损害和财产损失。他人是指经营者之外的民事主体，不包括经营者的相关员工。于后者因此遭受损害之情形，按照工伤事故等责任处理。(3) 高空、高压、地下挖掘活动或者使用高速轨道运输工具进行营运活动与他人的损害之间存在因果关系。

3. 不承担责任和减轻责任的事由

经营者不承担侵权责任有两项抗辩事由：受害人故意与不可抗力。受害人故意使其失去了获得保护的正当性，经营者自然不应承担侵权责任。就不可抗力而言，法律规定的所有的不可抗力类型均可以作为经营者不承担责任的抗辩事由。经营者对受害人故意或者不可抗力负有举证责任，能够证明受害人故意或者损害是不可抗力造成的，则经营者可不承担侵权责任，反之，经营者应当依法承担侵权责任。

被侵权人的重大过失可以作为减轻经营者的侵权责任的抗辩事由，但是不能用于免除经营者的侵权责任；如果被侵权人的过失是一般过失，则不能减轻经营者的侵权责任。经营者主张此等抗辩时，对被侵权人的重大过失负有举证责任。

三、高度危险物造成他人损害的责任

(一) 高度危险物

《民法典》第 1239 条规定：占有或者使用易燃、易爆、剧毒、高放射性、强腐蚀性、高致病性等高度危险物造成他人损害的，占有人或者使用人应当承担侵权责任；但是，能够证明损害是因受害人故意或者不可抗力造成的，不承担责任。被侵权人对损害的发生有重大过失的，可以减轻占有人或者使用人的责任。

高度危险物是指法律和行政法规等规定的对周围环境有高度危险的易燃、易爆、剧毒、高放射性、强腐蚀性、高致病性物质。《民法典》第 1239 条列举了易燃、易爆、剧毒、高放射性、强腐蚀性、高致病性等六种对周围环境有高度危险的高度危险物。这是不完全列举，只是列举了常见的几种高度危险物。

(二) 占有人或者使用人的责任

1. 高度危险物的占有人或者使用人承担侵权责任

侵权责任法理论将对物包括高度危险物之内在危险具有实际控制力的人称为“保有人”。实践中，物的占有人、使用人往往对物的危险具有实际控制力，是保有人。《民法典》第 1239 条确立了占有人、使用人对高度危险物致人损害承担无过错责任的规则。如何理解占有人、使用人是责任主体？需要从高度危险物致人损害责任的归责依据出发进行解释：第一，从风险控制的理论出发，占有人是直接的风险控制人，要求其承担责任有利于控制风险；第二，从损益同归的理论出发，享有其利益者承受其风险，使用人享有其利益，应当承受风险。通常情况下，占有人、使用人乃是同一人，由其承担责任合情合理。如果所有人也是占有人或者使用人，当然由其承担侵权责任，承担侵权责任的依据不是对高度危险物享有所有权而是对该高度危险物具有实际控制力。基于这样的考虑，在所有与占有、使用分离的情况下，由对该高度危险物具有实际控制力的占有人、使用人承担侵权责任，而不是由该高度危险物的所有人承担侵权责任。当然，如果该高度危险物的所有人在转移对该高度危险物的占有状态、使用权的过程中有过错的，其要根据侵权责任的一般规则承担过错责任。其过错与占有人、使用人的行为构成共同侵权的，他们应当承担连带责任。

2. 适用无过错责任归责原则

对于高度危险物造成损害的侵权责任，应当适用无过错责任归责原则，即责任之构成不以占有人、使用人有过错为要件。有学者认为：无过错责任（无过失责任）与危险责任实际上意义相同。无过错责任消极指明了"无过失也应负责任"的原则，危险责任的概念较能积极地凸显无过错责任的归责原因。法律规定由高度危险物的占有人、使用人对该高度危险物造成的损害承担无过错责任，既是风险控制和社会公平的需要，也是当事人之间利益均衡的要求。

3. 此等侵权责任的构成要件

高度危险物致人损害责任与高度危险作业致人损害责任虽同属高度危险责任的重要类型，但两者在性质上存在重要区别：高度危险物致人损害属于物件造成的损害，为准侵权行为之一种。高度危险作业致人损害属于"行为责任"的范畴。此外，高度危险物致人损害责任与普通物件致人损害责任不同：于普通物件致人损害责任一般适用过错责任归责原则（过错推定），而高度危险物的占有人、使用人对高度危险物致人损害承担无过错责任。

高度危险物的占有人、使用人承担此等侵权责任的方式主要是损害赔偿，其构成要件包括：（1）侵权人是高度危险物的占有人或者使用人；（2）其所占有、使用的物具有致害的高度危险；（3）被侵权人遭受了人身损害或财产损失；（4）此等损害与致害物的高度危险之间存在因果关系。

4. 不承担责任和减轻责任的事由

（1）受害人故意或者不可抗力。

法律规定了高度危险物的占有人、使用人不承担侵权责任的两项抗辩事由：不可抗力与受害人故意。受害人故意使其失去了获得保护的正当性，占有人、使用人自然不承担责任。就不可抗力而言，考虑到高度危险物致人损害的危险程度低于民用核设施和民用航空器的危险程度，法律规定所有的不可抗力均可以作为占有人、使用人不承担责任的抗辩事由，而不限于战争、武装冲突、暴乱等情形。

（2）被侵权人对损害的发生有重大过失。

被侵权人的重大过失是减轻占有人、使用人的侵权责任的抗辩事由，但是不能用于免除其侵权责任。如果被侵权人的过失是一般过失，则不能减轻占有人、使用人的侵权责任。占有人、使用人主张此等抗辩时，对被侵权人的重大过失负有举证责任。

（三）遗失、抛弃高度危险物造成他人损害的责任

《民法典》第1241条规定：遗失、抛弃高度危险物造成他人损害的，由所有人承担侵权责任。所有人将高度危险物交由他人管理的，由管理人承担侵权责任；所有人有过错的，与管理人承担连带责任。

（四）非法占有高度危险物造成他人损害的责任

占有是指民事主体对物（主要是有体物）的实际管领或称管控，是一种事实状态。占有分为有权占有与无权占有、合法占有和非法占有。所有人（管理人）对自己所有（管理）之物的占有，是有权占有，也是合法占有；不当得利人对他人之物的占有是无权占有；租赁人对作为租赁标的物的他人之物之占有，是非所有（管理）人的占有，也是合法占有。盗窃、抢劫、抢夺等犯罪人对盗窃、抢劫、抢夺之物的占有，是无权占有，也是非法占有。

对于有体物致人之损害，原则上由该物的所有人、管理人承担侵权责任；如果物的所有（管理）与占有分离，一般由对物具有实际控制能力的占有人承担侵权责任。所有人或管理人对于其所有或者管理之物被他人占有，尤其是被非法占有，有过错的，应承担相应的过错责任。

鉴于高度危险物内在的致害危险高于其他有体物的致害危险，法律规定了特别的侵权责任规则：所有人、管理人对于防止非法占有承担高度注意义务，如果没有尽到此等高度注意义务，则应当与非法占有人一同向被侵权人承担连带责任。

《问题与思考》

1. 我国民法规定了哪些种类的无过错责任？无过错责任在承担责任的基础和责任构成要件方面有哪些特殊性？

2. 如何认识产品责任中生产者的责任与销售者的责任之间的关系？

3. 如何理解交通事故责任中非机动车、行人的过错？

4. 如何理解污染环境、破坏生态侵权中的惩罚性赔偿以及生态环境修复与生态环境损害赔偿责任？

参考文献

1. 佟柔．中国民法．北京：法律出版社，1990.
2. 谢怀栻．外国民商法精要．3版．北京：法律出版社，2014.
3. 魏振瀛．民法．7版．北京：北京大学出版社，高等教育出版社，2017.
4. 李开国．民法总则研究．北京：法律出版社，2002.
5. 王利明，郭明瑞，方流芳，吴汉东．民法新论．北京：中国政法大学出版社，1988.
6. 王利明．民法总则研究．3版．北京：中国人民大学出版社，2018.
7. 梁慧星．民法总论．5版．北京：法律出版社，2017.
8. 梁慧星．民法学说判例与立法研究．北京：中国政法大学出版社，1993.
9. 郭明瑞，房绍坤．民法．4版．北京：高等教育出版社，2017.
10. 张俊浩．民法学原理．修订3版．北京：中国政法大学出版社，2000.
11. 龙卫球．民法总论．2版．北京：中国法制出版社，2002.
12. 黄薇．中华人民共和国民法典解读．北京：中国法制出版社，2020.
13. 史尚宽．民法总论．北京：中国政法大学出版社，2000.
14. 王泽鉴．民法概要．2版．北京：中国政法大学出版社，2011.
15. 王泽鉴．民法总则．北京：北京大学出版社，2009.
16. 王泽鉴．民法学说与判例研究．北京：中国政法大学出版社，2009.
17. 黄立．民法总则．北京：中国政法大学出版社，2002.
18. 林诚二．民法理论与问题研究．北京：中国政法大学出版社，2000.
19. 拉伦茨．德国民法通论：上，下册．王晓晔，邵建东，程建英，等译．北京：法律出版社，2013.
20. 梅迪库斯．德国民法总论．邵建东，译．北京：法律出版社，2013.
21. 四宫和夫．日本民法总则．唐晖，钱孟珊，译．朱伯松，校．台北：五南图书出版公司，1995.
22. 周枏．罗马法原论：下册．北京：商务印书馆，2014.
23. 郑成良．法律之内的正义．北京：法律出版社，2002.
24. 杨仁寿．法学方法论．2版．北京：中国政法大学出版社，2013.
25. 李宜琛．日耳曼法概说．北京：中国政法大学出版社，2003.
26. 梅因．古代法．北京：商务印书馆，2019.
27. 江平．法人制度论．北京：中国政法大学出版社，1996.
28. 董安生．民事法律行为．北京：中国人民大学出版社，2002.

29. 马强．合伙法律制度研究．北京：人民法院出版社，2000.
30. 江平．物权法教程．3 版．北京：中国政法大学出版社，2017.
31. 王利明．物权法研究．上，下卷：4 版．北京：中国人民大学出版社，2018.
32. 马俊驹，陈本寒．物权法．2 版．上海：复旦大学出版社，2014.
33. 王轶．物权变动论．北京：中国人民大学出版社，2001.
34. 高圣平．担保法论．北京：法律出版社，2009.
35. 史尚宽．物权法论．北京：中国政法大学出版社，2000.
36. 王泽鉴．民法物权．2 版．北京：北京大学出版社，2010.
37. 谢在全．民法物权论．修订 5 版．北京：中国政法大学出版社，2011.
38. 王家福．中国民法学：民法债权．北京：法律出版社，1999.
39. 王利明．合同法研究：第一，二，三，四卷．3 版．北京：中国人民大学出版社，2018.
40. 王利明．违约责任论．修订 2 版．北京：中国政法大学出版社，2003.
41. 崔建远．合同法．6 版．北京：法律出版社，2016.
42. 史尚宽．债法总论．北京：中国政法大学出版社，2000.
43. 郑玉波．民法债编总论．修订 2 版．北京：中国政法大学出版社，2006.
44. 郑玉波．民法债编各论．台北：三民书局，1986.
45. 王泽鉴．债法原理．北京：北京大学出版社，2009.
46. 王泽鉴．不当得利．北京：北京大学出版社，2009.
47. 王利明．人格权法研究．3 版．北京：中国人民大学出版社，2018.
48. 张新宝．隐私权的法律保护．2 版．北京：群众出版社，2004.
49. 姚辉．人格权法论．北京：中国人民大学出版社，2011.
50. 杨大文．婚姻家庭法．8 版．北京：中国人民大学出版社，2013.
51. 杨立新．家事法．北京：法律出版社，2013.
52. 巫昌祯．婚姻家庭法新论．北京：中国政法大学出版社，.2002.
53. 夏吟兰．婚姻家庭继承法．2 版．北京：中国政法大学出版社，2017.
54. 房绍坤．亲属与继承法．2 版．北京：科学出版社，2015.
55. 余延满．亲属法原论．北京：法律出版社，2007.
56. 王歌雅．中华人民共和国继承法评注．厦门：厦门大学出版社，2019.
57. 王利明．侵权责任法研究：上，下卷．2 版．北京：中国人民大学出版社，2016.
58. 王利明，周友军，高圣平．中国侵权责任法教程．北京：人民法院出版社，2010.
59. 张新宝．互联网上的侵权问题研究．北京：中国人民大学出版社，2003.
60. 张新宝．侵权责任法原理．北京：中国人民大学出版社，2005.
61. 张新宝．精神损害赔偿制度研究．北京：法律出版社，2012.
62. 程啸．侵权法责任法教程．4 版．北京：中国人民大学出版社，2020.

《　　　　　》※任课教师调查问卷

为了能更好地为您提供优秀的教材及良好的服务，也为了进一步提高我社法学教材出版的质量，希望您能协助我们完成本次小问卷，完成后您可以在我社网站中选择与您教学相关的 1 本教材作为今后的备选教材，我们会及时为您邮寄送达！如果您不方便邮寄，也可以申请加入我社的**法学教师 QQ 群：436438859（申请时请注明法学教师）**，然后下载本问卷填写，并发往我们指定的邮箱（cruplaw@163. com）。

邮寄地址：北京市海淀区中关村大街 31 号中国人民大学出版社 806 室收

邮　　编：100080

再次感谢您在百忙中抽出时间为我们填写这份调查问卷，您的举手之劳，将使我们获益匪浅！

基本信息及联系方式：※

姓名：__________ 性别：__________ 课程：________________

任教学校：____________________ 院系（所）：____________

邮寄地址：____________________ 邮编：________________

电话（办公）：__________ 手机：__________ 电子邮件：__________

调查问卷：※

1. 您认为图书的哪类特性对您使用教材最有影响力？（　　）（可多选，按重要性排序）

   A. 各级规划教材、获奖教材　　B. 知名作者教材

   C. 完善的配套资源　　D. 自编教材

   E. 行政命令

2. 在教材配套资源中，您最需要哪些？（　　）（可多选，按重要性排序）

   A. 电子教案　　B. 教学案例

   C. 教学视频　　D. 配套习题、模拟试卷

3. 您对于本书的评价如何？（　　）

   A. 该书目前仍符合教学要求，表现不错将继续采用。

   B. 该书的配套资源需要改进，才会继续使用。

   C. 该书需要在内容或实例更新再版后才能满足我的教学，才会继续使用。

   D. 该书与同类教材差距很大，不准备继续采用了。

4. 从您的教学出发，谈谈对本书的改进建议：________________

____

____

选题征集：如果您有好的选题或出版需求，欢迎您联系我们：

联系人：黄　强　联系电话：010-62515955

索取样书：书名：____________________________

书号：________________________________

备注：※ 为必填项。